证券市场基本法律法规
金融市场基础知识

二合一

单珊　任玎
主编

证券业从业人员
一般从业资格考试
命题研究中心
审校

内容提要

本书以中国证券业协会最新颁布的考试大纲为依据,为方便考生准确把握新大纲和考点的变化,力争在较短的时间内掌握重点、突破难点,我们根据最近几年考试的命题规律和特点,全面、系统地呈现考点内容并有针对性地突出重点,特约高校、行业协会和业内资深从业人员编写。

本书分上、下卷,上卷主要包括证券市场基本法律法规、证券从业人员管理、证券公司业务规范和证券市场典型违法违规行为及法律责任等内容;下卷主要包括金融市场体系、证券市场主体、股票市场、债券市场、证券投资基金与衍生工具和金融风险管理等内容。在讲解过程中,针对重要知识点不仅穿插了大量的例题、真题及详细解析,而且每章末还安排了大量过关测试题,借此达到边学边练的效果,从而掌握出题规律,熟悉考试特点,以便在全面学习的基础上,掌握解题思路和答题技巧,同时加强对重点、难点的理解和把握。

另外,本教材配套了题库版光盘,为考生提供了与教材同步的大量练习题、真题和模拟题,还模拟实战机考训练,帮助考生快速熟悉机考环境,避开失分雷区,提高应试能力。

本书特别适合参加证券从业人员一般从业资格考试的考生使用,也可作为培训机构的培训教材。

图书在版编目(CIP)数据

SAC证券业从业人员一般从业资格考试专用教材 / 单珊,任玎主编. — 北京:北京大学出版社,2017.4

ISBN 978-7-301-28020-1

Ⅰ. ①S… Ⅱ. ①单… ②任… Ⅲ. ①证券交易—资格考试—自学参考资料 Ⅳ. ①F830.91

中国版本图书馆CIP数据核字(2017)第022591号

书　　　名	SAC证券业从业人员一般从业资格考试专用教材 SAC ZHENGQUANYE CONGYE RENYUAN YIBAN CONGYE ZIGE KAOSHI ZHUANYONG JIAOCAI
著作责任者	单　珊　任　玎　主编
责任编辑	尹　毅
标准书号	ISBN 978-7-301-28020-1
出版发行	北京大学出版社
地　　　址	北京市海淀区成府路205号　100871
网　　　址	http://www.pup.cn　　新浪微博:@北京大学出版社
电子信箱	pup7@pup.cn
电　　　话	邮购部 62752015　发行部 62750672　编辑部 62580653
印刷者	北京富生印刷厂
经销者	新华书店
	787毫米×1092毫米　16开本　37印张　897千字 2017年4月第1版　2017年4月第1次印刷
印　　　数	1-4000册
定　　　价	79.00元

未经许可,不得以任何方式复制或抄袭本书之部分或全部内容。

版权所有,侵权必究

举报电话:010-62752024　电子信箱:fd@pup.pku.edu.cn

图书如有印装质量问题,请与出版部联系。电话:010-62756370

前 言

一、本书为谁而写

SAC 证券业从业人员一般从业资格考试是由中国证券业协会根据《证券从业人员资格管理办法》和中国证券监督管理委员会的相关规定，制定考试办法、考试大纲并具体组织的从业入门级考试。2015 年 7 月，中国证券业协会对证券从业人员资格考试测试制度实施改革，原"证券从业资格考试"更名为"证券业从业人员一般从业资格考试"，考试科目、考试大纲和考试题型也做了调整。改革后，资格考试分为一般从业资格考试、专项业务类资格考试和管理类资格考试三种类别。其中，一般从业资格考试的科目为《证券市场基本法律法规》和《金融市场基础知识》两科。

针对此次考试改革，为了做好 SAC 证券业从业人员一般从业资格考试，指导考生全面掌握知识体系，提高考生的考试过关率和专业胜任能力，本考试研究中心特约高校、行业协会和业内资深从业人员在精心研究考试大纲、分析最新真题的基础上，精编了本教材。

二、本书有什么帮助

> 浓缩教材精华，重点难点一书掌握。

本书以最新的考试大纲为依据，在全面覆盖对应考试大纲各知识考点的基础上分章进行讲解，把高频考点、重点、难点一网打尽。根据新大纲掌握（★★★）、熟悉（★★）、了解（★）的层次要求分别注明星级，使考生对考点心中有数，抓住重点、难点，提高复习效率。

> 以真题为例进行讲解，考试形式一目了然。

本书在讲解各知识要点的过程中，结合不同类型的考试题型，以近几年比较典型的考试真题为例进行讲解，并同步给出答案和解析，不仅能让考生通过真题巩固所学知识点，也能帮助考生尽快熟悉题型和解题思路。

> 体例多样，结构明晰。

书中通过"考情分析"让考生先对相关知识点有一个整体的把握；通过"学习建议"总结学习方法；通过"名师点拨"对各考点在考试中的出题规律、应对策略等进行剖析；通过"知识拓展"对一些相关的法律、法规或概念做进一步的说明。

> 章末提供自测题，学中练、练中学，提高解题能力。

本书在每章末尾，按知识点和考点精心设计了不同题型的过关测试题。考生可以通过做题巩固所学知识点，从而对类似考题举一反三。

> 配套光盘，模拟考试环境，帮助考生从容应考。

本书的配套光盘提供了模拟考试系统，能让考生提前熟悉考试环境及命题类型。光盘中的题库类型全面，均为精心挑选的历年真题和预测题，都有参考答案及详细解析。考生可结合实际需要选择相应题型、题量和答题时间等进行模拟实战。

三、怎样使用本书通过考试

- 充分了解考点，明确复习思路。考生应先仔细阅读"考情分析"与"学习建议"，充分了解要考查的知识点，弄清考试重点，掌握复习方法，并了解考试过程中应注意的问题及解题技巧。
- 抓住重要考点，有的放矢。考生应注重对各知识点进行归纳总结，在复习时抓住重点，掌握解题要领，以不变应万变。
- 书与光盘配套使用，多加练习。考生应将大部分精力和时间放在每章中要求重点掌握和熟悉的考点上，然后通过配套光盘提供的模拟考试系统反复练习，达到熟悉考试环境，举一反三的目的。并注意随时结合教材对自己的知识点掌握情况进行查漏补缺。

四、致谢

本书由单珊、任玎主编，证券业从业人员一般从业资格考试命题研究中心审校，参与本书资料收集、整理、编写的人员还有候波、毛洁、孙喜伟、郑伟宏等。

本书编写过程中，我们竭尽所能地为您归纳总结考试重点难点、答题策略等。由于时间和作者水平有限，书中难免有错漏和不足之处，恳请广大读者批评指正。若您在学习过程中产生疑问，或有任何建议，可通过 E-mail 与我们联系。

读者 QQ 群：558704870

读者信箱：2751801073@qq.com

投稿信箱：pup7@pup.cn

目 录

上卷：证券市场基本法律法规

第○章　考纲分析与应试策略

- 一、本书为谁而写 1
- 二、本书有什么帮助 1
- 三、怎样使用本书通过考试 2
- 四、致谢 2

第一节　考试简介 1
- 一、考试科目 1
- 二、考试形式 1
- 三、考试题型与答题时间 1

第二节　考试大纲专家解读 2
- 一、考查要点概览 2
- 二、命题趋势分析 2

第三节　应试经验与技巧 3
- 一、选择题 4
- 二、组合型选择题 4

第四节　学习方法与建议 5

第一章　证券市场基本法律法规

第一节　证券市场的法律法规体系 9
- 一、证券市场法律法规体系的主要层次（★★） 9
- 二、证券市场各层级的主要法律、法规（★） 10

第二节　公司法 10
- 一、公司的种类（★★★） 11
- 二、公司法人财产权的概念（★★） .. 12
- 三、关于公司经营原则的规定（★★） 12
- 四、分公司和子公司的法律地位（★★） 13
- 五、公司的设立方式及设立登记的要求（★） 13
- 六、公司章程的内容（★） 14
- 七、公司对外投资和担保的规定（★★） 15
- 八、关于禁止公司股东滥用权利的规定（★★） 15
- 九、有限责任公司的设立和组织机构（★） 15
- 十、有限责任公司注册资本制度（★★） 20
- 十一、有限责任公司股东会、董事会、监事会的职权（★★） 21
- 十二、有限责任公司股权转让的相关规定（★★★） 22
- 十三、股份有限公司的设立方式与程序（★★★） 23
- 十四、股份有限公司的组织机构（★★） 26
- 十五、股份有限公司的股份发行和转让（★★） 28

十六、上市公司组织机构的特别规定（★★） 31
十七、董事、监事和高级管理人员的义务和责任（★） 31
十八、公司财务会计制度的基本要求和内容（★★★） 32
十九、公司合并、分立的种类及程序（★） 33
二十、高级管理人员、控股股东、实际控制人、关联关系的概念（★★） 34
二十一、虚报注册资本、欺诈取得公司登记、虚假出资、抽逃出资、另立账簿、财务会计报告虚假记载的法律责任（★★） 35

第三节 证券法 37
一、《证券法》适用的范围（★★） ... 37
二、证券发行和交易的"三公"原则（★★★） 38
三、发行交易当事人的行为准则（★★★） 38
四、证券发行、交易活动禁止行为的规定（★★★） 38
五、公开发行证券的有关规定（★★★） 39
六、证券承销业务的种类、承销协议的主要内容（★★） 41
七、承销团及主承销人（★★） 42
八、股票代销制度（★★） 42
九、证券交易的条件及方式等一般规定（★★★） 42
十、股票上市的条件、申请和公告（★★★） 43
十一、债券上市的条件和申请（★★★） 44
十二、证券交易暂停和终止的情形（★★） 45
十三、信息公开制度及信息公开不实的法律后果（★★） 45
十四、内幕交易行为（★★★） 47
十五、操纵证券市场行为（★★） 47
十六、虚假陈述、信息误导行为和欺诈客户行为（★★★） 47
十七、上市公司收购的概念和方式（★★★） 48
十八、上市公司收购的程序和规则（★★） 49
十九、违反证券发行规定的法律责任（★★） 50
二十、违反证券交易规定的法律责任（★★） 51
二十一、上市公司收购的法律责任（★★★） 52
二十二、违反证券机构管理、人员管理相关规定的法律责任及证券机构的法律责任（★★） 52

第四节 基金法 55
一、基金管理人、基金托管人和基金份额持有人的概念、权利和义务（★★★） 55
二、设立基金管理公司的条件（★） .. 58
三、基金管理人的禁止行为（★★） .. 59
四、公募基金运作的方式（★） 59
五、基金财产的独立性要求（★★★） 59
六、基金财产债权债务独立性的意义（★★） 60
七、基金公开募集与非公开募集的区别（★★） 60
八、非公开募集基金的合格投资者的要求（★） 61

九、非公开募集基金的投资范围
　　　　（★） 61
　　十、非公开募集基金管理人的登记及
　　　　非公开募集基金的备案要求
　　　　（★） 62
　　十一、相关的法律责任（★） 62

第五节　期货交易管理条例 **64**
　　一、期货的概念、特征及种类
　　　　（★★★） 65
　　二、期货交易所的职责（★★） 66
　　三、期货交易所会员管理、内部管理
　　　　制度的相关规定（★） 66
　　四、期货公司设立的条件（★） 68
　　五、期货公司的业务许可制度（★） ... 68
　　六、期货交易的基本规则（★） 69
　　七、期货监督管理的基本内容（★） ... 70
　　八、期货相关法律责任的规定（★） ... 73

第六节　证券公司监督管理条例 **75**
　　一、证券公司依法审慎经营、履行诚信
　　　　义务的规定（★★） 75
　　二、禁止证券公司股东和实际控制人
　　　　滥用权利、损害客户权益的规定
　　　　（★★） 76
　　三、证券公司股东出资的规定（★） ... 76
　　四、关于成为持有证券公司5%以上
　　　　股权的股东、实际控制人资格的
　　　　规定（★） 77
　　五、证券公司设立时业务范围的规定

　　　　（★★★） 77
　　六、证券公司变更公司章程重要条款的
　　　　规定（★★） 77
　　七、证券公司合并、分立、停业、解散
　　　　或者破产的相关规定（★） 77
　　八、证券公司及其境内分支机构的设立、
　　　　变更、注销登记的规定（★） 78
　　九、有关证券公司组织机构的规定
　　　　（★★） 78
　　十、证券公司及其境内分支机构经营业
　　　　务的规定（★★★） 79
　　十一、证券公司为客户开立证券账户
　　　　管理的有关规定（★★★） 80
　　十二、关于客户资产保护的相关规定
　　　　（★★） 80
　　十三、证券公司客户交易结算资金
　　　　管理的规定（★★） 81
　　十四、证券公司信息报送的主要内容
　　　　（★） 81
　　十五、证券监督管理机构对证券公司
　　　　进行监督管理的主要措施（月度
　　　　报告、年度报告、信息披露、检
　　　　查、责令限期整改的情形及可采
　　　　取的措施）（★） 82
　　十六、证券公司主要违法违规情形及
　　　　处罚措施（★） 83

过关测试题 **85**
　　一、选择题 85
　　二、组合型选择题 87

第二章　证券从业人员管理

第一节　从业资格 **91**
　　一、从事证券业务的专业人员范围
　　　　（★） 91

　　二、专业人员从事证券业务的资格条件
　　　　（★） 92
　　三、从业人员申请执业证书的条件和

程序（★★）............................. 92
四、从业人员监督管理的相关规定
（★）..................................... 93
五、违反从业人员资格管理相关规定的
法律责任（★★）..................... 93
六、证券经纪业务销售人员执业资格
管理的有关规定（★★★）...... 94
七、证券投资基金销售人员从业资格
管理的有关规定（★★★）...... 94
八、证券投资咨询人员分类及其从业
资格管理的有关规定（★★★）.. 95
九、证券投资顾问和证券分析师的注册
登记要求（★★★）.................. 97
十、保荐代表人的资格管理规定
（★★）..................................... 98
十一、客户资产管理业务投资主办人
执业注册的有关要求
（★★★）........................... 100
十二、财务顾问主办人应当具备的条件
（★★）............................... 101

第二节 执业行为 101
一、证券业从业人员执业行为准则
（★★★）............................ 102
二、中国证券业协会诚信管理的有关
规定（★★）......................... 103
三、证券市场禁入措施的实施对象、内容、
期限及程序（★★★）.......... 106

四、证券经纪人与证券公司之间的委托
关系（★）............................ 107
五、证券公司对证券经纪业务营销人员
管理的有关规定（★★★）.... 108
六、证券经纪业务营销人员执业行为范
围、禁止性规定（★★★）.... 109
七、销售证券投资基金、代销金融产品
的行为规范（★★★）.......... 110
八、证券投资咨询人员的禁止性行为规
定和法律责任（★★★）...... 119
九、投资顾问相关人员发布证券研究报
告应遵循的执业规范
（★★★）............................ 120
十、保荐代表人执业行为规范
（★★★）............................ 124
十一、保荐代表人违反有关规定的法律
责任或被采取的监管措施
（★★★）........................ 129
十二、资产管理投资主办人执业行为
管理的有关要求（★★）...... 131
十三、财务顾问主办人执业行为规范
（★★）............................... 132
十四、证券业财务与会计人员执业行为
规范（★★）........................ 137

过关测试题 139
一、选择题.. 139
二、组合型选择题................................. 140

第三章 证券公司业务规范

第一节 证券经纪 146
一、证券公司经纪业务的主要法律法规
（★）..................................... 146
二、证券经纪业务的特点（★★）.... 147
三、证券公司建立健全经纪业务管理制

度的相关规定（★★★）............. 147
四、证券公司经纪业务中账户管理、三方
存管、交易委托、交易清算、指定交
易及托管、查询及咨询等环节的基本
规则、业务风险及规范要求

（★★）..............................150
　五、经纪业务的禁止行为
　　（★★★）..........................159
　六、监管部门对经纪业务的监管措施
　　（★★）..............................160

第二节　证券投资咨询..................**160**
　一、证券投资咨询、证券投资顾问、
　　证券研究报告的概念和基本关系
　　（★★★）..........................161
　二、证券、期货投资咨询业务的管理
　　规定（★★★）......................161
　三、证券公司、证券资讯机构及其执业
　　人员向社会公众开展证券投资咨询
　　业务活动的有关规定
　　（★★★）..........................162
　四、利用"荐股软件"从事证券投资咨
　　询业务的相关规定（★★★）....163
　五、监管部门和自律组织对证券投资咨
　　询业务的监管措施和自律管理措施
　　（★）................................165
　六、证券公司证券投资顾问业务的内
　　部控制规定（★★★）..............166
　七、监管部门对证券投资顾问业务的有
　　关规定（★★★）..................166
　八、监管部门对发布证券研究报告业务
　　的有关规定（★★★）..............168

**第三节　与证券交易、证券投资活动有关的
　　　　　财务顾问**..........................**171**
　一、上市公司收购以及上市公司重大资
　　产重组等主要法律法规（★）....171
　二、证券公司不得担任财务顾问及独立
　　财务顾问的情形（★★★）........178
　三、从事上市公司并购重组财务顾问业
　　务的业务规则（★★）..............178
　四、财务顾问的监管和法律责任

　　（★★）..............................182

第四节　证券承销与保荐..................**184**
　一、证券公司发行与承销业务的主要
　　法律法规（★）......................184
　二、证券发行保荐业务的一般规定
　　（★★）..............................185
　三、证券发行与承销信息披露的有关
　　规定（★）............................189
　四、证券公司发行与承销业务的内部
　　控制规定（★★★）................192
　五、监管部门对证券发行与承销的监管
　　措施（★★）........................195
　六、违反证券发行与承销有关规定的
　　处罚措施（★★★）................196

第五节　证券自营业务......................**200**
　一、证券公司自营业务的主要法律法规
　　（★）................................200
　二、证券公司自营业务管理制度、投资
　　决策机制和风险监控体系的一般
　　规定（★）............................201
　三、证券自营业务决策与授权的要求
　　（★）................................204
　四、证券自营业务操作的基本要求
　　（★）................................204
　五、证券公司自营业务投资范围的规定
　　（★★★）..........................205
　六、证券自营业务持仓规模的要求
　　（★★★）..........................206
　七、自营业务的禁止性行为
　　（★★★）..........................207
　八、证券自营业务的监管措施和违反
　　有关法规的法律责任（★★）....208

第六节　证券资产管理业务................**210**
　一、证券公司开展资产管理业务的基本

原则要求（★★）............ 210
二、证券公司客户资产管理业务类型及
　　基本要求（★★★）............ 211
三、开展资产管理业务，投资主办人数
　　的最低要求（★★★）............ 212
四、资产管理合同应当包括的必备内容
　　（★）............ 212
五、办理定向资产管理业务，接受客户
　　资产最低净值要求（★★★）.... 212
六、办理集合资产业务接受的资产形式
　　（★★★）............ 215
七、合格投资者要求（★★）............ 215
八、关联交易的要求（★★）............ 217
九、资产管理业务禁止行为的有关规定
　　（★★★）............ 217
十、资产管理业务风险控制要求
　　（★★）............ 218
十一、资产管理业务了解客户、对
　　　客户信息披露及揭示风险的有
　　　关规定（★★★）............ 219
十二、资产管理业务客户资产托管的
　　　基本要求（★★★）............ 220
十三、监管部门对资产管理业务的监管
　　　措施及后续监管要求
　　　（★★★）............ 221
十四、资产管理业务违反有关规定的
　　　法律责任（★★★）............ 222
十五、合格境外机构投资者境内证券投资、
　　　合格境内机构投资者境外证券投资
　　　的相关监管规定（★）............ 223

第七节　其他业务............ 225
一、融资融券业务管理的基本原则
　（★★★）............ 226
二、证券公司申请融资融券业务应具备
　　的条件（★）............ 227

三、融资融券业务的账户体系
　（★★★）............ 227
四、融资融券业务客户的申请、客户征
　　信调查、客户的选择标准
　　（★★）............ 228
五、融资融券业务合同的基本内容
　（★★★）............ 229
六、融资融券业务形成的债权担保有关
　　规定（★★）............ 229
七、标的证券、保证金和担保物的管理
　　规定（★★★）............ 231
八、融资融券业务涉及证券权益处理
　　规定（★）............ 233
九、监管部门对融资融券业务的监管
　　规定（★★★）............ 234
十、转融通业务规则（★）............ 236
十一、监管部门对转融通业务的监督
　　　管理规定（★★）............ 238
十二、代销金融产品适当性原则
　　　（★★）............ 239
十三、代销金融产品的规范和禁止行为
　　　（★★）............ 240
十四、违反代销金融产品有关规定的
　　　法律责任（★★★）............ 240
十五、证券公司中间介绍业务的业务
　　　范围（★★）............ 242
十六、证券公司开展中间介绍业务的
　　　有关规定（★★★）............ 242
十七、中间介绍业务的禁止行为
　　　（★★★）............ 245
十八、中间介绍业务的监管要求
　　　（★★）............ 245
十九、股票质押回购、约定式购回业务、
　　　报价回购、直接投资、证券公司
　　　参与区域性股权交易市场相关
　　　规则（★★）............ 246

过关测试题 252
 一、选择题 252
 二、组合型选择题 254

第四章　证券市场典型违法违规行为及法律责任

第一节　证券一级市场 258
 一、擅自公开或变相公开发行证券的特征及法律责任（★★）............ 258
 二、欺诈发行股票、债券的犯罪构成、刑事立案追诉标准及法律责任（★★）............................ 259
 三、非法集资类犯罪的犯罪构成、立案追诉标准及法律责任（★★★）............................ 261
 四、违规披露、不披露重要信息的行政责任、刑事责任的认定（★★★）............................ 263
 五、擅自改变公开发行证券募集资金用途的法律责任（★）........ 267

第二节　证券二级市场 267
 一、诱骗投资者买卖证券、期货合约的刑事责任的认定（★★★）........ 267
 二、利用未公开信息交易的刑事责任、民事责任及行政责任的认定（★★★）............................ 269
 三、内幕交易、泄露内幕信息的刑事责任、民事责任及行政责任的认定（★★★）............................ 270
 四、操纵证券、期货市场的刑事责任、民事责任及行政责任的认定（★★★）............................ 271
 五、在证券交易活动中作出虚假陈述或者信息误导的民事责任、行政责任及刑事责任的认定（★★★）.... 273
 六、背信运用受托财产的犯罪构成、刑事追诉标准及法律责任（★★）............................ 275

过关测试题 277
 一、选择题 277
 二、组合型选择题 279

上卷　过关测试题参考答案与解析

第一章　证券市场基本法律法规 283
 一、选择题 283
 二、组合型选择题 284

第二章　证券从业人员管理 286
 一、选择题 286
 二、组合型选择题 287

第三章　证券公司业务规范 288
 一、选择题 288
 二、组合型选择题 289

第四章　证券市场典型违法违规行为及法律责任 291
 一、选择题 291
 二、组合型选择题 293

下卷：金融市场基础知识

第五章 考纲分析与应试策略 296

第一节 考试简介 **296**
　一、考试科目 296
　二、考试形式 296
　三、考试题型与答题时间 296

第二节 考试大纲专家解读 **296**
　一、考查要点概览 297
　二、命题趋势分析 297

第三节 应试经验与技巧 **298**
　一、选择题 298
　二、组合型选择题 299

第四节 学习方法与建议 **300**

第六章 金融市场体系

第一节 全球金融体系 **303**
　一、金融市场的概念（★★★） 303
　二、金融市场的分类（★★） 305
　三、金融市场的特点和功能（★★★） 308
　四、金融市场的影响因素（★） 309
　五、金融市场的形成和发展趋势（★） 310
　六、金融市场的主要参与者（★★） 312
　七、非证券金融市场的概念与分类（★★） 313
　八、国际资金流动（★） 313
　九、金融危机（★） 315

第二节 中国的金融体系 **316**
　一、中国金融市场的演变历史（★） 317
　二、我国金融市场的发展现状（★★） 318
　三、影响我国金融市场运行的主要因素（★） 319
　四、中国金融市场各行业的发展状况（★） 319
　五、我国金融市场"一行三会"的监管架构（★★） 321
　六、中央银行的主要职能（★） 323
　七、存款准备金制度和货币乘数（★★） 324
　八、货币政策（★★★） 326

第三节 中国多层次资本市场 **329**
　一、资本市场（★★★） 329
　二、多层次的资本市场（★★★） 330
　三、我国多层次资本市场发展现状和趋势（★★） 332

过关测试题 **336**
　一、选择题 336
　二、组合型选择题 338

第七章　证券市场主体

第一节　证券发行人 **342**
　　一、证券市场融资活动（★★★）.... 342
　　二、证券发行人的概念与分类
　　　（★★★）........................... 345
　　三、政府和政府机构直接融资方式、
　　　种类及特征（★★）................ 345
　　四、公司（企业）直接融资的方式及
　　　特征（★★）....................... 346
　　五、金融机构直接融资的特点
　　　（★★★）........................... 346
　　六、直接融资对金融市场的影响
　　　（★★）............................. 347

第二节　证券投资者 **347**
　　一、证券投资者概述（★★★）........ 347
　　二、我国证券市场投资者结构及演化
　　　（★）............................... 348
　　三、机构投资者概述（★★★）........ 348
　　四、个人投资者（★★★）............. 352

第三节　中介机构 **353**
　　一、证券公司概述（★★★）........... 353
　　二、证券服务机构（★★）............. 358

第四节　自律性组织 **362**
　　一、证券交易所（★★★）............. 362
　　二、证券业协会（★★）............... 364
　　三、证券登记结算公司（★★）....... 367
　　四、证券投资者保护基金
　　　（★★★）........................... 368

第五节　监管机构 **370**
　　一、证券市场监管（★★）............. 370
　　二、我国证券市场的监管体系
　　　（★★★）........................... 371

过关测试题 **373**
　　一、选择题 373
　　二、组合型选择题 374

第八章　股票市场

第一节　股票 **379**
　　一、股票的定义、性质、特征和分类
　　　（★★★）........................... 379
　　二、股利政策、股份变动等与股票相关
　　　的资本管理概念（★★★）........ 383
　　三、股票的价值与价格（★★★）..... 385
　　四、普通股票股东的权利和义务
　　　（★★★）........................... 389
　　五、优先股票（★★）................. 390
　　六、我国的股票类型（★）............ 392
　　七、我国的股权分置改革（★）...... 395

第二节　股票发行 **397**
　　一、股票发行制度的概念（★★）..... 397
　　二、审批制度、核准制度与注册制度
　　　（★★★）........................... 397
　　三、我国的股票发行制度的演变
　　　（★）............................... 398
　　四、保荐制度与承销制度
　　　（★★★）........................... 401
　　五、股票的无纸化发行和初始登记制度
　　　（★）............................... 402
　　六、新股公开发行的相关规定 403

七、上市公司非公开发行股票
（★★★）.................................. 408
八、增发、配股的发行方式（★）.... 410

第三节　股票交易 411
一、证券账户（★★★） 411
二、证券交易原则和交易规则
（★★★）.................................. 413
三、证券交易的竞价原则和竞价方式
（★★★）.................................. 416
四、做市商交易制度（★）..... 419
五、融资融券交易的基本概念
（★）.. 420
六、证券委托（★★）................ 421
七、证券托管与证券存管（★）...... 426
八、证券买卖中交易费用的种类
（★）.. 427
九、股票交易的清算与交收（★）.... 428
十、股票的非交易过户和担保业务
（★）.. 429
十一、股票价格指数（★★）.... 430
十二、沪港通（★）.................. 434

过关测试题 436
一、选择题 436
二、组合型选择题 438

第九章　债券市场

第一节　债券 442
一、债券概述（★★★）............. 442
二、政府债券（★★★）............. 447
三、金融债券（★★★）............. 452
四、公司债券（★★★）............. 454
五、企业债券（★★★）............. 456
六、国际债券（★★★）............. 458

第二节　债券的发行与承销 461
一、我国国债的发行与承销
（★★★）.................................. 461
二、地方政府债券的发行与承销
（★）.. 465
三、我国金融债券的发行与承销
（★★）...................................... 467
四、企业债券的发行与承销
（★★）...................................... 471
五、公司债券的发行与承销
（★★）...................................... 472
六、企业短期融资融券的注册规则和
承销组织（★★）.................. 474
七、中期票据的注册规则和承销组织
（★★）...................................... 475
八、中小非金融企业集合票据
（★★）...................................... 475
九、证券公司债券的发行与承销
（★★）...................................... 476
十、证券公司次级债的发行规定
（★）.. 478
十一、国际开发机构人民币债券的
发行与承销（★）.................. 479

第三节　债券的交易 480
一、我国的债券交易市场（★）........ 480
二、债券交易方式（★★★）............. 481
三、债券报价的主要方式
（★★★）.................................. 484
四、债券交易流程（★★）............. 485
五、债券登记（★★）................ 485
六、债券托管（★★）................ 486

七、债券兑付及付息（★★）............ 486
　　八、债券评级（★★★）................ 487
　　九、债券结算（★★）.................. 489
　　十、债券市场转托管的定义及条件
　　　　（★★）.......................... 490

过关测试题................................ 491
　　一、选择题............................ 491
　　二、组合型选择题...................... 492

第十章　证券投资基金与衍生工具

第一节　证券投资基金................ 497
　　一、证券投资基金的定义、特征和作用
　　　　（★★★）........................ 497
　　二、基金与股票、债券的区别
　　　　（★★★）........................ 498
　　三、我国证券投资基金的发展概况
　　　　（★★）.......................... 499
　　四、证券投资基金的分类及各类基金的
　　　　含义（★★）...................... 500
　　五、契约型基金与公司型基金的定义与
　　　　区别（★★★）.................... 503
　　六、封闭式基金与开放式基金的定义与
　　　　区别（★★★）.................... 503
　　七、货币市场基金管理内容
　　　　（★★★）........................ 504
　　八、交易所交易的开放式基金
　　　　（★★★）........................ 505
　　九、私募基金（★）.................... 507
　　十、证券投资基金的当事人
　　　　（★★★）........................ 508
　　十一、基金的相关费用（★★）.......... 514
　　十二、基金资产估值（★★★）.......... 516
　　十三、基金的收入与利润分配
　　　　（★★）.......................... 517
　　十四、基金的投资风险（★★★）........ 518
　　十五、基金的投资范围及投资限制
　　　　（★★★）........................ 519

第二节　衍生工具.................... 519
　　一、金融衍生工具概述（★★★）........ 519
　　二、金融期货和金融期货合约
　　　　（★★★）........................ 523
　　三、金融期权（★★★）................ 526
　　四、金融互换（★）.................... 528
　　五、可转换公司债券与可交换公司债券
　　　　（★★★）........................ 530
　　六、资产证券化（★★★）.............. 534
　　七、结构化金融衍生产品（★）.......... 536
　　八、金融衍生工具（★★★）............ 537
　　九、金融衍生工具市场（★★★）........ 537

过关测试题................................ 538
　　一、选择题............................ 538
　　二、组合型选择题...................... 540

第十一章　金融风险管理

第一节　风险概述.................... 543
　　一、金融风险定义与特征
　　　　（★★★）........................ 543
　　二、金融风险的传导（★★）............ 544

三、金融风险的分类（★★★）............ 545

第二节　风险管理 **548**
　　一、风险管理的概念（★★★）............ 548
　　二、风险管理的方法（★★）................ 548
　　三、风险管理工具（★★）.................... 549

　　四、风险管理的过程（★★）................ 550
　　五、风险管理的发展趋势（★）............ 550

过关测试题 **551**
　　一、选择题 551
　　二、组合型选择题 553

下卷　过关测试题参考答案与解析

第六章　金融市场体系 **556**
　　一、选择题 556
　　二、组合型选择题 557

第七章　证券市场主体 **559**
　　一、选择题 559
　　二、组合型选择题 560

第八章　股票市场 **562**
　　一、选择题 562
　　二、组合型选择题 564

第九章　债券市场 **566**
　　一、选择题 566
　　二、组合型选择题 567

第十章　证券投资基金与衍生工具 **569**
　　一、选择题 569
　　二、组合型选择题 570

第十一章　金融风险管理 **572**
　　一、选择题 572
　　二、组合型选择题 573

上卷：证券市场基本法律法规

第○章

考纲分析与应试策略

第一节 考试简介

1995年，国务院证券委发布了《证券从业人员资格管理暂行规定》，开始在我国推行证券业从业人员资格管理制度。根据这个规定，我国于1999年首次举办证券业从业人员资格考试。

2002年，中国证监会赋予中国证券业协会组织证券从业人员资格考试的资格管理职能，并颁布了《证券业从业人员资格管理办法》，中国证券业协会随即建立了教材编写、资格考试、资格管理、从业人员后续教育和培训等一整套的工作体系。

2015年7月，中国证券业协会对证券从业人员资格考试测试制度实施改革，资格考试分为一般从业资格考试、专项业务类资格考试和管理类资格考试三种类别。一般从业资格考试是从业入门级别的考试，主要面向即将进入证券业从业的人员，具体测试考生是否具备证券从业人员执业所需专业基础知识，是否掌握基本证券法律法规和职业道德要求。

一、考试科目

一般从业资格考试的科目为"证券市场基本法律法规"和"金融市场基础知识"两科。根据最近的考试规律，每个季度分地区进行1到2次考试。全部采用网上报名，全国统考。可以单科报考，单科满分为100分，成绩60分合格，成绩长期有效。两门科目考试合格即取得证券行业从业资格。

二、考试形式

SAC证券业从业人员一般从业资格考试，采取闭卷、机考。每套考题共100小题，考生在考试时依顺序点选答题，并可以随时返回任意题目进行重新选择。考试系统会自动显示考生已答和未答题目的序号，以及距离考试结束的时间。为了方便考生计算，考试系统亦提供模拟计算器。考试完成时，考生需要点击"交卷"，并再次确认结束考试。

三、考试题型与答题时间

试题分为选择题和组合型选择题两种题型，每种题型的题目数量、分值及考试时间，见表0-1。

表0-1 单科题型及答题时间

科目	题型	答题时间
证券市场基本法律法规	（1）选择题。50小题，每题1分，共50分 （2）组合型选择题。50小题，每题1分，共50分	120分钟

续表

科目	题型	答题时间
金融市场基础知识	(1)选择题。50小题,每题1分,共50分 (2)组合型选择题。50小题,每题1分,共50分	120分钟

第二节 考试大纲专家解读

本教材面向证券业从业人员一般从业资格考试专业阶段的"证券市场基本法律法规"科目,下面就详细介绍该科目的考试内容。

一、考查要点概览

"证券市场基本法律法规"包括四部分内容,一是证券市场基本法律法规,二是证券从业人员管理,三是证券公司业务规范,四是证券市场典型违法违规行为及法律责任,各部分的考核情况见表0-2。

表0-2 "证券市场基本法律法规"科目的考核要点

章节	最新版考试大纲要求	各章近1年分值比例	内容重要程度
第一章 证券市场基本法律法规	了解证券市场法律法规体系,掌握公司法、证券法、基金法的重要内容,以及期货交易管理条例、证券公司监督管理条例等相关内容	30%	★★★
第二章 证券从业人员管理	熟练掌握从业人员的从业资格和执业行为规范等相关内容	25%	★★★
第三章 证券公司业务规范	掌握证券公司经纪、证券投资咨询、与证券交易证券投资活动有关的财务顾问、证券承销与保荐、证券自营、证券资产管理及融资融券等其他业务	35%	★★★
第四章 证券市场典型违法违规行为及法律责任	熟悉证券一级、二级市场典型违法行为,违法犯罪构成要件,刑事追诉标准,违法违规责任	10%	★★

"证券市场基本法律法规"科目的考试具有考核全面、出题灵活、考点细致等特点。

二、命题趋势分析

与改革前的考试相比,证券市场法律法规成为独立的考试科目,不仅体现了依法治国、依法治市的监管理念,也指明了新形势下证券行业改革的方向。以协会的考试大纲为蓝本,最近的几次考试命题趋势可以总结为以下两点。

1. 考核全面

历年试题的命题范围以考试大纲为依据,基本覆盖了考试大纲所规定的考试内容,考点众多。考生要在规定的考试时间内,完成大量的试题,不仅要求考生牢固掌握专业知识,而且要对教材内容达到相当熟悉的程度。这么多题目分布在教材中,教材中的每一章、每一节都有考题,因此考生一定要按大纲规定范围全面学习,放弃盲目猜题、押题的侥幸心理。

2. 重点突出

证券市场基础法律法规牵涉的具体条文

规范较多，包括对证券从业人员资格管理和执业行为，公司、证券、基金、期货从业相关机构的设立及业务规范管理，行政监管，上市及市场流通过程的种种规范。

- 第一章3部法律和2部行政法规单独成节，各节知识自成体系。公司法重点对公司法人财产权、公司经营原则、子公司分公司法律地位、有限责任公司注册资本制度、有限责任公司组织架构及其职权、有限责任公司股权转让、股份有限公司设立、股份有限公司组织机构及其职权、股份有限公股份发行、高管控股股东关联关系等内容加以考查；证券法重点对发行、交易活动加以规范，对证券交易的条件和方式严加规定，并强化了上市收购方式监管及其法律责任；基金法突出了基金管理人、托管人的权利、义务、责任，详细规定了其设立条件、运营规范和禁止行为，强调基金财产的独立性要求和意义，区分了公开募集和非公开募集基金的细节。期货交易管理条例方面，则对期货交易所、期货公司的设立、职责和期货交易的基本规则严加考查。证券公司监督管理条例，对券商设立条件、经营原则、业务和章程变更、分支机构设置、开户管理、客户资产保护、信息报送等内容详加考查。

- 第二章主要针对从业人员的资格管理、执业申请流程、注册要求、诚信档案及违法违法处罚等方面对证券经纪业务销售人员、投资咨询人员、资产管理业务投资管理主办人、保荐代表人和财务顾问主办人加以考查，对从业人员的执业行为范围和禁止行为，及其违法违规的责任处罚的相关规定。

- 第三章主要是关于证券公司业务规范，在券商业务规范过程中自然会涉及从业人员的规范，这就与第二章部分内容有所重叠。其中，证券经纪业务的禁止行为、对经纪业务的监管措施、投资咨询管理规定、投资顾问业务内部规定、证券公司不得担任财务顾问的情形、证券公司不得担任独立财务顾问的情形、证券发行保荐业务一般规定、违反证券发行与承销有关规定的处罚措施、证券公司自营业务的投资范围、证券公司自营业务持仓规模要求、自营业务禁止性行为、资产管理业务办理要求、资产管理业务禁止行为、资产管理业务客户资产委托基本要求、融资融券业务管理原则、融资融券业务的账户体系、监管部门对融资融券业务的监管规定等内容需要重点关注。

- 第四章主要是对证券一级市场欺诈发行股票、债券的犯罪构成、刑事追诉标准及法律责任，非法集资类犯罪构成、立案追诉及法律责任，违规披露、不披露重要信息的行政、刑事责任认定；证券二级市场诱骗投资者买卖证券的形式责任认定，利用未公开信息交易罪、内幕交易、泄露内幕信息罪的认定，操纵证券、期货市场罪，背信运用受托财产的犯罪构成、刑事追诉标准及法律责任等内容的考查。

第三节 应试经验与技巧

"证券市场基本法律法规"科目的机考，一般情况下是从题库中随机为每位考生抽取100道题目。这样考试试题的涉及面广，考生必须做到全面复习。

此外，考虑到机考题型比较单一，因而试题难度会有所上升。因此，考生在牢固、熟练掌握教材内容的同时，要善于归纳，分题型加强练习，以适应机考的答题模式。本科目涉及计算题的考点不多，因此在计算方面不需要担心。

一、选择题

仔细审题,弄清题目要求,看清楚是选择"正确的"还是选择"错误的"。对于考查概念、重点知识点的题目,分析时应联系教材内容。分析题意,抓住题目的关键字眼,注意区分细微差别。

二、组合型选择题

解题时不能只看选项是否正确,最主要的是要看其内容与题干是否一致,是否符合题目要求。浏览选项时要注意各个选项之间的相关性以及选项与题意的相关性,从不同范围、不同条件上找出与题干相符合的正确选项,避免多选、漏选和错选。

下面分别介绍各类题型的解答技巧。首先要清楚题意和所有备选答案,常用的解题方法有以下4种。

1. 直接挑选法

这类试题一般属于法规、制度和规定性的内容,或者计算性的。考生只要掌握教材中知识的考查点,就能直接作出正确的选择,或者通过计算选择正确的答案。下面举例说明。

【例题·选择题】证券公司选择客户时,要求客户在申请开展融资融券业务的证券公司所属营业部开设普通证券账户并从事交易满( )年以上。
A. 半   B. 1
C. 2   D. 3

【解析】此题直接根据融资融券的知识点进行选择即可:证券公司选择客户时,要求客户在申请开展融资融券业务的证券公司所属营业部开设普通证券账户并从事交易满半年以上(试点初期一般要求满18个月以上)。

【答案】A

2. 排除法

主要做法是将备选答案中不正确或不符题意的选项排除,从剩余选项中选出正确答案。

【例题·选择题】证券发行人在证券到期时无法还本付息而使投资者遭受损失的风险是指( )。
A. 系统风险   B. 信用风险
C. 经营风险   D. 财务风险

【解析】本题考查投资风险相关内容。选项A,系统风险是由于多种因素导致的不可分散风险;选项C,经营风险直接与公司经营、决策有关;选项D,财务风险与公司的财务结构、融资、偿债能力有关;排除了前面的A、C、D选项,剩余的选项B即为正确答案。

【答案】B

3. 比较法

比较法是对两个相对的概念、范围、性质进行对比,将其进行归类,从而得到相符合的答案。

【例题·组合型选择题】证券交易所的监管职能包括( )。
Ⅰ. 对证券交易活动进行管理
Ⅱ. 对会员进行管理以及对上市公司进行管理
Ⅲ. 对全国证券、期货业进行集中统一监管
Ⅳ. 维护证券市场秩序,保障其合法运行
A. Ⅰ、Ⅱ   B. Ⅰ、Ⅲ、Ⅱ
C. Ⅲ、Ⅳ   D. Ⅱ、Ⅳ

【解析】Ⅲ、Ⅳ选项相对于Ⅰ、Ⅱ选项而言,其涉及范围更广、涉及的法律层级更高,属于中国证监会的职能,两相对比不难选出A选项。

【答案】A

4. 猜测法

考试中遇有确实不会的题目可选用猜测法，需要考生按照平时学习时立法原则、保护投资者利益、维护市场稳定运行等大方针，猜测命题人可能的思路，进行合理的推断，选择最为接近的答案即可。

第四节 学习方法与建议

教材是考试大纲的具化，考试的范围、命题依据一般不会超出教材。同样，万变不离其宗，无论试题如何变化，也不会脱离教材。因而，教材是复习考试的基础，建议考生对本教材反复通读、精读，全面掌握相关知识点，精准掌握本教材提供的所有例题。

一般情况下，复习会经过以下3步。

第一，看懂。通过看教材进行系统学习，对不懂的知识点反复研读，并通过教材上的例题进行深入理解，以透彻掌握该知识点。

第二，总结。在熟悉所有的知识点之后，要注意梳理教材中的知识点，理解各章节所总结的解题要点。

第三，练习。多练习可以加深对知识点的理解和认识。本教材每章均提供适量的高质量试题。同时，本教材的配套光盘中也提供了不少真题与模拟题。因而，考生不仅可以在本教材上练习，还可以通过光盘软件系统中的试题进行练习。

对于学习方法，具体建议如下。

1. 做好学习计划，合理分配学习时间

考生一定要清楚考试时间，并计算自己的学习时间有多少。在此基础上，根据考试重点、难点合理分配学习时间。

就"证券市场基本法律法规"科目而言，三大法、从业人员管理、证券公司业务规范的考试分值较多，难度较大，这部分所需的学习时间在90%以上。考生在学习时一定要有耐心和信心，不要半途而废。证券市场典型违法违规行为这部分的内容分值不大，但考题中涉及许多数据，也要多加留意。

2. "学"要系统，"练"要精细

在学习时，首先要系统地研读教材，全面掌握知识点，做到融会贯通，只有这样才能应对"证券市场基本法律法规"科目在各章均会出题的命题规律。

同时要学练结合。练习时，不要搞题海战术，尤其是不能一开始就做大量习题，这样容易迷失在"题海"里。要知道题不是越多越好，也不是越难越好。做题时，需要重视的是本教材的经典例题、历年真题。这些试题才是最接近无纸化考试题库真题的，也最能反映命题者的命题特点。因此，练习在于精，不在于多。在做题过程中，要注意收集错题，反复推敲做错的原因：是该知识点未能透彻掌握，以致换个出题角度就迷糊了？还是粗心大意，看题不仔细……记住，错题也是"宝"，要时时翻看，不可做过即忘。

3. 书盘结合使用，讲求学习效率

本教材配套光盘的软件系统主要有同步练习，与书中各章练习同步；题型特训，按照真考题型划分，提供每一类题型的特训试题；模拟考场，为考生提供无纸化考试方式与考试环境。

因而，考生在认真复习教材后，通过配套光盘进行有针对性地系统练习，便可熟悉各类知识点、各种题型的命题点、常考点，并熟悉无纸化模拟考试系统，为机考做好充分准备，从而顺利通过考试。

第一章

证券市场基本法律法规

本章主要介绍了证券市场的基本律法,主要涉及《公司法》《证券法》《基金法》3部法律;《期货交易管理条例》《证券公司监督管理条例》2项行政法规以及相关的一些部门规章和自律性规则。这些法律法规是我国证券市场、行业有效运行的基本规范,也是各参与当事方和从业人员从事证券相关业务的基本依据,同时也是后续学习的基础。这些法律法规为市场的规范、有序发展提供了重要保障。本章属于重点章节,内容较多,历次考试中平均分值为30分左右,考生应重点掌握高频考点相关内容。

本章考点预览

第一章 证券市场基本法律法规	第一节 证券市场的法律法规体系	一、证券市场法律法规体系的主要层次	★★
		二、证券市场各层级的主要法律、法规	★
	第二节 公司法	一、公司的种类	★★★
		二、公司法人财产权的概念	★★
		三、关于公司经营原则的规定	★★
		四、分公司和子公司的法律地位	★★
		五、公司的设立方式及设立登记的要求	★
		六、公司章程的内容	★
		七、公司对外投资和担保的规定	★★
		八、关于禁止公司股东滥用权利的规定	★★
		九、有限责任公司的设立和组织机构	★
		十、有限责任公司注册资本制度	★★
		十一、有限责任公司股东会、董事会、监事会的职权	★★
		十二、有限责任公司股权转让的相关规定	★★★
		十三、股份有限公司的设立方式与程序	★★★
		十四、股份有限公司的组织机构	★★

续表

第一章 证券市场基本法律法规	第二节 公司法	十五、股份有限公司的股份发行和转让	★★
		十六、上市公司组织机构的特别规定	★★
		十七、董事、监事和高级管理人员的义务和责任	★
		十八、公司财务会计制度的基本要求和内容	★★★
		十九、公司合并、分立的种类及程序	★
		二十、高级管理人员、控股股东、实际控制人、关联关系的概念	★★
		二十一、虚报注册资本、欺诈取得公司登记、虚假出资、抽逃出资、另立账簿、财务会计报告虚假记载的法律责任	★★
	第三节 证券法	一、证券法适用的范围	★★
		二、证券发行和交易的"三公"原则	★★★
		三、发行交易当事人的行为准则	★★★
		四、证券发行、交易活动禁止行为的规定	★★★
		五、公开发行证券的有关规定	★★★
		六、证券承销业务的种类、承销协议的主要内容及证券销售期限	★★
		七、承销团及主承销人	★★
		八、股票代销制度	★★
		九、证券交易的条件及方式等一般规定	★★★
		十、股票上市的条件、申请和公告	★★★
		十一、债券上市的条件和申请	★★★
		十二、证券交易暂停和终止的情形	★★
		十三、信息公开制度及信息公开不实的法律后果	★★
		十四、内幕交易行为	★★★
		十五、操纵证券市场行为	★★
		十六、虚假陈述、信息误导行为和欺诈客户行为	★★★
		十七、上市公司收购的概念和方式	★★★
		十八、上市公司收购的程序和规则	★★
		十九、违反证券发行规定的法律责任	★★
		二十、违反证券交易规定的法律责任	★★
		二十一、上市公司收购的法律责任	★★★
		二十二、违反证券机构管理、人员管理相关规定的法律责任及证券机构的法律责任	★★

续表

第一章 证券市场基本法律法规	第四节 基金法	一、基金管理人、基金托管人和基金份额持有人的概念、权利和义务	★★★
		二、设立基金管理公司的条件	★
		三、基金管理人的禁止行为	★★
		四、公募基金运作的方式	★
		五、基金财产的独立性要求	★★★
		六、基金财产债权债务独立性的意义	★★★
		七、基金公开募集与非公开募集的区别	★★
		八、非公开募集基金的合格投资者要求	★
		九、非公开募集基金的投资范围	★
		十、非公开募集基金管理人的登记及非公开募集基金的备案要求	★
		十一、相关的法律责任	★
	第五节 期货交易管理条例	一、期货的概念、特征及种类	★★★
		二、期货交易所的职责	★★
		三、期货交易所会员管理、内部管理制度的相关规定	★
		四、期货公司设立的条件	★
		五、期货公司的业务许可制度	★
		六、期货交易的基本规则	★
		七、期货监督管理的基本内容	★
		八、期货相关法律责任的规定	★
	第六节 证券公司监督管理条例	一、证券公司依法审慎经营、履行诚信义务的规定	★★
		二、禁止证券公司股东和实际控制人滥用权利、损害客户权益的规定	★★
		三、证券公司股东出资的规定	★
		四、关于成为持有证券公司5%以上股权的股东、实际控制人资格的规定	★
		五、证券公司设立时业务范围的规定	★★★
		六、证券公司变更公司章程重要条款的规定	★★
		七、证券公司合并、分立、停业、解散或者破产的相关规定	★
		八、证券公司及其境内分支机构的设立、变更、注销登记的规定	★
		九、有关证券公司组织机构的规定	★★

续表

第一章 证券市场基本法律法规	第六节 证券公司监督管理条例	十、证券公司及其境内分支机构经营业务的规定	★★★
		十一、证券公司为客户开立证券账户管理的有关规定	★★★
		十二、关于客户资产保护的相关规定	★★
		十三、证券公司客户交易结算资金管理的规定	★★
		十四、证券公司信息报送的主要内容	★
		十五、证券监督管理机构对证券公司进行监督管理的主要措施（月度报告、年度报告、信息披露、检查、责令限期整改的情形及可采取的措施）	★
		十六、证券公司主要违法违规情形及其处罚措施	★

第一节 证券市场的法律法规体系

考情分析：本节属于非重点内容，主要介绍了证券市场法律法体系相关知识，主要考点为证券市场法律法规体系的主要层次、证券市场各层级的主要法律法规。本节考试题型为选择题，考试分值为1分左右。

学习建议：在理解的基础上进行适当的记忆即可，重点掌握证券市场法律、法规的四个层次，并熟悉各层级主要法律、法规的相关内容。

一、证券市场法律法规体系的主要层次（★★）

经过20多年的发展，一套较为完善的证券业监管法律法规体系已经初步建立，主要包括基本法律、行政法规、部门规章及规范性文件和行业自律机构制定的自律性规则。

证券市场的法律、法规分为图1-1所示的四个层次。

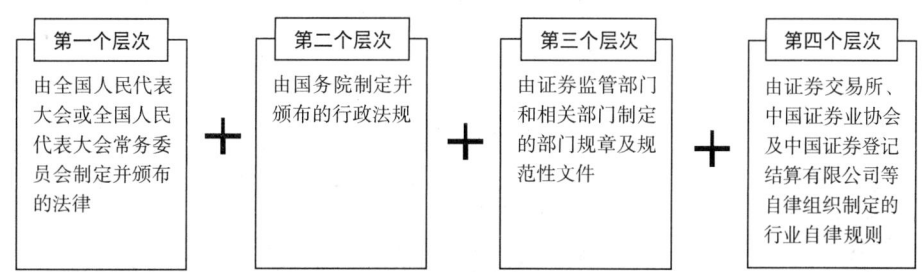

图1-1 证券市场法律法规体系的主要层次

大量相关法律法规的相继出台，对证券、期货、证券投资基金等方面的规范和发展起到了重要作用。

证券市场法律、法规四个层次的法律效力依次递减。

【例题·选择题】涉及证券市场的法律、法规中，行政法规是由（　　）制定并颁布的。
A. 全国人民代表大会
B. 国务院
C. 各地方政府
D. 中国证券监督管理委员会

【解析】本题考查证券市场法律法规体系的主要层次。从四个层次的法律法规可知，行政法规应该由国务院制定和颁布，因此，答案为B选项。

【答案】B

二、证券市场各层级的主要法律、法规（★）

目前，我国已经建立了一套较为完整的证券业监管法律法规体系，各层级的主要法律、法规见表1-1。

表1-1 证券市场各层级的主要法律、法规

类　　别	具体内容
法律 （第一层次）	《中华人民共和国证券法》（以下简称《证券法》）、《中华人民共和国证券投资基金法》（以下简称《基金法》）、《中华人民共和国公司法》（以下简称《公司法》）、《中华人民共和国刑法》（以下简称《刑法》）等
行政法规 （第二层次）	《证券公司监督管理条例》《证券公司风险处置条例》《证券、期货投资咨询管理暂行办法》等
部门规章及规范性文件 （第三层次）	《证券发行与承销管理办法》《首次公开发行股票并在创业板上市管理暂行办法》《上市公司信息披露管理办法》《证券公司融资融券业务试点管理办法》《证券市场禁入规定》等

续表

类　　别	具体内容
行业自律规则 （第四层次）	（1）证券交易所自律性规则：《上海证券交易所交易规则》《深圳证券交易所交易规则》《上海证券交易所会员管理规则》《深圳证券交易所会员管理规则》《上海证券交易所股票上市规则》《深圳证券交易所股票上市规则》等 （2）中国证券业协会自律性规则：《证券从业人员执业行为准则》《首次公开发行股票配售细则》《首次公开发行股票承销业务规范》等 （3）中国证券登记结算有限责任公司制定的自律性规则：《中国证券登记结算有限责任公司证券账户业务指南》《证券账户管理规则》《中国证券登记结算有限责任公司结算银行证券资金结算业务管理办法》等

名师点拨 证券市场法律还包括与资本市场有着密切联系的法律：《中华人民共和国物权法》（以下简称《物权法》）、《中华人民共和国反洗钱法》（以下简称《反洗钱法》）、《中华人民共和国企业破产法》（以下简称《企业破产法》）等。

第二节　公司法

考情分析：本节属于重点小节，主要介绍了《公司法》的相关内容，涉及的概念较多，法律条文繁杂，考点细碎，主要考点包括公司概念及种类、公司法人财产权、公司经营原则、分公司和子公司的法律地位、公司对外投资和担保的规定、有限责任公司的设立与组织机构、有限责任公司注册资本制度、有限责任公司各机构的职权、有限责任公司

股权转让、股份有限公司的设立及程序、股份有限公司的组织机构和相关人员职权、上市公司组织的特别规定、公司财务会计制度、公司合并分立和相关法律责任等内容。本节考试题型为选择题、组合型选择题,考试分值9分左右。

学习建议:全面熟悉本节内容,采用对比的方法,在理解的基础上记忆,归纳总结与例题精讲相结合,重点掌握公司的种类、公司的设立方式与程序、公司组织机构、机构及相关人员职权、公司股权转让、公司财务会计制度等内容。

一、公司的种类(★★★)

根据《公司法》的规定,公司是指依法成立的,以营利为目的的,由股东投资形成的企业法人。

公司可分为有限责任公司和股份有限公司两大类。

(1)有限责任公司也称有限公司,是指由50个以下股东共同出资设立,股东以其所认缴的出资额为限对公司承担有限责任,公司以其全部资产对其债务承担责任的公司。

(2)股份有限公司也称股份公司,是指全部资本分成等额股份,股东以其认购的股份为限对公司承担责任,公司以其全部资产对公司债务承担责任的公司。

 按不同的分类标准,还可将公司分为以下几种常见的类型,如表1-2所示。

表1-2 公司的种类

种类		主要内容
总公司和分公司	总公司	又称本公司,是管辖该公司全部组织的具有企业法人资格的总机构
	分公司	是指业务、资金、人事等各方面受总公司管辖和控制而不具有法人资格的分支机构。分公司不具有法人资格,可以在总公司的授权范围内进行经营活动,由总公司承担法律后果
母公司和子公司	母公司	是指拥有其他公司一定比例的股份或者根据协议可以支配或控制其他公司的人事、财务、业务等事项的公司
	子公司	是指一定数额的股份被另一个公司控制或依照协议被另一公司实际控制、支配的公司
上市公司和非上市公司	上市公司	是指所发行的股票经国务院或者国务院授权证券管理部门批准在证券交易所上市交易的股份有限公司
	非上市公司	是指其股票不能在证券交易所上市交易的股份有限公司。非上市公司有时泛指上市公司以外的所有公司
本国公司和外国公司		以公司的国籍为标准,凡是依据中国法律在中国登记与批准设立的公司,均为中国公司,是中国法人;反之均为外国公司

二、公司法人财产权的概念（★★）

公司法人财产权是指公司拥有由出资者投资形成的法人财产，并依法对财产行使占有、使用、受益、处分的权利。

我们可以从下面几个方面对公司法人财产权的概念进行全面理解。

（1）公司作为企业法人，必须有其可控制与支配的财产，以从事经营活动，享有独立的法人财产权。

（2）公司拥有出资者投资形成的全部法人财产权，成为享有民事权利、承担民事责任的法人实体。

（3）公司以其全部法人财产，依法自主经营，自负盈亏，对出资者承担资产保值增值的责任。

（4）出资者按投入企业的资本额享有所有者的权益，同时以投入企业的资本额对企业债务承担有限责任。

知识拓展 有限责任公司的股东以其认缴的出资额为限对公司承担责任；股份有限公司的股东以其认购的股份为限对公司承担责任。如果企业长期亏损，资不抵债的应依法破产，企业破产时，出资者只以投入企业的资本额对企业债务负有限责任。

公司的财产包括动产、不动产；货币组成的有形财产、无形财产。公司的财产与股东的个人财产相分离，这是公司财产的一个重要特征。

【例题·组合型选择题】法人财产权是指公司拥有由出资者投资形成的法人财产，并依法对财产行使（ ）的权利。
Ⅰ．占有
Ⅱ．受益
Ⅲ．使用
Ⅳ．处分
A．Ⅰ、Ⅱ、Ⅳ
B．Ⅱ、Ⅳ
C．Ⅰ、Ⅲ
D．Ⅰ、Ⅱ、Ⅲ、Ⅳ
【解析】本题考查法人财产权的概念。《公司法》规定，公司拥有出资者投资形成的全部法人财产权，并依法对财产行使占有、使用、受益、处分的权利。
【答案】D

三、关于公司经营原则的规定（★★）

公司从事经营活动，必须遵守法律、法规，诚实守信，遵守社会公德、商业道德，接受政府和社会公众的监督，自觉维护市场秩序，承担社会责任。公司的合法权益受法律保护，不受侵犯。

公司经营原则的具体内容如表1-3所示。

表1-3 公司经营原则

种 类	主要内容
合法经营原则	公司的所有经营活动、经营对象、经营方法、经营渠道等都必须符合法律规定
自主经营原则	公司作为法人实体，自主决定经营内容、方法，组织经营活动，独立地作出经营决策，不受公司以外的非法的干预
自负盈亏原则	公司对自主经营中所产生的经济后果自行负责。无论出现盈利或者亏损，都由公司自行承担责任。自负盈亏和自主经营是结合在一起的
依法接受国家宏观调控的原则	公司作为市场经济的参与者，受到宏观经济的影响，也必然要受到国家宏观调控的影响。公司应服从于国家总的经济政策，接受国家依法采取的宏观调控措施
实现资产保值增值的原则	公司作为市场主体，在经营活动中遵循以营利为目的的原则，根据市场需求组织生产、经营。在市场竞争中致力于发展创新、降低成本、提高劳动效率，实现资产保值增值

四、分公司和子公司的法律地位（★★）

1. 分公司

（1）公司可以设立分公司，设立分公司应向公司登记机关申领营业执照。

（2）分公司不具有法人资格，其民事责任由总公司承担。

2. 子公司

公司可以设立子公司，子公司具有法人资格，能够依法独立承担民事责任。

母公司和子公司之间虽然存在着控制和被控制的关系，但都具有法人资格，都各自承担相应的民事责任。

五、公司的设立方式及设立登记的要求（★）

1. 设立方式

公司设立的方式基本为两种，即发起设立和募集设立，其相关内容如表1-4所示。

表1-4 发起设立和募集设立

设立方式	解 释	适用范围
发起设立	又称"同时设立""单纯设立"，是指公司的全部股份或首期发行的股份由发起人自行认购而设立公司的方式	有限责任公司、股份有限公司
募集设立	又称"渐次设立"或"复杂设立"，是指发起人只认购公司股份或首期发行股份的一部分，其余部分对外募集而设立公司的方式	股份有限公司

有限责任公司只能采取发起设立的方式，由全体股东出资设立。募集设立既可以是通过向社会公开发行股票的方式设立，也可以是不发行股票而只向特定对象募集而设立。

2. 公司设立登记要求

根据《公司法》的规定，公司登记应符合下列要求。

（1）依法办理登记手续。法律、行政法规规定设立公司应当在公司登记前依法办理批准手续，符合《公司法》相关规定的给予登记，不符合的则不予登记。

（2）依法设立的公司，由登记机关发给营业执照。营业执照的签发日期为公司成立日期。

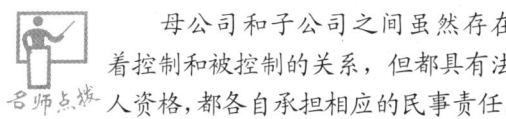
公司营业执照应当载明公司的名称、住所、注册资本、经营范围、法定代表人姓名等内容。

（3）依法设立的有限责任公司，必须在公司名称中标明有限责任公司或者有限公司字样；依法设立的股份有限公司，必须在公司名称中标明股份有限公司或者股份公司字样。

（4）设立公司必须依法制定公司章程。公司章程对公司、股东、董事、监事、高级管理人员具有约束力。

（5）公司经营范围由公司章程规定，并依法登记。公司可以修改章程，变更经营范围，但应当办理变更手登记。

如果公司的经营范围中属于法律、行政法规规定须经批准的项目，应当依法经过批准。

（6）公司法定代表人依照公司章程的规定，由董事长、执行董事长或者经理担任，并依法登记。公司法定代表人变更，应当办理变更登记。

公司名称预先核准

（1）根据《公司登记管理条例》的规定，设立公司应当向公司登记机关申请公司名称的预先核准。

（2）设立有限责任公司，应当由全体股东指定的代表或者共同委托的代理人向公司登记机关申请名称预先核准；设立股份有限公司，应当由全体发起人指定的代表或者共同委托的代理人向公司登记机关申请名称预先核准。

（3）预先核准的公司名称保留期为6个月。预先核准的公司名称在保留期内不得用于从事经营活动，不得转让。

3．公司设立登记程序

公司设立登记程序的相关内容如下。

（1）公司设立人首先应当向其所在地工商行政管理机关提出申请。

（2）设立有限责任公司应由全体股东指定的代表或共同委托的代理人作为申请人；设立国有独资公司应由国务院或地方政府授权的本级国有资产监督管理机构作为申请人；设立股份有限公司应由董事会作为申请人。

（3）申请设立有限责任公司应向公司登记机关提交相关文件。

（4）设立股份有限公司，应当由董事会向公司登记机关申请设立登记。以募集方式设立股份有限公司的，应当于创立大会结束后30日内向公司登记机关申请设立登记。

申请设立有限责任公司和股份有限公司，应当向公司登记机关提交以下文件。

（1）公司法定代表人签署的设立登记申请书。
（2）全体股东指定代表或者共同委托代理人的证明。
（3）公司章程。
（4）股东的主体资格证明或者自然人身份证明。
（5）载明公司董事、监事、经理的姓名、住所的文件以及有关委派、选举或者聘用的证明。
（6）公司法定代表人任职文件和身份证明。
（7）企业名称预先核准通知书。
（8）公司住所证明。
（9）国家工商行政管理总局规定要求提交的其他文件。

法律、行政法规或者国务院决定规定设立股份有限公司必须报经批准的，还应当提交有关批准文件。

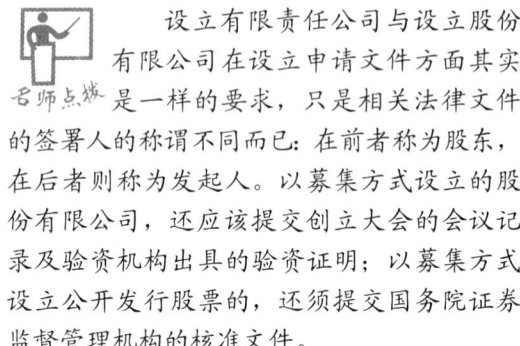
设立有限责任公司与设立股份有限公司在设立申请文件方面其实是一样的要求，只是相关法律文件的签署人的称谓不同而已：在前者称为股东，在后者则称为发起人。以募集方式设立的股份有限公司，还应该提交创立大会的会议记录及验资机构出具的验资证明；以募集方式设立公开发行股票的，还须提交国务院证券监督管理机构的核准文件。

4．公司设立登记的法律效力

依法设立的公司，由公司登记机关发给《企业法人营业执照》。公司营业执照签发日期为公司成立日期。公司凭公司登记机关核发的《企业法人营业执照》刻制印章，开立银行账户，申请纳税登记。

公司经设立登记的法律效力就是使公司取得法人资格，进而取得从事经营活动的合法身份。公司登记在本质上仍属公司设立行为，是公司设立这一系列行为的最后一个阶段，而公司成立则是公司设立和公司登记的法律后果。

六、公司章程的内容（★）

公司章程是指公司依法制定的，载明了公司名称、宗旨、资本、住所、经营范围、经营管理制度和组织机构等内容的基本法律文件。作为公司组织与行为的基本准则，公司章程对公司的成立及运营具有十分重要的意义。

（1）公司章程对公司、股东、董事、监事、高级管理人员具有约束力。

（2）公司经营范围由公司章程规定，并依法登记，如果修改章程和经营范围，则必须办理变更登记。公司的经营范围中属于法律、行政法规规定须经批准的项目，应当依法经过批准。

（3）根据公司章程的规定，公司法定代

表人由董事长、执行董事或者经理担任,并依法登记,如果变更法人代表,应当办理变更登记。

> **名师点拨** 公司章程是股东共同一致的意思表示,规定了公司组织和活动的基本准则,是公司的宪章。公司章程具有法定性、真实性、自治性和公开性的基本特征。

七、公司对外投资和担保的规定(★★)

公司作为市场经济主体,可以对外投资和为他人提供担保。公司对外投资和担保的具体规定如表1-5所示。

表1-5 公司对外投资和担保的具体规定

事 项	具体规定
对外投资	公司可以向其他企业投资;但是,除法律另有规定外,不得成为对所投资企业的债务承担连带责任的出资人
对外担保	(1)公司向其他企业投资或提供担保,按照公司章程的规定由董事会或者股东(大)会作出决议。 (2)公司章程对投资或者担保总额及单项投资或担保的数额有严格规定的,不得突破该限额。 (3)公司为公司股东或者实际控制人提供担保的,必须经股东(大)会决议。公司的实际控制人,是指虽然不是公司的股东,但通过投资关系、协议或者其他安排,能够实际支配公司行为的人。 (4)在决议表决时,被担保人不得参加表决。该项表决应由出席会议的其他股东所持表决权的过半数通过

> **名师点拨** 公司提供担保的主要方式有保证、抵押和质押。公司对外投资和为他人提供担保,需要承担相应的责任,因此会对公司和股东的利益产生影响。

八、关于禁止公司股东滥用权利的规定(★★)

根据《公司法》的规定,公司股东应当遵守法律、行政法规和公司章程,依法行使股东权利,不得滥用股东权利损害公司或者其他股东的利益;不得滥用公司法人独立地位和股东有限责任损害公司债权人的利益。具体规定如下。

(1)公司股东滥用股东权利给公司或者其他股东造成损失的,应当依法承担赔偿责任。

(2)公司股东滥用公司法人独立地位和股东有限责任,逃避债务,严重损害公司债权人利益的,应当对公司债务承担连带责任。

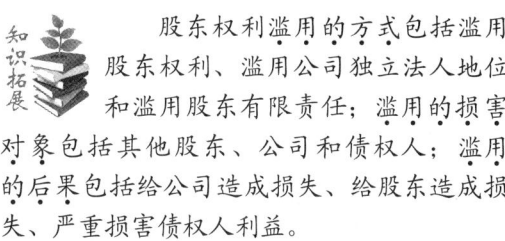

> **知识拓展** 股东权利滥用的方式包括滥用股东权利、滥用公司独立法人地位和滥用股东有限责任;滥用的损害对象包括其他股东、公司和债权人;滥用的后果包括给公司造成损失、给股东造成损失、严重损害债权人利益。

九、有限责任公司的设立和组织机构(★)

1. 有限责任公司的设立

有限责任公司的设立必须满足以下条件。

(1)股东的人数和资格。

股东人数最多不能超过50人,最少1人。允许设立一人公司。除国有独资公司外,有限责任公司的股东可以是自然人,也可以是法人。

(2)注册资本。

有符合公司法、公司章程规定的全体股东认缴的出资额作为公司资本,并规定注册资本、出资方式及期限和出资程序等。法律、行政法规以及国务院对有限责任公司注册资本实缴、注册资本最低限额另有规定的,从其规定。

（3）组织条件。

股东共同制定公司章程，建立组织机构。

设立有限责任公司除需要具备上述三项条件外，还应当具备下列条件。

①有公司名称。

②有公司的组织机构。

③有必要的生产经营条件。

【例题·选择题】设立有限责任公司应当具备的条件不包括（　）。

A．股东符合法定人数

B．股东共同制定公司章程

C．有符合公司章程的部分股东认缴的出资额

D．有公司名称，建立符合有限责任公司要求的组织结构

【解析】根据《公司法》，设立有限责任公司应当具备的条件有：①股东符合法定人数；②有符合公司章程的全体股东认缴的出资额；③股东共同制定公司章程；④股东共同制定公司章程。

【答案】C

（4）出资方式。

股东可以用货币出资，也可以用实物、知识产权、土地使用权等可以用货币估价并可以依法转让的非货币财产作价出资；但是，法律、行政法规规定不得作为出资的财产除外。

对作为出资的非货币财产应当评估作价，核实财产，不得高估或者低估作价。法律、行政法规对评估作价有规定的，从其规定。

（5）出资证明书。

有限责任公司成立后，应当向股东签发出资证明书。

出资证明书应当载明下列事项。

①公司名称。

②公司成立日期。

③公司注册资本。

④股东的姓名或者名称、缴纳的出资额和出资日期。

⑤出资证明书的编号和核发日期。

出资证明书由公司盖章。

（6）有限责任公司应当置备股东名册。

①记载于股东名册的股东，可以依股东名册主张行使股东权利。

②公司应当将股东的姓名或者名称向公司登记机关登记；登记事项发生变更的，应当办理变更登记。未经登记或者变更登记的，不得对抗第三人。

2．有限责任公司的组织机构

（1）有限责任公司组织机构的相关规定。

有限责任公司的组织机构的相关规定如下。

①有限责任公司的组织机构为股东会、董事会和监事会。

②股东人数较少和规模较小的有限责任公司，其组织机构为股东会、执行董事和监事。

③一人有限责任公司不设股东会。

④国有独资有限责任公司，其组织机构为股东会、董事会和监事会。

修改公司章程、增减注册资本的决议，以及公司合并、分立、解散或者变更公司形式，必须经过股东会会议代表三分之二以上表决权的股东通过。

 执行机构——经理，是选设机构，而不是必设机构。股份有限公司的发起人数是2至200人。

（2）有限责任公司股东会职权。

有限责任公司股东会由全体股东组成。股东会是公司的权力机构，依照公司法行使职权。股东会行使下列职权。

①决定公司的经营方针和投资计划。

②选举和更换非由职工代表担任的董事、监事，决定有关董事、监事的报酬事项。

③审议批准董事会的报告。

④审议批准监事会或者监事的报告。

⑤审议批准公司的年度财务预算方案、决算方案。

⑥审议批准公司的利润分配方案和弥补亏损方案。

⑦对公司增加或者减少注册资本作出决议。

⑧对发行公司债券作出决议。

⑨对公司合并、分立、解散、清算或者变更公司形式作出决议。

⑩修改公司章程。

⑪公司章程规定的其他职权。

对前款所列事项股东以书面形式一致表示同意的,可以不召开股东会会议,直接作出决定,并由全体股东在决定文件上签名、盖章。

(3) 召开股东会。

首次股东会会议由出资最多的股东召集和主持,依照本法规定行使职权。

股东会会议分为定期会议和临时会议。定期会议应当依照公司章程的规定按时召开。代表十分之一以上表决权的股东,三分之一以上的董事,监事会或者不设监事会的公司的监事提议召开临时会议的,应当召开临时会议。

①有限责任公司设立董事会的,股东会会议由董事会召集,董事长主持;董事长不能履行职务或者不履行职务的,由副董事长主持;副董事长不能履行职务或者不履行职务的,由半数以上董事共同推举一名董事主持。

②有限责任公司不设董事会的,股东会会议由执行董事召集和主持。

③董事会或者执行董事不能履行或者不履行召集股东会会议职责的,由监事会或者不设监事会的公司的监事召集和主持;监事会或者监事不召集和主持的,代表十分之一以上表决权的股东可以自行召集和主持。

④召开股东会会议,应当于会议召开15日前通知全体股东;但是,公司章程另有规定或者全体股东另有约定的除外。

股东会应当对所议事项的决定做成会议记录,出席会议的股东应当在会议记录上签名。

(4) 议事方式和决策程序。

股东会的议事方式和表决程序,除本法有规定的外,由公司章程规定。

①股东会会议由股东按照出资比例行使表决权;但是,公司章程另有规定的除外。

②股东会会议作出修改公司章程、增加或者减少注册资本的决议,以及公司合并、分立、解散或者变更公司形式的决议,必须经代表三分之二以上表决权的股东通过。

(5) 董事会设立及董事任职任期。

董事会设立相关规定如下。

①有限责任公司设董事会,其成员为3人至13人;但是,法律另有规定的除外。

②两个以上的国有企业或者两个以上的其他国有投资主体投资设立的有限责任公司,其董事会成员中应当有公司职工代表;其他有限责任公司董事会成员中可以有公司职工代表。董事会中的职工代表由公司职工通过职工代表大会、职工大会或者其他形式民主选举产生。

③董事会设董事长1人,可以设副董事长。董事长、副董事长的产生办法由公司章程规定。

董事任期相关规定如下。

①董事任期由公司章程规定,但每届任期不得超过3年。董事任期届满,连选可以连任。

②董事任期届满未及时改选,或者董事在任期内辞职导致董事会成员低于法定人数的,在改选出的董事就任前,原董事仍应当依照法律、行政法规和公司章程的规定,履行董事职务。

(6) 董事会职权。

董事会对股东会负责,行使下列职权。

①召集股东会会议,并向股东会报告工作。

②执行股东会的决议。
③决定公司的经营计划和投资方案。
④制订公司的年度财务预算方案、决算方案。
⑤制订公司的利润分配方案和弥补亏损方案。
⑥制订公司增加或者减少注册资本以及发行公司债券的方案。
⑦制订公司合并、分立、解散或者变更公司形式的方案。
⑧决定公司内部管理机构的设置。
⑨决定聘任或者解聘公司经理及其报酬事项，并根据经理的提名决定聘任或者解聘公司副经理、财务负责人及其报酬事项。
⑩制定公司的基本管理制度。
⑪公司章程规定的其他职权。

（7）董事会会议。

董事会会议由董事长召集和主持；董事长不能履行职务或者不履行职务的，由副董事长召集和主持；副董事长不能履行职务或者不履行职务的，由半数以上董事共同推举一名董事召集和主持。

①董事会的议事方式和表决程序，除本法有规定的外，由公司章程规定。
②董事会应当对所议事项的决定做成会议记录，出席会议的董事应当在会议记录上签名。
③董事会决议的表决，实行一人一票。

（8）经理的职权。

有限责任公司可以设经理，由董事会决定聘任或者解聘。经理对董事会负责，行使下列职权。

①主持公司的生产经营管理工作，组织实施董事会决议。
②组织实施公司年度经营计划和投资方案。
③拟订公司内部管理机构设置方案。
④拟订公司的基本管理制度。
⑤制定公司的具体规章。
⑥提请聘任或者解聘公司副经理、财务负责人。
⑦决定聘任或者解聘除应由董事会决定聘任或者解聘以外的负责管理人员。
⑧董事会授予的其他职权。

公司章程对经理职权另有规定的，从其规定。

提示　经理列席董事会会议。

名师点拨　股东人数较少或者规模较小的有限责任公司，可以设1名执行董事，不设董事会。执行董事可以兼任公司经理。执行董事的职权由公司章程规定。

（9）监事会及监事。

①有限责任公司设监事会，其成员不得少于3人。股东人数较少或者规模较小的有限责任公司，可以设1至2名监事，不设监事会。
②监事会应当包括股东代表和适当比例的公司职工代表，其中职工代表的比例不得低于三分之一，具体比例由公司章程规定。监事会中的职工代表由公司职工通过职工代表大会、职工大会或者其他形式民主选举产生。
③监事会设主席1人，由全体监事过半数选举产生。监事会主席召集和主持监事会会议；监事会主席不能履行职务或者不履行职务的，由半数以上监事共同推举1名监事召集和主持监事会会议。
④监事任期届满未及时改选，或者监事在任期内辞职导致监事会成员低于法定人数的，在改选出的监事就任前，原监事仍应当依照法律、行政法规和公司章程的规定，履行监事职务。

名师点拨（1）董事、高级管理人员不得兼任监事；（2）监事的任期每届为3年。监事任期届满，连选可以连任。

> 【例题·选择题】《中华人民共和国公司法》规定，有限责任公司经营规模较大的，设立监事会，其成员（　　）。
> A．必须多于2人
> B．不得少于2人
> C．必须多于3人
> D．不得少于3人
> 【解析】《公司法》第五十二条规定，有限责任公司设监事会，其成员不得少于3人；股东人数较少或者规模较小的有限责任公司，可以设1至2名监事，不设监事会。
> 【答案】D

（10）监事会的职权。

监事会、不设监事会的公司的监事行使下列职权。

①检查公司财务。

②对董事、高级管理人员执行公司职务的行为进行监督，对违反法律、行政法规、公司章程或者股东会决议的董事、高级管理人员提出罢免的建议。

③当董事、高级管理人员的行为损害公司的利益时，要求董事、高级管理人员予以纠正。

④提议召开临时股东会会议，在董事会不履行本法规定的召集和主持股东会会议职责时召集和主持股东会会议。

⑤向股东会会议提出提案。

⑥依照本法第一百五十二条的规定，对董事、高级管理人员提起诉讼。

⑦公司章程规定的其他职权。

（11）监事的议事方式和决议。

①监事可以列席董事会会议，并对董事会决议事项提出质询或者建议。

②监事会、不设监事会的公司的监事发现公司经营情况异常，可以进行调查；必要时，可以聘请会计师事务所等协助其工作，费用由公司承担。

③监事会每年度至少召开一次会议，监事可以提议召开临时监事会会议。

④监事会的议事方式和表决程序，除本法有规定的外，由公司章程规定。

⑤监事会决议应当经半数以上监事通过。

⑥监事会应当对所议事项的决定作成会议记录，出席会议的监事应当在会议记录上签名。

⑦监事会、不设监事会的公司的监事行使职权所必需的费用，由公司承担。

3．一人有限公司的特别规定

一人有限责任公司，是指只有一个自然人股东或者一个法人股东的有限责任公司。

（1）一个自然人只能投资设立一个一人有限责任公司。该一人有限责任公司不能投资设立新的一人有限责任公司。

（2）一人有限责任公司应当在公司登记中注明自然人独资或者法人独资，并在公司营业执照中载明。

（3）一人有限责任公司应当在每一会计年度终了时编制财务会计报告，并经会计师事务所审计。

（4）一人有限责任公司的股东不能证明公司财产独立于股东自己的财产的，应当对公司债务承担连带责任。

4．国有独资公司的特别规定

国有独资公司，是指国家单独出资、由国务院或者地方人民政府授权本级人民政府国有资产监督管理机构履行出资人职责的有限责任公司。

国有独资公司特别规定如表1-6所示。

表1-6 国有独资公司特别规定

事　项	要点阐述
国有独资公司章程	由国有资产监督管理机构制定，或者由董事会制订报国有资产监督管理机构批准
国有独资公司的股东会职权	国有独资公司不设股东会，由国有资产监督管理机构行使股东会职权。国有资产监督管理机构可以授权公司董事会行使股东会的部分职权，决定公司的重大事项，但公司的合并、分立、解散、增加或者减少注册资本和发行公司债券，必须由国有资产监督管理机构决定；其中，重要的国有独资公司合并、分立、解散、申请破产的，应当由国有资产监督管理机构审核后，报本级人民政府批准
国有独资公司的董事会	（1）国有独资公司设董事会，依法行使职权。董事每届任期不得超过3年。董事会成员中应当有公司职工代表。 （2）董事会成员由国有资产监督管理机构委派；但是，董事会成员中的职工代表由公司职工代表大会选举产生。 （3）董事会设董事长1人，可以设副董事长。董事长、副董事长由国有资产监督管理机构从董事会成员中指定
国有独资公司设经理	（1）国有独资公司设经理，由董事会聘任或者解聘。经理依法行使职权经国有资产监督管理机构同意，董事会成员可以兼任经理。 （2）国有独资公司的董事长、副董事长、董事、高级管理人员，未经国有资产监督管理机构同意，不得在其他有限责任公司、股份有限公司或者其他经济组织兼职
国有独资公司监事会	国有独资公司监事会成员不得少于5人，其中职工代表的比例不得低于三分之一，具体比例由公司章程规定。 监事会成员由国有资产监督管理机构委派；但是，监事会成员中的职工代表由公司职工代表大会选举产生。监事会主席由国有资产监督管理机构从监事会成员中指定

十、有限责任公司注册资本制度（★★）

《公司法》对有限责任公司注册资本的相关规定如下。

（1）有限责任公司的注册资本为在公司登记机关的全体股东认缴的出资额，同时要求达到最低资本限额。

法律、行政法规以及国务院决定对有限责任公司注册资本实缴、注册资本最低限额另有规定的，从其规定。

（2）股东可以用货币出资，也可以用实物、知识产权、土地使用权等可以用货币估价并可以依法转让的非货币财产作价出资；但是，法律、行政法规规定不得作为出资的财产除外。

对作为出资的非货币财产应当评估作价，核实财产，不得高估或者低估作价。法律、行政法规对评估作价有规定的，从其规定。

（3）股东应当按期足额缴纳公司章程中规定的各自所认缴的出资额。股东以货币出资的，应当将货币出资足额存入有限责任公司在银行开设的账户；以非货币财产出资的，应当依法办理其财产权的转移手续。

股东不按照前款规定缴纳出资的，除应当向公司足额缴纳外，还应当向已按期足额缴纳出资的股东承担违约责任。

（4）股东认足公司章程规定的出资后，由全体股东指定的代表或者共同委托的代理人向公司登记机关报送公司登记申请书、公司章程等文件，申请设立登记。

（5）有限责任公司成立后，发现作为设立公司出资的非货币财产的实际额显著低于公司章程所定价额的，应当交由该出资的股东补足其差额；公司设立时的其他股东承担连带责任。

有限责任公司注册资本的最低限额如下。（1）以生产经营为主的公司的注册资本为人民币50万元。（2）以商品批发为主的公司的注册资本为人民币50万元。（3）以商业零售为主的公司的注册资本为人民币30万元。（4）科技开发、咨询、服务性公司的注册资本为人民币10万元。特定行业的有限责任公司注册资本最低限额须高于上述所定限额的，由法律、行政法规另行规定。

十一、有限责任公司股东会、董事会、监事会的职权（★★）

1. 相关概念

（1）股东会是有限责任公司的权力机关。股东会由全体股东组成。股东会会议由股东按照出资比例行使表决权。

（2）董事会是有限责任公司的业务执行机关，享有业务执行权和日常经营的决策权。它是一般有限责任公司的必设机关和常设机关，股东人数较少或公司规模较小的有限责任公司可以不设董事会。董事会由3至13人组成，每届任期不得超过3年，连选可以连任。

（3）监事会为经营规模较大的有限责任公司的常设监督机关，专司监督职能。监事会对股东会负责，并向其报告工作。监事会由监事组成，其成员不得少于3人，监事会职工代表不低于三分之一。股东较少或者规模较小的有限责任公司，可以设1至2名监事，不设监事会。董事和高级管理人员不得兼任监事。

2. 有限责任公司股东会、董事会、监事会的职权

《中华人民共和国公司法》对有限责任公司股东会、董事会和监事会的职权有着较为具体的规定，相关的内容如表1-7所示。

表1-7 有限责任公司股东会、董事会、监事会的职权

事 项	内 容
股东会的职权	根据《公司法》第三十七条的规定，股东会行使下列职权。 （1）决定公司的经营方针和投资计划。 （2）选举和更换非由职工代表担任的董事、监事，决定有关董事、监事的报酬事项。 （3）审议批准董事会的报告。 （4）审议批准监事会或者监事的报告。 （5）审议批准公司的年度财务预算方案、决算方案。 （6）审议批准公司的利润分配方案和弥补亏损方案。 （7）对公司增加或者减少注册资本作出决议。 （8）对发行公司债券作出决议。 （9）对公司合并、分立、解散、清算或变更公司形式作出决议。 （10）修改公司章程。 （11）公司章程规定的其他职权。 对上述事项股东以书面形式一致同意的，可以不召开股东会会议，直接作出决定，并由全体股东在决议文件上签字、盖章

续表

事 项	内 容
董事会的职权	根据《公司法》第四十六条的规定，董事会对股东负责，行使下列职权。 （1）负责召集股东会，并向股东会报告工作。 （2）执行股东会的决议。 （3）决定公司的经营计划和投资方案。 （4）制订公司的年度财务预算方案、决算方案。 （5）制订公司的利润分配方案和弥补亏损方案。 （6）制订公司增加或者减少注册资本以及发行公司债券的方案。 （7）制订公司合并、分立、变更公司形式、解散的方案。 （8）决定公司内部管理机构的设置。 （9）决定聘任或者解聘公司经理及其报酬事项，并根据经理的提名，决定聘任或者解聘公司副经理、财务负责人及其报酬事项。 （10）制定公司的基本管理制度。 （11）公司章程规定的其他职权
监事会的职权	根据《公司法》第五十三条的规定，监事会、不设监事会的公司监事行使下列职权。 （1）检查公司财务。 （2）对董事、高级管理人员执行公司职务时的行为进行监督，对违反法律、法规、公司章程或者股东会决议的董事、高级管理人员提出罢免的建议。 （3）当董事和高级管理人员的行为损害公司的利益时，要求董事和高级管理人员予以纠正。 （4）提议召开临时股东会会议，在董事会不履行公司法规定的召集和主持股东会会议职责时召集和主持股东会会议。 （5）向股东会会议提出提案。 （6）依照《公司法》第一百五十二条的规定对董事、高级管理人员提起诉讼。 （7）公司章程规定的其他职权

名师点拨 与股份公司不同的是，有限责任公司股东会的表决权计算是以公司全部股权为基数计算通过的表决权，而不是以出席股东会的股东所持表决权基数。

十二、有限责任公司股权转让的相关规定（★★★）

股权是基于股东资格而享有的权利，公司股东依法享有资产收益、参与重大决策和选择管理者等权利。股东的股权转让应遵循相应的法律规则和手续，如表1-8所示。

表1-8 股权转让的规定

类 型	具体说明
转让股权	（1）有限责任公司的股东之间可以相互转让其全部或者部分股权。 （2）股东向股东以外的人转让股权，应当经其他股东过半数同意。股东应就其股权转让事项书面通知其他股东征求同意，其他股东自接到书面通知之日起满30日未答复的，视为同意转让。其他股东半数以上不同意转让的，不同意的股东应当购买该转让的股权；不购买的，视为同意转让。 （3）经股东同意转让的股权，在同等条件下，其他股东有优先购买权。两个以上股东主张行使优先购买权的，协商确定各自的购买比例；协商不成的，按照转让时各自的出资比例行使优先购买权。 （4）公司章程对股权转让另有规定的，从其规定

续表

类型	具体说明
人民法院强制执行转让股权	（1）人民法院依照法律规定的强制执行程序转让股东的股权时，应当通知公司及全体股东，其他股东在同等条件下有优先购买权。其他股东自人民法院通知之日起满20日不行使优先购买权的，视为放弃优先购买权。 （2）依照公司法转让股权后，公司应当注销原股东的出资证明书，向新股东签发出资证明书，并相应修改公司章程和股东名册中有关股东及其出资额的记载。对公司章程的修改不需再由股东会表决
股东与公司不能达成股权收购协议的处置	（1）有下列情形之一的，对股东会该项决议投反对票的股东可以请求公司按照合理的价格收购其股权。 ①公司连续5年不向股东分配利润，而公司该5年连续盈利，并且符合本法规定的分配利润条件的。 ②公司合并、分立、转让主要财产的。 ③公司章程规定的营业期限届满或者章程规定的其他解散事由出现，股东会会议通过决议修改章程使公司存续的。 （2）自股东会会议决议通过之日起60日内，股东与公司不能达成股权收购协议的，股东可以自股东会会议决议通过之日起90日内向人民法院提起诉讼。 （3）自然人股东死亡后，其合法继承人可以继承股东资格；但是，公司章程另有规定的除外

十三、股份有限公司的设立方式与程序（★★★）

1. 设立条件

设立股份有限公司，应当具备下列条件。

（1）发起人符合法定人数，设立股份有限公司，应有2人以上200人以下作为发起人，其中须有半数以上在中国境内有住所。

（2）有符合公司章程规定的全体发起人认购的股本总额或者募集的实收股本总额。

（3）股份发行、筹办事项符合法律规定。

（4）发起人制订公司章程，采用募集方式设立的经创立大会通过。

（5）有公司名称，建立符合股份有限公司要求的组织机构。

（6）有公司住所。

2. 设立方式

股份有限公司可以采取发起设立方式，也可以采取募集设立方式。发起设立，是指由发起人认购公司应发行的全部股份而设立公司。募集设立，是指由发起人认购应发行股份的一部分，其余股份向社会公开募集或者向特定对象募集而设立公司。

3. 发起人的权利与义务

（1）股份有限公司发起人承担公司筹办事务。

（2）发起人应当签订发起人协议，明确各自在公司设立过程中的权利和义务。

4. 股份公司设立程序

股份有限公司设立的程序如表1-9所示。

表1-9 股份有限公司的程序

设立方式	发起设立	募集设立
设立程序	①批准； ②发起人订立公司章程； ③认购股份和缴纳股款； ④选任董事和监事会； ⑤设立登记	①订立公司章程； ②发起人认购股份； ③募股程序； ④召开创立大会； ⑤设立申请登记

5．注册资本要求

（1）股份有限公司采取发起设立方式设立的，注册资本为在公司登记机关登记的全体发起人认购的股本总额。在发起人认购的股份缴足前，不得向他人募集股份。

（2）股份有限公司采取募集方式设立的，注册资本为在公司登记机关登记的实收股本总额。

（3）法律、行政法规以及国务院决定对股份有限公司注册资本实缴、注册资本最低限额另有规定的，从其规定。

6．公司章程必备内容

股份有限公司章程应当载明下列事项。

（1）公司名称和住所。

（2）公司经营范围。

（3）公司设立方式。

（4）公司股份总数、每股金额和注册资本。

（5）发起人的姓名或者名称、认购的股份数、出资方式和出资时间。

（6）董事会的组成、职权和议事规则。

（7）公司法定代表人。

（8）监事会的组成、职权和议事规则。

（9）公司利润分配办法。

（10）公司的解散事由与清算办法。

（11）公司的通知和公告办法。

（12）股东大会会议认为需要规定的其他事项。

一人有限责任公司章程由股东规定；国有独资公司章程由国有资产监督管理机构规定，或者由董事会制定报国有资产监督管理机构批准。

7．发起人的出资方式

（1）以发起设立方式设立股份有限公司的，发起人应当书面认足公司章程规定其认购的股份，并按照公司章程规定缴纳出资。以非货币财产出资的，应当依法办理其财产权的转移手续。

发起人认足公司章程规定的出资后，应当选举董事会和监事会，由董事会向公司登记机关报送公司章程以及法律、行政法规规定的其他文件，申请设立登记。

发起人不依照前款规定缴纳出资的，应当按照发起人协议承担违约责任。

（2）以募集设立方式设立股份有限公司的，发起人认购的股份不得少于公司股份总数的35%；但是，法律、行政法规另有规定的，从其规定。

【例题·选择题】以募集设立方式成立的股份有限公司，发起人认购的股份不得少于公司股份总数的（　　）。
A．25%　　　B．35%
C．45%　　　D．55%
【解析】《公司法》第八十四条规定，以募集设立方式成立的股份有限公司，发起人认购的股份不得少于公司股份总数的35%，但是法律、法规、行政法规另有规定的，从其规定。
【答案】B

8．认股、招股说明书

（1）发起人向社会公开募集股份，必须公告招股说明书，并制作认股书。

（2）认股书由认股人填写认购股数、金额、住所，并签名、盖章。

（3）认股人按照所认购股数缴纳股款。

（4）招股说明书应当附有发起人制订的公司章程。

（5）认股、招股说明书应载明下列事项。

①发起人认购的股份数。

②每股的票面金额和发行价格。

③无记名股票的发行总数。

④募集资金的用途。

⑤认股人的权利、义务。

⑥本次募股的起止期限及逾期未募足时认股人可以撤回所认股份的说明。

发起人向社会公开募集股份，不仅应当由依法设立的证券公司承销，签订承销协议；而且应当同银行签订代收股款协议。

【例题·组合型选择题】发起人向社会公开募集股份，必须公告招股说明书。招股说明书应载明的事项包括（　　）。

Ⅰ．募集资金的用途

Ⅱ．每股的实际金额和发行价格

Ⅲ．认股人的权利、义务

Ⅳ．发起人认购的数额

A．Ⅰ、Ⅲ、Ⅳ

B．Ⅱ、Ⅲ、Ⅳ

C．Ⅰ、Ⅱ、Ⅳ

D．Ⅰ、Ⅱ、Ⅲ、Ⅳ

【解析】《公司法》第八十六条规定，招股说明书应当附有公司章程，并载明下列事项：①发行人认购的股份数；②每股的面额和发行价格；③无记名股票的发行总数；④募集资金的用途；⑤认股人的权利、义务；⑥本次募股的起止期限及逾期未募足时认股人可以撤回所认股份的说明。

【答案】A

9．创立大会

创立大会由发起人和认股人组成。发行股份的股款缴足后，必须经依法设立的验资机构验资并出具证明。

（1）发起人应当自股款缴足之日起30日内主持召开公司创立大会。

（2）发行的股份超过招股说明书规定的截止期限尚未募足的，或者发行股份的股款缴足后，发起人未在30日内召开创立大会的，认股人可以要求发起人返还所缴股款并加算银行同期存款利息。

发起人、认股人缴纳股款或者交付抵作股款的出资后，除未按期募足股份、发起人未按期召开创立大会或者创立大会决议不设立公司的情形外，不得抽回其股本。

（3）发起人应当在创立大会召开15日前将会议日期通知各认股人或者予以公告。

（4）创立大会应有代表股份总数过半数的发起人和认股人出席，方可举行。

10．创立大会的职权

创立大会行使下列职权。

（1）审议发起人关于公司筹办情况的报告。

（2）通过公司章程。

（3）选举董事会成员。

（4）选举监事会成员。

（5）对公司的设立费用进行审核。

（6）对发起人用于抵作股款的财产的作价进行审核。

（7）发生不可抗力或者经营条件发生重大变化直接影响公司设立的，可以作出不设立公司的决议。

创立大会对前款所列事项作出决议，必须经出席会议的认股人所持表决权过半数通过。

11．股份有限公司的设立登记

董事会应于创立大会结束后30日内，向公司登记机关报送下列文件，申请设立登记。

（1）公司登记申请书。

（2）创立大会的会议记录。

（3）公司章程。

（4）验资证明。

（5）法定代表人、董事、监事的任职文件及其身份证明。

（6）发起人的法人资格证明或者自然人身份证明。

（7）公司住所证明。

以募集方式设立股份有限公司公开发行股票的，还应当向公司登记机关报送国务院证券监督管理机构的核准文件。

【例题·组合型选择题】股份有限公司设立登记时，董事会应向公司登记机关报送的文件包括（　　）。
Ⅰ．公司登记申请书
Ⅱ．公司章程
Ⅲ．创立大会的会议记录
Ⅳ．公司经营战略说明
A．Ⅰ、Ⅱ、Ⅳ
B．Ⅰ、Ⅱ、Ⅲ
C．Ⅱ、Ⅳ
D．Ⅱ、Ⅲ、Ⅳ
【解析】《公司法》第九十二条规定，董事会应于创立大会结束后30日内，向公司登记机关送报下列文件：①公司登记申请书；②创立大会的会议记录；③公司章程；④验资证明；⑤公司法定代表人、董事、监事的任职文件和身份证明；⑥发起人法人资格证明或者自然人身份证明；⑦公司住所证明。
【答案】B

12．发起人应承担的责任

股份有限公司的发起人应当承担下列责任。

（1）公司不能成立时，对设立行为所产生的债务和费用负连带责任。

（2）公司不能成立时，对认股人已缴纳的股款，负返还股款并加算银行同期存款利息的连带责任。

（3）在公司设立过程中，由于发起人的过失致使公司利益受到损害的，应当对公司承担赔偿责任。

名师点拨　股份有限公司成立后，发现作为设立公司出资的非货币财产的实际价额显著低于公司章程所定价额的，应当由交付该出资的发起人补足其差额；其他发起人承担连带责任。

13．其他相关规定

有限责任公司变更为股份有限公司时，折合的实收股本总额不得高于公司净资产额。有限责任公司变更为股份有限公司，为增加资本公开发行股份时，应当依法办理。

股东有权查阅公司章程、股东名册、公司债券存根、股东大会会议记录、董事会会议决议、监事会会议决议、财务会计报告，对公司的经营提出建议或者质询。

十四、股份有限公司的组织机构（★★）

股份有限公司组织机构是由股东大会、董事会、监事会以及经理等构成，具体内容如表1-10所示。

表1-10　股份有限公司的组织机构

机　构	说　明
股东大会	1．股东大会是股份有限公司的最高权力机关，由全体股东组成。 2．股东大会分为年会和临时会议两种，应当每年召开1次年会。有下列情形之一的，应当在两个月内召开临时股东大会。 （1）董事人数不足本法规定人数或者公司章程所定人数的三分之二时。 （2）公司未弥补的亏损达实收股本总额三分之一时。 （3）单独或者合计持有公司百分之十以上股份的股东请求时。

续表

机　构	说　明
股东大会	（4）董事会认为必要时。 （5）监事会提议召开时。 （6）公司章程规定的其他情形。 3．股东大会的召开与主持 （1）股东大会会议由董事会召集，董事长主持；董事长不能履行职务或者不履行职务的，由副董事长主持；副董事长不能履行职务或者不履行职务的，由半数以上董事共同推举一名董事主持。 （2）董事会不能履行或者不履行召集股东大会会议职责的，监事会应当及时召集和主持；监事会不召集和主持的，连续九十日以上单独或者合计持有公司百分之十以上股份的股东可以自行召集和主持。 4．临时提案 （1）召开股东大会会议，应当将会议召开的时间、地点和审议的事项于会议召开20日前通知各股东；临时股东大会应当于会议召开15日前通知各股东；发行无记名股票的，应当于会议召开30日前公告会议召开的时间、地点和审议事项。 （2）单独或者合计持有公司百分之三以上股份的股东，可以在股东大会召开10日前提出临时提案并书面提交董事会；董事会应当在收到提案后2日内通知其他股东，并将该临时提案提交股东大会审议。临时提案的内容应当属于股东大会职权范围，并有明确议题和具体决议事项。 （3）无记名股票持有人出席股东大会会议的，应当于会议召开5日前至股东大会闭会时将股票交存于公司。 5．股东大会的表决 （1）股东出席股东大会会议，所持每一股份有一表决权。但是，公司持有的本公司股份没有表决权。 （2）股东大会作出决议，必须经出席会议的股东所持表决权过半数通过。但是，股东大会作出修改公司章程、增加或者减少注册资本的决议，以及公司合并、分立、解散或者变更公司形式的决议，必须经出席会议的股东所持表决权的三分之二以上通过。 【名师点拨】股东大会作出普通决议，经出席会议的股东所持表决权过半数通过即可。但是，特别决议必须经出席会议的股东所持表决权的三分之二以上通过。 （3）公司法和公司章程规定公司转让、受让重大资产或者对外提供担保等事项必须经股东大会作出决议的，董事会应当及时召集股东大会会议，由股东大会就上述事项进行表决。 （4）股东大会选举董事、监事，可以依照公司章程的规定或者股东大会的决议，实行累积投票制。 【知识拓展】累积投票制，是指股东大会选举董事或者监事时，每一股份拥有与应选董事或者监事人数相同的表决权，股东拥有的表决权可以集中使用。 股东可以委托代理人出席股东大会会议，代理人应当向公司提交股东授权委托书，并在授权范围内行使表决权。 股东大会应当对所议事项的决定做成会议记录，主持人、出席会议的董事应当在会议记录上签名。会议记录应当与出席股东的签名册及代理出席的委托书一并保存

续表

机 构	说 明
董事会	董事会是股份有限公司的业务执行机构和经营意思决定机构，对股东大会负责： （1）董事会成员为5人至19人。董事会会议分为定期会议和临时会议两种。董事会定期会议，每年度至少召开2次会议。 （2）董事会设董事长1人，可以设副董事长。董事长和副董事长由董事会以全体董事的过半数选举产生。 （3）董事会每年度至少召开两次会议，每次会议应当于会议召开10日前通知全体董事和监事。 （4）代表十分之一以上表决权的股东、三分之一以上董事或者监事会，可以提议召开董事会临时会议。董事长应当自接到提议后十日内，召集和主持董事会会议。 【提示】董事会的其他相关事项与股东大会类似，这里就不再述了
经理	（1）经理是对股份有限公司日常经营管理负有全责的高级管理人员，由董事会聘任或解聘，对董事会负责。 （2）公司董事会可以决定公司董事会成员可以兼任经理
监事会	（1）监事会由监事组成，其人数不得少于3人。监事会应当包括股东代表和适当比例的公司职工代表，其中职工代表的比例不得低于三分之一，具体比例由公司章程规定。监事会中的职工代表由公司职工通过职工代表大会、职工大会或者其他形式民主选举产生。 （2）监事会设主席1人，可以设副主席。监事会主席和副主席由全体监事过半数选举产生。监事会主席召集和主持监事会会议；监事会主席不能履行职务或者不履行职务的，由监事会副主席召集和主持监事会会议；监事会副主席不能履行职务或者不履行职务的，由半数以上监事共同推举一名监事召集和主持监事会会议。董事、高级管理人员不得兼任监事。 （3）监事会每6个月至少召开一次会议。监事可以提议召开临时监事会会议。 （4）监事会的议事方式和表决程序，除公司法有规定的外，由公司章程规定。监事会决议应当经半数以上监事通过。 （5）监事会对公司的财务及业务执行情况进行监督

【例题·选择题】单独或者合集持有公司3%以上股份的股东，可以在股东大会召开（　　）日前提出临时提案并交董事会；董事会应当在收到提案后（　　）日内通知其他股东，并将该临时提案提交股东大会审议。
A. 10；2　　B. 10；3
C. 15；2　　D. 15；3
【解析】本题考查的是股份有限公司组织机构的相关内容。根据《公司法》相关规定，该情况下需在股东大会召开10日前提交临时提案，董事会应当在收到提案后2日内通知其他股东。
【答案】A

十五、股份有限公司的股份发行和转让（★★）

股份发行是指股份有限公司为设立公司或者筹集资金，依照法律规定发售股份的行为。股份的转让是股份持有人依法自愿将自己的股份转让给他人的法律行为。关于股份有限公司的股份发行和转让规定如表1-11所示。

表 1-11 股份有限公司的股份发行和转让规定

事项	规定
股份发行	（1）股份有限公司的资本划分为股份，每股的金额相等。为了筹集公司资本股份采用股票形式。股票是公司签发的股东持股凭证。 （2）股票的发行，实行公平、公正的原则，同种类的每一股份应当具有同等权利。同次发行的同种类股票，每股的发行条件和价格应当相同；任何单位或者个人所认购的股份，每股应当支付相同价额。 （3）股票发行价格可以按票面金额，也可以超过票面金额，但不得低于票面金额。 （4）股票载明的事项： ①公司名称； ②公司成立日期； ③股票种类、票面金额及代表的股份数； ④股票的编号。 股票由法定代表人签名，公司盖章。发起人的股票，应当标明发起人股票字样。 （5）公司发行的股票，可以为记名股票，也可以为无记名股票。公司向发起人、法人发行的股票，应当为记名股票，并应当记载该发起人、法人的名称或者姓名，不得另立户名或者以代表人姓名记名。 （6）公司发行记名股票的，应当置备股东名册，记载下列事项： ①股东的姓名或者名称及住所； ②各股东所持股份数； ③各股东所持股票的编号； ④各股东取得股份的日期。 发行无记名股票的，公司应当记载其股票数量、编号及发行日期。 （7）国务院可以对公司发行本法规定以外的其他种类的股份，另行作出规定。 （8）股份有限公司成立后，即向股东正式交付股票。公司成立前不得向股东交付股票。 （9）公司发行新股，股东大会应当对下列事项作出决议： ①新股种类及数额； ②新股发行价格； ③新股发行的起止日期； ④向原有股东发行新股的种类及数额。 （10）公司经国务院证券监督管理机构核准公开发行新股时，必须公告新股招股说明书和财务会计报告，并制作认股书。 （11）公司发行新股，可以根据公司经营情况和财务状况，确定其作价方案。 （12）公司发行新股募足股款后，必须向公司登记机关办理变更登记，并公告
股份转让	1. 股份的转让与转让方式 （1）股东持有的股份可以依法转让。股东转让其股份，应当在依法设立的证券交易场所进行或者按照国务院规定的其他方式进行。 （2）记名股票，由股东以背书方式或者法律、行政法规规定的其他方式转让；转让后由公司将受让人的姓名或者名称及住所记载于股东名册。 股东大会召开前 20 日内或者公司决定分配股利的基准日前 5 日内，不得进行前款规定的股东名册的变更登记。但是，法律对上市公司股东名册变更登记另有规定的，从其规定。 （3）无记名股票的转让，由股东将该股票交付给受让人后即发生转让的效力。 2. 不得转让股份的情形 （1）发起人持有的本公司股份自公司成立之日起 1 年内不得转让。公司公开发行股份前已发行的股份，自公司股票在证券交易所上市交易之日起 1 年内不得转让。 （2）公司董事、监事、高级管理人员应当向公司申报所持有的本公司的股份及其变动情况，在任职期间每年转让的股份不得超过其所持有本公司股份总数的百分之 25%；所持本公司股份自公司股票上市交易之日起一年内不得转让。上述人员离职后半年内，不得转让其所持有的本公司股份。公司章程可以对公司董事、监事、高级管理人员转让其所持有的本公司股份作出其他限制性规定。

续表

事项	规 定
股份转让	3. 公司不得收购本公司股份的例外情形 公司法规定公司不得收购本公司股份，但有例外，（1）减少公司祖册资本；（2）与持有本公司股份的其他公司合并；（3）将股份奖励给本公司职工；（4）股东因对股东大会作出的公司合并、分立决议持异议，要求公司收购其股份的。 公司因前款第（1）项至第（3）项的原因收购本公司股份的，应当经股东大会决议。公司依照前款规定收购本公司股份后，属于第（1）项情形的，应当自收购之日起十日内注销；属于第（2）项、第（4）项情形的，应当在6个月内转让或者注销。 公司依照第（1）项规定收购的本公司股份，不得超过本公司已发行股份总额的5%；用于收购的资金应当从公司的税后利润中支出；所收购的股份应当在1年内转让给职工。 公司不得接受本公司的股票作为质押权的标的。 4. 上市公司的信息披露义务 上市公司必须依照法律、行政法规的规定，公开其财务状况、经营情况及重大诉讼，在每会计年度内半年公布一次财务会计报告

名师点拨 国家授权投资的机构持有的股份，未经国家授权的主管部门批准，不得转让。记名股票，由股东以背书方式或者法律、行政法规规定的其他方式转让。无记名股票，在依法设立的证券交易场所内，由股东以将股票交付给受让人的方式转让。

《公司法》规定，公司不得收购本公司股份，但有下列情形之一的除外。

（1）减少公司注册资本。

（2）与持有本公司股份的其他公司合并。

（3）将股份奖励给本公司职工。

（4）股东因对股东大会作出的公司合并、分立决议持异议，要求公司收购其股份的。

公司因上述第（1）项至第（3）项的原因收购本公司股份的，应当经股东大会决议。公司依照上述规定收购本公司股份后，属于第（1）项情形的，应当自收购之日起十日内注销；属于第（2）项、第（4）项情形的，应当在6个月内转让或者注销。

公司依照第（3）项规定收购的本公司股份，不得超过本公司已发行股份总额的5%；用于收购的资金应当从公司的税后利润中支出；所收购的股份应当在1年内转让给职工。

公司不得接受本公司的股票作为质押权的标的。

名师点拨 上市公司必须依照法律、行政法规的规定，公开其财务状况、经营情况及重大诉讼，在每会计年度内半年公布一次财务会计报告。

【例题·组合型选择题】下列关于股票转让的说法，正确的有（　　）。

Ⅰ. 记名股票，由股东以背书方式或者法律、行政法规规定的其他方式转让

Ⅱ. 记名股票转让后由公司将受让人的姓名或者名称及住所记载于股东名册

Ⅲ. 公司公开发行股份前已发行的股份，自公司股票在证券交易所上市交易之日起一年内不得转让

Ⅳ. 无记名股票的股东将该股票交付给受让人，公司将受让人的姓名或者名称及住所记载于股东名册后，股票转让效力才发生

A. Ⅰ、Ⅱ、Ⅳ

B. Ⅰ、Ⅱ、Ⅲ

C. Ⅰ、Ⅲ、Ⅳ

D. Ⅰ、Ⅱ、Ⅲ、Ⅳ

【解析】《公司法》第一百四十条规定，无记名股票的转让，由股东将该股票交付给受让人后即发生转让的效力。

【答案】B

【例题·组合型选择题】公司可以收购本公司股份的情形包括（　　）。

　Ⅰ．减少公司注册资本
　Ⅱ．与持有本公司股份的其他公司合并
　Ⅲ．公司兼并其他企业
　Ⅳ．股东因对股东大会作出的公司合并、分立决议持异议，要求公司收购其股份的

A. Ⅰ、Ⅱ、Ⅲ
B. Ⅱ、Ⅲ、Ⅳ
C. Ⅰ、Ⅱ、Ⅳ
D. Ⅰ、Ⅱ、Ⅲ、Ⅳ

【解析】《公司法》第一百四十二条规定公司不得收购本公司股份，但有下列情形的除外：①减少公司注册资本；②与持有本公司股份的其他公司合并；③将股份奖励给本公司职工；④股东因对股东大会作出的公司合并、分立决议持异议，要求公司收购其股份的。

【答案】C

十六、上市公司组织机构的特别规定（★★）

上市公司，是指其股票在证券交易所上市交易的股份有限公司。证券法规定了关联董事的回避制度。

上市公司组织机构的特别规定的具体内容如表1-12所示。

表1-12　上市公司组织机构的特别规定

事项	具体规定
出售重大资产或者担保的规定	上市公司在一年内购买、出售重大资产或者担保金额超过公司资产总额30%的，应当由股东大会作出决议，并经出席会议的股东所持表决权的三分之二以上通过
设立独立董事的规定	独立董事与其上市公司及其主要股东不存在可能妨碍其进行独立客观判断的一切关系的特定董事。设立独立董事的具体办法由国务院规定
董事会秘书的职责	董事会秘书主要负责公司股东大会和董事会会议的筹备、文件保管以及股东资料管理，并办理信息披露事务等事宜
董事表决的回避原则	上市公司董事与董事会会议决议事项所涉及的企业有关联关系的，不得对该项决议行使表决权，也不得代理其他董事行使表决权。该董事会会议由过半数的无关联关系董事出席即可举行，董事会会议所作决议须经无关联关系董事过半数通过。出席董事会的无关联关系董事人数不足3人的，应将该事项提交上市公司股东大会审议

十七、董事、监事和高级管理人员的义务和责任（★）

1. 董事、监事、高级管理人员的忠实和勤勉义务

董事、监事、高级管理人员应当遵守法律、行政法规和公司章程，对公司负有忠实义务和勤勉义务，不得利用职权收受贿赂或者其他非法收入，不得侵占公司的财产。

2. 董事、监事、高级管理人员的行为规范

对董事、监事、高级管理人员的规范事项如表1-13所示。

表 1-13 董事、监事、高级管理人员的行为规范

规范事项	内容说明
董事、高级管理人员的禁止行为	（1）挪用公司资金。 （2）将公司资金以其个人名义或者以其他个人名义开立账户存储。 （3）违反公司章程的规定，未经股东会、股东大会或者董事会同意，将公司资金借贷给他人或者以公司资产为他人提供担保。 （4）违反公司章程的规定或者未经股东会、股东大会同意，与本公司订立合同或者进行交易。 （5）未经股东会或者股东大会同意，利用职务之便利为自己或者他人谋取属于公司的商业机会，自营或者为他人经营与所任职公司同类的业务。 （6）接受他人与公司交易的佣金归为己有。 （7）擅自披露公司秘密。 （8）违反对公司忠实义务的其他行为。 董事、高级管理人员违反规定所得的收入应当归公司所有
不得担任或任职期间应解除董事、监事、高级管理人员职务的情形	（1）无民事行为能力或限制民事行为能力。 （2）因贪污、贿赂、侵占财产、挪用财产、破坏经济秩序被判刑罚，执行期满未逾5年。 （3）对公司破产负有个人责任的原董事或厂长，破产清算未逾3年。 （4）被吊销执照、责令关闭负有个人责任的法人，吊销执照未逾3年。 （5）个人负有较大数额债务到期未清偿。 公司违反前款规定选举、委派董事、监事或者聘任高级管理人员的，该选举、委派或者聘任无效。董事、监事、高级管理人员在任职期间出现上述情形的，公司应当解除其职务

3. 董事、监事、高级管理人员的责任追究

董事、监事、高级管理人员违反国家相关规定的，应该追究相应的责任，其具体内容如表1-14 所示。

表 1-14 董事、监事、高级管理人员的责任追究

责任事项	内容规定
赔偿责任	董事、监事、高级管理人员执行公司职务时违反法律、行政法规或者公司章程的规定，给公司造成损失的，应当承担赔偿责任
接受质询责任	股东会或者股东大会要求董事、监事、高级管理人员列席会议的，董事、监事、高级管理人员应当列席并接受股东的质询。董事、高级管理人员应当如实向监事会或者不设监事会的有限责任公司的监事提供有关情况和资料，不得妨碍监事会或者监事行使职权
提起诉讼责任	（1）董事、高级管理人员违反法律、行政法规或者公司章程的规定，损害股东利益的，股东可以向人民法院提起诉讼。 （2）他人侵犯公司合法权益，给公司造成损失的，股东可以依照前两款的规定向人民法院提起诉讼

十八、公司财务会计制度的基本要求和内容（★★★）

1. 公司财务会计制度的基本要求

公司财务会计制度的基本要求如下。

（1）公司应当依照法律、行政法规和国务院财政部门的规定建立本公司的财务、会计制度。

（2）公司应当在每一会计年度终了时编制财务会计报告，并依法经会计师事务所审

计。财务会计报告应当依照法律、行政法规和国务院财政部门的规定制作。

（3）有限责任公司应当依照公司章程规定的期限将财务会计报告送交各股东。

（4）股份有限公司的财务会计报告应当在召开股东大会年会的20日前置备于本公司，供股东查阅；公开发行股票的股份有限公司必须公告其财务会计报告。

2．公司财务会计制度的内容

公司财务会计制度的内容如下。

（1）关于聘用、解聘会计师事务所，依照公司章程的规定，由股东会、股东大会或者董事会决定。

（2）公司法定公积金、任意公积金的提取。

公司法定公积金、任意公积金的提取的相关规定如表1-15所示。

表1-15 公司法定公积金、任意公积金的提取

公积金种类		说 明
盈余公积金	法定公积金	（1）公司当年税后利润的10%提取。 （2）公司法定公积金累计额为公司注册资本的50%以上时可以不再提取。 （3）法定公积金转为资本时，所留存的该项公积金不得少于转增前公司注册资本的25%
	任意公积金	（1）提取法定公积金后，按股东会或者股东大会决议，从税后利润中提取任意公积金。 （2）用任意公积金转增资本的，法律没有限制
资本公积金		（1）股份有限公司以超过股票面额发行股份所得的溢价，应列为公司资本公积金。 （2）资本公积金不得用于弥补公司的亏损

股东会、股东大会或者董事会违反前款规定，在公司弥补亏损和提取法定公积金之前向股东分配利润的，股东必须将违反规定分配的利润退还公司。

【名师点拨】公司的公积金用于弥补公司的亏损、扩大公司生产经营或者转为增加公司资本。公司的法定公积金不足以弥补以前年度亏损的，在依照前款规定提取法定公积金之前，应当先用当年利润弥补亏损。公司弥补亏损和提取公积金后所余税后利润，股份有限公司按照股东持有的股份比例分配，但股份有限公司章程规定不按持股比例分配的除外。

（3）提供会计资料的义务。

公司应当向聘用的会计师事务所提供真实、完整的会计凭证、会计账簿、财务会计报告及其他会计资料，不得拒绝、隐匿、谎报。

十九、公司合并、分立的种类及程序（★）

公司合并是指两个或两个以上的公司依法达成合意归并为一个公司的法律行为。公司分立是指一个公司又设立另一个公司或一个公司分解为两个以上公司的法律行为。

1．公司合并、分立的种类和相关程序

公司合并、分立的种类和相关程序如表1-16所示。

2．公司合并、分立的债权、债务处理

公司合并、分立的债权、债务处理如表1-17所示。

表 1-16 公司合并、分立的种类和相关程序

事项	种类	程序
公司合并	公司合并可以采取吸收合并和新设合并两种方式。 （1）吸收合并是指一个公司吸收其他公司，被吸收的公司解散。 （2）新设合并是指两个以上公司合并设立一个新公司，合并各方解散	公司合并的程序： ①订立合并协议。 ②编制资产负债表及财产清单。 ③公司股东（大）会作出决议。 ④通知、公告债权人。 ⑤办理登记
公司分立	公司分立分为新设分立和派生分立两种方式。 （1）新设分立是指将一个公司分割设立为两个或两个以上公司，原公司丧失法人资格。 （2）派生分立是指将原公司的一部分财产或营业分出去成立一个或几个新公司，原公司继续存在	公司分立的程序： ①订立分立协议。 ②编制资产负债表及财产清单。 ③公司股东（大）会作出决议。 ④通知、公告债权人。 ⑤办理登记

表 1-17 公司合并、分立的债权、债务处理

事项	债权、债务处理	减资、增资
公司合并	（1）公司合并，应当由合并各方签订合并协议，并编制资产负债表及财产清单。公司应当自作出合并决议之日起10日内通知债权人，并于30日内在报纸上公告。债权人自接到通知书之日起30日内，未接到通知书的自公告之日起45日内，可以要求公司清偿债务或者提供相应的担保。 （2）合并时，合并各方的债权、债务应当由合并后存续的公司或者新设的公司承继	（1）公司需要减少注册资本时，必须编制资产负债表及财产清单。 （2）公司应当自作出减少注册资本决议之日起10日内通知债权人，并于30日内在报纸上公告。债权人自接到通知书之日起30日内，未接到通知书的自公告之日起45日内，有权要求公司清偿债务或者提供相应的担保。 （3）有限责任公司增加注册资本时，股东认缴新增资本的出资，依照本法设立有限责任公司缴纳出资的有关规定执行。 （4）股份有限公司为增加注册资本发行新股时，股东认购新股，依照本法设立股份有限公司缴纳股款的有关规定执行
公司分立	（1）公司分立，其财产作相应的分割。公司分立应当编制资产负债表及财产清单。公司应当自作出分立决议之日起10日内通知债权人，并于30日内在报纸上公告。 （2）公司分立前的债务由分立后的公司承担连带责任。但是，公司在分立前与债权人就债务清偿达成的书面协议另有约定的除外	

名师点拨 公司合并或者分立，登记事项发生变更的，应当依法向公司登记机关办理变更登记；公司解散的，应当依法办理公司注销登记；设立新公司的，应当依法办理公司设立登记。公司增加或者减少注册资本，应当依法向公司登记机关办理变更登记。

二十、高级管理人员、控股股东、实际控制人、关联关系的概念（★★）

公司的高级管理人员、控股股东、实际控制人、关联关系等概念与其涉及的法定行为和法律责任关系密切，对这些概念的具体描述如表1-18所示。

表1-18 高级管理人员、控股股东、实际控制人、关联关系的概念

概念	具体描述
高级管理人员	高级管理人员是指公司的经理、副经理、财务负责人、上市公司董事会秘书和公司章程规定的其他人员
控股股东	控股股东是指其出资额占有限责任公司资本总额50%以上或者其持有的股份占股份有限公司股本总额50%以上的股东;出资额或者持有股份的比例虽然不足50%,但依其出资额或者持有的股份所享有的表决权已足以对股东会、股东大会的决议产生重大影响的股东
实际控制人	实际控制人是指虽不是公司的股东,但通过投资关系、协议或者其他安排,能够实际支配公司行为的人
关联关系	关联关系是指公司控股股东、实际控制人、董事、监事、高级管理人员与其直接或者间接控制的企业之间的关系,以及可能导致公司利益转移的其他关系。但是,国家控股的企业之间不能因为同受国家控股而具有关联关系

二十一、虚报注册资本、欺诈取得公司登记、虚假出资、抽逃出资、另立账簿、财务会计报告虚假记载的法律责任(★★)

(1)虚报注册资本、欺诈取得公司登记、虚假出资、抽逃出资、另立账簿、财务会计报告虚假记载的法律责任

虚报注册资本、欺诈取得公司登记、虚假出资、抽逃出资、另立账簿、财务会计报告虚假记载的法律责任如表1-19所示。

(2)其他违法责任

其他违法责任如表1-20所示。

表1-19 法律责任

法律行为	概念	法律责任
欺诈取得公司登记	是提供虚假的有关部门批准文件,或者采用其他隐瞒事实真相的方法欺骗公司登记机关的行为(虚报注册资本、提交虚假材料)	由公司登记机关责令改正。对虚报注册资本的公司,处以虚报注册资本金额5%以上15%以下的罚款;对提交虚假材料或者采取其他欺诈手段隐瞒重要事实的公司,处以5万元以上50万元以下的罚款;情节严重的,撤销公司登记或者吊销营业执照
虚假出资	主要是指设立、变更公司申请登记时提供虚假验资证明或股东出资与所报金额不符的行为	公司发起人、股东虚假出资,未交付或未按期交付出资的,由公司登记机关责令改正,处以虚假出资金额5%以上15%以下的罚款
抽逃出资	是指在公司验资注册后,股东将所缴出资暗中撤回,却仍保留股东身份和原有出资数额的一种欺诈性违法行为	公司发起人、股东在公司成立后,抽逃出资的,由公司登记机关责令改正,处以抽逃出资金额5%以上15%以下的罚款
另立账簿	是指在法定的会计账簿以外另立会计账簿的行为	由县级以上人民政府财政部门责令改正,处以5万元以上50万元以下的罚款
财务会计报告虚假记载	是指违反《会计法》和国家统一的会计制度的规定,根据虚假的会计账簿记录编制财务会计报告以及对财务会计报告擅自进行没有依据的修改的行为	公司在依法向有关主管部门提供的财务会计报告等材料上作虚假记载或者隐瞒重要事实的,由有关主管部门对直接负责的主管人员和其他直接责任人员处以3万元以上30万元以下的罚款

表 1-20 其他违法责任

违法行为	法律责任
公司不依照本法规定提取法定公积金的	由县级以上人民政府财政部门责令如数补足应当提取的金额,可以对公司处以20万元以下的罚款
公司清算中的违规行为	(1) 公司在合并、分立、减少注册资本或者进行清算时,不依照本法规定通知或者公告债权人的,由公司登记机关责令改正,对公司处以1万元以上10万元以下的罚款。 公司在进行清算时,隐匿财产,对资产负债表或者财产清单作虚假记载或者在未清偿债务前分配公司财产的,由公司登记机关责令改正,对公司处以隐匿财产或者未清偿债务前分配公司财产金额5%以上10%以下的罚款;对直接负责的主管人员和其他直接责任人员处以1万元以上10万元以下的罚款。 (2) 公司在清算期间开展与清算无关的经营活动的,由公司登记机关予以警告,没收违法所得。 (3) 清算组不依照本法规定向公司登记机关报送清算报告,或者报送清算报告隐瞒重要事实或者有重大遗漏的,由公司登记机关责令改正。 清算组成员利用职权徇私舞弊、谋取非法收入或者侵占公司财产的,由公司登记机关责令退还公司财产,没收违法所得,并可以处以违法所得1倍以上5倍以下的罚款
公司登记中的违法违规行为	(1) 承担资产评估、验资或者验证的机构提供虚假材料的,由公司登记机关没收违法所得,处以违法所得1倍以上5倍以下的罚款,并可以由有关主管部门依法责令该机构停业、吊销直接责任人员的资格证书,吊销营业执照。 (2) 承担资产评估、验资或者验证的机构因过失提供有重大遗漏的报告的,由公司登记机关责令改正,情节较重的,处以所得收入1倍以上5倍以下的罚款,并可以由有关主管部门依法责令该机构停业、吊销直接责任人员的资格证书,吊销营业执照。 (3) 承担资产评估、验资或者验证的机构因其出具的评估结果、验资或者验证证明不实,给公司债权人造成损失的,除能够证明自己没有过错外,在其评估或者证明不实的金额范围内承担赔偿责任。 (4) 公司登记机关对不符合本法规定条件的登记申请予以登记,或者对符合本法规定条件的登记申请不予登记的,对直接负责的主管人员和其他直接责任人员,依法给予行政处分。 (5) 公司登记机关的上级部门强令公司登记机关对不符合本法规定条件的登记申请予以登记,或者对符合本法规定条件的登记申请不予登记的,或者对违法登记进行包庇的,对直接负责的主管人员和其他直接责任人员依法给予行政处分。 (6) 未依法登记为有限责任公司或者股份有限公司,而冒用有限责任公司或者股份有限公司名义的,或者未依法登记为有限责任公司或者股份有限公司的分公司,而冒用有限责任公司或者股份有限公司的分公司名义的,由公司登记机关责令改正或者予以取缔,可以并处10万元以下的罚款。 (7) 公司成立后无正当理由超过6个月未开业的,或者开业后自行停业连续6个月以上的,可以由公司登记机关吊销营业执照
公司未依照规定办理变更登记的违法行为	公司登记事项发生变更时,未依照本法规定办理有关变更登记的,由公司登记机关责令限期登记;逾期不登记的,处以1万元以上10万元以下的罚款
违规设立分支机构的行为	外国公司违反本法规定,擅自在中国境内设立分支机构的,由公司登记机关责令改正或者关闭,可以并处5万元以上20万元以下的罚款。 利用公司名义从事危害国家安全、社会公共利益的严重违法行为的,吊销营业执照
违法《公司法》构成犯罪	违反本法规定,构成犯罪的,依法追究刑事责任

第一章 证券市场基本法律法规

名师点拨 公司违反本法规定，应当承担民事赔偿责任和缴纳罚款、罚金的，其财产不足以支付时，先承担民事赔偿责任。

知识拓展 所谓法律责任，是指责任主体违反了法定或者约定的义务而必须承担的具有强制性的特定后果。法律责任是一种不利的法律后果。根据违法行为的性质和危害的程度不同，法律责任分为行政责任、民事责任、刑事责任三种。

【例题·选择题】公司成立后无正当理由超过（　　）个月未开业的，或者开业后自行停业连续（　　）个月以上的，可以由公司登记机关吊销营业执照。
A. 5；5　　　　B. 5；6
C. 6；5　　　　D. 6；6
【解析】《公司法》第二百一十一条规定，公司成立后无正当理由超过6个月未开业的，或者开业后自行停业连续6个月以上的，可以由公司登记机关吊销营业执照。
【答案】D

【例题·选择题】公司不依法提取法定公积金的，由县级以上政府财政部门责令如数补足应当提取的金额，可以对公司处以（　　）万元以下的罚款。
A. 10　　　　B. 20
C. 30　　　　D. 40
【解析】《公司法》第二百〇三条规定，公司不依法提取法定公积金的，由县级以上政府财政部门责令如数补足应当提取的金额，可以对公司处以20万元以下的罚款。
【答案】B

第三节 证券法

考情分析：本节属于重点小节，主要介绍了证券法，证券发行、销售和流通等制度安排和法律责任。主要考点包括股票与债券的发行与交易，证券的承销与代销，证券上市条件及程序，证券交易暂停和终止，上市公司收购、内幕交易、操纵证券市场、虚假陈述欺诈等违法后果，以及违反相关管理规定的法律责任等内容。本节考试题型为选择题、组合型选择题，考试分值为10分左右。

学习建议：全面熟悉证券法的相关知识要点，将本节前后相关内容进行联系和对比记忆。重点掌握证券公开发行、股票和债券上市条件、证券交易条件、上市公司收购、证券欺诈责任等高频考点。

一、《证券法》适用的范围（★★）

《证券法》适用于中华人民共和国境内的股票、公司债券和国务院依法认定的其他证券的发行和交易，政府债券、证券投资基金份额的上市交易。证券衍生品种发行、交易的管理办法，由国务院依照本法的原则规定。需要注意的是，证券法不适用于香港、澳门两个特别行政区。

根据属地原则，无论当事人是本国人还是外国人，只要其行为发生在本国领域内就适用本国法律。

【例题·选择题】下列选项中不适用《证券法》的是（　　）。
A. 股票、公司债券的发行和交易
B. 政府债券的发行和交易
C. 中华人民共和国境内
D. 香港特别行政区
【解析】《证券法》不适用于香港、澳门两个特别行政区。
【答案】D

二、证券发行和交易的"三公"原则（★★★）

证券的发行、交易活动，必须实行公开、公平、公正的原则，相关的说明如表1-21所示。

表1-21 证券发行和交易的"三公"原则

原则	说明
公开	包括与证券发行和交易行为有关的各种信息公开、规则公开，证券发行人及其有关的信息公开，市场其他参与者的信息要公开
公平	包括证券发行和证券交易中双方当事人的法律地位平等、法律待遇平等、法律保护平等，以及所有市场参与者的机会平等
公正	证券监管机关和司法机关应公正地适用法律法规，对当事人应公正平等地对待，不偏袒任何一方

三、发行交易当事人的行为准则（★★★）

证券的发行、交易活动的当事人具有平等的法律地位，应当遵守自愿、有偿、诚实信用的原则。

证券发行人不能提供虚假信息的义务，发行人向国务院证券监督管理机构或者国务院授权的部门提交的证券发行申请文件，必须真实、准确、完整。

证券公司承销证券，应当对公开发行募集文件的真实性、准确性、完整性进行核查；发现含有虚假记载、误导性陈述或者重大遗漏的，不得进行销售活动；已经销售的，必须立即停止销售活动，并采取纠正措施。

四、证券发行、交易活动禁止行为的规定（★★★）

在证券发行、交易活动中禁止内幕交易、操纵市场、欺诈客户等行为，保证市场参与者特别是投资者的公平、公正待遇。

证券发行、交易活动中禁止行为的规定的内容如表1-22所示。

表1-22 证券发行、交易活动中禁止行为的规定

事项	内容说明
禁止内幕交易	禁止在内幕信息尚未公开前，掌握内幕信息的人员不得买卖该公司的证券，或者泄露该信息，或者建议他人买卖该证券
禁止操纵证券交易价格	禁止单独或合谋，利用资金、持股、信息优势操作交易价格或交易量；事先串通影响证券交易价格或交易量；在自己控制的实际账户之间交易，影响证券交易价格或交易量
禁止传播虚假信息	禁止国家工作人员、新闻媒介从业人员和有关人员编造、传播虚假信息，扰乱证券交易。禁止证券交易所、证券公司、证券登记结算机构、社会中介机构及其从业人员，证券业协会、证券监督管理机构及其工作人员，在证券交易活动中作出虚假陈述或者信息误导
禁止证券欺诈	证券公司及其从业人员违背客户委托买卖证券，不按时向客户提供交易书面确认文件，挪用客户证券或资金，假借客户名义买卖证券，为年取佣金诱导不必要交易等

内幕交易是指内幕信息的知情人和非法获取公司内幕信息的人利用该信息从事证券交易的行为。操纵证券交易价格是指在证券市场中，制造虚假价格、诱导或者迫使其他投资者作出错误投资决定，使操纵者获利或减少损失的行为。

名师点拨 证券法禁止法人以个人名义开立账户，买卖证券；禁止任何人挪用公款买卖证券；国有企业以及国有资产控股的企业买卖上市的股票，必须遵守国家的相关规定。

五、公开发行证券的有关规定（★★★）

1. 证券发行的一般规定

证券发行是指证券发行人以筹集资金为目的，经依法批准并按照一定的程序将股票、公司债券以及其他证券销售给投资者的一系列行为的总称。

（1）证券法认定的公开发行情形：①向不特定对象发行证券；②向特定对象发行证券累计超过200人；③法律、行政法规规定的其他发行行为。

（2）非公开发行证券，不得采用广告、公开劝诱和变相公开方式。

（3）发行人申请公开发行股票、可转换为股票的公司债券，依法采取承销方式的，或者公开发行法律、行政法规规定实行保荐制度的其他证券的，应当聘请具有保健资格的机构担任保荐人。

（4）保荐人应当遵守业务规则和行业规范，诚实守信，勤勉尽责，对发行人的申请文件和信息披露资料进行审慎核查，督导发行人规范运作。

2. 股票发行

发行股票是发行人公司以出售股权换取投资者出资的一种募集方式。股份有限公司公开发行股票应符合证券法、公司法及相关法规、规章的条件，向证券监管机构送报募股申请。聘请任保荐人的，应当报送保荐人出具的发行保荐书。

按照《证券法》的规定，股份有限公司公开发行股票的条件和相关文件的要求如表1-23所示。

表1-23 股份有限公司公开发行股票的条件和相关文件

发行的事项	要 求
公开发行股票申报文件	（1）募股申请。 （2）公司章程。 （3）发起人协议。 （4）发起人姓名或者名称，发起人认购的股份数、出资种类及验资证明。 （5）招股说明书。 （6）代收股款银行的名称及地址。 （7）承销机构名称及有关的协议。 法律、行政法规规定设立公司必须报经批准的，还应当提交相应的批准文件
新股发行条件	（1）具备健全且运行良好的组织机构。 （2）具有持续盈利能力，财务状况良好。 （3）最近3年财务会计文件无虚假记载，无其他重大违法行为。 （4）经国务院批准的国务院证券监督管理机构规定的其他条件
公开发行新股申报文件	（1）公司营业执照。 （2）公司章程。 （3）股东大会决议。 （4）招股说明书。 （5）财务会计报告。 （6）代收股款银行的名称及地址。 （7）承销机构名称及有关的协议。 依照本法规定聘请保荐人的，还应当报送保荐人出具的发行保荐书

名师点拨 公司对公开发行股票所募集资金，必须按照招股说明书所列资金用途使用。改变招股说明书所列资金用途，必须经股东大会作出决议。擅自改变用途而未作纠正的，或者未经股东大会认可的，不得公开发行新股。

3. 债券的发行

作为公司融资的形式，股份有限公司和有限责任公司均可发行公司债。依照发行的种类分为一般公司债和可转换公司债。债券的发行应符合法律、法规，依照证券法聘请保荐人的，还应当报送保荐人出具的发行保荐书。

公开发行公司债券筹集的资金,必须用于核准的用途,不得用于弥补亏损和非生产性支出。上市公司发行可转换为股票的公司债券,还应当符合公开发行股票的条件,并报国务院证券监督管理机构核准。

(1)公司发行债券的条件和相关文件。

按照《证券法》的有关规定,公司发行债券的条件和相关文件要求如表1-24所示。

表1-24 公司发行债券的条件

发行事项	要　　求
发行债券的条件	(1)股份有限公司的净资产不低于人民币3 000万元,有限责任公司的净资产不低于人民币6 000万元。 (2)累计债券余额不超过公司净资产的40%。 (3)最近3年平均可分配利润足以支付公司债券1年的利息。 (4)筹集的资金投向符合国家产业政策。 (5)债券的利率不超过国务院限定的利率水平。 (6)国务院规定的其他条件
发行债券的申报文件	(1)发债申请。 (2)公司营业执照。 (3)公司章程。 (4)公司债券募集办法。 (5)资产评估报告和验资报告。 (6)国务院授权的部门或国务院证券监督管理机构规定的其他文件

(2)不得再次公开发行公司债券的情形如下。

①前一次公开发行的公司债券尚未募足。

②对已公开发行的公司债券或者其他债务有违约或者延迟支付本息的事实,仍处于继续状态。

③违反证券法规定,改变公开发行公司债券所募资金的用途。

4. 公开发行的其他相关规定

公开发行的其他相关规定如表1-25所示。

表1-25 公开发行的其他相关规定

事　项	具体内容
资料的真实、准确、完整性	(1)发行人向国务院证券监督管理机构或者国务院授权的部门报送的证券发行申请文件,必须真实、准确、完整。 (2)为证券发行出具有关文件的证券服务机构和人员,必须严格履行法定职责,保证其所出具文件的真实性、准确性和完整性
预先披露有关申请文件	发行人申请首次公开发行股票的,在提交申请文件后,应当按照国务院证券监督管理机构的规定预先披露有关申请文件
国务院证券监督管理机构依法审核和核准	(1)国务院证券监督管理机构设发行审核委员会,依法审核股票发行申请。 (2)国务院证券监督管理机构依照法定条件负责核准股票发行申请。 (3)参与审核和核准股票发行申请的人员,不得与发行申请人有利害关系,不得直接或间接接受发行申请人的馈赠,不得持有所核准的发行申请的股票,不得私下与发行申请人进行接触。 (4)国务院证券监督管理机构或者国务院授权的部门应当自受理证券发行申请文件之日起3个月内,依照法定条件和法定程序作出予以核准或者不予核准的决定,发行人根据要求补充、修改发行申请文件的时间不计算在内;不予核准的,应当说明理由

续表

事 项	具体内容
公告公开发行募集文件	证券发行申请经核准，发行人应当依照法律、行政法规的规定，在证券公开发行前，公告公开发行募集文件，并将该文件置备于指定场所供公众查阅。发行证券的信息依法公开前，任何知情人不得公开或者泄露该信息。发行人不得在公告公开发行募集文件前发行证券
对不符合法定条件或者法定程序的处理	国务院证券监督管理机构或者国务院授权的部门对已作出的核准证券发行的决定，发现不符合法定条件或者法定程序，尚未发行证券的，应当予以撤销，停止发行。已经发行尚未上市的，撤销发行核准决定，发行人应当按照发行价并加算银行同期存款利息返还证券持有人；保荐人应当与发行人承担连带责任，但是能够证明自己没有过错的除外；发行人的控股股东、实际控制人有过错的，应当与发行人承担连带责任

> **名师点拨** 股票发行时，发起人认购的股本数额不少于公司拟发行的股本总额的35%。向社会公众发行部分不少于公司拟发行的股本总额的25%，其中公司职工认购的股本数额不得超过拟发行社会公众发行的股本总额的10%；公司拟发行的股本总额超过人民币4亿元的，证监会按照规定可以酌情降低向社会公众发行的部分的比例，但是最低不少于公司拟发行的股本总额的10%。

六、证券承销业务的种类、承销协议的主要内容（★★）

1. 证券承销业务的种类

依据法律规定，向不特定对象发行的证券，应当由证券公司承销。证券承销业务分为代销或包销两种方式，其具体内容如表1-26所示。

表1-26 证券承销业务的种类

种类	含 义		销售期限
代销	证券公司代发行人发售证券，在承销期结束时，将未售出的证券全部退还给发行人		证券的代销、包销期限最长不得超过90日。证券公司在代销、包销期内，对所代销、包销的证券应当保证先行出售给认购人，证券公司不得为本公司预留所代销的证券和预先购入并留存所包销的证券
包销	证券公司将发行人的证券按照协议全部购入，或者在承销期结束时将售后剩余证券全部自行购入的承销方式		
	全额包销：证券公司全额买断证券，承担全部风险的承销方式	余额包销：销售截止日后，未售出的证券由证券公司负责认购	

2. 证券承销协议的主要内容

证券公司承销证券，应当同发行人签订代销或包销协议，承销协议应载明以下事项。

（1）当事人的名称、住所及法定代表人姓名。

（2）代销、包销证券的种类、数量、金额及发行价格。

（3）代销、包销的期限及起止日期。

（4）代销、包销的付款方式及日期。

（5）代销、包销的费用和结算方式。

（6）违约责任。

（7）国务院证券监督管理机构规定的其他事项。

名师点拨（1）证券公司承销证券时，应当对公开发行募集文件的真实性、准确性、完整性进行核查；发现含有虚假记载、误导性陈述或者重大遗漏的，不得进行销售活动；已经销售的，必须立即停止销售活动，并采取纠正措施。

（2）股票发行采取溢价发行的，其发行价格由发行人与承销的证券公司协商确定。

【例题·组合型选择题】下列关于证券承销业务说法正确的是（ ）。

Ⅰ．证券公司承销证券时，应当对公开发行募集文件的真实性、准确性、完整性进行核查

Ⅱ．证券公司承销证券时，发现含有虚假记载、误导性陈述或者重大遗漏的，不得进行销售活动

Ⅲ．证券公司承销证券，应当同发行人签订代销或包销协议

Ⅳ．股票发行采取溢价发行的，其发行价格由承销的证券公司自行决定

A．Ⅰ、Ⅱ、Ⅲ
B．Ⅰ、Ⅲ、Ⅳ
C．Ⅰ、Ⅲ
D．Ⅰ、Ⅳ

【解析】《证券法》规定，溢价发行股票的，其发行价格由发行人和承销的证券公司协商决定。

【答案】A

七、承销团及主承销人（★★）

（1）发行人公开发行证券，有权自主选择承销的证券公司。

（2）向不特定对象发行证券票面总价值超过5 000万元的，应由承销团承销。承销团由主承销和参与承销的证券公司组成。

在承销团在承销过程中，其他承销团成员均委托其中一家承销人为承销团负责人，该负责人即为主承销人。主承销人与其他各家承销人的关系属于民法上委托代理关系，主承销人的行为后果由承销团承担。

根据相关规定，主承销人应当具备的主要条件如下：具有法定最低限额以上的实收货币资本；主要负责人中三分之二的人员有3年以上的证券管理工作经历，或者有5年以上的金融管理工作经验；有足够数量的证券专业操作人员，其中70%以上的人员在证券专业岗位工作2年以上；全部从业人员在以往3年内的承销过程中，没有因内幕交易、侵害客户利益、工作严重失误受到起诉或行政处分；没有违反国家有关证券市场管理法规和政策，没有受到过证监会给予的通报批评；承销机构及其主要负责人在前3年的承销过程中，无其他严重劣迹，特别是与欺诈、提供虚假信息有关的行为。

八、股票代销制度（★★）

（1）股票发行采用代销方式，代销期限届满，向投资者出售的股票数量未达到拟公开发行股票数量70%的，为发行失败。发行人应当按照发行价并加算银行同期存款利息返还股票认购人。

（2）在代销期内，对所代销的证券应当保证先行出售给认购人，证券公司不得为本公司事先预留所代销的证券。

（3）公开发行股票，代销期限届满，发行人应当在15日内将股票的发行情况报国务院证券监督管理机构备案。

九、证券交易的条件及方式等一般规定（★★★）

股票、债券及其他证券的交易必须符合一定的条件，相关机构和人员进行操作时也要遵守法律法规，对于交易的一般规定如表1-27所示。

表 1-27 证券交易条件和方式

证券交易	具体内容
条件	（1）证券交易当事人依法买卖的证券，必须是依法发行并交付的证券。非依法定程序发行的证券，不得买卖。 （2）依法发行的股票、公司债券及其他证券，法律对其转让期限有限制性规定的，在限定的期限内，不得买卖。 （3）经依法核准的上市交易的股票、公司债券及其他证券，应当在依法设立的证券交易所上市交易或者在国务院批准的其他证券交易场所转让
方式	证券法规定，必须采用公开的集中竞价交易方式，实行价格优先、时间优先的原则。证券交易当事人买卖的证券可以采用纸面形式或者中国证监会规定的其他形式
相关规定	（1）证券交易所、证券公司和证券登记结算机构的从业人员，证监机构从业人员和其他禁止参与股票交易人员，在任期内不得直接或化名、借名持有、买卖股票，也不得接受他人赠送的股票。 （2）证券交易所、证券公司和证券登记结算机构必须依法为客户开立的账户保密。 （3）证券交易所的收费必须合理，并公开收费项目、收费标准和收费办法。 （4）为股票发行出具审计报告、资产评估报告或者法律意见书等文件的证券服务机构和人员，在该股票承销期内和期满后6个月内，不得买卖该种股票。除前款规定外，为上市公司出具审计报告、资产评估报告或者法律意见书等文件的证券服务机构和人员，自接受上市公司委托之日起至上述文件公开后5日内，不得买卖该种股票。 （5）上市公司董事、监事、高级管理人员、持有上市公司股份5%以上的股东，将其持有的该公司的股票在买入后6个月内卖出，或者在卖出后6个月内又买入，由此所得收益归该公司所有，公司董事会应当收回其所得收益。但是，证券公司因包销购入售后剩余股票而持有5%以上股份的，卖出该股票不受6个月时间限制。 （6）公司董事会不按照前款规定执行的，股东有权要求董事会在30日内执行。公司董事会未在上述期限内执行的，股东有权为了公司的利益以自己的名义直接向人民法院提起诉讼

名师点拨 价格优先是指同时有两个或两个以上的买（卖）方进行买卖同种证券时，买方中出价最高者，应处在优先购买的地位；而卖方中出价最低者，应处在优先卖出的地位。时间优先是指出价相同时，以最先出价者优先成交。

十、股票上市的条件、申请和公告（★★★）

申请证券上市交易，应向交易所提出申请，经依法审核同意，由双方签订上市协议。申请股票、可转换为股票的公司债券或者法律、行政法规规定实行保荐制度的其他证券上市交易，应当聘请具有保荐资格的机构担任保荐人。股票上市的相关事项如表 1-28 所示。

表 1-28 股票上市事项

股票上市	内　容
条件	（1）股票经国务院证券监督管理机构核准已公开发行。 （2）公司股本总额不少于人民币 3 000 万元。 （3）公开发行的股份达到公司股份总数的 25%以上；公司股本总额超过人民币 4 亿元的，公开发行股份的比例为 10%以上。 （4）公司最近 3 年无重大违法行为，财务会计报告无虚假记载。 证券交易所可以提高上市条件，并报国务院证券监督管理机构批准

续表

股票上市	内　容
申请文件	(1) 上市申请书。 (2) 申请股票上市的股东大会决议。 (3) 公司的章程。 (4) 营业执照。 (5) 依法经会计师事务所审计的公司最近3年的财务会计报告。 (6) 法律意见书和上市保荐书。 (7) 最近一次的招股说明书。 (8) 其他交易所要求的文件
公告事项	(1) 股票获准在证券交易所交易的日期。 (2) 股票发行情况，股权结构和最大的10名股东的名单及持股数。 (3) 公司的实际控制人。 (4) 董事、监事、高级管理人员姓名及持有本公司证券的情况

名师点拨　签订上市的公司应当在规定的期限内公告股票上市的有关文件，并将该文件置备于指定场所供公众查阅。

十一、债券上市的条件和申请（★★★）

债券上市的条件和需要向证券交易所报送的文件如表1-29所示。

表1-29　债券上市的条件和申请

股票上市	内　容
条件	(1) 公司债券的期限为1年以上。 (2) 公司债券实际发行额不少于人民币5 000万元。 (3) 公司申请其债券上市时仍符合法定的公司债券发行条件
申请文件	(1) 上市报告书。 (2) 申请公司债券上市的董事会决议。 (3) 公司的章程。 (4) 公司营业执照。 (5) 公司债券募集办法。 (6) 债券的实际发行数额。 (7) 证券交易所上市规则规定的其他文件。 申请可转债的上市交易，还应报送上市保荐书

公司债券上市交易申请经证券交易所审核同意后，公司与交易所签订上市协议，并在规定的期限内公告公司债券上市文件及有关文件，置备于指定场所供公众查阅。

【例题·组合型选择题】证券公司申请公司债券上市交易，应送报下列文件（　　）。

Ⅰ．上市报告书
Ⅱ．公司章程
Ⅲ．公司营业执照
Ⅳ．申请公司债券上市的股东大会决定

A．Ⅰ、Ⅱ、Ⅲ、Ⅳ
B．Ⅱ、Ⅲ、Ⅳ
C．Ⅰ、Ⅲ、Ⅳ
D．Ⅰ、Ⅱ、Ⅲ

【解析】《证券法》第五十八条规定，申请公司债券上市交易，应向交易所报送下列文件：①上市报告书；②董事会决议；③公司章程；④公司营业执照；⑤公司债券募集办法；⑥债券的实际发行数额；⑦证券交易所上市规定的其他文件。

【答案】D

十二、证券交易暂停和终止的情形（★★）

在《证券法》中，对于上市交易的股票和债券都要求持续达到相应的标准，否则将面临暂停或终止，相关情形如表1-30所示。

表1-30 证券交易暂停和终止的情形

类别	股票	债券
暂停上市交易的情形	（1）公司股本总额、股权分布等发生变化不再具备上市条件。 （2）公司不按照规定公开其财务状况，或对财务会计报告做虚假记载，可能误导投资者。 （3）公司有重大违法行为。 （4）公司最近3年连续亏损。 （5）证券交易所规定的其他情形	（1）公司有重大违法行为。 （2）公司情况发生重大变化不符合上市条件。 （3）发行公司债券所募资金不按照核准的用途使用。 （4）未按照公司债券募集办法履行义务。 （5）公司最近2年连续亏损
终止交易的情形	（1）公司股本总额、股权分布等发生变化不再具备上市条件，在证券交易所规定的期限内，仍不能达到上市条件。 （2）公司不按规定公开其财务状况，或对财务会计报告作虚假记载，且拒绝纠正。 （3）公司最近3年连续亏损，在其后1个年度内未能恢复盈利。 （4）公司解散或者被宣告破产。 （5）证券交易所规定的其他情形	公司有公司债券暂停交易中第（1）项、第（4）项所列情形之一，经查实后果严重的；或者有第（2）项、第（3）项、第（5）项所列情形之一，在限期内未能消除的。 另外，公司解散或者被宣告破产的，终止其公司债券上市交易

对证券交易所作出的不予上市、暂停上市、终止上市决定不服的，可以向证券交易所设立的复核机构申请复核。

十三、信息公开制度及信息公开不实的法律后果（★★）

1. 信息公开制度的含义

信息公开也称信息披露，是上市公司和公司债券上市交易的公司在发行市场、交易市场依法向投资者、证券交易所和证券监督管理机构报告自身经营、财产以及财务等状况的制度。

经国务院证券监督管理机构核准依法公开发行股票，或者经国务院授权的部门核准依法公开发行公司债券，应当公告招股说明书、公司债券募集办法。依法公开发行新股或者公司债券的，还应当公告财务会计报告。

2. 信息公开的内容

信息公开的内容有上市公告书、中期报告、年度报告和临时报告。

（1）上市公告书是公司的证券上市时应公告的文件。

（2）中期报告是反映公司上半年生产经营状况及其他各方面基本情况的文件。

（3）年度报告是依法编制的反映公司整个会计年度的生产经营状况及其他各方面基本情况的文件。

（4）临时报告是反映公司重大事件的文件。信息公开的相关内容如表1-31所示。

表 1-31 信息公开的内容

报告类别	报告时间	报告或公告的内容
上市公告书	证券上市前	（1）证券获准在交易所交易的日期和批准文号。 （2）证券发行情况。 （3）公司创立大会或股东大会同意公司证券在证交所交易的决议。 （4）公司董事、监事和高级管理人员简历及其持有本公司证券情况。 （5）公司近3年或成立以来的经营业绩和财务状况以及下一年的盈利预测文件。 （6）证券交易所要求载明的其他事项
中期报告	每一会计年度的上半年结束之日起2个月内	（1）公司财务会计报告和经营情况。 （2）涉及公司的重大诉讼事项。 （3）已发行的股票、公司债券变动情况。 （4）提交股东大会审议的重要事项。 （5）国务院证券监督管理机构规定的其他事项
年度报告	每一会计年度结束之日起4个月内	（1）公司概况。 （2）公司财务会计报告和经营情况。 （3）董事、监事、高级管理人员简介及其持股情况。 （4）已发行的股票、公司债券情况，包括持有公司股份最多的前10名股东名单和持股数额。 （5）公司的实际控制人。 （6）国务院证券监督管理机构规定的其他事项
临时报告	可能影响公司股票价格的重大事件发生时，立即报告	重大事件的认定标准： （1）公司的经营方针和经营范围的重大变化。 （2）公司的重大投资行为和重大的购置财产的决定。 （3）公司订立重要合同，可能对公司的资产、负债、权益和经营成果产生重要影响。 （4）公司发生重大债务和未能清偿到期重大债务的违约情况。 （5）公司发生重大亏损或者重大损失。 （6）公司生产经营的外部条件发生的重大变化。 （7）公司的董事、1/3以上监事或者经理发生变动。 （8）持有公司5%以上股份的股东或者实际控制人，其持有股份或者控制公司的情况发生较大变化。 （9）公司减资、合并、分立、解散及申请破产的决定。 （10）涉及公司的重大诉讼，股东大会、董事会决议被依法撤销或者宣告无效。 （11）公司涉嫌犯罪被司法机关立案调查，公司董事、监事、高级管理人员涉嫌犯罪被司法机关采取强制措施。 （12）国务院证券监督管理机构规定的其他事项

3. 信息公开的法律要求及信息公开不实的法律后果

（1）发行人、上市公司依法披露的信息，不得有虚假记载、误导性陈述或者重大遗漏，有虚假记载、误导性陈述或者重大遗漏，致使投资者在证券交易中遭受损失的，发行人、上市公司应当承担赔偿责任；发行人、上市公司的董事、监事、高级管理人员和其他直接责任人员以及保荐人、承销的证券公司，应当与发行人、上市公司承担连带赔偿责任，但是能够证明自己没有过错的除外；发行人、上市公司的控股股东、实际控制人有过错的，应当与发行人、上市公司承担连带赔偿责任。

（2）依法必须披露的信息，应当在国务院证券监督管理机构指定的媒体发布，同时将其置备于公司住所、证券交易所，供社会公众查阅。

(3)国务院证券监督管理机构对上市公司年度报告、中期报告、临时报告以及公告的情况进行监督,对上市公司控股股东及其他信息披露义务人的行为进行监督。证券监督管理机构、证券交易所、保荐人、承销的证券公司及有关人员,对公司依照法律、行政法规规定必须作出的公告,在公告前不得泄露其内容。

(4)证券交易所决定暂停或者终止证券上市交易的,应当及时公告,并报国务院证券监督管理机构备案。

十四、内幕交易行为(★★★)

1. 内幕交易的概念

内幕交易是指证券交易内幕信息的知情人和非法获取内幕信息的人利用内幕信息进行证券交易活动。

证券交易中,涉及公司的经营、财务或者对该公司证券的市场价格有重大影响的尚未公开的信息称为内幕信息。

2. 内幕信息的范围

下列信息都属于内幕信息。

(1)应报送临时报告的重大事项。

(2)公司分配股利或者增资的计划。

(3)公司股权结构的重大变化。

(4)公司债务担保的重大变更。

(5)公司营业用主要资产的抵押、出售或者报废以此超过该资产的30%。

(6)公司的董事、监事、高级管理人员的行为可能依法承担重大损害赔偿责任。

(7)上市公司收购的有关方案。

(8)证监机关认定的对交易价格有显著影响的其他重要信息。

3. 内幕交易种类及后果

知情人和非法获取内幕信息的人利用内幕信息进行证券交易的种类包括:自己买卖证券、建议他人买卖证券、泄露内幕给他人。

交易行为给投资者造成损失的,行为人依法承担赔偿责任。

持有或者通过协议、其他安排与他人共同持有公司5%以上股份的自然人、法人、其他组织收购上市公司的股份,另有规定的,适用其规定。

十五、操纵证券市场行为(★★)

1. 操纵证券市场行为的概念

操纵证券市场行为是指单位或个人为获取利益或减少损失,利用资金、信息等优势或滥用职权影响证券市场价格,制造市场假象,诱导或导致投资者在不了解真相情况下作出买卖证券的决定,扰乱证券市场秩序的行为。

2. 操纵证券市场行为的认定

根据《证券法》的规定,操纵证券市场的行为主要包括以下几种。

(1)单独或者通过合谋,集中资金优势、持股优势或者利用信息优势联合或者连续买卖,操纵证券交易价格或者证券交易量。

(2)与他人串通,以事先约定的时间、价格和方式相互进行证券交易,影响证券交易价格或者证券交易量。

(3)在自己实际控制的账户之间进行证券交易,影响证券交易价格或者证券交易量。

(4)以其他手段操纵证券市场。

3. 操纵证券市场行为的责任

操纵证券市场行为给投资者造成损失的,行为人依法承担赔偿责任。

十六、虚假陈述、信息误导行为和欺诈客户行为(★★★)

1. 虚假陈述、信息误导行为

虚假陈述、信息误导是指行为人对证券发行、交易及其相关活动作出不实、严重误导或者有重大遗漏的陈述或者诱导,致使投资者在不了解事实真相的情况下作出证券投资决定的欺诈行为。

我国《证券法》规定，禁止国家工作人员、传播媒介从业人员和有关人员编造、传播虚假信息，扰乱证券市场；禁止证券交易所、证券公司、证券登记结算机构、证券服务机构及其从业人员，证券业协会、证券监督管理机构及其工作人员，在证券交易活动中作出虚假陈述或者信息误导。各种传播媒介传播证券市场信息必须真实、客观，禁止误导。

2．欺诈客户行为

我国《证券法》禁止证券公司及其从业人员从事下列损害客户利益的欺诈行为。

（1）违背客户的委托为其买卖证券。

（2）不在规定时间内向客户提供交易的书面确认文件。

（3）挪用客户所委托买卖的证券或者客户账户上的资金。

（4）未经客户的委托，擅自为客户买卖证券，或者假借客户的名义买卖证券。

（5）为牟取佣金收入，诱使客户进行不必要的证券买卖。

（6）利用传播媒介或者通过其他方式提供、传播虚假或者误导投资者的信息。

（7）其他违背客户真实意思表示，损害客户利益的行为。

欺诈客户行为给客户造成损失的，行为人应当依法承担赔偿责任。

十七、上市公司收购的概念和方式（★★★）

1．上市公司收购的概述

以实际控制或兼并上市公司为目的，投资者依法公开收购股份有限公司已发行股票的行为。实施收购的投资者为收购人，作为收购目标的上市公司为被收购公司。

2．上市公司收购的方式

依据证券法，投资者可以采取要约收购、协议收购及其他合法方式收购上市公司。上市公司收购的方式如表1-32所示。

表1-32 上市公司收购的方式

方式	说明
要约收购	（1）采取要约收购方式的，收购人必须遵守证券法规定的程序和规则，在收购要约期限内，不得采取要约规定以外的形式和超出要约的条件买卖被收购公司的股票。 （2）收购人通过向目标公司的所有股东发出购买其所持股份的书面意见表示，并按照依法公告的收购要约，收购目标公司股份的收购方式
协议收购	（1）采取协议收购方式的，收购人可以依照法律、行政法规的规定同被收购公司的股东以协议方式进行股权转让。 （2）收购人在证券交易所之外以协商的方式与被收购公司的股东（主要是持股比例较高的大股东）之间通过协议转让股权的方式完成控制权转移。 （3）以协议方式收购上市公司时，达成协议后，收购人必须在3日内将该收购协议向国务院证券监督管理机构及证券交易所作出书面报告，并予公告。在未作出公告前不得履行收购协议

名师点拨 要约收购只能通过证券交易所的证券交易进行，而协议收购则可以在证券交易所场外通过协议转让股份的方式进行。协议收购是收购者与目标公司的控股股东或大股东本着友好协商的态度订立合同，通常表现出善意；要约收购的对象则是目标公司全体股东持有的股份，不需要征得目标公司的同意，因此又称敌意收购。

3．收购报告书应载明的事项

（1）收购人的名称、住所。

（2）收购人关于收购的决定。

（3）收购的上市公司名称。

（4）收购的目的。

（5）收购股份的详细名称和预定收购的

股份数额。

（6）收购的期限、收购价格。

（7）收购所需资金额及资金保证。

（8）公告上市公司收购报告书时持有被收购公司股份数占公司已发行的股份总数。

> **【例题·选择题】** 根据证券法的规定，收购人必须公告的收购报告书不需要包括（　　）。
> A. 收购人的名称、住所
> B. 收购人关于收购的决定
> C. 收购公司的经营状况
> D. 收购所需资金额及资金保证
> **【解析】** 本题考查的是收购报告书应载明的事项。《证券法》相关规定，收购人必须公告上市公司收购报告书，并载明相关事项：收购人的名称、住所以及被收购的上市公司名称；关于收购的决定、目的、期限、价格；收购所需资金额及资金保证等等。但不包括收购公司的经营状况。
> **【答案】** C

十八、上市公司收购的程序和规则（★★）

1. 持股情况的报告和公告

通过证券交易所的证券交易，投资者持有或者通过协议、其他安排与他人共同持有一个上市公司已发行的股份达到5%时，应当在该事实发生之日起3日内，向国务院证券监督管理机构、证券交易所作出书面报告，通知该上市公司，并予公告；在上述期限内，不得再行买卖该上市公司的股票。

投资者持有或者通过协议、其他安排与他人共同持有一个上市公司已发行的股份达到5%后，其所持该上市公司已发行的股份比例每增加或者减少5%，应当依照前款规定进行报告和公告。在报告期限内和作出报告、公告后2日，不得再行买卖该上市公司的股票。

2. 收购要约

通过证券交易所的证券交易，投资者持有一个上市公司已发行的股份的30%时，继续进行收购的，应当依法向该上市公司所有股东发出收购上市公司全部或部分股份的要约。

依照规定发出收购要约的，收购人必须事先向国务院证券监督管理机构报送上市公司收购报告书，并应将公司收购报告书同时提交证券交易所。收购人在依照规定报送上市公司收购报告书之日起15日后，公告其收购要约。收购要约的有关规定如表1-33所示。

表1-33　收购要约

事项	规定
要约的对象	要约收购提出的各项收购条件，应适用于被收购公司的所有股东
要约有效期	收购要约的期限不得少于30日，并不得超过60日
	在收购要约确定的承诺期限内，收购人不得撤回其收购要约
要约的变更	在收购要约确定的承诺期限内，收购人需要变更收购要约的，必须事先向国务院证券监督管理机构提出报告，经获准后，予以公告
要约期满	收购人持有的被收购公司的股份数达到该公司发行的股份总数的90%以上的，其余股东，有权向收购人以收购要约的同等条件出售其股票，收购人应当收购
	收购公司部分股份的收购要约应当约定，被收购公司股东承诺出售的股份数额超过预定的股份数额的，收购人按比例进行收购

3. 终止上市交易

收购期限届满，被收购公司股权分布不符合上市条件的，应当在证券交易所终止该股票的上市交易，依法变更企业形式。

名师点拨　这里的股权分布不符合上市条件，主要是指"向社会公众发行部分不少于公司拟发行的股本总额的25%"，即收购人持股超过已发行的股份总数75%的情况。

4．收购完成

收购人持有被收购上市公司的股票，在收购行为完成后的12个月内不得转让。

收购完成后，收购人与被收购公司合并，并将公司解散的，被解散公司的原有股票由收购人依法更换。

5．收购情况的报告和公告

收购上市公司的行为结束后，收购人应当在15日内将收购情况报告国务院证券监督管理机构和证券交易所，并予公告。

十九、违反证券发行规定的法律责任（★★）

违反证券发行规定的法律责任的具体内容如表1-34所示。

表1-34 违反证券发行规定的法律责任

违法行为	法律责任
未经法定机关核准，擅自公开或者变相公开发行证券的	责令停止发行，退还所募资金并加算银行同期存款利息，处以非法所募资金金额1%以上5%以下的罚款；对擅自公开或者变相公开发行证券设立的公司，由依法履行监督管理职责的机构或者部门会同县级以上地方人民政府予以取缔。对直接负责的主管人员和其他直接责任人员给予警告，并处以3万元以上30万元以下的罚款
发行人不符合发行条件，以欺骗手段骗取发行核准，尚未发行证券的	处以30万元以上60万元以下的罚款；已经发行证券的，处以非法所募资金金额1%以上5%以下的罚款。对直接负责的主管人员和其他直接责任人员处以3万元以上30万元以下的罚款。发行人的控股股东、实际控制人指使从事上述违法行为的，依照上述的规定处罚
证券公司承销或者代理买卖未经核准擅自公开发行的证券的	责令停止承销或者代理买卖，没收违法所得，并处以违法所得1倍以上5倍以下的罚款；没有违法所得或者违法所得不足30万元的，处以30万元以上60万元以下的罚款。给投资者造成损失的，应当与发行人承担连带赔偿责任。对直接负责的主管人员和其他直接责任人员给予警告，撤销任职资格或者证券从业资格，并处以3万元以上30万元以下的罚款
保荐人出具有虚假记载、误导性陈述或者重大遗漏的保荐书，或者不履行其他法定职责的	责令改正，给予警告，没收业务收入，并处以业务收入1倍以上5倍以下的罚款；情节严重的，暂停或者撤销相关业务许可。对直接负责的主管人员和其他直接责任人员给予警告，并处以3万元以上30万元以下的罚款；情节严重的，撤销任职资格或者证券从业资格
发行人、上市公司或者其他信息披露义务人未按照规定披露信息，或者所披露的信息有虚假记载、误导性陈述或者重大遗漏的	责令改正，给予警告，并处以30万元以上60万元以下的罚款。对直接负责的主管人员和其他直接责任人员给予警告，并处以3万元以上30万元以下的罚款。 发行人、上市公司或者其他信息披露义务人未按照规定报送有关报告，或者报送的报告有虚假记载、误导性陈述或者重大遗漏的，责令改正，给予警告，并处以30万元以上60万元以下的罚款。对直接负责的主管人员和其他直接责任人员给予警告，并处以3万元以上30万元以下的罚款
发行人、上市公司擅自改变公开发行证券所募集资金的用途的	责令改正，对直接负责的主管人员和其他直接责任人员给予警告，并处以3万元以上30万元以下的罚款。发行人、上市公司的控股股东、实际控制人指使从事前款违法行为的，给予警告，并处以30万元以上60万元以下的罚款。对直接负责的主管人员和其他直接责任人员依照前款的规定处罚

续表

违法行为	法律责任
证券交易内幕信息的知情人或者非法获取内幕信息的人，在涉及证券的发行、交易或者其他对证券的价格有重大影响的信息公开前，买卖该证券，或者泄露该信息，或者建议他人买卖该证券的	责令依法处理非法持有的证券，没收违法所得，并处以违法所得1倍以上5倍以下的罚款；没有违法所得或者违法所得不足3万元的，处以3万元以上60万元以下的罚款。单位从事内幕交易的，还应当对直接负责的主管人员和其他直接责任人员给予警告，并处以3万元以上30万元以下的罚款。证券监督管理机构工作人员进行内幕交易的，从重处罚
进行虚假的或者误导投资者的广告或者其他宣传推介活动；以不正当竞争手段招揽承销业务；其他违反证券承销业务规定的行为	证券公司承销证券，有下列行为之一的，责令改正，给予警告，没收违法所得，并处以30万元以上60万元以下的罚款；情节严重的，暂停或者撤销相关业务许可。给其他证券承销机构或者投资者造成损失的，依法承担赔偿责任。对直接负责的主管人员和其他直接责任人员给予警告，并处以3万元以上30万元以下的罚款；情节严重的，撤销任职资格或者证券从业资格

名师点拨 对发行人、上市公司、证券公司的处罚基本都是30万元以上60万元以下，对直接负责人和直接责任人的处罚都是3万元以上30万元以下。

二十、违反证券交易规定的法律责任（★★）

违反证券发行规定的法律责任的具体内容如表1-35所示。

表1-35 违反证券发行规定的法律责任

违法行为	法律责任
上市公司管理人员将其公司股票买入6个月内卖出，或者卖出6个月内又买入	上市公司的董事、监事、高级管理人员持有上市公司股份超过5%以上的股东，将其公司股票买入6个月内卖出，或者卖出6个月内又买入，对当事人给予警告，并处以3万元以上10万元以下的罚款
操纵证券市场的	责令依法处理非法持有的证券，没收违法所得，并处以违法所得1倍以上5倍以下的罚款；没有违法所得或者违法所得不足30万元的，处以30万元以上300万元以下的罚款。单位操纵证券市场的，还应当对直接负责的主管人员和其他直接责任人员给予警告，并处以10万元以上60万元以下的罚款
在限制转让期限内买卖证券的	责令改正，给予警告，并处以买卖证券等值以下的罚款。对直接负责的主管人员和其他直接责任人员给予警告，并处以3万元以上30万元以下的罚款
为客户买卖证券提供融资融券的	没收违法所得，暂停或者撤销相关业务许可，并处以非法融资融券等值以下的罚款。对直接负责的主管人员和其他直接责任人员给予警告，撤销任职资格或者证券从业资格，并处以3万元以上30万元以下的罚款
扰乱证券市场的	由证券监督管理机构责令改正，没收违法所得，并处以违法所得1倍以上5倍以下的罚款；没有违法所得或者违法所得不足3万元的，处以3万元以上20万元以下的罚款
在证券交易活动中作出虚假陈述或者信息误导的	责令改正，处3万元以上20万元以下的罚款；属于国家工作人员的，还应当依法给予行政处分

续表

违法行为	法律责任
法人以他人名义设立账户或者利用他人账户买卖证券的	责令改正，没收违法所得，并处以违法所得1倍以上5倍以下的罚款；没有违法所得或者违法所得不足3万元的，处以3万元以上30万元以下的罚款。对直接负责的主管人员和其他直接责任人员给予警告，并处以3万元以上10万元以下的罚款。 证券公司为上述规定的违法行为提供自己或者他人的证券交易账户的，除依照上述的规定处罚外，还应当撤销直接负责的主管人员和其他直接责任人员的任职资格或者证券从业资格
交易内幕信息的知情人或者非法获取内幕信息的人，在涉及证券的发行、交易或者其他对证券的价格有重大影响的信息公开前，买卖该证券，或者泄露该信息，或者建议他人买卖该证券的	责令依法处理非法持有的证券，没收违法所得，并处以违法所得1倍以上5倍以下的罚款；没有违法所得或者违法所得不足3万元的，处以3万元以上60万元以下的罚款。单位从事内幕交易的，还应当对直接负责的主管人员和其他直接责任人员给予警告，并处以3万元以上30万元以下的罚款。证券监督管理机构工作人员进行内幕交易的，从重处罚

二十一、上市公司收购的法律责任（★★★）

（1）收购人未按照证券法规定履行上市公司收购的公告、发出收购要约等义务的，责令改正，给予警告，并处以10万元以上30万元以下的罚款；在改正前，收购人对其收购或者通过协议、其他安排与他人共同收购的股份不得行使表决权。对直接负责的主管人员和其他直接责任人员给予警告，并处以3万元以上30万元以下的罚款。

（2）收购人或者收购人的控股股东，利用上市公司收购，损害被收购公司及其股东的合法权益的，责令改正，给予警告；情节严重的，处以10万元以上60万元以下的罚款。给被收购公司及其股东造成损失的，依法承担赔偿责任。对直接负责的主管人员和其他直接责任人员给予警告，并处以3万元以上30万元以下的罚款。

二十二、违反证券机构管理、人员管理相关规定的法律责任及证券机构的法律责任（★★）

（1）非法开设证券交易场所的，由县级以上人民政府予以取缔，没收违法所得，并处以违法所得1倍以上5倍以下的罚款；没有违法所得或者违法所得不足10万元的，处以10万元以上50万元以下的罚款。对直接负责的主管人员和其他直接责任人员给予警告，并处以3万元以上30万元以下的罚款。

（2）未经批准，擅自设立证券公司或者非法经营证券业务的，由证券监督管理机构予以取缔，没收违法所得，并处以违法所得1倍以上5倍以下的罚款；没有违法所得或者违法所得不足30万元的，处以30万元以上60万元以下的罚款。对直接负责的主管人员和其他直接责任人员给予警告，并处以3万元以上30万元以下的罚款。

（3）违反证券法的规定，聘任不具有任职资格、证券从业资格的人员的，由证券监督管理机构责令改正，给予警告，并处以10万元以上30万元以下的罚款。对直接负责的主管人员给予警告，并处以3万元以上10万元以下的罚款。

（4）法律、行政法规规定禁止参与股票交易的人员，直接或者以化名、借他人名义持有、买卖股票的，责令依法处理非法持有的股票，没收违法所得，并处以买卖股票等值以下的罚款；属于国家工作人员的，还应当依法给予行政处分。

（5）证券交易所、证券公司、证券登记结算机构、证券服务机构的从业人员或者证券业协会的工作人员，故意提供虚假资料，隐匿、伪造、篡改或者毁损交易记录，诱骗投资者买卖证券的，撤销证券从业资格，并处以3万元以上10万元以下的罚款；属于国家工作人员的，还应当依法给予行政处分。

（6）为股票的发行、上市、交易出具审计报告、资产评估报告或者法律意见书等文件的证券服务机构和人员，违反证券法的规定买卖股票的，责令依法处理非法持有的股票，没收违法所得，并处以买卖股票等值以下的罚款。

（7）证券公司违反本法规定，假借他人名义或者以个人名义从事证券自营业务的，责令改正，没收违法所得，并处以违法所得1倍以上5倍以下的罚款；没有违法所得或者违法所得不足30万元的，处以30万元以上60万元以下的罚款；情节严重的，暂停或者撤销证券自营业务许可。对直接负责的主管人员和其他直接责任人员给予警告，撤销任职资格或者证券从业资格，并处以3万元以上10万元以下的罚款。

（8）证券公司违背客户的委托买卖证券、办理交易事项，或者违背客户真实意思表示，办理交易以外的其他事项的，责令改正，处以1万元以上10万元以下的罚款。给客户造成损失的，依法承担赔偿责任。

（9）证券公司、证券登记结算机构挪用客户的资金或者证券，或者未经客户的委托，擅自为客户买卖证券的，责令改正，没收违法所得，并处以违法所得1倍以上5倍以下的罚款；没有违法所得或者违法所得不足10万元的，处以10万元以上60万元以下的罚款；情节严重的，责令关闭或者撤销相关业务许可。对直接负责的主管人员和其他直接责任人员给予警告，撤销任职资格或者证券从业资格，并处以3万元以上30万元以下的罚款。

（10）证券公司办理经纪业务，接受客户的全权委托买卖证券的，或者证券公司对客户买卖证券的收益或者赔偿证券买卖的损失作出承诺的，责令改正，没收违法所得，并处以5万元以上20万元以下的罚款，可以暂停或者撤销相关业务许可。对直接负责的主管人员和其他直接责任人员给予警告，并处以3万元以上10万元以下的罚款，可以撤销任职资格或者证券从业资格。

（11）证券公司违反规定，未经批准经营非上市证券的交易的，责令改正，没收违法所得，并处以违法所得1倍以上5倍以下的罚款。

（12）证券公司成立后，无正当理由超过3个月未开始营业的，或者开业后自行停业连续3个月以上的，由公司登记机关吊销其公司营业执照。

（13）证券公司擅自设立、收购、撤销分支机构，或者合并、分立、停业、解散、破产，或者在境外设立、收购、参股证券经营机构的，责令改正，没收违法所得，并处以违法所得1倍以上5倍以下的罚款；没有违法所得或者违法所得不足10万元的，处以10万元以上60万元以下的罚款。对直接负责的主管人员给予警告，并处以3万元以上10万元以下的罚款。

证券公司擅自变更有关事项的，责令改正，并处以10万元以上30万元以下的罚款。对直接负责的主管人员给予警告，并处以5万元以下的罚款。

（14）证券公司违反《证券法》规定，超出业务许可范围经营证券业务的，责令改正，没收违法所得，并处以违法所得1倍以上5倍以下的罚款；没有违法所得或者违法所得不足30万元的，处以30万元以上60万元以下罚款；情节严重的，责令关闭。对直接负责的主管人员和其他直接责任人员给予警告，撤销任职资格或者证券从业资格，并处以3万元以上10万元以下的罚款。

（15）证券公司对其证券经纪业务、证

券承销业务、证券自营业务、证券资产管理业务，不依法分开办理，混合操作的，责令改正，没收违法所得，并处以30万元以上60万元以下的罚款；情节严重的，撤销相关业务许可。对直接负责的主管人员和其他直接责任人员给予警告，并处以3万元以上10万元以下的罚款；情节严重的，撤销任职资格或者证券从业资格。

（16）提交虚假证明文件或者采取其他欺诈手段隐瞒重要事实骗取证券业务许可的，或者证券公司在证券交易中有严重违法行为，不再具备经营资格的，由证券监督管理机构撤销证券业务许可。

（17）证券公司或者其股东、实际控制人违反规定，拒不向证券监督管理机构报送或者提供经营管理信息和资料，或者报送、提供的经营管理信息和资料有虚假记载、误导性陈述或者重大遗漏的，责令改正，给予警告，并处以3万元以上30万元以下的罚款，可以暂停或者撤销证券公司相关业务许可。对直接负责的主管人员和其他直接责任人员，给予警告，并处以3万元以下的罚款，可以撤销任职资格或者证券从业资格。

证券公司为其股东或者股东的关联人提供融资或者担保的，责令改正，给予警告，并处以10万元以上30万元以下的罚款。对直接负责的主管人员和其他直接责任人员，处3万元以上10万元以下的罚款。股东有过错的，在按照要求改正前，国务院证券监督管理机构可以限制其股东权利；拒不改正的，可以责令其转让所持证券公司股权。

（18）证券服务机构未勤勉尽责，所制作、出具的文件有虚假记载、误导性陈述或者重大遗漏的，责令改正，没收业务收入，暂停或者撤销证券服务业务许可，并处以业务收入1倍以上5倍以下的罚款。对直接负责的主管人员和其他直接责任人员给予警告，撤销证券从业资格，并处以3万元以上10万元以下的罚款。

（19）上市公司、证券公司、证券交易所、证券登记结算机构、证券服务机构，未按照有关规定保存有关文件和资料的，责令改正，给予警告，并处以3万元以上30万元以下的罚款；隐匿、伪造、篡改或者毁损有关文件和资料的，给予警告，并处以30万元以上60万元以下的罚款。

（20）未经国务院证券监督管理机构批准，擅自设立证券登记结算机构的，由证券监督管理机构予以取缔，没收违法所得，并处以违法所得1倍以上5倍以下的罚款。

投资咨询机构、财务顾问机构、资信评级机构、资产评估机构、会计师事务所未经批准，擅自从事证券服务业务的，责令改正，没收违法所得，并处以违法所得1倍以上5倍以下的罚款。

证券登记结算机构、证券服务机构违反本法规定或者依法制定的业务规则的，由证券监督管理机构责令改正，没收违法所得，并处以违法所得1倍以上5倍以下的罚款；没有违法所得或者违法所得不足10万元的，处以10万元以上30万元以下的罚款；情节严重的，责令关闭或者撤销证券服务业务许可。

（21）国务院证券监督管理机构或者国务院授权的部门有下列情形之一的，对直接负责的主管人员和其他直接责任人员，依法给予行政处分：

①对不符合本法规定的发行证券、设立证券公司等申请予以核准、批准的。

②违反规定采取本法第一百八十条规定的现场检查、调查取证、查询、冻结或者查封等措施的。

③违反规定对有关机构和人员实施行政处罚的。

④其他不依法履行职责的行为。

知识拓展　《证券法》第一百八十条规定，国务院证券监督管理机构依法履行职责，有权采取下列措施。

（1）对证券发行人、上市公司、证券公司、证券投资基金管理公司、证券服务机构、证券交易所、证券登记结算机构进行现场检查。

（2）进入涉嫌违法行为发生场所调查取证。

（3）询问当事人和与被调查事件有关的单位和个人，要求其对与被调查事件有关的事项作出说明。

（4）查阅、复制与被调查事件有关的财产权登记、通讯记录等资料。

（5）查阅、复制当事人和与被调查事件有关的单位和个人的证券交易记录、登记过户记录、财务会计资料及其他相关文件和资料；对可能被转移、隐匿或者毁损的文件和资料，可以予以封存。

（6）查询当事人和与被调查事件有关的单位和个人的资金账户、证券账户和银行账户；对有证据证明已经或者可能转移或者隐匿违法资金、证券等涉案财产或者隐匿、伪造、毁损重要证据的，经国务院证券监督管理机构主要负责人批准，可以冻结或者查封。

（7）在调查操纵证券市场、内幕交易等重大证券违法行为时，经国务院证券监督管理机构主要负责人批准，可以限制被调查事件当事人的证券买卖，但限制的期限不得超过15个交易日；案情复杂的，可以延长15个交易日。

（22）证券监督管理机构的工作人员和发行审核委员会的组成人员，不履行本法规定的职责，滥用职权、玩忽职守，利用职务便利牟取不正当利益，或者泄露所知悉的有关单位和个人的商业秘密的，依法追究法律责任。

（23）证券交易所对不符合本法规定条件的证券上市申请予以审核同意的，给予警告，没收业务收入，并处以业务收入1倍以上5倍以下的罚款。对直接负责的主管人员和其他直接责任人员给予警告，并处以3万元以上30万元以下的罚款。

（24）拒绝、阻碍证券监督管理机构及其工作人员依法行使监督检查、调查职权未使用暴力、威胁方法的，依法给予治安管理处罚。

（25）违反法律、行政法规或者国务院证券监督管理机构的有关规定，情节严重的，国务院证券监督管理机构可以对有关责任人员采取证券市场禁入的措施。

本节提示 1998年12月29日第九届人大常委会六次会议通过了《证券法》，2015年4月20日，证券法修订草案正式提交人大常委会审议。该草案计划在2016年内完成二审。修改的亮点有如下几项。（1）明确注册制程序，取消股票发行审核制。（2）加强了对投资者保护力度，大幅提高欺诈发行处罚标准。（3）为境外企业境内上市预留法律空间。（4）允许证券从业人员买卖股票。（5）允许设立证券合伙企业。

第四节 基金法

考情分析：本节属于次重点小节，主要介绍债券投资基金法的相关内容。主要考点包括基金管理人、托管人、基金份额持有人的概念、权利、义务，基金管理公司的设立，基金管理人的禁止行为，公募基金的运作，基金财产的独立性要求，公开募集与非公开募集的区别，非公募基金管理人的登记和基金备案。本节考试题型为选择题、组合型选择题，考试分值6分左右。

学习建议：本节实用性较强，须结合实际应用加以理解、熟悉基金有关内容，重点掌握并理解记忆基金管理人、托管人、基金份额持有人、基金财产独立性的意义，以及基金公开募集与非公开募集的区别等相关内容。

一、基金管理人、基金托管人和基金份额持有人的概念、权利和义务（★★★）

1. 基金管理人

基金管理人是指凭借专门的知识与经验，运用所管理基金的资产，根据法律、法规及基金章程或基金契约的规定，按照科学的投资组合原理进行投资决策，谋求所管理的基金资产不断增值，并使基金持有人获得最大收益的机构。

基金管理人、基金托管人和基金份额持有人的概念、权利和义务，依据本法在基金合同中约定。

基金管理人的权利、义务和职责如表1-36所示。

表1-36 基金管理人权利、义务和职责

基金管理人	说 明
权利	（1）按基金契约及其他有关规定，运作和管理基金资产。 （2）获取基金管理人报酬。 （3）依照有关规定，代表基金行使股东权利。 （4）有关法律法规规定的其他权利
义务	（1）按照基金契约的规定运用基金资产投资并管理基金资产。 （2）及时、足额向基金持有人支付基金收益。 （3）保存基金的会计账册、记录15年以上。 （4）编制基金财务报告，及时公告，并向中国证监会报告。 （5）计算并公告基金资产净值及每一基金单位资产净值。 （6）基金契约规定的其他职责
职责	公开募集基金的基金管理人应当履行下列职责： （1）依法募集资金，办理基金份额的发售和登记事宜。 （2）办理基金备案手续。 （3）对所管理的不同基金财产分别管理、分别记账，进行证券投资。 （4）按照基金合同的约定确定基金收益分配方案，及时向基金份额持有人分配收益。 （5）进行基金会计核算并编制基金财务会计报告。 （6）编制中期和年度基金报告。 （7）计算并公告基金资产净值，确定基金份额申购、赎回价格。 （8）办理与基金财产管理业务活动有关的信息披露事项。 （9）按照规定召集基金份额持有人大会。 （10）保存基金财产管理业务活动的记录、账册、报表和其他相关资料。 （11）以基金管理人名义，代表基金份额持有人利益行使诉讼权利或者实施其他法律行为。 （12）国务院证券监督管理机构规定的其他职责

基金管理人运用基金财产进行证券投资，应当遵守审慎经营规则，制定科学合理的投资策略和风险管理制度，有效防范和控制风险。

基金管理人对于管理的不同基金财产需要分别管理、记账，分别进行投资。公告基金净值，办理信息披露，保存账册、报表等资料，编制中期和年度基金报告，代表基金份额持有人行使诉讼权利。

根据2012年修订的基金法，基金管理人可以有两种组织形式，即公司型和合伙型。

2. 基金托管人

基金托管人又称基金保管人，是基金资产的名义持有人，在证券投资基金运作中承担资产保管、交易监督、信息披露、资金清算与会计核算等职责的机构。

基金托管人的权利、义务和职责如表1-37所示。

表1-37 基金托管人的权利、义务和职责

事 项	说 明
权利	（1）保管基金的资产。 （2）监督基金管理人的投资运作。 （3）获取基金托管费用
义务	（1）保管基金资产。 （2）保管与基金有关的重大合同及有关凭证。 （3）负责基金投资于证券的清算交割，执行基金管理人的投资指令，负责基金名下的资金往来
职责	基金托管人应当履行下列职责。 （1）安全保管基金财产。 （2）按照规定开设基金财产的资金账户和证券账户。 （3）对所托管的不同基金财产分别设置账户，确保基金财产的完整与独立。 （4）保存基金托管业务活动的记录、账册、报表和其他相关资料。 （5）按照基金合同的约定，根据基金管理人的投资指令，及时办理清算、交割事宜。 （6）办理与基金托管业务活动有关的信息披露事项。 （7）对基金财务会计报告、中期和年度基金报告出具意见。 （8）复核、审查基金管理人计算的基金资产净值和基金份额申购、赎回价格。 （9）按照规定召集基金份额持有人大会。 （10）按照规定监督基金管理人的投资运作。 （11）国务院证券监督管理机构规定的其他职责

基金托管人与基金管理人不得为同一机构，不得相互出资或者持有股份。

名师点拨 目前的托管机构都是经过核准的商业银行，经中国证监会核准的信托投资公司、财务公司、证券公司及其他存款类金融机构也可以成为基金托管人。

基金托管人须按规定开设基金财产的资金账户和债券账户，对托管的不同基金财产分别设置账户，复合、审查基金净值，办理信息披露，保存账册、报表等资料，对基金财务报告、中期和年度报告出具意见，及时办理清算、交割事宜。

3．基金份额持有人

基金份额持有人就是基金的投资人，是指依基金合同和招募说明书持有基金份额的自然人和法人。

基金份额持有人的权利和义务如表1-38所示。

基金份额持有人是基金资产的实际所有者，享有基金信息的知情权、表决权和收益权。基金的一切投资活动都是为了增加投资者的收益，一切风险管理都是围绕保护投资者利益来考虑的。

表 1-38 基金份额持有人的权利、义务和基金份额持有人大会职权

事项	说明
权利	（1）分享基金财产收益。 （2）参与分配清算后的剩余财产。 （3）依法转让或者申请赎回其持有的基金份额。 （4）按照规定要求召开基金份额持有人大会。 （5）对基金份额持有人大会审议事项行使表决权。 （6）查阅或复制公开披露的基金信息资料。 （7）对基金管理人、基金托管人、基金份额发售机构损害其合法权益的行为依法提起诉讼。 （8）基金合同约定的其他权利。 公开募集基金的基金份额持有人有权查阅或者复制公开披露的基金信息资料；非公开募集基金的基金份额持有人对涉及自身利益的情况，有权查阅基金的财务会计账簿等财务资料
义务	（1）遵守基金契约。 （2）缴纳基金认购款项及规定费用。 （3）承担基金亏损或终止的有限责任。 （4）不从事任何有损基金及其他基金投资人合法权益的活动。 （5）法律、法规及基金契约规定的其他义务
大会职权	基金份额持有人大会由全体基金份额持有人组成，行使下列职权。 （1）决定基金扩募或者延长基金合同期限。 （2）决定修改基金合同的重要内容或者提前终止基金合同。 （3）决定更换基金管理人、基金托管人。 （4）决定调整基金管理人、基金托管人的报酬标准。 （5）基金合同约定的其他职权

【例题·选择题】规范基金管理人、基金托管人和基金份额持有人的权利、义务的法律文件是（　　）。
  A．基金托管协议
  B．基金合同
  C．基金招募说明书
  D．基金份额发售公告

【解析】《基金法》第三条规定，基金管理人、基金托管人和基金份额持有人的概念、权利和义务，依据本法在基金合同中约定。

【答案】B

二、设立基金管理公司的条件（★）

设立公开募集基金的基金管理公司，应具备下列条件，并经过国务院证券监督管理机构的批准。

（1）有符合《基金法》和《公司法》规定的章程。

（2）注册资本不低于1亿元人民币，且必须为实缴货币资本。

（3）主要股东具有从事证券经营、证券投资咨询、信托资产管理或者其他金融资产管理的较好的经营业绩和良好的社会信誉，最近3年没有违法记录。

（4）取得基金从业资格的人员达到法定人数。

（5）董事、监事、高级管理人员具备相应的任职条件。

（6）有符合要求的营业场所、安全防范设施和与基金管理业务有关的其他设施。

（7）有良好的内部治理结构、有完善的内部稽核监控制度和风险控制制度。

（8）法律、行政法规规定的和经国务院批准的国务院证券监督管理机构规定的其他条件。

三、基金管理人的禁止行为（★★）

公开募集基金的基金管理人及其董事、监事、高级管理人员和其他从业人员不得有下列行为。

（1）将其固有财产或者他人财产混同于基金财产从事证券投资。

（2）不公平地对待其管理的不同基金财产。

（3）利用基金财产为基金份额持有人以外的第三人牟取利益。

（4）向基金份额持有人违规承诺收益或者承担损失。

（5）侵占、挪用基金财产。

（6）泄露未公开的信息，明示、暗示他人从事相关交易活动。

（7）玩忽职守，不按照规定履行职责。

（8）法律、法规和国务院证券监督管理机构规定禁止的其他行为。

【例题·组合型选择题】目前，我国基金管理人禁止的行为包括（ ）。

Ⅰ. 发起设立基金

Ⅱ. 不公平地对待其管理的不同基金财产

Ⅲ. 向基金份额持有人违规承诺收益或者承担损失

Ⅳ. 将其固有财产或者他人财产混同于基金财产从事证券投资

A. Ⅰ、Ⅱ、Ⅳ
B. Ⅱ、Ⅳ
C. Ⅱ、Ⅲ、Ⅳ
D. Ⅰ、Ⅱ、Ⅲ、Ⅳ

【解析】本题考查的是基金管理人的禁止行为相关内容。基金管理人可依法发起设立基金，其禁止行为包括：侵占、挪用基金财产；不公平地对待其管理的不同基金财产；向基金份额持有人违规承诺收益或者承担损失；将其固有财产或者他人财产混同于基金财产从事证券投资。

【答案】C

四、公募基金运作的方式（★）

基金的运作方式分为封闭式、开放式或者其他方式。封闭式基金是指经核准的基金份额总额在基金合同期限内固定不变，基金份额可以在依法设立的证券交易场所交易，但基金份额持有人不得申请赎回的基金。开放式基金是指基金规模不是固定不变的，而是可以随时根据市场供求情况发行新份额或被投资人赎回的投资基金。封闭式与开放式基金的区别如表1-39所示。

表1-39　封闭式基金与开放式基金的区别

区别	种类	
	封闭式基金	开放式基金
规模	固定	不固定
交易场所	上市交易所	基金公司及代销机构
存续期限	有期限，一般为10年或15年	无期限
赎回情况	不能赎回，上市基金可以转让交易	可随时赎回
价格机制	由市场供求决定，常出现溢价或折价交易，不必然反映基金的净资产值	依照公布的基金单位净值，不受市场供求影响

五、基金财产的独立性要求（★★★）

《基金法》对基金财产独立性有以下要求。

（1）基金财产独立于基金管理人、基金托管人的固有财产。基金管理人、基金托管人不得将基金财产归入其固有财产。但是，基金管理人、基金托管人因基金财产的管理、运用或者其他情形而取得的财产和收益，属于基金财产。基金管理人、基金托管人因依法解散、被依法撤销或者被依法宣告破产等原因进行清算的，基金财产不属于其清算财产。

（2）基金财产的债权，不得与基金管理

人、基金托管人固有财产的债务相抵消；不同基金财产的债权债务，不得相互抵消。

（3）基金财产的债务由基金财产本身承担，基金份额持有人以其出资为限对基金财产的债务承担责任。但基金合同依照本法另有约定的，从其约定。非因基金本身承担的债务，债权人不得对基金财产主张强制执行。

（4）基金财产的相关税收，由基金份额持有人承担，基金管理人或其他扣缴义务人依法代扣代缴。

名师点拨 基金财产是一些资本金、资产的集合。基金财产的债务由基金财产本身承担，持有人以其出资为限承担责任。

【例题·选择题】基金财产的债务由（　　）来承担。
A．基金财产
B．基金托管人
C．基金管理人
D．基金份额持有人

【解析】本题考查的是基金财产的独立性要求。《基金法》第五条规定，基金财产的债务由基金财产本身承担，基金份额持有人以其出资为限对基金财产的债务承担责任。但基金合同依照本法另有约定的，从其约定。基金财产独立于基金管理人、基金托管人的固有财产。基金管理人、基金托管人不得将基金财产归入其固有财产。

【答案】A

六、基金财产债权债务独立性的意义（★★★）

基金财产债权债务独立性确保了基金财产的独立性，严格区分基金与基金管理人、基金托管人的自有财产，保护基金及其份额持有人的合法权益。基金财产的独立性决定其既非基金份额持有人的债务的担保，也非基金管理人和基金托管人固有财产的债务的担保。

基金财产债券债务独立于基金管理人、基金托管人的自有财产，也与基金份额持有人未投资于基金的其他财产相区别。基金份额持有人的债权人、基金管理人或者基金托管人的债权人，都无权要求其债务人用基金财产偿还债务，也不得对基金财产强制执行。这样有利于基金的独立运作，免受外接干扰，以获得最大收益。

七、基金公开募集与非公开募集的区别（★★）

公募基金就是公开募集基金，而非公开募集基金是通过非公开方式募集基金，这是非公募基金与公募基金的主要区别。非公开募集基金，又称私募基金。

公开募集基金和非公开募集基金的区别主要表现如表1-40所示。

表1-40　基金公开募集与非公开募集的主要区别

事项	公开募集基金	非公开募集基金
监管机构不同	证监会	银监会
募集的对象不同	广大社会公众，即社会不特定的投资者	少数特定的投资者，包括机构和个人
募集的方式不同	募集资金是通过公开发售的方式进行的	通过非公开发售的方式募集
信息披露要求不同	对信息披露有非常严格的要求，其投资目标、投资组合等信息都要披露	对信息披露的要求很低，具有较强的保密性

续表

事项	公开募集基金	非公开募集基金
投资限制不同	在投资品种、投资比例、投资与基金类型的匹配上有严格的限制	投资限制完全由协议约定
业绩报酬不同	不提取业绩报酬,只收取管理费	而私募基金则收取业绩报酬,一般不收管理费
托管	基金管理人管理,基金托管人托管	除基金合同另有约定外,由基金托管人托管
收益、风险分担	以持有份额分享收益、承担风险	由基金合同约定

国务院证监机构应当自受理公开募集基金注册申请之日起6个月内依法进行审查,作出注册或者不予注册的决定;不给予注册的说明理由。

知识拓展 除了上表中的区别外,还有下面几个方面的区别。

（1）公开募集基金的基金管理人,由基金管理公司或者经国务院证券监督管理机构按照规定核准的其他机构担任。担任非公开募集基金的基金管理人,应当按照规定向基金行业协会履行登记手续,报送基本情况。

（2）公开募集基金由基金管理公司担任管理人,由托管人托管,向国务院证券监管机构注册。受到法律的保护和较为严格的监管。非公开募集基金不得向合格投资人以外的单位或个人募集资金,不得通过报刊、电台、电视台、互联网等公众传播媒体或讲座、报告会、分析会方式向不特定对象宣传推广。除基金合同另有约定外,非公开募集基金应当由基金托管人托管。私募基金受到的管制较少,风险也相对较大。

名师点拨 公开募集基金,包括向不特定对象募集资金,向特定对象募集资金累积超过200人,以及法律、法规规定的其他情形。非公开募集不得超过200人。

【例题·选择题】国务院证监机构应当自受理公开募集基金注册申请之日起（　　）个月内依法进行审查,作出注册或者不予注册的决定,并通知申请人;不予注册的,应说明理由。

A. 2　　　　B. 3
C. 5　　　　D. 6

【解析】本题考查的是《基金法》对基金公开募集的相关规定。国务院证监机构应当自受理公开募集基金注册申请之日起6个月内依法进行审查,作出注册或者不予注册的决定。

【答案】D

八、非公开募集基金的合格投资者的要求（★）

合格投资者是指达到规定资产规模或者收入水平,并且具备相应的风险识别能力和风险承担能力、其基金份额认购金额不低于规定限额的单位和个人。

非公开募集基金应当向合格投资者募集,合格投资者累计不得超过200人。

合格投资者的具体标准由国务院证券监督管理机构进行规定。

九、非公开募集基金的投资范围（★）

非公开募集基金财产的证券投资,包括买卖公开发行的股份有限公司股票、债券、基金份额,以及国务院证券监督管理机构规定的其他证券及其衍生品种。

名师点拨 基金财产应当用于下列投资:（1）上市交易的股票、债券;（2）国务院证券监督管理机构规定的其他证券及其衍生品种。

十、非公开募集基金管理人的登记及非公开募集基金的备案要求（★）

担任非公开募集基金管理人，应当按规定向基金行业协会履行登记手续，报送基本情况。未经登记，任何单位或者个人不得使用"基金"或"基金管理"字样或近似名称；但是，法律、行政法规另有规定的除外。

非公开募集基金募集完毕，基金管理人应当向基金行业协会备案。对于募集的资金总额和基金份额持有人的人数达到规定标准的基金，基金行业协会当向国务院证券监督管理机构报告。

 对公开募集基金的基金管理人，采取核准制而非登记制。

十一、相关的法律责任（★）

根据《基金法》相关规定，凡是违反了《基金法》的相关规定，必须承担相应的法律责任。表1-41所示为违反基金法的主要法律责任。

表1-41 违反基金法的主要法律责任

违法行为	法律责任
未经批准擅自设立基金管理公司或者未经核准从事公开募集基金管理业务的	由证券监督管理机构予以取缔或者责令改正，没收违法所得，并处违法所得1倍以上5倍以下罚款；没有违法所得或者违法所得不足100万元的，并处10万元以上100万元以下罚款。对直接负责的主管人员和其他直接责任人员给予警告，并处3万元以上30万元以下罚款
基金管理公司违反基金法规定，擅自变更持有5%以上股权的股东、实际控制人或者其他重大事项的	责令改正，没收违法所得，并处违法所得1倍以上5倍以下罚款；没有违法所得或者违法所得不足50万元的，并处5万元以上50万元以下罚款。对直接负责的主管人员给予警告，并处3万元以上10万元以下罚款
从业人员等未按规定申报的	责令改正，处3万元以上10万元以下罚款
基金管理人、基金托管人违反申报规定的	责令改正，处10万元以上100万元以下罚款；对直接负责的主管人员和其他直接责任人员给予警告，暂停或者撤销基金从业资格，并处3万元以上30万元以下罚款
违反托管规定的	责令改正，没收违法所得，并处违法所得1倍以上5倍以下罚款；没有违法所得或者违法所得不足100万元的，并处10万元以上100万元以下罚款；情节严重的，撤销基金从业资格
基金管理人、基金托管人违反基金法规定，未对基金财产实行分别管理或者分账保管的	责令改正，处5万元以上50万元以下罚款；对直接负责的主管人员和其他直接责任人员给予警告，暂停或者撤销基金从业资格，并处3万元以上30万元以下罚款
未经核准，擅自从事基金托管业务的	责令停止，没收违法所得，并处违法所得1倍以上5倍以下罚款；没有违法所得或者违法所得不足100万元的，并处10万元以上100万元以下罚款；对直接负责的主管人员和其他直接责任人员给予警告，并处3万元以上30万元以下罚款
基金管理人、基金托管人违反基金法规定，相互出资或者持有股份的	责令改正，可以处10万元以下罚款
违反基金法规定，擅自公开或者变相公开募集基金的	责令停止，返还所募资金和加计的银行同期存款利息，没收违法所得，并处所募资金金额1%以上5%以下罚款。对直接负责的主管人员和其他直接责任人员给予警告，并处5万元以上50万元以下罚款

续表

违法行为	法律责任
基金信息披露义务人不依法披露基金信息或者披露的信息有虚假记载、误导性陈述或者重大遗漏的	责令改正，没收违法所得，并处10万元以上100万元以下罚款；对直接负责的主管人员和其他直接责任人员给予警告，暂停或者撤销基金从业资格，并处3万元以上30万元以下罚款
基金管理人或者基金托管人不按照规定召集基金份额持有人大会的	责令改正，可以处5万元以下罚款；对直接负责的主管人员和其他直接责任人员给予警告，暂停或者撤销基金从业资格
违反基金法规定，未经登记，使用"基金"或者"基金管理"字样或者近似名称进行证券投资活动的	没收违法所得，并处违法所得1倍以上5倍以下罚款；没有违法所得或者违法所得不足100万元的，并处10万元以上100万元以下罚款。对直接负责的主管人员和其他直接责任人员给予警告，并处3万元以上30万元以下罚款
非公开募集基金募集完毕，基金管理人未备案的	处10万元以上30万元以下罚款。对直接负责的主管人员和其他直接责任人员给予警告，并处3万元以上10万元以下罚款
向合格投资者之外的单位或者个人非公开募集资金或者转让基金份额的	没收违法所得，并处违法所得1倍以上5倍以下罚款；没有违法所得或者违法所得不足100万元的，并处10万元以上100万元以下罚款。对直接负责的主管人员和其他直接责任人员给予警告，并处3万元以上30万元以下罚款
违反基金法规定，擅自从事公开募集基金的基金服务业务的	责令改正，没收违法所得，并处违法所得1倍以上5倍以下罚款；没有违法所得或者违法所得不足30万元的，并处10万元以上30万元以下罚款。对直接负责的主管人员和其他直接责任人员给予警告，并处3万元以上10万元以下罚款
基金销售机构未向投资人充分揭示投资风险并误导其购买与其风险承担能力不相当的基金产品的	处10万元以上30万元以下罚款；情节严重的，责令其停止基金服务业务。对直接负责的主管人员和其他直接责任人员给予警告，撤销基金从业资格，并处3万元以上10万元以下罚款
基金销售支付机构未按照规定划付基金销售结算资金的	处10万元以上30万元以下罚款；情节严重的，责令其停止基金服务业务。对直接负责的主管人员和其他直接责任人员给予警告，撤销基金从业资格，并处3万元以上10万元以下罚款
挪用基金销售结算资金或者基金份额的	责令改正，没收违法所得，并处违法所得1倍以上5倍以下罚款；没有违法所得或者违法所得不足100万元的，并处10万元以上100万元以下罚款。对直接负责的主管人员和其他直接责任人员给予警告，并处3万元以上30万元以下罚款
基金份额登记机构未妥善保存或者备份基金份额登记数据的	责令改正，给予警告，并处10万元以上30万元以下罚款；情节严重的，责令其停止基金服务业务。对直接负责的主管人员和其他直接责任人员给予警告，撤销基金从业资格，并处3万元以上10万元以下罚款
基金份额登记机构隐匿、伪造、篡改、毁损基金份额登记数据的	责令改正，处10万元以上100万元以下罚款，并责令其停止基金服务业务。对直接负责的主管人员和其他直接责任人员给予警告，撤销基金从业资格，并处3万元以上30万元以下罚款
基金投资顾问机构、基金评价机构及其从业人员违反基金法规定开展投资顾问、基金评价服务的	处10万元以上30万元以下罚款；情节严重的，责令其停止基金服务业务。对直接负责的主管人员和其他直接责任人员给予警告，撤销基金从业资格，并处3万元以上10万元以下罚款

续表

违法行为	法律责任
信息技术系统服务机构未按照规定向国务院证券监督管理机构提供相关信息技术系统资料,或者提供的信息技术系统资料虚假、有重大遗漏的	责令改正,处3万元以上10万元以下罚款。对直接负责的主管人员和其他直接责任人员给予警告,并处1万元以上3万元以下罚款
会计师事务所、律师事务所未勤勉尽责,所出具的文件有虚假记载、误导性陈述或者重大遗漏的	责令改正,没收业务收入,暂停或者撤销相关业务许可,并处业务收入1倍以上5倍以下罚款。对直接负责的主管人员和其他直接责任人员给予警告,并处3万元以上10万元以下罚款
基金服务机构未建立应急等风险管理制度和灾难备份系统,或者泄露与基金份额持有人、基金投资运作相关的非公开信息的	处10万元以上30万元以下罚款;情节严重的,责令其停止基金服务业务。对直接负责的主管人员和其他直接责任人员给予警告,撤销基金从业资格,并处3万元以上10万元以下罚款

除了上述法律责任外,还有如下所列的法律责任。

(1) 证券监督管理机构工作人员玩忽职守、滥用职权、徇私舞弊或者利用职务上的便利索取或者收受他人财物的,依法给予行政处分。

(2) 拒绝、阻碍证券监督管理机构及其工作人员依法行使监督检查、调查职权未使用暴力、威胁方法的,依法给予治安管理处罚。

(3) 违反法律、行政法规或者国务院证券监督管理机构的有关规定,情节严重的,国务院证券监督管理机构可以对有关责任人员采取证券市场禁入的措施。

(4) 违反基金法规定,构成犯罪的,依法追究刑事责任。

(5) 违反基金法规定,应当承担民事赔偿责任和缴纳罚款、罚金,其财产不足以同时支付时,先承担民事赔偿责任。

2003年10月28日第十届人大常委会第五次会议通过证券投资基金法。2012年修改的证券投资基金法,将非公开募集基金纳入调整范围,明确了其法律地位,对非公开基金的募集、运作、管理等作了具体规定。规定非公开募集基金禁止进行公开性的宣传和推介。新增了非公开募集基金的基金管理人达到规定条件的,经核准可从事公募基金管理业务的规定。修改后,加强基金投资者权益保护。基金募集申请由核准制改为注册制。增加对基金服务机构的规定。2015年修法,删除第十七条。

第五节 期货交易管理条例

考情分析:本节属非重点章节,主要介绍了期货相关的基础知识,很多内容只需了解即可,主要考点包括概念、特征及其种类,期货交易所的职责,期货的交易规则,期货的监督管理和相关的法律法规。本节考试题型为选择题、组合型选择题,考试分值2分左右。

学习建议:本节不需花太多时间学习,只需理解并记忆期货的概念、特征、种类和期货交易所的职责以及期货的交易规则等,其他内容只需了解即可。

一、期货的概念、特征及种类（★★★）

1. 期货

期货是相对于现货的一个范畴，是现在进行买卖，在将来进行交收或交割的标的物。期货交易是指采用公开的集中交易方式或者国务院期货监督管理机构批准的其他方式进行的以期货合约或者期权合约为交易标的的交易活动。本节所述的期货是期货合约的简称。期货的种类及其特征如表1-42所示。

表1-42 期货的特征及种类

事项		说明
种类	商品期货	主要包括农产品期货、金属期货和能源期货
	金融期货	主要包括外汇期货、利率期货、股指期货和股票期货
特征		（1）合约标准化。期货合约中进行期货交易的商品的品级、数量、质量或者金融工具、指标都是预先规定好的，具有标准化和简单化的特征。 （2）场所固定化。期货交易是在依法建立的期货交易所内进行，因此具有高度的组织化和规范化特征。 （3）结算统一化。期货交易者都只以结算所作为自己的交易对手，由结算所专门进行结算。经结算处理后才算最后达成合法交易。具有付款方向一致性的特征。 （4）交割定点化。实物期货交割必须在指定的交割仓库进行。 （5）交易经纪化。期货交易是由场内经纪人代表所有买方和卖方在期货交易场内进行，具有集中性和高效性的特征。 （6）保证金制度化。按照交易所的规定交纳一定的履约保证金，并在交易中维持最低保证金水平，为买卖的期货合约提供保证。因此，具有高信用的特征。 （7）商品特殊化。期货交易对期货商品具有选择性

名师点拨：《期货交易管理条例》禁止在法定的期货交易场所以外进行期货交易，而场内的期货交易都以标准化合约进行。

2. 相关术语

与期货相关的术语如表1-43所示。

表1-43 与期货相关的术语

术语	解释
期货合约	期货合约是由期货交易所统一制定的、在将来某一特定时间和地点交割一定数量标的物的标准化合约。合约标的物可以是某种商品、金融工具或金融指标
期权合约	指期货交易场所统一制定的、规定买方有权在将来某一时间以特定价格买入或者卖出约定的标的物的标准化合约
保证金	是指期货交易者按照规定缴纳的资金或者提交的价值稳定、流动性强的标准仓单、国债等有价证券，用于结算和保证履约
结算	是指期货交易所公布的结算价格对交易双方的交易结果进行的资金清算和划转
交割	是指合约到期时，按照期货交易所的规则和程序，交易双方通过该合约所载标的物所有权的转移，或者按照规定结算价格进行现金差价结算，了结到期未平仓合约的过程
平仓	是指期货交易者买入或卖出与其所持合约的品种、数量和交割月份相同但交易方向相反的合约，了结期货交易
持仓量	是指期货交易者持有的未平仓合约的数量
持仓限额	是指期货交易所对期货交易者的持仓量规定的最高数额
标准仓单	是交割仓库开具并经期货交易所认定的标准化提货凭证
涨跌停板	是指合约在1个交易日中的交易价格不得高于或者低于规定的涨跌幅度，超出该涨跌幅的报价将被视为无效，不能成交

续表

术语	解释
内幕信息	是指可能对期货交易价格产生重大影响的尚未公开的信息，包括：国务院期货监督管理机构以及其他相关部门制定的对期货交易价格可能发生重大影响的政策；期货交易所作出的可能对期货交易价格可能发生重大影响的决定；期货交易所会员、客户的资金和交易动向以及国务院期货监管机构认定的对期货交易有显著影响的其他重要信息
内幕信息的知情人员	包括期货交易所的管理人员以及其他由于任职可获取内幕信息的人员，国务院期货监督管理机构和其他有关部门的工作人员以及国务院期货监督管理机构规定的其他人员

【例题·选择题】（　　）是指以农产品、工业品、能源和其他商品及其相关指数产品为标的的期货合约。

A．商品期货合约
B．期权合约
C．限制合约
D．金融期货合约

【解析】本题考查的是期货的相关概念。商品期货合约是指以农产品、工业品、能源和其他商品及其相关指数产品为标的的期货合约。

【答案】A

二、期货交易所的职责（★★）

期货交易所是为期货交易提供场所、设施、相关服务和交易规则的机构。

1．期货交易所的职责

期货交易所按照本条例和国务院期货监督管理机构的规定，建立健全各项规章制度，加强对交易活动的风险控制和对会员以及交易所工作人员的监督管理。期货交易所履行的职责如下：

（1）提供期货交易的场所、设施和服务。

（2）设计期货合约、安排期货合约上市。

（3）组织并监督期货交易、结算和交割。

（4）为期货交易提供集中履约担保。

（5）按照章程和交易规则对会员进行监督管理。

（6）国务院期货监督管理机构规定的其他职责。

2．相关规定

（1）期货交易所不以营利为目的，按照其规章的规定实行自律管理。

（2）期货交易所以其全部财产承担民事责任。

（3）期货交易所的设立和期货交易所的负责人的任免，由国务院期货监督管理机构批准。

（4）期货交易所不得直接或间接参与期货交易，未经审核不得从事信托、股票投资、非自用不动产投资等。

当期货市场出现异常情况，交易所可以依照章程采取紧急处理措施，并向国务院期货监管机构报告。期货交易所的所得收益按照国家有关规定管理和使用，但应当首先用于保证期货交易场所、设施的运行和改善。

三、期货交易所会员管理、内部管理制度的相关规定（★）

1．会员分级结算制度

（1）期货交易所的会员应当是境内登记注册的企业法人或者其他经济组织，经交易所批准从事交易、结算业务。

（2）期货交易所可以实行会员分级结算制度，实行会员分级结算制度的期货交易所会员由结算会员和非结算会员组成。

交易所对结算会员结算，结算会员对非结算会员结算，非结算会员对其受托的客户结算。结算会员按照业务范围分为交易结算会员、全面结算会员和特别结算会员。实行会员分级结算制度的交易所，结算会员通过缴纳结算担保金实行风险共担。

2. 风险管理制度

期货交易所应当按照国家相关规定建立、健全的风险管理制度如下。

（1）保证金制度。

（2）当日无负债结算制度。

（3）涨跌停板制度。

（4）持仓限额和大户持仓报告制度。

（5）风险准备金制度。

（6）国务院期货监督管理机构规定的其他风险管理制度。

名师点拨 当日无负债结算，也称为逐日盯市，是在每个交易日结束后，由期货结算机构对期货交易保证金账户当天的盈亏状况进行结算，如果交易者的保证金余额低于规定的标准，则须追加保证金，从而做到"当日无负债"。

3. 紧急措施

当期货市场出现异常情况时，期货交易所可以按照其章程规定的权限和程序，决定采取下列紧急措施，并应当立即报告国务院期货监督管理机构。

（1）提高保证金。

（2）调整涨跌停板幅度。

（3）限制会员或者客户的最大持仓量。

（4）暂时停止交易。

（5）采取其他紧急措施。

名师点拨 异常情况是指在交易中发生操纵期货交易价格的行为或者发生不可抗拒的突发事件以及国务院期货监督管理机构规定的其他情形。

【例题·组合型选择题】期货市场出现异常交易情况时，期货交易所可以采取的紧急措施有（　　）。

Ⅰ．调整涨跌停板幅度
Ⅱ．降低保证金
Ⅲ．暂停交易
Ⅳ．限制会员或客户的最大持仓量
A．Ⅰ、Ⅱ、Ⅲ
B．Ⅰ、Ⅲ、Ⅳ
C．Ⅱ、Ⅲ、Ⅳ
D．Ⅰ、Ⅱ、Ⅲ、Ⅳ

【解析】本题考查的是期货交易所会员管理、内部管理制度的相关规定。《期货交易管理条例》第十二条规定，当期货市场出现异常交易情况时，期货交易所可以按其章程规定和程序，决定采取下列紧急措施，并立即报告国务院期货监管机构：暂时停止交易，提高保证金，调整涨跌停板幅度，限制会员或客户的最大持仓量，以及采取其他紧急措施等。

【答案】B

4. 批准制度

期货交易所办理下列事项，应当经国务院期货监督管理机构批准。

（1）制定或者修改章程、交易规则。

（2）上市、中止、取消或者恢复交易品种。

（3）国务院期货监督管理机构规定的其他事项。

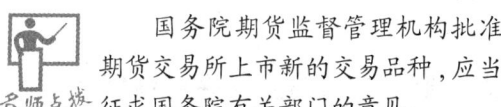
名师点拨 国务院期货监督管理机构批准期货交易所上市新的交易品种，应当征求国务院有关部门的意见。

未经批准，期货交易所的其他工作人员和非会员理事不得以任何形式在期货交易所会员单位及其他与期货交易有关的营利性组织兼职；期货交易所工作人员不得从事期货交易，不得泄露内幕消息或者利用内幕消息获得非法利益，不得从期货交易所会员、客户处谋取利益；与交易所工作人员与本人或者其亲属有利害关系的情形时，应当回避。

四、期货公司设立的条件（★）

期货公司是代理客户进行期货交易并收取交易佣金的中介组织，是依照《公司法》和《期货交易管理条例》规定设立的经营期货业务的非银行金融机构。设立期货公司，应当经国务院期货监督管理机构批准，符合《公司法》的规定，并具备下列条件。

（1）注册资本最低限额为人民币3 000万元。

（2）董事、监事、高级管理人员具备任职资格，从业人员具有期货从业资格。

（3）有符合法律、行政法规规定的公司章程。

（4）主要股东以及实际控制人具有持续盈利能力，信誉良好，最近3年无重大违法违规记录。

（5）有合格的经营场所和业务设施。

（6）有健全的风险管理和内部控制制度。

（7）国务院期货监督管理机构规定的其他条件。

国务院期货监督管理机构应当在受理期货公司设立申请之日起6个月内，根据审慎监管原则进行审查，作出批准或者不批准的决定。

未经国务院期货监督管理机构批准，任何单位和个人不得委托或者接受他人委托持有或者管理期货公司的股权。

五、期货公司的业务许可制度（★）

期货公司业务实行许可制度，由国务院期货监督管理机构按照其商品期货、金融期货业务种类颁发许可证。期货公司除申请经营境内期货经纪业务外，还可以申请经营境外期货经纪、期货投资咨询以及国务院期货监督管理机构规定的其他期货业务。

期货公司不得从事或者变相从事期货自营业务；不得为其股东、实际控制人或者其他关联人提供融资，不得对外担保。

（1）期货公司办理下列事项，应当经国务院期货监督管理机构批准。

①合并、分立、停业、解散或者破产。

②变更业务范围。

③变更注册资本且调整股权结构。

④新增持有5%以上股权的股东或者控股股东发生变化。

⑤设立、收购、参股或者终止境外期货类经营机构。

⑥国务院期货监督管理机构规定的其他事项。

其中，第（3）项、第（5）项所列事项，国务院期货监督管理机构应当自受理申请之日起20日内作出批准或者不批准的决定；前款所列其他事项，国务院期货监督管理机构应当自受理申请之日起2个月内作出批准或者不批准的决定。

（2）期货公司或者其分支机构有《中华人民共和国行政许可法》（以下简称《行政许可法》）第七十条规定的情形或者下列情形之一的，国务院期货监督管理机构应当依法办理期货业务许可证注销手续。

①营业执照被公司登记机关依法注销。

②成立后无正当理由超过3个月未开始营业，或者开业后无正当理由停业连续3个月以上。

③主动提出注销申请。

④国务院期货监督管理机构规定的其他情形。

期货公司在注销期货业务许可证前，应当结清相关期货业务，并依法返还客户的保证金和其他资产。期货公司分支机构在注销经营许可证前，应当终止经营活动，妥善处理客户资产。

（3）期货公司应当建立、健全并严格执行业务管理规则、风险管理制度，遵守信息披露制度，保障客户保证金的存管安全，按照期货交易所的规定，向期货交易所报告大户名单、交易情况。

（4）从事期货投资咨询业务的其他期货经营机构应当取得国务院期货监督管理机构批准的业务资格，具体管理办法由国务院期货监督管理机构制定。

六、期货交易的基本规则（★）

（1）在期货交易所进行期货交易的，应当是期货交易所会员。符合规定条件的境外机构，可以在期货交易所从事特定品种的期货交易。

（2）期货公司接受客户委托为其进行期货交易，应当事先向客户出示风险说明书，经客户签字确认后，与客户签订书面合同。期货公司不得未经客户委托或者不按照客户委托内容，擅自进行期货交易；不得向客户作获利保证；不得在经纪业务中与客户约定分享利益或者共担风险。

（3）下列单位和个人不得从事期货交易，期货公司不得接受其委托为其进行期货交易。

①国家机关和事业单位。

②国务院期货监督管理机构、期货交易所、期货保证金安全存管监控机构和期货业协会的工作人员。

③证券、期货市场禁止进入者。

④未能提供开户证明材料的单位和个人。

⑤国务院期货监督管理机构规定不得从事期货交易的其他单位和个人。

（4）客户可以通过书面、电话、互联网或者国务院期货监督管理机构规定的其他方式，向期货公司下达交易指令。交易指令应当明确、全面。

（5）期货交易所应当及时公布上市品种合约的成交量、成交价、持仓量、最高价与最低价、开盘价与收盘价和其他应当公布的即时行情，并保证即时行情的真实、准确。期货交易所不得发布价格预测信息。未经期货交易所许可，任何单位和个人不得发布期货交易即时行情。

（6）期货交易执行保证金制度。期货交易所向会员、期货公司向客户收取的保证金，不得低于国务院期货监督管理机构、期货交易所规定的标准，并应当与自有资金分开，专户存放。

期货交易所向会员收取的保证金，属于会员所有，除用于会员的交易结算外，严禁挪作他用。期货公司向客户收取的保证金，属客户所有，除下列可划转的情况外，严禁挪作他用。

①依据客户的要求支付可用资金。

②为客户交存保证金，支付手续费、税款。

③国务院期货监管机构规定的其他情形。

（7）期货公司应当为每一个客户单独开立专门账户、设置交易编码，不得混码交易。

（8）期货公司经营期货经纪业务又同时经营其他业务的，应当严格执行业务分离和资金分离制度，不得混合操作。

（9）期货交易所、期货公司、非期货公司结算会员应当按照国务院期货监督管理机构、财政部门的规定提取、管理和使用风险准备金，不得挪用。

（10）期货交易的收费项目、收费标准和管理办法由国务院有关主管部门统一制定并公布。

（11）期货交易的结算，由期货交易所统一组织进行。期货交易所实行当日无负债结算制度。期货交易所应当在当日及时将结算结果通知会员。期货公司根据期货交易所的结算结果对客户进行结算，并应当将结算结果按照与客户约定的方式及时通知客户。客户应当及时查询并妥善处理自己的交易持仓。

（12）期货交易所会员的保证金不足时，应当及时追加保证金或者自行平仓。否则交易所将该会员的合约强行平仓。

（13）客户保证金不足时，应当及时追加保证金或者自行平仓。客户未在期货公司规定的时间内及时追加保证金或者自行平仓的，期货公司应当将该客户的合约强行平仓，强行平仓的有关费用和发生的损失由该客户承担。

（14）期货交易的交割，由期货交易所统一组织进行。交割仓库由期货交易所指定。期货交易所不得限制实物交割总量，并应当与交割仓库签订协议。明确双方的权利和义务。交割仓库不得有的行为如下。

①出具虚假仓单。

②违反期货交易所业务规则，限制交割商品的入库、出库。

③泄露与期货交易有关的商业秘密。

④违反国家有关规定参与期货交易。

⑤国务院期货监督管理机构规定的其他行为。

（15）会员在期货交易中违约的，期货交易所先以该会员的保证金承担违约责任。保证金不足的，期货交易所应当以风险准备金和自有资金代为承担违约责任，并由此取得对该会员的相应追偿权。

客户在期货交易中违约的，期货公司先以该客户的保证金承担违约责任。保证金不足的，期货公司应当以风险准备金和自有资金代为承担违约责任，并由此取得对该客户的相应追偿权。

（16）实行会员分级结算制度的期货交易所，应当向结算会员收取结算担保金。期货交易所只对结算会员结算，收取和追收保证金、以结算担保金、风险准备金、自有资金代为承担违约责任，以及采取其他相关措施；对非结算会员的结算、收取和追收保证金、代为承担违约责任，以及采取其他相关措施，由结算会员执行。

（17）期货交易所、期货公司和非期货公司结算会员应当保证期货交易、结算、交割资料的完整和安全。

（18）任何单位或者个人不得编造、传播有关期货交易的虚假信息，不得恶意串通、联手买卖或者以其他方式操纵期货交易价格。

（19）任何单位或者个人不得违规使用信贷资金、财政资金进行期货交易。银行业金融机构从事期货交易融资或者担保业务的资格，由国务院银行业监督管理机构批准。

（20）国有以及国有控股企业进行境内外期货交易，应当遵循套期保值的原则，严格遵守国务院国有资产监督管理机构以及其他有关部门关于企业以国有资产进入期货市场的有关规定。

（21）境外期货项下购汇、结汇以及外汇收支，应当符合国家外汇管理有关规定。境内单位或者个人从事境外期货交易的办法，由国务院期货监督管理机构会同国务院商务主管部门、国有资产监督管理机构、银行业监督管理机构、外汇管理部门等有关部门制订，报国务院批准后施行。

【例题·组合型选择题】期货公司向客户收取保证金可划转的情形包括（　　）。

Ⅰ．依据客户的要求支付可用资金

Ⅱ．为客户交存保证金

Ⅲ．为客户支付手续费

Ⅳ．为客户支付税款

A．Ⅲ、Ⅳ

B．Ⅰ、Ⅲ、Ⅳ

C．Ⅰ、Ⅱ、Ⅳ

D．Ⅰ、Ⅱ、Ⅲ、Ⅳ

【解析】《期货交易管理条例》第二十九条规定，期货公司向客户收取的保证金，属客户所有，除下列可划转的情况外，严禁挪作他用：（1）依据客户的要求支付可用资金；（2）为客户交存保证金，支付手续费、税款；（3）国务院期货监管机构规定的其他情形。

【答案】D

七、期货监督管理的基本内容（★）

（1）国务院期货监督管理机构对期货市

场实施监督管理,依法履行的职责如下。

①制定有关期货市场监督管理的规章、规则,并依法行使审批权。

②对品种的上市、交易、结算、交割等期货交易及其相关活动,进行监督管理。

③对期货交易所、期货公司及其他期货经营机构、非期货公司结算会员、期货保证金安全存管监控机构、期货保证金存管银行、交割仓库等市场相关参与者的期货业务活动,进行监督管理。

④制定期货从业人员的资格标准和管理办法,并监督实施。

⑤监督检查期货交易的信息公开情况。

⑥对期货业协会的活动进行指导和监督。

⑦对违反期货市场监督管理法律、行政法规的行为进行查处。

⑧开展与期货市场监督管理有关的国际交流、合作活动。

⑨法律、行政法规规定的其他职责。

(2)国务院期货监督管理机构依法履行职责,可以采取的措施如下。

①对期货交易所、期货公司及其他期货经营机构、非期货公司结算会员、期货保证金安全存管监控机构和交割仓库进行现场检查。

②进入涉嫌违法行为发生场所调查取证。

③询问当事人和与被调查事件有关的单位和个人,要求其对与被调查事件有关的事项作出说明。

④查阅、复制与被调查事件有关的财产权登记等资料。

⑤查阅、复制当事人和与被调查事件有关的单位和个人的期货交易记录、财务会计资料以及其他相关文件和资料;对可能被转移、隐匿或者毁损的文件和资料,可以予以封存。

⑥查询与被调查事件有关的单位的保证金账户和银行账户。

⑦在调查操纵期货交易价格、内幕交易等重大期货违法行为时,经国务院期货监督管理机构主要负责人批准,可以限制被调查事件当事人的期货交易,但限制的时间不得超过15个交易日;案情复杂的,可以延长至30个交易日。

⑧法律、行政法规规定的其他措施。

(3)期货交易所、期货公司及其他期货经营机构、期货保证金安全存管监控机构,应当向国务院期货监督管理机构报送财务会计报告、业务资料和其他有关资料。

对期货公司及其他期货经营机构报送的年度报告,国务院期货监督管理机构应当指定专人进行审核,并制作审核报告。审核人员应当在审核报告上签字。审核中发现问题的,国务院期货监督管理机构应当及时采取相应措施。

必要时,国务院期货监督管理机构可以要求非期货公司结算会员、交割仓库,以及期货公司股东、实际控制人或者其他关联人报送相关资料。

(4)国务院期货监督管理机构依法履行职责,进行监督检查或者调查时,被检查、调查的单位和个人应当配合,如实提供有关文件和资料,不得拒绝、阻碍和隐瞒;其他有关部门和单位应当给予支持和配合。

(5)国家根据期货市场发展的需要,设立期货投资者保障基金。期货投资者保障基金的筹集、管理和使用的具体办法,由国务院期货监督管理机构会同国务院财政部门制定。

(6)国务院期货监督管理机构应当建立、健全保证金安全存管监控制度,设立期货保证金安全存管监控机构。客户和期货交易所、期货公司及其他期货经营机构、非期货公司结算会员以及期货保证金存管银行,应当遵守国务院期货监督管理机构有关保证金安全存管监控的规定。

(7)期货保证金安全存管监控机构依照有关规定对保证金安全实施监控,进行每日稽核,发现问题应当立即报告国务院期货监督管理机构。国务院期货监督管理机构应当根据不同情况，依照本条例有关规定及时处理。

（8）国务院期货监督管理机构对期货交易所和期货保证金安全存管监控机构的董事、监事、高级管理人员，实行资格管理制度。

（9）国务院期货监督管理机构应当制定期货公司持续性经营规则，对期货公司的净资本与净资产的比例，净资本与境内期货经纪、境外期货经纪等业务规模的比例，流动资产与流动负债的比例等风险监管指标作出规定；对期货公司及其分支机构的经营条件、风险管理、内部控制、保证金存管、关联交易等方面提出要求。

（10）期货公司及其分支机构不符合持续性经营规则或者出现经营风险的，国务院期货监督管理机构可以对期货公司及其董事、监事和高级管理人员采取谈话、提示、记入信用记录等监管措施或者责令期货公司限期整改，并对其整改情况进行检查验收。

期货公司逾期未改正，其行为严重危及期货公司的稳健运行、损害客户合法权益，或者涉嫌严重违法违规正在被国务院期货监督管理机构调查的，国务院期货监督管理机构可以区别情形，对其采取下列措施。

①限制或者暂停部分期货业务。

②停止批准新增业务。

③限制分配红利，限制向董事、监事、高级管理人员支付报酬、提供福利。

④限制转让财产或者在财产上设定其他权利。

⑤责令更换董事、监事、高级管理人员或者有关业务部门、分支机构的负责人，或者限制其权利。

⑥限制期货公司自有资金或者风险准备金的调拨和使用。

⑦责令控股股东转让股权或者限制有关股东行使股东权利。

对经过整改符合有关法律、行政法规规定以及持续性经营规则要求的期货公司，国务院期货监督管理机构应当自验收完毕之日起3日内解除对其采取的有关措施。

对经过整改仍未达到持续性经营规则要求，严重影响正常经营的期货公司，国务院期货监督管理机构有权撤销其部分或者全部期货业务许可、关闭其分支机构。

（11）期货公司违法经营或者出现重大风险，严重危害期货市场秩序、损害客户利益的，国务院期货监督管理机构可以对该期货公司采取责令停业整顿、指定其他机构托管或者接管等监管措施。经国务院期货监管机构批准，可以对该期货公司直接负责的董事、监事、高级管理人员和其他直接责任人员采取以下措施。

①通知出境管理机关依法阻止其出境。

②申请司法机关禁止其转移、转让或者以其他方式处分财产，或者在财产上设定其他权利。

（12）期货公司的股东有虚假出资或者抽逃出资行为的，国务院期货监督管理机构应当责令其限期改正，并可责令其转让所持期货公司的股权。在股东按照以上要求改正违法行为、转让所持期货公司的股权前，国务院期货监督管理机构可以限制其股东权利。

（13）当期货市场出现异常情况时，国务院期货监督管理机构可以采取必要的风险处置措施。

（14）期货公司的交易软件、结算软件，应当满足期货公司审慎经营和风险管理以及国务院期货监督管理机构有关保证金安全存管监控规定的要求。期货公司的交易软件、结算软件不符合要求的，国务院期货监督管理机构有权要求期货公司予以改进或者更换。

国务院期货监督管理机构可以要求期货公司的交易软件、结算软件的供应商提供该软件的相关资料，供应商应当予以配合。国务院期货监督管理机构对供应商提供的相关资料负有保密义务。

（15）期货公司涉及重大诉讼、仲裁，或者股权被冻结或者用于担保，以及发生其他重大事件时，期货公司及其相关股东、实际控制人应当自该事件发生之日起5日内向国务院期货监督管理机构提交书面报告。

（16）会计师事务所、律师事务所、资产评估机构等中介服务机构向期货交易所和期货公司等市场相关参与者提供相关服务时，应当遵守期货法律、行政法规以及国家有关规定，并按照国务院期货监督管理机构的要求提供相关资料。

（17）国务院期货监督管理机构应当与有关部门建立监督管理的信息共享和协调配合机制，也可以和其他国家或者地区的期货监督管理机构建立监督管理合作机制，实施跨境监督管理。

（18）国务院期货监督管理机构、期货交易所、期货保证金安全存管监控机构和期货保证金存管银行等相关单位的工作人员，应当忠于职守，依法办事，公正廉洁，保守国家秘密和有关当事人的商业秘密，不得利用职务便利牟取不正当的利益。

八、期货相关法律责任的规定（★）

1. 期货交易所

（1）期货交易所有下列行为之一的，责令改正，给予警告，没收违法所得，并处违法所得1倍以上5倍以下的罚款；没有违法所得或者违法所得不满10万元的，并处10万元以上50万元以下的罚款；情节严重的，责令停业整顿。

①未经批准，擅自办理期货交易管理条例第十三条所列事项的。

②允许会员在保证金不足的情况下进行期货交易的。

③直接或者间接参与期货交易，或者违反规定从事与其职责无关的业务的。

④违反规定收取保证金，或者挪用保证金的。

⑤伪造、涂改或者不按照规定保存期货交易、结算、交割资料的。

⑥未建立或者未执行当日无负债结算、涨跌停板、持仓限额和大户持仓报告制度的。

⑦拒绝或者妨碍国务院期货监督管理机构监督检查的。

⑧违反国务院期货监督管理机构规定的其他行为。

有上述行为之一的，对直接负责的主管人员和其他直接责任人员给予纪律处分，处1万元以上10万元以下的罚款。

（2）非法设立期货交易场所或者以其他形式组织期货交易活动的，由所在地县级以上地方人民政府予以取缔，没收违法所得，并处违法所得1倍以上5倍以下的罚款；没有违法所得或者违法所得不满20万元的，处20万元以上100万元以下的罚款。对单位直接负责的主管人员和其他直接责任人员给予警告，并处1万元以上10万元以下的罚款。

2. 期货公司的相关法律责任

（1）期货公司有下列行为之一的，责令改正，给予警告，没收违法所得，并处违法所得1倍以上3倍以下的罚款；没有违法所得或者违法所得不满10万元的，并处10万元以上30万元以下的罚款；情节严重的，责令停业整顿或者吊销期货业务许可证。

①接受不符合规定条件的单位或者个人委托的。

②允许客户在保证金不足的情况下进行期货交易的。

③未经批准，擅自办理应当经国务院期货监督管理机构批准或注销的事项的。

④违反规定从事与期货业务无关的活动的。

⑤从事或者变相从事期货自营业务的。

⑥为其股东、实际控制人或者其他关联

人提供融资，或者对外担保的。

⑦违反国务院期货监督管理机构有关保证金安全存管监控规定的。

⑧不按照规定向国务院期货监督管理机构履行报告义务或者报送有关文件、资料的。

⑨交易软件、结算软件不符合期货公司审慎经营和风险管理以及国务院期货监督管理机构有关保证金安全存管监控规定的要求的。

⑩不按照规定提取、管理和使用风险准备金的。

⑪伪造、涂改或者不按照规定保存期货交易、结算、交割资料的。

⑫任用不具备资格的期货从业人员的。

⑬伪造、变造、出租、出借、买卖期货业务许可证或者经营许可证的。

⑭进行混码交易的。

⑮拒绝或者妨碍国务院期货监督管理机构监督检查的。

⑯违反国务院期货监督管理机构规定的其他行为。

期货公司有上述行为之一的，对直接负责的主管人员和其他直接责任人员给予警告，并处1万元以上5万元以下的罚款；情节严重的，暂停或者撤销任职资格、期货从业人员资格。

（2）期货公司有下列欺诈客户行为之一的，责令改正，给予警告，没收违法所得，并处违法所得1倍以上5倍以下的罚款；没有违法所得或者违法所得不满10万元的，并处10万元以上50万元以下的罚款；情节严重的，责令停业整顿或者吊销期货业务许可证。

①向客户作获利保证或者不按照规定向客户出示风险说明书的。

②在经纪业务中与客户约定分享利益、共担风险的。

③不按照规定接受客户委托或者不按照客户委托内容擅自进行期货交易的。

④隐瞒重要事项或者使用其他不正当手段，诱骗客户发出交易指令的。

⑤向客户提供虚假成交回报的。

⑥未将客户交易指令下达到期货交易所的。

⑦挪用客户保证金的。

⑧不按照规定在期货保证金存管银行开立保证金账户，或者违规划转客户保证金的。

⑨国务院期货监督管理机构规定的其他欺诈客户的行为。

期货公司有上述行为之一的，对直接负责的主管人员和其他直接责任人员给予警告，并处1万元以上10万元以下的罚款；情节严重的，暂停或者撤销任职资格、期货从业人员资格。

（3）期货公司及其他期货经营机构、非期货公司结算会员、期货保证金存管银行提供虚假申请文件或者采取其他欺诈手段隐瞒重要事实骗取期货业务许可的，撤销其期货业务许可，没收违法所得。

（4）非法设立期货公司及其他期货经营机构，或者擅自从事期货业务的，予以取缔，没收违法所得，并处违法所得1倍以上5倍以下的罚款；没有违法所得或者违法所得不满20万元的，处20万元以上100万元以下的罚款。对单位直接负责的主管人员和其他直接责任人员给予警告，并处1万元以上10万元以下的罚款。

3. 单位或个人的违法责任

任何单位或者个人有下列行为之一，操纵期货交易价格的，责令改正，没收违法所得，并处违法所得1倍以上5倍以下的罚款；没有违法所得或者违法所得不满20万元的，处20万元以上100万元以下的罚款：

①单独或者合谋，集中资金优势、持仓优势或者利用信息优势联合或者连续买卖合约，操纵期货交易价格的。

②蓄意串通，按事先约定的时间、价格

和方式相互进行期货交易，影响期货交易价格或者期货交易量的。

③以自己为交易对象，自买自卖，影响期货交易价格或者期货交易量的。

④为影响期货市场行情囤积现货的。

⑤国务院期货监督管理机构规定的其他操纵期货交易价格的行为。

单位有上述行为之一的，对直接负责的主管人员和其他直接责任人员给予警告，并处1万元以上10万元以下的罚款。

4. 中介机构的违法责任

（1）期货公司的交易软件、结算软件供应商拒不配合国务院期货监督管理机构调查，或者未按照规定向国务院期货监督管理机构提供相关软件资料，或者提供的软件资料有虚假、重大遗漏的，责令改正，处3万元以上10万元以下的罚款。对直接负责的主管人员和其他直接责任人员给予警告，并处1万元以上5万元以下的罚款。

（2）会计师事务所、律师事务所、资产评估机构等中介服务机构未勤勉尽责，所出具的文件有虚假记载、误导性陈述或者重大遗漏的，责令改正，没收业务收入，暂停或者撤销相关业务许可，并处业务收入1倍以上5倍以下的罚款。对直接负责的主管人员和其他直接责任人员给予警告，并处3万元以上10万元以下的罚款。

（3）此外，国务院期货监督管理机构、期货交易所、期货保证金安全存管监控机构和期货保证金存管银行等相关单位的工作人员，泄露知悉的国家秘密或者会员、客户商业秘密，或者徇私舞弊、玩忽职守、滥用职权、收受贿赂的，依法给予行政处分或者纪律处分。

本节提示 《期货交易管理条例》于2007年3月6日由国务院公布，2012年10月进行修订。经过修改，期货公司被认定为非银行金融机构，为接轨国际趋势，期货交易所可采取会员制或公司制，扩大交易规模为符合规定条件的境外机构从事特定品种的期货交易赋予适度空间，进一步明确了期货交易所作为中央对手方为期货交易提供集中履约担保的职责。2016年2月进行小范围修订，删除少量款项，改变个别称谓。

第六节 证券公司监督管理条例

考情分析：本节属非重点章节，主要介绍了证券公司监管条例相关内容。考查重点内容包括证券公司设立时业务范围的规定、证券公司为客户开立证券账户管理的有关规定、证券公司及其境内分支机构经营业务的规定、关于客户资产保护的相关规定、证券公司客户交易结算资金管理的规定等。本节考试题型为选择题、组合型选择题，考试分值2分左右。

学习建议：本节条例的规定较多，需要抓住考纲中要求掌握（★★★）和熟悉（★★）的重点内容即可，采用总结、归纳与对比的方式学习，关注其中含有数字的部分，加深印象即可。

一、证券公司依法审慎经营、履行诚信义务的规定（★★）

（1）证券公司应当遵守法律、行政法规和国务院证券监督管理机构的规定，审慎经营，建立健全风险管理与内部控制制度，防范和控制风险。

（2）证券公司对客户负有诚信义务，不得侵犯客户的财产权、选择权、公平交易权、知情权及其他合法权益。

（3）证券公司应当建立信息查询制度，保证客户在证券公司营业时间内，能够随时查询其委托记录、交易记录、证券和资金余额以及证券公司业务经办人员和证券经纪人的姓名、执业证书、证券经纪人、证书编号等信息。

客户认为有关信息记录与实际情况不符的，可以向证券公司或者国务院证券监督管理机构投诉，证券公司应当指定专门部门负责处理客户投诉，国务院证券监督管理机构应当根据客户的投诉采取相应措施。

（4）证券公司与客户签订风险揭示书，明确双方在证券交易、委托证券资产管理融资融券活动中的权利、义务与责任，揭示潜在的风险。

（5）证券公司从事证券资产管理业务、融资融券业务应当约定对账内容、方式和时间，并按约告知客户，保证内容的真实性。

（6）证券公司不得违反规定委托其他单位或者个人进行招揽客户服务产品销售活动。

（7）证券公司向客户提供投资建议，不得对证券价格的涨跌或者市场走势作出确定性的判断。证券公司及其从业人员不得利用向客户提供投资建议而谋取不正当利益。

（8）证券公司应当建立并实施有效的管理制度，防范其从业人员直接或者以化名、他人名义持有、买卖股票和收受他人赠送的股票。

（9）证券公司应当按照规定提取一般风险准备金用于弥补经营亏损。

（10）证券公司向客户收取证券交易费用，应当符合国家有关规定，并将收费项目、收费标准在营业场所的显著位置予以公示。

二、禁止证券公司股东和实际控制人滥用权利、损害客户权益的规定（★★）

（1）证券公司的股东和实际控制人不得滥用权利，占用证券公司或者客户的资产，损害证券公司或者客户的合法权益。

（2）控股股东、实际控制人应当明确并遵守证券公司重大事项的决策程序，保证证券公司独立性。应当维护证券公司资产完整和财务独立，不得侵害证券公司对其法人财产的占有、使用、收益和处分的权利。

（3）控股股东、实际控制人不得通过以下方式影响人员的独立性。

①通过行使相关法律法规及证券公司章程规定的股东权利以外的方式，影响证券公司人事任免或者限制上市公司董事、监事、高级管理人员以及其他在证券公司任职的人员履行职责。

②任命证券公司总经理、副总经理、财务负责人或董事会秘书在本公司或本公司控制的企业担任除董事、监事以外的经营管理类职务。

③要求证券公司为其无偿提供服务。

④指使证券公司董事、监事、高级管理人员以及其他在证券公司任职的人员实施损害证券公司利益的决策或者行为。

三、证券公司股东出资的规定（★）

证券公司股东出资的规定如下。

（1）证券公司的股东应当用货币或者证券公司经营必需的非货币财产出资。证券公司股东的非货币财产出资总额不得超过证券公司注册资本的30%。

（2）证券公司股东的出资，应当经具有证券、期货相关业务资格的会计师事务所验资并出具证明；出资中的非货币财产，应当经具有证券相关业务资格的资产评估机构评估。

（3）在证券公司经营过程中，证券公司的债权人将其债权转为证券公司股权的，不受有关规定的限制。

四、关于成为持有证券公司 5% 以上股权的股东、实际控制人资格的规定（★）

关于成为持有证券公司 5% 以上股权的股东、实际控制人资格的规定如表 1-44 所示。

表 1-44　成为持有证券公司 5% 以上股权的股东、实际控制人资格的规定

事项	具体规定
有下列情形之一的单位或者个人，不得成为持有证券公司 5% 以上股权的股东、实际控制人	（1）因故意犯罪被判处刑罚，刑罚执行完毕未逾 3 年。 （2）净资产低于实收资本的 50%，或者或有负债达到净资产的 50%。 （3）不能清偿到期债务。 （4）国务院证券监督管理机构认定的其他情形
任何单位或者个人有下列情形之一的，应当事先告知证券公司，由证券公司报国务院证券监督管理机构批准	（1）认购或者受让证券公司的股权后，其持股比例达到证券公司注册资本的 5%。 （2）以持有证券公司股东的股权或者其他方式，实际控制证券公司 5% 以上的股权
未经国务院证券监督管理机构批准，任何单位或者个人不得委托他人或者接受他人委托持有或者管理证券公司的股权。证券公司的股东不得违反国家规定，约定不按照出资比例行使表决权	

五、证券公司设立时业务范围的规定（★★★）

证券公司设立时业务范围的规定如下。

（1）证券公司应当有 3 名以上在证券业担任高级管理人员满 2 年的高级管理人员。

（2）证券公司设立时，其业务范围应当与其财务状况、内部控制制度、合规制度和人力资源状况相适应；证券公司在经营过程中，经其申请，国务院证券监督管理机构可以根据其财务状况、内部控制水平、合规程度、高级管理人员业务管理能力、专业人员数量，对其业务范围进行调整。

六、证券公司变更公司章程重要条款的规定（★★）

证券公司变更注册资本、业务范围、公司形式或者公司章程中的重要条款，合并、分立、设立、收购或者撤销境内分支机构，变更境内分支机构的营业场所，在境外设立、收购、参股证券经营机构，应当经国务院证券监督管理机构批准。

其中，公司章程中的重要条款，是指规定下列事项的条款。

①证券公司的名称、住所。

②证券公司的组织机构及其产生办法、职权、议事规则。

③证券公司对外投资、对外提供担保的类型、金额和内部审批程序。

④证券公司的解散事由与清算办法。

⑤国务院证券监督管理机构要求证券公司章程规定的其他事项。

七、证券公司合并、分立、停业、解散或者破产的相关规定（★）

证券公司合并、分立、停业、解散或者破产的相关规定如表 1-45 所示。

表1-45 证券公司合并、分立、停业、解散或者破产的相关规定

事项	相关规定
证券公司合并、分立、停业、解散或者破产的相关规定	证券公司合并、分立的，涉及客户权益的重大资产转让应当经具有证券相关业务资格的资产评估机构评估
	证券公司停业、解散或者破产的，应当经国务院证券监督管理机构批准，并按照有关规定安置客户、处理未了结的业务
	国务院证券监督管理机构应当对下列申请进行审查，并在下列期限内，作出批准或者不予批准的书面决定。 (1) 对在境内设立证券公司或者在境外设立、收购或者参股证券经营机构的申请，自受理之日起6个月。 (2) 对变更注册资本、合并、分立或者要求审查股东、实际控制人资格的申请，自受理之日起3个月。 (3) 对变更业务范围、公司形式、公司章程中的重要条款或者要求审查高级管理人员任职资格的申请，自受理之日起45个工作日。 (4) 对设立、收购、撤销境内分支机构，变更境内分支机构的营业场所，或者停业、解散、破产的申请，自受理之日起30个工作日。 (5) 对要求审查董事、监事、境内分支机构负责人任职资格的申请，自受理之日起20个工作日

国务院证券监督管理机构审批证券公司及其分支机构的设立申请，应当考虑证券市场发展和公平竞争的需要。

八、证券公司及其境内分支机构的设立、变更、注销登记的规定（★）

证券公司及其境内分支机构的设立、变更、注销登记的规定如下。

①公司登记机关应当依照法律、行政法规的规定，凭国务院证券监督管理机构的批准文件，办理证券公司及其境内分支机构的设立、变更、注销登记。

②证券公司在取得公司登记机关颁发或者换发的证券公司或者境内分支机构的营业执照后，应当向国务院证券监督管理机构申请颁发或者换发经营证券业务许可证。经营证券业务许可证应当载明证券公司或者境内分支机构的证券业务范围。

③未取得经营证券业务许可证，证券公司及其境内分支机构不得经营证券业务。

④证券公司停止全部证券业务、解散、破产或者撤销境内分支机构的，应当在国务院证券监督管理机构指定的报刊上公告，并按照规定将经营证券业务许可证交国务院证券监督管理机构注销。

九、有关证券公司组织机构的规定（★★）

证券公司应当依照《中华人民共和国公司法》和《中华人民共和国证券法》等的规定，建立健全组织机构，明确决策、执行、监督机构的职权。

证券公司组织机构的规定如表1-46所示。

表1-46 证券公司组织机构的规定

事　项	具体规定
证券公司可以设独立董事	证券公司的独立董事,不得在本证券公司担任董事会外的职务,不得与本证券公司存在可能妨碍其作出独立、客观判断的关系
证券公司董事会设薪酬与提名委员会、审计委员会	证券公司经营证券经纪业务、证券资产管理业务、融资融券业务和证券承销与保荐业务中两种以上业务的,其董事会应当设薪酬与提名委员会、审计委员会和风险控制委员会,行使公司章程规定的职权
董事会秘书为证券公司高级管理人员	证券公司设董事会秘书,负责股东会和董事会会议的筹备、文件的保管以及股东资料的管理,按照规定或者根据国务院证券监督管理机构、股东等有关单位或者个人的要求,依法提供有关资料,办理信息报送或者信息披露事项。委员会负责人由独立董事担任
设立行使证券公司经营管理职权的机构	证券公司设立行使证券公司经营管理职权的机构,应当在公司章程中明确其名称、组成、职责和议事规则,该机构的成员为证券公司高级管理人员
证券公司设合规负责人,对证券公司经营管理行为的合法合规性进行审查、监督或者检查	(1) 合规负责人为证券公司高级管理人员,由董事会决定聘任,并应当经国务院证券监督管理机构认可。合规负责人不得在证券公司兼任负责经营管理的职务。 (2) 合规负责人发现违法违规行为,应当向公司章程规定的机构报告,同时按照规定向国务院证券监督管理机构或者有关自律组织报告。 (3) 证券公司解聘合规负责人,应当有正当理由,并自解聘之日起3个工作日内将解聘的事实和理由书面报告国务院证券监督管理机构
国务院证券监督管理机构核准的任职资格	证券公司的董事、监事、高级管理人员和境内分支机构负责人应当在任职前取得经国务院证券监督管理机构核准的任职资格。证券公司不得聘任、选任未取得任职资格的人员担任前款规定的职务;已经聘任、选任的,有关聘任、选任的决议、决定无效
法定代表人或者高级管理人员离任的审计	证券公司的法定代表人或者高级管理人员离任的,证券公司应当对其进行审计,并自其离任之日起2个月内将审计报告报送国务院证券监督管理机构;证券公司的法定代表人或者经营管理的主要负责人离任的,应当聘请具有证券、期货相关业务资格的会计师事务所对其进行审计。上述审计报告未报送国务院证券监督管理机构的,离任人员不得在其他证券公司任职

十、证券公司及其境内分支机构经营业务的规定(★★★)

证券公司境内分支机构经营业务的规定如下。

①证券公司及其境内分支机构经营的业务应当经国务院证券监督管理机构批准,不得经营未经批准的业务。

②两个以上的证券公司受同一单位、个人控制或者相互之间存在控制关系的,不得经营相同的证券业务,但国务院证券监督管理机构另有规定的除外。

③证券公司应当按照审慎经营的原则,建立健全风险管理与内部控制制度,防范和控制风险。证券公司应当对分支机构实行集中统一管理,不得与他人合资、合作经营管理分支机构,也不得将分支机构承包、租赁或者委托给他人经营管理。

证券公司分支机构是指从事业务经营活动的分公司、证券营业部等证券公司下属的非法人单位。

十一、证券公司为客户开立证券账户管理的有关规定（★★★）

（1）证券公司受证券登记结算机构委托，为客户开立证券账户，应当按照证券账户管理规则，对客户申报的姓名或者名称、身份的真实性进行审查。同一客户开立的资金账户和证券账户的姓名或者名称应当一致。

证券公司为证券资产管理客户开立的证券账户，应当自开户之日起3个交易日内报证券交易所备案。证券公司不得将客户的资金账户、证券账户提供给他人使用。

（2）证券公司从事证券资产管理业务、融资融券业务，销售证券类金融产品，应当按照规定程序，了解客户的身份、财产与收入状况、证券投资经验和风险偏好，并以书面和电子方式予以记载、保存。证券公司应当根据所了解的客户情况推荐适当的产品或者服务。具体规则由中国证券业协会制定。

（3）证券公司与客户签订证券交易委托、证券资产管理、融资融券等业务合同，应当事先指定专人向客户讲解有关业务规则和合同内容，并将风险揭示书交由客户签字确认。业务合同的必备条款和风险揭示书的标准格式，由中国证券业协会制定，并报国务院证券监督管理机构备案。

（4）证券公司从事证券资产管理业务、融资融券业务，应当按照规定编制对账单，按月寄送客户。证券公司与客户对对账单送交时间或者方式另有约定的，从其约定。

（5）证券公司应当建立信息查询制度，保证客户在证券公司营业时间内能够随时查询其委托记录、交易记录、证券和资金余额，以及证券公司业务经办人员和证券经纪人的姓名、执业证书、证券经纪人证书编号等信息。

客户认为有关信息记录与实际情况不符的，可以向证券公司或者国务院证券监督管理机构投诉。证券公司应当指定专门部门负责处理客户投诉。国务院证券监督管理机构应当根据客户的投诉，采取相应措施。

【例题·选择题】证券公司为证券资产管理客户开立的证券账户，应当自开户之日起（　　）个交易日内报证券交易所备案。
A. 1　　　　B. 2
C. 3　　　　D. 4
【解析】本题考查证券公司为客户开立证券账户的规定。《证券公司监督管理条例》第二十八条规定，3个交易日内向交易所备案。
【答案】C

十二、关于客户资产保护的相关规定（★★）

客户资产保护的相关规定如表1-47所示。

表1-47　客户资产保护的相关规定

事项	相关规定
证券公司客户资产的存管、托管制度	（1）从事证券经纪业务的证券公司应当将客户的交易结算资金存放在指定商业银行，以每个客户的名义单独立户管理，客户交易结算资金的存取，应当通过指定商业银行办理。 （2）从事证券资产管理业务的证券公司应当将客户的委托资产交由指定商业银行等资产托管机构托管。 （3）从事融资融券业务的证券公司应当参照客户交易结算资金第三方存管的办法，对客户资金担保账户内的资金进行管理。这样，就建立了防范证券公司挪用客户资产的机制

续表

事项	相关规定
任何单位或者个人不得违反的行为	客户的交易结算资金、委托资产属于客户,应当与证券公司、指定商业银行、资产托管机构的自有资产相互独立、分别管理。任何单位或者个人不得有下列行为: (1)非因客户本身的债务,对客户的交易结算资金、委托资产申请查封、冻结或者强制执行。 (2)除法定情形外,动用客户的交易结算资金、委托资金。 (3)以客户的资产向他人提供融资或者担保,强令、指使、协助、接受证券公司以客户的资产提供融资或者担保
建立信息查询制度	证券公司应当建立信息查询制度,保证客户可以随时查询有关信息;指定商业银行应当保证客户能够随时查询客户的交易结算资金的余额及变动情况;证券公司从事资产管理业务、融资融券业务,应当按照规定编制对账单寄送客户

十三、证券公司客户交易结算资金管理的规定(★★)

证券公司客户交易结算资金管理的规定如下。

(1)客户的交易结算资金、证券资产管理客户的委托资产属于客户,应当与证券公司、指定商业银行、资产托管机构的自有资产相互独立、分别管理。

(2)非因客户本身的债务或者法律规定的其他情形,任何单位或者个人不得对客户的交易结算资金、委托资产申请查封、冻结或者强制执行。

(3)除下列情形外,不得动用客户的交易结算资金或委托金。

①客户进行证券的申购、证券交易的结算或者客户提款。

②客户支付与证券交易有关的佣金、费用或者税款。

③法律规定的其他情形。

【例题·选择题】证券资产管理客户的委托资产属于( )。
A. 证券公司法定代表人
B. 资产托管机构
C. 证券公司
D. 客户

【解析】本题考查的是客户交易结算资金管理规定的相关知识。《证券公司监督管理条例》第五十九条规定,客户的交易结算资金、证券资产管理客户的委托资产属于客户。
【答案】D

十四、证券公司信息报送的主要内容(★)

1. 证券公司信息报送的主要内容

(1)指定商业银行、资产托管机构和证券登记结算机构应当对存放在本机构的客户的交易结算资金、委托资金和客户担保账户内的资金、证券的动用情况进行监督,并按照规定定期向国务院证券监督管理机构报送客户的交易结算资金、委托资金和客户担保账户内的资金、证券的存管或者动用情况的有关数据。

(2)指定商业银行、资产托管机构和证券登记结算机构对超出规定的范围,动用客户的交易结算资金、委托资金和客户担保账户内的资金、证券的申请、指令,应当拒绝;发现客户的交易结算资金、委托资金和客户担保账户内的资金、证券被违法动用或者有其他异常情况的,应当立即向国务院证券监督管理机构报告,并抄报有关监督管理机构。

2. 对证券公司信息报送与披露方面的监管要求

(1) 信息报送制度。信息报送制度即证券公司要根据相关法律法规,应当自每一个会计年度结束之日起4个月内,向中国证监会报送年度报告,自每月结束之日起7个工作日内,报送月度报告。发生影响或者可能影响证券公司经营管理、财务状况、风险控制指标或者客户资产安全重大事件的,证券公司应当立即向中国证监会报送临时报告,说明事件的起因、目前的状况、可能产生的后果和拟采取的相应措施。

(2) 信息公开披露制度。这一制度主要为证券公司的基本信息公示和财务信息公开披露。

(3) 年报审计监管。这是对证券公司进行非现场检查和日常监管的重要手段。

十五、证券监督管理机构对证券公司进行监督管理的主要措施(月度报告、年度报告、信息披露、检查、责令限期整改的情形及可采取的措施)(★)

1. 月度报告、年度报告

(1) 证券公司应当自每一会计年度结束之日起4个月内,向国务院证券监督管理机构报送年度报告;自每月结束之日起7个工作日内报送月度报告。发生影响或者可能影响证券公司经营管理、财务状况、风险控制指标或者客户资产安全的重大事件的,证券公司应当立即向国务院证券监督管理机构报送临时报告,说明事件的起因、目前的状态、可能产生的后果和拟采取的相应措施。

(2) 证券公司年度报告中的财务会计报告、风险控制指标报告以及国务院证券监督管理机构规定的其他专项报告,应当经具有证券、期货相关业务资格的会计师事务所审

计。证券公司年度报告应当附有该会计师事务所出具的内部控制评审报告。

(3) 证券公司的董事、高级管理人员应当对证券公司年度报告签署确认意见;经营管理的主要负责人和财务负责人应当对月度报告签署确认意见。在证券公司年度报告、月度报告上签字的人员,应当保证报告的内容真实、准确、完整;对报告内容持有异议的,应当注明自己的意见和理由。

2. 信息披露

证券公司以及有关单位和个人披露、报送或者提供的资料、信息应当真实、准确、完整,不得有虚假记载、误导性陈述或者重大遗漏。

3. 检查的情形

国务院证券监督管理机构有权采取下列措施,对证券公司的业务活动、财务状况、经营管理情况进行检查。

(1) 询问证券公司的董事、监事、工作人员,要求其对有关检查事项作出说明。

(2) 进入证券公司的办公场所或者营业场所进行检查。

(3) 查阅、复制与检查事项有关的文件、资料,对可能被转移、隐匿或者毁损的文件、资料、电子设备予以封存。

(4) 检查证券公司的计算机信息管理系统,复制有关数据资料。

国务院证券监督管理机构为查清证券公司的业务情况、财务状况,经国务院证券监督管理机构负责人批准,可以查询证券公司及与证券公司有控股或者实际控制关系企业的银行账户。

4. 责令限期整改的情形

国务院证券监督管理机构对治理结构不健全、内部控制不完善、经营管理混乱、设立账外账或者进行账外经营、拒不执行监督管理决定、违法违规的证券公司,应当责令其限期改正,并可以采取下列措施。

(1) 责令增加内部合规检查的次数并提

交合规检查报告。

（2）对证券公司及其有关董事、监事、高级管理人员、境内分支机构负责人给予谴责。

（3）责令处分有关责任人员，并报告结果。

（4）责令更换董事、监事、高级管理人员或者限制其权利。

（5）对证券公司进行临时接管，并进行全面核查。

（6）责令暂停证券公司或者其境内分支机构的部分或者全部业务、限期撤销境内分支机构。

证券公司被暂停业务、限期撤销境内分支机构的，应当按照有关规定安置客户、处理未了结的业务。对证券公司的违法违规行为，合规负责人已经依法履行制止和报告职责的，免除责任。

5. 证券监督管理机构对证券公司可以采取的监管措施

（1）任何单位或者个人未经批准，持有或者实际控制证券公司5%以上股权的，国务院证券监督管理机构应当责令其限期改正；改正前，相应股权不具有表决权。

（2）任何人未取得任职资格，实际行使证券公司董事、监事、高级管理人员或者境内分支机构负责人职权的，国务院证券监督管理机构应当责令其停止行使职权，予以公告，并可以按照规定对其采取证券市场禁入的措施。

（3）证券公司董事、监事、高级管理人员或者境内分支机构负责人不再具备任职资格条件的，证券公司应当解除其职务并向国务院证券监督管理机构报告；证券公司未解除其职务的，国务院证券监督管理机构应当责令其解除。

十六、证券公司主要违法违规情形及处罚措施（★）

（1）证券公司在证券自营账户与证券资产管理账户之间或者不同的证券资产管理账户之间进行交易，且无充分证据证明已依法实现有效隔离的，依照《中华人民共和国证券法》第二百二十条的规定处罚。

（2）证券公司违反《证券公司监督管理条例》的规定，有下列情形之一的，责令改正，给予警告，没收违法所得，并处以违法所得1倍以上5倍以下的罚款；没有违法所得或者违法所得不足10万元的，处以10万元以上30万元以下的罚款；情节严重的，暂停或者撤销其相关证券业务许可。对直接负责的主管人员和其他直接责任人员，给予警告，并处以3万元以上10万元以下的罚款；情节严重的，撤销任职资格或者证券从业资格。

①违反规定委托其他单位或者个人进行客户招揽、客户服务或者产品销售活动。

②向客户提供投资建议，对证券价格的涨跌或者市场走势作出确定性的判断。

③违反规定委托他人代为买卖证券。

④从事证券自营业务、证券资产管理业务，投资范围或者投资比例违反规定。

⑤从事证券资产管理业务，接受一个客户的单笔委托资产价值低于规定的最低限额。

（3）证券公司违反《证券公司监督管理条例》的规定，有下列情形之一的，责令改正，给予警告，没收违法所得，并处以违法所得1倍以上5倍以下的罚款；没有违法所得或者违法所得不足3万元的，处以3万元以上30万元以下的罚款。对直接负责的主管人员和其他直接责任人员单处或者并处警告、3万元以上10万元以下的罚款；情节严重的，撤销任职资格或者证券从业资格。

①未按照规定对离任的法定代表人或者高级管理人员进行审计,并报送审计报告。

②与他人合资、合作经营管理分支机构,或者将分支机构承包、租赁或者委托给他人经营管理。

③未按照规定将证券自营账户或者证券资产管理客户的证券账户报证券交易所备案。

④未按照规定程序了解客户的身份、财产与收入状况、证券投资经验和风险偏好。

⑤推荐的产品或者服务与所了解的客户情况不相适应。

⑥未按照规定指定专人向客户讲解有关业务规则和合同内容,并以书面方式向其揭示投资风险。

⑦未按照规定与客户签订业务合同,或者未在与客户签订的业务合同中载入规定的必备条款。

⑧未按照规定编制并向客户送交对账单,或者未按照规定建立并有效执行信息查询制度。

⑨未按照规定指定专门部门处理客户投诉。

⑩未按照规定提取一般风险准备金。

⑪未按照规定存放、管理客户的交易结算资金、委托资金和客户担保账户内的资金、证券。

⑫聘请、解聘会计师事务所,未按照规定向国务院证券监督管理机构备案,解聘会计师事务所未说明理由。

(4)证券公司未按照规定为客户开立账户的,责令改正;情节严重的,处以20万元以上50万元以下的罚款,并对直接负责的董事、高级管理人员和其他直接责任人员,处以1万元以上5万元以下的罚款。

(5)证券公司违反《证券公司监督管理条例》规定,有下列情形之一的,责令改正,给予警告,没收违法所得,并处以违法所得1倍以上5倍以下的罚款;没有违法所得或者违法所得不足10万元的,处以10万元以上60万元以下的罚款;情节严重的,撤销相关业务许可。对直接负责的主管人员和其他直接责任人员给予警告,撤销任职资格或者证券从业资格,并处以3万元以上30万元以下的罚款。

①未经批准,委托他人或者接受他人委托持有或者管理证券公司的股权,或者认购、受让或者实际控制证券公司的股权。

②证券公司股东、实际控制人强令、指使、协助、接受证券公司以证券经纪客户或者证券资产管理客户的资产提供融资或者担保。

③证券公司、资产托管机构、证券登记结算机构违反规定动用客户的交易结算资金、委托资金和客户担保账户内的资金、证券。

④资产托管机构、证券登记结算机构对违反规定动用委托资金和客户担保账户内的资金、证券的申请、指令予以同意、执行。

⑤资产托管机构、证券登记结算机构发现委托资金和客户担保账户内的资金、证券被违法动用而未向国务院证券监督管理机构报告。

本节提示　《证券公司监督管理条例》于2008年4月23日由国务院公布,2014年7月29日修订。修改后,对证券公司变更注册资本这一项描述得更加清晰。对客户的保护力度更明确。进一步规范了证券公司的组织结构。对证券公司的董事、监事、高级管理人员的任职管理更加完善。国家鼓励证券公司在有效控制风险的前提下,依法开展经营方式创新、业务或者产品创新、组织创新和激励约束机制创新。

过关测试题

一、选择题

1. 涉及证券市场的部门规章及规范性文件一般由（　　）制定。
  A．中国证监会　　B．中国银监会
  C．中国人民银行　D．国务院证券委

2. 根据《公司法》规定，经营规模较大的有限责任公司设立监事会，其成员（　　）。
  A．必须多于 2 人　B．不得少于 2 人
  C．必须多于 3 人　D．不得少于 3 人

3. 根据我国《刑法》的规定，公司发起人、股东虚假出资，数额巨大、后果严重的，处（　　）年以下有期徒刑或拘役。
  A．1　　　　　　B．3
  C．5　　　　　　D．7

4. 股份有限公司董事会作出决议，应该符合的条件是（　　）。
  A．出席会议的董事过半数通过
  B．出席会议的董事三分之二以上通过
  C．全体董事的过半数通过
  D．全体董事的三分之二以上通过

5. 公司作为独立民事主体存在的基础是（　　）。
  A．公司法人财产的独立性
  B．公司建立董事会
  C．公司经营权的独立性
  D．公司募足股份

6. 股份有限公司设立董事会，不符合规定的人数为（　　）人。
  A．7　　　　　　B．13
  C．19　　　　　D．20

7. 下列对证券公司的董事和独立董事的表述中，不正确的是（　　）。
  A．证券公司应当采取措施切实保障董事的知情权，为董事履行职责提供必要条件
  B．独立董事在任期内辞职或被免职的，只需要证券公司单方面向证券监管部门和股东会提供书面说明
  C．在公司章程中，应当确定董事人数，明确董事会的职责
  D．独立董事可以向董事会或者监事会提议召开临时股东会、提议召开董事会

8. 《公司法》规定，以募集方式设立股份有限公司的，发起人认购的股份不得少于公司股份总数的（　　）。
  A．25%　　　　　B．35%
  C．45%　　　　　D．55%

9. 股份有限公司召开股东大会年会，其财务会计报告应当在的（　　）日前置备于本公司，供股东查阅。
  A．40　　　　　　B．30
  C．20　　　　　　D．10

10. 我国《公司法》规定，公司分配当年税后利润时，公司法定公积金累计额为公司注册资本的（　　）以上的，可以不再提取。
  A．25%　　　　　B．50%
  C．60%　　　　　D．65%

11. 下列事项须由出席股东大会的股东所持表决权的三分之二以上通过的是（　　）。
  A．董事会和监事会成员的任免及其报酬和支付方法
  B．公司章程的修改
  C．公司年度预算方案、决算方案
  D．公司年度报告

12. 依照《证券法》，收购要约约定的收购期限不得少于（　　）日，并不得超过（　　）日。
  A．30，50　　　　B．30，60
  C．50，90　　　　D．60，90

13. 操纵证券市场是典型的违法行为，应该依法责令处理非法持有的证券，没收违法所得。对于没有违法所得或者违法所得不足 30 万元的，处以（　　）的罚款。
  A．10 万元以上 100 万元以下
  B．30 万元以上 100 万元以下

C．30万元以上300万元以下

D．50万元以上300万元以下

14．以下关于债券与股票的比较，说法错误的是（　　）。

A．债券和股票都属于有价证券

B．债券和股票都属于负债

C．债券通常有规定的利率，而股票的股息红利不固定

D．二者的收益率是相互影响的

15．《证券法》对股份有限公司申请股票上市的要求是，最近（　　）年无重大违法行为，财务会计报告无虚假记载。

A．1　　　　　　B．5

C．2　　　　　　D．3

16．证券公司诱使客户进行不必要的证券交易，应当依法责令改正，处以（　　）的罚款。

A．1倍以上5倍以下

B．1万元以上10万元以下

C．3万元以上10万元以下

D．3万元以上30万元以下

17．根据《证券法》的规定，达成收购上市公司协议后，该收购协议必须在（　　）日内向证券监管机构及证券交易所作出书面报告，并予以公告。

A．5　　　　　　B．3

C．10　　　　　D．15

18．下列对封闭式基金的表述中，不正确的是（　　）。

A．经核准的基金份额总额在基金合同期限内固定不变

B．基金份额可以在依法设立的证券交易场所交易

C．基金份额持有人不得申请赎回

D．投资者可以通过证券经纪商在一级市场和二级市场上进行基金的买卖

19．公募证券和私募证券是有价证券按（　　）分类。

A．证券发行主体的不同

B．募集方式

C．是否在证券交易所挂牌交易

D．证券所代表的权利性质

20．与私募基金相比，公募基金的特点是（　　）。

A．投资成本较高，风险较大

B．投资活动所受的限制和约束少

C．基金募集对象不固定

D．采取非公开发行方式

21．下列选项中，不属于商品期货的是（　　）。

A．农产品期货　　B．股票期货

C．金属期货　　　D．能源期货

22．以自己为交易对象，自买自卖期货合约，影响期货交易价格的，对其可采取的刑事处罚措施是（　　）。

A．处以3年管制

B．处以警告

C．处以3年有期徒刑

D．处无期徒刑

23．2008年4月23日，国务院公布（　　）和《证券公司风险处置条例》。

A．《证券公司监督管理条例》

B．《首次公开发行股票并上市管理办法》

C．《上市公司证券发行管理办法》

D．《上市公司收购管理办法》

24．（　　）是向客户出借资金供其买入上市证券或者出借上市证券供其卖出，并收取担保物的经营活动。

A．证券资产管理业务

B．证券经纪业务

C．证券自营业务

D．融资融券业务

25．法定公积金转为资本时，所留存的该项公积金不得少于转增前公司注册资本的（　　）。

A．20%　　　　　B．25%

C．30%　　　　　D．35%

二、组合型选择题

1. 下列选项中，关于有限责任公司和股份有限公司的区别是（　　）。
　Ⅰ．股权证明形式不同
　Ⅱ．财务状况的公开程度不同
　Ⅲ．股权转让难易程度不同
　Ⅳ．公司治理结构简化程度不同
　A．Ⅰ、Ⅱ、Ⅲ
　B．Ⅱ、Ⅲ、Ⅳ
　C．Ⅰ、Ⅱ、Ⅳ
　D．Ⅰ、Ⅱ、Ⅲ、Ⅳ

2. 按照《证券法》的规定，设立证券公司应当具备的条件是（　　）。
　Ⅰ．有符合法律、行政法规规定的公司章程
　Ⅱ．有合格的经营场所和业务设施
　Ⅲ．董事、监事、高级管理人员具备任职资格，从业人员具有证券从业资格
　Ⅳ．有完善的风险管理与内部控制制度
　A．Ⅱ、Ⅲ、Ⅳ
　B．Ⅰ、Ⅱ、Ⅲ、Ⅳ
　C．Ⅰ、Ⅲ、Ⅳ
　D．Ⅰ、Ⅱ、Ⅳ

3. 下列有关事项，必须经出席创立大会认股人所持表决权过半数通过的是（　　）。
　Ⅰ．通过公司章程
　Ⅱ．选举董事会成员
　Ⅲ．对公司的设立费用进行审核
　Ⅳ．审议发起人关于公司筹办情况的报告
　A．Ⅱ、Ⅳ
　B．Ⅰ、Ⅱ、Ⅲ、Ⅳ
　C．Ⅰ、Ⅲ、Ⅳ
　D．Ⅰ、Ⅱ、Ⅲ

4. 作为公司的拥有者，股东依法享有的权利包括（　　）。
　Ⅰ．资产收益
　Ⅱ．选择管理者
　Ⅲ．重大决策
　Ⅳ．对公司财产的直接支配处理
　A．Ⅰ、Ⅱ、Ⅲ
　B．Ⅰ、Ⅱ、Ⅳ
　C．Ⅰ、Ⅲ、Ⅳ
　D．Ⅱ、Ⅲ、Ⅳ

5. 按照有关规定，董事会作为对股东会负责的机构，其行使的职权包括（　　）。
　Ⅰ．决定公司的经营计划和投资方案
　Ⅱ．制订公司年度财务预算方案、决算方案
　Ⅲ．负责召集股东大会，并向股东大会报告工作
　Ⅳ．制定公司的具体规章
　A．Ⅰ、Ⅱ、Ⅳ
　B．Ⅰ、Ⅲ、Ⅳ
　C．Ⅰ、Ⅱ、Ⅲ
　D．Ⅰ、Ⅱ、Ⅲ、Ⅳ

6. 认股人缴纳出资后，有权要求返还出资的情况有（　　）。
　Ⅰ．公司已按期募集足股份
　Ⅱ．发起人未按期召开创立大会
　Ⅲ．创立大会决议不设立公司
　Ⅳ．发起人抽逃出资，情节严重
　A．Ⅰ、Ⅱ
　B．Ⅱ、Ⅲ
　C．Ⅰ、Ⅲ、Ⅳ
　D．Ⅱ、Ⅲ、Ⅳ

7. 按照规定，须由股东大会以特别决议通过的事项有（　　）。
　Ⅰ．董事会拟订的利润分配方案和弥补亏损方案
　Ⅱ．公司章程的修改
　Ⅲ．公司增加或者减少注册资本
　Ⅳ．变更公司形式
　A．Ⅰ、Ⅱ、Ⅲ
　B．Ⅰ、Ⅱ、Ⅳ
　C．Ⅰ、Ⅱ、Ⅲ、Ⅳ
　D．Ⅱ、Ⅲ、Ⅳ

8. 可以收购本公司股份的情形是（　　）。

Ⅰ．减少公司注册资本
Ⅱ．将股份奖励给本公司职工
Ⅲ．与持有本公司股份的其他公司合并
Ⅳ．股东因对股东大会作出的公司合并、分立决议持异议，要求公司收购其股份的
A．Ⅰ、Ⅱ、Ⅲ、Ⅳ
B．Ⅰ、Ⅲ、Ⅳ
C．Ⅰ、Ⅱ、Ⅳ
D．Ⅱ、Ⅲ、Ⅳ

9．属于内幕信息的有（　　）。
Ⅰ．公司涉及的重大诉讼
Ⅱ．公司债务担保的重大变更
Ⅲ．公司营业用主要资产的报废一次超过该资产的25%
Ⅳ．公司的经营方针和经营范围的重大变化
A．Ⅱ、Ⅲ、Ⅳ
B．Ⅰ、Ⅱ、Ⅲ
C．Ⅰ、Ⅱ、Ⅳ
D．Ⅰ、Ⅱ、Ⅲ、Ⅳ

10．对证券公司从事证券自营业务情况进行稽核，证监会可聘请具有从事证券业务资格的单位有（　　）。
Ⅰ．会计师事务所
Ⅱ．审计事务所
Ⅲ．律师事务所
Ⅳ．评级公司
A．Ⅰ、Ⅱ
B．Ⅰ、Ⅲ
C．Ⅰ、Ⅳ
D．Ⅱ、Ⅲ

11．下列属于证券市场法律制度的有（　　）。
Ⅰ．证券发行制度
Ⅱ．信息披露制度
Ⅲ．证券交易制度
Ⅳ．证券机构监管制度
A．Ⅱ、Ⅲ
B．Ⅰ、Ⅱ

C．Ⅰ、Ⅱ、Ⅳ
D．Ⅰ、Ⅱ、Ⅲ、Ⅳ

12．证券公司存在下列（　　）重要事项，必须得到证监会的批准。
Ⅰ．变更持有5%以上股权的股东、实际控制人
Ⅱ．设立、收购或者撤销分支机构
Ⅲ．变更公司章程中的一般条款
Ⅳ．变更业务范围或者注册资本
A．Ⅰ、Ⅱ、Ⅳ
B．Ⅱ、Ⅲ、Ⅳ
C．Ⅰ、Ⅱ、Ⅲ
D．Ⅰ、Ⅱ、Ⅳ

13．证券公司及其从业人员，欺诈客户行为包括（　　）。
Ⅰ．在自己实际控制的账户之间进行证券交易，影响证券交易价格或者证券交易量
Ⅱ．不在规定时间内向客户提供交易的书面确认文件
Ⅲ．未经客户的委托，擅自为客户买卖证券，或者假借客户的名义买卖证券
Ⅳ．挪用客户所委托买卖的证券或者客户账户上的资金
A．Ⅰ、Ⅱ、Ⅲ、Ⅳ
B．Ⅰ、Ⅱ、Ⅳ
C．Ⅱ、Ⅲ、Ⅳ
D．Ⅰ、Ⅲ、Ⅳ

14．根据股票上市的规定，股份有限公司须符合的申请条件有（　　）。
Ⅰ．股票经中国证监会核准已公开发行
Ⅱ．公司股本总额不少于人民币3000万元
Ⅲ．公开发行的股份达到公司股份总数的25%以上；公司股本总额超过人民币4亿元的，公开发行股份的比例为10%以上
Ⅳ．公司最近3年无重大违法行为，财务会计报告无虚假记载
A．Ⅰ、Ⅱ、Ⅳ
B．Ⅰ、Ⅲ、Ⅳ

C. Ⅱ、Ⅲ、Ⅳ
D. Ⅰ、Ⅱ、Ⅲ、Ⅳ

15. 以下（　　）属于违法操纵证券市场的行为。

Ⅰ. 假借他人名义或者以个人名义进行自营业务

Ⅱ. 集中资金优势、持股优势或者利用信息优势联合或者连续买卖

Ⅲ. 与他人串通，以事先约定的时间、价格和方式相互进行证券交易

Ⅳ. 在自己实际控制的账户之间进行证券交易

A. Ⅰ、Ⅲ、Ⅳ
B. Ⅰ、Ⅱ、Ⅳ
C. Ⅰ、Ⅱ、Ⅲ、Ⅳ
D. Ⅱ、Ⅲ、Ⅳ

16. 下列选项中，属于基金份额持有人义务的有（　　）。

Ⅰ. 缴纳基金认购款项及规定的费用

Ⅱ. 承担基金亏损或终止的有限责任

Ⅲ. 不从事任何有损基金及其他基金投资人合法权益的活动

Ⅳ. 分享基金财产收益

A. Ⅱ、Ⅳ
B. Ⅰ、Ⅱ、Ⅲ
C. Ⅰ、Ⅲ、Ⅳ
D. Ⅱ、Ⅲ

17. 下列对封闭式基金和开放式基金的表述中，正确的是（　　）。

Ⅰ. 封闭式基金的基金份额总额在基金合同期限内不固定，开放式基金的基金份额总额固定不变

Ⅱ. 封闭式基金期限届满即为基金终止，管理人应组织清算小组对基金资产进行清产核资

Ⅲ. 开放式基金的基金规模是固定的，封闭式基金没有发行规模限制

Ⅳ. 封闭式基金一般每周或更长时间公布一次基金份额资产净值，开放式基金一般在每个交易日连续公布

A. Ⅱ、Ⅳ
B. Ⅰ、Ⅱ、Ⅲ
C. Ⅱ、Ⅲ、Ⅳ
D. Ⅰ、Ⅱ、Ⅲ、Ⅳ

18. 基金托管人作为基金保管人，在证券投资基金运作中承担（　　）等职责。

Ⅰ. 资金清算

Ⅱ. 交易监督

Ⅲ. 会计核算

Ⅳ. 资产保管

A. Ⅰ、Ⅱ、Ⅲ
B. Ⅱ、Ⅲ、Ⅳ
C. Ⅰ、Ⅱ、Ⅲ、Ⅳ
D. Ⅰ、Ⅲ、Ⅳ

19. 《证券公司监督管理条例》中对证券公司监管措施的描述，正确的是（　　）。

Ⅰ. 明确证券公司应当向国务院证券监督管理机构报送年度报告、月度报告和临时报告

Ⅱ. 要求证券公司对解除其分支机构负责人的情况进行报告

Ⅲ. 国务院证券监督管理机构有权要求证券公司以及与其有关的单位和个人在指定的期限内提供有关信息、资料

Ⅳ. 监管机构可以采取一定的方式，对证券公司进行现场检查

A. Ⅰ、Ⅱ、Ⅲ、Ⅳ
B. Ⅰ、Ⅲ、Ⅳ
C. Ⅱ、Ⅲ、Ⅳ
D. Ⅰ、Ⅱ、Ⅳ

第二章

证券从业人员管理

本章主要讲解了证券从业人员的从业资格和执业行为。具体内容包括证券从业人员的从业范围、任职条件、执业申请、资格管理、注册登记、执业规范和要求,明确从业禁止的行为,以及对违法、违规情形的认定、监管措施和处罚的相关规定。这些规范和程序为证券行业人员的从业和执业要求以及日常实务提供了指导。本章属于重点章节,考试重点集中在证券从业人员执业资格管理的相关规定和执业行为的相关规定,历次考试中平均分值为26分左右,考生应结合证券执业行为的实务操作进行学习。

本章考点预览

第二章 证券从业人员管理	第一节 从业资格	一、从事证券业务的专业人员范围	★
		二、专业人员从事证券业务的资格条件	★
		三、从业人员申请执业证书的条件和程序	★★
		四、从业人员监督管理的相关规定	★
		五、违反从业人员资格管理相关规定的法律责任	★★
		六、证券经纪业务销售人员执业资格管理的有关规定	★★★
		七、证券投资基金销售人员从业资格管理的有关规定	★★★
		八、证券投资咨询人员分类及其从业资格管理的有关规定	★★★
		九、证券投资顾问和证券分析师的注册登记要求	★★★
		十、保荐代表人的资格管理规定	★★
		十一、客户资产管理业务投资主办人执业注册的有关要求	★★★
		十二、财务顾问主办人应当具备的条件	★★
	第二节 执业行为	一、证券业从业人员执业行为准则	★★★
		二、中国证券业协会诚信管理的有关规定	★★
		三、证券市场禁入措施的实施对象、内容、期限及程序	★★★
		四、证券经纪人与证券公司之间的委托关系	★
		五、证券公司对证券经纪业务营销人员管理的有关规定	★★★
		六、证券经纪业务营销人员执业行为范围、禁止性规定	★★★

续表

第二章 证券从业人员管理	第二节 执业行为	七、销售证券投资基金、代销金融产品的行为规范	★★★
		八、证券投资咨询人员的禁止性行为规定和法律责任	★★★
		九、投资顾问相关人员发布证券研究报告应遵循的执业规范	★★★
		十、保荐代表人执业行为规范	★★★
		十一、保荐代表人违反有关规定的法律责任或被采取的监管措施	★★★
		十二、资产管理投资主办人执业行为管理的有关要求	★★
		十三、财务顾问主办人执业行为规范	★★
		十四、证券业财务与会计人员执业行为规范	★★

第一节 从业资格

考情分析：本节属于重点小节，主要介绍了从业资格相关知识。本节考点中，相关条件和基本规定较多，高频考点集中在证券经纪、投资咨询人员、客户资产管理和基金销售的管理规定，以及违反从业人员资格管理相关规定的法律责任、客户资产管理业务投资主办人执业注册的有关要求等内容。本节考试题型为选择题和组合型选择题，考试分值通常不少于10分。

学习建议：了解从业人员的范围、资格条件、监督管理的相关规定；熟悉从业人员申请执业证书的条件和程序、违反从业人员资格管理相关规定的法律责任、保荐代表人的资格管理规定、财务顾问主办人应当具备的条件等；熟悉掌握证券经纪业务销售人员执业资格管理的有关规定、证券投资基金销售人员从业资格管理的有关规定、证券投资顾问和证券分析师的注册登记要求、客户资产管理业务投资主办人执业注册的有关要求等。可以通过归纳、对比的方法强化记忆，以灵活应对考题。

一、从事证券业务的专业人员范围（★）

证券业务包括：自营、经纪、承销、投资咨询、受托投资管理等业务；基金销售、研究分析、投资管理、交易、监察稽核等业务；基金宣传、推销、咨询等业务；证券投资咨询业务；证券资信评估业务。

根据《证券从业人员资格管理办法》的规定，从事证券业务的专业人员是指以下几类。

（1）证券公司中从事自营、经纪、承销、投资咨询、受托投资管理等业务的专业人员，包括相关业务部门的管理人员。

（2）基金管理公司、基金托管机构中从事基金销售、研究分析、投资管理、交易、监察稽核等业务的专业人员，包括相关业务部门的管理人员；基金销售机构中从事基金宣传、推销、咨询等业务的专业人员，包括相关业务部门的管理人员。

（3）证券投资咨询机构中从事证券投资咨询业务的专业人员及其管理人员。

（4）证券资信评估机构中从事证券资信评估业务的专业人员及其管理人员。

（5）中国证监会规定需要取得从业资格和执业证书的其他人员。

名师点拨：《证券从业人员资格管理办法》属于部门规章及规范性文件。管理人员通常指法人、高管、部门负责人和分支机构负责人。

二、专业人员从事证券业务的资格条件（★）

从事证券业务的专业人员，应当按规定取得从业资格，具体条件如下。

（1）参加资格考试的人员，应当年满18周岁，具有高中以上文化程度和完全民事行为能力。

（2）资格考试由协会统一组织。参加考试的人员考试合格的，取得从业资格。

（3）从业资格不实行专业分类考试。资格考试内容包括一门基础性科目和一门专业性科目。

另外，根据证券市场发展的需要，协会可在资格考试之外另行组织各项专业的水平考试，但不作为法定考试内容，由从业人员自行选择，供机构用人时参考。

以上资格条件出自2002年发布的《证券业从业人员资格管理办法》，该办法目前还没有作出修改。2015年7月开始，证券业资格考试分为一般从业资格考试、专项业务类资格考试和管理类资格考试三种类别。

三、从业人员申请执业证书的条件和程序（★★）

根据规定，申领执业证书需要符合一定的条件和程序，相关内容如表2-1所示。

表2-1 从业人员申请执业证书的条件和程序

事项	内容
条件	取得从业资格证书的人员，符合下列条件，可以通过机构申请执业证书。 （1）已被机构聘用。 （2）最近3年未受过刑事处罚。 （3）不存在《证券法》第一百二十六条规定的情形。 （4）未被中国证监会认定为证券市场禁入者，或者已过禁入期的。 （5）品行端正，具有良好的职业道德。 （6）法律、行政法规和中国证监会规定的其他条件。 申请执业证券投资咨询以及证券资信评估业务的，申请人应当同时符合《证券法》第一百五十八条，以及其他相关规定
程序	（1）申请人登录协会执业证书管理系统，填写执业证书申请表，连同打印的书面申请表及规定的其他申请材料提交所在机构。 （2）机构资格管理员对执业证书申请表进行初审并确认，书面申请表由机构保管备查，电子申请表提交协会。 （3）协会对机构提交的执业证书申请进行审核，必要时可要求机构提交书面申请表及有关证明材料。 对于符合条件的申请人，协会在收到完整申请材料后30日向中国证监会有关部门备案，颁发执业证书，并在协会的互联网站公告。执业证书由所在机构向协会统一领取。对不予颁发执业证书的人员，协会以书面方式通知所在机构并说明原因

该处所指的《证券法》第一百二十六条是2014年修法以前的法律条文，具体表述为："因违法行为或者违纪行为被开除的证券交易所、证券登记结算机构、证券公司的从业人员和被开除的国家机关工作人员，不得招聘为证券公司的从业人员"；该处所指的《证券法》第一百五十八条是2014年修法以前的法律条文，具体表述为："专业的证券投资咨询机构、资信评估机构的业务人员，必须具备证券专业知识和从事证券业务2年以上经验。认定其从事证券业务资格的标准和管理办法，由国务院证券监督管理机构制定。"

四、从业人员监督管理的相关规定（★）

从业人员监督管理的相关规定如下。

（1）取得执业证书的人员，连续3年不在机构从业的，由协会注销其执业证书；重新执业的，应当参加协会组织的执业培训，并重新申请执业证书。

（2）从业人员取得执业证书后，辞职或者不为原聘用机构所聘用的，或者因其他原因与原聘用机构解除劳动合同的，原聘用机构应当在上述情形发生后10日内向协会报告，由协会变更该人员执业注册登记。

取得执业证书的从业人员变更聘用机构的，新聘用机构应当在上述情形发生后10日内向协会报告，由协会变更该人员执业注册登记。

（3）机构不得聘用未取得执业证书的人员对外开展证券业务。

（4）从业人员在执业过程中违反有关证券法律、行政法规以及中国证监会有关规定，受到聘用机构处分的，该机构应当在处分后10日内向协会报告。

（5）协会、机构应当定期组织取得执业证书的人员进行后续职业培训，提高从业人员的职业道德和专业素质。

（6）协会依据《证券从业人员资格管理办法》及中国证监会有关规定制定的从业资格考试办法、考试大纲、执业证书管理办法以及执业行为准则等，应当报中国证监会核准。

（7）协会应当建立从业人员资格管理数据库，进行资格公示和执业注册登记管理。

五、违反从业人员资格管理相关规定的法律责任（★★）

违反从业人员资格管理相关规定的法律责任如表2-2所示。

表2-2　违反从业人员资格管理相关规定的法律责任

违法行为	法律责任
违反考场规则，扰乱考场秩序的资格考试人员	在2年内不得参加资格考试
取得从业资格的人员提供虚假材料，申请执业证书的	不予颁发执业证书；已颁发执业证书的，由协会注销其执业证书
机构办理执业证书申请过程中，弄虚作假、徇私舞弊、故意刁难有关当事人的，或者不按规定履行报告义务的	由协会责令改正；拒不改正的，由协会对机构及其直接责任人员给予纪律处分；情节严重的，由中国证监会单处或者并处警告、3万元以下罚款
机构聘用未取得执业证书的人员对外开展证券业务的	由协会责令改正。拒不改正的，给予纪律处分。情节严重的，由中国证监会单处或者并处警告、3万元以下罚款
从业人员拒绝协会调查或者检查的，或者所聘用机构拒绝配合调查的	由协会责令改正；拒不改正的，给予纪律处分；情节严重的，由中国证监会给予从业人员暂停执业3个月至12个月，或者吊销其执业证书的处罚；对机构单处或者并处警告、3万元以下罚款
被中国证监会依法吊销执业证书或者因违反《证券业从业人员资格管理办法》被协会注销执业证书的人员	协会可在3年内不受理其执业证书申请
协会工作人员不按《证券业从业人员资格管理办法》规定履行职责，徇私舞弊、玩忽职守或者故意刁难有关当事人的	协会应当给予纪律处分

六、证券经纪业务销售人员执业资格管理的有关规定（★★★）

中国证监会《关于证券公司经纪业务营销活动有关事项的通知》对证券公司经纪业务营销活动的规范要求，具体如下。

（1）通过证券经纪人专项考试取得证券从业资格的证券公司员工，经所在机构向协会申请执业注册，可以取得证券经纪营销执业证书成为营销人员，此类人员不得从事证券经纪业务营销活动以外的证券经营业务活动。

（2）申请人需登录中国证券业协会执业证书管理系统填写《执业注册申请表》，经所在机构审核后通过该系统向中国证监会提交申请。

（3）营销人员应遵守证券业务的相关法律、法规和行政规章，遵守从业人员执业行为准则，并按要求参加从业人员年检。

（4）营销人员应按照中国证监会对从业人员的统一要求参加后续职业培训，规范执业行为，不断提高业务水平、职业道德水平和综合素质。

七、证券投资基金销售人员从业资格管理的有关规定（★★★）

（1）根据《证券投资基金销售人员从业资质管理规则》，证券投资基金销售人员包括如下两种。

①基金销售机构总部及主要分支机构负责基金销售业务的部门中从事基金销售业务管理的人员，包括部门基金业务负责人。

②基金销售机构从事基金宣传推介活动、基金理财业务咨询等活动的人员。

（2）基金销售机构是指办理基金销售业务的基金管理公司和经中国证监会认定的取得基金销售业务资格的其他机构，包括商业银行、证券公司、证券投资咨询机构、专业基金销售机构等。

（3）基金销售人员应取得从业资质证明。从业资质的获取方式包括如下两种。

①通过证券从业资格考试中的"证券市场基础知识"和"证券投资基金"两科考试，由所在机构统一进行注册申请，符合条件的可获得中国证券执业证书。

②通过基金销售人员从业考试，即"证券投资基金销售基础知识"一科的，可直接获得基金销售人员从业考试成绩合格证。

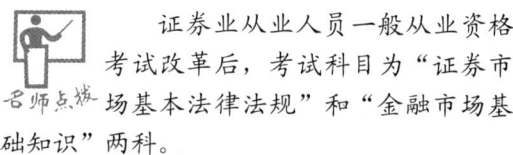

名师点拨　证券业从业人员一般从业资格考试改革后，考试科目为"证券市场基本法律法规"和"金融市场基础知识"两科。

（4）基金销售人员应符合下列资质要求。

①基金管理公司的全部基金销售人员应取得中国证券业执业证书。

②证券公司总部及营业网点、商业银行总行及其一级分行、专业基金销售机构和证券投资咨询机构总部及营业网点从事基金销售业务管理的人员应取得中国证券业执业证书。

③证券公司总部及营业网点，商业银行总行、各级分行及营业网点，专业基金销售机构和证券投资咨询机构总部及营业网点从事基金宣传推介、基金理财业务咨询等活动的人员应取得基金销售人员从业考试成绩合格证。

上述第③项人员已取得中国证券执业证书的，可以豁免基金销售人员从业考试。

（5）基金销售人员在开展基金宣传推介、基金理财业务咨询等活动时应通过适当的方式向基金投资人出示从业资质证明。

（6）对于通过证券业从业人员资格考试的基金销售人员，基金销售机构应遵照《证券业从业人员资格管理办法》《证券业从业人员资格管理实施细则》和本规则的要求，统一办理执业注册、后续培训和执业年检。

（7）对于取得基金销售人员从业考试成绩合格证的人员，基金销售机构可参照协会证券从业人员后续职业培训大纲的要求，组织与基金销售相关的职业培训。

取得基金销售人员从业考试成绩合格证的人员可以参加所在机构组织的培训，也可以参加协会远程系统的培训或所在辖区地方证券业协会组织的培训。

（8）基金销售机构对基金销售人员的销售行为、流动情况、获取从业资质和业务培训等进行日常管理，建立健全基金销售人员管理档案，登记基金销售人员的基本资料和培训情况等。

（9）基金销售机构应通过网站或其他方式向社会公示本机构所属的取得基金销售从业资质的人员信息，公示的内容包括但不限于姓名、从业资质证明及编号、所在营业网点等信息。

（10）协会对各基金销售机构基金销售人员的持证上岗情况以及执业行为等进行监督检查。对于违反本规则及协会其他自律规则的，协会将进行调查并视情节轻重对基金销售机构和基金销售人员予以纪律处分，相关惩罚记录记入基金销售人员和所在机构的诚信数据库。不予纠正或情节严重的，报告中国证监会。

【例题·组合型选择题】下列属于证券投资基金销售人员的是（　　）。

Ⅰ．基金销售机构总部的从事基金销售业务管理的人员

Ⅱ．部门基金业务负责人

Ⅲ．基金销售机构从事基金宣传推介活动的人员

Ⅳ．基金销售机构从事基金理财业务咨询的人员

A．Ⅰ、Ⅱ、Ⅲ
B．Ⅰ、Ⅱ、Ⅳ
C．Ⅱ、Ⅲ、Ⅳ
D．Ⅰ、Ⅱ、Ⅲ、Ⅳ

【解析】本题考查基金销售人员的内容。《证券投资基金销售人员从业资质管理规则》第二条规定，证券投资基金销售人员是指下列基金销售人员：（1）基金销售机构总部及主要分支机构负责基金销售业务的部门中从事基金销售业务管理的人员，包括部门基金业务负责人；（2）基金销售机构从事基金宣传推介活动、基金理财业务咨询等活动的人员。

【答案】D

八、证券投资咨询人员分类及其从业资格管理的有关规定（★★★）

根据《证券、期货投资咨询管理暂行办法》，证券、期货投资咨询，是指从事证券、期货投资咨询业务的机构及其投资咨询人员以下列形式为证券、期货投资人或者客户提供证券、期货投资分析、预测或者建议等直接或者间接有偿咨询服务的活动。

①接受投资人或者客户委托，提供证券、期货投资咨询服务。

②举办有关证券、期货投资咨询的讲座、报告会、分析会等。

③在报刊上发表证券、期货投资咨询的文章、评论、报告，以及通过电台、电视台等公众传播媒体提供证券、期货投资咨询服务。

④通过电话、传真、电脑网络等电信设备系统，提供证券、期货投资咨询服务。

⑤中国证券监督管理委员会（以下简称中国证监会）认定的其他形式。

非经中国证监会许可，任何机构和个人不得从事证券投资咨询业务。任何个人未取得证券投资咨询从业资格的，或者取得证券投资咨询从业资格但是未在证券机构工作的，不得从事证券投资咨询业务。有关投资咨询人员分类和资格管理的规定如表2-3所示。

表2-3 证券投资咨询人员分类及其从业资格管理的有关规定

项 目	内 容
证券投资咨询人员分类	专业证券投资咨询机构的咨询人员
	证券经营机构研究部门的咨询人员
申请证券投资咨询从业资格的条件	(1) 已取得证券从业资格； (2) 被证券投资咨询机构或可从事证券投资咨询业务的证券公司聘用； (3) 具有中华人民共和国国籍； (4) 具有完全民事行为能力； (5) 具有大学本科以上学历； (6) 具有从事证券业务2年以上的经历； (7) 未受过刑事处罚； (8) 未被中国证监会认定为证券市场禁入者，或者已过禁入期的； (9) 品行端正，具有良好的职业道德； (10) 法律、行政法规和中国证监会规定的其他条件
申请证券投资咨询从业资格应当提交的文件	(1) 中国证监会统一印制的申请表； (2) 身份证； (3) 学历证书； (4) 参加证券、期货从业人员资格考试的成绩单； (5) 所在单位或者户口所在地街道办事处开具的以往行为说明材料； (6) 中国证监会要求报送的其他材料
相关管理规定	(1) 取得证券、期货从业资格的人员申请执业的，由所参加的证券投资咨询机构向所在地地方证管办提出执业申请，经审核同意后，报中国证监会审批；准予执业的，由中国证监会颁发执业证书。 (2) 取得执业资格的人员，应当随同投资咨询机构参加执业年检。取得从业资格，但未执业的，自取得从业资格之日起18个月后自动失效。 (3) 证券、期货投资咨询人员不得同时在两个或两个以上的证券投资咨询机构执业。 (4) 证券、期货投资咨询人员不得以虚假信息、市场传言或者内幕信息为依据向投资人或者客户提供投资分析、预测或建议。 (5) 证券、期货投资咨询人员就同一问题向不同客户提供的投资分析、预测或者建议应当一致。 (6) 证券经营机构编发的供本机构内部使用的简报、快讯、动态以及信息系统等，只限于本机构范围内使用，不得向社会公众提供。 (7) 对违反规定或者未按规定向证券主管部门履行报告、年检义务的，由地方证管办单处或者并处警告、没收违法所得、1万元以上3万元以下罚款。情节严重的，报告中国证监会，处以暂停或撤销其业务资格
禁止的行为	(1) 代理投资人从事证券买卖。 (2) 向投资人承诺证券投资收益。 (3) 与投资人约定分享投资收益或者分担投资损失。 (4) 为自己买卖股票及具有股票性质、功能的证券及期货。 (5) 利用咨询服务与他人共谋操纵市场或者进行内幕交易。 (6) 法律、法规、规章所禁止的其他证券欺诈行为

【例题·选择题】投资者在听取投资报告会或证券讲座时，应当询问主讲人是否具备（ ）资格。
　　A．证券从业　　B．证券投资咨询业务　　C．理财师　　D．证券投资顾问
【解析】本题考查证券投资咨询业务从业资格管理。根据《证券、期货投资咨询管理暂行办法》第二条的规定，向投资人或者客户提供证券分析、预测或者建议等直接或间接有偿咨询服务活动，从业人员必须取得咨询从业资格。
【答案】B

九、证券投资顾问和证券分析师的注册登记要求（★★★）

证券投资顾问和证券分析师注册登记程序及要求如表 2-4 所示。

表 2-4　证券投资顾问和证券分析师首次注册和变更注册程序

项　目	内　容
首次注册程序	（1）证券公司、证券投资咨询机构的资格管理员应将申请人的姓名、身份证号码录入中国证券业执业证书管理系统，系统将自动生成系统编码和密码（申请人的初始密码有特定规律，第一、三、五位为字母，第二、四、六位为数字）。 （2）申请人在系统的主页上输入系统编码和密码，填写执业注册申请表，并根据从业的具体类别选择注册登记为证券投资顾问或证券分析师。同时，向证券公司、证券投资咨询机构提交以下书面材料。 ①执业注册申请表； ②身份证复印件； ③学历证书复印件； ④具有 2 年以上证券业务或证券服务业务经历的工作证明； ⑤未受过刑事处罚的证明； ⑥证券业协会规定的其他材料。 以上书面材料须妥善保管，以备证券业协会检查。 （3）证券公司、证券投资咨询机构对申请人提交的申请表进行审核，将符合要求的申请通过系统提交证券业协会。 （4）证券业协会收到注册申请后，通过系统进行审核，必要时可要求提交书面材料。证券业协会在收到完整申请材料后 30 日内审核完毕。对不予注册登记的人员，证券业协会通过系统通知其所在机构，并说明原因。 （5）在证券业协会网站公示投资顾问或证券分析师的人员的信息，包括所在机构、执业证书编号、从事证券投资咨询业务类型等
变更注册程序	（1）证券公司、证券投资咨询机构资格管理员登录系统，提交变更注册申请人信息的变更请求。 （2）证券业协会确认申请人原所在证券公司、证券投资咨询机构已经提交离职备案和诚信执业情况说明后，受理其变更注册请求。申请人登录系统，修改执业注册申请表中的相关信息，并将执业注册申请表提交给证券公司、证券投资咨询机构审核。符合注册登记条件的，证券公司、证券投资咨询机构将相关申请提交证券业协会。 （3）证券业协会收到证券公司、证券投资咨询机构提交的注册申请后，通过系统进行审核，必要时可要求机构提交书面材料。证券业协会在收到完整申请材料后 30 日内审核完毕。对不予注册的人员，证券业协会通过系统通知其所在机构，并说明原因。 （4）证券投资顾问或证券分析师完成变更注册登记后，证券业协会将在网站更新有关公示信息

知识拓展

关于证券投资顾问和证券分析师注册登记有关事宜的通知

（1）根据证券投资顾问、发布证券研究报告的业务类别进行证券投资咨询执业人员分类管理，向中国证券业协会申请证券投资顾问、证券分析师的注册登记。

（2）同一人员不得同时申请注册登记为证券投资顾问和证券分析师。

（3）证券投资顾问或者证券分析师变更岗位，不再从事原业务的，所在证券公司、证券投资咨询机构应在 10 个工作日内，向证券业协会办理注销。

证券投资顾问变更岗位从事发布证券研究报告业务，或者证券分析师变更岗位从事证券投资顾问业务，所在证券公司、证券投资咨询机构应在 10 个工作日内，向证券业协会办理申请注销有关人员的原注册登记，并办理新的注册登记。

（4）证券投资顾问、证券分析师离职，所在证券公司、证券投资咨询机构应在劳动合同解除之日起10个工作日内，向证券业协会办理注销。

（5）证券投资顾问、证券分析师离职或者变更岗位，所在证券公司、证券投资咨询机构未及时办理离职备案等相关手续的，证券业协会将采取谈话提醒、责令整改、行业内通报批评等措施。

（6）证券公司、证券投资咨询机构报送材料存在虚假、不实、重大遗漏的，证券业协会将要求其撤回申请材料或者注销相关人员注册登记，并视情节轻重对相关机构采取纪律处分或者自律管理措施，记入诚信档案。

（7）证券投资顾问、证券分析师违反法律法规、中国证监会规定或者自律规范的，证券公司或者证券投资咨询机构应当严肃追究有关人员的责任，及时在中国证券执业证书管理系统中填报人员处理情况信息，并及时向证券业协会提交注销有关人员注册登记的申请或者离职备案材料。

（8）证券公司、证券投资咨询机构及其证券投资顾问、证券分析师违反法律法规、中国证监会规定或自律规范等规定的注册登记相关制度的，证券业协会将视情节轻重采取行业内批评、注销相关人员注册登记等措施，并将有关处理情况通报中国证监会。

（9）证券业协会将通过中国证券业协会网站公示证券投资咨询、证券分析师的注册登记有关信息，方便投资者查询，接受社会监督。

> **名师点拨** 证券投资顾问大多在证券营业部的销售岗位，需要直接面对客户，提供投资建议，促成交易获取佣金。证券分析师一般需要进行宏观、行业、公司调研及报告撰写，挖掘股票机会，与上市公司有密切往来。

【例题·选择题】从业人员取得执业证书后，在投资顾问和证券分析师之间变更岗位，其所在证券公司、证券咨询机构应当在上述情况发生后（　　）个工作日向协会报告。
A. 5　　　　　　B. 10
C. 15　　　　　 D. 20
【解析】本题考查的是证券投资咨询业务从业资格管理。《关于证券投资顾问和证券分析师注册登记有关事宜的通知》规定，证券投资顾问变更岗位从事发布证券研究报告业务，或者证券分析师变更岗位从事证券投资顾问业务，所在证券公司、证券投资咨询机构应在10个工作日内，向证券业协会办理申请注销有关人员的原注册登记，并办理新的注册登记。
【答案】B

十、保荐代表人的资格管理规定（★★）

中国证监会依法对保荐机构、保荐代表人进行监督管理。对保荐代表人的相关规定如表2-5所示。

表2-5　保荐代表人的资格管理规定

项目	内　容
个人申请保荐代表人资格的条件	（1）具备3年以上保荐相关业务经历。 （2）最近3年内在境内证券发行项目中担任过项目协办人。 （3）参加中国证监会认可的保荐代表人胜任能力考试且成绩合格有效。 （4）诚实守信，品行良好，无不良诚信记录，最近3年未受到中国证监会的行政处罚。 （5）未负有数额较大到期未清偿的债务。 （6）中国证监会规定的其他条件

续表

项目	内　容
个人申请保荐代表人资格应通过所任职的保荐机构提交的材料	（1）申请报告。 （2）个人简历、身份证明文件和学历学位证书。 （3）证券业从业人员资格考试、保荐代表人胜任能力考试成绩合格的证明。 （4）证券业执业证书。 （5）从事保荐相关业务的详细情况说明，以及最近3年内担任境内证券发行项目协办人的工作情况说明。 （6）保荐机构出具的推荐函，其中应当说明申请人遵纪守法、业务水平、组织能力等情况。 （7）保荐机构对申请文件真实性、准确性、完整性承担责任的承诺函，并应由其董事长或者总经理签字。 （8）中国证监会要求的其他材料。 证券公司和个人应当保证申请文件真实、准确、完整。申请期间，申请文件内容发生重大变化的，自变化之日2个工作日内向中国证监会提交更新资料。 中国证监会依法受理、审查申请文件。对保荐机构资格的申请，自受理之日起45个工作日内作出核准或者不予核准的书面决定；对保荐代表人资格的申请，自受理之日起20个工作日内作出核准或者不予核准的书面决定
保荐代表人的注册登记事项	（1）保荐代表人的姓名、性别、出生日期、身份证号码。 （2）保荐代表人的联系电话、通信地址。 （3）保荐代表人的任职机构、职务。 （4）保荐代表人的学习和工作经历。 （5）保荐代表人的执业情况。 （6）中国证监会要求的其他事项。 保荐代表人注册登记事项发生变化的，保荐机构应当自变化之日起5个工作日内向中国证监会书面报告，由中国证监会予以变更登记
保荐代表人申请变更登记应提交的材料	（1）变更登记申请报告。 （2）证券业执业证书。 （3）保荐代表人出具的其在原保荐机构保荐业务交接情况的说明。 （4）新任职机构出具的接收函。 （5）新任职机构对申请文件真实性、准确性、完整性承担责任的承诺函，并应由其董事长或者总经理签字。 （6）中国证监会要求的其他材料
保荐机构年度执业报告的内容	保荐机构应当于每年4月向中国证监会报送年度执业报告。年度执业报告应当包括以下内容： （1）保荐机构、保荐代表人年度执业情况的说明。 （2）保荐机构对保荐代表人尽职调查工作日志检查情况的说明。 （3）保荐机构对保荐代表人的年度考核、评定情况。 （4）保荐机构、保荐代表人其他重大事项的说明。 （5）保荐机构对年度执业报告真实性、准确性、完整性承担责任的承诺函，并应由其法定代表人签字。 （6）中国证监会要求的其他事项

保荐代表人被吊销、注销证券业执业证书，或者受到中国证监会行政处罚的，中国证监会撤销其保荐代表人资格。

个人通过中国证监会认可的保荐代表人胜任能力考试或者取得保荐代表人资格后，应当定期参加中国证券业协会或者中国证监会认可的其他机构组织的保荐代表人年度业务培训。保荐代表人未按要求参加保荐代表人年度业务培训的,中国证监会撤销其保荐代表人资格;通过保荐代表人胜任能力考试而未取得保荐代表人资格的个人,未按要求参加保荐代表人年度业务培训的,其保荐代表人胜任能力考试成绩不再有效。

 保荐机构及保荐代表人的自律管理由证券业协会负责,而非中国证监会。

十一、客户资产管理业务投资主办人执业注册的有关要求(★★★)

证券公司客户资产管理业务投资主办人应当在协会进行执业注册,协会在收到完整申请材料后20日内完成注册。相关的规定如表2-6所示。

表2-6 客户资产管理业务投资主办人执业注册

项目	内 容
注册人员的条件	(1)已取得证券业从业资格。 (2)具有3年以上证券投资、研究、投资顾问或类似从业经历。 (3)具备良好的诚信记录及职业操守,且最近3年内没有受到监管部门的行政处罚。 (4)协会规定的其他条件
注册应提交的材料	(1)申请人具有3年以上证券投资、研究、投资顾问或类似从业经历的证明。 (2)申请人对申请材料的真实性、准确性和完整性的承诺。 (3)协会要求报送的其他材料。 证券公司初次办理的,还应当提交机构信息备案表和公司客户资产管理业务许可证明复印件
不得注册的情形	(1)不符合申请投资主办人注册规定的条件。 (2)被监管机构采取重大行政监管措施未满2年。 (3)被协会采取纪律处分未满2年。 (4)未通过证券从业人员年检。 (5)尚处于法律法规规定或劳动合同约定的竞业禁止期内。 (6)其他情形
年检不予通过的情形	协会对投资主办人自执业注册完成之日起每2年检查一次。有下列情形之一的,不予通过年检: (1)不符合一般证券从业人员有关规定。 (2)2年内没有管理客户委托资产。 (3)被监管机构采取重大行政监管措施未满2年。 (4)被协会采取纪律处分未满2年。 (5)其他情形。 未通过年检的人员,协会注销其投资主办人资格,并将相关情况记入从业人员诚信档案

投资主办人与原证券公司解除劳动合同的,原证券公司应当在10日内向协会进行离职备案。

投资主办人不得进行内幕交易、操纵证券价格等损害证券市场秩序的行为,或其他违反规定的操作。

【例题·选择题】客户资产管理业务投资主办人在（　　）注册，并接受年检。
A．中国证监会
B．所在公司的主管机构
C．中国证券业协会
D．中国证监会派出机构

【解析】本题考查客户资产管理业务投资主办人执业注册的机构。证券公司从事客户资产管理业务，应当向中国证监会申请客户资产管理业务资格。证券公司客户资产管理业务投资主办人应当在协会进行执业注册。

【答案】C

十二、财务顾问主办人应当具备的条件（★★）

财务顾问主办人应当具备下列条件。

（1）具有证券从业资格。
（2）具备中国证监会规定的投资银行业务经历。
（3）参加中国证监会认可的财务顾问主办人胜任能力考试且成绩合格。
（4）所任职机构同意推荐其担任本机构的财务顾问主办人。
（5）未负有数额较大到期未清偿的债务。
（6）最近24个月无违反诚信的不良记录。
（7）最近24个月未因执业行为违反行业规范而受到行业自律组织的纪律处分。
（8）最近36个月未因执业行为违法违规受到处罚。
（9）中国证监会规定的其他条件。

名师点拨 这里说所的财务顾问主办人主要从事上市公司并购重组督导、投融资顾问服务。

【例题·选择题】财务顾问主办人应当具备的条件不包括（　　）。
A．参加中国证监会认可的财务顾问主办人胜任能力考试且成绩合格
B．所任职机构同意推荐其担任本机构的财务顾问主办人
C．最近36个月未因执业行为违法违规受到处罚
D．最近36个月未因执业行为违反行业规范而受到行业自律组织的纪律处分

【解析】本题考查的是财务顾问主办人应当具备的条件。在所具备的条件中，D选项是错误的，正确的应该是"最近24个月未因执业行为违反行业规范而受到行业自律组织的纪律处分"。

【答案】D

本节提示 本节涉及的规范性文件包括：证监会发布的《证券从业人员资格管理办法》《证券发行上市保荐业务管理办法》《上市公司并购重组顾问业务管理办法》，证券业协会发布的《关于加强证券公司从事经纪业务营销活动人员资格管理的通知》《证券投资基金销售人员从业资质管理规则》《关于证券投资顾问和证券分析师注册登记有关事宜的通知》《证券公司客户资产管理业务规范》等。

第二节　执业行为

考情分析：本节属于重点小节，主要介绍了执业行为相关内容。高频考点集中在证券从业人员执业行为准则、规范和违规责任，专业人员（包括证券经纪人、基金销售人员、证券投资咨询人员、保荐代表人、客户资产管理投资主办人、财务顾问主办人、证券业财务与会计人员等）的执业行为规范，以及证券业协会的诚信管理，市场禁入、经纪业

务销售人员和投资咨询人员的禁止类规定等内容。本节考试题型为选择题和组合型选择题,考试平均分值为16分左右。

学习建议:本节实操性较强,内容大都为专业人员的执业准则、规范、违法责任与相关规定等,涉及的业务和数字较多,考生须结合实际在理解的基础上加以记忆,重点掌握高频考点相关内容。

一、证券业从业人员执业行为准则（★★★）

证券业从业人员从事证券业务应遵守本准则,其具体内容如下。

1. 基本准则

（1）从业人员应遵守国家相关法规规范,接受并配合中国证监会的监督与管理,接受并配合协会的自律管理,遵守交易所有关规则、所在机构的规章制度以及行业公认的职业道德和行为准则。

（2）从业人员在执业过程中应当维护客户和其他相关方的合法利益,诚实守信,勤勉尽责,维护行业声誉。

（3）从业人员在执业过程中应依照相应的业务规范和执业标准为客户提供专业服务,对客户进行证券投资相关教育,正确向客户揭示投资风险。

（4）从业人员在执业过程中遇到自身利益或相关方利益与客户的利益发生冲突或可能发生冲突时,应及时向所在机构报告。当无法避免时,应确保客户的利益得到公平的对待。

（5）机构或者其管理人员对从业人员发出指令涉嫌违法违规的,从业人员应及时按照所在机构内部程序向高级管理人员或者董事会报告。机构未妥善处理的,从业人员应及时向中国证监会或者协会报告。

（6）从业人员应当尊重同业人员,公平竞争,不得贬损同行或以其他不正当竞争手段争揽业务。

（7）从业人员应保守国家秘密、所在机构的商业秘密、客户的商业秘密及个人隐私,对在执业过程中所获得的未公开的信息负有保密义务,但下列情况除外。

①国家司法机关和政府监管部门按照有关规定进行调查取证的。

②有关法律、法规要求提供的。

2. 禁止行为

从业人员不得从事表2-7所示的行为。

表2-7 从业人员禁止行为

事项	禁止行为
从业人员一般性禁止行为	（1）从事内幕交易或利用未公开信息交易活动,泄露利用工作便利获取的内幕信息或其他未公开信息,或明示、暗示他人从事内幕交易活动。 （2）利用资金优势、持股优势和信息优势,单独或者合谋串通,影响证券交易价格或交易量,误导和干扰市场。 （3）编造、传播虚假信息或作出虚假陈述或信息误导,扰乱证券市场。 （4）损害社会公共利益、所在机构或者他人的合法权益。 （5）从事与其履行职责有利益冲突的业务。 （6）接受利益相关方的贿赂或对其进行贿赂,如接受或赠送礼物、回扣、补偿或报酬等,或从事可能导致与投资者或所在机构之间产生利益冲突的活动。 （7）买卖法律明文禁止买卖的证券。 （8）利用工作之便向任何机构和个人输送利益,损害客户和所在机构利益。 （9）违规向客户作出投资不受损失或保证最低收益的承诺。 （10）隐匿、伪造、篡改或者毁损交易记录。 （11）中国证监会、协会禁止的其他行为

续表

事项	禁止行为
证券公司的从业人员特定禁止行为	（1）代理买卖或承销法律规定不得买卖或承销的证券。 （2）违规向客户提供资金或有价证券。 （3）侵占挪用客户资产或擅自变更委托投资范围。 （4）在经纪业务中接受客户的全权委托。 （5）对外透露自营买卖信息，将自营买卖的证券推荐给客户，或诱导客户买卖该种证券。 （6）中国证监会、协会禁止的其他行为
基金管理公司、基金托管和销售机构的从业人员特定禁止行为	（1）违反有关信息披露规则，私自泄露基金的证券买卖信息。 （2）在不同基金资产之间、基金资产和其他受托资产之间进行利益输送。 （3）利用基金的相关信息为本人或者他人牟取私利。 （4）挪用基金投资者的交易资金和基金份额。 （5）在基金销售过程中误导客户。 （6）中国证监会、协会禁止的其他行为
证券投资咨询机构、财务顾问机构、证券资信评级机构的从业人员特定禁止行为	（1）接受他人委托从事证券投资。 （2）与委托人约定分享证券投资收益，分担证券投资损失，或者向委托人承诺证券投资收益。 （3）依据虚假信息、内幕信息或者市场传言撰写和发布分析报告或评级报告。 （4）中国证监会、协会禁止的其他行为

二、中国证券业协会诚信管理的有关规定（★★）

诚信信息的收集、记录和使用，应当遵循真实、准确、公正、规范的原则。

1. 诚信信息的采集与管理

（1）诚信信息是指会员、从业人员在经营、执业活动中是否遵纪守法、诚实守信的信息和对评价其诚信状况有影响的其他信息。诚信信息包括：基本信息、奖励信息、处罚处分信息及协会自律规则规定的其他信息。诚信基本信息与协会会员信息管理系统、从业人员信息管理系统基本信息保持一致。

（2）奖励信息包括受奖励单位或个人、表彰单位、表彰内容、荣誉称号或奖励等级、表彰时间和文号等。下列主体作出的表彰、奖励、评比应记入奖励信息。

①中国证监会及其派出机构。

②中国证券业协会、中证资本市场发展监测中心有限责任公司及地方性证券业协会。

③全国性证券交易所、证券登记结算机构、产权交易场所。

④其他省部级及以上国家相关主管机关或协会。

⑤协会认为有必要记录其奖励信息的其他单位。

（3）协会通过以下途径采集诚信信息。

①基本信息通过协会会员信息管理系统和从业人员信息管理系统采集。

②协会作出的奖励信息、自律惩戒信息，由协会录入诚信信息系统。

③协会以外主体作出的、符合《中国证券业协会诚信管理办法》第九条规定条件的奖励信息等其他信息，会员应自收到对本单位及本单位从业人员奖励决定文书之日起10个工作日内向协会诚信管理系统申报，协会审核后记入诚信信息系统。协会认为申报信息不符合本办法规定的，应当退回会员并说明不予记入诚信信息系统的原因。

④协会以外主体作出的、符合本办法第十条规定的处罚处分信息,由协会通过诚信信息共享等途径采集并录入诚信信息系统。

⑤会员对本单位从业人员作出的处罚处分信息,会员应自处罚处分决定生效之日起10个工作日内向协会诚信管理系统申报,协会审核后记入诚信信息系统备注栏。协会认为申报信息不应记入诚信信息系统的,应当退回会员并说明不予记入诚信信息系统的原因。

(4)协会应公正、客观地记录从不同信息渠道获取的诚信信息,保持诚信信息的原始完整性,不得有选择地记录诚信信息。记入诚信信息管理系统的诚信信息所对应的决定或者行为经法定程序撤销、变更的,协会应及时删除、修改相应诚信信息;经规定途径采集的信息所对应的决定或者行为经法定程序撤销、变更的,会员应自收到撤销、变更决定文书之日起10个工作日内向协会诚信管理系统申报。

2.诚信信息的保存与效力期限

诚信信息以电子文档形式保存,有纸质证明文件的,证明文件以电子和纸质两种形式保存。诚信信息电子文档长期保存。纸质证明文件保存期与相关诚信信息效力期限一致。诚信信息的效力期限有如下几种。

(1)基本信息长期有效。

(2)奖励信息、处罚处分信息效力期限为5年,但因证券期货违法行为被行政处罚、市场禁入的信息,效力期限为10年。

效力期限自奖励、处罚处分决定生效之日起算。奖励、处罚处分本身有执行期间的,效力期限自执行期间届满之日起算。超过效力期限的诚信信息转入历史记录库。转入历史记录库的信息不再提供查询服务,但法律法规及协会另有规定的除外。

【例题·选择题】诚信信息有纸质证明文件的,以( )形式保存。
A.电子文档
B.纸质
C.电子文档和纸质
D.电子文档或纸质

【解析】本题考查诚信信息的保存。《中国证券业协会诚信管理办法》第十五条规定,诚信信息以电子文档形式保存。诚信信息有纸质证明文件的,证明文件以电子和纸质两种形式保存。

【答案】C

3.诚信信息的使用与查询

(1)协会日常自律管理、审核从业人员执业注册或变更申请、推荐有关人选或组织行业评比、吸纳会员、从业人员参加协会专业委员会以及对会员、从业人员进行诚信评估、作出自律惩戒决定等,应当查阅有关会员或从业人员的诚信信息并将其作为处理依据之一。

(2)效力期限内的诚信信息根据性质分为公开信息和有限公开信息。

公开信息在协会网站公布,内容包括协会会员和从业人员信息管理系统公开的会员和从业人员基本信息、会员和从业人员效力期限内受奖励次数、协会对会员和从业人员作出的公开谴责自律惩戒决定、协会认为有必要公开的其他诚信信息。任何机构或个人可以通过协会网站查询公开诚信信息。

效力期限内除公开信息以外的信息为有限公开信息。下列机构或个人可以依照本办法查询有限公开诚信信息。

①证券监管机构可以通过与协会的信息交流渠道查询协会诚信信息。

②法律、法规规定的国家有关主管机关依照职权进行调查时,可以向协会申请在调查范围内查询相关诚信信息。

③上海、深圳证券交易所可以通过与协

会的信息交流渠道查询其会员诚信信息。

④地方证券业协会可以通过与协会的信息交流渠道查询其辖区内会员及从业人员的诚信信息。

⑤会员可以通过专用信息系统查询本单位及本单位在职从业人员的诚信信息；会员查询非本单位从业人员有限公开诚信信息，应通过专用信息系统向协会提交查询申请、查询对象身份证明文件扫描件。查询申请应注明查询原因、用途。

⑥从业人员可登录协会从业人员管理系统查询本人的诚信信息。

⑦其他机构、个人可持查询申请书，本机构、本人及查询对象的身份证明文件向协会申请查询会员、从业人员的诚信信息。查询申请书应注明查询原因、用途。

（3）查询申请符合规定条件、材料齐备的，协会应自收到查询申请之日起10个工作日内出具诚信报告。查询申请人在获得协会出具的诚信报告前，应签署合法使用所查询诚信信息并保密的承诺书。

查询申请不符合规定，或查询信息涉及国家秘密，其他公民、法人或其他组织的商业秘密及个人隐私的，协会对查询申请不予准许，并向申请人说明理由。

（4）协会应当保留诚信信息查询记录，但下列情形除外。

①查询公开诚信信息的。

②会员、从业人员按规定权限查询本单位及本单位从业人员或本人诚信信息的。

查询记录应当包括诚信信息的查询者、查询对象、查询原因、查询内容、查询时间等情况。查询记录自该记录生成之日起保存5年。

（5）会员或从业人员认为本单位或本人诚信信息有错误或对本单位或本人诚信信息持有异议的，可按下列规定申请更正或提交书面异议报告。

①会员认为基本信息有错误的，通过专用信息系统自行更正，协会进行核对。

②会员认为本单位奖励信息、处罚处分信息有错误或对其持有异议的，从业人员认为本人诚信信息有错误或对其持有异议的，可以通过会员或直接向协会提出书面更正申请，并提供相关证明材料。协会根据情况作出下述处理：属于记录错误的，予以更正；属于对原始信息内容有异议的，协会根据会员、从业人员提交的原始信息作出机构同意更正的书面答复意见进行更正；原始信息作出机构不同意更正或没有书面答复意见，会员、从业人员仍认为相关信息有错误的，协会不予更正并告知申请人。

协会应当在15个工作日内处理会员、从业人员的书面更正申请。

（6）任何单位和个人不得超出查询目的使用、泄露或提供他人使用、以营利为目的使用、加工或处理诚信信息，不得将诚信信息用于非法目的。

（7）协会对记载诚信信息的书面材料予以立卷保存，对诚信信息数据库的数据予以备份。

4. 诚信状况评估与检查

协会根据行业诚信建设发展需要，制定会员、从业人员诚信状况评估标准，对会员、从业人员诚信状况开展评估。会员、从业人员诚信状况评估可采取自评、他评或二者相结合的方式。

会员在诚信评估周期内的诚信制度建设、诚信活动开展、受奖励、受处分处罚以及其他影响诚信状况的情况纳入诚信状况评估。从业人员受奖励、受处分处罚以及其他影响诚信状况的情况纳入诚信状况评估。

协会可根据行业诚信建设需要，对会员、从业人员诚信情况进行检查，对于违反诚信规定的会员、从业人员，采取自律惩戒措施。

5. 诚信自律管理与责任

（1）协会工作人员未按照规定及时、真实、准确、完整地记录诚信信息，造成不良后果的，按照协会内部规章对相关责任人员予以处分。会员、从业人员对自己报送的诚信信息的真实性、准确性、完整性负责。会员、从业人员报送的诚信信息有虚假内容的，协会应采取谈话提醒、警示及其他自律管理措施。情节严重的，协会应给予纪律处分。

（2）会员无正当理由不按规定报送、更新诚信信息的，协会应予以提示；提示后仍不按规定报送、更新的，协会应采取自律惩戒措施。

（3）协会工作人员和其他知情者对有限公开诚信信息及历史记录库中诚信信息负有保密义务，并承担相应的保密责任。

协会工作人员有下列行为之一的，应追究其责任。

①违反保密职责，泄露有限公开诚信信息及历史记录库中诚信信息或超范围使用诚信信息。

②擅自修改诚信信息或有选择地记录诚信信息。

（4）中国证券业协会对违反规定超出查询目的、泄露或提供他人使用、以营利为目的使用、加工或处理诚信信息，或将诚信信息用于非法目的的会员、从业人员和其他应当接受协会自律管理的机构和个人，应采取警示等自律惩戒措施；情节严重的，应采取行业内通报批评、公开谴责等纪律处分措施；违反法律、法规、行政规章规定且情节严重的，应依法移送相关监管部门或司法机关追究法律责任。

三、证券市场禁入措施的实施对象、内容、期限及程序（★★★）

中国证监会对违反法律、行政法规或者证监会有关规定的有关责任人员采取证券市场禁入措施，以事实为依据，遵循公开、公平、公正的原则。市场禁入的相关规定如表2-8所示。

表2-8 证券市场禁入措施的实施对象、内容、期限

事项	内容
禁入对象	下列人员违反法律、行政法规或者中国证监会有关规定，情节严重的，中国证监会可以根据情节严重的程度，采取证券市场禁入措施。 （1）发行人、上市公司的董事、监事、高级管理人员，其他信息披露义务人或者其他信息披露义务人的董事、监事、高级管理人员。 （2）发行人、上市公司的控股股东、实际控制人或者发行人、上市公司控股股东、实际控制人的董事、监事、高级管理人员。 （3）证券公司的董事、监事、高级管理人员及其内设业务部门负责人、分支机构负责人或者其他证券从业人员。 （4）证券公司的控股股东、实际控制人或者证券公司控股股东、实际控制人的董事、监事、高级管理人员。 （5）证券服务机构的董事、监事、高级管理人员等从事证券服务业务的人员和证券服务机构的实际控制人或者证券服务机构实际控制人的董事、监事、高级管理人员。 （6）证券投资基金管理人、证券投资基金托管人的董事、监事、高级管理人员及其内设业务部门、分支机构负责人或者其他证券投资基金从业人员。 （7）中国证监会认定的其他违反法律、行政法规或者中国证监会有关规定的有关责任人员
禁入内容	被中国证监会采取证券市场禁入措施的人员，在禁入期间，除不得继续在原机构从事证券业务或者担任原上市公司董事、监事、高级管理人员职务外，也不得在其他任何机构中从事证券业务或者担任其他上市公司董事、监事、高级管理人员职务。 被采取证券市场禁入措施的人员，应当在收到中国证监会作出的证券市场禁入决定后，立即停止从事证券业务或者停止履行上市公司董事、监事、高级管理人员职务，并由其所在机构按规定的程序解除其被禁止担任的职务

续表

事项	内 容
禁入期限	违反法律、行政法规或者中国证监会有关规定，情节严重的，可以对有关责任人员采取3至5年的证券市场禁入措施；行为恶劣、严重扰乱证券市场秩序、严重损害投资者利益或者在重大违法活动中起主要作用等情节较为严重的，可以对有关责任人员采取5至10年的证券市场禁入措施；有下列情形之一的，可以对有关责任人员采取终身的证券市场禁入措施。 （1）严重违反法律、行政法规或者中国证监会有关规定，构成犯罪的。 （2）从事保荐、承销、资产管理、融资融券等证券业务及其他证券服务业务，负有法定职责的人员，故意不履行法律、行政法规或者中国证监会规定的义务，并造成特别严重后果的。 （3）违反法律、行政法规或者中国证监会有关规定，采取隐瞒、编造重要事实等特别恶劣手段，或者涉案数额特别巨大的。 （4）违反法律、行政法规或者中国证监会有关规定，从事欺诈发行、内幕交易、操纵市场等违法行为，严重扰乱证券、期货市场秩序并造成严重社会影响，或者获取违法所得等不当利益数额特别巨大，或者致使投资者利益遭受特别严重损害的。 （5）违反法律、行政法规或者中国证监会有关规定，情节严重，应当采取证券市场禁入措施，且存在故意出具虚假重要证据，隐瞒、毁损重要证据等阻碍、抗拒证券监督管理机构及其工作人员依法行使监督检查、调查职权行为的。 （6）因违反法律、行政法规或者中国证监会有关规定，5年内被中国证监会给予除警告之外的行政处罚3次以上，或者5年内曾经被采取证券市场禁入措施的。 （7）组织、策划、领导或者实施重大违反法律、行政法规或者中国证监会有关规定的活动的。 （8）其他违反法律、行政法规或者中国证监会有关规定，情节特别严重的
减轻处罚	有下列情形之一的，可以对有关责任人员从轻、减轻或者免予采取证券市场禁入措施。 （1）主动消除或者减轻违法行为危害后果的。 （2）配合查处违法行为有立功表现的。 （3）受他人指使、胁迫有违法行为，且能主动交代违法行为的。 （4）其他可以从轻、减轻或者免予采取证券市场禁入措施的。 共同违反法律、行政法规或者中国证监会有关规定，需要采取证券市场禁入措施的，对负次要责任的人员，可以比照应负主要责任的人员，适当从轻、减轻或者免予采取证券市场禁入措施

违反法律、行政法规或者中国证监会有关规定，情节严重的，可以单独对有关责任人员采取证券市场禁入措施，或者一并依法进行行政处罚；涉嫌犯罪的，依法移送公安机关、人民检察院，并可同时采取证券市场禁入措施。

中国证监会采取证券市场禁入措施前，应当告知当事人采取证券市场禁入措施的事实、理由及依据，并告知当事人有陈述、申辩和要求举行听证的权利。

名师点拨 严重扰乱证券市场秩序的行为包括：故意不履行法定义务、隐瞒编造重要事实手段恶劣、涉案数额特别巨大、欺诈发行、内幕交易、操作市场、故意出具虚假证据、阻碍抗拒证监机构行使职权、5年内被证监会给予3次以上警告等。

四、证券经纪人与证券公司之间的委托关系（★）

1. 证券经纪人含义

证券经纪人是指接受证券公司的委托，代理其从事客户招揽和客户服务等活动的证券公司以外的自然人。

可以从下面三层含义来理解证券经纪人。

（1）证券公司与证券经纪人之间的法律关系是委托代理关系，证券经纪人应根据证券公司的授权开展范围内客户招揽和客户服务等活动，在授权范围内的行为，由证券公司依法承担相应的法律责任，超出授权范围的行为，证券经纪人应当依法承担相应的法律责任。

（2）证券经纪人是自然人，不能是机构或团体。

（3）证券经纪人只能是证券公司的代理人而不能是员工或居间人，证券公司委托公司以外的自然人从事客户招揽和客户服务等活动，只能采取证券经纪人的形式，不能采取居间人等其他形式。

2. 证券经纪人资格审查

（1）证券经纪人应该通过相应的资格考试，并具备规定的执业条件。

（2）证券经纪人只能接受一家证券公司的委托，并应当专门代理证券公司从事客户招揽和客户服务等活动。不能同时在其他机构任职或者同时接受其他机构委托。

（3）证券公司应当在与证券经纪人签订委托合同前，对其资格条件进行严格审查。对不具备规定条件的人员，证券公司不得与其签订委托合同。

3. 委托合同相关事项

证券公司与证券经纪人签订委托合同，应当遵循平等、自愿、诚实信用的原则，公平地确定双方的权利和义务。

委托合同应当载明下列事项。

（1）证券公司的名称和证券经纪人的姓名。

（2）证券经纪人的代理权限。

（3）证券经纪人的代理期间。

（4）证券经纪人服务的证券营业部。

（5）证券经纪人的执业地域范围。

（6）证券经纪人的基本行为规范。

（7）证券经纪人的报酬计算与支付方式。

（8）双方权利义务。

（9）违约责任。

证券经纪人的执业地域范围，应当与其服务的证券公司的管理能力及证券营业部的客户管理水平和客户服务的合理区域相适应。

【例题·选择题】证券经纪人与证券公司之间是一种（　　）关系。

A. 委托　　　　B. 聘用
C. 雇佣　　　　D. 委托代理

【解析】本题考查的是证券经纪人与证券公司之间的委托关系。证券经纪人是指接受证券公司的委托，代理其从事客户招揽和客户服务等活动的证券公司以外的自然人。证券公司与证券经纪人之间的法律关系是委托代理关系，证券经纪人应根据证券公司的授权开展范围内客户招揽和客户服务等活动。

【答案】D

五、证券公司对证券经纪业务营销人员管理的有关规定（★★★）

证券公司应当建立健全证券经纪业务人员管理和科学合理的绩效考核制度，规范证券经纪业务人员行为。

（1）从事技术、风险监控、合规管理的人员不得从事营销、客户账户及客户资金存管等业务活动；营销人员不得经办客户账户及客户资金存管业务；技术人员不得承担风险监控及合规管理职责。

（2）与客户权益变动相关业务的经办人员之间，应当建立制衡机制。涉及客户资金账户及证券账户的开立、信息修改、注销、建立及变更客户资金存管关系，客户证券账户转托管和撤销指定交易等与客户权益直接相关的业务应当一人操作、一人复核，复核应当留痕。涉及限制客户资产转移、改变客户证券账户和资金账户的对应关系、客户账户资产变动记录的差错确认与调整等非常规性业务操作，应当事先审批，事后复核，审批及复核均应留痕。

（3）证券公司应当以提供网上查询、书面查询或者在营业场所公示等方式，保证客户在证券公司营业时间内能够随时查询证券公司经纪业务经办人员和证券经纪人的姓名、执业证书、证券经纪人证书编号等信息。

（4）证券公司对证券经纪业务人员的绩效考核和激励，不应简单与客户开户数、客户交易量挂钩，应当将被考核人员行为的合规性、服务的适当性、客户投诉的情况等作为考核的重要内容，考核结果应当以书面或者电子方式记载、保存。

知识拓展（1）证券公司应当对经纪人进行不少于60个小时的执业前培训，其中法律法规和职业道德的培训时间不少于20小时。证券公司应当对证券经纪人执业前培训的效果进行测试。

（2）证券公司终止与证券经纪人的委托关系的，应当收回其证券经纪人证书，并自委托关系终止之日起5个工作日内向协会注销该人员的执业注册登记。证券公司因故未能收回证券经纪人证书的，应当自委托关系终止之日起10个工作日内，通过证监会指定报纸和公司网站等媒体公告该证书作废。

六、证券经纪业务营销人员执业行为范围、禁止性规定（★★★）

证券经纪人应当在委托合同约定的代理权限、代理期间、执业地域范围内从事客户招揽和客户服务等活动。

1. 执业行为范围

证券经纪人在执业过程中，可以根据证券公司的授权，从事下列部分或者全部活动。

（1）向客户介绍证券公司和证券市场的基本情况。

（2）向客户介绍证券投资的基本知识及开户、交易、资金存取等业务流程。

（3）向客户介绍与证券交易有关的法律、行政法规、证监会规定、自律规则和证券公司的有关规定。

（4）向客户传递由证券公司统一提供的研究报告及与证券投资有关的信息。

（5）向客户传递由证券公司统一提供的证券类金融产品宣传推介材料及有关信息。

（6）法律、行政法规和证监会规定证券经纪人可以从事的其他活动。

2. 禁止性规定

（1）证券经纪人不得有下列行为。

①替客户办理账户开立、注销、转移，证券认购、交易或者资金存取、划转、查询等事宜。

②提供、传播虚假或者误导客户的信息，或者诱使客户进行不必要的证券买卖。

③与客户约定分享投资收益，对客户证券买卖的收益或者赔偿证券买卖的损失作出承诺。

④采取贬低竞争对手、进入竞争对手营业场所劝导客户等不正当手段招揽客户。

⑤泄露客户的商业秘密或者个人隐私。

⑥为客户之间的融资提供中介、担保或者其他便利。

⑦为客户提供非法的服务场所或者交易设施，或者通过互联网络、新闻媒体从事客户招揽和客户服务等活动。

⑧委托他人代理其从事客户招揽和客户服务等活动。

⑨损害客户合法权益或者扰乱市场秩序的其他行为。

（2）在《证券经纪人管理暂行规定》之外，证券经纪人也不得有以下行为。

①以所服务证券公司或证券营业部的名义，与客户或他人签订任何合同、协议。

②代客户在相关合同、协议、文件等资料上签字。

③在执业过程中索取或收受客户款项和财物。

④向客户提供非由所服务证券公司统一

提供的研究报告及与证券投资有关的信息、证券类金融产品宣传推介材料及有关信息;

⑤违背职业道德的其他行为。

七、销售证券投资基金、代销金融产品的行为规范(★★★)

1. 销售证券投资基金的行为规范

(1)基金销售机构从事基金销售活动,应当遵守基金合同、基金销售协议约定,遵循公开、公平、公正的原则,诚实守信,勤勉尽责,恪守职业道德和行为规范。

(2)基金管理人可以办理其募集的基金产品的销售业务。商业银行(含在华外资法人银行,下同)、证券公司、期货公司、保险机构、证券投资咨询机构、独立基金销售机构以及中国证监会认定的其他机构从事基金销售业务的,应向工商注册登记所在地的中国证监会派出机构进行注册并取得相应资格。

(3)商业银行、证券公司、期货公司、保险机构、证券投资咨询机构、独立基金销售机构以及中国证监会认定的其他机构申请注册基金销售业务资格,应当具备下列条件。

①具有健全的治理结构、完善的内部控制和风险管理制度,并得到有效执行。

②财务状况良好,运作规范稳定。

③有与基金销售业务相适应的营业场所、安全防范设施和其他设施;

④有安全、高效的办理基金发售、申购和赎回等业务的技术设施,且符合中国证监会对基金销售业务信息管理平台的有关要求,基金销售业务的技术系统已与基金管理人、中国证券登记结算公司相应的技术系统进行了联网测试,测试结果符合国家规定的标准。

⑤制定了完善的资金清算流程,资金管理符合中国证监会对基金销售结算资金管理的有关要求。

⑥有评价基金投资人风险承受能力和基金产品风险等级的方法体系。

⑦制定了完善的业务流程、销售人员执业操守、应急处理措施等基金销售业务管理制度,符合中国证监会对基金销售机构内部控制的有关要求。

⑧有符合法律法规要求的反洗钱内部控制制度。

⑨中国证监会规定的其他条件。

(4)商业银行申请基金销售业务资格,除具备上述第3条规定的条件外,还应当具备下列条件。

①有专门负责基金销售业务的部门。

②资本充足率符合国务院银行业监督管理机构的有关规定。

③最近3年内没有受到重大行政处罚或者刑事处罚。

④公司负责基金销售业务的部门取得基金从业资格的人员不低于该部门员工人数的1/2,负责基金销售业务的部门管理人员取得基金从业资格,熟悉基金销售业务,并具备从事基金业务2年以上或者在其他金融相关机构5年以上的工作经历;公司主要分支机构基金销售业务负责人均已取得基金从业资格。

⑤国有商业银行、股份制商业银行以及邮政储蓄银行等取得基金从业资格人员不少于30人;城市商业银行、农村商业银行、在华外资法人银行等取得基金从业资格人员不少于20人。

(5)证券公司申请基金销售业务资格,除具备上述第3条规定的条件外,还应当具备下列条件。

①有专门负责基金销售业务的部门。

②净资本等财务风险监控指标符合中国证监会的有关规定。

③最近3年没有挪用客户资产等损害客户利益的行为。

④没有因违法违规行为正在被监管机构调查或者正处于整改期间,最近3年内没有

受到重大行政处罚或者刑事处罚。

⑤没有发生已经影响或者可能影响公司正常运作的重大变更事项，或者诉讼、仲裁等其他重大事项。

⑥公司负责基金销售业务的部门取得基金从业资格的人员不低于该部门员工人数的1/2，负责基金销售业务的部门管理人员取得基金从业资格，熟悉基金销售业务，并具备从事基金业务2年以上或者在其他金融相关机构5年以上的工作经历；公司主要分支机构基金销售业务负责人均已取得基金从业资格。

⑦取得基金从业资格的人员不少于30人。

（6）期货公司申请基金销售业务资格，除具备上述第3条规定的条件外，还应当具备下列条件。

①有专门负责基金销售业务的部门。

②净资本等财务风险监控指标符合中国证监会的有关规定。

③最近3年没有挪用客户保证金等损害客户利益的行为。

④没有因违法违规行为正在被监管机构调查或者正处于整改期间，最近3年内没有受到重大行政处罚或者刑事处罚。

⑤没有发生已经影响或者可能影响公司正常运作的重大变更事项，或者诉讼、仲裁等其他重大事项。

⑥公司负责基金销售业务的部门取得基金从业资格的人员不低于该部门员工人数的1/2，负责基金销售业务的部门管理人员取得基金从业资格，熟悉基金销售业务，并具备从事基金业务2年以上或者在其他金融相关机构5年以上的工作经历；公司主要分支机构基金销售业务负责人均已取得基金从业资格。

⑦取得基金从业资格的人员不少于20人。

（7）保险机构是指在中华人民共和国境内经中国保险监督管理委员会批准设立的保险公司、保险经纪公司和保险代理公司。

保险公司申请基金销售业务资格，除具备上述第三条规定的条件外，还应当具备下列条件。

①有专门负责基金销售业务的部门。

②注册资本不低于5亿元人民币。

③偿付能力充足率符合国务院保险业监督管理机构的有关规定。

④没有因违法违规行为正在被监管机构调查或者正处于整改期间，最近3年内没有受到重大行政处罚或者刑事处罚。

⑤没有发生已经影响或者可能影响公司正常运作的重大变更或者诉讼、仲裁等重大事项。

⑥公司负责基金销售业务的部门取得基金从业资格的人员不低于该部门员工人数的1/2，负责基金销售业务的部门管理人员取得基金从业资格，熟悉基金销售业务，并具备从事基金业务2年以上或者在其他金融相关机构5年以上的工作经历；公司主要分支机构基金销售业务负责人均已取得基金从业资格。

⑦取得基金从业资格的人员不少于30人。

保险经纪公司和保险代理公司申请基金销售业务资格，除具备上述第3条规定的条件外，还应当具备下列条件。

①有专门负责基金销售业务的部门。

②注册资本不低于5 000万元人民币，且必须为实缴货币资本。

③公司负责基金销售业务的高级管理人员已取得基金从业资格，熟悉基金销售业务，并具备从事基金业务2年以上或者在其他金融相关机构5年以上的工作经历。

④没有因违法违规行为正在被监管机构调查或者正处于整改期间，最近3年内没有受到重大行政处罚或者刑事处罚。

⑤没有发生已经影响或者可能影响公司正常运作的重大变更、诉讼、仲裁等重大事项。

⑥公司负责基金销售业务的部门取得基金从业资格的人员不低于该部门员工人数的1/2，负责基金销售业务的部门管理人员取得基金从业资格，熟悉基金销售业务，并具备从

事基金业务2年以上或者在其他金融相关机构5年以上的工作经历；公司主要分支机构基金销售业务负责人均已取得基金从业资格。

⑦取得基金从业资格的人员不少于10人。

（8）证券投资咨询机构申请基金销售业务资格，除具备上述第3条规定的条件外，还应当具备下列条件。

①有专门负责基金销售业务的部门。

②注册资本不低于2 000万元人民币，且必须为实缴货币资本。

③公司负责基金销售业务的高级管理人员已取得基金从业资格，熟悉基金销售业务，并具备从事基金业务2年以上或者在其他金融相关机构5年以上的工作经历。

④持续从事证券投资咨询业务3个以上完整会计年度。

⑤最近3年没有代理投资人从事证券买卖的行为。

⑥没有因违法违规行为正在被监管机构调查，或者正处于整改期间；最近3年内没有受到重大行政处罚或者刑事处罚。

⑦没有发生已经影响或者可能影响公司正常运作的重大变更事项，或者诉讼、仲裁等其他重大事项。

⑧公司负责基金销售业务的部门取得基金从业资格的人员不低于该部门员工人数的1/2，负责基金销售业务的部门管理人员取得基金从业资格，熟悉基金销售业务，并具备从事基金业务2年以上或者其他金融相关机构5年以上的工作经历；公司主要分支机构基金销售业务负责人均已取得基金从业资格。

⑨取得基金从业资格的人员不少于10人。

（9）独立基金销售机构可以专业从事基金及其他金融理财产品销售，其申请基金销售业务资格，除具备上述第3条规定的条件外，还应当具备下列条件。

①为依法设立的有限责任公司、合伙企业或者符合中国证监会规定的其他形式。

②有符合规定的经营范围。

③注册资本或者出资不低于2 000万元人民币，且必须为实缴货币资本。

④有限责任公司股东或者合伙企业合伙人符合本办法规定。

⑤没有发生已经影响或者可能影响机构正常运作的重大变更事项，或者诉讼、仲裁等其他重大事项。

⑥高级管理人员已取得基金从业资格，熟悉基金销售业务，并具备从事基金业务2年以上或者在其他金融相关机构5年以上的工作经历。

⑦取得基金从业资格的人员不少于10人。

（10）独立基金销售机构以有限责任公司形式设立的，其股东可以是企业法人或者自然人。

企业法人参股独立基金销售机构，应当具备以下条件。

①持续经营3个以上完整会计年度，财务状况良好，运作规范稳定。

②最近3年没有受到刑事处罚。

③最近3年没有受到金融监管、行业监管、工商、税务等行政管理部门的行政处罚。

④最近3年在自律管理、商业银行等机构无不良记录。

⑤没有因违法违规行为正在被监管机构调查或者正处于整改期间。

自然人参股独立基金销售机构，应当具备以下条件。

①有从事证券、基金或者其他金融业务10年以上或者证券、基金业务部门管理5年以上或者担任证券、基金行业高级管理人员3年以上的工作经历。

②最近3年没有受到刑事处罚。

③最近3年没有受到金融监管、行业监管、工商、税务等行政管理部门的行政处罚。

④在自律管理、商业银行等机构无不良记录。

⑤无到期未清偿的数额较大的债务。
⑥最近3年无其他重大不良诚信记录。

(11) 独立基金销售机构以合伙企业形式设立的，其合伙人应当具备以下条件。

①有从事证券、基金或者其他金融业务10年以上或者证券、基金业务部门管理5年以上或者担任证券、基金行业高级管理人员3年以上的工作经历。

②最近3年没有受到刑事处罚。

③最近3年没有受到金融监管、工商、税务等行政管理部门的行政处罚。

④在自律管理、商业银行等机构无不良记录。

⑤无到期未清偿的数额较大的债务。

⑥最近3年无其他重大不良诚信记录。

名师点拨：基金销售机构可以是基金管理人、商业银行、证券公司、期货公司、保险机构、证券投资咨询机构、独立基金销售机构以及中国证监会认定的其他机构。注意对比他们之间的从业条件，但该部分出题的频率较低。

(12) 申请基金销售业务资格的机构，应当按照中国证监会的规定提交申请材料。

申请期间申请材料涉及的事项发生重大变化的，申请人应当自变化发生之日起5个工作日内向工商注册登记所在地的中国证监会派出机构提交更新材料。

(13) 中国证监会派出机构依照《行政许可法》的规定，受理基金销售业务资格的注册申请，并进行审查，作出注册或不予注册的决定。

(14) 依法必须办理工商变更登记的，申请人应当在收到批准文件后按照有关规定向工商行政管理机关办理变更登记手续。

(15) 独立基金销售机构申请设立分支机构的，应当具备下列条件。

①内部控制完善，经营稳定，有较强的持续经营能力，能有效控制分支机构风险。

②最近1年内没有受到行政处罚或者刑事处罚。

③没有因违法违规行为正在被监管机构调查，或者正处于整改期间。

④拟设立的分支机构有符合规定的办公场所、业务人员、安全防范设施和与业务有关的其他设施。

⑤拟设立的分支机构有明确的职责和完善的管理制度。

⑥拟设立的分支机构取得基金从业资格的人员不少于2人。

⑦中国证监会规定的其他条件。

独立基金销售机构申请基金销售业务资格时已经设立的分支机构，应当符合上述条件。

(16) 独立基金销售机构设立分支机构，变更经营范围、注册资本或者出资、股东或者合伙人、高级管理人员的，应当在变更前将变更方案报工商注册登记所在地中国证监会派出机构备案。独立基金销售机构经营期间取得基金从业资格的人员少于10人或者分支机构经营期间取得基金从业资格的人员少于2人的，应当于5个工作日内向工商注册登记所在地中国证监会派出机构报告，并于30个工作日内将人员调整至规定要求。

独立基金销售机构按照上述规定备案后，中国证监会派出机构根据本办法的规定进行持续动态监管。对于不符合基金销售机构资质条件的机构责令限期改正，逾期未予改正的，取消基金销售业务资格。

(17) 取得基金销售业务资格的基金销售机构，应当将机构基本信息报中国证监会备案，并予以定期更新。

(18) 基金销售机构合并分立，基金销售业务资格按下述原则管理。

①基金销售机构新设合并的，新公司应当根据本办法的规定向工商注册登记所在地的中国证监会派出机构进行注册，在新公司未完成注册前，合并方基金销售业务资格部

分终止，新公司6个月内仍未完成注册的，合并方基金销售业务资格终止。

②基金销售机构吸收合并且存续方不具备基金销售业务资格的，存续方应当根据本办法的规定向工商注册登记所在地的中国证监会派出机构进行注册，在存续方完成注册前，被合并方基金销售业务部分终止，存续方6个月内仍未完成注册的，被合并方基金销售业务资格终止。

③基金销售机构吸收合并且被合并方不具备基金销售业务资格的，基金销售机构应当在被合并方分支机构（网点）符合基金销售规范要求后，按本办法的要求备案，同时按照基金销售信息管理平台的相关要求将系统整合报告报中国证监会备案。

④基金销售机构吸收合并，合并方和被合并方均具备基金销售业务资格的，合并方应当按照基金销售信息管理平台的相关要求将系统整合报告报中国证监会备案。

⑤基金销售机构分立的，新公司应当根据本办法的规定向工商注册登记所在地的中国证监会派出机构进行注册。

基金销售业务资格部分终止的，基金销售机构可以办理销户、赎回、转托管转出等业务，不得办理开户、认购、申购等业务。

（19）办理基金销售业务或者办理基金销售相关业务，并向基金销售机构收取以基金交易（含开户）为基础的相关佣金的机构，应当向中国证监会派出机构进行注册或者经中国证监会认定。未经注册并取得基金销售业务资格或者未经中国证监会认定的机构，不得办理基金的销售或者相关业务。任何个人不得以个人名义办理基金的销售或者相关业务。

（20）基金销售机构应当建立健全并有效执行基金销售业务制度，加强对基金销售业务合规运作的检查和监督，确保基金销售业务的执行符合中国证监会对基金销售机构内部控制的有关要求。

（21）基金销售机构应当确保基金销售信息管理平台安全、高效运行，且符合中国证监会对基金销售业务信息管理平台的有关要求。

（22）未经基金销售机构聘任，任何人员不得从事基金销售活动，中国证监会另有规定的除外。宣传推介基金的人员、基金销售信息管理平台系统运营维护人员等从事基金销售业务的人员应当取得基金销售业务资格。基金销售机构应当建立健全并有效执行基金销售人员的持续培训制度，加强对基金销售人员行为规范的检查和监督。

（23）基金销售机构应当建立完善的基金份额持有人账户和资金账户管理制度，以及基金份额持有人资金的存取程序和授权审批制度。

（24）基金销售机构在销售基金和相关产品的过程中，应当坚持投资人利益优先原则，注重根据投资人的风险承受能力销售不同风险等级的产品，把合适的产品销售给合适的基金投资人。

（25）基金销售机构应当建立基金销售适用性管理制度，至少包括以下内容。

①对基金管理人进行审慎调查的方式和方法。

②对基金产品的风险等级进行设置，对基金产品进行风险评价的方式和方法。

③对基金投资人风险承受能力进行调查和评价的方式和方法。

④对基金产品和基金投资人进行匹配的方法。

（26）基金销售机构所使用的基金产品风险评价方法及其说明应当向基金投资人公开。

（27）基金管理人在选择基金销售机构时，应当对基金销售机构进行审慎调查，基金销售机构选择销售基金产品应当对基金管理人进行审慎调查。

（28）基金销售机构应当加强投资者教

育，引导投资者充分认识基金产品的风险特征，保障投资者合法权益。

（29）基金销售机构办理基金销售业务时，应当根据反洗钱法规相关要求识别客户身份，核对客户的有效身份证件，登记客户身份基本信息，确保基金账户持有人名称与身份证明文件中记载的名称一致，并留存有效身份证件的复印件或者影印件。

基金销售机构销售基金产品时，委托其他机构进行客户身份识别的，应当通过合同、协议或者其他书面文件，明确双方在客户身份识别、客户身份资料和交易记录保存与信息交换、大额交易和可疑交易报告等方面的反洗钱职责和程序。

（30）基金销售机构应当建立健全档案管理制度，妥善保管基金份额持有人的开户资料和与销售业务有关的其他资料。客户身份资料自业务关系结束当年计起至少保存15年，与销售业务有关的其他资料自业务发生当年计起至少保存15年。

（31）基金销售机构办理基金的销售业务，应当由基金销售机构与基金管理人签订书面销售协议，明确双方的权利义务，并至少包括以下内容。

①销售费用分配的比例和方式。
②基金持有人联系方式等客户资料的保存方式。
③对基金持有人的持续服务责任。
④反洗钱义务履行及责任划分。
⑤基金销售信息交换及资金交收权利义务。

未签订书面销售协议，基金销售机构不得办理基金的销售。

（32）基金销售机构应当将基金销售业务资格的证明文件置备于基金销售网点的显著位置或者在其网站予以公示。

（33）基金募集申请在完成向中国证监会注册前，基金销售机构不得办理基金销售业务，不得向公众分发、公布基金宣传推介材料或者发售基金份额。

（34）基金销售机构选择合作的基金销售相关机构应当符合监管部门的资质要求，并建立完善的合作基金销售相关机构选择标准和业务流程，充分评估相关风险，明确双方的权利义务。

（35）基金份额登记机构是指办理基金份额的登记过户、存管和结算等业务的机构。基金份额登记机构可办理投资人基金账户的建立和管理、基金份额注册登记、基金销售业务的确认、清算和结算、代理发放红利、建立并保管基金份额持有人名册等业务。

（36）基金份额登记机构应当确保基金份额的登记过户、存管和结算业务处理安全、准确、及时、高效。主要职责包括以下几项。

①建立并管理投资人基金份额账户。
②负责基金份额的登记。
③基金交易确认。
④代理发放红利。
⑤建立并保管基金份额持有人名册。
⑥登记代理协议规定的其他职责。

（37）基金管理人变更基金份额登记机构的，应当在变更前将变更方案报中国证监会备案。

（38）基金销售机构、基金份额登记机构应当通过中国证监会指定的技术平台进行数据交换，并完成基金注册登记数据在中国证监会指定机构的集中备份存储。数据交换应当符合中国证监会的有关规范。

（39）开放式基金合同生效后，基金销售机构应当按照法律、行政法规、中国证监会的规定和基金合同、销售协议的约定，办理基金份额的申购、赎回，不得擅自停止办理基金份额的发售或者拒绝接受投资人的申购、赎回申请。基金管理人暂停或者开放申购、赎回等业务的，应当在公告中说明具体原因和依据。

（40）基金销售机构不得在基金合同约定之外的日期或者时间办理基金份额的申购、

赎回或者转换。

投资人在基金合同约定之外的日期和时间提出申购、赎回或者转换申请的，作为下一个交易日交易处理，其基金份额申购、赎回价格为下次办理基金份额申购、赎回时间所在开放日的价格。

（41）投资人申购基金份额时，必须全额交付申购款项，但中国证监会规定的特殊基金品种除外；投资人按规定提交申购申请并全额交付款项的，申购申请即为成立；申购申请是否生效以基金份额登记机构确认为准。

（42）基金销售机构应当提供有效途径供基金投资人查询基金合同、招募说明书等基金销售文件。

（43）基金销售机构应当按照基金合同、招募说明书和基金销售服务协议的约定向投资人收取销售费用，并如实核算、记账；未经基金合同、招募说明书、基金销售服务协议约定，不得向投资人收取额外费用；未经招募说明书载明并公告，不得对不同投资人适用不同费率。

（44）基金销售机构及基金销售相关机构应当依法为投资人保守秘密。

（45）基金销售机构和基金销售相关机构通过互联网开展基金销售活动的，应当报相关部门进行网络内容服务商备案，其信息系统应当符合中国证监会基金销售业务信息管理平台的有关要求，并在向投资人开通前将基金销售网站地址报中国证监会备案。

（46）基金销售机构公开发售以基金为投资标的的理财产品等活动的管理规定，由中国证监会另行规定。

（47）基金销售机构从事基金销售活动，不得有下列情形。

①以排挤竞争对手为目的，压低基金的收费水平。

②采取抽奖、回扣或者送实物、保险、基金份额等方式销售基金。

③以低于成本的销售费用销售基金。

④承诺利用基金资产进行利益输送。

⑤进行预约认购或者预约申购（基金定期定额投资除外），未按规定公告擅自变更基金的发售日期。

⑥挪用基金销售结算金。

⑦虚假宣传推介。

⑧中国证监会规定禁止的其他情形。

（48）基金管理人应当自与基金销售机构签订销售协议之日起7日内，将销售协议报送其主要经营活动所在地中国证监会派出机构。

（49）基金销售机构应当建立相关人员的离任审计或者离任审查制度。独立基金销售机构的董事长、总经理离任或者执行事务合伙人退伙的，应当根据中国证监会的规定进行审计。独立基金销售机构的其他高级管理人员，保险经纪公司、保险代理公司和证券投资咨询机构负责基金销售业务的高级管理人员，其他基金销售机构负责基金销售业务的部门负责人离任的，应当根据中国证监会的规定进行审查。

（50）基金销售机构负责基金销售业务的监察稽核人员应当及时检查基金销售业务的合法合规情况，并于年度结束一个季度内完成上年度监察稽核报告，予以存档备查。

（51）基金销售机构应当根据中国证监会的要求履行信息报送义务。中国证监会及其派出机构对基金销售机构从事基金销售活动的情况进行定期或者不定期检查，基金销售机构应当予以配合。

（52）基金销售机构违反《证券投资基金销售管理办法》规定的，中国证监会及其派出机构可以责令改正，出具警示函暂停办理相关业务；对直接负责的主管人员和其他直接责任人员，可以采取监管谈话、出具警示函、暂停履行职务、认定为不适宜担任相关职务者等行政监管措施。

（53）商业银行、证券公司、期货公司、保险机构、证券投资咨询机构、独立基金销售机构，以及中国证监会认定的其他机构进行基金销售业务资格注册时，隐瞒有关情况或者提供虚假材料的，中国证监会派出机构不予接受；已经接受的，不予注册，并处以警告。

（54）基金销售机构从事基金销售活动，存在下列情形之一的，将依据《基金法》对相关机构和人员进行处罚。

①未经中国证监会注册或认定，擅自从事基金销售业务的。

②未向投资人充分揭示投资风险并误导其购买与其风险承担能力不相当的基金产品。

③挪用基金销售结算资金或者基金份额的。

④未建立应急等风险管理制度和灾难备份系统，或者泄露与基金份额持有人、基金投资运作相关的非公开信息的。

基金销售机构存在上述情形，情节严重的，责令暂停或者终止基金销售业务；构成犯罪的，依法移送司法机构，追究刑事责任。

（55）基金销售机构获得基金销售业务资格后1年内未开展基金销售业务，将终止基金销售业务资格。

（56）基金销售机构被责令暂停基金销售业务的，暂停期间不得从事下列活动。

①签订新的销售协议。

②宣传推介基金。

③发售基金份额。

④办理基金份额申购。

基金销售机构被责令终止基金销售业务的，应当停止基金销售活动。

基金销售机构被责令暂停或者终止基金销售业务的，基金管理人应当配合中国证监会指定的中介机构妥善处理有关投资人基金份额的申购、赎回、转托管等业务，并可按照销售协议的约定，依法要求销售机构赔偿有关损失。

（57）基金销售支付结算机构从事基金销售支付结算活动，存在下列情形之一的，将依据《基金法》对相关机构和人员进行处罚。

①未经中国证监会认可，擅自开办基金销售支付结算业务的。

②未按照规定划付基金销售结算资金的。

③挪用基金销售结算资金或者基金份额的。

④未建立应急等风险管理制度和灾难备份系统，或者泄露与基金份额持有人、基金投资运作相关的非公开信息的。

基金销售支付结算机构存在上述情形，情节严重的，责令暂停或者终止基金销售支付结算业务；构成犯罪的，依法移送司法机构，追究刑事责任。

（58）基金销售支付结算机构被暂停或者终止基金销售支付结算业务的，基金销售机构和监督机构应当配合中国证监会指定的中介机构妥善处理有关投资人基金份额的申购、赎回、转托管等业务，并可按相关协议的约定，依法追偿有关损失。

2. 代销金融产品的行为规范

证券公司代销金融产品，应当按照《证券公司监督管理条例》和中国证监会的规定，取得代销金融产品业务资格。证券公司住所地证监会派出机构按照证券公司增加常规业务种类的条件和程序，对证券公司代销金融产品业务资格申请进行审批。

（1）证券公司可以代销在境内发行，并经国家有关部门或者其授权机构批准或者备案的各类金融产品。法律、行政法规和国家有关部门禁止代销的除外。

（2）证券公司代销金融产品，应当遵守

法律、行政法规和中国证监会的规定，遵循平等、自愿、公平、诚实信用和适当性原则，避免利益冲突，不得损害客户合法权益。

（3）证券公司代销金融产品，应当建立委托人资格审查、金融产品尽职调查与风险评估、销售适当性管理等制度。

证券公司应当对代销金融产品业务实行集中统一管理，明确内设部门和分支机构在代销金融产品业务中的职责。禁止证券公司分支机构擅自代销金融产品。

（4）接受代销金融产品的委托前，证券公司应当对委托人进行资格审查。经审查，确认委托人依法设立并可以发行金融产品后，方可接受其委托。

（5）证券公司应当审慎选择代销的金融产品，充分了解金融产品的发行依据、基本性质、投资安排、风险收益特征、管理费用等信息。证券公司确认金融产品依法发行、有明确的投资安排和风险管控措施、风险收益特征清晰且可以对其风险状况作出合理判断的，方可代销。

（6）证券公司应当与委托人签订书面代销合同。代销合同应当约定双方的权利义务，并明确约定以下事项。

① 向客户进行信息披露、风险揭示以及后续服务的相关安排。

② 受理客户咨询、查询、投诉的相关安排和后续处理机制。

③ 出现委托人对客户违约情况下的处置预案和应急安排。

④ 因金融产品设计、运营和委托人提供的信息不真实、不准确、不完整而产生的责任由委托人承担，证券公司不承担任何担保责任。

（7）证券公司应当在代销合同签署后5个工作日内，向证券公司住所地的证监会派出机构报备金融产品说明书、宣传推介材料和拟向客户提供的其他文件、资料。

> 【例题·选择题】证券公司应当在代销合同签署后（　　）个工作日内，向证券公司住所地的证监会派出机构报备。
> A. 5   B. 10
> C. 15   D. 20
> 【解析】本题考查代销金融产品的行为规范。《证券公司代销金融产品管理规定》第十条规定，证券公司应当在代销合同签署后5个工作日内，向证券公司住所地的证监会派出机构报备金融产品说明书、宣传推介材料和拟向客户提供的其他文件、资料。
> 【答案】A

（8）证券公司应当对所代销金融产品的风险状况进行评估，并划分风险等级，确定适合购买的客户类别和范围。

（9）证券公司向客户推介金融产品，应当了解客户的身份、财产和收入状况、金融知识和投资经验、投资目标、风险偏好等基本情况，评估其购买金融产品的适当性。

证券公司认为客户购买金融产品不适当或者无法判断适当性的，不得向其推介；客户主动要求购买的，证券公司应当将判断结论书面告知客户，提示其审慎决策，并由客户签字确认。

（10）委托人明确约定购买人范围的，证券公司不得超出委托人确定的购买人范围销售金融产品。

（11）证券公司应当采取适当方式，向客户披露委托人提供的金融产品合同、当事人情况介绍、金融产品说明书等材料，全面、公正、准确地介绍金融产品有关信息，充分说明金融产品的信用风险、市场风险、流动性风险等主要风险特征，并披露其与金融合同当事人之间是否存在关联关系。

（12）代销的金融产品流动性较低、透明度较低、损失可能超过购买支出或者不易理解的，证券公司应当以简明、易懂的文字，向客户作出有针对性的书面说明，同时详细披露金融产品的风险特征与客户风险承受能力的匹配情况，并要求客户签字确认。

（13）证券公司应当向客户说明，因金融产品设计、运营和委托人提供的信息不真实、不准确、不完整而产生的责任由委托人承担，证券公司不承担任何担保责任。

（14）证券公司代销金融产品，不得有下列行为。

①采取夸大宣传、虚假宣传等方式误导客户购买金融产品。

②采取抽奖、回扣、赠送实物等方式诱导客户购买金融产品。

③与客户分享投资收益、分担投资损失。

④使用除证券公司客户交易结算资金专用存款账户外的其他账户，代委托人接收客户购买金融产品的资金。

⑤其他可能损害客户合法权益的行为。

（15）证券公司从事代销金融产品活动的人员不得接受委托人给予的财物或其他利益。

（16）金融产品存续期间，客户要求了解金融产品相关信息的，证券公司应当向客户告知委托人提供的金融产品相关信息，或者协助客户向委托人查询相关信息。

（17）证券公司应当如实记载向客户推介、销售金融产品的有关情况，依法妥善保管与代销金融产品活动有关的各种文件、资料。

（18）证券公司从事代销金融产品活动的人员，应当具有证券从业资格，并遵守证券从业人员的管理规定。

证券公司应当对金融产品营销人员进行必要的培训，保证其充分了解所负责推介金融产品的信息及与代销活动有关的公司内部管理规定和监管要求。

（19）证券公司应当健全客户回访制度，明确代销金融产品的回访要求，及时发现并妥善处理不当销售金融产品及其他违法违规问题。

（20）证券公司应当妥善处理与代销金融产品活动有关的客户投诉和突发事件。涉及证券公司自身责任的，应当直接处理；涉及委托人责任的，应当协助客户联系委托人处理。

八、证券投资咨询人员的禁止性行为规定和法律责任（★★★）

证券投资咨询人员的禁止性行为规定和法律责任如表2-9所示。

表2-9 证券投资咨询人员的禁止性行为规定和法律责任

事项	内容
一般性禁止行为	（1）从事或协同他人从事欺诈、内幕交易、操纵证券交易价格等非法活动； （2）编造、传播虚假信息或者误导投资者的信息； （3）损害社会公共利益、所在机构或者他人的合法权益； （4）从事与其履行职责有利益冲突的业务； （5）贬损同行或以其他不正当竞争手段争揽业务； （6）接受利益相关方的贿赂或对其进行贿赂； （7）买卖法律明文禁止买卖的证券； （8）违规向客户作出投资不受损失或保证最低收益的承诺； （9）隐匿、伪造、篡改或者毁损交易记录； （10）泄露客户资料； （11）中国证监会、协会禁止的其他行为

续表

事项	内　　容
特定禁止行为	（1）接受他人委托从事证券投资； （2）与委托人约定分享证券投资收益，分担证券投资损失，或者向委托人承诺证券投资收益； （3）依据虚假信息、内幕信息或者市场传言撰写和发布分析报告或评级报告； （4）中国证监会、协会禁止的其他行为
法律责任	从业人员违反准则的，协会应进行调查，视情节轻重采取纪律惩戒措施，并将纪律惩戒信息录入协会从业人员诚信信息系统。从业人员涉嫌违法违规，需要给予行政处罚或采取行政监管措施的，移交中国证监会处理。从业人员违反准则，情节轻微，且没有造成不良后果的，协会可酌情免除纪律惩戒，但应责成从业人员所在机构予以批评教育。从业人员受到所在机构处分，或者因违法违规被国家有关部门依法查处的，机构应在作出处分决定、知悉该从业人员违法违规被查处事项之日起 10 个工作日内向协会报告。协会将有关信息记入从业人员诚信信息系统

【名师点拨】投资咨询机构及其从业人员不得买卖本咨询机构提供服务的上市公司股票。

【例题·组合型选择题】证券投资咨询人员的一般禁止性行为包括（　　）。
Ⅰ．依据虚假信息、内幕信息或者市场传言撰写和发布分析报告或评级报告
Ⅱ．传播虚假信息或者误导投资者的信息
Ⅲ．接受他人委托从事证券投资
Ⅳ．贬损同行或以其他不正当竞争手段争揽业务
A．Ⅰ、Ⅱ
B．Ⅱ、Ⅳ
C．Ⅱ、Ⅲ
D．Ⅲ、Ⅳ
【解析】本题考查的是证券投资咨询人员的禁止性行为规定。在上述 4 个禁止性行为中，Ⅰ、Ⅲ两项属于特定禁止行为，Ⅱ、Ⅳ两项属于一般禁止性行为，因此，答案为 B 选项。
【答案】B

九、投资顾问相关人员发布证券研究报告应遵循的执业规范（★★★）

（1）证券公司、证券投资咨询机构发布证券研究报告，应当遵循独立、客观、公平、审慎原则，加强合规管理，提升研究质量和专业服务水平。

【名师点拨】发布证券研究报告，是证券投资咨询业务的一种基本形式，指证券公司、证券投资咨询机构对证券及证券相关产品的价值、市场走势或者相关影响因素进行分析，形成证券估值、投资评级等投资分析意见，制作证券研究报告，并向客户发布的行为。证券研究报告主要包括涉及证券及证券相关产品的价值分析报告、行业研究报告、投资策略报告等。证券研究报告可以采用书面或者电子文件形式。

（2）证券公司、证券投资咨询机构发布证券研究报告，应当建立健全研究对象覆盖、信息收集、调研、证券研究报告制作、质量控制、合规审查、证券研究报告发布以及相关销售服务等关键环节的管理制度，加强流程管理和内部控制。

（3）证券公司、证券投资咨询机构应当

从组织设置、人员职责上,将证券研究报告制作发布环节与销售服务环节分开管理,以维护证券研究报告制作发布的独立性。

制作发布证券研究报告的相关人员,应当独立于证券研究报告相关销售服务人员;证券研究报告相关销售服务人员不得在证券研究报告发布前干涉和影响证券研究报告的制作过程、研究观点和发布时间。

(4)证券公司、证券投资咨询机构发布证券研究报告,应当加强研究对象覆盖范围管理。将上市公司纳入研究对象覆盖范围并作出证券估值或投资评级,或者将该上市公司移出研究对象覆盖范围的,应当由研究部门或者研究子公司独立作出决定并履行内部审核程序。

(5)证券公司、证券投资咨询机构应当建立证券研究报告的信息来源管理制度,加强信息收集环节的管理,维护信息来源的合法合规性。

(6)证券研究报告可以使用的信息来源如下。

①政府部门、行业协会、证券交易所等机构发布的政策、市场、行业以及企业相关信息;

②上市公司按照法定信息披露义务通过指定媒体公开披露的信息;

③上市公司及其子公司通过公司网站、新闻媒体等公开渠道发布的信息,以及上市公司通过股东大会、新闻发布会、产品推介会等非正式公告方式发布的信息;

④证券公司、证券投资咨询机构通过上市公司调研或者市场调查,从上市公司及其子公司、供应商、经销商等处获取的信息,但内幕信息和未公开重大信息除外;

⑤证券公司、证券投资咨询机构从信息服务机构等第三方合法取得的市场、行业及企业相关信息;

⑥经公众媒体报道的上市公司及其子公司的其他相关信息;

⑦其他合法合规信息来源。

> 【例题·组合型选择题】根据《发布证券研究报告执业规范》的相关规定,证券研究报告可以使用的信息来源包括( )。
> Ⅰ.上市公司按照法定信息披露义务通过指定媒体公开披露的信息
> Ⅱ.政府部门、行业协会、证券交易所等机构发布的政策、市场、行业以及企业相关信息
> Ⅲ.上市公司及其子公司通过公司网站、新闻媒体等公开渠道发布的信息,以及上市公司通过股东大会、新闻发布会、产品推介会等非正式公告方式发布的信息
> Ⅳ.证券公司、证券投资咨询机构从信息服务机构等第三方合法取得的市场、行业及企业相关信息
> A.Ⅰ、Ⅱ
> B.Ⅰ、Ⅱ、Ⅳ
> C.Ⅱ、Ⅲ、Ⅳ
> D.Ⅰ、Ⅱ、Ⅲ、Ⅳ
> 【解析】本题考查的是投资顾问相关人员发布证券研究报告应遵循的执业规范。根据证券研究报告可以使用的信息来源的相关内容,可以判断4个选项都符合,因此,答案为D选项。
> 【答案】D

(7)证券公司、证券投资咨询机构发布证券研究报告,应当审慎使用信息,不得将无法确认来源合法合规性的信息写入证券研究报告,不得将无法认定真实性的市场传言作为确定性研究结论的依据。

(8)证券公司、证券投资咨询机构发布证券研究报告,不得以任何形式使用或者泄露国家保密信息、上市公司内幕信息以及未公开重大信息。

(9)证券公司、证券投资咨询机构应当建立调研活动的管理制度,加强对调研活动的管理。

发布证券研究报告相关人员进行上市公

司调研活动，应当符合以下要求。

①事先履行所在证券公司、证券投资咨询机构的审批程序；

②不得向证券研究报告相关销售服务人员、特定客户和其他无关人员泄露研究部门或研究子公司未来一段时间的整体调研计划、调研底稿，以及调研后发布证券研究报告的计划、研究观点的调整信息。

③不得主动寻求上市公司相关内幕信息或者未公开重大信息。

④被动知悉上市公司内幕信息或者未公开重大信息的，应当对有关信息内容进行保密，并及时向所在机构的合规管理部门报告本人已获知有关信息的事实，在有关信息公开前不得发布涉及该上市公司的证券研究报告。

⑤在证券研究报告中使用调研信息的，应当保留必要的信息来源依据。

（10）证券公司、证券投资咨询机构制作证券研究报告应当秉承专业的态度，采用严谨的研究方法和分析逻辑，基于合理的数据基础和事实依据，审慎提出研究结论。

（11）证券公司、证券投资咨询机构制作证券研究报告应当坚持客观原则，避免使用夸大、诱导性的标题或者用语，不得对证券估值、投资评级作出任何形式的保证。

证券公司、证券投资咨询机构应提示投资者自主作出投资决策并自行承担投资风险，任何形式的分享证券投资收益或者分担证券投资损失的书面或口头承诺均为无效。

【例题·选择题】根据《发布证券研究报告执业规范》的相关规定，证券公司、证券投资咨询机构制作证券研究报告应当坚持（　　）原则，避免使用夸大、诱导性的标题或者用语，不得对证券估值、投资评级作出任何形式的保证。

A. 客观　　B. 专业
C. 公平　　D. 公正

【解析】本题考查的是投资顾问相关人员发布证券研究报告应遵循的执业规范。证券公司、证券投资咨询机构制作证券研究报告应当坚持客观原则，避免使用夸大、诱导性的标题或者用语，不得对证券估值、投资评级作出任何形式的保证。

【答案】A

（12）证券研究报告中对证券及证券相关产品提出投资评级的，应当披露所使用的投资评级分类及其含义。

（13）证券公司、证券投资咨询机构应当建立发布证券研究报告工作底稿制度。工作底稿包括必要的信息资料、调研纪要、分析模型等内容，纳入发布证券研究报告相关业务档案予以保存和管理。

（14）证券分析师应当对其署名的证券研究报告的内容和观点负责。

参与制作证券研究报告，但尚未注册为证券分析师的研究部门或者研究子公司相关证券从业人员，如果已通过证券投资咨询从业资格考试，经署名证券分析师和研究部门或研究子公司同意，可以用"研究助理"等名义在证券研究报告中列示。

（15）证券公司、证券投资咨询机构应当建立健全证券研究报告发布前的质量控制机制，明确质量审核程序和审核人员职责，加强质量审核管理。

证券研究报告应当由署名证券分析师之外的证券分析师或者专职质量审核人员进行质量审核。

质量审核应当涵盖信息处理、分析逻辑、研究结论等内容，重点关注研究方法和研究结论的专业性和审慎性。

（16）证券公司、证券投资咨询机构应当建立健全证券研究报告发布前的合规审查机制，明确合规审查程序和合规审查人员职责。

证券研究报告应当由公司合规部门或者研究部门、研究子公司的合规人员进行合规审查。

合规审查应当涵盖人员资质、信息来源、风险提示等内容，重点关注证券研究报告可能涉及的利益冲突事项。

（17）证券公司、证券投资咨询机构在证券研究报告发布前，可以就证券研究报告涉及上市公司相关信息的真实性向该上市公司进行确认，但不得透露该证券研究报告的发布时间、观点和结论。

（18）证券公司、证券投资咨询机构应当通过公司规定的证券研究报告发布系统平台向发布对象统一发布证券研究报告，以保障发布证券研究报告的公平性。

在证券研究报告发布之前，制作发布证券研究报告的相关人员不得向证券研究报告相关销售服务人员、客户及其他无关人员泄露研究对象覆盖范围的调整、制作与发布研究报告的计划，证券研究报告的发布时间、观点和结论，以及涉及盈利预测、投资评级、目标价格等内容的调整计划。

（19）证券公司、证券投资咨询机构发布证券研究报告，应当按照《发布证券研究报告暂行规定》及《证券公司信息隔离墙指引》的有关规定，建立健全信息隔离墙制度，并遵循下列静默期安排。

①担任发行人股票首次公开发行的保荐机构、主承销商或者财务顾问，自确定并公告发行价格之日起40日内，不得发布与该发行人有关的证券研究报告。

②担任上市公司股票增发、配股、发行可转换公司债券等再融资项目的保荐机构、主承销商或者财务顾问，自确定并公告公开发行价格之日起10日内，不得发布与该上市公司有关的证券研究报告。

③担任上市公司并购重组财务顾问，在证券公司、证券投资咨询机构的合规部门将该上市公司列入相关限制名单期间，按照合规管理要求限制发布与该上市公司有关的证券研究报告。

【例题·选择题】《发布证券研究报告执业规范》的相关规定，证券公司、证券投资咨询机构发布证券研究报告，应当按照《发布证券研究报告暂行规定》及《证券公司信息隔离墙指引》的有关规定，建立健全信息隔离墙制度，并遵循静默期安排。其中，担任发行人股票首次公开发行的保荐机构、主承销商或者财务顾问，自确定并公告发行价格之日起（　　）日内，不得发布与该发行人有关的证券研究报告。

A. 30　　　　B. 40
C. 50　　　　D. 60

【解析】本题考查的是投资顾问相关人员发布证券研究报告应遵循的执业规范。证券公司、证券投资咨询机构发布证券研究报告，应当按照《发布证券研究报告暂行规定》及《证券公司信息隔离墙指引》的有关规定，建立健全信息隔离墙制度。其中，担任发行人股票首次公开发行的保荐机构、主承销商或者财务顾问，自确定并公告发行价格之日起40日内，不得发布与该发行人有关的证券研究报告。

【答案】B

（20）证券公司、证券投资咨询机构应当建立合理的发布证券研究报告相关人员绩效考核和激励机制，以维护发布证券研究报告行为的独立性。

（21）证券公司、证券投资咨询机构的研究部门或者研究子公司接受特定客户委托，按照协议约定就尚未覆盖的具体股票提供含有证券估值或投资评级的研究成果或者投资分析意见的，自提供之日起6个月内不得就该股票发布证券研究报告。

证券公司、证券投资咨询机构的研究部门或者研究子公司不得就已经覆盖的具体股票接受委托提供仅供特定客户使用的、与最新已发布证券研究报告结论不一致的研究成果或者投资分析意见。

证券公司、证券投资咨询机构的研究部门或者研究子公司接受特定客户委托的,应当要求委托方同时提供对委托事项的合规意见。

(22) 证券公司、证券投资咨询机构应当明确要求证券分析师不得在公司内部部门或外部机构兼任有损其独立性与客观性的其他职务,包括担任上市公司的独立董事。

(23) 证券公司、证券投资咨询机构授权公众媒体及其他机构刊载或者转发涉及具体上市公司的证券研究报告,应当慎重评估,充分论证必要性,并符合以下要求:

①严格按照《发布证券研究报告暂行规定》第二十一条规定,与相关公众媒体及其他机构作出协议约定,明确由被授权机构承担相关刊载或者转发责任。

②采取有效措施提供相应的后续解读服务,防止误导公众投资者。

③通过公司网站等途径披露本公司授权公众媒体及其他机构刊载或者转发证券研究报告有关情况,提醒公众投资者慎重使用未经授权刊载或者转发的本公司证券研究报告。

④具备相应的应对措施,妥善处理投资者投诉。

知识拓展 《发布证券研究报告暂行规定》第二十一条规定,证券公司、证券投资咨询机构授权其他机构刊载或者转发证券研究报告或者摘要的,应当与相关机构作出协议约定,明确刊载或者转发责任,要求相关机构注明证券研究报告的发布人和发布日期,提示使用证券研究报告的风险。未经授权刊载或者转发证券研究报告的,应当承担相应的法律责任。

(24) 制作证券研究报告应当合规、客观、专业、审慎。署名的证券分析师应当对证券研究报告的内容和观点负责,保证信息来源合法合规,研究方法专业审慎,分析结论具有合理依据。

十、保荐代表人执业行为规范(★★★)

(1) 发行人应当就下列事项聘请具有保荐机构资格的证券公司履行保荐职责。
①首次公开发行股票并上市。
②上市公司发行新股、可转换公司债券。
③中国证券监督管理委员会认定的其他情形。

(2) 证券公司从事证券发行上市保荐业务,应依照规定向中国证监会申请保荐机构资格。保荐机构履行保荐职责,应当指定依照规定取得保荐代表人资格的个人具体负责保荐工作。未经中国证监会核准,任何机构和个人不得从事保荐业务。

(3) 保荐机构及其保荐代表人应当遵守法律、行政法规和中国证监会的相关规定,恪守业务规则和行业规范,诚实守信,勤勉尽责,尽职推荐发行人证券发行上市,持续督导发行人履行规范运作、信守承诺、信息披露等义务。保荐机构及其保荐代表人不得通过从事保荐业务谋取任何不正当利益。

(4) 保荐代表人应当遵守职业道德准则,珍视和维护保荐代表人职业声誉,保持应有的职业谨慎,保持和提高专业胜任能力。保荐代表人应当维护发行人的合法利益,对从事保荐业务过程中获知的发行人信息保密。保荐代表人应当恪守独立履行职责的原则,不因迎合发行人或者满足发行人的不当要求而丧失客观、公正的立场,不得唆使、协助或者参与发行人及证券服务机构实施非法的或者具有欺诈性的行为。保荐代表人及其配偶不得以任何名义或者方式持有发行人的股份。

(5) 同次发行的证券,其发行保荐和上市保荐应当由同一保荐机构承担。保荐机构依法对发行人申请文件、证券发行募集文件进行核查,向中国证监会、证券交易所出具保荐意见。保荐机构应当保证所出具的文件真实、准确、完整。

证券发行规模达到一定数量的,可以采用联合保荐,但参与联合保荐的保荐机构不得超过2家。证券发行的主承销商可以由该保荐机构担任,也可以由其他具有保荐机构资格的证券公司与该保荐机构共同担任。

(6) 发行人及其董事、监事、高级管理人员,为证券发行上市制作、出具有关文件的律师事务所、会计师事务所、资产评估机构等证券服务机构及其签字人员,应当依照法律、行政法规和中国证监会的规定,配合保荐机构及其保荐代表人履行保荐职责,并承担相应的责任。

保荐机构及其保荐代表人履行保荐职责,不能减轻或者免除发行人及其董事、监事、高级管理人员、证券服务机构及其签字人员的责任。

(7) 中国证监会依法对保荐机构及其保荐代表人进行监督管理。中国证券业协会对保荐机构及其保荐代表人进行自律管理。

(8) 保荐机构推荐发行人证券发行上市,应当遵循诚实守信、勤勉尽责的原则,按照中国证监会对保荐机构尽职调查工作的要求,对发行人进行全面调查,充分了解发行人的经营状况及其面临的风险和问题。

(9) 保荐机构在推荐发行人首次公开发行股票并上市前,应当对发行人进行辅导,对发行人的董事、监事和高级管理人员、持有5%以上股份的股东和实际控制人(或者其法定代表人)进行系统的法规知识、证券市场知识培训,使其全面掌握发行上市、规范运作等方面的有关法律法规和规则,知悉信息披露和履行承诺等方面的责任和义务,树立进入证券市场的诚信意识、自律意识和法制意识。

(10) 保荐机构辅导工作完成后,应由发行人所在地的中国证监会派出机构进行辅导验收。

(11) 保荐机构应当与发行人签订保荐协议,明确双方的权利和义务,按照行业规范协商确定履行保荐职责的相关费用。

保荐协议签订后,保荐机构应在5个工作日内报发行人所在地的中国证监会派出机构备案。

(12) 保荐机构应当确信发行人符合法律、行政法规和中国证监会的有关规定,方可推荐其证券发行上市。

保荐机构决定推荐发行人证券发行上市的,可以根据发行人的委托,组织编制申请文件并出具推荐文件。

(13) 对发行人申请文件、证券发行募集文件中有证券服务机构及其签字人员出具专业意见的内容,保荐机构应当结合尽职调查过程中获得的信息对其进行审慎核查,对发行人提供的资料和披露的内容进行独立判断。

保荐机构所作的判断与证券服务机构的专业意见存在重大差异的,应当对有关事项进行调查、复核,并可聘请其他证券服务机构提供专业服务。

(14) 对发行人申请文件、证券发行募集文件中无证券服务机构及其签字人员专业意见支持的内容,保荐机构应当获得充分的尽职调查证据,在对各种证据进行综合分析的基础上对发行人提供的资料和披露的内容进行独立判断,并有充分理由确信所作的判断与发行人申请文件、证券发行募集文件的内容不存在实质性差异。

(15) 保荐机构推荐发行人发行证券,应当向中国证监会提交发行保荐书、保荐代表人专项授权书以及中国证监会要求的其他与保荐业务有关的文件。发行保荐书应当包括下列内容。

①逐项说明本次发行是否符合《公司法》《证券法》规定的发行条件和程序。

②逐项说明本次发行是否符合中国证监会的有关规定,并载明得出每项结论的查证过程及事实依据。

③发行人存在的主要风险。
④对发行人发展前景的评价。
⑤保荐机构内部审核程序简介及内核意见。
⑥保荐机构与发行人的关联关系。
⑦相关承诺事项。
⑧中国证监会要求的其他事项。

（16）保荐机构推荐发行人证券上市，应当向证券交易所提交上市保荐书以及证券交易所要求的其他与保荐业务有关的文件，并报中国证监会备案。上市保荐书应当包括下列内容。
①逐项说明本次证券上市是否符合《公司法》《证券法》及证券交易所规定的上市条件。
②对发行人证券上市后持续督导工作的具体安排。
③保荐机构与发行人的关联关系。
④相关承诺事项。
⑤中国证监会或者证券交易所要求的其他事项。

（17）在发行保荐书和上市保荐书中，保荐机构应当就下列事项作出承诺。
①有充分理由确信发行人符合法律法规及中国证监会有关证券发行上市的相关规定。
②有充分理由确信发行人申请文件和信息披露资料不存在虚假记载、误导性陈述或者重大遗漏。
③有充分理由确信发行人及其董事在申请文件和信息披露资料中表达意见的依据充分合理。
④有充分理由确信申请文件和信息披露资料与证券服务机构发表的意见不存在实质性差异。
⑤保证所指定的保荐代表人及本保荐机构的相关人员已勤勉尽责，对发行人申请文件和信息披露资料进行了尽职调查、审慎核查。

⑥保证保荐书、与履行保荐职责有关的其他文件不存在虚假记载、误导性陈述或者重大遗漏。
⑦保证对发行人提供的专业服务和出具的专业意见符合法律、行政法规、中国证监会的规定和行业规范。
⑧自愿接受中国证监会依照本办法采取的监管措施。
⑨中国证监会规定的其他事项。

（18）保荐机构提交发行保荐书后，应当配合中国证监会的审核，并承担下列工作。
①组织发行人及证券服务机构对中国证监会的意见进行答复。
②按照中国证监会的要求对涉及本次证券发行上市的特定事项进行尽职调查或者核查。
③指定保荐代表人与中国证监会职能部门进行专业沟通，保荐代表人在发行审核委员会会议上接受委员质询。
④中国证监会规定的其他工作。

（19）保荐机构应当针对发行人的具体情况，确定证券发行上市后持续督导的内容，督导发行人履行有关上市公司规范运作、信守承诺和信息披露等义务，审阅信息披露文件及向中国证监会、证券交易所提交的其他文件，并承担下列工作。
①督导发行人有效执行并完善防止控股股东、实际控制人、其他关联方违规占用发行人资源的制度。
②督导发行人有效执行并完善防止其董事、监事、高级管理人员利用职务之便损害发行人利益的内控制度。
③督导发行人有效执行并完善保障关联交易公允性和合规性的制度，并对关联交易发表意见。
④持续关注发行人募集资金的专户存储、投资项目的实施等承诺事项。
⑤持续关注发行人为他人提供担保等事项，并发表意见。

⑥中国证监会、证券交易所规定及保荐协议约定的其他工作。

(20) 首次公开发行股票并在主板上市的，持续督导的期间为证券上市当年剩余时间及其后2个完整会计年度；主板上市公司发行新股、可转换公司债券的，持续督导的期间为证券上市当年剩余时间及其后1个完整会计年度。

首次公开发行股票并在创业板上市的，持续督导的期间为证券上市当年剩余时间及其后3个完整会计年度；创业板上市公司发行新股、可转换公司债券的，持续督导的期间为证券上市当年剩余时间及其后2个完整会计年度。

首次公开发行股票并在创业板上市的，持续督导期内保荐机构应当自发行人披露年度报告、中期报告之日起15个工作日内在中国证监会指定网站披露跟踪报告，发行人临时报告披露的信息涉及募集资金、关联交易、委托理财、为他人提供担保等重大事项的，保荐机构应当自临时报告披露之日起10个工作日内进行分析并在中国证监会指定网站发表独立意见。

持续督导的期间自证券上市之日起计算。

【例题·选择题】首次公开发行股票并在主板和创业板上市的，持续督导的期间分别为证券上市当年剩余时间及其后（ ）个完整会计年度。
A. 1，2　　B. 2，3
C. 1，3　　D. 2，2
【解析】本题考查首次公开发行股票的保荐办法。《证券发行上市保荐管理办法》第三十六条规定，在主板IPO持续督导时间为当年剩余时间及其后2年，在创业板IPO持续督导时间为当年剩余时间及其后3年。
【答案】B

(21) 持续督导期届满，如有尚未完结的保荐工作，保荐机构应当继续完成。

保荐机构在履行保荐职责期间未勤勉尽责的，其责任不因持续督导期届满而免除或者终止。

(22) 保荐机构应当建立健全保荐工作的内部控制体系，切实保证保荐业务负责人、内核负责人、保荐业务部门负责人、保荐代表人、项目协办人及其他保荐业务相关人员勤勉尽责，严格控制风险，提高保荐业务整体质量。

(23) 保荐机构应当建立健全证券发行上市的尽职调查制度、辅导制度、对发行上市申请文件的内部核查制度、对发行人证券上市后的持续督导制度。

(24) 保荐机构应当建立健全对保荐代表人及其他保荐业务相关人员的持续培训制度。

(25) 保荐机构应当建立健全工作底稿制度，为每一项目建立独立的保荐工作底稿。

保荐代表人必须为其具体负责的每一项目建立尽职调查工作日志，作为保荐工作底稿的一部分存档备查；保荐机构应当定期对尽职调查工作日志进行检查。

保荐工作底稿应当真实、准确、完整地反映整个保荐工作的全过程，保存期不少于10年。

(26) 保荐机构的保荐业务负责人、内核负责人负责监督、执行保荐业务各项制度并承担相应的责任。

(27) 保荐机构及其控股股东、实际控制人、重要关联方持有发行人的股份合计超过7%，或者发行人持有、控制保荐机构的股份超过7%的，保荐机构在推荐发行人证券发行上市时，应联合1家无关联保荐机构共同履行保荐职责，且该无关联保荐机构为第一保荐机构。

(28) 刊登证券发行募集文件前终止保荐协议的，保荐机构和发行人应当自终止之日起5个工作日内分别向中国证监会报告，说明原因。

（29）刊登证券发行募集文件以后直至持续督导工作结束，保荐机构和发行人不得终止保荐协议，但存在合理理由的情形除外。发行人因再次申请发行证券另行聘请保荐机构、保荐机构被中国证监会撤销保荐机构资格的，应当终止保荐协议。

终止保荐协议的，保荐机构和发行人应当自终止之日起5个工作日内向中国证监会、证券交易所报告，说明原因。

（30）持续督导期间，保荐机构被撤销保荐机构资格的，发行人应当在1个月内另行聘请保荐机构，未在规定期限内另行聘请的，中国证监会可以为其指定保荐机构。

（31）另行聘请的保荐机构应当完成原保荐机构未完成的持续督导工作。

因原保荐机构被撤销保荐机构资格而另行聘请保荐机构的，另行聘请的保荐机构持续督导的时间不得少于1个完整的会计年度。

另行聘请的保荐机构应当自保荐协议签订之日起开展保荐工作并承担相应的责任。原保荐机构在履行保荐职责期间未勤勉尽责的，其责任不因保荐机构的更换而免除或者终止。

（32）保荐机构应当指定2名保荐代表人具体负责1家发行人的保荐工作，出具由法定代表人签字的专项授权书，并确保保荐机构有关部门和人员有效分工协作。保荐机构可以指定1名项目协办人。

（33）证券发行后，保荐机构不得更换保荐代表人，但因保荐代表人离职或者被撤销保荐代表人资格的，应当更换保荐代表人。

保荐机构更换保荐代表人的，应当通知发行人，并在5个工作日内向中国证监会、证券交易所报告，说明原因。原保荐代表人在具体负责保荐工作期间未勤勉尽责的，其责任不因保荐代表人的更换而免除或者终止。

（34）保荐机构法定代表人、保荐业务负责人、内核负责人、保荐代表人和项目协办人应当在发行保荐书上签字，保荐机构法定代表人、保荐代表人应同时在证券发行募集文件上签字。

（35）保荐机构应将履行保荐职责时发表的意见及时告知发行人，同时在保荐工作底稿中保存，并可依照本办法规定公开发表声明、向中国证监会或者证券交易所报告。

（36）持续督导工作结束后，保荐机构应当在发行人公告年度报告之日起的10个工作日内向中国证监会、证券交易所报送保荐总结报告书。保荐机构法定代表人和保荐代表人应当在保荐总结报告书上签字。保荐总结报告书应当包括下列内容。

①发行人的基本情况。

②保荐工作概述。

③履行保荐职责期间发生的重大事项及处理情况。

④对发行人配合保荐工作情况的说明及评价。

⑤对证券服务机构参与证券发行上市相关工作情况的说明及评价。

⑥中国证监会要求的其他事项。

（37）保荐代表人及其他保荐业务相关人员属于内幕信息的知情人员，应当遵守法律、行政法规和中国证监会的规定，不得利用内幕信息直接或者间接为保荐机构、本人或者他人谋取不正当利益。

（38）保荐机构及其保荐代表人履行保荐职责可对发行人行使下列权利。

①要求发行人按照本办法规定和保荐协议约定的方式，及时通报信息。

②定期或者不定期对发行人进行回访，查阅保荐工作需要的发行人材料。

③列席发行人的股东大会、董事会和监事会。

④对发行人的信息披露文件及向中国证监会、证券交易所提交的其他文件进行事前审阅。

⑤对有关部门关注的发行人相关事项进行核查,必要时可聘请相关证券服务机构配合。

⑥按照中国证监会、证券交易所信息披露规定,对发行人违法违规的事项发表公开声明。

⑦中国证监会规定或者保荐协议约定的其他权利。

十一、保荐代表人违反有关规定的法律责任或被采取的监管措施(★★★)

(1)中国证监会可以对保荐机构及其保荐代表人从事保荐业务的情况进行定期或者不定期现场检查,保荐机构及其保荐代表人应当积极配合检查,如实提供有关资料,不得拒绝、阻挠、逃避检查,不得谎报、隐匿、销毁相关证据材料。

(2)中国证监会建立保荐信用监管系统,对保荐机构和保荐代表人进行持续动态的注册登记管理,记录其执业情况、违法违规行为、其他不良行为以及对其采取的监管措施等,必要时可以将记录予以公布。

(3)自保荐机构向中国证监会提交保荐文件之日起,保荐机构及其保荐代表人承担相应的责任。

(4)保荐代表人资格申请文件存在虚假记载、误导性陈述或者重大遗漏的,中国证监会不予核准;已核准的,撤销其保荐代表人资格。对提交该申请文件的保荐机构,中国证监会自撤销之日起6个月内不再受理该保荐机构推荐的保荐代表人资格申请。

(5)保荐机构、保荐代表人、保荐业务负责人和内核负责人违反本办法,未诚实守信、勤勉尽责地履行相关义务的,中国证监会责令改正,并对其采取监管谈话、重点关注、责令进行业务学习、出具警示函、责令公开说明、认定为不适当人选等监管措施;依法应给予行政处罚的,依照有关规定进行处罚;

情节严重涉嫌犯罪的,依法移送司法机关,追究其刑事责任。

(6)保荐代表人出现下列情形之一的,中国证监会可根据情节轻重,自确认之日起3个月到12个月内不受理相关保荐代表人具体负责的推荐;情节特别严重的,撤销其保荐代表人资格。

①尽职调查工作日志缺失或者遗漏、隐瞒重要问题。

②未完成或者未参加辅导工作。

③未参加持续督导工作,或者持续督导工作未勤勉尽责。

④因保荐业务或其具体负责保荐工作的发行人在保荐期间受到证券交易所、中国证券业协会公开谴责。

⑤唆使、协助或者参与发行人干扰中国证监会及其发行审核委员会的审核工作。

⑥严重违反诚实守信、勤勉尽责义务的其他情形。

(7)保荐代表人出现下列情形之一的,中国证监会撤销其保荐代表人资格;情节严重的,对其采取证券市场禁入的措施。

①在与保荐工作相关文件上签字推荐发行人证券发行上市,但未参加尽职调查工作,或者尽职调查工作不彻底、不充分,明显不符合业务规则和行业规范。

②通过从事保荐业务谋取不正当利益。

③本人及其配偶持有发行人的股份。

④唆使、协助或者参与发行人及证券服务机构提供存在虚假记载、误导性陈述或者重大遗漏的文件。

⑤参与组织编制的与保荐工作相关文件存在虚假记载、误导性陈述或者重大遗漏。

(8)保荐机构、保荐代表人因保荐业务涉嫌违法违规处于立案调查期间的,中国证监会暂不受理该保荐机构的推荐,暂不受理相关保荐代表人具体负责的推荐。

(9)发行人出现下列情形之一的,中国证监会自确认之日起暂停保荐机构的保荐资格

3个月，撤销相关保荐人员的保荐代表人资格。

①证券发行募集文件等申请文件存在虚假记载、误导性陈述或者重大遗漏。

②公开发行证券上市当年即亏损。

③持续督导期间信息披露文件存在虚假记载、误导性陈述或者重大遗漏。

【例题·选择题】发行人公开发行证券上市当年即亏损，中国证监会对其保荐机构和保荐代表人应进行的处罚是（　　）。

A．对保荐代表人采取证券市场禁入的措施

B．自确认之日起3～12个月内不受理相关保荐代表人具体负责的推荐

C．暂停保荐机构的保荐机构资格6个月，并责令保荐机构更换保荐业务负责人

D．自确认之日起暂停保荐机构的保荐机构资格3个月，撤销相关人员的保荐代表人资格

【解析】本题考查保荐代表人的相关法律责任。根据《证券发行上市保荐业务管理办法》第七十一条规定，发行人公开发行证券上市当年即亏损，中国证监会自确认之日起暂停保荐机构的保荐资格3个月，撤销相关保荐人员的保荐代表人资格。

【答案】D

【例题·组合型选择题】中国证监会暂停保荐机构的保荐资格3个月，撤销相关保荐人员的保荐代表人资格的行为有（　　）。

Ⅰ．证券发行募集文件等申请文件存在虚假记载、误导性陈述或者重大遗漏

Ⅱ．公开发行证券上市当年即亏损

Ⅲ．持续督导期间信息披露文件存在虚假记载、误导性陈述或者重大遗漏

Ⅳ．本人及其配偶持有发行人的股份

A．Ⅰ、Ⅲ、Ⅳ　　B．Ⅱ、Ⅲ、Ⅳ
C．Ⅰ、Ⅱ、Ⅳ　　D．Ⅰ、Ⅱ、Ⅲ

【解析】本题考查保荐代表人的相关法律责任。《证券发行上市保荐业务管理办法》第七十一条规定：（1）证券发行募集文件等申请文件存在虚假记载、误导性陈述或者重大遗漏；（2）公开发行证券上市当年即亏损；（3）持续督导期间信息披露文件存在虚假记载、误导性陈述或者重大遗漏。这3种情况下自确认之日起采取措施。Ⅳ项情况发生须撤销其保荐代表人资格。

【答案】D

（10）发行人在持续督导期间出现下列情形之一的，中国证监会可根据情节轻重，自确认之日起3个月到12个月内不受理相关保荐代表人具体负责的推荐；情节特别严重的，撤销相关人员的保荐代表人资格。

①证券上市当年累计50%以上募集资金的用途与承诺不符。

②公开发行证券并在主板上市当年营业利润比上年下滑50%以上。

③首次公开发行股票并上市之日起12个月内控股股东或者实际控制人发生变更。

④首次公开发行股票并上市之日起12个月内累计50%以上资产或者主营业务发生重组。

⑤上市公司公开发行新股、可转换公司债券之日起12个月内累计50%以上资产或者主营业务发生重组，且未在证券发行募集文件中披露。

⑥实际盈利低于盈利预测达20%以上。

⑦关联交易显失公允或者程序违规，涉及金额较大。

⑧控股股东、实际控制人或其他关联方违规占用发行人资源，涉及金额较大。

⑨违规为他人提供担保，涉及金额较大。

⑩违规购买或出售资产、借款、委托资产管理等，涉及金额较大。

⑪董事、监事、高级管理人员侵占发行人利益受到行政处罚或者被追究刑事责任。

⑫违反上市公司规范运作和信息披露等有关法律法规，情节严重的。

⑬中国证监会规定的其他情形。

（11）保荐代表人被暂不受理具体负责的推荐或者被撤销保荐代表人资格的，保荐业务负责人、内核负责人应承担相应的责任，对已受理的该保荐代表人具体负责推荐的项目，保荐机构应当撤回推荐；情节严重的，责令保荐机构就各项保荐业务制度限期整改，责令保荐机构更换保荐业务负责人、内核负责人，逾期仍然不符合要求的，撤销其保荐机构资格。

（12）保荐代表人在2个自然年度内被采取《证券发行上市保荐业务管理办法》规定的监管措施累计2次以上，中国证监会可6个月内不受理相关保荐代表人具体负责的推荐。

（13）中国证监会采取的监管措施，保荐机构及其保荐代表人提出申辩的，如有充分证据证明下列事实且理由成立，中国证监会予以采纳。

①发行人或其董事、监事、高级管理人员故意隐瞒重大事实，保荐机构和保荐代表人已履行勤勉尽责义务。

②发行人已在证券发行募集文件中作出特别提示，保荐机构和保荐代表人已履行勤勉尽责义务。

③发行人因不可抗力致使业绩、募集资金运用等出现异常或者未能履行承诺。

④发行人及其董事、监事、高级管理人员在持续督导期间故意违法违规，保荐机构和保荐代表人主动予以揭示，已履行勤勉尽责义务。

⑤保荐机构、保荐代表人已履行勤勉尽责义务的其他情形。

（14）保荐人出具有虚假记载、误导性陈述或者重大遗漏的保荐书，或者不履行其他法定职责的，责令改正，给予警告，没收业务收入，并处以业务收入1倍以上5倍以下的罚款；情节严重的，暂停或者撤销相关业务许可。对直接负责的主管人员和其他直接责任人员给予警告，并处以3万元以上30万元以下的罚款；情节严重的，撤销任职资格或者证券从业资格。

十二、资产管理投资主办人执业行为管理的有关要求（★★）

资产管理投资主办人执业行为管理的有关要求如下。

（1）申请投资主办人注册的人员应当具备下列条件。

①已取得证券从业资格。

②具有3年以上证券投资、研究、投资顾问或类似从业经历。

③具备良好的诚信记录及职业操守，且最近3年内没有受到监管部门的行政处罚。

④协会规定的其他条件。

（2）协会在收到完整申请材料后20日内完成注册。有下列情形之一的人员，不得注册为投资主办人。

①不符合本规范第三十一条规定的条件。

②被监管机构采取重大行政监管措施未满2年。

③被协会采取纪律处分未满2年。

④未通过证券从业人员年检。

⑤尚处于法律法规规定或劳动合同约定的竞业禁止期内。

⑥其他情形。

（3）协会对投资主办人自执业注册完成之日起每2年检查一次。有下列情形之一的，不予通过年检。

①不符合一般证券从业人员有关规定。

②2年内没有管理客户委托资产。

③被监管机构采取重大行政监管措施未满2年。

④被协会采取纪律处分未满2年。

⑤其他情形。

未通过年检的人员,协会注销其投资主办人资格,并将相关情况记入从业人员诚信档案。

(4)投资主办人与原证券公司解除劳动合同的,原证券公司应当在10日内向协会进行离职备案。

(5)投资主办人从事投资管理活动,应当遵循诚实守信、勤勉尽责、独立客观、专业审慎的原则,自觉维护所在证券公司及行业的声誉,公平对待客户,保护投资者合法权益。

(6)投资主办人不得进行内幕交易、操纵证券价格等损害证券市场秩序的行为,或其他违反规定的操作。

(7)投资主办人应当按照所在证券公司的规定和劳动合同的约定履行保密义务。

名师点拨 投资主办人违反规范,协会视情况对其采取谈话提醒、警示、行业内通报批评、公开谴责等自律管理措施或纪律处分并记入从业人员诚信档案。发现违反法律、行政法规或证监会规定的,移交证监会或其他有权机关处理。

十三、财务顾问主办人执业行为规范(★★)

(1)财务顾问应当遵守法律、行政法规、中国证监会的规定和行业规范,诚实守信,勤勉尽责,对上市公司并购重组活动进行尽职调查,对委托人的申报文件进行核查,出具专业意见,并保证其所出具的意见真实、准确、完整。

(2)财务顾问申请人应当提交有关财务顾问主办人的下列证明文件。

①证券业从业资格证书。

②中国证监会规定的投资银行业务经历的证明文件。

③中国证监会认可的财务顾问主办人胜任能力考试且成绩合格的证书。

④财务顾问申请人推荐其担任本机构的财务顾问主办人的推荐函。

⑤不存在数额较大到期未清偿的债务。

⑥最近24个月无违反诚信的不良记录。

⑦最近24个月未受到行业自律组织的纪律处分。

⑧最近36个月未因执业行为违法违规受到处罚。

⑨中国证监会规定的其他条件。

名师点拨 上市公司并购重组财务顾问业务是指为上市公司的收购、重大资产重组、合并、分立、股份回购等对上市公司股权结构、资产和负债、收入和利润等具有重大影响的并购重组活动提供交易估值、方案设计、出具专业意见等专业服务。负责并购重组项目的签名人员称为财务顾问主办人。

(3)财务顾问从事上市公司并购重组财务顾问业务,应当履行以下职责。

①接受并购重组当事人的委托,对上市公司并购重组活动进行尽职调查,全面评估相关活动所涉及的风险。

②就上市公司并购重组活动向委托人提供专业服务,帮助委托人分析并购重组相关活动所涉及的法律、财务、经营风险,提出对策和建议,设计并购重组方案,并指导委托人按照上市公司并购重组的相关规定制作申报文件。

③对委托人进行证券市场规范化运作的辅导,使其熟悉有关法律、行政法规和中国证监会的规定,充分了解其应承担的义务和责任,督促其依法履行报告、公告和其他法定义务。

④在对上市公司并购重组活动及申报文件的真实性、准确性、完整性进行充分核查和验证的基础上,依据中国证监会的规定和

监管要求，客观、公正地发表专业意见。

⑤接受委托人的委托，向中国证监会报送有关上市公司并购重组的申报材料，并根据中国证监会的审核意见，组织和协调委托人及其他专业机构进行答复。

⑥根据中国证监会的相关规定，持续督导委托人依法履行相关义务。

⑦中国证监会要求的其他事项。

（4）财务顾问应当与委托人签订委托协议，明确双方的权利和义务，就委托人配合财务顾问履行其职责的义务、应提供的材料和责任划分、双方的保密责任等事项作出约定。财务顾问接受上市公司并购重组多方当事人委托的，不得存在利益冲突或者潜在的利益冲突。

接受委托的，财务顾问应当指定2名财务顾问主办人负责，同时，可以安排一名项目协办人参与。

（5）财务顾问应当建立尽职调查制度和具体工作规程，对上市公司并购重组活动进行充分、广泛、合理的调查，核查委托人提供的为出具专业意见所需的资料，对委托人披露的内容进行独立判断，并有充分理由确信所作的判断与委托人披露的内容不存在实质性差异。

委托人应当配合财务顾问进行尽职调查，提供相应的文件资料。委托人不能提供必要的材料、不配合进行尽职调查或者限制调查范围的，财务顾问应当终止委托关系或者相应修改其结论性意见。

（6）财务顾问利用其他证券服务机构专业意见的，应当进行必要的审慎核查，对委托人提供的资料和披露的信息进行独立判断。

财务顾问对同一事项所作的判断与其他证券服务机构的专业意见存在重大差异的，应当进一步调查、复核，并可自行聘请相关专业机构提供专业服务。

（7）财务顾问应当采取有效方式对新进入上市公司的董事、监事和高级管理人员、控股股东和实际控制人的主要负责人进行证券市场规范化运作的辅导，包括上述人员应履行的责任和义务、上市公司治理的基本原则、公司决策的法定程序和信息披露的基本要求，并对辅导结果进行验收，将验收结果存档。验收不合格的，财务顾问应当重新进行辅导和验收。

（8）财务顾问对上市公司并购重组活动进行尽职调查应当重点关注以下问题，并在专业意见中对以下问题进行分析和说明。

①涉及上市公司收购的，担任收购人的财务顾问，应当关注收购人的收购目的、实力、收购人与其控股股东和实际控制人的控制关系结构、管理经验、资信情况、诚信记录、资金来源、履约能力、后续计划、对上市公司未来发展的影响、收购人的承诺及是否具备履行相关承诺的能力等事项；因国有股行政划转或者变更、在同一实际控制人控制的不同主体之间转让股份、继承取得上市公司股份超过30%的，收购人可免于聘请财务顾问。

②涉及对上市公司进行要约收购的，收购人的财务顾问除关注本条第（1）项所列事项外，还应当关注要约收购的目的、收购人的支付方式和支付条件、履约能力、是否将导致公司退市、对收购完成后剩余中小股东的保护机制是否适当等事项。

收购人公告要约收购报告书摘要后15日内未能发出要约的，财务顾问应当督促收购人立即公告未能如期发出要约的原因及中国证监会提出的反馈意见。

③涉及上市公司重大资产重组的，财务顾问应当关注重组目的、重组方案、交易定价的公允性、资产权属的清晰性、资产的完整性、重组后上市公司是否具备持续经营能力和持续盈利能力、盈利预测的可实现性、公司经营独立性、重组方是否存在利用资产重组侵害上市公司利益的问题等事项。

④涉及上市公司发行股份购买资产的，财务顾问应当关注本次发行的目的、发行方

案、拟购买资产的估值分析及定价的公允性、拟购买资产的完整性、独立性、盈利能力、对上市公司影响的量化分析、拟发行股份的定价模式、中小股东合法权益是否受到侵害、上市公司股票交易是否存在异常等事项；涉及导致公司控制权发生变化的，还应当按照本条第（1）项有关收购人的关注要点对本次发行的特定对象进行核查。

⑤涉及上市公司合并的，财务顾问应当关注合并的目的、合并的可行性、合并方案、合并方与被合并方的估值分析、折股比例的确定原则和公允性、对上市公司的业务和财务结构的影响、对上市公司持续盈利能力的影响、合并后的整合安排等事项。

⑥涉及上市公司回购本公司股份的，财务顾问应当关注回购目的的适当性、回购必要性、回购方案、回购价格的定价模式和公允性、对上市公司现金流的影响、是否存在不利于上市公司持续发展的问题等事项。

⑦财务顾问应当关注上市公司并购重组活动中，相关各方是否存在利用并购重组信息进行内幕交易、市场操纵和证券欺诈等事项。

⑧中国证监会要求的其他事项。

（9）财务顾问应当设立由专业人员组成的内部核查机构，内部核查机构应当恪尽职守，保持独立判断，对相关业务活动进行充分论证与复核，并就所出具的财务顾问专业意见提出内部核查意见。

（10）财务顾问应当在充分尽职调查和内部核查的基础上，按照中国证监会的相关规定，对并购重组事项出具财务顾问专业意见，并作出以下承诺：

①已按照规定履行尽职调查义务，有充分理由确信所发表的专业意见与委托人披露的文件内容不存在实质性差异。

②已对委托人披露的文件进行核查，确信披露文件的内容与格式符合要求。

③有充分理由确信委托人委托财务顾问出具意见的并购重组方案符合法律、法规和中国证监会及证券交易所的相关规定，所披露的信息真实、准确、完整，不存在虚假记载、误导性陈述或者重大遗漏。

④有关本次并购重组事项的财务顾问专业意见已提交内部核查机构审查，并同意出具此专业意见。

⑤在与委托人接触后到担任财务顾问期间，已采取严格的保密措施，严格执行风险控制和内部隔离制度，不存在内幕交易、操纵市场和证券欺诈问题。

（11）财务顾问的法定代表人或者其授权代表人、部门负责人、内部核查机构负责人、财务顾问主办人和项目协办人应当在财务顾问专业意见上签名，并加盖财务顾问单位公章。

（12）财务顾问代表委托人向中国证监会提交申请文件后，应当配合中国证监会的审核，并承担以下工作。

①指定财务顾问主办人与中国证监会进行专业沟通，并按照中国证监会提出的反馈意见作出回复。

②按照中国证监会的要求对涉及本次并购重组活动的特定事项进行尽职调查或者核查。

③组织委托人及其他专业机构对中国证监会的意见进行答复。

④委托人未能在行政许可的期限内公告相关并购重组报告全文的，财务顾问应当督促委托人及时公开披露中国证监会提出的问题及委托人未能如期公告的原因。

⑤自申报至并购重组事项完成前，对于上市公司和其他并购重组当事人发生较大变化对本次并购重组构成较大影响的情况予以高度关注，并及时向中国证监会报告。

⑥申报本次担任并购重组财务顾问的收费情况。

⑦中国证监会要求的其他事项。

（13）财务顾问应当建立健全内部报告制度，财务顾问主办人应当就中国证监会在反馈意见中提出的问题按照内部程序向部门负责人、内部核查机构负责人等相关负责人报告,并对中国证监会提出的问题进行充分的研究、论证,审慎回复。回复意见应当由财务顾问的法定代表人或者其授权代表人、财务顾问主办人和项目协办人签名,并加盖财务顾问单位公章。

(14)财务顾问将申报文件报中国证监会审核期间,委托人和财务顾问终止委托协议的,财务顾问和委托人应当自终止之日起5个工作日内向中国证监会报告,申请撤回申报文件,并说明原因。委托人重新聘请财务顾问就同一并购重组事项进行申报的,应当在报送中国证监会的申报文件中予以说明。

(15)根据中国证监会有关并购重组的规定,自上市公司收购、重大资产重组、发行股份购买资产、合并等事项完成后的规定期限内,财务顾问承担持续督导责任。

财务顾问应当通过日常沟通、定期回访等方式,结合上市公司定期报告的披露,做好以下持续督导工作。

①督促并购重组当事人按照相关程序规范实施并购重组方案,及时办理产权过户手续,并依法履行报告和信息披露的义务。

②督促上市公司按照《上市公司治理准则》的要求规范运作。

③督促和检查申报人履行对市场公开作出的相关承诺的情况。

④督促和检查申报人落实后续计划及并购重组方案中约定的其他相关义务的情况。

⑤结合上市公司定期报告,核查并购重组是否按计划实施、是否达到预期目标;其实施效果是否与此前公告的专业意见存在较大差异,是否实现相关盈利预测或者管理层预计达到的业绩目标。

⑥中国证监会要求的其他事项。

在持续督导期间,财务顾问应当结合上市公司披露的定期报告出具持续督导意见,并在前述定期报告披露后的15日内向上市公司所在地的中国证监会派出机构报告。

(16)财务顾问应当建立健全内部检查制度,确保财务顾问主办人切实履行持续督导责任,按时向中国证监会派出机构提交持续督导工作的情况报告。

在持续督导期间,财务顾问解除委托协议的,应当及时向中国证监会派出机构作出书面报告,说明无法继续履行持续督导职责的理由,并予以公告。委托人应当在一个月内另行聘请财务顾问对其进行持续督导。

(17)财务顾问应当建立并购重组工作档案和工作底稿制度,为每一项目建立独立的工作档案。

财务顾问的工作档案和工作底稿应当真实、准确、完整,保存期不少于10年。

【例题·选择题】财务顾问的工作档案和工作底稿应当真实、准确、完整,保存期不少于( )年。
A. 1　　　　　B. 5
C. 10　　　　D. 20
【解析】本题考查财务顾问工作档案的保存期限。《上市公司并购重组财务顾问业务管理办法》第三十三条规定,财务顾问的工作档案和工作底稿应当真实、准确、完整,保存期不少于10年。
【答案】C

(18)财务顾问及其财务顾问主办人应当严格履行保密责任,不得利用职务之便买卖相关上市公司的证券或者牟取其他不当利益,并应当督促委托人、委托人的董事、监事和高级管理人员及其他内幕信息知情人严格保密,不得进行内幕交易。

财务顾问应当按照中国证监会的要求,配合提供上市公司并购重组相关内幕信息知情人买卖、持有相关上市公司证券的文件,并向中国证监会报告内幕信息知情人的违法违规行为,配合中国证监会依法进行的调查。

（19）财务顾问从事上市公司并购重组财务顾问业务，应当公平竞争，按照业务复杂程度及所承担的责任和风险与委托人商议财务顾问报酬，不得以明显低于行业水平等不正当竞争手段招揽业务。

（20）中国证券业协会可以根据本办法的规定，制定财务顾问执业规范，组织财务顾问主办人进行持续培训。

财务顾问可以申请加入中国证券业协会。财务顾问主办人应当参加中国证券业协会组织的相关培训，接受后续教育。

（21）中国证监会建立监管信息系统，对财务顾问及其财务顾问主办人进行持续动态监管，并将以下事项记入其诚信档案。

①财务顾问及其财务顾问主办人被中国证监会采取监管措施的。

②在持续督导期间，上市公司或者其他委托人违反公司治理有关规定、相关资产状况及上市公司经营成果等与财务顾问的专业意见出现较大差异的。

③中国证监会认定的其他事项。

（22）财务顾问及其财务顾问主办人出现下列情形之一的，中国证监会对其采取监管谈话、出具警示函、责令改正等监管措施。

①内部控制机制和管理制度、尽职调查制度以及相关业务规则存在重大缺陷或者未得到有效执行的。

②未按照本办法规定发表专业意见的。

③在受托报送申报材料过程中，未切实履行组织、协调义务、申报文件制作质量低下的。

④未依法履行持续督导义务的。

⑤未按照本办法的规定向中国证监会报告或者公告的。

⑥违反其就上市公司并购重组相关业务活动所作承诺的。

⑦违反保密制度或者未履行保密责任的。

⑧采取不正当竞争手段进行恶性竞争的。

⑨唆使、协助或者伙同委托人干扰中国证监会审核工作的。

⑩中国证监会认定的其他情形。

责令改正的，财务顾问及其财务顾问主办人在改正期间，或者按照要求完成整改并经中国证监会验收合格之前，不得接受新的上市公司并购重组财务顾问业务。

（23）上市公司就并购重组事项出具盈利预测报告的，在相关并购重组活动完成后，凡不属于上市公司管理层事前无法获知且事后无法控制的原因，上市公司或者购买资产实现的利润未达到盈利预测报告或者资产评估报告预测金额80%的，中国证监会责令财务顾问及其财务顾问主办人在股东大会及中国证监会指定报刊上公开说明未实现盈利预测的原因并向股东和社会公众投资者道歉；利润实现数未达到盈利预测50%的，中国证监会可以同时对财务顾问及其财务顾问主办人采取监管谈话、出具警示函、责令定期报告等监管措施。

（24）财务顾问不再符合本办法规定条件的，应当在5个工作日内向中国证监会报告并依法进行公告，由中国证监会责令改正。责令改正期满后，仍不符合本办法规定条件的，中国证监会撤销其从事上市公司并购重组财务顾问业务资格。

财务顾问主办人发生变化的，财务顾问应当在5个工作日内向中国证监会报告。财务顾问主办人不再符合本办法规定条件的，中国证监会将其从财务顾问主办人名单中去除，财务顾问不得聘请其作为财务顾问主办人从事相关业务。

（25）财务顾问及其财务顾问主办人或者其他责任人员所发表的专业意见存在虚假记载、误导性陈述或者重大遗漏的，中国证监会责令改正并依据《证券法》第二百二十三条的规定予以处罚。

（26）财务顾问及其财务顾问主办人在相关并购重组信息未依法公开前，泄露该信息、买卖或者建议他人买卖该公司证券，利用相关并购重组信息散布虚假信息、操纵证券市场或者进行证券欺诈活动的,中国证监会依据《证券法》第二百〇二条、第二百〇三条、第二百〇七条等相关规定予以处罚;涉嫌犯罪的,依法移送司法机关追究刑事责任。

《证券法》第二百二十三条规定,证券服务机构未勤勉尽责,所制作、出具的文件有虚假记载、误导性陈述或者重大遗漏的,责令改正,没收业务收入,暂停或者撤销证券服务业务许可,并处以业务收入1倍以上5倍以下的罚款。对直接负责的主管人员和其他直接责任人员给予警告,撤销证券从业资格,并处以3万元以上10万元以下的罚款。

《证券法》第二百〇二条规定,证券交易内幕信息的知情人或者非法获取内幕信息的人,在涉及证券的发行、交易或者其他对证券的价格有重大影响的信息公开前,买卖该证券,或者泄露该信息,或者建议他人买卖该证券的,责令依法处理非法持有的证券,没收违法所得,并处以违法所得1倍以上5倍以下的罚款;没有违法所得或者违法所得不足3万元的,处3万元以上60万元以下的罚款。单位从事内幕交易的,还应当对直接负责的主管人员和其他直接责任人员给予警告,并处以3万元以上30万元以下的罚款。证券监督管理机构工作人员进行内幕交易的,从重处罚。

《证券法》第二百〇三条规定,违反本法规定,操纵证券市场的,责令依法处理非法持有的证券,没收违法所得,并处以违法所得1倍以上5倍以下的罚款;没有违法所得或者违法所得不足30万元的,处以30万元以上300万元以下的罚款。单位操纵证券市场的,还应当对直接负责的主管人员和其他直接责任人员给予警告,并处以10万元以上60万元以下的罚款。

《证券法》第二百〇七条规定,在证券交易活动中作出虚假陈述或者信息误导的,责令改正,处以3万元以上20万元以下的罚款;属于国家工作人员的,还应当依法给予行政处分。

十四、证券业财务与会计人员执业行为规范(★★)

财务与会计人员是指证券公司、证券投资基金管理公司或中国证券监督管理委员会规定的其他应当接受中国证券业协会自律管理的机构中从事会计核算、财务管理、资金管理等活动的财务与会计人员。

1. 执业要求

(1)财务与会计人员应熟悉并遵守国家财务、会计、税务和其他相关法律法规,遵守所在机构的各项规章制度。

(2)财务与会计人员应取得会计从业资格证书和证券从业资格证书。

(3)财务与会计人员在执业工作中应当做到勤勉尽责、客观诚信和廉洁自律。

(4)财务与会计人员应当客观、公允、及时地判断和反映各项经济活动,依据法律法规、自律规则和机构规程做好会计确认、计量、记录和报告工作。

(5)财务与会计人员应当具备从事证券业财务或会计工作所必需的专业知识和业务能力,不断优化本职工作,快速理解并适应证券业新业务。

(6)财务与会计人员应依法进行财务处理和会计核算,杜绝编造虚假会计信息等违法活动;认真履行职责,抵制违反财经纪律的行为,促进所在机构合规经营,防范和化解财务会计风险。

(7)财务与会计人员应严格保守企业商业秘密,不得泄露和违法使用在工作过程中知悉的商业秘密。法律法规和监管部门规定应当披露的情形除外。

（8）财务与会计人员应当树立服务意识，运用掌握的会计信息，不断提高财务信息质量，积极主动地为企业决策提供相关信息。

（9）财务与会计人员应当协助所在机构业务部门建立健全财务制度和业务流程，改善内部管理，提高经济效益。

（10）财务与会计人员应积极参加所在机构和行业自律组织举办的业务培训，所接受后续职业培训学时不得少于协会最低要求。

2. 执业纪委

（1）财务与会计人员禁止从事以下行为。

①承担与本职岗位有冲突的工作。

②违反内部工作流程和岗位职责管理规定，将本人工作委托他人代为履行。

③违规向其他人员提供自己保管的印章、凭证、钥匙等物品或泄露密码信息。

④未经授权动用本单位的资金、财产。

⑤擅自修改或危害本单位的财务系统。

⑥损害、侵占、挪用和滥用本单位及其所管理的资金、财产。

⑦损坏、隐匿或丢弃凭证、账簿、印章等财务资料。

⑧法律法规或自律规则规定的其他行为。

（2）财务与会计人员在工作过程中发现存在违法犯罪、违反行业自律规则或违反本单位内部制度行为的，应当加以制止，并依法向本单位的管理层、行业自律组织、监管机构报告，或向国家司法机关举报。

（3）财务与会计人员应当正确处理财务会计工作与业务发展、客户利益保护与所在单位利益之间的关系，对存在潜在冲突的情形，应主动向所在机构的管理层说明，并提出合理处理利益冲突的建议。

（4）财务与会计人员应当依据法律法规和自律规则积极配合行政监管部门、司法部门和自律管理组织的工作。

3. 权益保护

（1）财务与会计人员应当依据法律法规和自律规则积极配合行政监管部门、司法部门和自律管理组织的工作。

（2）财务与会计人员有权要求所在机构有关部门和人员认真执行国家有关法律法规，遵守财经纪律和财务制度。

（3）财务与会计人员有权拒绝不真实、不合法的原始凭证，并向所在机构负责人报告；有权退回记载不准确、不完整的原始凭证，并要求按相关规定更正、补充。

（4）财务与会计人员因依法执业和抵制违法违规业务指令而受到所在机构打击报复或受到其他不公正待遇的，可以向协会反映，协会根据相关规定进行调解。

4. 自律惩戒

（1）财务与会计人员不按照《会计法》等规定进行会计核算和财务处理的，所在机构应视情节轻重给予处分；情节严重的，所在机构应向协会报告，协会将记入从业人员诚信信息系统。

（2）财务与会计人员违反规范的，协会可视具体情节给予其警告、行业内通报批评、公开谴责等纪律处分，并将相关信息记入从业人员诚信信息系统。

> **本节提示** 本节涉及的规范性文件主要包括《证券法》，证监会发布的《证券从业人员执业行为准则》《证券市场进入规定》《证券经纪人管理暂行规定》《证券投资基金销售管理办法》《证券公司代销金融产品管理规定》《证券投资顾问业务暂行规定》《证券发行上市保荐业务管理办法》《证券公司客户资产管理业务规范》《上市公司并购重组财务顾问业务管理办法》，证券业协会发布的《中国证券业协会诚信管理办法》《发布证券研究报告执业规范》《证券业财务与会计人员执业行为规范》等。

过关测试题

一、选择题

1. 已取得证券业从业资格，存在（　　）情况的，相关人员可以通过证券经营机构申请统一的执业证书。
   A. 未被机构聘用
   B. 受到职业警告
   C. 被证监会认定为证券市场禁入者
   D. 4年前受过刑事处罚

2. 已经取得证券业执业证书，但连续（　　）年不在机构从业的人员，由协会注销其执业证书。
   A. 2　　　　　B. 3
   C. 4　　　　　D. 5

3. 证券业从业人员取得执业证书后，辞职或者不为原聘用机构所聘用的，或者其他原因与原聘用机构解除劳动合同的，原聘用机构应当在上述情形发生后（　　）日内向协会报告，由协会变更该人员执业注册登记。
   A. 7　　　　　B. 10
   C. 15　　　　D. 20

4. 根据销售业务规范，基金销售机构在销售基金和相关产品的过程中，应当坚持（　　）优先原则。
   A. 市场占有率　B. 投资报酬率
   C. 个人业绩　　D. 投资人利益

5. 注册登记为证券投资顾问或证券分析师的人员，证券业协会网站不会公示其（　　）。
   A. 所在机构
   B. 执业证书编号
   C. 身份证号码
   D. 从事证券投资咨询业务类型

6. 根据《证券发行上市保荐业务管理办法》的规定，保荐代表人应当遵守职业道德准则，珍视和维护保荐代表人职业声誉，保持应有的职业谨慎，保持和提高其（　　）。
   A. 专业胜任能力
   B. 交流沟通水平
   C. 道德水平
   D. 风险控制能力

7. 下列机构中，依法对保荐机构、保荐代表人进行注册登记管理的是（　　）。
   A. 中国证监会
   B. 中国证券业协会
   C. 国务院证券委员会
   D. 中国保荐业协会

8. 保荐机构的注册登记事项发生变化的，保荐机构应当自变化之日起（　　）个工作日内向中国证监会书面报告，由中国证监会予以变更登记。
   A. 5　　　　　B. 10
   C. 15　　　　D. 20

9. 个人申请保荐代表人资格，应当具备的条件不包括（　　）。
   A. 诚实守信，品行良好
   B. 最近3年内在境内证券发行项目中担任过项目协办人
   C. 最近2年未受到中国证监会的行政处罚
   D. 未负有数额较大到期未清偿的债务

10. 证券公司客户资产管理业务投资主办人应当在（　　）进行执业注册。
    A. 中国证监会
    B. 中国证券业协会
    C. 证监会派出机构
    D. 中国投资主办人协会

11. 财务顾问主办人应当具备的条件不包括（　　）。
    A. 参加中国证监会认可的财务顾问主办人胜任能力考试且成绩合格
    B. 不存在数额较大到期未偿还的债务
    C. 最近12个月未因执业行为违反行业规范而受到行业自律组织的纪律处分
    D. 最近36个月未因执业行为违法违规

受到处罚

12. 在中国证券业协会进行诚信信息查询时，申请符合规定条件、材料齐备的，协会应自收到查询申请之日起（　　）个工作日内出具诚信报告。

A. 2　　　　　　B. 5
C. 10　　　　　 D. 15

13. 中国证券业协会以外主体作出的、符合相关规定条件的奖励信息，会员应自收到对本单位及本单位从业人员奖励决定文书之日起（　　）个工作日内向协会诚信管理系统申报，协会审核后记入诚信信息系统。

A. 5　　　　　　B. 7
C. 10　　　　　 D. 15

14. 中国证监会对有关责任人员采取的禁入措施不包括（　　）。

A. 1至3年的证券市场禁入措施
B. 3至5年的证券市场禁入措施
C. 5至10年的证券市场禁入措施
D. 终身的证券市场禁入措施

15. 证券经纪人根据证券公司的授权，从事客户招揽和客户服务等活动时，不应（　　）。

A. 清晰、准确、客观地向客户介绍证券市场和证券公司的基本情况
B. 要求客户无论在任何情况下都应坚持从事证券投资活动
C. 向客户充分提示证券投资的风险
D. 如实向客户传递所服务证券公司统一提供的研究报告及与证券投资有关的信息

16. （　　）按照证券公司增加常规业务种类的条件和程序，对证券公司代销金融产品业务资格申请进行审批。

A. 中国证券业协会
B. 证券交易所
C. 证券公司住所地证监会派出机构
D. 中国证券监督管理委员会总部

17. 下列属于证券投资咨询人员特定禁止行为的是（　　）。

A. 编造、传播虚假信息或者误导投资者的信息
B. 依据虚假信息、内幕信息或者市场传言撰写和发布分析报告或评级报告
C. 违规向客户作出投资不受损失或保证最低收益的承诺
D. 泄露客户资料

18. 保荐机构及保荐代表人制作的发行保荐书不包括（　　）的内容。

A. 对发行人发展前景的评价
B. 保荐机构与发行人的关联关系
C. 逐项符合公司法、证券法的程序和条件
D. 保荐代表人专项授权书

19. 按照《证券发行上市保荐业务管理办法》的要求，证券发行规模达到一定数量的，可以采用联合保荐，但参与联合保荐的保荐机构不得超过（　　）家。

A. 2　　　　　　B. 4
C. 5　　　　　　D. 10

二、组合型选择题

1. 证券业从业人员资格取得的条件包括（　　）。

Ⅰ. 当年满18周岁
Ⅱ. 参加资格考试成绩合格
Ⅲ. 具有完全民事行为能力
Ⅳ. 具有大专以上文化程度

A. Ⅰ、Ⅱ、Ⅲ
B. Ⅰ、Ⅱ、Ⅳ
C. Ⅰ、Ⅲ、Ⅳ
D. Ⅰ、Ⅱ、Ⅲ、Ⅳ

2. 聘用机构应当10日内向协会发出报告的情形有（　　）。

Ⅰ. 连续3年不在本机构从业的人员
Ⅱ. 从业人员取得执业证书后，辞职或者不为原聘用机构所聘用的人员
Ⅲ. 取得执业证书的从业人员变更聘用

机构的人员

Ⅳ．违反有关证券法律、行政法规，受到聘用机构处分的人员

A．Ⅰ、Ⅱ、Ⅲ
B．Ⅱ、Ⅲ、Ⅳ
C．Ⅰ、Ⅱ、Ⅳ
D．Ⅰ、Ⅱ、Ⅲ、Ⅳ

3．有以下（　　）情况发生，中国证监会可以对机构处3万元以下罚款。

Ⅰ．机构办理执业证书申请过程中，弄虚作假、徇私舞弊，情节严重的

Ⅱ．机构聘用未取得执业证书的人员对外开展证券业务的，情节严重的

Ⅲ．协会工作人员不按规定履行职责，徇私舞弊、故意刁难有关当事人的

Ⅳ．从业人员所在机构拒绝配合调查的，情节严重的

A．Ⅰ、Ⅱ、Ⅲ、Ⅳ
B．Ⅰ、Ⅲ、Ⅳ
C．Ⅰ、Ⅱ、Ⅲ
D．Ⅰ、Ⅱ、Ⅳ

4．根据基金销售人员从业资质管理规则，证券投资基金销售人员包括（　　）。

Ⅰ．基金销售机构总部中从事基金销售业务管理的人员

Ⅱ．从事基金理财业务咨询等活动的人员

Ⅲ．从事基金宣传推介活动的人员

Ⅳ．基金销售主要分支机构中从事基金销售业务管理的人员

A．Ⅰ、Ⅲ、Ⅳ
B．Ⅱ、Ⅲ、Ⅳ
C．Ⅰ、Ⅱ、Ⅲ、Ⅳ
D．Ⅰ、Ⅱ、Ⅲ

5．从事证券投资咨询业务必须具备的条件有（　　）。

Ⅰ．已取得证券从业资格

Ⅱ．具有中华人民共和国国籍，具有完全民事行为能力

Ⅲ．品行端正，具有良好的职业道德

Ⅳ．未受过刑事处罚

A．Ⅰ、Ⅱ、Ⅲ
B．Ⅰ、Ⅲ、Ⅳ
C．Ⅱ、Ⅲ、Ⅳ
D．Ⅰ、Ⅱ、Ⅲ、Ⅳ

6．中国证监会对保荐代表人的注册登记事项包括（　　）。

Ⅰ．保荐代表人的联系电话、通讯地址

Ⅱ．保荐代表人的任职机构、职务

Ⅲ．保荐代表人的姓名、性别、出生日期、身份证号码

Ⅳ．保荐代表人的学习和工作经历

A．Ⅱ、Ⅳ
B．Ⅰ、Ⅱ、Ⅲ、Ⅳ
C．Ⅱ、Ⅲ、Ⅳ
D．Ⅰ、Ⅱ、Ⅲ

7．证券从业人员不得从事的活动有（　　）。

Ⅰ．利用工作之便向任何机构和个人输送利益，损害客户和所在机构利益

Ⅱ．从事与其履行职责有利益冲突的业务

Ⅲ．编造、传播虚假信息或作出虚假陈述或信息误导，扰乱证券市场

Ⅳ．损害社会公共利益、所在机构或者他人的合法权益

A．Ⅰ、Ⅱ、Ⅲ、Ⅳ
B．Ⅱ、Ⅲ、Ⅳ
C．Ⅰ、Ⅱ、Ⅲ
D．Ⅰ、Ⅱ、Ⅳ

8．根据《证券业协会诚信信息管理办法》，证券业协会与其建立诚信信息交流渠道的机构有（　　）。

Ⅰ．中国证监会及其派出机构

Ⅱ．全国性证券交易所

Ⅲ．全国性证券登记结算机构

Ⅳ．地方证券业协会

A．Ⅰ、Ⅱ、Ⅲ、Ⅳ
B．Ⅰ、Ⅱ、Ⅲ

C．Ⅰ、Ⅱ、Ⅳ
D．Ⅱ、Ⅲ、Ⅳ

9. 下列人员违反法律、行政法规或者中国证监会有关规定，情节严重的，中国证监会可以根据情节严重的程度，采取证券市场禁入措施的有（　　）。

Ⅰ．发行人、上市公司的董事、监事、高级管理人员

Ⅱ．发行人、上市公司的控股股东、实际控制人或者发行人

Ⅲ．证券公司的董事、监事、高级管理人员

Ⅳ．证券投资基金管理人、证券投资基金托管人的董事、监事、高级管理人员

A．Ⅰ、Ⅱ、Ⅲ
B．Ⅰ、Ⅱ、Ⅳ
C．Ⅱ、Ⅲ、Ⅳ
D．Ⅰ、Ⅱ、Ⅲ、Ⅳ

10. 证券公司在向客户推介金融产品时，应当了解客户的事项有（　　）。

Ⅰ．所在单位风险承受情况
Ⅱ．财产和收入状况
Ⅲ．风险偏好
Ⅳ．投资经验和投资目标

A．Ⅱ、Ⅳ
B．Ⅱ、Ⅲ
C．Ⅰ、Ⅱ、Ⅲ、Ⅳ
D．Ⅱ、Ⅲ、Ⅳ

11. 证券投资咨询人员的一般性禁止行为包括（　　）。

Ⅰ．编造、传播虚假信息或者误导投资者的信息

Ⅱ．接受他人委托从事证券投资

Ⅲ．从事与其履行职责有利益冲突的业务

Ⅳ．违规向客户作出投资不受损失或保证最低收益的承诺

A．Ⅰ、Ⅱ、Ⅲ
B．Ⅰ、Ⅱ、Ⅳ
C．Ⅰ、Ⅲ、Ⅳ
D．Ⅱ、Ⅲ、Ⅳ

12. 证券投资咨询机构与电信服务部门进行业务合作时，应当向地方证管办备案，备案材料包括（　　）。

Ⅰ．合作内容
Ⅱ．项目负责人
Ⅲ．预估效果
Ⅳ．版面安排或节目时间段

A．Ⅰ、Ⅱ、Ⅳ
B．Ⅰ、Ⅲ、Ⅳ
C．Ⅱ、Ⅲ、Ⅳ
D．Ⅰ、Ⅱ、Ⅲ、Ⅳ

13. 证券公司、证券投资咨询机构及其执业人员向社会公众开展证券投资咨询业务活动的禁止事项包括（　　）。

Ⅰ．向投资人承诺证券、期货投资收益

Ⅱ．与投资人约定分享投资收益或者分担投资损失

Ⅲ．利用咨询服务与他人合谋操纵市场或者进行内幕交易

Ⅳ．代理投资人从事证券、期货买卖

A．Ⅰ、Ⅳ
B．Ⅰ、Ⅲ、Ⅳ
C．Ⅰ、Ⅱ、Ⅲ、Ⅳ
D．Ⅱ、Ⅲ、Ⅳ

14. 按照《证券公司客户资产管理业务规范》，不得注册为投资主办人的情形有（　　）。

Ⅰ．不符合申请投资主办人注册规定的条件

Ⅱ．被监管机构采取重大行政监管措施未满两年

Ⅲ．未通过证券从业人员年检

Ⅳ．尚处于法律法规规定或劳动合同约定的竞业禁止期内

A．Ⅱ、Ⅲ、Ⅳ
B．Ⅰ、Ⅱ、Ⅲ、Ⅳ
C．Ⅰ、Ⅱ、Ⅳ
D．Ⅰ、Ⅲ

15. 在行业协会注册投资主办人时，申请人应当具备的条件有（　　）。

Ⅰ. 已取得证券从业资格

Ⅱ. 具有2年以上证券投资、研究、投资顾问或类似从业经历

Ⅲ. 具备良好的诚信记录及职业操守

Ⅳ. 最近5年内没有受到监管部门的行政处罚

A. Ⅰ、Ⅱ、Ⅳ
B. Ⅱ、Ⅲ、Ⅳ
C. Ⅰ、Ⅲ
D. Ⅰ、Ⅱ、Ⅲ、Ⅳ

第三章

证券公司业务规范

本章主要讲解证券公司的业务及其相关规范，主要内容包括经纪业务、证券投资咨询、与证券交易与投资相关的财务顾问、证券承销与保荐、证券自营、证券资产管理、融资融券、代销金融产品、证券公司中间业务、股票质押回购、约定式购回、报价回购、直接投资和证券公司参与区域性股权交易市场等。本章属于重点章节，考试重点集中在证券公司业务的相关规定、主要的法律法规、监管措施、法律责任以及规范要求等。历次考试中平均分值为36分左右，考生应结合证券公司业务的实务操作进行学习。

本章考点预览

第三章 证券公司业务规范	第一节 证券经纪	一、证券公司经纪业务的主要法律法规	★
		二、证券经纪业务的特点	★★
		三、证券公司建立健全经纪业务管理制度的相关规定	★★★
		四、证券公司经纪业务中账户管理、三方存管、交易委托、交易清算、指定交易及托管、查询及咨询等环节的基本规则、业务风险及规范要求	★★
		五、经纪业务的禁止行为	★★★
		六、监管部门对经纪业务的监管措施	★★
	第二节 证券投资咨询	一、证券投资咨询、证券投资顾问、证券研究报告的概念和基本关系	★★★
		二、证券、期货投资咨询业务的管理规定	★★★
		三、证券公司、证券咨询机构及其执业人员向社会公众开展证券投资咨询业务活动的有关规定	★★★
		四、利用"荐股软件"从事证券投资咨询业务的相关规定	★★★
		五、监管部门和自律组织对证券投资咨询业务的监管措施和自律管理措施	★
		六、证券公司证券投资顾问业务的内部控制规定	★★★
		七、监管部门对证券投资顾问业务的有关规定	★★★
		八、监管部门对发布证券研究报告业务的有关规定	★★★

续表

第三章 证券公司业务规范	第三节 与证券交易、证券投资活动有关的财务顾问	一、上市公司收购以及上市公司重大资产重组等主要法律法规	★
		二、证券公司不得担任财务顾问及独立财务顾问的情形	★★★
		三、从事上市公司并购重组财务顾问业务的业务规则	★★
		四、财务顾问的监管和法律责任	★★
	第四节 证券承销与保荐	一、证券公司发行与承销业务的主要法律法规	★
		二、证券发行保荐业务的一般规定	★★
		三、证券发行与承销信息披露的有关规定	★
		四、证券公司发行与承销业务的内部控制规定	★★★
		五、监管部门对证券发行与承销的监管措施	★★
		六、违反证券发行与承销有关规定的处罚措施	★★★
	第五节 证券自营业务	一、证券公司自营业务的主要法律法规	★
		二、证券公司自营业务管理制度、投资决策机制和风险监控体系的一般规定	★
		三、证券自营业务决策与授权的要求	★
		四、证券自营业务操作的基本要求	★
		五、证券公司自营业务投资范围的规定	★★★
		六、证券自营业务持仓规模的要求	★★★
		七、自营业务的禁止性行为	★★★
		八、证券自营业务的监管措施和违反有关法规的法律责任	★★
	第六节 证券资产管理业务	一、证券公司开展资产管理业务的基本原则要求	★★
		二、证券公司客户资产管理业务类型及基本要求	★★★
		三、开展资产管理业务,投资主办人数的最低要求	★★★
		四、资产管理合同应当包括的必备内容	★
		五、办理定向资产管理业务,接受客户资产最低净值要求	★★★
		六、办理集合资产业务接受的资产形式	★★★
		七、合格投资者要求	★★
		八、关联交易的要求	★★
		九、资产管理业务禁止行为的有关规定	★★★
		十、资产管理业务风险控制要求	★★
		十一、资产管理业务了解客户、对客户信息披露及揭示风险的有关规定	★★★
		十二、资产管理业务客户资产托管的基本要求	★★★
		十三、监管部门对资产管理业务的监管措施及后续监管要求	★★★
		十四、资产管理业务违反有关规定的法律责任	★★★
		十五、合格境外机构投资者境内证券投资、合格境内机构投资者境外证券投资的相关监管规定	★

续表

第七节 其他业务	一、融资融券业务管理的基本原则	★★★	
	二、证券公司申请融资融券业务应具备的条件	★	
	三、融资融券业务的账户体系	★★★	
	四、融资融券业务客户的申请、客户征信调查、客户的选择标准	★★	
	五、融资融券业务合同的基本内容	★★★	
	六、融资融券业务形成的债权担保有关规定	★★	
	七、标的证券、保证金和担保物的管理规定	★★★	
	八、融资融券业务涉及证券权益处理规定	★	
	九、监管部门对融资融券业务的监管规定	★★★	
	十、转融通业务规则	★	
	十一、监管部门对转融通业务的监督管理规定	★★	
	十二、代销金融产品适当性原则	★★	
	十三、代销金融产品的规范和禁止行为	★★	
	十四、违反代销金融产品有关规定的法律责任	★★★	
	十五、证券公司中间介绍业务的业务范围	★★	
	十六、证券公司开展中间介绍业务的有关规定	★★★	
	十七、中间介绍业务的禁止行为	★★★	
	十八、中间介绍业务的监管要求	★★	
	十九、股票质押回购、约定式购回业务、报价回购、直接投资、证券公司参与区域性股权交易市场相关规则	★★	

第一节 证券经纪

考情分析：本节属于重点小节，主要介绍证券经纪相关知识，考点集中在证券经纪业务的特点、建立健全经纪业务管理制度的规定、账户管理、三方存管、交易委托、交易清算、指定交易及委托，经纪业务禁止行为，各监管部门的监管措施等。本节考试题型为选择题和组合型选择题，考试分值占6分左右。

学习建议：了解证券公司经纪业务的主要法律法规，监管部门和自律组织对证券投资咨询业务的监管措施和自律管理措施；熟悉证券经纪业务的特点，证券公司经纪业务中账户管理、三方存管、交易委托、交易清算、指定交易及托管、查询及咨询等环节的基本规则、业务风险及规范要求，监管部门对经纪业务的监管措施；重点掌握证券公司建立健全经纪业务管理制度的相关规定，经纪业务的禁止行为。

一、证券公司经纪业务的主要法律法规（★）

证券公司经纪业务涉及的法律法规，包括证券经纪业务规范和任职规范等方面，其具体内容如表3-1所示。

表 3-1　证券经纪业务的主要法律法规

项目	包含的法律法规
证券经纪业务法律法规	《证券法》《证券公司监督管理条例》《证券公司内部控制指引》《关于加强证券经纪业务管理的规定》《证券登记结算管理办法》《证券公司融资融券业务试点管理办法》《关于开展证券公司融资融券业务试点工作的指导意见》和《中国证券登记结算有限责任公司融资融券试点登记结算业务实施细则》等
证券经纪任职规范	《证券业从业人员资格管理办法》《证券从业人员执业行为准则》《证券经纪人管理暂行规定》和《证券公司董事、监事和高级管理人员任职资格监管办法》等

二、证券经纪业务的特点（★★）

证券经纪业务是证券公司代理客户买卖有价证券的行为，又称代理买卖证券业务。

证券公司通过其设立的营业场所（即证券营业部）和在证券交易所的席位，接受客户委托，按照客户的要求代理客户买卖证券的业务。

证券经纪业务的特点有：业务对象的广泛性、证券经纪商的中介性、客户指令的权威性和客户资料的保密性。其具体内容如表 3-2 所示。

表 3-2　证券经纪业务的特点

特点	内容阐述
业务对象的广泛性	所有上市交易的股票和债券都是证券经纪业务的对象，因此证券经纪业务的对象具有广泛性
证券经纪商的中介性	证券经纪业务是一种代理活动，证券经纪商不承担交易中证券价格涨跌的风险，而是充当证券买方和卖方的代理人，发挥着沟通买卖双方和按一定的要求和规则迅速、准确地执行指令并代办手续，同时尽量使买卖双方按自己意愿成交的媒介作用，因此具有中介性的特点
客户指令的权威性	在证券经纪业务中，客户是委托人，证券经纪商是受托人。证券经纪商要严格按照委托人的要求办理委托事务，这是证券经纪商对委托人的首要义务。委托人的指令具有权威性，证券经纪商必须严格地按照委托人指定的证券、数量、价格和有效时间买卖证券，不能自作主张，擅自改变委托人的意愿
客户资料的保密性	在证券经纪业务中，委托人的资料关系到其投资决策的实施和投资盈利的实现，关系到委托人的切身利益，证券经纪商有义务为客户保密。如股东账户和资金账户的账号和密码，客户委托的有关事项等。如因证券经纪商泄露客户资料而造成损失，证券经纪商应承担赔偿责任

名师点拨　在证券经纪业务中，证券公司不承担客户的价格风险，只收取一定比例的佣金作为业务收入。证券经纪业务构成要素有：委托人、证券经纪商、证券交易所和证券交易的对象。

三、证券公司建立健全经纪业务管理制度的相关规定（★★★）

为了加强证券公司证券经纪业务的监管，保护投资者的合法权益，国家出台了《关于加强证券经纪业务管理的规定》，其具体内容如下：

（1）证券公司应当建立健全证券经纪业务管理制度，对证券经纪业务实施集中统一管理，防范公司与客户之间的利益冲突，切实履行反洗钱义务，防止出现损害客户合法权益的行为。

（2）证券公司从事证券经纪业务，应当客观说明公司业务资格、服务职责、范围等情况，不得提供虚假、误导性信息，不得采取不正当竞争手段开展业务，不得诱导无投资意愿或者无风险承受能力的投资者参与证券交易活动。

（3）证券公司应当建立健全证券经纪业务客户管理与客户服务制度，加强投资者教育，保护客户合法权益。其具体内容如表3-3所示。

表3-3 建立健全证券经纪业务客户管理与客户服务制度

事项	具体内容
建立健全客户账户管理制度	按照国家相关规定，证券公司与客户签订证券交易委托代理协议，并按规定为客户开立资金账户，代理证券登记结算机构为首次进入证券市场的客户开立证券账户，并按规定办理客户交易结算资金（以下简称"客户资金"）存管手续
建立健全客户适当性管理制度，为客户提供适当的产品和服务	证券公司应当根据客户财务与收入状况、证券专业知识、证券投资经验和风险偏好、年龄等情况，在与客户签订证券交易委托代理协议时，对客户进行初次风险承受能力评估，以后至少每2年根据客户证券投资情况等进行一次后续评估，并对客户进行分类管理，分类结果应当以书面或者电子方式记载、留存
建立健全客户交易安全监控制度，保护客户资产安全	证券公司应当配合监管部门、证券交易所对客户异常交易行为进行监督、控制、调查，根据监管部门及证券交易所要求，及时、真实、准确、完整地提供客户账户资料及相关交易情况说明。发现盗买盗卖等异常交易行为疑点时，应当及时通知客户并核实确认、留存证据；基本确认盗买盗卖等异常交易行为的，应当立即采取措施控制资产，并协助客户向公安机关报案
建立健全客户回访制度，及时发现并纠正不规范行为	证券公司应当统一组织回访客户，对新开户客户应当在1个月内完成回访，对原有客户的回访比例应当不低于上年末客户总数（不含休眠账户及中止交易账户客户）的10%，回访内容应当包括但不限于客户身份核实、客户账户变动确认、证券营业部及证券从业人员是否违规代客户操作账户、是否向客户充分揭示风险、是否存在全权委托行为等情况。客户回访应当留痕，相关资料应当保存不少于3年
建立健全客户投诉处理制度，妥善处理客户投诉和与客户的纠纷	证券公司及证券营业部应当在公司网站及营业场所显著位置公示客户投诉电话、传真、电子信箱，保证投诉电话至少在营业时间内有人值守。证券公司及证券营业部应当建立客户投诉书面或者电子档案，保存时间不少于3年。每年4月底前，证券公司和证券营业部应当汇总上一年度证券经纪业务投诉及处理情况，分别报证券公司住所地及证券营业部所在地证监局备案
建立健全客户资料管理制度，保证客户资料安全完整	证券公司应当为每个客户单独建立纸质或者电子档案，客户档案应当包括客户及代理人名称、通讯地址及联系电话、客户和代理人的身份证明文件复印件、证券账户卡复印件、证券交易委托代理协议、客户资金存管协议、授权委托书、风险揭示书及中国证券监督管理委员会规定的其他信息。证券公司应当妥善保管客户档案和资料，为客户保密

【例题·选择题】证券经纪业务中，客户回访应当留痕，相关资料应当保存不少于（　　）年。
　　A. 1　　　　B. 2　　　　C. 3　　　　D. 4
【解析】本题考查的是证券公司建立健全经纪业务管理制度的相关规定。根据《关于加强证券经纪业务管理的规定》第三条规定，客户回访应当留痕，相关资料应当保存不少于3年。
【答案】C

（4）证券公司应当建立健全证券经纪业务人员管理和科学合理的绩效考核制度，规范证券经纪业务人员行为。其具体内容如表3-4所示。

表 3-4 证券经纪业务人员管理和科学合理的绩效考核制度

事项	具体内容
建立分工制度	从事技术、风险监控、合规管理的人员不得从事营销、客户账户及客户资金存管等业务活动；营销人员不得经办客户账户及客户资金存管业务；技术人员不得承担风险监控及合规管理职责
建立制衡机制	与客户权益变动相关业务的经办人员之间，应当建立制衡机制。涉及客户资金账户及证券账户的开立、信息修改、注销，建立及变更客户资金存管关系，客户证券账户转托管和撤销指定交易等与客户权益直接相关的业务应当一人操作、一人复核，复核应当留痕。涉及限制客户资产转移、改变客户证券账户和资金账户的对应关系、客户账户资产变动记录的差错确认与调整等非常规性业务操作，应当事先审批，事后复核，审批及复核均应留痕
建立查询制度	证券公司应当以提供网上查询、书面查询或者在营业场所公示等方式，保证客户在证券公司营业时间内能够随时查询证券公司经纪业务经办人员和证券经纪人的姓名、执业证书、证券经纪人证书编号等信息
建立绩效考核和激励机制	证券公司对证券经纪业务人员的绩效考核和激励，不应简单与客户开户数、客户交易量挂钩，应当将被考核人员行为的合规性、服务的适当性、客户投诉的情况等作为考核的重要内容，考核结果应当以书面或者电子方式记载、保存

【例题·组合型选择题】证券公司对证券经纪业务人员的绩效考核和激励，应当将被考核人员（　　）等作为考核的重要内容。

Ⅰ．行为的合规性
Ⅱ．客户投诉情况
Ⅲ．服务的效率性
Ⅳ．服务的适当性

A．Ⅰ、Ⅱ、Ⅲ
B．Ⅰ、Ⅱ、Ⅳ
C．Ⅰ、Ⅲ、Ⅳ
D．Ⅰ、Ⅱ、Ⅲ、Ⅳ

【解析】本题考查的是证券公司建立健全经纪业务管理制度的相关规定。根据《关于加强证券经纪业务管理的规定》第四条规定，证券公司对证券经纪业务人员的绩效考核和激励，不仅要考核被考核人员的业绩（客户开户数、客户交易量），还应考核被考核人员行为的合规性、服务的适当性、客户投诉的情况等重要内容。

【答案】B

（5）证券公司应当建立健全证券营业部管理制度，保障证券营业部规范、平稳、安全运营。具体内容如下所述。

①证券营业部应当将《证券经营机构营业许可证》放置在营业场所显著位置，并在许可范围内从事经营活动。

②证券营业部应当建立健全印章管理制度，对各类印章登记造册，建立各类印章的使用、保管、交接等内控流程。

③证券营业部应当建立健全营业场所安全保障机制，保证与当地公安、消防等有关部门的联系畅通，维护交易秩序稳定；制定重大突发事件应急处理预案，定期组织自查，按规定进行演练，自查及演练情况应当以书面方式记载、留存，保存时间不少于 3 年。

④证券营业部负责人对证券营业部的业务规范、安全、稳定运营负直接责任。证券公司应当每年对证券营业部负责人进行年度考核，年度考核情况应当以书面方式记载、留存。

⑤证券营业部负责人应当每 3 年至少强制离岗一次，强制离岗时间应当连续不少于

10个工作日。证券营业部负责人强制离岗期间，证券公司应当对证券营业部进行现场稽核，稽核报告应当以书面方式记载、留存。

⑥证券营业部负责人离任的，证券公司应当进行审计。离任审计结束前，被审计人员不得离职；发现违法违规经营问题的，证券公司应当进行内部责任追究，并报当地监管部门或者司法机关依法处理，且该违规人员至少2年内不得转任其他证券营业部负责人或者证券公司同等职务及以上管理人员。证券公司应当在审计结束后3个月内，将证券营业部负责人离任审计报告报交证券营业部所在地及公司住所地证监局备案。

⑦第④至⑥项所述年度考核、稽核、审计的内容包括证券营业部的下列事项：有无挪用客户资产、有无接受客户全权委托、有无向客户提供不适当的产品和服务、有无违规融资及担保、有无向客户承诺收益、有无超范围经营、有无违规为客户办理账户业务、有无重大信息安全事故、有无重大突发事件、有无未了结客户纠纷等，以及证券营业部负责人在上述事项中的责任情况等。

（6）证券公司应当统一建立、管理证券经纪业务客户账户管理、客户资金存管、代理交易、代理清算交收、证券托管、交易风险监控等信息系统，各项业务数据应当集中存放。证券公司应当统一分配和授予证券经纪业务信息系统权限及参数；证券公司不得向证券营业部授予虚增虚减客户资金、证券及账户，客户间资金及证券转移，修改清算数据的系统权限；证券营业部新建信息系统，应当由证券公司统一组织实施。

（7）证券营业部及证券从业人员发生违反法律、行政法规、监管机构和其他行政管理部门规定以及自律规则、证券公司证券经纪业务管理制度行为的，证券公司应当追究其责任。证券公司年度合规报告中，应当包括证券经纪业务合规情况、发现的主要问题及内部责任追究等有关内容。

（8）证券公司及证券营业部违反本规定的，中国证券监督管理委员会及其派出机构将视情况依法采取责令改正、监管谈话、出具警示函、暂不受理与行政许可有关的文件、责令处分有关人员、暂停核准新业务、限制业务活动等监管措施。违反法律法规的，依法进行行政处罚。构成犯罪的，移送司法机关处理。

【例题·选择题】证券公司从事证券经纪业务，下列做法中不正确的是（　　）。

A. 应当客观说明公司业务资格、服务职责、范围等情况

B. 按照风险分散的原则指导投资者参与证券交易活动

C. 不得采取不正当竞争手段开展业务

D. 不得提供虚假、误导性信息

【解析】本题考查证券经纪业务规范。证券公司从事证券经纪业务，应当客观说明公司业务资格、服务职责、范围等情况，不得提供虚假、误导性信息，不得采取不正当竞争手段开展业务，不得诱导无投资意愿或者无风险承受能力的投资者参与证券交易活动。因此，B项说法错误，其余三项说法正确。

【答案】B

四、证券公司经纪业务中账户管理、三方存管、交易委托、交易清算、指定交易及托管、查询及咨询等环节的基本规则、业务风险及规范要求（★★）

1. 账户管理

账户管理主要包括：账户的开立、信息变更、注销；证券账户的合并、挂失补办；不合格账户、休眠账户及风险处置休眠账户的管理；账户信息比对与报送；客户账户档案管理等。

投资者通过证券账户持有证券，证券账户用于记录投资者持有证券的余额及变动情况。

证券账户管理包括证券账户的开立、证券账户挂失补办、证券账户注册资料查询与变更、证券账户合并与注销、非交易过户等。

知识扩展 资金账户（证券资金台账）管理包括资金账户的开户和销户、开通客户交易委托品种、交易委托方式及操作权限、选择客户资金存管的指定商业银行、开通或变更客户交易结算资金第三方存管、指定或撤销指定交易、证券转托管、资金账户挂失与解挂、客户资料修改、密码管理等。

（1）客户身份识别。

①客户账户管理业务的身份识别。

对客户账户进行管理，首先需要对客户身份进行识别，这是后续工作的基础。身份识别的具体内容如表3-5所示。

表3-5 客户身份识别

项目	内　　容
应当进行客户身份识别的业务	①资金账户的开立、注销。 ②代理证券账户的开立、指定交易及撤销指定交易、转托管、挂失补办、合并和注销。 ③代理开放式基金账户的开立、注销。 ④信用账户的开立、注销。 ⑤客户资料修改。 ⑥指定商业银行签约、变更，修改银行账户资料。 ⑦交易密码、资金密码、通讯密码清空重置。 ⑧开通非柜面交易委托方式。 ⑨增加服务品种。 ⑩不合格账户、休眠账户的规范。 ⑪其他与账户管理有关的重要业务
进行身份识别应审查、核对的文件	①自然人客户本人办理的，应核查客户出示的本人有效身份证明文件；自然人客户的继承人办理被继承人的账户业务的，应按《继承法》办理。 ②法人客户办理的，应核查客户出示的有效身份证明文件和资料、法定代表人（执行事务合伙人）证明书、有效授权委托书、委托人和代理人的有效身份证明文件

②账户身份信息变更时客户身份的重新识别。营业部在办理账户身份信息变更业务时，应当重新识别客户身份。

③客户身份持续识别与账户客户信息维护。账户存续期间，证券公司营业部应每3年一次对自然人客户信息进行全面核查，每年对法人客户信息进行全面核查。

（2）证券账户的开立。

投资者开立证券账户应向证券登记结算机构提出申请。投资者申请开立证券账户应保证其提交开户资料真实、准确、完整。

证券登记结算机构可以直接为投资者开户，也可以委托证券公司代为办理。证券登记结算机构为投资者开立证券账户，应当遵循方便投资者和优化配置账户资源的原则。

证券公司代理开立证券账户，应申请取得开户代理资格。应当妥善保管开户资料，保管期限不得少于20年。

证券公司营业部在为客户开户时，须根据中国结算公司《证券账户管理规则》确认客户证券账户的开户资格及各类证券品种的交易权限。须针对客户拟投资的高风险证券品种进行客户适当性评估与管理，向客户揭示风险。

证券账户的开立是证券公司经纪业务的重要内容之一，证券账户的开立流程如图3-1所示。

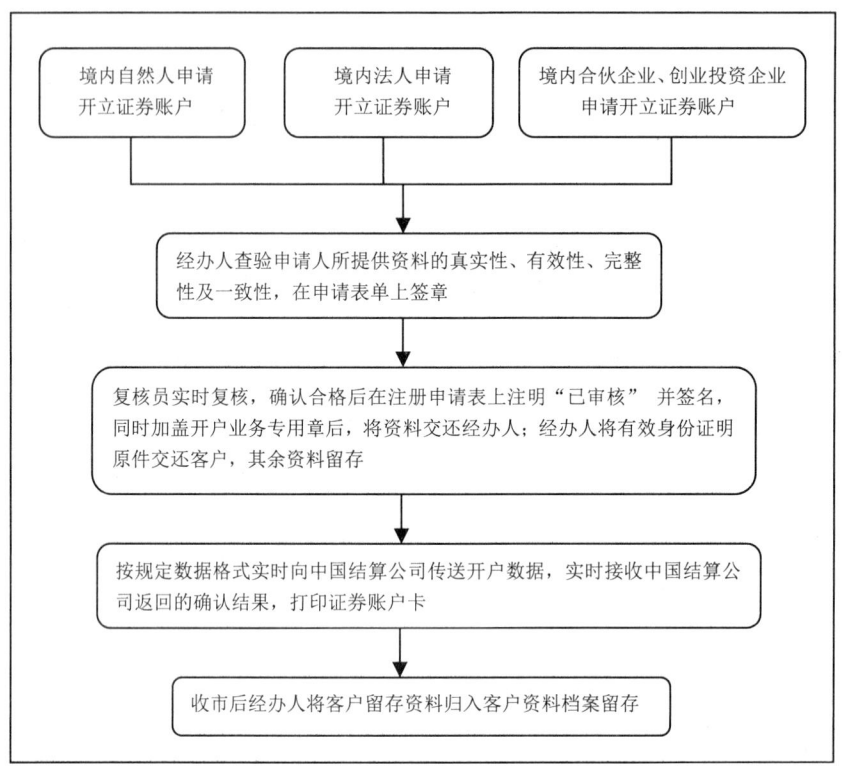

图 3-1 证券账户的开立流程

①境内自然人申请开立证券账户：由客户本人填写"自然人证券账户注册申请表"，并提交本人有效身份证明文件及复印件。委托他人代办的，还需提供经公证的委托代办书、代办人的有效身份证明文件及复印件。

②境内法人申请开立证券账户：客户填写"机构证券账户注册申请表"，并提交有效身份证明文件（企业法人营业执照或注册登记证书）及复印件或加盖发证机关确认章的复印件、经办人有效身份证明文件及复印件。

③境内合伙企业、创业投资企业申请开立证券账户：客户填写"合伙企业等非法人组织证券账户注册申请表"；提交工商管理部门颁发的营业执照（或其他国家有权机关颁发的合伙组织成立证书）及复印件，组织机构代码证及复印件，合伙协议或投资各方签署的创业投资企业合同及章程（须加盖企业公章），全体合伙人或投资者名单、有效身份证明文件及复印件，经办人有效身份证明文件及复印件，执行事务合伙人或负责人证明书（须加盖企业公章），执行事务合伙人或负责人有效身份证明文件及复印件，加盖企业公章的执行事务合伙人或负责人对经办人的授权委托书（合伙企业执行事务合伙人以合伙企业营业执照上的记载为准，有多名合伙企业执行事务合伙人的，由其中一名在授权书上签字；执行事务合伙人是法人或者其他组织的，由其委派代表在授权书上签字）。

④经办人查验申请人所提供资料的真实性、有效性、完整性及一致性，在申请表单上签章后，将所有资料交复核员实时复核。

⑤复核员实时复核，确认合格后在注册

申请表上注明"已审核"并签名,同时加盖开户业务专用章后,将资料交还经办人;经办人将有效身份证明原件交还客户,其余资料留存。

⑥按规定数据格式实时向中国结算公司传送开户数据,内容包括自然人姓名及有效身份证明文件号码或法人名称及有效身份证明文件号码、通信地址、联系电话、开户机构、申请日期等。

⑦收市后经办人将客户留存资料归入客户资料档案留存。

名师点拨 投资者不得将本人的证券账户提供给他人使用。在开立和使用过程中存在违规行为的,证券登记结算机构依法对证券账户采取限制使用、注销等处置措施。

(3)证券账户的挂失补办。

证券账户的挂失补办包括自然人申请挂失补办和法人申请挂失补办两种情况。

经办人查验申请人所提供资料的真实性、有效性、完整性及一致性,在申请表单上签章后将所有资料交复核员实时复核;复核员实时复核并在申请表单上签章后,将资料交还经办人;经办人将有效身份证明原件交还客户,其余资料留存。

收市后经办人将客户留存资料归入客户资料档案留存。

(4)证券账户注册资料的查询。

证券账户注销资料的查询可以是自然人申请查询,也可以是法人申请查询。经办人查验申请人所提供资料的真实性、有效性、完整性及一致性,在申请表单上签章后,将所有资料交复核员实时复核;复核员实时复核并在申请表单上签章后,将资料交还经办人;经办人将有效身份证明原件交还客户,其余资料留存。

经办人向中国结算公司实时办理查询,并将查询结果交客户经办人。

(5)证券账户注册资料的变更。

当证券账户注册资料中的自然人姓名或机构名称、有效身份证明文件号码或中国结算公司要求的其他情形之一发生变化时,账户持有人应及时办理注册资料变更手续。

自然人、法人、合伙企业、创业投资企业可申请变更。

经办人查验申请人所提供资料的真实性、有效性、完整性及一致性,在申请表单上签章后将所有资料交复核员实时复核;复核员实时复核并在申请表单上签章后,将资料交还经办人;经办人将有效身份证明原件交还客户,其余资料留存。

收市后经办人将客户留存资料归入客户资料档案留存。将客户证券账户卡、授权委托书、发证机关出具的变更证明等原件及有效身份证明复印件寄送中国结算公司审核。审核通过后,中国结算公司于5个工作日内更改相应注册资料,经办人在5个工作日后打印新的证券账户卡交申请人。获得中国结算公司授权的开户代理机构可直接办理证券账户注册资料变更手续。

(6)证券账户合并。

自然人、法人可申请账户合并。

经办人查验申请人所提供资料的真实性、有效性、完整性及一致性,在申请表单上签章后交复核员实时复核;复核员实时复核并在申请表单上签章后,将资料交还经办人;经办人将有效身份证明原件交还客户,其余资料留存。

收市后经办人将客户留存资料归入客户资料档案留存。将被合并的证券账户卡收缴存档,并按规定的数据格式将合并的证券账户的资料报送中国结算公司。中国结算公司审核合格后,实时办理合并手续,并将被合并的账户予以注销。

(7)证券账户注销。

自然人、法人、合伙企业、创业投资企业可申请注销账户。

经办人查验申请人所提供资料的真实性、有效性、完整性及一致性，在申请表单上签章后交复核员实时复核；复核员实时复核并在申请表单上签章后，将资料交还经办人，经办人将有效身份证明原件交还客户，其余资料留存。

收市后经办人将客户留存资料归入客户资料档案留存。将拟注销的证券账户卡收缴存档，并按规定的数据格式将注销证券账户的资料报送中国结算公司。中国结算公司审核合格后实时办理注销手续。

企业依法解散的，清算人应当自清算结束之日起15日内申请证券账户注销。

（8）非交易过户。

①自然人因遗产继承办理公众股非交易过户：申请人填写"股份非交易过户申请表"，并提交继承公证书、证明被继承人死亡的有效法律文件及复印件、继承人身份证原件及复印件、证券账户卡原件及复印件、股份托管证券营业部出具的所涉流通股份冻结证明。申请人委托他人代办的，还应提供经公证的代理委托书、代办人有效身份证明文件及复印件。

②自然人因出国定居向受赠人赠与公司职工股办理非交易过户：申请人填写"股份非交易过户申请表"，并提交赠与公证书、赠与方原户口所在地公安机关出具的身份证注销证明及复印件、受赠方身份证及复印件、当事人双方证券账户卡及复印件、上市公司出具的确认受赠人为该公司职工的证明。申请人委托他人代办的，还应提供经公证的代理委托书、代办人有效身份证明文件及复印件。

③经办人查验申请人所提供资料的真实性、有效性、完整性及一致性，在申请表单上签章后交复核员实时复核。

④复核员实时复核并在申请表单上签章后，将申请表及资料交营业部分管负责人审核；营业部分管负责人在"股份非交易过户申请表"上实时审核签字后交还经办人；经办人将有效身份证明原件交还申请人，其余资料留存。

⑤经办人向申请人预收取非交易过户的一切费用并出示相应凭证。

⑥按照中国结算公司上海分公司或中国结算公司深圳分公司的要求，将股份非交易过户申请材料以特快专递方式寄送（中国结算公司深圳分公司）或传真至公司经纪业务管理部门（上海证券的非交易过户）。公司经纪业务管理部门审核无误后再传真至中国结算公司。

⑦收市后经办人将客户留存资料归入客户资料档案留存。

⑧经办人于收到登记结算公司非交易过户确认单的下一工作日将该确认单交申请人，并扣除实际发生的费用。

（9）资金账户的管理及操作规范。

①资金账户的开立。证券资金账户的开立是证券公司经纪业务的重要内容之一，资金账户的开立的一般要求和操作规范等内容如表3-6所示。

表3-6 资金账户的开立

项目	内容
资金账户开立的一般要求	①客户到证券公司营业部柜台提出书面申请，出示有效身份证明文件。 ②客户开立资金账户时必须签署《证券交易委托代理协议书》《风险揭示书》《买者自负承诺函》（均一式两份），以及《客户资金存管合同》（一式三份）等文件。 ③证券营业部为客户开户前须对客户进行投资者入市风险教育，并进行客户身份识别，审核客户的开户资格并查验相关资料。 ④证券营业部依据客户的书面申请设置资金账户的证券交易委托方式、服务品种、存管或银证转账银行，客户自行设置密码。 ⑤证券营业部对相关资料进行妥善保管

项目	内 容
资金账户开户的操作程序	①开户申请。 ②查验和复核。 ③电脑开户。 ④打印柜台交易系统"客户账户基本信息表"（一式两联），交由客户签名确认。 ⑤经办人将相关资料交复核员通过系统实时复核，复核内容与经办人查验要求相同。 ⑥经办人在《证券交易委托代理协议书》的乙方栏内填写营业部信息，经办人与复核人分别签名或盖章。 ⑦将经打印的柜台交易系统"客户账户基本信息表"一联和《证券交易委托代理协议书》（客户留存文本）交客户保存。 ⑧收市后，经办人将相关资料交业务主管留存归入客户资料档案

②客户申请开通网上交易委托方式（已开立资金账户但尚未申请开通网上交易的客户）。

③客户申请开通其他交易委托方式或其他交易品种。

④自然人客户申请开通创业板市场交易营业部经办人在 T+2 交易日后，为具有 2 年以上股票交易经验的客户在交易系统中开通创业板交易业务（即在第 T+3 交易日开通交易）；在 T+5 交易日后，为尚未具备两年交易经验的客户在交易系统中开通创业板交易业务（即在第 T+6 交易日开通交易）。复核员复核后生效。

⑤客户委托方式或其他交易品种操作权限的终止。

⑥开通或变更客户资金存管银行（已开立资金账户但未开通资金存管银行的客户）。

证券公司应当在接受客户申请并完成其账户交易结算（包括但不限于交易、基金代销、新股申购等业务）后的 2 个交易日内办理完毕销户手续。

⑦账户挂失、补办。

⑧账户解挂。

⑨客户重要资料变更。

⑩密码修改、清密。

⑪撤销指定交易和转托管。

⑫资金账户（证券账户）销户。

2．三方存管

中国证监会要求证券公司在 2007 年全面实施"客户交易结算资金第三方存管"。第三方存管的实施有效避免了券商挪用客户交易结算资金，防范系统风险，维护证券市场的稳定，更好的保护投资者利益。

客户交易结算资金第三方存管制度与以往的客户交易结算资金管理模式相比，发生了根本性的变化。

①证券公司客户的交易结算资金只能存放在指定的商业银行，不能存入其他任何机构。

②指定商业银行须为每个客户建立管理账户，用以记录客户资金的明细变动及余额。指定商业银行须为证券公司开立客户交易结算资金汇总账户，用以客户证券交易交收资金的划付。该账户以证券公司名义开立，但其资金全部为客户所有。

③客户、证券公司和指定商业银行通过签订合同的形式明确具体的客户交易结算资金存取、划转、查询等事项。

④客户资金的存取，全部通过指定商业银行办理。

⑤指定商业银行须保证客户能够随时查询其交易结算资金的余额及变动情况。

名师点拨 第三方存管是指证券公司将客户交易结算资金独立于自有资金,交由银行作为独立第三方,为证券公司客户建立客户交易结算资金明细账。通过银证转账实行客户交易结算资金的定向划转,并对客户交易结算资金总额及明细进行账务核对,以监控客户交易结算资金安全。简单说就是"券商管交易、银行管资金"。

3. 交易委托

委托买卖是指证券经纪商接受投资者委托,代理投资者买卖证券,从中收取佣金的交易行为。证券委托买卖的相关内容如表3-7所示。

表3-7 证券委托买卖

项目	内 容
柜台委托	(1)客户委托买卖时应使用营业部统一制作的证券买卖委托单,按照委托单标明的各项内容,完整、详细、正确地填写,且必须当面签署姓名。 (2)若证券名称和证券代码不一致时,及时与客户取得联系;无法联系时,则以证券名称为准输入委托指令代理客户买卖股票
非柜台委托	(1)人工电话或传真委托。 (2)自助及电话自动委托。 (3)网上委托
撤单	针对柜台委托和非柜台委托的不同形式分别进行撤单,已成交的部分不能撤销或修改

4. 交易清算

(1)证券公司参与证券和资金的集中清算交收,应当向证券登记结算机构申请取得结算参与人资格,与证券登记结算机构签订结算协议,明确双方的权利义务。

没有取得结算参与人资格的证券公司,应当与结算参与人签订委托结算协议,委托结算参与人代其进行证券和资金的集中清算交收。

证券登记结算机构应当制定并公布结算协议和委托结算协议范本。

(2)证券登记结算机构应当选择符合条件的商业银行作为结算银行,办理资金划付业务。结算银行的条件,由证券登记结算机构制定。

(3)证券和资金结算实行分级结算原则。证券登记结算机构负责办理证券登记结算机构与结算参与人之间的集中清算交收;结算参与人负责办理结算参与人与客户之间的清算交收。

(4)证券登记结算机构应当设立证券集中交收账户和资金集中交收账户,用以办理与结算参与人的证券和资金的集中清算交收。

结算参与人应当根据证券登记结算机构的规定,申请开立证券交收账户和资金交收账户用以办理证券和资金的交收。同时经营证券自营业务和经纪业务的结算参与人,应当申请开立自营证券、资金交收账户和客户证券、资金交收账户分别用以办理自营业务的证券、资金交收和经纪业务的证券、资金交收。

(5)证券登记结算机构采取多边净额结算方式的,应当根据业务规则作为结算参与人的共同对手方,按照货银对付的原则,以结算参与人为结算单位办理清算交收。

(6)证券登记结算机构与参与多边净额结算的结算参与人签订的结算协议应当包括下列内容:

①对于结算参与人负责结算的证券交易合同,该合同双方结算参与人向对手方结算参与人收取证券或资金的权利,以及向对手方结算参与人支付资金或证券的义务一并转让给证券登记结算机构;

②受让前项权利和义务后,证券登记结算机构享有原合同双方结算参与人对其对手方结算参与人的权利,并应履行原合同双方结算参与人对其对手方结算参与人的义务。

(7)证券登记结算机构进行多边净额清算时,应当将结算参与人的证券和资金轧差计算出应收应付净额,并在清算结束后将清算结果及时通知结算参与人。证券登记结算机构采取其他结算方式的,应当按照相关业务规则进行清算。

（8）集中交收前,结算参与人应当向客户收取其应付的证券和资金,并在结算参与人证券交收账户、结算参与人资金交收账户留存足额证券和资金。

结算参与人与客户之间的证券划付,应当委托证券登记结算机构代为办理。

（9）集中交收过程中,证券登记结算机构应当在交收时点,向结算参与人收取其应付的资金和证券,同时交付其应收的证券和资金。交收完成后不可撤销。

结算参与人未能足额履行应付证券或资金交收义务的,不能取得相应的资金或证券。

对于同时经营自营业务以及经纪业务或资产管理业务的结算参与人,如果其客户资金交收账户资金不足的,证券登记结算机构可以动用该结算参与人自营资金交收账户内的资金完成交收。

（10）集中交收后,结算参与人应当向客户交付其应收的证券和资金。结算参与人与客户之间的证券划付,应当委托证券登记结算机构代为办理。

（11）证券登记结算机构应当在结算业务规则中对结算参与人与证券登记结算机构之间的证券和资金的集中交收以及结算参与人与客户之间的证券和资金的交收期限分别作出规定。

结算参与人应当在规定的交收期限内完成证券和资金的交收。

（12）因证券登记结算机构的原因导致清算结果有误的,结算参与人在履行交收责任后可以要求证券登记结算机构予以纠正,并承担结算参与人遭受的直接损失。

5. 指定交易及托管

（1）指定交易制度要求投资者只能选择一家证券公司作为证券买卖的唯一受托人。此制度是针对上海证券市场的交易方式。实施该制度以来,投资者持有证券被盗的情形基本消除。

（2）投资者应当委托证券公司托管其持有的证券,证券公司应当将其自有证券和所托管的客户证券交由证券登记结算机构存管。

证券公司应当将其与客户之间建立、变更和终止证券托管关系的事项报送证券登记结算机构。

（3）证券公司和证券登记机构应当采取有效措施,保证其托管的证券的安全,禁止挪用、盗卖。

2015年4月,中国证券登记结算有限公司允许投资者一人开设多个证券账户。中国结算和上交所在维持指定交易制度的基础上,投资者可以在多家证券公司开设账户,每个账户指定一家证券公司,这样就兼顾了便利和安全。

深交所实行转托管制度,投资者可以将其托管在某一家证券公司的证券转到另一家证券公司托管。投资者可以选择部分股票或同股中的部分股票转托管。

（4）投资者应当委托证券公司托管其持有的证券,证券公司应当将其自有证券和所托管的客户证券交由证券登记结算机构存管,但法律、行政法规和中国证监会另有规定的除外。

（5）证券登记结算机构为证券公司设立客户证券总账和自有证券总账,用以统计证券公司交存的客户证券和自有证券。

证券公司应当委托证券登记结算机构维护其客户及自有证券账户,但法律、行政法规和中国证监会另有规定的除外。

（6）投资者买卖证券,应当与证券公司签订证券交易、托管与结算协议。

证券登记结算机构应当制定和公布证券交易、托管与结算协议中与证券登记结算业务有关的必备条款。必备条款应当包括但不限于以下内容。

①证券公司根据客户的委托,按照证券交易规则提出交易申报,根据成交结果完成其与客户的证券和资金的交收,并承担相应的交收责任;客户应当同意集中交易结束后,由证券公司委托证券登记结算机构办理其证券账户与证券公司证券交收账户之间的证券划付。

②实行质押式回购交易的,投资者和证券公司应当按照业务规则的规定向证券登记结算机构提交用于回购的质押券。投资者和证券公司之间债权债务关系不影响证券登记结算机构按照业务规则对证券公司提交的质押券行使质押权。

③客户出现资金交收违约时,证券公司可以委托证券登记结算机构将客户净买入证券划付到其证券处置账户内,并要求客户在约定期限内补足资金。客户出现证券交收违约时,证券公司可以将相当于证券交收违约金额的资金暂不划付给该客户。

(7)证券公司应当将其与客户之间建立、变更和终止证券托管关系的事项报送证券登记结算机构。证券登记结算机构应当对上述事项加以记录。

(8)客户要求证券公司将其持有证券转由其他证券公司托管的,相关证券公司应当依据证券交易所及证券登记结算机构有关业务规则予以办理,不得拒绝,但有关法律、行政法规和中国证监会另有规定的除外。

(9)证券公司应当采取有效措施,保证其托管的证券的安全,禁止挪用、盗卖。证券登记结算机构应当采取有效措施,保证其存管的证券的安全,禁止挪用、盗卖。

(10)证券的质押、锁定、冻结或扣划,由托管证券的证券公司和证券登记结算机构按照证券登记结算机构的相关规定办理。

6. 业务风险及规范要求

证券经纪业务的风险是指证券公司在开展证券经纪业务过程中因种种原因而导致其自身利益遭受损失的可能性。按照风险的起因不同,主要分为合规风险、管理风险和技术风险。其具体内容如图3-2所示。

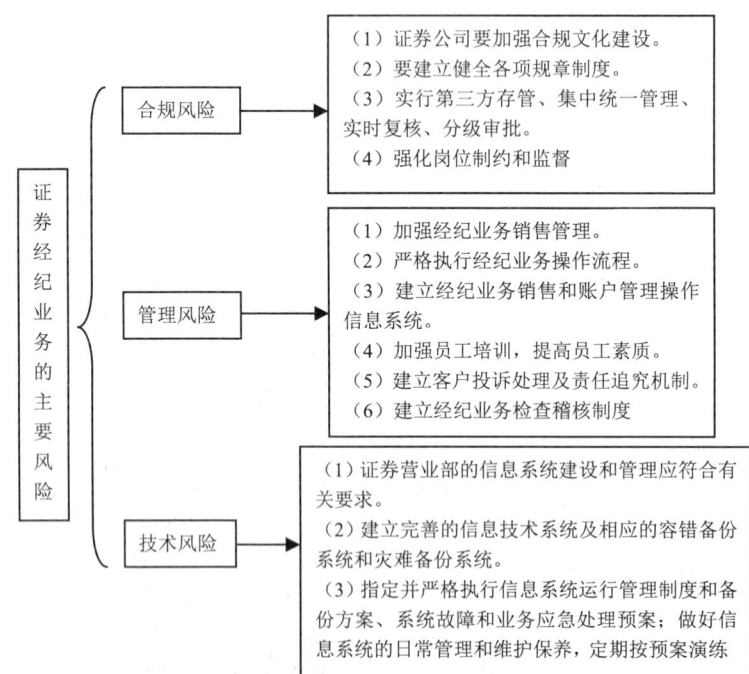

图3-2 证券经纪业务风险及规范要求

五、经纪业务的禁止行为（★★★）

证券公司开展经纪业务遵循公开、公平、公正的原则，禁止任何内幕交易、操纵市场、欺诈客户、虚假陈述等行为。根据《证券法》和中国证券业协会《证券业从业人员执业行为准则》的规定，在从事证券经纪业务过程中禁止下列行为。

（1）挪用客户所委托买卖的证券或者客户账户上的资金；或将客户的资金和证券借与他人，或作为担保物或质押物或者违规向客户提供资金或有价证券。

（2）侵占、损害客户的合法权益。

（3）未经客户的委托，擅自为客户买卖证券，或者假借客户的名义买卖证券；违背客户的委托为其买卖证券；接受客户的全权委托而决定证券买卖、选择证券种类、决定买卖数量或者买卖价格或者代理买卖法律规定不得买卖的证券。

（4）以任何方式对客户证券买卖的收益或赔偿证券买卖的损失作出承诺。

（5）为牟取佣金收入，诱使客户进行不必要的证券买卖。

（6）在批准的营业场所之外私下接受客户委托买卖证券。

（7）编造、传播虚假或者误导投资者的信息或者散布、泄露或利用内幕信息。

（8）从事或协同他人从事欺诈、内幕交易、操纵证券交易价格等非法活动。

（9）贬损同行或以其他不正当竞争手段争揽业务。

（10）隐匿、伪造、篡改或者毁损交易记录。

（11）泄露客户资料。

此外，根据《证券法》的规定，禁止证券公司及其从业人员从事损害客户利益的欺诈行为：（1）不在规定时间内向客户提供交易的书面确认文件；（2）利用传播媒介或者通过其他方式提供、传播虚假或者误导投资者的信息；（3）其他违背客户真实意思表示，损害客户利益的行为。

根据《证券经纪人管理暂行规定》，证券经纪人应当在证券公司授权的范围内执业，不得有以下行为。

（1）替客户办理账户开立、注销、转移，证券认购、交易或者资金存取、划转、查询等事宜。

（2）提供、传播虚假或者误导客户的信息，或者诱使客户进行不必要的证券买卖。

（3）与客户约定分享投资收益，对客户证券买卖的收益或者赔偿证券买卖的损失作出承诺。

（4）采取贬低竞争对手、进入竞争对手营业场所劝导客户等不正当手段招揽客户。

（5）泄露客户的商业秘密或者个人隐私。

（6）为客户之间的融资提供中介、担保或者其他便利。

（7）为客户提供非法的服务场所或者交易设施，或者通过互联网络、新闻媒体从事客户招揽和客户服务等活动。

（8）委托他人代理其从事客户招揽和客户服务等活动。

（9）损害客户合法权益或者扰乱市场秩序的其他行为。

【例题·组合型选择题】证券经纪业务的禁止行为包括（　　）。

Ⅰ．替客户办理账户开立、注销、转移，证券认购、交易或者资金存取、划转、查询等事宜

Ⅱ．提供、传播虚假或者误导客户的信息，或者诱使客户进行不必要的证券买卖

Ⅲ．与客户约定分享投资收益，对客户证券买卖的收益或者赔偿证券买卖的损失作出承诺

Ⅳ．采取贬低竞争对手、进入竞争对手营业场所劝导客户等不正当手段招揽客户

A. Ⅰ、Ⅱ、Ⅲ
B. Ⅰ、Ⅲ、Ⅳ
C. Ⅱ、Ⅲ、Ⅳ
D. Ⅰ、Ⅱ、Ⅲ、Ⅳ

【解析】本题考查的是经纪业务的禁止行为。根据《证券法》和中国证券业协会《证券业从业人员执业行为准则》以及《证券经纪人管理暂行规定》对经纪业务的禁止行为作相关规定。以上4个方面的叙述都是经纪业务的禁止行为，因此，本题答案为选项D。

【答案】D

六、监管部门对经纪业务的监管措施（★★）

证券公司是市场风险管理的"第一道防线"，经纪业务作为证券公司的基础业务之一，历来受到监管部门的重点关注，对其进行的监管措施如表3-8所示。

表3-8 监管部门对经纪业务的监管措施

部门	性质和要求	措　施
证券公司的内部控制	证券公司应当建立内部稽核制度，加强对所属营业部业务经营的稽核监督、检查	通过定期或不定期、全面或单项、现场或非现场的稽核检查，及时发现和纠正存在的问题。同时，严格从业人员的管理，加大违规行为内部责任追究力度，杜绝违反法规、规则和操作规程及其他损害客户利益的事件发生
证券业协会的自律管理	中国证券业协会是证券业的自律性组织，是社会团体法人。证券公司应当加入中国证券业协会，成为中国证券业协会的会员	中国证券业协会应教育和组织会员遵守证券法律、行政法规，并监督、检查会员行为，对违反法律、行政法规或者协会章程的，也应按照规定给予纪律处分

续表

部门	性质和要求	措　施
证券交易所的监督	证券交易所是证券经纪业务的一线监管机构	根据《证券交易所管理办法》的规定，证券交易所应当在其业务规则中对会员代理客户买卖证券业务作出详细规定，并实施一定的监管。同时，证券交易所每年应当对会员的财务状况、内部风险控制制度以及遵守国家有关法规和证券交易所业务规则等情况进行抽样或者全面检查，并将检查结果报告中国证券监督管理委员会
证券监管机构的监管	中国证券监督管理委员会及其派出监管机构依法对证券公司的经纪业务进行监管	（1）证券公司向监管机构的报告制度； （2）信息披露； （3）检查制度

名师点拨 监管部门在2016年年初酝酿针对证券经纪业务监管进行调整，拟对证券公司划定底线监管要求。《证券经纪业务管理办法（草案）》涉及证券经纪业务的各业务环节的全面规范、划定底线监管要求、分支机构和外包管理，以及监督管理和问责机制等内容。

第二节 证券投资咨询

考情分析：本节讲解与证券投资咨询相关的内容，主要内容包括证券投资咨询、证券投资顾问、证券研究报告的概念和基本关系，证券、期货投资咨询业务的管理规定，证券公司、证券资讯机构及其执业人员向社会公众公开展证券投资咨询业务活动的有关规定，利用"荐股软件"从事证券投资咨询业务的相关规定，证券公司证券投资顾问业务的内部控制规定，监管部门对发布证券研究报告业务的有关规定。本节考试题型为选择题和组合型选择题，考试分值占 5 分左右。

学习建议：本节内容实用性较强，需理解并记忆相关内容，熟悉证券投资咨询、顾问、研究报告、管理、活动规范，以及监管部门、行业自律组织对咨询和研究报告的规定等方面；重点关注并掌握投资咨询业务的管理、内部控制、荐股软件、发布证券研究报告和相关规定等考点。

一、证券投资咨询、证券投资顾问、证券研究报告的概念和基本关系（★★★）

证券投资咨询、证券投资顾问、证券研究报告的简介如表 3-9 所示。

表 3-9 证券投资咨询、证券投资顾问、证券研究报告的概念

项目	内容
证券投资咨询	是指从事证券投资咨询业务的机构及其投资咨询人员，为证券投资人或者客户提供证券投资分析和预测或者建议等直接或者间接有偿咨询服务的活动。主要包含以下内容。 （1）接受投资人或者客户委托，提供证券、期货投资咨询服务； （2）举办有关证券、期货投资咨询的讲座、报告会、分析会等； （3）在报刊上发表证券、期货投资咨询的文章、评论、报告，以及通过电台、电视台等公众传播媒体提供证券、期货投资咨询服务； （4）通过电话、传真、电脑网络等电信设备系统，提供证券、期货投资咨询服务； （5）中国证券监督管理委员会认定的其他形式
证券投资顾问	是指证券公司、证券投资咨询机构接受客户委托，按照约定向客户提供涉及证券及证券相关产品的投资建议服务，辅助客户作出投资决定，并直接或者间接获取经济利益的经营活动。为客户提供投资建议，比如投资的品种选择、投资组合以及理财规划建议、买卖时机、热点分析、证券选择、风险提示等，禁止代理客户操作
证券研究报告	是指证券公司、证券投资咨询公司基于独立、客观的立场，对证券及证券相关产品的价值、市场走势或者影响其市场价格的因素进行分析，形成证券估值、投资评级等投资分析意见，制作证券研究报告，并向客户发布的行为。证券研究报告主要包括涉及具体证券及证券相关产品的价值分析报告、行业研究报告、投资策略报告等。证券研究报告可采用书面或者电子文件形式

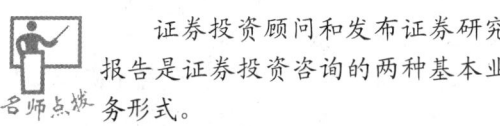

证券投资顾问和发布证券研究报告是证券投资咨询的两种基本业务形式。

研究报告是券商服务专业机构客户的基本手段。机构客户销售人员属于投资顾问人员，负责与机构客户交流或者转述已发布研究报告的观点。研究报告同时发送给公司的其他投资顾问团队，由投资顾问团队转化为具体的投资建议，提供给公司经纪客户中约定提供投资顾问服务的客户。

二、证券、期货投资咨询业务的管理规定（★★★）

证券、期货投资咨询业务的管理规定如下。

（1）从事证券、期货投资咨询业务，必须遵循有关法律、法规、规章和中国证券监督管理委员会的有关规定，遵循客观、公正和诚实信用的原则。

（2）从事证券、期货投资咨询业务，必须取得中国证监会的业务许可。

（3）从事证券、期货投资咨询业务的人员，必须取得证券、期货投资咨询从业资格并加入一家有从业资格的证券、期货投资咨询机构后，方可从事证券、期货投资咨询业务。

任何人未取得证券、期货投资咨询从业资格的，或者取得证券、期货投资咨询从业资格，但是未在证券、期货投资咨询机构工作的，不得从事证券、期货投资咨询业务。

> 提示：（1）从事证券、期货投资咨询的人员即证券投资顾问和证券分析师。（2）证券、期货投资咨询业务的内容相同。

三、证券公司、证券咨询机构及其执业人员向社会公众开展证券投资咨询业务活动的有关规定（★★★）

（1）证券、期货投资咨询机构及其投资咨询人员，应当以行业公认的谨慎、诚实和勤勉尽责的态度，为投资人或者客户提供证券、期货投资咨询服务。

（2）证券、期货投资咨询机构及其投资咨询人员，应当完整、客观、准确地运用有关信息、资料向投资人或者客户提供投资分析、预测和建议，不得断章取义地引用或者篡改有关信息、资料；引用有关信息、资料时，应当注明出处和著作权人。

（3）证券、期货投资咨询机构及其投资咨询人员，不得以虚假信息、市场传言或者内幕信息为依据向投资人或者客户提供投资分析、预测或建议。

（4）证券、期货投资咨询机构人员在报刊、电台、电视台或者其他传播媒体上发表投资咨询文章、报告或者意见时，必须注明所在证券、期货投资咨询机构的名称和个人真实姓名，并对投资风险作充分说明。证券、期货投资咨询机构向投资人或者客户提供的证券、期货投资咨询传真件必须注明机构名称、地址、联系电话和联系人姓名。

（5）证券、期货投资咨询机构与报刊、电台、电视台合办或者协办证券、期货投资咨询版面、节目或者与电信服务部门进行业务合作时，应当向地方证管办（证监会）备案，备案材料包括合作内容、起止时间、版面安排或者节目时间段、项目负责人等，并加盖双方单位的印鉴。

（6）证券、期货投资咨询机构及其投资咨询人员，不得从事下列活动。

①代理投资人从事证券、期货买卖。

②向投资人承诺证券、期货投资收益。

③与投资人约定分享投资收益或者分担投资损失。

④为自己买卖股票及具有股票性质、功能的证券以及期货。

⑤利用咨询服务与他人合谋操纵市场或者进行内幕交易。

⑥法律、法规、规章所禁止的其他证券、期货欺诈行为。

（7）证券、期货投资咨询机构就同一问题向不同客户提供的投资分析、预测或者建议应当一致。具有自营业务的证券经营机构从事超出本机构范围的证券投资咨询业务时，就同一问题向社会公众和其自营部门提供的咨询意见应当一致，不得为自营业务获利的需要误导社会公众。

（8）证券经营机构、期货经纪机构编发的供本机构内部使用的证券、期货信息简报、快讯、动态以及信息系统等，只能限于本机构范围内使用，不得通过任何途径向社会公众提供。

经中国证监会批准的公开发行股票的公司的承销商或者上市推荐人及其所属证券投资咨询机构，不得在公众传播媒体上刊登其为客户撰写的投资价值分析报告。

（9）中国证监会和地方证管办（证监会）有权对证券、期货投资咨询机构和投资咨询人员的业务活动进行检查，被检查的证券、期货投资咨询机构及投资咨询人员应当予以配合，不得干扰和阻碍。中国证监会和地方证管办（证监会）及其工作人员在业务检查过程中，对所涉及的商业秘密应当注意保护。

（10）证券、期货投资咨询机构应当将其向投资人或社会公众提供的投资咨询资料，自提供之日起保存2年。

（11）地方证管办（证监会）根据投资人或者社会公众的投诉或者举报，有权要求证券、期货投资咨询机构及其投资咨询人员说明情况并提供相关资料。

（12）任何单位和个人发现证券、期货投资咨询机构、投资咨询人员或其他机构和个人有违反《证券、期货投资咨询管理暂行办法》规定的行为时，可以向地方证管办（证监会）投诉和举报。

（13）地方证管办（证监会）对违反《证券、期货投资咨询管理暂行办法》的行为，应当进行立案调查并将调查结果报中国证监会备案。

四、利用"荐股软件"从事证券投资咨询业务的相关规定（★★★）

"荐股软件"是指具备下列一项或多项证券投资咨询服务功能的软件产品、软件工具或者终端设备。

（1）提供涉及具体证券投资品种的投资分析意见，或者预测具体证券投资品种的价格走势。

（2）提供具体证券投资品种选择建议。

（3）提供具体证券投资品种的买卖时机建议。

（4）提供其他证券投资分析、预测或者建议。

> **名师点拨** 具备证券信息汇总或者证券投资品种历史数据统计功能，但不具备上述功能的软件产品、软件工具或者终端设备，不属于"荐股软件"。

利用"荐股软件"从事证券投资咨询业务的相关规定，其具体内容如表3-10所示。

表3-10 利用"荐股软件"从事证券投资咨询业务的相关规定

事项	具体内容
应取得证券投资咨询业务资格	向投资者销售或者提供"荐股软件"，并直接或者间接获取经济利益的，属于从事证券投资咨询业务，应当经中国证监会许可，取得证券投资咨询业务资格。未取得证券投资咨询业务资格，任何机构和个人不得利用"荐股软件"从事证券投资咨询业务
应当遵循客观公正、诚实信用原则	证券投资咨询机构利用"荐股软件"从事证券投资咨询业务，应当遵循客观公正、诚实信用原则，不得误导、欺诈客户，不得损害客户利益
必须遵守法律法规和中国证券监督管理委员会的有关规定	证券投资咨询机构利用"荐股软件"从事证券投资咨询业务，必须遵守《中华人民共和国证券法》《证券、期货投资咨询管理暂行办法》《证券投资顾问业务暂行规定》等法律法规和中国证券监督管理委员会的有关规定，并符合下列监管要求。 （1）在公司营业场所、公司网站、中国证券业协会网站公示信息，包括但不限于公司名称、住所、联系方式，投诉电话，证券投资咨询业务许可证号，证券投资咨询执业人员姓名及其执业资格编码；同时还应当通过公司网站公示产品分类、具体功能、产品价格、服务收费标准和收费方式等信息。 （2）将"荐股软件"销售（服务）协议格式、营销宣传、产品推介等材料报住所地证监局和中国证券业协会备案。 （3）遵循客户适当性原则，制定了解客户的制度和流程，对"荐股软件"产品进行分类分级，并向客户揭示产品的特点及风险，将合适的产品销售给适当的客户。

续表

事项	具体内容
必须遵守法律法规和中国证券监督管理委员会的有关规定	（4）公平对待客户，不得通过诱导客户升级付费等方式，将相同产品以不同价格销售给不同客户。 （5）建立健全内部管理制度，实现对营销和服务过程的客观、完整、全面留痕，并将留痕记录归档管理；相关业务档案的保存期限自相关协议终止之日起不得少于5年。 （6）通过网络、电话、短信方式营销产品、提供服务的，应当明确告知客户公司的联系方式，并提醒客户发现营销或者服务人员通过其他方式联系时，可以向本公司反映、举报，也可以向中国证券监督管理委员会及其派出机构投诉、举报。 （7）不得对产品功能和服务业绩进行虚假、不实、夸大、误导性的营销宣传，不得以任何方式向客户承诺或者保证投资收益。 （8）产品销售、协议签订、服务提供、客户回访、投诉处理等业务环节均应当自行开展，不得委托未取得证券投资咨询业务资格的机构和个人代理
加强投资者教育和客户权益保护	证券投资咨询机构利用"荐股软件"从事证券投资咨询业务，应当在合同签订、产品销售、服务提供、客户回访、投诉处理等各个环节中，加强投资者教育和客户权益保护。证券投资机构应当主动告知客户公司及执业人员的证券投资咨询业务资格及其查询方式；客观、准确告知客户"荐股软件"的作用，全面揭示"荐股软件"存在的局限和纠纷解决方式；主动向客户提示非法证券投资咨询活动的风险和危害
违反相关法律法规的，应依法进行处罚	证券投资咨询机构及其工作人员利用"荐股软件"从事证券投资咨询业务，违反相关法律法规的，中国证监会及其派出机构依法采取监管措施或者依法进行处罚；涉及犯罪的，依法移送司法机关
依法查处利用"荐股软件"从事非法证券投资咨询活动的	未取得投资咨询业务资格的机构和个人利用"荐股软件"从事非法证券投资咨询活动的，中国证监会及其派出机构依照法律法规和《国务院办公厅关于严厉打击非法股票和非法经营证券业务有关问题的通知》的规定，配合地方政府、工商行政管理部门、公安机关、司法机关，依法予以查处；涉及犯罪的，依法追究刑事责任
投资者发现非法从事"荐股软件"咨询业务的，可以举报	投资者在购买"荐股软件"和接受证券投资咨询服务时，应当询问相关机构或者个人是否具备证券投资咨询业务资格，也可以在证监会、证券业协会网站进行核实，防止上当受骗。发现非法从事证券投资咨询活动的，及时向公安机关、证监会及其派出机构举报

【例题·组合型选择题】下列属于"荐股软件"的有（　　）。
Ⅰ．提供具体证券投资品种的买卖时机建议
Ⅱ．提供具体证券投资品种选择建议
Ⅲ．具备证券投资品种历史数据统计功能的软件
Ⅳ．涉及预测具体证券投资品种的价格走势的软件
A．Ⅱ、Ⅲ、Ⅳ　　　　　　　　B．Ⅰ、Ⅲ、Ⅳ
C．Ⅰ、Ⅱ、Ⅲ　　　　　　　　D．Ⅰ、Ⅱ、Ⅳ
【解析】本题考查"荐股软件"概念，根据其定义，"荐股软件"一般具备一项或多项证券投资咨询服务功能，该功能主要是提供具体证券投资品种选择建议、买卖时机建议、以及提供证券投资分析、预测、建议和品种的价格走势。
【答案】D

五、监管部门和自律组织对证券投资咨询业务的监管措施和自律管理措施（★）

（1）证券、期货投资咨询机构及其投资咨询人员，应当完整、客观、准确地运用有关信息、资料向投资人或者客户提供投资分析、预测和建议，不得断章取义地引用或者篡改有关信息、资料；引用有关信息、资料时，应当注明出处和著作权人。

（2）证券、期货投资咨询人员在报刊、电台、电视台或者其他传播媒体上发表投资咨询文章、报告或者意见时，必须注明所在证券、期货投资咨询机构的名称和个人真实姓名，并对投资风险做充分说明。证券、期货投资咨询机构向投资人或者客户提供的证券、期货投资咨询传真件必须注明机构名称、地址、联系电话和联系人姓名。

（3）中国证券监督管理委员会及其派出机构依法对证券公司、证券投资咨询机构发布证券研究报告行为实行监督管理。中国证券业协会对证券公司、证券投资咨询机构发布证券研究报告行为实行自律管理，并依据有关法律、行政法规和规定，制定相应的执业规范和行为准则。

知识拓展 《证券分析师执业行为准则》关于证券分析师自律管理措施

（1）未经中国证监会许可，擅自从事证券、期货投资咨询业务的，由地方证管办（证监会）责令停止，并处没收违法所得和违法所得等值以下的罚款。

（2）证券分析师应当遵循独立、客观、公正、审慎、专业、诚信的执业原则。

（3）证券分析师制作发布证券研究报告，应当自觉使用合法合规信息，不得以任何形式使用或泄露国家保密信息、上市公司内幕信息以及未公开重大信息，不得编造并传播虚假、不实、误导性信息。

（4）证券分析师应当充分尊重知识产权，不得抄袭他人著作、论文或其他证券分析师的研究成果，在证券研究报告中引用他人著作、论文或研究成果时，应当加以注明。

（5）证券分析师制作发布证券研究报告、提供相关服务，不得用以往推荐具体证券的表现佐证未来预测的准确性，也不得对具体的研究观点或结论进行保证或夸大。

（6）证券分析师的配偶、子女、父母担任其所研究覆盖的上市公司的董事、监事、高级管理人员的，证券分析师应当按照公司的规定进行执业回避或者在证券研究报告中对上述事实进行披露。

（7）证券分析师只能与一家证券公司、证券投资咨询机构签订劳动合同，不得以任何形式同时在两家或两家以上的机构执业。

（8）证券分析师应当遵守所在公司的管理制度，履行岗位职责，充分尊重和维护所在公司的合法权益。

（9）证券分析师离职后，应当履行与原所在公司所签署的劳动合同或协议的有关约定，承担相应的保密、竞业限制、培训赔偿等义务。

【例题·组合型选择题】分析师应当遵循的原则有（　　）。

Ⅰ．敬业　　Ⅱ．审慎
Ⅲ．公正　　Ⅳ．独立

A．Ⅰ、Ⅱ、Ⅲ
B．Ⅲ、Ⅳ
C．Ⅱ、Ⅲ、Ⅳ
D．Ⅰ、Ⅱ、Ⅲ、Ⅳ

【解析】本题考查的是监管部门和自律组织对证券投资咨询业务的监管措施和自律管理措施。根据《证券分析师执业行为准则》的相关规定，证券分析师应当遵循独立、客观、公正、审慎、专业、诚信的执业原则。正式的提法有"专业"而没有"敬业"。

【答案】C

六、证券公司证券投资顾问业务的内部控制规定（★★★）

证券投资顾问业务，是证券投资咨询业务的一种基本形式，指证券公司、证券投资咨询机构接受客户委托，按照约定，向客户提供涉及证券及证券相关产品的投资建议服务，辅助客户作出投资决策，并直接或者间接获取经济利益的经营活动。投资建议服务内容包括投资的品种选择、投资组合以及理财规划建议等。

证券公司证券投资顾问业务的内部控制规定的内容如下。

（1）证券投资顾问应当遵循诚实守信原则，勤勉、审慎地为客户提供证券投资顾问服务。

（2）向客户提供证券投资顾问服务的人员，应当具有证券投资咨询执业资格，并在中国证券业协会注册登记为证券投资顾问。证券投资顾问不得同时注册为证券分析师。

（3）证券投资顾问应当根据了解的客户情况，在评估客户风险承受能力和服务需求的基础上，向客户提供适当的投资建议服务。

（4）证券投资顾问向客户提供投资建议，应当具有合理的依据。

（5）证券投资顾问依据本公司或者其他证券公司、证券投资咨询机构的证券研究报告作出投资建议的，应当向客户说明证券研究报告的发布人、发布日期。

（6）证券投资顾问向客户提供投资建议，应当提示潜在的投资风险，禁止以任何方式向客户承诺或者保证投资收益。

（7）证券投资顾问向客户提供投资建议，知悉客户作出具体投资决策计划的，不得向他人泄露该客户的投资决策计划信息。

（8）禁止证券投资顾问人员以个人名义向客户收取证券投资顾问服务费用。

（9）证券投资顾问不得通过广播、电视、网络报刊等公众媒体，作出买入、卖出或者持有具体证券的投资建议。

> **名师点拨** 证券公司、证券投资咨询机构应当向客户提供风险揭示书，并由客户签收确认。风险揭示书内容与格式要求由中国证券业协会制定。

七、监管部门对证券投资顾问业务的有关规定（★★★）

（1）证券公司、证券投资咨询机构从事证券投资顾问业务，应当遵循法律、行政法规，加强合规管理，健全内部控制，防范利益冲突，切实维护客户合法权益。

（2）证券公司、证券投资咨询机构及其人员提供证券投资顾问服务，应当忠实客户利益，不得为公司及其关联方的利益损害客户利益；不得为证券投资顾问人员及其利益相关者的利益损害客户利益；不得为特定客户利益损害其他客户利益。

（3）中国证监会及其派出机构依法对证券公司、证券投资咨询机构从事证券投资顾问业务实行监督管理。

中国证券业协会对证券公司、证券投资咨询机构从事证券投资顾问业务实行自律管理，并依据有关法律、行政法规和本规定，制定相关执业规范和行为准则。

（4）证券公司、证券投资咨询机构应当制定证券投资顾问人员管理制度，加强对证券投资顾问人员注册登记、岗位职责、执业行为的管理。

（5）证券公司、证券投资咨询机构应当建立健全证券投资顾问业务管理制度、合规管理和风险控制机制，覆盖业务推广、协议签订、服务提供、客户回访、投诉处理等业务环节。

（6）证券公司、证券投资咨询机构从事证券投资顾问业务，应当保证证券投资顾问人员数量、业务能力、合规管理和风险控制与服务方式、业务规模相适应。

（7）证券公司、证券投资咨询机构向客

户提供证券投资顾问服务，应告知客户下列基本信息。

①公司名称、地址、联系方式、投诉电话、证券投资咨询业务资格等。

②证券投资顾问的姓名及其证券投资咨询执业资格编码。

③证券投资顾问服务的内容和方式。

④投资决策由客户作出，投资风险由客户承担。

⑤证券投资顾问不得带客户作出投资决策。

（8）证券公司、证券投资咨询机构提供证券投资顾问服务，应当与客户签订证券投资顾问服务协议，并对协议实行编号管理。协议应当包括下列内容。

①当事人的权利义务。

②证券投资顾问服务的内容和方式。

③证券投资顾问的职责和禁止行为。

④收费标准和支付方式。

⑤争议或者纠纷解决方式。

⑥终止或者解除协议的条件和方式。

名师点拨 证券投资顾问服务协议应当约定，自签订协议之日5个工作日内，客户可以书面通知方式提出解除协议。证券公司、证券投资咨询机构收到客户解除协议书面通知时，证券投资顾问服务协议解除。

（9）证券公司、证券投资咨询机构应当为证券投资顾问服务提供必要的研究支持。证券公司、证券投资咨询机构的证券研究不足以支持证券投资顾问服务需要的，应当向其他具有证券投资咨询业务资格的证券公司或者证券投资咨询机构购买证券研究报告，提升证券投资顾问服务能力。

（10）证券公司、证券投资咨询机构从事证券投资顾问业务，应当建立客户投诉处理机制，及时、妥善处理客户投诉事项。

（11）证券公司、证券投资咨询机构应当按照公平、合理、自愿的原则，与客户协商并书面约定收取证券投资顾问服务费用的安排，可以按照服务期限、客户资产规模收取服务费用，也可以采用差别佣金等其他方式收取服务费用。

（12）证券公司、证券投资咨询机构应当规范证券投资顾问业务推广和客户招揽行为，禁止对服务能力和过往业绩进行虚假、不实、误导性的营销宣传，禁止以任何方式承诺或者保证投资收益。

（13）证券公司、证券投资咨询机构通过广播、电视、网络、报刊等公众媒体对证券投资顾问业务进行广告宣传，应当遵守《广告法》和证券信息传播的有关规定，广告宣传内容不得存在虚假、不实、误导性信息以及其他违法违规情形。

证券公司、证券投资咨询机构应当提前5个工作日将广告宣传方案和时间安排向公司住所地证监局、媒体所在地证监局报备。

（14）证券公司、证券投资咨询机构通过举办讲座、报告会、分析会等形式，进行证券投资顾问业务推广和客户招揽的，应当提前5个工作日向举办地证监局报备。

（15）以软件工具、终端设备等为载体，向客户提供投资建议或者类似功能服务的，应当执行本规定，并符合下列要求。

①客观说明软件工具、终端设备的功能，不得对其功能进行虚假、不实、误导性宣传。

②揭示软件工具、终端设备的固有缺陷和使用风险，不得隐瞒或者有重大遗漏。

③说明软件工具、终端设备所使用的数据信息来源。

④表示软件工具、终端设备具有选择证券投资品种或者提示买卖时机功能的，应当说明其方法和局限。

（16）证券公司、证券投资咨询机构应当对证券投资顾问业务推广、协议签订、服务提供、客户回访、投诉处理等环节实行留痕管理。向客户提供投资建议的时间、内容、方式和依据等信息，应当以书面或者电子文件形式予以记录留存。证券投资顾问业务档案的保存期限自协议终止之日起不得少于5年。

（17）证券公司、证券投资咨询机构以合作方式向客户提供证券投资顾问服务，应当对服务方式、报酬支付、投诉处理等作出约定，明确当事人的权利和义务。

（18）鼓励证券公司、证券投资咨询机构组织安排证券投资顾问人员，按照证券信息传播的有关规定，通过广播、电视、网络、报刊等公众媒体，客观、专业、审慎地对宏观经济、行业状况、证券市场变动情况发表评论意见，为公众投资者提供证券资讯服务，传播证券知识，揭示投资风险，引导理性投资。

（19）证券公司、证券投资咨询机构及其人员从事证券投资顾问业务，违反法律、行政法规和有关规定的，中国证券监督管理委员会及其派出机构可以采取责令改正、监督谈话、出示警示函、责令增加内部合规检查次数并提交合规检查报告、责令清理违规业务、责令暂停新增客户、责令处分有关人员等监管措施；情节严重的，中国证券监督管理委员会依照法律、行政法规和有关规定作出行政处罚；涉嫌犯罪的，依法移送司法机关。

【例题·选择题】按照《证券投资顾问业务暂行规定》的要求，投资顾问通过广播、电视、网络进行公开咨询与投资顾问业务，应当提前（　）个工作日报住所地、媒体所在地证监局备案。

A．7　B．3　C．2　D．5

【解析】本题考查的是监管部门对证券投资顾问业务的有关规定。根据《证券分析师执业行为准则》的相关规定，证券公司、证券投资咨询机构通过举办讲座、报告会、分析会等形式，进行证券投资顾问业务推广和客户招揽的，应当提前5个工作日向举办地证监局报备。

【答案】D

【例题·组合型选择题】证券公司从事投资咨询业务，应当向客户告知的基本信息有（　）。

Ⅰ．证券投资顾问服务的内容和方式。
Ⅱ．证券投资顾问的姓名及其证券投资咨询执业资格编码
Ⅲ．公司名称、地址、证券投资咨询业务资格
Ⅳ．证券投资顾问不得带客户作出投资决策

A．Ⅰ、Ⅱ、Ⅲ
B．Ⅱ、Ⅲ、Ⅳ
C．Ⅰ、Ⅱ、Ⅲ
D．Ⅰ、Ⅱ、Ⅲ、Ⅳ

【解析】本题考查投资咨询业务应告知客户的内容，根据《证券投资顾问业务暂行规定》，证券公司从事投资咨询业务，应当向客户告知的基本信息包括：（1）公司名称、地址、联系方式、投诉电话、证券投资咨询业务资格等。（2）证券投资顾问的姓名及其证券投资咨询执业资格编码。（3）证券投资顾问服务的内容和方式。（4）投资决策由客户作出，投资风险由客户承担。（5）证券投资顾问不得带客户作出投资决策。

【答案】D

八、监管部门对发布证券研究报告业务的有关规定（★★★）

本规定所称发布证券研究报告，是证券投资咨询业务的一种基本形式，指证券公司、证券投资咨询机构对证券及证券相关产品的价值、市场走势或者相关影响因素进行分析，形成证券估值、投资评级等投资分析意见，制作证券研究报告，并向客户发布的行为。

证券研究报告主要包括涉及证券及证券相关产品的价值分析报告、行业研究报告、

投资策略报告等。证券研究报告可以采用书面或者电子文件形式。

（1）证券公司、证券投资咨询机构发布证券研究报告，应当遵守法律、行政法规和本规定，遵循独立、客观、公平、审慎原则，有效防范利益冲突，公平对待发布对象，禁止传播虚假、不实、误导性信息，禁止从事或者参与内幕交易、操纵证券市场活动。

（2）中国证监会及其派出机构依法对证券公司、证券投资咨询机构发布证券研究报告行为实行监督管理。中国证券业协会对证券公司、证券投资咨询机构发布证券研究报告行为实行自律管理。

（3）在发布的证券研究报告上署名的人员，应当具有证券投资咨询执业资格，并在中国证券业协会注册登记为证券分析师。证券分析师不得同时注册为证券投资顾问。

（4）发布证券研究报告的证券公司、证券投资咨询机构，应当设立专门研究部门或者子公司，建立健全业务管理制度，对发布证券研究报告行为及相关人员实行集中统一管理。

从事发布证券研究报告业务的相关人员，不得同时从事证券自营、证券资产管理等存在利益冲突的业务。公司高级管理人员同时负责管理发布证券研究报告业务和其他证券业务的，应当采取防范利益冲突的措施，并有充分证据证明已经有效防范利益冲突。

（5）证券公司、证券投资咨询机构应当采取有效措施，保证制作发布证券研究报告不受证券发行人、上市公司、基金管理公司、资产管理公司等利益相关者的干涉和影响。

（6）证券公司、证券投资咨询机构发布的证券研究报告，应当载明下列事项：

①"证券研究报告"字样。
②证券公司、证券投资咨询机构名称。
③具备证券投资咨询业务资格的说明。
④署名人员的证券投资咨询执业资格证书编码。
⑤发布证券研究报告的时间。
⑥证券研究报告采用的信息和资料来源。
⑦使用证券研究报告的风险提示。

（7）制作证券研究报告应当合规、客观、专业、审慎。署名的证券分析师应当对证券研究报告的内容和观点负责，保证信息来源合法合规，研究方法专业审慎，分析结论具有合理依据。

（8）证券公司、证券投资咨询机构应当建立证券研究报告发布审阅机制，明确审阅流程，安排专门人员，做好证券研究报告发布前的质量控制和合规审查。

（9）证券公司、证券投资咨询机构应当公平对待证券研究报告的发布对象，不得将证券研究报告的内容或者观点，优先提供给公司内部部门、人员或者特定对象。

（10）证券公司、证券投资咨询机构应当建立健全与发布证券研究报告相关的利益冲突防范机制，明确管理流程、披露事项和操作要求，有效防范发布证券研究报告与其他证券业务之间的利益冲突。

发布对具体股票作出明确估值和投资评级的证券研究报告时，公司持有该股票达到相关上市公司已发行股份1%以上的，应当在证券研究报告中向客户披露本公司持有该股票的情况，并且在证券研究报告发布日及第2个交易日，不得进行与证券研究报告观点相反的交易。

（11）证券公司、证券投资咨询机构应当采取有效管理措施，防止制作发布证券研究报告的相关人员利用发布证券研究报告为自身及其利益相关者谋取不当利益，或者在发布证券研究报告前泄露证券研究报告的内容和观点。

（12）证券公司、证券投资咨询机构应当严格执行发布证券研究报告与其他证券业务之间的隔离墙制度，防止存在利益冲突的部门及人员利用发布证券研究报告谋取不当利益。

（13）证券公司、证券投资咨询机构的

证券分析师因公司业务需要，阶段性参与公司承销保荐、财务顾问等业务项目，撰写投资价值研究报告或者提供行业研究支持的，应当履行公司内部跨越隔离墙审批程序。

合规管理部门和相关业务部门应当对证券分析师跨越隔离墙后的业务活动实行监控。证券分析师参与公司承销保荐、财务顾问等业务项目期间，不得发布与该业务项目相关的证券研究报告。跨越隔离墙期满，证券分析师不得利用公司承销保荐、财务顾问等业务项目的非公开信息，发布证券研究报告。

（14）证券公司、证券投资咨询机构从事发布证券研究报告业务，同时从事证券承销与保荐、上市公司并购重组财务顾问业务的，应当根据有关规定，按照独立、客观、公平的原则，建立健全发布证券研究报告静默期制度和实施机制，并通过公司网站等途径向客户披露静默期安排。

（15）证券公司、证券投资咨询机构应当严格执行合规管理制度，对与发布证券研究报告相关的人员资格、利益冲突、跨越隔离墙等情形进行合规审查和监控。

（16）证券公司、证券投资咨询机构发布证券研究报告，应当对发布的时间、方式、内容、对象和审阅过程实行留痕管理。

发布证券研究报告相关业务档案的保存期限自证券研究报告发布之日起不得少于5年。

（17）鼓励证券公司、证券投资咨询机构组织安排证券分析师，按照证券信息传播的有关规定，通过广播、电视、网络、报刊等公众媒体，客观、专业、审慎地对宏观经济、行业状况、证券市场变动情况发表评论意见，为公众投资者提供证券资讯服务，传播证券知识，揭示投资风险，引导理性投资。

（18）证券分析师通过广播、电视、网络、报刊等公众媒体以及报告会、交流会等形式，发表涉及具体证券的评论意见，或者解读其撰写的证券研究报告，应当符合证券信息传播的有关规定以及下列要求。

①由所在证券公司或者证券投资咨询机构统一安排。

②说明所依据的证券研究报告的发布日期。

③禁止明示或者暗示保证投资收益。

（19）证券公司、证券投资咨询机构授权其他机构刊载或者转发证券研究报告或者摘要的，应当与相关机构作出协议约定，明确刊载或者转发责任，要求相关机构注明证券研究报告的发布人和发布日期，提示使用证券研究报告的风险。未经授权刊载或者转发证券研究报告的，应当承担相应的法律责任。

（20）证券公司、证券投资咨询机构及其人员违反法律、行政法规和本规定的，中国证监会及其派出机构可以采取责令改正、监管谈话、出具警示函、责令增加内部合规检查次数并提交合规检查报告、责令暂停发布证券研究报告、责令处分有关人员等监管措施；情节严重的，中国证监会依照法律、行政法规和有关规定作出行政处罚；涉嫌犯罪的，依法移送司法机关。

【例题·组合型选择题】下列关于监管部门对发布证券研究报告业务有关规定的说法中，正确的有（　　）。

Ⅰ．制作证券研究报告应当合规、客观、专业、审慎

Ⅱ．证券公司可以宣传过往荐股业绩、产品、咨询机构和人员的能力

Ⅲ．证券公司、证券投资咨询机构发布证券研究报告，应当对发布的时间、方式、内容、对象和审阅过程实行留痕管理

Ⅳ．证券公司员工参与广播电视证券节目的，应当履行公司内部审批管理程序，参照有关要求，在节目中以显著、清晰的方式进行风险提示

A. Ⅰ、Ⅱ、Ⅲ
B. Ⅰ、Ⅲ、Ⅳ
C. Ⅰ、Ⅱ、Ⅲ
D. Ⅰ、Ⅱ、Ⅲ、Ⅳ

【解析】本题考查的是《发布证券研究报告暂行规定》的相关内容。《发布证券研究报告暂行规定》指出，证券公司不得宣传过往荐股业绩、产品、咨询机构和人员的能力，不得传播虚假、片面和误导性信息，不得在证券节目中播出客户招揽内容。故Ⅱ项说法错误，排除后本题选B选项。

【答案】B

第三节 与证券交易、证券投资活动有关的财务顾问

考情分析：本节讲解与证券交易、证券投资活动有关的财务顾问，主要包含证券公司不得担任财务顾问及独立顾问的情形、并购重组财务顾问业务的业务规则和财务顾问的监管和法律责任。其中，财务顾问业务又细分为财务顾问职责、权利义务、出具财务意见的承诺内容、持续督导、档案制度、保密制度等。本节考点不易理解，是考试的难点之一，考生需多用时间学习。本节考试题型为选择题和组合型选择题，考试分值占4分左右。

学习建议：了解上市公司收购以及上市公司重大资产重组等主要法律法规，掌握从事上市公司并购重组财务顾问业务的业务规则、财务顾问的监管和法律责任，掌握证券公司不得担任财务顾问及独立财务顾问的情形。

一、上市公司收购以及上市公司重大资产重组等主要法律法规（★）

上市公司收购以及上市公司重大资产重组等法律法规主要包括：《中华人民共和国公司法》《中华人民共和国证券法》《上市公司收购管理办法》《上市公司重大资产重组管理办法》《国有资产评估管理办法》《上市公司股改》《国有资产管理》和《上市公司定向增发》等。

1. 上市公司收购总述

（1）上市公司的收购及相关股份权益变动活动，必须遵守法律、行政法规及中国证券监督管理委员会（以下简称中国证监会）的规定。当事人应当诚实守信，遵守社会公德、商业道德，自觉维护证券市场秩序，接受政府、社会公众的监督。

（2）上市公司的收购及相关股份权益变动活动，必须遵循公开、公平、公正的原则。

信息披露义务人报告、公告的信息必须真实、准确、完整，不得有虚假记载、误导性陈述或者重大遗漏。在相关信息披露前，负有保密义务。

（3）上市公司的收购及相关股份权益变动活动不得危害国家安全和社会公共利益。

上市公司的收购及相关股份权益变动活动涉及国家产业政策、行业准入、国有股份转让等事项，需要取得国家相关部门批准的，应当在取得批准后进行。

外国投资者进行上市公司的收购及相关股份权益变动活动的，应当取得国家相关部门的批准，适用中国法律，服从中国的司法、仲裁管辖。

（4）收购人可以通过取得股份的方式成为一个上市公司的控股股东，可以通过投资关系、协议、其他安排的途径成为一个上市公司的实际控制人，也可以同时采取上述方式和途径取得上市公司控制权。

收购人包括投资者及与其一致行动的他人。

（5）任何人不得利用上市公司的收购损害被收购公司及其股东的合法权益。

有下列情形之一的，不得收购上市公司。

①收购人负有数额较大债务,到期未清偿,且处于持续状态。

②收购人最近3年有重大违法行为或者涉嫌有重大违法行为。

③收购人最近3年有严重的证券市场失信行为。

④收购人为自然人的,存在《公司法》第一百四十六条规定情形。

⑤法律、行政法规规定以及中国证监会认定的不得收购上市公司的其他情形。

(6)被收购公司的控股股东或者实际控制人不得滥用股东权利,损害被收购公司或者其他股东的合法权益。

(7)被收购公司的董事、监事、高级管理人员对公司负有忠实义务和勤勉义务,应当公平对待收购本公司的所有收购人。

(8)收购人进行上市公司的收购,应当聘请在中国注册的具有从事财务顾问业务资格的专业机构担任财务顾问。收购人未按照本办法规定聘请财务顾问的,不得收购上市公司。

财务顾问应当勤勉尽责,遵守行业规范和职业道德,保持独立性,保证其所制作、出具文件的真实性、准确性和完整性。

财务顾问认为收购人利用上市公司的收购损害被收购公司及其股东合法权益的,应当拒绝为收购人提供财务顾问服务。

财务顾问不得教唆、协助或者伙同委托人编制或披露存在虚假记载、误导性陈述或者重大遗漏的报告、公告文件,不得从事不正当竞争,不得利用上市公司的收购谋取不正当利益。

(9)中国证监会依法对上市公司的收购及相关股份权益变动活动进行监督管理。

中国证监会设立由专业人员和有关专家组成的专门委员会。专门委员会可以根据中国证监会职能部门的请求,就是否构成上市公司的收购、是否有不得收购上市公司的情形以及其他相关事宜提供咨询意见。中国证监会依法作出决定。

(10)证券交易所依法制定业务规则,为上市公司的收购及相关股份权益变动活动组织交易和提供服务,对相关证券交易活动进行实时监控,监督上市公司的收购及相关股份权益变动活动的信息披露义务人切实履行信息披露义务。

证券登记结算机构依法制定业务规则,为上市公司的收购及相关股份权益变动活动所涉及的证券登记、存管、结算等事宜提供服务。

【例题·组合型选择题】规范上市公司收购以及上市公司重大资产重组的主要法律法规包括( )。
Ⅰ.《证券交易管理条例》
Ⅱ.《上市公司收购管理办法》
Ⅲ.《中华人民共和国证券法》
Ⅳ.《中华人民共和国公司法》
A. Ⅰ、Ⅱ、Ⅲ
B. Ⅰ、Ⅲ、Ⅳ
C. Ⅱ、Ⅲ、Ⅳ
D. Ⅰ、Ⅱ、Ⅲ、Ⅳ
【解析】本题考查的是上市公司收购以及上市公司重大资产重组等主要法律法规。上市公司收购以及上市公司重大资产重组的主要法律法规包括《中华人民共和国公司法》《中华人民共和国证券法》《上市公司重大资产重组》《上市公司收购管理办法》《上市公司股改》《国有资产管理》和《上市公司定向增发》等法律。
【答案】C

2. 上市公司收购的监管措施与法律责任

(1)上市公司的收购及相关股份权益变动活动中的信息披露义务人,未按照本办法的规定履行报告、公告以及其他相关义务的,中国证监会责令改正,采取监管谈话、出具警示函、责令暂停或者停止收购等监管措施。

在改正前，相关信息披露义务人不得对其持有或者实际支配的股份行使表决权。

（2）上市公司的收购及相关股份权益变动活动中的信息披露义务人在报告、公告等文件中有虚假记载、误导性陈述或者重大遗漏的，中国证监会责令改正，采取监管谈话、出具警示函、责令暂停或者停止收购等监管措施。在改正前，收购人对其持有或者实际支配的股份不得行使表决权。

（3）投资者及其一致行动人取得上市公司控制权而未按照本办法的规定聘请财务顾问，规避法定程序和义务，变相进行上市公司的收购，或者外国投资者规避管辖的，中国证监会责令改正，采取出具警示函、责令暂停或者停止收购等监管措施。在改正前，收购人不得对其持有或者实际支配的股份行使表决权。

（4）收购人未依照本办法的规定履行相关义务或者相应程序擅自实施要约收购的，中国证监会责令改正，采取监管谈话、出具警示函、责令暂停或者停止收购等监管措施；在改正前，收购人不得对其持有或者支配的股份行使表决权。

发出收购要约的收购人在收购要约期限届满，不按照约定支付收购价款或者购买预受股份的，自该事实发生之日起 3 年内不得收购上市公司，中国证监会不受理收购人及其关联方提交的申报文件。

存在前二款规定情形，收购人涉嫌虚假披露、操纵证券市场的，中国证监会对收购人进行立案稽查，依法追究其法律责任；收购人聘请的财务顾问没有充分证据表明其勤勉尽责的，自收购人违规事实发生之日起 1 年内，中国证监会不受理该财务顾问提交的上市公司并购重组申报文件，情节严重的，依法追究法律责任。

（5）上市公司控股股东和实际控制人在转让其对公司的控制权时，未清偿其对公司的负债，未解除公司为其提供的担保，或者未对其损害公司利益的其他情形作出纠正的，中国证监会责令改正、责令暂停或者停止收购活动。

被收购公司董事会未能依法采取有效措施促使公司控股股东、实际控制人予以纠正，或者在收购完成后未能促使收购人履行承诺、安排或者保证的，中国证监会可以认定相关董事为不适当人选。

（6）上市公司董事未履行忠实义务和勤勉义务，利用收购谋取不当利益的，中国证监会采取监管谈话、出具警示函等监管措施，可以认定为不适当人选。

上市公司章程中涉及公司控制权的条款违反法律、行政法规和本办法规定的，中国证监会责令改正。

（7）为上市公司收购出具资产评估报告、审计报告、法律意见书和财务顾问报告的证券服务机构或者证券公司及其专业人员，未依法履行职责的，中国证监会责令改正，采取监管谈话、出具警示函等监管措施。

前款规定的证券服务机构及其从业人员被责令改正的，在改正前，不得接受新的上市公司并购重组业务。

（8）中国证监会将上市公司的收购及相关股份权益变动活动中的当事人的违法行为和整改情况记入诚信档案。

违反本办法的规定构成证券违法行为的，依法追究法律责任。

《上市公司收购管理办法》的相关规定如下。

（1）通过证券交易所的证券交易，投资者及其一致行动人拥有权益的股份达到一个上市公司已发行股份的 5% 时，应当在该事实发生之日起 3 日内编制权益变动报告书，向中国证监会、证券交易所提交书面报告，通知该上市公司，并予公告；在上述期限内，不得买卖该上市公司的股票。

前述投资者及其一致行动人拥有权益

的股份达到一个上市公司已发行股份的5%后，通过证券交易所的证券交易，其拥有权益的股份占该上市公司已发行股份的比例每增加或者减少5%，应当依照前款规定进行报告和公告。在报告期限内和作出报告、公告后2日内，不得再行买卖该上市公司的股票。

（2）通过协议转让方式，投资者及其一致行动人在一个上市公司中拥有权益的股份拟达到或者超过一个上市公司已发行股份的5%时，应当在该事实发生之日起3日内编制权益变动报告书，向中国证监会、证券交易所提交书面报告，通知该上市公司，并予公告。

投资者及其一致行动人拥有权益的股份达到一个上市公司已发行股份的5%后，其拥有权益的股份占该上市公司已发行股份的比例每增加或者减少达到或者超过5%的，应当依照前款规定履行报告、公告义务。

（3）投资者及其一致行动人不是上市公司的第一大股东或者实际控制人，其拥有权益的股份达到或者超过该公司已发行股份的5%，但未达到20%的，应当编制包括下列内容的简式权益变动报告书。

①投资者及其一致行动人的姓名、住所。投资者及其一致行动人为法人的，其名称、注册地及法定代表人。

②持股目的，是否有意在未来12个月内继续增加其在上市公司中拥有的权益。

③上市公司的名称、股票的种类、数量、比例。

④在上市公司中拥有权益的股份达到或者超过上市公司已发行股份的5%或者拥有权益的股份增减变化达到5%的时间及方式。

⑤权益变动事实发生之日前6个月内通过证券交易所的证券交易买卖该公司股票的简要情况。

⑥中国证监会、证券交易所要求披露的其他内容。

前述投资者及其一致行动人为上市公司第一大股东或者实际控制人，其拥有权益的股份达到或者超过一个上市公司已发行股份的5%，但未达到20%的，还应当披露《上市公司收购管理办法》第十七条第一款规定的内容。

【例题·选择题】简式权益变动报告书中应该有权益变动事实发生之日前（　　）个月内通过证券交易所的证券交易买卖该公司股票的简要情况。
A. 3　　　　　　　B. 6
C. 9　　　　　　　D. 12
【解析】《上市公司收购管理办法》第十六条规定，投资者及其一致行动人不是上市公司的第一大股东或者实际控制人，其拥有权益的股份达到或者超过该公司已发行股份的5%，但未达到20%的，应当编制简式权益变动报告书，说明权益变动事实发生之日前6个月内通过证券交易所的证券交易买卖该公司股票的简要情况。
【答案】B

（9）投资者及其一致行动人拥有权益的股份达到或者超过一个上市公司已发行股份的20%但未超过30%的，应当编制详式权益变动报告书，除须披露前条规定的信息外，还应当披露以下内容。

①投资者及其一致行动人的控股股东、实际控制人及其股权控制关系结构图。

②取得相关股份的价格、所需资金额、资金来源，或者其他支付安排。

③投资者、一致行动人及其控股股东、实际控制人所从事的业务与上市公司的业务是否存在同业竞争或者潜在的同业竞争，是否存在持续关联交易；存在同业竞争或者持续关联交易的，是否已作出相应的安排，确保投资者、一致行动人及其关联方与上市公

司之间避免同业竞争以及保持上市公司的独立性。

④未来12个月内对上市公司资产、业务、人员、组织结构、公司章程等进行调整的后续计划。

⑤前24个月内投资者及其一致行动人与上市公司之间的重大交易。

⑥不存在本办法第六条规定的情形。

⑦能够按照本办法第五十条的规定提供相关文件。

前述投资者及其一致行动人为上市公司第一大股东或者实际控制人的，还应当聘请财务顾问对上述权益变动报告书所披露的内容出具核查意见，但国有股行政划转或者变更、股份转让在同一实际控制人控制的不同主体之间进行、因继承取得股份的除外。投资者及其一致行动人承诺至少3年放弃行使相关股份表决权的，可免于聘请财务顾问和提供前款第⑦项规定的文件。

本条即是《上市公司收购管理办法》第十七条。

（10）已披露权益变动报告书的投资者及其一致行动人在披露之日起6个月内，因拥有权益的股份变动需要再次报告、公告权益变动报告书的，可以仅就与前次报告书不同的部分作出报告、公告；自前次披露之日起超过6个月的，投资者及其一致行动人应当按照本章的规定编制权益变动报告书，履行报告、公告义务。

（11）督促和检查履行收购中约定的其他义务的情况。

在持续督导期间，财务顾问应当结合上市公司披露的季度报告、半年度报告和年度报告出具持续督导意见，并在前述定期报告披露后的15日内向派出机构报告。

在此期间，财务顾问发现收购人在上市公司收购报告书中披露的信息与事实不符的，应当督促收购人如实披露相关信息，并及时向中国证监会、派出机构、证券交易所报告。财务顾问解除委托合同的，应当及时向中国证监会、派出机构作出书面报告，说明无法继续履行持续督导职责的理由，并予公告。

【例题·组合型选择题】在持续督导期间，财务顾问发现收购人在上市公司收购报告书中披露的信息与事实不符的，应当督促收购人如实披露相关信息，并及时向（　　）报告。

Ⅰ．工商管理局
Ⅱ．中国证监会
Ⅲ．证券交易所
Ⅳ．中国证监会派出机构
A．Ⅰ、Ⅲ、Ⅳ
B．Ⅰ、Ⅱ、Ⅲ
C．Ⅱ、Ⅲ、Ⅳ
D．Ⅰ、Ⅱ、Ⅲ、Ⅳ

【解析】本题考查的是《上市公司收购管理办法》的相关规定。选项A表述有误，其正确表述应该为：在持续督导期间，财务顾问发现收购人在上市公司收购报告书中披露的信息与事实不符的措施，应当督促收购人如实披露相关信息，并及时向中国证监会、派出机构、证券交易所报告。

【答案】C

3. 上市公司重大资产重组的监督管理与法律责任

（1）未依照本办法的规定履行相关义务或者程序，擅自实施重大资产重组的，由中国证监会责令改正，并可以采取监管谈话、出具警示函等监管措施；情节严重的，可以责令暂停或者终止重组活动，处以警告、罚款，并可以对有关责任人员采取市场禁入的措施。

未经中国证监会核准擅自实施本办法第十三条第一款规定的重大资产重组，交易尚未完成的，中国证监会责令上市公司补充披露相关信息、暂停交易并按照本办法第十三条的规定报送申请文件；交易已经完成的，可以处以警告、罚款，并对有关责任人员采取市场禁入的措施；涉嫌犯罪的，依法移送司法机关追究刑事责任。

上市公司重大资产重组因定价显失公允、不正当利益输送等问题损害上市公司、投资者合法权益的，由中国证监会责令改正，并可以采取监管谈话、出具警示函等监管措施；情节严重的，可以责令暂停或者终止重组活动，处以警告、罚款，并可以对有关责任人员采取市场禁入的措施。

（2）上市公司或者其他信息披露义务人未按照本办法规定报送重大资产重组有关报告，或者报送的报告有虚假记载、误导性陈述或者重大遗漏的，由中国证监会责令改正，依照《证券法》第一百九十三条予以处罚；情节严重的，可以责令暂停或者终止重组活动，并可以对有关责任人员采取市场禁入的措施；涉嫌犯罪的，依法移送司法机关追究刑事责任。

（3）上市公司或者其他信息披露义务人未按照规定披露重大资产重组信息，或者所披露的信息存在虚假记载、误导性陈述或者重大遗漏的，由中国证监会责令改正，依照《证券法》第一百九十三条规定予以处罚；情节严重的，可以责令暂停或者终止重组活动，并可以对有关责任人员采取市场禁入的措施；涉嫌犯罪的，依法移送司法机关追究刑事责任。重大资产重组或者发行股份购买资产的交易对方未及时向上市公司或者其他信息披露义务人提供信息，或者提供的信息有虚假记载、误导性陈述或者重大遗漏的，按照前款规定执行。

（4）重大资产重组涉嫌本办法第五十三条、第五十四条、第五十五条规定情形的，中国证监会可以责令上市公司作出公开说明、聘请独立财务顾问或者其他证券服务机构补充核查并披露专业意见，在公开说明、披露专业意见之前，上市公司应当暂停重组；上市公司涉嫌前述情形被司法机关立案侦查或者被中国证监会立案调查的，在案件调查结论明确之前应当暂停重组。

（5）上市公司董事、监事和高级管理人员未履行诚实守信、勤勉尽责义务，或者上市公司的股东、实际控制人及其有关负责人员未按照本办法的规定履行相关义务，导致重组方案损害上市公司利益的，由中国证监会责令改正，并可以采取监管谈话、出具警示函等监管措施；情节严重的，处以警告、罚款，并可以对有关人员采取认定为不适当人选、市场禁入的措施；涉嫌犯罪的，依法移送司法机关追究刑事责任。

（6）为重大资产重组出具财务顾问报告、审计报告、法律意见、资产评估报告、估值报告及其他专业文件的证券服务机构及其从业人员未履行诚实守信、勤勉尽责义务，违反行业规范、业务规则，或者未依法履行报告和公告义务、持续督导义务的，由中国证监会责令改正，并可以采取监管谈话、出具警示函、责令公开说明、责令参加培训、责令定期报告、认定为不适当人选等监管措施；情节严重的，依照《证券法》第二百二十六条予以处罚。

前款规定的证券服务机构及其从业人员所制作、出具的文件存在虚假记载、误导性陈述或者重大遗漏的，由中国证监会责令改正，依照《证券法》第二百二十三条予以处罚；情节严重的，可以采取市场禁入的措施；涉嫌犯罪的，依法移送司法机关追究刑事责任。

存在前二款规定情形的，在按照中国证监会的要求完成整改之前，不得接受新的上市公司并购重组业务。

（7）重大资产重组实施完毕后，凡因不属于上市公司管理层事前无法获知且事后无法控制的原因，上市公司所购买资产实现的利润未达到资产评估报告或者估值报告预测金额的80%，或者实际运营情况与重大资产重组报告书中管理层讨论与分析部分存在较大差距的，上市公司的董事长、总经理以及对此承担相应责任的会计师事务所、财务顾问、资产评估机构、估值机构及其从业人员应当在上市公司披露年度报告的同时，在同一报刊上作出解释，并向投资者公开道歉；实现利润未达到预测金额50%的，中国证监会可以对上市公司、相关机构及其责任人员采取监管谈话、出具警示函、责令定期报告等监管措施。

（8）任何知悉重大资产重组信息的人员在相关信息依法公开前，泄露该信息、买卖或者建议他人买卖相关上市公司证券、利用重大资产重组散布虚假信息、操纵证券市场或者进行欺诈活动的，中国证监会依照《证券法》第二百〇二条、第二百〇三条、第二百〇七条予以处罚；涉嫌犯罪的，依法移送司法机关追究刑事责任。

【例题·组合型选择题】下列关于上市公司重大资产重组法律责任的说法正确的是（　　）。

Ⅰ．上市公司或者其他信息披露义务人未按照规定报送重大资产重组有关报告的，责令改正，依照《证券法》第一百九十三条予以处罚；涉嫌犯罪的，依法移送司法机关追究刑事责任

Ⅱ．上市公司或者其他信息披露义务人未按照规定披露重大资产重组信息的，责令改正，依照《证券法》第一百九十三条规定予以处罚；情节严重的，责令停止重组活动，并可以对有关责任人员采取市场禁入的措施；涉嫌犯罪的，依法移送司法机关追究刑事责任

Ⅲ．为重大资产重组出具财务顾问报告、审计报告、法律意见、资产评估报告及其他专业文件的证券服务机构及其从业人员未依法履行报告和公告义务、持续督导义务的，责令改正，采取监管谈话、出具警示函等监管措施；情节严重的，依照《证券法》第二百二十六条予以处罚

Ⅳ．任何知悉重大资产重组信息的人员在相关信息依法公开前，泄露该信息的，依照《证券法》第二百〇二条、第二百〇三条、第二百〇七条予以处罚；涉嫌犯罪的，依法移送司法机关追究刑事责任

A．Ⅰ、Ⅲ、Ⅳ
B．Ⅱ、Ⅲ
C．Ⅱ、Ⅲ、Ⅳ
D．Ⅰ、Ⅱ、Ⅲ、Ⅳ

【解析】本题考查的是上市公司重大资产重组的监督管理与法律责任。选项A表述有误，其正确表述应该为：上市公司或者其他信息披露义务人未按照本办法规定报送重大资产重组有关报告，或者报送的报告有虚假记载、误导性陈述或者重大遗漏的，由中国证监会责令改正，依照《证券法》第一百九十三条予以处罚；情节严重的，可以责令暂停或者终止重组活动，并可以对有关责任人员采取市场禁入的措施；涉嫌犯罪的，依法移送司法机关追究刑事责任。

【答案】C

重大资产重组的原则和标准

重大资产重组的原则和标准的相关内容如表3-11所示。

表 3-11 重大资产重组的原则和标准

事项	具体内容
重大资产重组的原则	（1）符合国家产业政策和有关环境保护、土地管理、反垄断等法律和行政法规的规定； （2）不会导致上市公司不符合股票上市条件； （3）重大资产重组所涉及的资产定价公允，不存在损害上市公司和股东合法权益的情形； （4）重大资产重组所涉及的资产权属清晰，资产过户或者转移不存在法律障碍，相关债权债务处理合法； （5）有利于上市公司增强持续经营能力，不存在可能导致上市公司重组后主要资产为现金或者无具体经营业务的情形； （6）有利于上市公司在业务、资产、财务、人员、机构等方面与实际控制人及其关联人保持独立，符合中国证监会关于上市公司独立性的相关规定； （7）有利于上市公司形成或者保持健全有效的法人治理结构
重大资产重组的标准	上市公司及其控股或者控制的公司购买、出售资产，达到下列标准之一的，构成重大资产重组： （1）购买、出售的资产总额占上市公司最近一个会计年度经审计的合并财务会计报告期末资产总额的比例达到 50% 以上； （2）购买、出售的资产在最近一个会计年度所产生的营业收入占上市公司同期经审计的合并财务会计报告营业收入的比例达到 50% 以上； （3）购买、出售的资产净额占上市公司最近一个会计年度经审计的合并财务会计报告期末净资产额的比例达到 50% 以上，且超过 5000 万元人民币

二、证券公司不得担任财务顾问及独立财务顾问的情形（★★★）

（1）证券公司、证券投资咨询机构和其他财务顾问机构有下列情形之一的，不得担任财务顾问。

①最近 24 个月内存在违反诚信的不良记录。

②最近 24 个月内因执业行为违反行业规范而受到行业自律组织的纪律处分。

③最近 36 个月内因违法违规经营受到处罚或者因涉嫌违法违规经营正在被调查。

（2）证券公司、证券投资咨询机构或者其他财务顾问机构受聘担任上市公司独立财务顾问的，应当保持独立性，不得与上市公司存在利害关系；存在下列情形之一的，不得担任独立财务顾问。

①持有或者通过协议、其他安排与他人共同持有上市公司股份达到或者超过 5%，或者选派代表担任上市公司董事。

②上市公司持有或者通过协议、其他安排与他人共同持有财务顾问的股份达到或者超过 5%，或者选派代表担任财务顾问的董事。

③最近 2 年财务顾问与上市公司存在资产委托管理关系、相互提供担保，或者最近 1 年财务顾问为上市公司提供融资服务。

④财务顾问的董事、监事、高级管理人员、财务顾问主办人或者其直系亲属有在上市公司任职等影响公正履行职责的情形。

⑤在并购重组中为上市公司的交易对方提供财务顾问服务。

⑥与上市公司存在利害关系、可能影响财务顾问及其财务顾问主办人独立性的其他情形。

三、从事上市公司并购重组财务顾问业务的业务规则（★★）

1. 财务顾问从事上市公司并购重组财务顾问业务应当履行的职责

财务顾问从事上市公司并购重组财务顾问业务，应当履行以下职责。

（1）接受并购重组当事人的委托，对上市公司并购重组活动进行尽职调查，全面评估相关活动所涉及的风险。

（2）就上市公司并购重组活动向委托人提供专业服务，帮助委托人分析并购重组相关活动所涉及的法律、财务、经营风险，提出对策和建议，设计并购重组方案，并指导委托人按照上市公司并购重组的相关规定制作申报文件。

（3）对委托人进行证券市场规范化运作的辅导，使其熟悉有关法律、行政法规和中国证监会的规定，充分了解其应承担的义务和责任，督促其依法履行报告、公告和其他法定义务。

（4）在对上市公司并购重组活动及申报文件的真实性、准确性、完整性进行充分核查和验证的基础上，依据中国证监会的规定和监管要求，客观、公正地发表专业意见。

（5）接受委托人的委托，向中国证监会报送有关上市公司并购重组的申报材料，并根据中国证监会的审核意见，组织和协调委托人及其他专业机构进行答复。

（6）根据中国证监会的相关规定，持续督导委托人依法履行相关义务。

（7）中国证监会要求的其他事项。

【例题·组合型选择题】财务顾问从事上市公司并购重组，其职责包括（　　）。

Ⅰ．对上市公司并购重组活动及申报文件的真实性、准确性、完整性进行充分核查和验证，客观、公正地发表专业意见

Ⅱ．接受委托人的委托，向证监会报送有关上市公司并购重组的申报材料，并根据证监会的审核意见，组织和协调委托人及其他专业机构进行答复

Ⅲ．就上市公司并购重组活动向委托人提供专业服务

Ⅳ．接受并购重组当事人的委托，对上市公司并购重组活动进行尽职调查，全面评估相关活动所涉及的风险

A．Ⅱ、Ⅲ、Ⅳ
B．Ⅰ、Ⅱ、Ⅳ
C．Ⅰ、Ⅱ、Ⅲ
D．Ⅰ、Ⅱ、Ⅲ、Ⅳ

【解析】本题考查财务顾问从事上市公司并购重组财务顾问业务的职责。根据《上市公司并购重组财务顾问业务管理办法》第十九条规定，以上各项都是财务顾问应当履行的职责。

【答案】D

2．财务顾问与委托人之间的权利和义务

（1）财务顾问应当与委托人签订委托协议，明确双方的权利和义务，就委托人配合财务顾问履行其职责的义务、应提供的材料和责任划分、双方的保密责任等事项作出约定。财务顾问接受上市公司并购重组多方当事人委托的，不得存在利益冲突或者潜在的利益冲突。

接受委托的，财务顾问应当指定2名财务顾问主办人负责，同时，可以安排1名项目协办人参与。

（2）财务顾问应当建立尽职调查制度和具体工作规程，对上市公司并购重组活动进行充分、广泛、合理的调查，核查委托人提供的为出具专业意见所需的资料，对委托人披露的内容进行独立判断，并有充分理由确信所作的判断与委托人披露的内容不存在实质性差异。

委托人应当配合财务顾问进行尽职调查，提供相应的文件资料。委托人不能提供必要的材料、不配合进行尽职调查或者限制调查范围的，财务顾问应当终止委托关系或者相应修改其结论性意见。

（3）财务顾问利用其他证券服务机构专业意见的，应当进行必要的审慎核查，对委托人提供的资料和披露的信息进行独立判断。

财务顾问对同一事项所作的判断与其他证券服务机构的专业意见存在重大差异的，应当进一步调查、复核，并可自行聘请相关专业机构提供专业服务。

（4）财务顾问应当采取有效方式对新进入上市公司的董事、监事和高级管理人员、控股股东和实际控制人的主要负责人进行证券市场规范化运作的辅导，包括上述人员应履行的责任和义务、上市公司治理的基本原则、公司决策的法定程序和信息披露的基本要求，并对辅导结果进行验收，将验收结果存档。验收不合格的，财务顾问应当重新进行辅导和验收。

（5）财务顾问对上市公司并购重组活动进行尽职调查应当重点关注以下问题，并在专业意见中对以下问题进行分析和说明。

①涉及上市公司收购的，担任收购人的财务顾问，应当关注收购人的收购目的、实力、收购人与其控股股东和实际控制人的控制关系结构、管理经验、资信情况、诚信记录、资金来源、履约能力、后续计划、对上市公司未来发展的影响、收购人的承诺及是否具备履行相关承诺的能力等事项。因国有股行政划转或者变更、在同一实际控制人控制的不同主体之间转让股份、继承取得上市公司股份超过30%的，收购人可免于聘请财务顾问。

②涉及对上市公司进行要约收购的，收购人的财务顾问除关注第（1）项所列事项外，还应当关注要约收购的目的、收购人的支付方式和支付条件、履约能力、是否将导致公司退市、对收购完成后剩余中小股东的保护机制是否适当等事项。

收购人公告要约收购报告书摘要后15日内未能发出要约的，财务顾问应当督促收购人立即公告未能如期发出要约的原因及中国证监会提出的反馈意见。

③涉及上市公司重大资产重组的，财务顾问应当关注重组目的、重组方案、交易定价的公允性、资产权属的清晰性、资产的完整性、重组后上市公司是否具备持续经营能力和持续盈利能力、盈利预测的可实现性、公司经营独立性、重组方是否存在利用资产重组侵害上市公司利益的问题等事项。

④涉及上市公司发行股份购买资产的，财务顾问应当关注本次发行的目的、发行方案、拟购买资产的估值分析及定价的公允性、拟购买资产的完整性、独立性、盈利能力、对上市公司影响的量化分析、拟发行股份的定价模式、中小股东合法权益是否受到侵害、上市公司股票交易是否存在异常等事项；涉及导致公司控制权发生变化的，还应当按照第①项有关收购人的关注要点对本次发行的特定对象进行核查。

⑤涉及上市公司合并的，财务顾问应当关注合并的目的、合并的可行性、合并方案、合并方与被合并方的估值分析、折股比例的确定原则和公允性、对上市公司的业务和财务结构的影响、对上市公司持续盈利能力的影响、合并后的整合安排等事项。

⑥涉及上市公司回购本公司股份的，财务顾问应当关注回购目的的适当性、回购必要性、回购方案、回购价格的定价模式和公允性、对上市公司现金流的影响、是否存在不利于上市公司持续发展的问题等事项。

⑦财务顾问应当关注上市公司并购重组活动中，相关各方是否存在利用并购重组信息进行内幕交易、市场操纵和证券欺诈等事项。

⑧中国证监会要求的其他事项。

（6）财务顾问应当设立由专业人员组成的内部核查机构，内部核查机构应当恪尽职守，保持独立判断，对相关业务活动进行充分论证与复核，并就所出具的财务顾问专业意见提出内部核查意见。

3. 财务顾问出具财务意见的承诺内容

财务顾问应当在充分尽职调查和内部核查的基础上，按照中国证监会的相关规定，对并购重组事项出具财务顾问专业意见，并作出以下承诺。

（1）已按照规定履行尽职调查义务，有充分理由确信所发表的专业意见与委托人披露的文件内容不存在实质性差异。

（2）已对委托人披露的文件进行核查，确信披露文件的内容与格式符合要求。

（3）有充分理由确信委托人委托财务顾问出具意见的并购重组方案符合法律、法规和中国证监会及证券交易所的相关规定，所披露的信息真实、准确、完整，不存在虚假记载、误导性陈述或者重大遗漏。

（4）有关本次并购重组事项的财务顾问专业意见已提交内部核查机构审查，并同意出具此专业意见。

（5）在与委托人接触后到担任财务顾问期间，已采取严格的保密措施，严格执行风险控制和内部隔离制度，不存在内幕交易、操纵市场和证券欺诈问题。

财务顾问的法定代表人或者其授权代表人、部门负责人、内部核查机构负责人、财务顾问主办人和项目协办人应当在财务顾问专业意见上签名，并加盖财务顾问单位公章。

4. 财务顾问应当配合中国证监会的工作

（1）财务顾问代表委托人向中国证监会提交申请文件后，应当配合中国证监会的审核，并承担以下工作。

①指定财务顾问主办人与中国证监会进行专业沟通，并按照中国证监会提出的反馈意见作出回复。

②按照中国证监会的要求，对涉及本次并购重组活动的特定事项进行尽职调查或者核查。

③组织委托人及其他专业机构对中国证监会的意见进行答复。

④委托人未能在行政许可的期限内公告相关并购重组报告全文的，财务顾问应当督促委托人及时公开披露中国证监会提出的问题及委托人未能如期公告的原因。

⑤自申报至并购重组事项完成前，对于上市公司和其他并购重组当事人发生较大变化，对本次并购重组构成较大影响的情况予以高度关注，并及时向中国证监会报告。

⑥申报本次担任并购重组财务顾问的收费情况。

⑦中国证监会要求的其他事项。

（2）财务顾问应当建立健全内部报告制度，财务顾问主办人应当就中国证监会在反馈意见中提出的问题按照内部程序向部门负责人、内部核查机构负责人等相关负责人报告，并对中国证监会提出的问题进行充分的研究、论证，审慎回复。回复意见应当由财务顾问的法定代表人或者其授权代表人、财务顾问主办人和项目协办人签名，并加盖财务顾问单位公章。

（3）财务顾问将申报文件报中国证监会审核期间，委托人和财务顾问终止委托协议的，财务顾问和委托人应当自终止之日起5个工作日内向中国证监会报告，申请撤回申报文件，并说明原因。委托人重新聘请财务顾问就同一并购重组事项进行申报的，应当在报送中国证监会的申报文件中予以说明。

【例题·选择题】财务顾问主办人发生变化，财务顾问应在（　　）个工作日内向证监会报告；终止财务委托顾问委托协议，应当自终止之日起（　　）个工作日内向中国证监会报告。

A. 10，5　　　　B. 5，10
C. 10，10　　　D. 5，5

【解析】《上市公司并购重组财务顾问业务管理办法》第四十一条规定，财务顾问主办人发生变化，财务顾问应在5个工作日内向证监会报告；《上市公司并购重组财务顾问业务管理办法》第三十条规定委托人和财务顾问终止委托协议的，财务顾问和委托人应当自终止之日起5个工作日内向中国证监会报告，申请撤回申报文件，并说明原因。

【答案】D

5. 财务顾问的持续督导

（1）根据中国证监会有关并购重组的规定，自上市公司收购、重大资产重组、发行股份购买资产、合并等事项完成后的规定期限内，财务顾问承担持续督导责任。

财务顾问应当通过日常沟通、定期回访等方式，结合上市公司定期报告的披露，做好以下持续督导工作。

①督促并购重组当事人按照相关程序规范实施并购重组方案，及时办理产权过户手续，并依法履行报告和信息披露的义务。

②督促上市公司按照《上市公司治理准则》的要求规范运作。

③督促和检查申报人履行对市场公开作出的相关承诺的情况。

④督促和检查申报人落实后续计划及并购重组方案中约定的其他相关义务的情况。

⑤结合上市公司定期报告，核查并购重组是否按计划实施、是否达到预期目标。其实施效果是否与此前公告的专业意见存在较大差异，是否实现相关盈利预测或者管理层预计达到的业绩目标。

⑥中国证监会要求的其他事项。

在持续督导期间，财务顾问应当结合上市公司披露的定期报告出具持续督导意见，并在前述定期报告披露后的15日内向上市公司所在地的中国证监会派出机构报告。

（2）财务顾问应当建立健全内部检查制度，确保财务顾问主办人切实履行持续督导责任，按时向中国证监会派出机构提交持续督导工作的情况报告。

在持续督导期间，财务顾问解除委托协议的，应当及时向中国证监会派出机构作出书面报告，说明无法继续履行持续督导职责的理由，并予以公告。委托人应当在1个月内另行聘请财务顾问对其进行持续督导。

6. 财务顾问业务的工作档案制度

财务顾问应当建立并购重组工作档案和工作底稿制度，为每一项目建立独立的工作档案。

财务顾问的工作档案和工作底稿应当真实、准确、完整，保存期不少于10年。

7. 财务顾问业务的保密制度

财务顾问及其财务顾问主办人应当严格履行保密责任，不得利用职务之便买卖相关上市公司的证券或者牟取其他不当利益，并应当督促委托人、委托人的董事、监事和高级管理人员及其他内幕信息知情人严格保密，不得进行内幕交易。

财务顾问应当按照中国证监会的要求，配合提供上市公司并购重组相关内幕信息知情人买卖、持有相关上市公司证券的文件，并向中国证监会报告内幕信息知情人的违法违规行为，配合中国证监会依法进行的调查。

8. 财务顾问业务的其他要求

财务顾问从事上市公司并购重组财务顾问业务，应当公平竞争，按照业务复杂程度及所承担的责任和风险与委托人商议财务顾问报酬，不得以明显低于行业水平等不正当竞争手段招揽业务。

中国证券业协会可以根据本办法的规定，制定财务顾问执业规范，组织财务顾问主办人进行持续培训。

财务顾问可以申请加入中国证券业协会。财务顾问主办人应当参加中国证券业协会组织的相关培训，接受后续教育。

四、财务顾问的监管和法律责任（★★）

1. 财务顾问的监管

（1）中国证监会及其派出机构可以根据审慎监管原则，要求财务顾问提供已按照本办法的规定履行尽职调查义务的证明材料、工作档案和工作底稿，并对财务顾问的公司治理、内部控制、经营运作、风险状况、从业活动等方面进行非现场检查或者现场检查。

财务顾问及其有关人员应当配合中国证监会及其派出机构的检查工作，提交的材料应当真实、准确、完整，不得以任何理由拒绝、拖延提供有关材料，或者提供不真实、不准确、不完整的材料。

（2）中国证监会建立监管信息系统，对财务顾问及其财务顾问主办人进行持续动态监管，并将以下事项记入其诚信档案。

①财务顾问及其财务顾问主办人被中国证监会采取监管措施的。

②在持续督导期间，上市公司或者其他委托人违反公司治理有关规定、相关资产状况及上市公司经营成果等与财务顾问的专业意见出现较大差异的。

③中国证监会认定的其他事项。

（3）财务顾问及其财务顾问主办人出现下列情形之一的，中国证监会对其采取监管谈话、出具警示函、责令改正等监管措施。

①内部控制机制和管理制度、尽职调查制度以及相关业务规则存在重大缺陷或者未得到有效执行的。

②未按照《上市公司并购重组财务顾问业务管理办法》规定发表专业意见。

③在受托报送申报材料过程中，未切实履行组织、协调义务、申报文件制作质量低下。

④未依法履行持续督导义务。

⑤未按照本办法的规定向中国证监会报告或者公告。

⑥违反其就上市公司并购重组相关业务活动所作承诺。

⑦违反保密制度或者未履行保密责任。

⑧采取不正当竞争手段进行恶性竞争。

⑨唆使、协助或者伙同委托人干扰中国证监会审核工作。

⑩中国证监会认定的其他情形。

责令改正的，财务顾问及其财务顾问主办人在改正期间，或者按照要求完成整改并经中国证监会验收合格之前，不得接受新的上市公司并购重组财务顾问业务。

（4）上市公司就并购重组事项出具盈利预测报告的，在相关并购重组活动完成后，凡不属于上市公司管理层事前无法获知且事后无法控制的原因，上市公司或者购买资产实现的利润未达到盈利预测报告或者资产评估报告预测金额80%的，中国证监会责令财务顾问及其财务顾问主办人在股东大会及中国证监会指定报刊上公开说明未实现盈利预测的原因，并向股东和社会公众投资者道歉；利润实现数未达到盈利预测50%的，中国证监会可以同时对财务顾问及其财务顾问主办人采取监管谈话、出具警示函、责令定期报告等监管措施。

（5）财务顾问不再符合《上市公司并购重组财务顾问业务管理办法》规定条件的，应当在5个工作日内向中国证监会报告并依法进行公告，由中国证监会责令改正。责令改正期满后，仍不符合本办法规定条件的，中国证监会撤销其从事上市公司并购重组财务顾问业务资格。

> **名师点拨** 财务顾问主办人发生变化的，财务顾问应当在5个工作日内向中国证监会报告。财务顾问主办人不再符合本办法规定条件的，中国证监会将其从财务顾问主办人名单中去除，财务顾问不得聘请其作为财务顾问主办人从事相关业务。

2. 财务顾问的法律责任

（1）财务顾问及其财务顾问主办人或者其他责任人员所发表的专业意见存在虚假记载、误导性陈述或者重大遗漏的，中国证监会责令改正并依据《证券法》第二百二十三条的规定予以处罚。

（2）财务顾问及其财务顾问主办人在相关并购重组信息未依法公开前，泄露该信息、买卖或者建议他人买卖该公司证券，利用相关并购重组信息散布虚假信息、操纵证券市场或者进行证券欺诈活动的，中国证监会依据《证券法》第二百〇二条、第二百〇三条、第二百〇七条等相关规定予以处罚；涉嫌犯罪的，依法移送司法机关追究刑事责任。

（3）中国证券业协会对财务顾问及其财

务顾问主办人违反自律规范的行为，依法进行调查，给予纪律处分。

《证券法》第二百二十三条规定，证券服务机构未勤勉尽责，所制作、出具的文件有虚假记载、误导性陈述或者重大遗漏的，责令改正，没收业务收入，暂停或者撤销证券服务业务许可，并处以业务收入1倍以上5倍以下的罚款。对直接负责的主管人员和其他直接责任人员给予警告，撤销证券从业资格，并处以3万元以上10万元以下的罚款。

第二百〇二条规定，证券交易内幕信息的知情人或者非法获取内幕信息的人，在涉及证券的发行、交易或者其他对证券的价格有重大影响的信息公开前，买卖该证券，或者泄露该信息，或者建议他人买卖该证券的，责令依法处理非法持有的证券，没收违法所得，并处以违法所得1倍以上5倍以下的罚款；没有违法所得或者违法所得不足3万元的，处以3万元以上60万元以下的罚款。单位从事内幕交易的，还应当对直接负责的主管人员和其他直接责任人员给予警告，并处以3万元以上30万元以下的罚款。证券监督管理机构工作人员进行内幕交易的，从重处罚。

第二百〇三条规定，违反本法规定，操纵证券市场的，责令依法处理非法持有的证券，没收违法所得，并处以违法所得1倍以上5倍以下的罚款；没有违法所得或者违法所得不足30万元的，处以30万元以上300万元以下的罚款。单位操纵证券市场的，还应当对直接负责的主管人员和其他直接责任人员给予警告，并处以10万元以上60万元以下的罚款。

第二百〇七条规定，违反本法第七十八条第二款的规定，在证券交易活动中作出虚假陈述或者信息误导的，责令改正，处以3万元以上20万元以下的罚款；属于国家工作人员的，还应当依法给予行政处分。

第四节 证券承销与保荐

考情分析：本节讲解证券承销与保荐的相关内容，主要考点包括证券发行保荐业务、证券发行与承销信息披露、证券公司发行与承销业务的内部控制、监管部门对证券发行与承销的监管措施的相关规定和违反证券发行与承销有关规定的处罚措施等内容。本节考试题型为选择题和组合型选择题，考试分值5分左右。

学习建议：本节内容简单易于理解，对于法律法规的相关内容应理解记忆。了解证券公司发行与承销业务的主要法律法规、信息披露的有关规定；熟悉证券发行保荐业务的一般规定，监管部门对证券发行与承销的监管措施；掌握证券公司发行与承销业务的内部控制规定，违反证券发行与承销有关规定的处罚措施等。

一、证券公司发行与承销业务的主要法律法规（★）

证券公司发行与承销业务的主要法律法规有：《中华人民共和国公司法》《中华人民共和国证券法》《首次公开发行股票并上市管理办法》《上市公司证券发行管理办法》《证券发行与承销管理办法》《证券发行上市保荐业务管理办法》《上市公司信息披露管理办法》《优先股试点管理办法》《公司债券发行与交易管理办法》《关于进一步加强保荐业务监管有关问题的意见》《关于进一步推进新股发行体制改革的意见》《关于证券公司申请首次公开发行股票并上市监管意见书有关问题的规定》等。

证券承销是证券经营机构代理证券发行人发行证券的行为，可以采取代销或包销方式；证券保荐是具有保荐资格的保荐人推荐符合条件的公司公开发行证券和上市，并对发行人披露的信息和所做的承诺提供督导、辅导和信用担保。

【例题·组合型选择题】证券公司发行与承销业务的主要法律法规包括（　　）。
Ⅰ.《中华人民共和国证券法》
Ⅱ.《证券发行上市保荐业务管理办法》
Ⅲ.《证券公司内部控制指引》
Ⅳ.《证券投资顾问业务暂行规定》
A. Ⅰ、Ⅱ、Ⅲ
B. Ⅱ、Ⅲ、Ⅳ
C. Ⅰ、Ⅱ、Ⅳ
D. Ⅰ、Ⅱ、Ⅲ、Ⅳ
【解析】本题考查的是证券公司发行与承销业务的主要法律法规。证券公司发行与承销业务的主要法律法规包括市场准入管理、证券公司业务监管、证券公司日常管理、证券公司风险防范、证券公司信息披露等方面的法律，因此，上述4个法律法规都属于。
【答案】D

二、证券发行保荐业务的一般规定（★★）

（1）发行人应当就下列事项聘请具有保荐机构资格的证券公司履行保荐职责。
①首次公开发行股票并上市。
②上市公司发行新股、可转换公司债券。
③中国证券监督管理委员会认定的其他情形。
（2）证券公司从事证券发行上市保荐业务，应依照规定向中国证监会申请保荐机构资格。保荐机构履行保荐职责，应当指定依照规定取得保荐代表人资格的个人具体负责保荐工作。未经中国证监会核准，任何机构和个人不得从事保荐业务。

（3）保荐机构及其保荐代表人应当遵守法律、行政法规和中国证监会的相关规定，恪守业务规则和行业规范，诚实守信，勤勉尽责，尽职推荐发行人证券发行上市，持续督导发行人履行规范运作、信守承诺、信息披露等义务。保荐机构及其保荐代表人不得通过从事保荐业务谋取任何不正当利益。

（4）保荐代表人应当遵守职业道德准则，珍视和维护保荐代表人职业声誉，保持应有的职业谨慎，保持和提高专业胜任能力。

保荐代表人应当维护发行人的合法利益，对从事保荐业务过程中获知的发行人信息保密。保荐代表人应当恪守独立履行职责的原则，不因迎合发行人或者满足发行人的不当要求而丧失客观、公正的立场，不得唆使、协助或者参与发行人及证券服务机构实施非法的或者具有欺诈性的行为。

保荐代表人及其配偶不得以任何名义或者方式持有发行人的股份。

（5）同次发行的证券，其发行保荐和上市保荐应当由同一保荐机构承担。保荐机构依法对发行人申请文件、证券发行募集文件进行核查，向中国证监会、证券交易所出具保荐意见。保荐机构应当保证所出具的文件真实、准确、完整。

证券发行规模达到一定数量的，可以采用联合保荐，但参与联合保荐的保荐机构不得超过2家。

（6）保荐机构应当建立健全证券发行上市的尽职调查制度、辅导制度、对发行上市申请文件的内部核查制度、对发行人证券上市后的持续督导制度。

（7）保荐机构应当于每年4月向中国证监会报送年度执业报告。年度执业报告应当包括以下内容。
①保荐机构、保荐代表人年度执业情况的说明。

②保荐机构对保荐代表人尽职调查工作日志检查情况的说明。

③保荐机构对保荐代表人的年度考核、评定情况。

④保荐机构、保荐代表人其他重大事项的说明。

⑤保荐机构对年度执业报告真实性、准确性、完整性承担责任的承诺函,并应由其法定代表人签字。

⑥中国证监会要求的其他事项。

(8) 保荐机构应当与发行人签订保荐协议,明确双方的权利和义务,按照行业规范协商确定履行保荐职责的相关费用。保荐协议签订后,保荐机构应在5个工作日内报发行人所在地的中国证监会派出机构备案。

(9) 保荐机构应当针对发行人的具体情况,确定证券发行上市后持续督导的内容,督导发行人履行有关上市公司规范运作、信守承诺和信息披露等义务,审阅信息披露文件及向中国证监会、证券交易所提交的其他文件,并承担下列工作。

①督导发行人有效执行并完善防止控股股东、实际控制人、其他关联方违规占用发行人资源的制度。

②督导发行人有效执行并完善防止其董事、监事、高级管理人员利用职务之便损害发行人利益的内控制度。

③督导发行人有效执行并完善保障关联交易公允性和合规性的制度,并对关联交易发表意见。

④持续关注发行人募集资金的专户存储、投资项目的实施等承诺事项。

⑤持续关注发行人为他人提供担保等事项,并发表意见。

⑥中国证监会、证券交易所规定及保荐协议约定的其他工作。

(10) 首次公开发行股票并在主板上市的,持续督导的期间为证券上市当年剩余时间及其后2个完整会计年度;主板上市公司发行新股、可转换公司债券的,持续督导的期间为证券上市当年剩余时间及其后1个完整会计年度。

首次公开发行股票并在创业板上市的,持续督导的期间为证券上市当年剩余时间及其后3个完整会计年度;创业板上市公司发行新股、可转换公司债券的,持续督导的期间为证券上市当年剩余时间及其后2个完整会计年度。

首次公开发行股票并在创业板上市的,持续督导期内保荐机构应当自发行人披露年度报告、中期报告之日起15个工作日内在中国证监会指定网站披露跟踪报告,对本办法第三十五条所涉及的事项,进行分析并发表独立意见。发行人临时报告披露的信息涉及募集资金、关联交易、委托理财、为他人提供担保等重大事项的,保荐机构应当自临时报告披露之日起10个工作日内进行分析并在中国证监会指定网站发表独立意见。

持续督导的期间自证券上市之日起计算。

名师点拨 股东大会就发行证券事项作出决议,必须经出席会议的有表决权的2/3以上的股东通过。

(11) 保荐机构应当建立健全工作底稿制度,为每一项目建立独立的保荐工作底稿。

保荐代表人必须为其具体负责的每一项目建立尽职调查工作日志,作为保荐工作底稿的一部分存档备查;保荐机构应当定期对尽职调查工作日志进行检查。

保荐工作底稿应当真实、准确、完整地反映整个保荐工作的全过程,保存期不少于10年。

(12) 保荐机构及其控股股东、实际控制人、重要关联方持有发行人的股份合计超过7%,或者发行人持有、控制保荐机构的股份超过7%的,保荐机构在推荐发行人证券发行上市时,应联合1家无关联保荐机构共同履行保荐职责,且该无关联保荐机构为第一保荐机构。

（13）刊登证券发行募集文件前终止保荐协议的，保荐机构和发行人应当自终止之日起5个工作日内分别向中国证监会报告，说明原因。

（14）终止保荐协议的，保荐机构和发行人应当自终止之日起5个工作日内向中国证监会、证券交易所报告，说明原因。

（15）持续督导期间，保荐机构被撤销保荐机构资格的，发行人应当在1个月内另行聘请保荐机构，未在规定期限内另行聘请的，中国证监会可以为其指定保荐机构。

（16）另行聘请的保荐机构应当完成原保荐机构未完成的持续督导工作。

因原保荐机构被撤销保荐机构资格而另行聘请保荐机构的，另行聘请的保荐机构持续督导的时间不得少于1个完整的会计年度。

另行聘请的保荐机构应当自保荐协议签订之日起开展保荐工作并承担相应的责任。原保荐机构在履行保荐职责期间未勤勉尽责的，其责任不因保荐机构的更换而免除或者终止。

（17）发行人及其董事、监事、高级管理人员违反规定，变更保荐机构后未另行聘请保荐机构，持续督导期间违法违规且拒不纠正，发生重大事项未及时通知保荐机构，或者发生其他严重不配合保荐工作情形的，证监会可以责令改正，予以公布并可根据情节轻重采取下列措施。

①要求发行人每月向证监会报告受保荐机构监督导的情况。

②要求发行人披露月度财务报告、相关资料。

③指定证券服务机构进行核查。

④要求证券交易所对发行人实行特别提示。

⑤36个月内不受理其发行证券申请。

⑥将直接负责的主管人和其他相关人员认定为不适当人选。

（18）保荐机构应当指定2名保荐代表人具体负责1家发行人的保荐工作，出具由法定代表人签字的专项授权书，并确保保荐机构有关部门和人员有效分工协作。保荐机构可以指定1名项目协办人。

（19）证券发行后，保荐机构不得更换保荐代表人，但因保荐代表人离职或者被撤销保荐代表人资格的，应当更换保荐代表人。

保荐机构更换保荐代表人的，应当通知发行人，并在5个工作日内向中国证监会、证券交易所报告，说明原因。原保荐代表人在具体负责保荐工作期间未勤勉尽责的，其责任不因保荐代表人的更换而免除或者终止。

（20）持续督导工作结束后，保荐机构应当在发行人公告年度报告之日起的10个工作日内向中国证监会、证券交易所报送保荐总结报告书。保荐机构法定代表人和保荐代表人应当在保荐总结报告书上签字。保荐总结报告书应当包括下列内容。

①发行人的基本情况。

②保荐工作概述。

③履行保荐职责期间发生的重大事项及处理情况。

④对发行人配合保荐工作情况的说明及评价。

⑤对证券服务机构参与证券发行上市相关工作情况的说明及评价。

⑥中国证监会要求的其他事项。

（21）发行人有下列情形之一的，应当及时通知或者咨询保荐机构，并将相关文件送交保荐机构。

①变更募集资金及投资项目等承诺事项。

②发生关联交易、为他人提供担保等事项。

③履行信息披露义务或者向中国证监会、证券交易所报告有关事项。

④发生违法违规行为或者其他重大事项。

⑤中国证监会规定或者保荐协议约定的其他事项。

（22）证券发行前，发行人不配合保荐机构履行保荐职责的，保荐机构应当发表保留意见，并在发行保荐书中予以说明；情节严重的，应当不予保荐，已保荐的应当撤销保荐。

（23）证券发行后，保荐机构有充分理由确信发行人可能存在违法违规行为以及其他不当行为的，应当督促发行人作出说明并限期纠正；情节严重的，应当向中国证监会、证券交易所报告。

（24）保荐机构对证券服务机构及其签字人员出具的专业意见存有疑义的，应当主动与证券服务机构进行协商，并可要求其作出解释或者出具依据。

（25）保荐机构有充分理由确信证券服务机构及其签字人员出具的专业意见可能存在虚假记载、误导性陈述或重大遗漏等违法违规情形或者其他不当情形的，应当及时发表意见；情节严重的，应当向中国证监会、证券交易所报告。

（26）证券服务机构及其签字人员应当保持专业独立性，对保荐机构提出的疑义或者意见进行审慎的复核判断，并向保荐机构、发行人及时发表意见。

（27）保荐代表人及其他保荐业务相关人员属于内幕信息的知情人员，应当遵守法律、行政法规和中国证监会的规定，不得利用内幕信息直接或者间接为保荐机构、本人或者他人谋取不正当利益。

（28）证券发行议案经董事会表决通过后，应当在2个工作日内报告证券交易所，公告召开股东大会的通知。

（29）股东大会通过本次发行议案之日起2个工作日内，上市公司应公布股东大会决议。

（30）上市公司申请发行优先股应当由保荐人保荐并向中国证监会申报，其申请、审核、核准、发行等相关程序参照《上市公司证券发行管理办法》和《证券发行与承销管理办法》的规定，发审委会议按照《中国证监会发行审核委员会办法》规定的特别程序，审核发行申请。

【例题·组合型选择题】发行人变更保荐机构后未另行聘请保荐机构的，证监会可以根据情节轻重采取（　　）措施。

Ⅰ．24个月内不受理其发行证券申请

Ⅱ．要求发行人披露月度财务报告、相关资料

Ⅲ．指定证券服务机构进行核查

Ⅳ．要求发行人披露月度财务报告

A．Ⅲ、Ⅳ
B．Ⅱ、Ⅲ、Ⅳ
C．Ⅱ、Ⅲ
D．Ⅰ、Ⅲ、Ⅳ

【解析】本题考查证券发行上市保荐业务的相关规定。《证券发行上市保荐业务管理办法》第七十六条规定，发行人及其董事、监事、高级管理人员违反规定，变更保荐机构后未另行聘请保荐机构，持续督导期间违法违规且拒不纠正，发生重大事项未及时通知保荐机构，或者发生其他严重不配合保荐工作情形的，证监会可以责令改正，予以公布并可根据情节轻重采取下列措施：（1）要求发行人每月向证监会报告受保荐机构监督导的情况。（2）要求发行人披露月度财务报告、相关资料。（3）指定证券服务机构进行核查。（4）要求证券交易所对发行人实行特别提示。（5）36个月内不受理其发行证券申请。（6）将直接负责的主管人和其他相关人员认定为不适当人选。

【答案】B

《首次公开发行股票并上市管理办法》的相关内容

（1）发行人应当符合下列条件。

①最近3个会计年度净利润均为正数且累计超过人民币3 000万元，净利润以扣除

非经常性损益前后较低者为计算依据。

②最近3个会计年度经营活动产生的现金流量净额累计超过人民币5 000万元；或者最近3个会计年度营业收入累计超过人民币3亿元。

③发行前股本总额不少于人民币3 000万元。

④最近一期末无形资产（扣除土地使用权、水面养殖权和采矿权等后）占净资产的比例不高于20%。

⑤最近一期末不存在未弥补亏损。

（2）发行人不得有下列情形。

①最近36个月内未经法定机关核准，擅自公开或者变相公开发行过证券；或者有关违法行为虽然发生在36个月前，但目前仍处于持续状态。

②最近36个月内违反工商、税收、土地、环保、海关以及其他法律、行政法规，受到行政处罚，且情节严重。

③最近36个月内曾向中国证监会提出发行申请，但报送的发行申请文件有虚假记载、误导性陈述或重大遗漏；或者不符合发行条件以欺骗手段骗取发行核准；或者以不正当手段干扰中国证监会及其发行审核委员会审核工作；或者伪造、变造发行人或其董事、监事、高级管理人员的签字、盖章；

④本次报送的发行申请文件有虚假记载、误导性陈述或者重大遗漏。

⑤涉嫌犯罪被司法机关立案侦查，尚未有明确结论意见。

⑥严重损害投资者合法权益和社会公共利益的其他情形。

（3）发行人的董事、监事和高级管理人员符合法律、行政法规和规章规定的任职资格，且不得有下列情形。

①被中国证监会采取证券市场禁入措施尚在禁入期的。

②最近36个月内受到中国证监会行政处罚，或者最近12个月内受到证券交易所公开谴责。

③因涉嫌犯罪被司法机关立案侦查或者涉嫌违法违规被中国证监会立案调查，尚未有明确结论意见。

三、证券发行与承销信息披露的有关规定（★）

1. 上市公司部分的规定

（1）上市公司发行证券，必须真实、准确、完整、及时、公平地披露或者提供信息，不得有虚假记载、误导性陈述或者重大遗漏。

（2）上市公司发行证券，应当按照中国证监会规定的程序、内容和格式，编制公开募集证券说明书或者其他信息披露文件，依法履行信息披露义务。

（3）上市公司应当保证投资者及时、充分、公平地获得法定披露的信息，信息披露文件使用的文字应当简洁、平实、易懂。

中国证监会规定的内容是信息披露的最低要求，凡对投资者投资决策有重大影响的信息，上市公司均应充分披露。

（4）证券发行议案经董事会表决通过后，应当在2个工作日内报告证券交易所，公告召开股东大会的通知。

使用募集资金收购资产或者股权的，应当在公告召开股东大会通知的同时，披露该资产或者股权的基本情况、交易价格、定价依据以及是否与公司股东或其他关联人存在利害关系。

（5）股东大会通过本次发行议案之日起两个工作日内，上市公司应当公布股东大会决议。

（6）上市公司收到中国证监会关于本次发行申请的下列决定后，应当在次一工作日予以公告。

①不予受理或者终止审查。

②不予核准或者予以核准。

上市公司决定撤回证券发行申请的，应当在撤回申请文件的次一工作日予以公告。

（7）上市公司全体董事、监事、高级管理人员应当在公开募集证券说明书上签字，保证不存在虚假记载、误导性陈述或者重大遗漏，并声明承担个别和连带的法律责任。

（8）保荐机构及保荐代表人应当对公开募集证券说明书的内容进行尽职调查并签字，确认不存在虚假记载、误导性陈述或者重大遗漏，并声明承担相应的法律责任。

（9）为证券发行出具专项文件的注册会计师、资产评估人员、资信评级人员、律师及其所在机构，应当按照本行业公认的业务标准和道德规范出具文件，并声明对所出具文件的真实性、准确性和完整性承担责任。

（10）公开募集证券说明书所引用的审计报告、盈利预测审核报告、资产评估报告、资信评级报告，应当由有资格的证券服务机构出具，并由至少2名有从业资格的人员签署。

公开募集证券说明书所引用的法律意见书，应当由律师事务所出具，并由至少2名经办律师签署。

（11）公开募集证券说明书自最后签署之日起6个月内有效。

公开募集证券说明书不得使用超过有效期的资产评估报告或者资信评级报告。

（12）上市公司在公开发行证券前的2至5个工作日内，应当将经中国证监会核准的募集说明书摘要或者募集意向书摘要刊登在至少一种中国证监会指定的报刊，同时将其全文刊登在中国证监会指定的互联网网站，置备于中国证监会指定的场所，供公众查阅。

（13）上市公司在非公开发行新股后，应当将发行情况报告书刊登在至少一种中国证监会指定的报刊，同时将其刊登在中国证监会指定的互联网网站，置备于中国证监会指定的场所，供公众查阅。

（14）上市公司可以将公开募集证券说明书全文或摘要、发行情况公告书刊登于其他网站和报刊，但不得早于披露信息的时间。

2．证券公司部分的规定

（1）首次公开发行股票，可以通过向网下投资者询价的方式确定股票发行价格，也可以通过发行人与主承销商自主协商直接定价等其他合法可行的方式确定发行价格。发行人和主承销商应当在招股意向书（或招股说明书，下同）和发行公告中披露本次发行股票的定价方式。上市公司发行证券的定价，应当符合中国证监会关于上市公司证券发行的有关规定。

（2）发行人和承销商不得采取操纵发行定价、暗箱操作或其他有违公开、公平、公正原则的行为；不得劝诱网下投资者抬高报价，不得干扰网下投资者正常报价和申购；不得以提供透支、回扣或者中国证监会认定的其他不正当手段诱使他人申购股票；不得以代持、信托持股等方式谋取不正当利益或向其他相关利益主体输送利益；不得直接或通过其利益相关方向参与认购的投资者提供财务资助或者补偿；不得以自有资金或者变相通过自有资金参与网下配售。

（3）发行人和主承销商在发行过程中，应当按照中国证监会规定的要求编制信息披露文件，履行信息披露义务。发行人和承销商在发行过程中披露的信息，应当真实、准确、完整、及时，不得有虚假记载、误导性陈述或者重大遗漏。

（4）首次公开发行股票申请文件受理后至发行人发行申请经中国证监会核准、依法刊登招股意向书前，发行人及与本次发行有关的当事人不得采取任何公开方式或变相公开方式进行与股票发行相关的推介活动，也不得通过其他利益关联方或委托他人等方式进行相关活动。

（5）首次公开发行股票招股意向书刊登后，发行人和主承销商可以向网下投资者进行推介和询价，并通过互联网等方式向公众投资者进行推介。发行人和主承销商向公众投资者进行推介时，向公众投资者提供的发行人信息的内容及完整性应与向网下投资者提供的信息保持一致。

（6）发行人和主承销商在推介过程中不得夸大宣传，或以虚假广告等不正当手段诱导、误导投资者，不得披露除招股意向书等公开信息以外的发行人其他信息。

承销商应当保留推介、定价、配售等承销过程中的相关资料至少3年并存档备查，包括推介宣传材料、路演现场录音等，如实、全面反映询价、定价和配售过程。

（7）发行人和主承销商应当将发行过程中披露的信息刊登在至少一种中国证监会指定的报刊，同时将其刊登在中国证监会指定的互联网网站，并置备于中国证监会指定的场所，供公众查阅。

（8）发行人披露的招股意向书除不含发行价格、筹资金额以外，其内容与格式应当与招股说明书一致，并与招股说明书具有同等法律效力。

（9）首次公开发行股票的发行人和主承销商应当在发行和承销过程中公开披露的五类信息。

①招股意向书刊登首日在发行公告中披露发行定价方式、定价程序、参与网下询价投资者条件、股票配售原则、配售方式、有效报价的确定方式、中止发行安排、发行时间安排和路演推介相关安排等信息；发行人股东拟老股转让的，还应披露预计老股转让的数量上限，老股转让股东名称及各自转让老股数量，并明确新股发行与老股转让数量的调整机制。

②网上申购前披露每位网下投资者的详细报价情况，包括投资者名称、申购价格及对应的拟申购数量；剔除最高报价有关情况；剔除最高报价部分后网下投资者报价的中位数和加权平均数以及公募基金报价的中位数和加权平均数；有效报价和发行价格（或发行价格区间）的确定过程；发行价格（或发行价格区间）及对应的市盈率；网下网上的发行方式和发行数量；回拨机制；中止发行安排；申购缴款要求等。已公告老股转让方案的，还应披露老股转让和新股发行的确定数量，老股转让股东名称及各自转让老股数量，并应提示投资者关注，发行人将不会获得老股转让部分所得资金。按照发行价格计算的预计募集资金总额低于拟以本次募集资金投资的项目金额的，还应披露相关投资风险。

③如公告的发行价格（或发行价格区间上限）市盈率高于同行业上市公司二级市场平均市盈率，发行人和主承销商应当在披露发行价格的同时，在投资风险特别公告中明示该定价可能存在估值过高给投资者带来损失的风险，提醒投资者关注。

④在发行结果公告中披露获配机构投资者名称、个人投资者个人信息以及每个获配投资者的报价、申购数量和获配数量等，并明确说明自主配售的结果是否符合事先公布的配售原则；对于提供有效报价但未参与申购，或实际申购数量明显少于报价时拟申购量的投资者应列表公示并着重说明；发行后还应披露保荐费用、承销费用、其他中介费用等发行费用信息。

⑤向战略投资者配售股票的，应当在网下配售结果公告中披露战略投资者的名称、认购数量及持有期限等情况。

（10）在进行行业市盈率比较分析时，应当按照中国证监会有关上市公司行业分类指引中制定的行业分类标准确定发行人行业归属，并分析说明行业归属的依据。存在多个市盈率口径时，应当充分列示可供选择的比较基准，并应当按照审慎、充分提示风险的原则选取和披露行业平均市盈率。发行人还可以同时披露市净率等反映发行人所在行业特点的估值指标。

 发行人和主承销商在披露发行市盈率时，应同时披露发行市盈率的计算方式。

（11）在内幕信息依法披露前，任何知情人不得公开或者泄露该信息，不得利用该信息进行内幕交易。

（12）上市公司的股东、实际控制人发生以下事件时，应当主动告知上市公司董事会，并配合上市公司履行信息披露义务。

①持有公司5%以上股份的股东或者实际控制人，其持有股份或者控制公司的情况发生较大变化。

②法院裁决禁止控股股东转让其所持股份，任一股东所持公司5%以上股份被质押、冻结、司法拍卖、托管、设定信托或者被依法限制表决权。

③拟对上市公司进行重大资产或者业务重组。

（13）信息披露义务人及其董事、监事、高级管理人员，上市公司的股东、实际控制人、收购人及其董事、监事、高级管理人员违反本办法的，中国证监会可以采取以下监管措施。

①责令改正。
②监管谈话。
③出具警示函。
④将其违法违规、不履行公开承诺等情况记入诚信档案并公布。
⑤认定为不适当人选。
⑥依法可以采取的其他监管措施。

（14）依法必须披露的信息，应当在国务院证券监督管理机构指定的媒体上发布，同时将其置备于公司住所、证券交易所、供社会公众查阅。

四、证券公司发行与承销业务的内部控制规定（★★★）

1. 证券发行上市保荐业务管理办法

（1）保荐机构应当建立健全保荐工作的内部控制体系，切实保证保荐业务负责人、内核负责人、保荐业务部门负责人、保荐代表人、项目协办人及其他保荐业务相关人员勤勉尽责，严格控制风险，提高保荐业务整体质量。

（2）保荐机构应当建立健全证券发行上市的尽职调查制度、辅导制度、对发行上市申请文件的内部核查制度、对发行人证券上市后的持续督导制度。

（3）保荐机构应当建立健全对保荐代表人及其他保荐业务相关人员的持续培训制度。

（4）保荐机构应当建立健全工作底稿制度，为每一项目建立独立的保荐工作底稿。

保荐代表人必须为其具体负责的每一项目建立尽职调查工作日志，作为保荐工作底稿的一部分存档备查；保荐机构应当定期对尽职调查工作日志进行检查。

保荐工作底稿应当真实、准确、完整地反映整个保荐工作的全过程，保存期不少于10年。

（5）保荐机构的保荐业务负责人、内核负责人负责监督、执行保荐业务各项制度并承担相应的责任。

（6）保机构及其控股股东、实际控制人、重要关联方持有发行人的股份合计超过7%，或者发行人持有、控制保荐机构的股份超过7%的，保荐机构在推荐发行人证券发行上市时，应联合1家无关联保荐机构共同履行保荐职责，且该无关联保荐机构为第一保荐机构。

（7）聘请的保荐机构应当完成原保荐机构未完成的持续督导工作。

因原保荐机构被撤销保荐机构资格而另行聘请保荐机构的，另行聘请的保荐机构持续督导的时间不得少于1个完整的会计年度。

另行聘请的保荐机构应当自保荐协议签订之日起开展保荐工作并承担相应的责任。原保荐机构在履行保荐职责期间未勤勉尽责的，其责任不因保荐机构的更换而免除或者终止。

（8）机构应当指定2名保荐代表人具体负责1家发行人的保荐工作，出具由法定代表人签字的专项授权书，并确保保荐机构有关部门和人员有效分工协作。保荐机构可以指定1名项目协办人。

（9）机构法定代表人、保荐业务负责人、内核负责人、保荐代表人和项目协办人应当在发行保荐书上签字，保荐机构法定代表人、保荐代表人应同时在证券发行募集文件上签字。

（10）保荐代表人及其他保荐业务相关人员属于内幕信息的知情人员，应当遵守法律、行政法规和中国证监会的规定，不得利用内幕信息直接或者间接为保荐机构、本人或者他人谋取不正当利益。

（11）保荐机构及其保荐代表人履行保荐职责可对发行人行使下列权利。

①要求发行人按照本办法规定和保荐协议约定的方式，及时通报信息。

②定期或者不定期对发行人进行回访，查阅保荐工作需要的发行人材料。

③列席发行人的股东大会、董事会和监事会。

④对发行人的信息披露文件及向中国证监会、证券交易所提交的其他文件进行事前审阅。

⑤对有关部门关注的发行人相关事项进行核查，必要时可聘请相关证券服务机构配合。

⑥按照中国证监会、证券交易所信息披露规定，对发行人违法违规的事项发表公开声明。

⑦中国证监会规定或者保荐协议约定的其他权利。

（12）发行前，发行人不配合保荐机构履行保荐职责的，保荐机构应当发表保留意见，并在发行保荐书中予以说明；情节严重的，应当不予保荐，已保荐的应当撤销保荐。

（13）发行后，保荐机构有充分理由确信发行人可能存在违法违规行为以及其他不当行为的，应当督促发行人作出说明并限期纠正；情节严重的，应当向中国证监会、证券交易所报告。

（14）保荐机构应当组织协调证券服务机构及其签字人员参与证券发行上市的相关工作。

发行人为证券发行上市聘用的会计师事务所、律师事务所、资产评估机构以及其他证券服务机构，保荐机构有充分理由认为其专业能力存在明显缺陷的，可以向发行人建议更换。

（15）保荐机构对证券服务机构及其签字人员出具的专业意见存有疑义的，应当主动与证券服务机构进行协商，并可要求其作出解释或者出具依据。

（16）保荐机构有充分理由确信证券服务机构及其签字人员出具的专业意见可能存在虚假记载、误导性陈述或重大遗漏等违法违规情形或者其他不当情形的，应当及时发表意见；情节严重的，应当向中国证监会、证券交易所报告。

2．证券发行与承销管理办法

（1）发行人和主承销商应当签订承销协议，在承销协议中界定双方的权利义务关系，约定明确的承销基数。采用包销方式的，应当明确包销责任；采用代销方式的，应约定发行失败后的处理措施。

证券发行依照法律、行政法规的规定应由承销团承销的，组成承销团的承销商应当签订承销团协议，由主承销商负责组织承销工作。证券发行由两家以上证券公司联合主承销的，所有担任主承销商的证券公司应当共同承担主承销责任，履行相关义务。承销团由3家以上承销商组成的，可以设副主承销商，协助主承销商组织承销活动。

承销团成员应当按照承销团协议及承销协议的规定进行承销活动，不得进行虚假承销。

（2）证券公司承销证券，应当依照《证券法》第二十八条的规定采用包销或者代销方式。上市公司非公开发行股票未采用自行销售方式或者上市公司配股的，应当采用代销方式。

（3）股票发行采用代销方式的，应当在发行公告（或认购邀请书）中披露发行失败后的处理措施。股票发行失败后，主承销商应当协助发行人按照发行价并加算银行同期存款利息返还股票认购人。

（4）证券公司实施承销前，应当向中国证监会报送发行与承销方案。

（5）上市公司发行证券期间相关证券的停复牌安排，应当遵守证券交易所的相关规则。主承销商应当按有关规定及时划付申购资金冻结利息。

主承销商应当按有关规定及时划付申购资金冻结利息。

【例题·选择题】上市公司非公开发行股票未采用自行销售方式或者上市公司配股的，应当采用（　　）方式。
A．包销
B．代销
C．承销团承销
D．上市公司增发
【解析】本题考查股票的发行方式。证券公司承销证券，有包销或者代销两种方式，其中，上市公司非公开发行股票未采用自行销售方式或者上市公司配股的，应当采用代销方式。
【答案】B

3．公司债券发行与交易管理
（1）发行公司债券应当由具有证券承销业务资格的证券公司承销。

取得证券承销业务资格的证券公司、中国证券金融股份有限公司及中国证监会认可的其他机构非公开发行公司销售。

（2）承销机构承销公司债券，应当依据本办法以及中国证监会、中国证券业协会有关尽职调查、风险控制和内部控制等相关规定，制定严格的风险管理制度和内部控制制度，加强定价和配售过程管理。

（3）承销机构承销公司债券，应当依照《证券法》相关规定采用包销或者代销方式。

（4）发行人和主承销商应当签订承销协议，在承销协议中界定双方的权利义务关系，约定明确的承销基数。采用包销方式的，应当明确包销责任。公开发行公司债券，依照法律、行政法规的规定应由承销团承销的，组成承销团的承销机构应当签订承销团协议，由主承销商负责组织承销工作。公司债券发行由两家以上承销机构联合主承销的，所有担任主承销商的承销机构应当共同承担主承销责任，履行相关义务。承销团由三家以上承销机构组成的，可以设副主承销商，协助主承销商组织承销活动。承销团成员应当按照承销团协议及承销协议的约定进行承销活动，不得进行虚假承销。

（5）公司债券公开发行的价格或利率，以询价或公开招标等市场化方式确定。发行人和主承销商应当协商确定公开发行的定价与配售方案并予公告，明确价格或利率确定原则、发行定价流程和配售规则等内容。

（6）发行人和承销机构不得操纵发行定价、暗箱操作；不得以代持、信托等方式谋取不正当利益或向其他相关利益主体输送利益；不得直接或通过其利益相关方向参与认购的投资者提供财务资助；不得有其他违反公平竞争、破坏市场秩序等行为。

（7）公开发行公司债券的，发行人和主承销商应当聘请律师事务所对发行过程、配售行为、参与认购的投资者资质条件、资金划拨等事项进行见证，并出具专项法律意见书。公开发行的公司债券上市后10个工作日内，主承销商应当将专项法律意见随同承销总结报告等文件一并报中国证监会。

（8）发行人和承销机构在推介过程中不得夸大宣传，或以虚假广告等不正当手段诱导、误导投资者，不得披露除债券募集说明书等信息以外的发行人其他信息。承销机构应当保留推介、定价、配售等承销过程中的相关资料，并按相关法律法规规定存档备查，包括推介宣传材料、路演现场录音等，如实、全面反映询价、定价和配售过程。相关推介、定价、配售等的备查资料应当按中国证券业协会的规定制作并妥善保管。

（9）中国证券业协会应当制定非公开发行公司债券承销业务的风险控制管理规定，根据市场风险状况对承销业务范围进行限制并动态调整。

五、监管部门对证券发行与承销的监管措施（★★）

（1）中国证监会对证券发行承销过程实施事中事后监管，发现涉嫌违法违规或者存在异常情形的，可责令发行人和承销商暂停或中止发行，对相关事项进行调查处理。

（2）中国证券业协会应当建立对承销商询价、定价、配售行为和网下投资者报价行为的日常监管制度，加强相关行为的监督检查。发现违规情形的，应当及时采取自律监管措施。中国证券业协会还应当建立对网下投资者和承销商的跟踪分析和评价体系，并根据评价结果采取奖惩措施。

（3）发行人、证券公司、证券服务机构、投资者及其直接负责的主管人员和其他直接责任人员有失诚信、违反法律、行政法规或者本办法规定的，中国证监会可以视情节轻重采取责令改正、监管谈话、出具警示函、责令公开说明、认定为不适当人选等监管措施，并记入诚信档案；依法应予行政处罚的，依照有关规定进行处罚；涉嫌犯罪的，依法移送司法机关，追究其刑事责任。

（4）中国证监会和中国证券业协会组织对推介、定价、配售、承销过程的监督检查。发现证券公司存在违反相关规则规定情形的，中国证券业协会可以采取自律监管措施。

（5）中国证监会可以对保荐机构及其保荐代表人从事保荐业务的情况进行定期或者不定期现场检查，保荐机构及其保荐代表人应当积极配合检查，如实提供有关资料，不得拒绝、阻挠、逃避检查，不得谎报、隐匿、销毁相关证据材料。

（6）中国证监会建立保荐信用监管系统，对保荐机构和保荐代表人进行持续动态的注册登记管理，记录其执业情况、违法违规行为、其他不良行为以及对其采取的监管措施等，必要时可以将记录予以公布。

【例题·组合型选择题】发行人有失诚信、违反法律，中国证监会可以采取的监管措施有（　　）。

Ⅰ．认定为不适当人选
Ⅱ．出具警示函
Ⅲ．监管谈话
Ⅳ．记入诚信档案

A．Ⅱ、Ⅲ、Ⅳ
B．Ⅰ、Ⅱ、Ⅲ
C．Ⅰ、Ⅲ、Ⅳ
D．Ⅰ、Ⅱ、Ⅲ、Ⅳ

【解析】《证券发行与承销管理办法》第三十七条规定，发行人、证券公司、证券服务机构、投资者及其直接负责的主管人员和其他直接责任人员有失诚信、违反法律、行政法规或者本办法规定的，中国证监会可以视情节轻重采取责令改正、监管谈话、出具警示函、责令公开说明、认定为不适当人选等监管措施，并记入诚信档案。

【答案】D

（7）刊登证券发行募集文件前终止保荐协议的，保荐机构和发行人应当自终止之日起5个工作日内分别向中国证监会报告，说明原因。

（8）刊登证券发行募集文件以后直至持续督导工作结束，保荐机构和发行人不得终止保荐协议，但存在合理理由的情形除外。发行人因再次申请发行证券另行聘请保荐机构、保荐机构被中国证监会撤销保荐机构资格的，应当终止保荐协议。

终止保荐协议的，保荐机构和发行人应当自终止之日起5个工作日内向中国证监会、证券交易所报告，说明原因。

（9）督导期间，保荐机构被撤销保荐机构资格的，发行人应当在1个月内另行聘请保荐机构，未在规定期限内另行聘请的，中国证监会可以为其指定保荐机构。

（10）发行后，保荐机构不得更换保荐代表人，但因保荐代表人离职或者被撤销保荐代表人资格的，应当更换保荐代表人。

保荐机构更换保荐代表人的，应当通知发行人，并在5个工作日内向中国证监会、证券交易所报告，说明原因。原保荐代表人在具体负责保荐工作期间未勤勉尽责的，其责任不因保荐代表人的更换而免除或者终止。

（11）机构应将履行保荐职责时发表的意见及时告知发行人，同时在保荐工作底稿中保存，并可依照本办法规定公开发表声明、向中国证监会或者证券交易所报告。

（12）督导工作结束后，保荐机构应当在发行人公告年度报告之日起的10个工作日内向中国证监会、证券交易所报送保荐总结报告书。保荐机构法定代表人和保荐代表人应当在保荐总结报告书上签字。保荐总结报告书应当包括下列内容。

①发行人的基本情况。
②保荐工作概述。
③履行保荐职责期间发生的重大事项及处理情况。
④对发行人配合保荐工作情况的说明及评价。
⑤对证券服务机构参与证券发行上市相关工作情况的说明及评价。
⑥中国证监会要求的其他事项。

六、违反证券发行与承销有关规定的处罚措施（★★★）

（1）证券公司承销或者代理买卖未经核准擅自公开发行的证券的，责令停止承销或者代理买卖，没收违法所得，并处以违法所得1倍以上5倍以下的罚款；没有违法所得或者违法所得不足30万元的，处以30万元以上60万元以下的罚款。给投资者造成损失的，应当与发行人承担连带赔偿责任。对直接负责的主管人员和其他直接责任人员给予警告，撤销任职资格或者证券从业资格，并处以3万元以上30万元以下的罚款。

证券公司承销有上述情形的，中国证监会可以采取12个月至36个月暂不受理其证券承销业务有关文件的监管措施。

（2）证券公司及其直接负责的主管人员和其他直接责任人员在承销证券过程中，有下列行为之一的，中国证监会可以采取《证券发行与承销管理办法》第三十七条规定的监管措施；情节比较严重的，还可以采取3个月至12个月暂不受理其证券承销业务有关文件的监管措施；依法应予行政处罚的，依照《证券法》第一百九十一条的规定予以处罚。

①夸大宣传，或以虚假广告等不正当手段诱导、误导投资者。
②以不正当竞争手段招揽承销业务。
③从事《证券发行与承销管理办法》第十六条规定禁止的行为。
④向不符合《证券发行与承销管理办法》第八条规定的网下投资者配售股票，或向《证

券发行与承销管理办法》第十五条规定禁止配售的对象配售股票。

⑤未按《证券发行与承销管理办法》要求披露有关文件。

⑥未按照事先披露的原则和方式配售股票，或其他未依照披露文件实施的行为。

⑦向投资者提供除招股意向书等公开信息以外的发行人其他信息。

⑧未按照《证券发行与承销管理办法》要求保留推介、定价、配售等承销过程中相关资料。

⑨其他违反证券承销业务规定的行为。

（3）发行人及其直接负责的主管人员和其他直接责任人员有下列行为之一的，中国证监会可以采取《证券发行与承销管理办法》第三十五条规定的监管措施；构成违反《中华人民共和国证券法》相关规定的，依法进行行政处罚。

①从事《证券发行与承销管理办法》第十六条规定禁止的行为。

②夸大宣传，或以虚假广告等不正当手段诱导、误导投资者。

③向投资者提供除招股意向书等公开信息以外的发行人信息。

④中国证监会认定的其他情形。

（4）保荐机构资格申请文件存在虚假记载、误导性陈述或者重大遗漏的，中国证监会不予核准；已核准的，撤销其保荐机构资格。

保荐代表人资格申请文件存在虚假记载、误导性陈述或者重大遗漏的，中国证监会不予核准；已核准的，撤销其保荐代表人资格。对提交该申请文件的保荐机构，中国证监会自撤销之日起6个月内不再受理该保荐机构推荐的保荐代表人资格申请。

（5）保荐机构、保荐代表人、保荐业务负责人和内核负责人违反本办法，未诚实守信、勤勉尽责地履行相关义务的，中国证监会责令改正，并对其采取监管谈话、重点关注、责令进行业务学习、出具警示函、责令公开说明、认定为不适当人选等监管措施；依法应当给予行政处罚的，依照有关规定进行处罚；情节严重涉嫌犯罪的，依法移送司法机关，追究其刑事责任。

名师点拨 中国证监会建立保荐信用监管系统，对保荐机构和保荐代表人进行持续动态的注册登记管理，记录其执业情况、违法违规行为、其他不良行为以及对其采取的监管措施等，必要时可以将记录予以公布。

（6）保荐机构出现下列情形之一的，中国证监会自确认之日暂停其保荐机构资格3个月；情节严重的，暂停其保荐机构资格6个月，并可以责令保荐机构更换保荐业务负责人、内核负责人；情节特别严重的，撤销其保荐机构资格。

①向中国证监会、证券交易所提交的与保荐工作相关的文件存在虚假记载、误导性陈述或者重大遗漏。

②内部控制制度未有效执行。

③尽职调查制度、内部核查制度、持续督导制度、保荐工作底稿制度未有效执行。

④保荐工作底稿存在虚假记载、误导性陈述或者重大遗漏。

⑤唆使、协助或者参与发行人及证券服务机构提供存在虚假记载、误导性陈述或者重大遗漏的文件。

⑥唆使、协助或者参与发行人干扰中国证监会及其发行审核委员会的审核工作。

⑦通过从事保荐业务谋取不正当利益。

⑧严重违反诚实守信、勤勉尽责义务的其他情形。

（7）保荐代表人出现下列情形之一的，中国证监会可根据情节轻重，自确认之日起3个月到12个月内不受理相关保荐代表人具体负责的推荐；情节特别严重的，撤销其保荐代表人资格。

①尽职调查工作日志缺失或者遗漏、隐瞒重要问题。

②未完成或者未参加辅导工作。

③未参加持续督导工作，或者持续督导工作未勤勉尽责。

④因保荐业务或其具体负责保荐工作的发行人在保荐期间内受到证券交易所、中国证券业协会公开谴责。

⑤唆使、协助或者参与发行人干扰中国证监会及其发行审核委员会的审核工作。

⑥严重违反诚实守信、勤勉尽责义务的其他情形。

（8）保荐代表人出现下列情形之一的，中国证监会撤销其保荐代表人资格；情节严重的，对其采取证券市场禁入的措施。

①在与保荐工作相关文件上签字推荐发行人证券发行上市，但未参加尽职调查工作，或者尽职调查工作不彻底、不充分，明显不符合业务规则和行业规范。

②通过从事保荐业务谋取不正当利益。

③本人及其配偶持有发行人的股份。

④唆使、协助或者参与发行人及证券服务机构提供存在虚假记载、误导性陈述或者重大遗漏的文件。

⑤参与组织编制的与保荐工作相关文件存在虚假记载、误导性陈述或者重大遗漏。

（9）发行人出现下列情形之一的，中国证监会自确认之日起暂停保荐机构的保荐机构资格3个月，撤销相关人员的保荐代表人资格。

①证券发行募集文件等申请文件存在虚假记载、误导性陈述或者重大遗漏。

②公开发行证券上市当年即亏损。

③持续督导期间信息披露文件存在虚假记载、误导性陈述或者重大遗漏。

（10）发行人在持续督导期间出现下列情形之一的，中国证监会可根据情节轻重，自确认之日起3个月到12个月内不受理相关保荐代表人具体负责的推荐；情节特别严重的，撤销相关人员的保荐代表人资格。

①证券上市当年累计50%以上募集资金的用途与承诺不符。

②公开发行证券并在主板上市当年营业利润比上年下滑50%以上。

③首次公开发行股票并上市之日起12个月内控股股东或者实际控制人发生变更。

④首次公开发行股票并上市之日起12个月内累计50%以上资产或者主营业务发生重组。

⑤上市公司公开发行新股、可转换公司债券之日起12个月内累计50%以上资产或者主营业务发生重组，且未在证券发行募集文件中披露。

⑥实际盈利低于盈利预测达20%以上。

⑦关联交易显失公允或者程序违规，涉及金额较大。

⑧控股股东、实际控制人或其他关联方违规占用发行人资源，涉及金额较大。

⑨违规为他人提供担保，涉及金额较大。

⑩违规购买或出售资产、借款、委托资产管理等，涉及金额较大。

⑪董事、监事、高级管理人员侵占发行人利益受到行政处罚或者被追究刑事责任。

⑫违反上市公司规范运作和信息披露等有关法律法规，情节严重的。

⑬中国证监会规定的其他情形。

保荐机构、保荐代表人因保荐业务涉嫌违法违规处于立案调查期间的，中国证监会暂不受理该保荐机构的推荐，暂不受理相关保荐代表人具体负责的推荐。

（11）发行人及其董事、监事、高级管理人员违反本办法规定，变更保荐机构后未另行聘请保荐机构,持续督导期间违法违规且拒不纠正,发生重大事项未及时通知保荐机构,或者发生其他严重不配合保荐工作情形的,中国证监会可以责令改正,予以公布,并可根据情节轻重采取下列监管措施。

①要求发行人每月向中国证监会报告接受保荐机构督导的情况。

②要求发行人披露月度财务报告、相关资料。

③指定证券服务机构进行核查。

④要求证券交易所对发行人证券的交易实行特别提示。

⑤36个月内不受理其发行证券申请。

⑥将直接负责的主管人员和其他责任人员认定为不适当人选。

(12) 证券服务机构及其签字人员违反本办法规定的,中国证监会责令改正,并对相关机构和责任人员采取监管谈话、重点关注、出具警示函、责令公开说明、认定为不适当人选等监管措施。

(13) 证券服务机构及其签字人员出具的专业意见存在虚假记载、误导性陈述或重大遗漏,或者因不配合保荐工作而导致严重后果的,中国证监会自确认之日起6个月到36个月内不受理其文件,并将处理结果予以公布。

监督管理和法律责任

(1) 对违反法律法规及本办法规定的机构和人员,中国证监会可采取责令改正、监管谈话、出具警示函、责令公开说明、责令参加培训、责令定期报告、认定为不适当人选、暂不受理与行政许可有关的文件等相关监管措施;依法应予行政处罚的,依照《证券法》《行政处罚法》等法律法规和中国证监会的有关规定进行处罚;涉嫌犯罪的,依法移送司法机关,追究其刑事责任。

(2) 发行人、承销机构向不符合规定条件的投资者发行公司债券的,中国证监会可以对发行人、承销机构及其直接负责的主管人员和其他直接责任人员采取本办法第五十八条规定的相关监管措施;情节严重的,处以警告、罚款。

(3) 非公开发行公司债券,发行人违反本办法第十五条规定的,中国证监会可以对发行人及其直接负责的主管人员和其他直接责任人员采取本办法第五十八条规定的相关监管措施;情节严重的,处以警告、罚款。

(4) 承销机构承销未经核准擅自公开发行的公司债券的,中国证监会可以采取12月至36个月暂不受理其证券承销业务有关文件等监管措施;对其直接负责的主管人员和其他直接责任人员,可以采取本办法第五十八条规定的相关监管措施。

(5) 除中国证监会另有规定外,承销或自行销售非公开发行公司债券未按规定进行备案的,中国证监会可以对承销机构及其直接负责的主管人员和其他直接责任人员采取本办法第五十八条规定的相关监管措施;情节严重的,处以警告、罚款。

(6) 承销机构在承销公司债券过程中,有下列行为之一的,中国证监会可以对承销机构及其直接负责的主管人员和其他直接责任人员采取本办法第五十八条规定的相关监管措施;情节严重的,可以对承销机构采取3个月至12个月暂不受理其证券承销业务有关文件的监管措施。

①以不正当竞争手段招揽承销业务。

②从事本办法第三十八条规定禁止的行为。

③从事本办法第四十条规定禁止的行为。

④未按本办法及相关规定要求披露有关文件。

⑤未按照事先披露的原则和方式配售公

司债券，或其他未依照披露文件实施的行为。

⑥未按照本办法及相关规定要求保留推介、定价、配售等承销过程中相关资料。

⑦其他违反承销业务规定的行为。

（7）非公开发行公司债券，发行人及其他信息披露义务人未按规定披露信息，或者所披露的信息存在虚假记载、误导性陈述或者重大遗漏的，依照《证券法》和中国证监会有关规定处理，对发行人、其他信息披露义务人及其直接负责的主管人员和其他直接责任人员可以采取本办法第五十八条规定的相关监管措施；情节严重的，处以警告、罚款。

（8）发行人、债券受托管理人等违反本办法规定，损害债券持有人权益的，中国证监会可以对发行人、受托管理人及其直接负责的主管人员和其他直接责任人员采取本办法第五十八条规定的相关监管措施；情节严重的，处以警告、罚款。

（9）发行人的控股股东滥用公司法人独立地位和股东有限责任，损害债券持有人利益的，应当依法对公司债务承担连带责任。

【例题·组合型选择题】中国证监会可以撤销其保荐代表人资格，甚至对其采取证券市场禁入的措施的情形有（　　）。

Ⅰ. 未完成或者未参加辅导工作
Ⅱ. 通过从事保荐业务谋取不正当利益
Ⅲ. 本人及其配偶持有发行人的股份
Ⅳ. 未参加持续督导工作，或者持续督导工作未勤勉尽责

A．Ⅰ、Ⅱ、Ⅲ、Ⅳ
B．Ⅰ、Ⅲ、Ⅳ
C．Ⅱ、Ⅲ
D．Ⅰ、Ⅱ、Ⅳ

【解析】本题考查保荐代表人违反证券发行与承销有关规定的处罚措施。保荐代表人出现Ⅰ、Ⅳ所列情形之一的，中国证监会可根据情节轻重，自确认之日起3个月到12个月内不受理相关保荐代表人具体负责的推荐；情节特别严重的，撤销其保荐代表人资格。故本题选C选项。
【答案】C

第五节　证券自营业务

考情分析：本节讲解证券自营业务相关内容，具体内容包括证券公司自营业务的法律法规，管理、决策与风险控制，决策与授权机制，操作基本要求，自营投资范围，持仓规模，禁止行为和违法责任追究等方面。证券公司从事证券自营业务相关内容虽然所占比重不大，但考查往往比较细致，考生也应该加以重视，在历次考试中，本节考试分值为5分左右。

学习建议：了解证券公司自营业务的主要法律法规，证券公司自营业务管理制度、投资决策机制和风险监控体系的一般规定，证券自营业务决策与授权的要求，证券自营业务操作的基本要求；熟悉证券自营业务的监管措施和违反有关法规的法律责任；重点掌握证券公司自营业务投资范围的规定，证券自营业务持仓规模的要求，自营业务的禁止性行为等相关内容。

一、证券公司自营业务的主要法律法规（★）

证券公司自营业务的主要法律法规包括：《证券法》《证券公司监督管理条例》《证券公司业务范围审批暂行规定》《证券经营机构证券自营业务管理办法》《证券公司证

券自营业务指引》《关于证券公司证券自营业务投资范围及有关事项的规定》《证券公司参与股指期货、国债期货交易指引》《证券公司直接投资业务规范》等。

名师点拨 证券公司自营业务是证券公司使用自有资金或者合法筹集的资金以自己的名义买卖证券获取利润的证券业务。

二、证券公司自营业务管理制度、投资决策机制和风险监控体系的一般规定（★）

1. 证券公司自营业务管理制度

（1）证券公司从事证券自营业务，限于买卖依法公开发行的股票、债券、权证、证券投资基金或者国务院证券监督机构认可的其他证券。

（2）证券公司的自营业务必须以自己的名义进行，不得假借他人名义或者以个人名义进行。证券公司的自营业务必须使用自有资金和依法筹集的资金。证券公司不得将其自营账户借给他人使用。

证券公司的证券自营账户，应当自开户之日起3个交易日内报证券交易所备案。

（3）证券公司必须将其证券经纪业务、证券承销业务、证券自营业务和证券资产管理业务分开办理，不得混合操作。

（4）证券公司应当建立健全内部控制机制，采取有效隔离措施，防范公司与客户之间、不同客户之间的利益冲突。

（5）国务院证券监督管理机构应当对证券公司的净资本，净资本与负债的比例，净资本与净资产的比例，净资本与自营、承销、资产管理等业务规模的比例，负债与净资产的比例，以及流动性与流动负债的比例等风险控制指标作出规定。

（6）证券公司应每月、每半年、每年向中国证监会和交易所报送自营业务情况，并且每年要向中国证监会、交易所报送年检报告。

2. 证券自营业务的监管措施

（1）中国证监会对证券公司自营业务的监管。

①证监会对证券自营业务情况以及相关的资金来源和运用情况进行定期或不定期检查，并可要求证券公司报送其证券自营业务资料以及其他相关业务资料。

②中国证监会及其派出机构对从事自营业务过程中涉嫌违反国家有关法规的证券公司将进行调查，并可要求提供、复制或封存有关业务文件、资料、账册、报表、凭证和其他必要的资料。对中国证监会及其派出机构的检查和调查，证券公司不得以任何理由拒绝或拖延提供有关资料，或提供不真实、不准确、不完整的资料。

③中国证监会可聘请具有从事证券业务资格的会计师事务所、审计事务所等专业性中介机构，对证券公司从事证券自营业务情况进行稽核。证券公司对会计师事务所、审计事务所等专业性中介机构的稽核，应视同为中国证监会的检查并予以配合。

④证券自营业务原始凭证以及有关业务文件、资料、账册、报表和其他必要的材料应至少妥善保存20年。

【例题·选择题】证券自营业务原始凭证以及有关业务文件、资料、账册、报表和其他必要的材料应至少妥善保管（　　）年。
A. 5　　　　B. 10
C. 15　　　　D. 20
【解析】证券自营业务原始凭证以及有关业务文件、资料、账册、报表和其他必要的材料应至少妥善保管20年。
【答案】D

（2）证券交易所对会员的证券自营业务的日常监管。

①要求会员的自营买卖业务必须使用专门的股票账户和资金账户，并采取技术手段严格管理。

②检查开设自营账户的会员是否具备规定的自营资格。

③要求会员按月编制库存证券报表，并于次月5日前报送证券交易所。

④对自营业务规定具体的风险控制措施，并报中国证监会备案。

⑤每年6月30日和12月31日过后的30日内，向中国证监会报送各家会员截止该日的证券自营业务情况等。

3. 证券公司投资决策机制的一般规定

（1）证券公司应按照《证券公司证券自营业务指引》的要求，建立并完善公司自营业务内部管理制度与机制，规范自营业务，进一步端正投资理念，增强守法意识，严格控制投资风险。不得将自营业务与资产管理业务、经纪业务混合操作；不得以他人名义开立自营账户；不得使用非自营席位从事证券自营业务；不得超比例持仓或操纵市场。

（2）各证券公司应按要求将全部自营账户明细（含不规范账户）报送公司注册地证监局，由证监局转报上海、深圳证券交易所以及中国证券登记结算有限公司备案。各证券公司对不规范账户要制订有明确时限和具体责任人、按月份细化落实的清理计划。清理期间，不规范账户只能卖出证券，不能买进，并要逐步注销。

（3）存在超比例持仓、持股集中或涉嫌操纵市场、将证券资产托管在其他证券公司等问题的证券公司，要向公司注册地证监局书面报告整改计划，在合规的前提下压缩自营规模，并在每月10日前向公司注册地证监局报告整改进展情况。

（4）证券公司经营证券经纪业务的，其净资本不得低于人民币2 000万元。

证券公司经营证券承销与保荐、证券自营、证券资产管理、其他证券业务等业务之一的，其净资本不得低于人民币5 000万元。

证券公司经营证券经纪业务，同时经营证券承销与保荐、证券自营、证券资产管理、其他证券业务等业务之一的，其净资本不低于人民币1亿元。

证券公司经营证券承销与保荐、证券自营、证券资产管理、其他证券业务中两项及两项以上的，其净资本不得低于人民币2亿元。

（5）证券公司必须持续符合下列风险控制指标标准。

①净资本与各项风险资本准备之和的比例不得低于100%。

②净资本与净资产的比例不得低于40%。

③净资本与负债的比例不得低于8%。

④净资产与负债的比例不得低于20%。

（6）证券公司以自有资金参与股指期货、国债期货交易的，自营权益类证券及证券衍生品的合计额不得超过净资本的100%，其中股指期货以股指期货合约价值总额的15%计算，国债期货以国债期货合约价值总额的5%计算。

（7）证券公司自营业务的内部控制主要是应加强自营业务投资决策、资金、账户、清算、交易和保密等的管理。重点防范规模失控、决策失误、超越授权、变相自营、账外自营、操纵市场、内幕交易等的风险。

①建立"防火墙"制度。确保自营业务与经纪、资产管理、投资银行等业务在机构、人员、信息、账户、资金、会计核算上严格分离。自营业务的研究策划、投资决策、投资操作、风险监控等机构和职能应当相互独立。

②加强自营账户的集中管理和访问权限控制。自营账户应由独立于自营业务的部门

统一管理。建立自营账户审批和稽核制度，采取措施防范变相自营、账外自营、借用账户等风险。防止自营业务与资产管理业务混合操作。

③建立完善的投资决策和投资操作档案管理制度，确保投资过程事后可查证。加强电子交易数据的保存和备份管理，确保自营交易清算数据的安全、真实和完整，并确保自营部门和会计核算部门对自营浮动盈亏进行恰当的记录和报告。

④证券公司应建立独立的实时监控系统。风险监控部门应能够正常履行职责，并能从前、中、后台获取自营业务运作信息与数据，对证券持仓、盈亏状况、风险状况和交易活动进行有效监控。建立自营业务的逐日盯市制度，健全自营业务风险敞口和公司整体损益情况的联动分析与监控机制，完善风险监控量化指标体系。

自营业务的账户管理、资金清算、会计核算等后台职能应当由独立的部门或岗位负责。

⑤建立实时监控系统，全方位监控自营业务的风险，建立有效的风险监控报告机制。定期向董事会和投资决策机构提供风险监控报告，并将有关情况通报自营业务部门、合规部门等相关部门。

⑥建立健全自营业务风险监控缺陷的纠正与处理机制。由风险监控部门根据自营业务风险监控的检查情况和评估结果，提出整改意见和纠正措施，并对落实情况进行跟踪检查。

⑦建立完备的业绩考核和激励制度。完善风险调整基础上的绩效考核机制，遵循客观、公正、可量化原则，对自营业务人员的投资能力、业绩水平等情况进行评价。

⑧稽核部门定期对自营业务的合规运作、盈亏、风险监控等情况进行全面稽核，出具稽核报告。

⑨加强自营业务人员的职业道德和诚信教育，强化自营业务人员的保密意识、合规操作意识和风险控制意识。自营业务关键岗位人员离任前，应当由稽核部门进行审计。

（8）证券公司要根据公司经营管理特点和业务运作状况，建立完备的自营业务管理制度、投资决策机制、操作流程和风险监控体系，在风险可测、可控、可承受的前提下从事自营业务。定期对自营业务投资组合的市值变化及对公司以净资本为核心的风险监控指标的潜在影响，进行敏感性分析和压力测试。

（9）证券公司应当按照监管部门和证券交易所的要求，报送自营业务信息。报告的内容包括自营业务账户、席位情况，涉及自营业务规模、风险限额、资产配置、业务授权等方面的重大决策，自营风险监控报告等事项。

①风险敞口：是指在某一时段内，证券公司持有某一证券品种的多头头寸与空头头寸不一致时，所产生的差额形成的证券敞口（净头寸）。②敏感性分析：是指在保持其他条件不变的前提下，研究单个或多个市场风险因素（利率、汇率和股票价格等）的变化对金融产品及其组合的市场价值可能产生的影响。③压力测试：是度量公司在非正常的市场状态下承受的市场风险的大小，是对极端市场情景下，如利率、汇率、股票价格等市场风险因素发生剧烈变动或发生意外的政治和经济事件等，对金融产品及其组合损失的评估。④风险资本准备：证券公司开展各项业务、设立分支机构等存在可能导致净资本损失的风险，应当按一定标准计算风险资本准备并与净资本建立对应关系，确保各项风险资本准备有对应的净资本支撑。

三、证券自营业务决策与授权的要求（★）

证券公司应建立健全相对集中、权责统一的投资决策与授权机制。自营业务决策机构原则上应当按照"董事会——投资决策机构——自营业务部门"的三级体制设立。

董事会是自营业务的最高决策机构，确定自营业务规模、可承受的风险额等，并以董事会议决议的形式进行落实。自营业务具体投资运作管理由董事会授权公司投资决策机构决定；投资决策机构是自营业务投资运作的最高管理机构，负责确定具体的资产配置策略、投资事项和投资品种。自营业务部门为自营业务的执行机构，应在投资决策机构作出的决策范围内，根据授权负责具体投资项目的决策和执行工作。

证券公司应建立健全自营业务授权制度，明确授权权限、时效和责任，对授权过程进行书面记录，保证授权制度的有效执行。建立层次分明、职责明确的业务管理体系，制定标准的业务操作流程，明确自营业务相关部门、相关岗位的职责。

自营业务的管理和操作由证券公司自营业务部门专职负责，非自营业务部门和分支机构不得以任何形式开展自营业务。自营业务中涉及自营规模、风险限额、资产配置、业务授权等方面的重大决策，应当经过集体决策并采取书面形式，由相关人员签字确认后存档。

【例题·选择题】一般情况下，证券公司自营业务决策机构不包括（　　）。
  A. 董事会
  B. 投资决策机构
  C. 监事会
  D. 自营业务部门

【解析】《证券公司证券自营业务指引》第四条规定，自营业务决策机构原则上应当按照"董事会——投资决策机构——自营业务部门"的三级体制设立。
【答案】C

四、证券自营业务操作的基本要求（★）

（1）自营业务必须以证券公司自身名义、通过专用自营席位进行，并由非自营业务部门负责自营账户的管理，包括开户、销户、使用登记等。建立健全自营账户的审核和稽核制度，严禁出借自营账户、使用非自营席位变相自营、账外自营。

（2）加强自营业务资金的调度管理和自营业务的会计核算，由非自营业务部门负责自营业务所需资金的调度。自营业务资金的出入须以公司名义进行，禁止以个人名义从自营业务账户中调入调出资金，禁止从自营账户中提取现金。

（3）完善可投资品种的投资论证机制，建立证券池制度，自营业务部门只能在确定的自营规模和可承受风险限额内，从证券池内选择证券进行投资。

（4）建立健全自营业务运作止盈止损机制，止盈止损的决策、执行与实效评估应当符合规定的程序并进行书面记录。

（5）建立严密的自营业务操作流程，投资品种的研究、投资组合的制订和决策以及交易的执行应当相互分离并由不同人员负责；交易指令执行前应当经过审核，并强制留痕。同时，应建立健全自营业务的数据资料备份制度，并由专人负责管理。

（6）自营业务的清算、统计应由专门人员执行，并与财务部门资金清算人员及时对账，对账情况要有相应记录及相关人员签字。

对自营业务执行独立清算制度，自营业务清算岗位应当与经纪业务、资产管理业务及其他业务的清算岗位分离。

（7）从事证券自营业务，应当遵守的规定：①采用真实、合法的资金和账户。②业务隔离，与其他业务分开操作。③明确授权，保证授权制度的有效执行。④风险监控。⑤报告制度。其具体内容如表3-12所示。

表3-12　从事证券自营业务，应当遵守规定的具体内容

事项	具体内容
真实、合法的资金和账户	证券公司从事自营业务必须以自己的名义进行，不得假借他人名义或者个人名义进行。证券公司的自营业务必须使用自有资金和依法筹集的资金，不得通过"保本保底"的委托理财、发行柜台债券等非法方式融资，不得以他人名义开立多个账户。证券公司不得将其自营账户转借给他人使用
业务隔离	证券公司必须将证券自营业务与证券经纪业务、资产管理业务、承销保荐业务及其他业务分开操作，建立防火墙制度，确保自营业务与其他业务在人员、信息、账户、资金、会计核算方面严格分离
明确授权	建立健全相对集中、权责统一的投资决策与授权机制。自营业务决策机构应当按照董事会、投资决策机构、自营业务部门三级体制设立。证券公司要建立健全自营业务授权制度，明确授权权限、时效和责任，建立层次分明、职责明确的业务管理体系，制定标准的业务操作流程，明确自营业务相关部门、相关岗位的职责，保证授权制度的有效执行。自营业务的管理和操作由证券公司自营业务部门专职负责，非自营业务部门和分支机构不得以任何形式开展自营业务。自营业务的投资决策、投资操作、风险监控的机构和职能应当相互独立。自营业务的账户管理、资金清算、会计核算等后台职能应当由独立的部门或岗位负责，形成有效的前、中、后台相互制衡的监督机制
风险监控	证券公司要根据公司经营管理特点和业务运作状况，建立完备的自营业务管理制度、投资决策机制、操作流程和风险监控体系，在风险可测、可控、可承受的前提下从事自营业务。证券公司应当建立自营业务的逐日盯市制度，健全自营业务风险敞口和公司整体损益情况的联动分析与监控机制，完善风险监控量化指标体系，定期对自营业务投资组合的市值变化，及对公司以净资本为核心的风险监控指标的潜在影响进行敏感性分析和压力测试
报告制度	证券公司应当按照监管部门和证券交易所的要求，报送自营业务信息。报告的内容包括自营业务账户、席位情况，涉及自营业务规模、风险限额、资产配置、业务授权等方面的重大决策，自营风险监控报告等事项

五、证券公司自营业务投资范围的规定（★★★）

（1）证券自营业务的范围一般包括以下四个方面：

①一般上市证券的自营买卖。
②一般非上市证券的买卖。
③兼并收购中的自营买卖。
④证券承销业务中的自营买卖。

（2）证券公司证券自营投资品种清单。

①已经和依法可以在境内证券交易所上市交易的证券。

②已经在全国中小企业股份转让系统挂牌转让的证券。

③已经和依法可以在符合规定的区域性股权交易市场挂牌转让的私募债券，已经在

符合规定的区域性股权交易市场挂牌转让的股票。

④已经和依法可以在境内银行间市场交易的证券。

⑤经国家金融监管部门或者其授权机构依法批准或备案发行并在境内金融机构柜台交易的证券。

（3）已经和依法可以在境内银行间市场交易的证券包括以下几种。

①政府债券。
②国际开发机构人民币债券。
③央行票据。
④金融债券。
⑤短期融资券。
⑥公司债券。
⑦中期票据。
⑧企业债券。

（4）依法经中国证监会批准或者备案发行，并在境内金融机构柜台交易的证券。这类证券主要是指开放式基金、证券公司理财产品等依法经中国证监会批准或向中国证监会备案发行，由商业银行、证券公司等金融机构销售的证券。

（5）具备证券自营业务资格的证券公司可以从事金融衍生产品交易。

名师点拨 不具备证券自营业务资格的证券公司只能以对冲风险为目的，从事金融衍生产品交易。

（6）证券公司将自有资金投资于依法公开发行的国债、投资级公司债、货币市场基金、央行票据等中国证券监督管理委员会（以下简称证监会）认可的风险较低、流动性较强的证券，或者委托其他证券公司或者基金管理公司进行证券投资管理，且投资规模合计不超过其净资本80%的，无须取得证券自营业务资格。

【例题·选择题】证券公司将自有资金投资于依法公开发行的国债，且投资规模合计不超过其净资本（　　）的，无须取得证券自营业务资格。

A. 70%　　　　B. 80%
C. 90%　　　　D. 100%

【解析】本题主要考查证券自营业务的相关知识。《关于证券公司证券自营业务投资范围及有关事项的规定》第三条规定，证券公司可以委托具备证券资产管理业务资格、特定客户资产管理业务资格或者合格境内机构投资者资格的其他证券公司或者基金管理公司进行证券投资管理。证券公司将自有资金投资于依法公开发行的国债、投资级公司债、货币市场基金、央行票据等中国证券监督管理委员会（以下简称证监会）认可的风险较低、流动性较强的证券，或者委托其他证券公司或者基金管理公司进行证券投资管理，且投资规模合计不超过其净资本80%的，无须取得证券自营业务资格。

【答案】B

六、证券自营业务持仓规模的要求（★★★）

证券公司经营证券自营业务的规模及比例控制，必须符合下列规定。

（1）自营权益类证券及证券衍生品的合计额不得超过净资本的100%。

（2）自营固定收益类证券的合计额不得超过净资本的500%。

（3）持有一种权益类证券的成本不得超过净资本的30%。

（4）持有一种权益类证券的市值与其总市值的比例不得超过5%，但因包销导致的情形和中国证监会另有规定的除外。

> **名师点拨** 权益类证券：是指股票和主要以股票为投资对象的证券类金融产品，包括股票、股票基金以及中国证监会规定的其他证券。固定收益类证券：指债券和主要以债券为投资对象的证券类金融产品，包括债券、债券基金以及中国证监会规定的其他证券。

证券经营机构从事证券自营业务的持仓要求。

（1）证券专营机构负债总额与净资产之比不得超过10∶1，证券兼营机构从事证券业务发生的负债总额与证券营运资金之比不得超过10∶1。

（2）证券经营机构从事证券自营业务，其流动性资产占净资产或证券营运资金的比例不得低于50%。

（3）证券经营机构证券自营业务账户上持有的权益类证券按成本价计算的总金额，不得超过其净资产或证券营运资金的80%。

（4）证券经营机构从事证券自营业务，持有一种非国债类证券按成本价计算的总金额，不得超过净资产或证券营运资金的20%。

（5）证券经营机构买入任一上市公司股票按当日收盘价计算的总市值不得超过该上市公司已流通股总市值的20%。

（6）证券经营机构证券自营业务出现盈利时，该机构应按月就其盈利提取5%的自营买卖损失准备金，直至累计总额达到其净资本或净营运资金的5%为止。

> **【例题·选择题】** 某证券专营机构净资产为200万元，则其负债总额不可能超过（　　）万元。
> A. 500　　　B. 800
> C. 1 000　　D. 2 000

> **【解析】** 我国证券经营机构从事证券自营业务的持仓要求之一是：证券专营机构负债总额与净资产之比不得超过10∶1。即当净资产为200万元时，负债总额不得超过净资产的10倍，200×10=2 000（万元）。本题选D选项。
> **【答案】** D

七、自营业务的禁止性行为（★★★）

1. 禁止内幕交易

（1）内幕交易是指证券交易内幕信息的知情人和非法获取内幕信息的人利用内幕信息从事证券交易活动。证券公司从事证券自营业务时，禁止内幕交易。

（2）常见的内幕交易包括以下行为。

①内幕信息的知情人利用内幕信息买卖证券或者根据内幕信息建议他人买卖证券。

②内幕信息的知情人向他人透露内幕信息，使他人利用该信息进行内幕交易。

③非法获取内幕信息的人利用内幕信息买卖证券或者建议他人买卖证券。

（3）内幕信息是指在证券交易活动中，涉及公司的经营、财务或者对该公司证券的市场价格有重大影响的尚未公开的信息。下列信息皆属内幕信息。

①可能对上市公司股票交易价格产生较大影响的重大事件。

②公司分配股利或者增资的计划。

③公司股权结构的重大变化。

④公司债务担保的重大变更。

⑤公司营业用主要资产的抵押、出售或者报废一次超过该资产的30%。

⑥公司的董事、监事、高级管理人员的行为可能依法承担重大损害赔偿责任。

⑦上市公司收购的有关方案。

2. 禁止操纵市场

（1）操纵市场是指机构或个人利用其资金、信息等优势，影响证券交易价格或交易量，制造证券交易假象，诱导或者致使投资者在不了解事实真相的情况下作出证券投资决定，扰乱证券市场秩序，以达到获取利益或减少损失的目的的行为。证券公司在从事自营业务过程中不得从事操纵市场的行为。

（2）操纵证券市场的手段包括以下几种。

①单独或者通过合谋，集中资金优势、持股优势或者利用信息优势联合或者连续买卖，操纵证券交易价格或者证券交易量。

②与他人串通，以事先约定的时间、价格和方式相互进行证券交易，影响证券交易价格或者证券交易量。

③在自己实际控制的账户之间进行证券交易，影响证券交易价格或者证券交易量。

④以其他手段操纵证券市场。

3. 其他禁止行为

（1）假借他人名义或者以个人名义进行自营业务。

（2）将自营业务与代理业务及其他业务混合操作。

（3）将自营账户借给他人使用。

（4）违反规定购买本证券公司控股股东或者与本证券公司有其他重大利害关系的发行人发行的证券。

（5）禁止证券交易所、证券公司、证券登记结算机构、证券服务机构及其从业人员，证券业协会、证券监督管理机构及其工作人员，在证券交易活动中作出虚假陈述或者信息误导。

（6）禁止任何人挪用公款买卖证券。

（7）依法拓展资金入市渠道，禁止资金违规流入股市。

（8）禁止证券公司及其他从业人员从事损害客户利益的欺诈行为。

（9）禁止国家工作人员、传播媒介从业人员和有关人员编造、传播虚假信息，扰乱证券市场。

【例题·组合型选择题】下列行为中，属于禁止证券经营机构从事证券自营业务的是（　　）。

Ⅰ．委托其他证券经营机构代为买卖证券

Ⅱ．以自营账户为他人买卖证券

Ⅲ．以他人名义为自己买卖证券

Ⅳ．将自营业务与代理业务混合操作

A．Ⅰ、Ⅲ、Ⅳ
B．Ⅰ、Ⅱ、Ⅳ
C．Ⅰ、Ⅱ、Ⅲ、Ⅳ
D．Ⅰ、Ⅱ、Ⅲ

【解析】根据《证券经营机构证券自营业务管理办法》的相关规定，禁止证券经营机构从事证券自营业务不仅包括证券内幕交易行为、操纵证券市场行为、欺诈客户行为，还包括以下行为：（1）将自营业务与代理业务混合操作；（2）以自营账户为他人或以他人名义为自己买卖证券；（3）委托其他证券经营机构代为买卖证券；（4）中国证监会认定的其他违反自营业务管理规定的行为。

【答案】C

八、证券自营业务的监管措施和违反有关法规的法律责任（★★）

1. 监管措施

（1）按要求将全部自营账户明细（含不规范账户）报送公司注册地证监局，由证监局转报上海、深圳证券交易所以及中国证券登记结算有限公司备案。各证券公司对不规范账户要制订有明确时限和具体责任人、按月份细化落实的清理计划。清理期间，不规范账户只能卖出证券，不能买进，并要逐步注销。

（2）证券公司应当自每一会计年度结束之日起4个月内，向国务院证券监督管理机构报送年度报告；自每月结束之日起7个工作日内，报送月度报告。

（3）证券公司年度报告中的财务会计报告、风险控制指标报告以及国务院证券监督管理机构规定的其他专项报告，应当经具有证券、期货相关业务资格的会计师事务所审计。证券公司年度报告应当附有该会计师事务所出具的内部控制评审报告。

（4）对证券公司报送的年度报告、月度报告，国务院证券监督管理机构应当指定专人进行审核，并制作审核报告。审核人员应当在审核报告上签字。审核中发现问题的，国务院证券监督管理机构应当及时采取相应措施。

（5）证券交易所应当对证券公司证券自营账户和证券资产管理账户的交易行为进行实时监控；发现异常情况的，应当及时按照交易规则和会员管理规则处理，并向国务院证券监督管理机构报告。

2. 法律责任

证券自营业务违反有关法规的法律责任如表3-13所示。

表3-13 证券自营业务违反有关法规的法律责任

事项	具体规定
《证券法》	（1）证券公司假借他人名义或者以个人名义从事证券自营业务的，责令改正，没收违法所得，并处以违法所得1倍以上5倍以下的罚款；没有违法所得或者违法所得不足30万元的，处30万元以上60万元以下的罚款；情节严重的，暂停或者撤销证券自营业务许可。对直接负责的主管人员和其他直接责任人员给予警告，撤销任职资格或者证券业从业资格，并处以3万元以上10万元以下的罚款。 （2）证券公司对其证券自营业务与其他业务不依法分开办理，混合操作的，责令改正，没收违法所得，并处以30万元以上60万元以下的罚款；情节严重的，撤销相关业务许可；对直接负责的主管人员和其他直接责任人员给予警告，并处以3万元以上10万元以下的罚款；情节严重的，撤销任职资格或者证券业从业资格
《证券公司监督管理条例》	（1）证券公司未按照规定将证券自营账户报证券交易所备案的，责令改正，给予警告，没收违法所得，并处以违法所得1倍以上5倍以下的罚款；没有违法所得或者违法所得不足3万元的，处以3万元以上30万元以下的罚款。对直接负责的主管人员和其他直接责任人员单处或者并处警告、3万元以上10万元以下的罚款；情节严重的，撤销任职资格或者证券业从业资格。 （2）证券公司违反规定委托他人代为买卖证券；证券自营业务投资范围或者投资比例违反规定的，责令改正，给予警告，没收违法所得，并处以违法所得1倍以上5倍以下的罚款；没有违法所得或者违法所得不足10万元的，处以10万元以上30万元以下的罚款；情节严重的，暂停或者撤销其相关证券业务许可。对直接负责的主管人员和其他直接责任人员，给予警告，并处以3万元以上10万元以下的罚款；情节严重的，撤销任职资格或者证券业从业资格
《刑法》	（1）证券交易内幕信息的知情人员或者非法获得证券交易内幕信息的人员，在涉及证券的发行、交易或者其他对证券价格有重大影响的信息尚未公开前买入或卖出该证券，或者泄露该信息，或者明示、暗示他人从事上述交易活动，情节严重的，处5年以下有期徒刑或拘役，并处或者单处违法所得1倍以上5倍以下罚金；情节特别严重的，处5年以上10年以下有期徒刑，并处违法所得1倍以上5倍以下罚金。 （2）证券交易内幕信息的知情人或者非法获取内幕信息的人，在涉及证券的发行、交易或者其他对证券的价格有重大影响的信息公开前，买卖该证券，或者泄露该信息，或者建议他人买卖该证券的，责令依法处理非法持有的证券，没收违法所得，并处以违法所得1倍以上5倍以下的罚款；没有违法所得或者违法所得不足3万元的，处以3万元以上60万元以下的罚款。单位从事内幕交易的，还应当对直接负责的主管人员和其他直接责任人员给予警告，并处以3万元以上30万元以下的罚款。证券监督管理机构工作人员进行内幕交易的，从重处罚

续表

事项	具体规定
《刑法》	（3）操纵证券市场的，责令依法处理非法持有的证券，没收违法所得，并处以违法所得1倍以上5倍以下的罚款；没有违法所得或者违法所得不足30万元的，处以30万元以上300万元以下的罚款。单位操纵证券市场的，还应当对直接负责的主管人员和其他直接责任人员给予警告，并处以10万元以上60万元以下的罚款。 （4）操纵证券市场，情节严重的，处5年以下有期徒刑或拘役，并处或者单处罚金；情节特别严重的，处5年以上10年以下有期徒刑，并处罚金。 （5）编造、传播影响证券交易的虚假信息，扰乱证券交易市场，造成严重后果的，处5年以下有期徒刑或拘役，并处或者单处1万元以上10万元以下罚金。 （6）证券交易所、证券公司的从业人员，证券业协会或者证券监管部门的工作人员，故意提供虚假信息或者伪造、变造、销毁交易记录，诱骗投资者买卖证券造成严重后果的，处5年以下有期徒刑或拘役，并处或者单处违法所得1万元以上10万元以下罚金；情节特别严重的，处5年以上10年以下有期徒刑，并处违法所得2万元以上20万元以下罚金

第六节 证券资产管理业务

考情分析：本节讲解证券资产管理业务的有关内容，考点集中在资产管理业务的基本原则、资产管理业务类型、投资主办人数的最低要求、资产管理合同应当包括的必备内容、客户资产最低净值要求、集合资产管理业务接受的资产形式、合格投资者要求、关联交易的要求、资产管理业务禁止行为的有关规定、资产管理业务的风险控制要求、资产管理业务的了解客户及对客户进行信息披露及揭示风险的有关规定、客户资产托管的基本要求、监管部门对资产管理业务的监管措施及后续监管要求、资产管理业务违反有关规定的法律责任、合格境外机构投资者境内证券投资、合格境内机构投资者境外证券投资的相关监管规定等内容。本节考试题型为选择题和组合型选择题，考试分值6分左右。

学习建议：本节内容较多，但很多内容易于理解学习，考生应多归纳，结合例题和习题熟悉要点，重点掌握高频考点相关内容，即可起到事半功倍的效果。

一、证券公司开展资产管理业务的基本原则要求（★★）

证券公司从事资产管理业务应当遵守法律、行政法规和中国证监会的规定，遵循公平、公正的原则，维护客户的合法权益，诚实守信，勤勉尽责，避免利益冲突。

证券公司从事资产管理业务，应当充分了解客户，对客户进行分类，遵循风险匹配原则，向客户推荐适当的产品或服务，禁止误导客户购买与其风险承受能力不相符合的产品或服务。

客户应当独立承担投资风险，不得损害国家利益、社会公共利益和他人合法权益。

证券公司按规定向中国证监会申请资产管理业务资格。未取得资产管理资格的证券公司，按规定不得进行资产管理运作。

证券公司设立专门的资产管理部门，实行集中运营管理，对外统一签订资产管理合同，按合同约定对客户资产进行经营。

证券公司从事客户资产管理业务，应当建立健全风险控制机制和合规管理制度，与公司其他业务分开管理，控制敏感信息的不当流动和使用，防范内幕交易和利益冲突。

鼓励证券公司在有效控制风险的前提下，依法开展资产管理业务创新。

中国证监会及其派出机构依照审慎监管原则，采取有效措施，促进证券公司资产管理的创新活动规范、有序进行。

二、证券公司客户资产管理业务类型及基本要求（★★★）

经中国证券监督管理委员会批准，证券公司可以从事下列客户资产管理业务。

（1）为单一客户办理定向资产管理业务。

（2）为多个客户办理集合资产管理业务。

（3）为客户办理特定目的的专项资产管理业务。

证券公司为单一客户办理定向资产管理业务，应当与客户签订定向资产管理合同，通过该客户的账户为客户提供资产管理服务。

名师点拨 证券公司董事、监事、从业人员及其配偶不得作为本公司定向资产管理业务的客户。

证券公司为多个客户办理集合资产管理业务，应当设立集合资产管理计划，与客户签订集合资产管理合同，将客户资产交由取得基金托管业务资格的资产托管机构托管，通过专门账户为客户提供资产管理服务。

证券公司为客户办理特定目的的专项资产管理业务，应当签订专项资产管理合同，针对客户的特殊要求和基础资产的具体情况，设定特定投资目标，通过专门账户为客户提供资产管理服务。

证券公司应当充分了解并向客户披露基础资产所有人或融资主体的诚信合规状况、基础资产的权属情况、有无担保安排及具体情况、投资目标的风险收益特征等相关重大事项。

证券公司可以通过设立综合性的集合资产管理计划办理专项资产管理业务。

取得客户资产管理业务资格的证券公司，可以办理定向资产管理业务。办理专项资产管理业务的，还应该向中国证监会提出逐步申请。

证券公司办理集合资产管理业务，可以设立限定性集合资产管理计划和非限定性集合资产管理计划。

限定性集合资产管理计划资产应当主要用于投资国债、国家重点建设债券、债券型证券投资基金、在证券交易所上市的企业债券、其他信用度高且流动性强的固定收益类金融产品；投资于业绩优良、成长性高、流动性强的股票等权益类证券以及股票型证券投资基金的资产，不得超过该计划资产净值的20%，并应当遵循分散投资风险的原则。非限定性集合资产管理计划的投资范围由集合资产管理合同约定，不受上述规定限制。

名师点拨 证券公司开展客户资产管理业务，应当在资产管理合同中明确规定，由客户自行承担投资风险。

> 【例题·选择题】限定性集合资产管理计划投资于业绩优良、成长性高、流动性强的股票等权益类证券以及股票型证券投资基金的资产，不得超过该计划资产净值的（ ），并应当遵循分散投资风险的原则。
> A. 5%　　　　B. 10%
> C. 20%　　　D. 30%
> 【解析】根据规定，限定性集合资产管理计划资产应当主要用于投资国债、国家重点建设债券、债券型证券投资基金、在证券交易所上市的企业债券、其他信用度高且流动性强的固定收益类金融产品；投资于业绩优良、成长性高、流动性强的股票等权益类证券以及股票型证券投资基金的资产，不得超过该计划资产净值的20%，并应当遵循分散投资风险的原则。
> 【答案】C

三、开展资产管理业务，投资主办人数的最低要求（★★★）

证券公司开展资产管理业务，投资主办人不得少于5人。投资主办人须具有3年以上证券投资、研究、投资顾问或类似从业经历，具有良好的诚信记录和职业操守，通过中国证券业协会的注册登记。

证券公司从事客户资产管理业务，应当符合下列条件。

（1）经中国证监会核定具有证券资产管理业务的经营范围。

（2）净资本不低于2亿元人民币，且符合中国证监会关于经营证券资产管理业务的各项风险监控指标的规定。

（3）客户资产管理业务人员具有证券从业资格，无不良行为记录。其中，具有3年以上证券自营、资产管理或者证券投资基金管理从业经历的人员不少于5人。

（4）具有良好的法人治理结构、完备的内部控制和风险管理制度，并得到有效执行。

（5）最近1年未受到过行政处罚或者刑事处罚。

四、资产管理合同应当包括的必备内容（★）

从事客户资产管理业务，证券公司应与客户签订书面资产管理合同，约定双方的权利义务。资产管理合同应当包括下列基本事项。

（1）客户资产的种类和数额。
（2）投资范围、投资限制和投资比例。
（3）投资目标和管理期限。
（4）客户资产的管理方式和管理权限。
（5）各类风险揭示。
（6）客户资产管理信息的提供及查询方式。
（7）当事人的权利与义务。
（8）管理报酬的计算方法和支付方式。
（9）与客户资产管理有关的其他费用的提取、支付方式。
（10）合同解除、终止的条件、程序及客户资产的清算返还事宜。
（11）违约责任和纠纷的解决方式。
（12）中国证监会规定的其他事项。

五、办理定向资产管理业务，接受客户资产最低净值要求（★★★）

证券公司从事定向管理业务，应当遵循公平、公正原则；诚实守信，审慎尽责；坚持公平交易，避免利益冲突，禁止利益输送，保护客户合法权益。

证券公司从事定向管理业务，应当尽力健全风险管理与内部控制制度，规范业务活动，防范和控制风险。

定向资产管理业务的风险由客户自行承担，证券公司不得以任何方式对客户资产本金不受损失或者取得最低收益作出承诺。

证券公司办理定向资产管理业务，接受单个客户的资产净值不得低于人民币100万元。

证券公司应当在5日内将签订的定向资产管理合同报中国证监业协会备案，同时抄送证券公司住所地、资产管理分公司所在地中国证监会派出机构。

定向资产管理合同发生重要变更或者补充，证券公司应当在5日内报中国证监业协会备案，同时抄送证券公司住所地、资产管理分公司所在地中国证监会派出机构。

（1）定向资产管理业务客户应当是符合法律、行政法规和中国证监会规定的自然人、法人或者依法成立的其他组织。

证券公司董事、监事、从业人员及其配偶不得作为本公司定向资产管理业务的客户。

（2）证券公司从事定向资产管理业务，接受单一客户委托资产净值的最低限额，应当符合中国证监会的规定。证券公司可以在规定的最低限额的基础上，提高本公司客户委托资产净值的最低限额。

（3）证券公司从事定向资产管理业务，应当依据法律、行政法规和中国证监会的规定，与客户、资产托管机构签订定向资产管理合同，约定客户、证券公司、资产托管机构的权利义务。

定向资产管理合同应当包括中国证券业协会制定的合同必备条款。

（4）证券公司应当按照有关规则，了解客户身份、财产与收入状况、证券投资经验、风险认知与承受能力和投资偏好等，并以书面和电子方式予以详细记载、妥善保存。

客户应当如实披露或者提供相关信息和资料，并在定向资产管理合同中承诺信息和资料的真实性。

（5）客户委托资产应当是客户合法持有的现金、股票、债券、证券投资基金份额、集合资产管理计划份额、央行票据、短期融资券、资产支持证券、金融衍生品或者中国证监会允许的其他金融资产。

（6）客户委托资产应当交由负责客户交易结算资金存管的指定商业银行、中国证券登记结算有限责任公司或者中国证监会认可的证券公司等其他资产托管机构托管。

资产托管机构应当按照中国证监会的规定和定向资产管理合同的约定，履行安全保管客户委托资产、办理资金收付事项、监督证券公司投资行为等职责。

（7）证券公司、资产托管机构应当保证客户委托资产与证券公司、资产托管机构自有资产相互独立，不同客户的委托资产相互独立，对不同客户的委托资产独立建账、独立核算、分账管理。

证券公司、资产托管机构破产或者清算时，客户委托资产不属于其破产财产或者清算财产。

（8）证券公司从事定向资产管理业务，买卖证券交易所的交易品种，应当使用客户的定向资产管理专用证券账户（以下简称专用证券账户）；买卖证券交易所以外的交易品种，应当按照有关规定开立相应账户。专用证券账户和相应账户内的资产归客户所有。

专用证券账户名称为客户名称。证券登记结算机构应当对专用证券账户进行标识，表明该账户为客户委托证券公司办理定向资产管理业务的专用证券账户。

（9）专用证券账户应当以客户名义开立，客户也可以申请将其普通证券账户转换为专用证券账户。

客户开立专用证券账户，或者将客户普通证券账户转换为专用证券账户的，应当委托证券公司向证券登记结算机构申请办理。证券公司代理客户办理专用证券账户，应当提交资产管理业务许可证明、与客户签订的定向资产管理合同以及证券登记结算机构规定的其他文件。

证券公司应当自专用证券账户办理之日起3个交易日内，将专用证券账户报证券交易所备案。备案前，不得使用该账户进行交易。

> **名师点拨** 证券公司应当在每年度结束之日起3个月内，完成定向资产管理业务年度报告，并报中国证券业协会备案，同时抄送证券公司住所地、资产管理分公司所在地中国证监会派出机构。

（10）专用证券账户仅供定向资产管理业务使用，并且只能由代理办理专用证券账户的证券公司使用，不得转托管或者转指定，中国证监会另有规定的除外。

证券公司、客户不得将专用证券账户以出租、出借、转让或者其他方式提供给他人使用。

（11）定向资产管理合同无效、被撤销、解除或者终止后15日内，证券公司应当代理客户向证券登记结算机构申请注销专用证券账户；或者根据客户要求，代理客户向证券登记结算机构申请将专用证券账户转换为客户普通证券账户。

客户已经开立普通证券账户的，专用证券账户不得转换为客户普通证券账户，专用证券账户应当注销。

专用证券账户注销或者转换为客户普通证券账户后，证券公司应当在3个交易日内报证券交易所备案。

（12）证券公司应当实现定向资产管理业务与证券自营业务、证券承销业务、证券经纪业务及其他证券业务之间的有效隔离，防范内幕交易，避免利益冲突。

同一高级管理人员不得同时分管资产管理业务和自营业务；同一人不得兼任上述两类业务的部门负责人；同一投资主办人不得同时办理资产管理业务和自营业务。

定向资产管理业务的投资主办人不得兼任其他资产管理业务的投资主办人。

（13）证券公司应当完善投资决策体系，加强对交易执行环节的控制，保证资产管理业务的不同客户在投资研究、投资决策、交易执行等各环节得到公平对待。

证券公司应当对资产管理业务的投资交易行为进行监控、分析、评估和核查，监督投资交易的过程和结果，保证公平交易原则的实现。

（14）证券公司从事定向资产管理业务，应当遵循公平、诚信的原则，禁止任何形式的利益输送。

证券公司的定向资产管理账户与证券自营账户之间或者不同的证券资产管理账户之间不得发生交易，有充分证据证明已依法实现有效隔离的除外。

（15）证券公司应当为每个客户建立业务台账，按照企业会计准则的相关规定进行会计核算，与资产托管机构定期对账。

（16）证券公司接受本公司股东，以及其他与本公司具有关联方关系的自然人、法人或者组织为定向资产管理业务客户的，证券公司应当按照公司有关制度规定，对上述专门账户进行监控，并对客户身份、合同编号、专用证券账户、委托资产净值、委托期限、累计收益率等信息进行集中保管。

定向资产管理业务专项审计意见应当对上述专门账户的资料完整性、交易公允性作出说明。

上市证券公司接受持有本公司5%以下股份的股东为定向资产管理业务客户的，不受本条第一款、第二款的限制。

（17）证券公司从事定向资产管理业务，不得有下列行为。

①挪用客户资产。

②以欺诈、商业贿赂、不正当竞争行为等方式误导、诱导客户。

③通过电视、报刊、广播及其他公共媒体公开推介具体的定向资产管理业务方案。

④接受单一客户委托资产净值低于中国证监会规定的最低限额。

⑤以自有资金参与本公司的定向资产管理业务。

⑥以签订补充协议等方式，掩盖非法目的或者规避监管要求。

⑦使用客户委托资产进行不必要的证券交易。

⑧内幕交易、操纵证券价格、不正当关联交易及其他违反公平交易规定的行为。

⑨法律、行政法规和中国证监会禁止的其他行为。

【例题·选择题】证券公司办理定向资产管理业务，接受单个客户的资产净值不得低于（　　）万元人民币。

A. 50　　　　B. 100
C. 150　　　 D. 200

【解析】本题考查的是办理定向资产管理业务，接受客户资产最低净值要求。证券公司办理定向资产管理业务，接受单个客户的资产净值不得低于人民币100万元。

【答案】B

六、办理集合资产业务接受的资产形式（★★★）

证券公司办理集合资产管理业务，只能接受货币资金形式的资产。证券公司设立限定性集合资产管理计划的，接受单个客户的资金数额不得低于人民币5万元；设立非限定性集合资产管理计划的，接受单个客户的资金数额不得低于人民币10万元。

（1）集合资产管理计划应当符合下列条件。

①募集资金规模在50亿元人民币以下。

②单个客户参与金融不低于100万元人民币。

③客户人数在200人以下。

集合计划资产独立于证券公司、资产托管公司和份额登记机构的自有资产。证券公司、资产托管机构破产或者清算时，集合计划资产不属于其破产财产或者清算财产。

名师点拨 （1）集合资产管理合同应当包括中国证券业协会制定的合同必备条款和风险揭示条款；（2）证券公司自有资金参与单个集合计划的份额，不得超过该计划总份额的20%。

【例题·选择题】证券公司办理集合资产管理业务，只能接受（　　）形式的资产。
A. 证券　　　　B. 基金
C. 货币资金　　D. 不动产抵押证券
【解析】本题考查的是办理集合资产业务接受的资产形式。证券公司办理集合资产管理业务，只能接受货币资金形式的资产。
【答案】C

（2）集合计划成立应当具备下列条件。

①推广过程符合法律、行政法规和中国证监会的规定。

②限额特定资产管理计划募集金额不低于3 000万元人民币，其他集合计划募集金额不低于1亿元人民币。

③客户不少于2人。

④符合集合资产管理合同及计划说明书的约定。

⑤中国证监会规定的其他条件。

名师点拨 集合计划存续期间，证券公司自有资金参与集合计划的持有期限不得少于6个月。参与、退出时，应当提前5日告知客户和资产托管机构。

（3）有下列情形之一的，集合计划应当终止。

①计划存续期间，客户少于2人。

②计划存续期满且不展期。

③计划说明书约定的终止情形。

④法律、行政法规及中国证监会规定的其他终止情形。

（4）证券公司从事集合资产管理业务，不得有下列行为。

①向客户作出保证其资产本金不受损失或者保证其取得最低收益的承诺。

②挪用集合计划资产。

③募集资金不入账或者其他任何形式的账外经营。

④募集资金超过计划说明书约定的规模。

⑤接受单一客户参与资金低于中国证监会规定的最低限额。

⑥使用集合计划资产进行不必要的交易。

⑦内幕交易、操纵证券价格、不正当关联交易及其他违反公平交易规定的行为。

⑧法律、行政法规及中国证监会禁止的其他行为。

七、合格投资者要求（★★）

1. 合格投资者

合格投资者有如下几种。（1）经有关金融监管部门批准设立的金融机构，包括商业银行、证券公司、基金管理公司、信托公司和保险公司等;(2)上述金融机构面向投资者发行的理财产品,包括但不限于银行理财产品、信托产品、投连险产品、基金产品、证券公司资产管理产品等;(3)实收资本或实收股本总额不低于人民币500万元的企业法人;(4)实缴出资总额不低于人民币500万元的合伙企业;(5)合格境外机构投资者(QFII)、人民币合格境外机构投资者(RQFII)、符合国务院相关部门规定的境外战略投资者;(6)除发行人董事、高级管理人员及其配偶以外的,名下各类证券账户、资金账户、资产管理账户的资产总额不低于人民币500万元的个人投资者;(7)经中国证监会认可的其他合格投资者。

2. 不同合格投资者应具备的条件

不同合格投资者应具备的条件如表3-14所示。

表3-14 不同合格投资者应具备的条件

事项	具备条件
证券公司公开发行债券	除应当符合《公司法》规定的条件外,还应当符合下列要求。 (1)发行人为综合类证券公司; (2)最近1期期末经审计的净资产不低于10亿元; (3)各项风险监控指标符合中国证监会的有关规定; (4)最近2年内未发生重大违法违规行为; (5)具有健全的股东会、董事会运作机制及有效的内部管理制度,具备适当的业务隔离和内部控制技术支持系统; (6)资产未被具有实际控制权的自然人、法人或其他组织及其关联人占用; (7)中国证监会规定的其他条件
证券公司定向发行债券	除应当符合《公司法》规定的条件外,还应当符合下列要求。 (1)最近2年内未发生重大违法违规行为; (2)具有健全的股东会、董事会运作机制及有效的内部管理制度,具备适当的业务隔离和内部控制技术支持系统; (3)资产未被具有实际控制权的自然人、法人或其他组织及其关联人占用; (4)项规定的要求,且最近1期期末经审计的净资产不低于5亿元; (5)中国证监会规定的其他条件
定向发行的债券	定向发行的债券只能向合格投资者发行。合格投资者是指自行判断具备投资债券的独立分析能力和风险承受能力,且符合下列条件的投资者。 (1)依法设立的法人或投资组织; (2)按照规定和章程可从事债券投资; (3)注册资本在1 000万元以上或者经审计的净资产在2 000万元以上
参与非公开发行的减记债认购和转让的合格投资者	参与非公开发行的减记债认购和转让的合格投资者,应当符合下列条件。 (1)经有关金融监管部门批准设立的金融机构,包括商业银行、证券公司、基金管理公司、信托公司和保险公司等; (2)上述金融机构面向投资者发行的理财产品,包括但不限于银行理财产品、信托产品、投连险产品、基金产品、证券公司资产管理产品等; (3)注册资本实缴额不低于人民币500万元的企业法人; (4)实缴出资总额不低于人民币500万元的合伙企业; (5)合格境外机构投资者(QFII)、人民币合格境外机构投资者(RQFII); (6)名下各类证券账户、资金账户、资产管理账户的资产总额不低于人民币500万元的个人投资者; (7)经本所认可的其他合格投资者 发行人的董事、监事、高级管理人员及持股比例超过5%的股东,可以参与本公司非公开发行减记债的认购与转让。 【名师点拨】参与公开发行的减记债认购和交易的投资者,应当为符合《上海证券交易所债券市场投资者适当性管理暂行办法》规定的专业投资者

续表

事项	具备条件
集合资产管理计划	开展集合资产管理计划的证券公司可以自行推广，也可以委托其他证券公司、商业银行或者被中国证监会认可的其他机构代为推广。 集合资产管理计划应当面向合格投资者推广，合格投资者累计不得超过200人。合格投资者是指具备相应风险识别能力和承担所投资集合资产管理计划风险能力且符合下列条件之一的单位或个人。 （1）个人或者家庭金融资产合计不低于100万元人民币。 （2）公司、企业等机构净资产不低于1 000万元人民币。 集合资产管理计划设立完成前，客户的参与资金只能存入集合资产管理计划份额登记机构指定的专门账户，不得动用。 【名师点拨】依法设立并受监管的各类集合投资产品视为单一合格投资者

【例题·选择题】集合资产管理计划应当面向合格投资者推广，合格投资者累计不得超过（　）人。
A. 50　　　　B. 100
C. 150　　　　D. 200
【解析】本题考查的是合格投资者要求。根据《证券公司客户资产管理办法》相关规定，集合资产管理计划应当面向合格投资者推广，合格投资者累计不得超过200人。
【答案】D

八、关联交易的要求（★★）

证券公司将其管理的客户资产投资于本公司及与本公司有关联方关系的公司发行的证券或承销期内承销的证券，或者从事其他重大关联交易的，应当遵循客户利益优先原则，事先取得客户的同意，事后告知资产托管机构和客户，同时向证券交易所报告，并采取切实有效措施，防范利益冲突，保护客户合法权益。

证券公司办理集合资产管理业务，单个集合资产管理计划投资于前款所述证券的资金，不得超过该集合资产管理计划资产净值的7%。

证券公司将其所管理的集合资产管理计划资产投资于一家公司发行的证券，不得超过该证券发行总量的10%。一个集合资产管理计划投资于一家公司发行的证券不得超过该计划资产净值的10%。中国证监会另有规定的除外。

因证券市场波动、证券发行人合并、资产管理计划规模变动等证券公司之外的因素致使资产管理计划投资不符合资产管理合同约定的投资比例的，证券公司应当在合同中明确约定相应处理原则，依法及时调整。

资产投资于上市公司的股票，发生客户应当履行公告、报告、要约收购等法律、行政法规和中国证监会规定义务的情形时，证券公司应当立即通知有关客户，并督促其履行相应义务；客户拒不履行的，证券公司应当向证券交易所报告。

【名师点拨】关联交易是指公司或者附属公司与在本公司直接或间接占有权益、存在利害关系的关联方之间所进行的交易。

九、资产管理业务禁止行为的有关规定（★★★）

资产管理业务禁止行为的有关规定内容如表3-15所示。

表 3-15 资产管理业务禁止行为的有关规定

事项	具体内容
证券公司从事客户资产管理业务，不得有下列行为	（1）挪用客户资产。 （2）向客户作出保证其资产本金不受损失或者取得最低收益的承诺。 （3）以欺诈手段或者其他不当方式误导、诱导客户。 （4）将资产管理业务与其他业务混合操作。 （5）以转移资产管理账户收益或者亏损为目的，在自营账户与资产管理账户之间或者不同的资产管理账户之间进行买卖，损害客户的利益。 （6）利用所管理的客户资产为第三方谋取不正当利益，进行利益输送。 （7）自营业务抢先于资产管理业务进行交易，损害客户的利益。 （8）以获取佣金或者其他利益为目的，用客户资产进行不必要的证券交易。 （9）内幕交易、操纵市场。 （10）法律、行政法规和中国证监会规定禁止的其他行为
证券公司办理集合资产管理业务，除应遵守前条规定外，还应当遵守下列规定	（1）不得违规将集合资产管理计划资产用于资金拆借、贷款、抵押融资或者对外担保等用途。 （2）不得将集合资产管理计划资产用于可能承担无限责任的投资

【例题·选择题】证券公司从事资产管理业务的禁止行为不包括（   ）。

A. 利用客户委托资产进行内幕交易、操纵证券价格

B. 将集合资产管理计划资产用于可能承担无限责任的投资

C. 自营业务抢先于定向资产管理业务进行交易，损害客户利益

D. 客户有要求的，证券公司应当将客户资产交由资产托管机构进行托管

【解析】本题考查的是资产管理业务禁止行为的有关规定。根据"证券公司从事客户资产管理业务的禁止行为"的相关规定，选项 D 不属于禁止行为的内容。

【答案】D

十、资产管理业务风险控制要求（★★）

（1）证券公司开展资产管理业务，应当在资产管理合同中明确规定，由客户自行承担投资风险。

（2）证券公司应当向客户如实披露其客户资产管理业务资质、管理能力和业绩等情况，并应当充分揭示市场风险，证券公司因丧失客户资产管理业务资格给客户带来的法律风险，以及其他风险。

证券公司向客户介绍投资收益预期，必须恪守诚信原则，提供充分合理的依据，并以书面方式特别声明，所述预期仅供客户参考，不构成证券公司保证客户资产本金不受损失或者取得最低投资收益的承诺。

（3）证券公司办理定向资产管理业务，应当保证客户资产与其自有资产、不同客户的资产相互独立，对不同客户的资产分别设置账户，独立核算、分账管理。

（4）证券公司办理集合资产管理业务，应当保证集合资产管理计划资产与其自有资产、集合资产管理计划资产与其他客户的资产、不同集合资产管理计划的资产相互独立，单独设置账户，独立核算、分账管理。

（5）证券公司经营资产管理业务的，必须符合下列规定：

①按定向资产管理业务管理本金的 2% 计算风险准备金。

②按集合资产管理业务管理本金的 1%

计算风险准备金。

③按专项资产管理业务管理本金的0.5%计算风险准备金。

证券公司应当按上一年营业费用总额的10%计算营运风险的风险准备。

（6）证券公司经营证券经纪、证券承销与保荐、证券自营等相关业务。

①证券公司经营证券经纪业务的，其净资本不得低于人民币2 000万元。

②证券公司经营证券承销与保荐、证券自营、证券资产管理、其他证券业务等业务之一的，其净资本不得低于人民币5 000万元。

③证券公司经营证券经纪业务，同时经营证券承销与保荐、证券自营、证券资产管理、其他证券业务等业务之一的，其净资本不得低于人民币1亿元。

④证券公司经营证券承销与保荐、证券自营、证券资产管理、其他证券业务中两项及两项以上的，其净资本不得低于人民币2亿元。

（7）证券公司必须持续符合下列风险控制指标标准。

①风险覆盖率不得低于100%。
②资本杠杆率不得低于8%。
③流动性覆盖率不得低于100%。
④净稳定资金率不得低于100%。

2016年10月1日起实行最新发布的《证券公司风险控制指标管理办法》。此次修订主要涉及六方面内容，包括：改进净资本、风险资本准备计算公式，提升资本质量和风险计量的针对性；完善杠杆率指标，提高风险覆盖的完备性；优化流动性监控指标，强化资产负债的期限匹配；完善单一业务风控指标，提升指标的针对性；明确逆周期调解机制，提升风险控制的有效性；强化全面风险管理要求，提升风险管理水平。

十一、资产管理业务了解客户、对客户信息披露及揭示风险的有关规定（★★★）

（1）在签订资产管理合同之前，证券公司、推广机构应当了解客户的资产与收入状况、风险承受能力以及投资偏好等基本情况，客户应当如实提供相关信息。证券公司、推广机构应当根据所了解的客户情况推荐适当的资产管理计划。

证券公司设立集合资产管理计划，应当对客户的条件和集合资产管理计划的推广范围进行明确界定，参与集合资产管理计划的客户应当具备相应的金融投资经验和风险承受能力。

（2）客户应当对客户资产来源及用途的合法性作出承诺。客户未作承诺或者证券公司明知客户资产来源或者用途不合法的，不得签订资产管理合同。任何人不得非法汇集他人资金参与集合资产管理计划。

（3）证券公司及代理推广机构应当采取有效措施，并通过证券公司、中国证券业协会、中国证监会电子化信息披露平台或者中国证监会认可的其他信息披露平台，客观准确披露资产管理计划批准或者备案信息、风险收益特征、投诉电话等，使客户详尽了解集合资产管理计划的特性、风险等情况及客户的权利、义务，但不得通过广播、电视、报刊及其他公共媒体推广集合资产管理计划。

（4）证券公司应当至少每季度向客户提供一次准确、完整的资产管理报告，对报告期内客户资产的配置状况、价值变动等情况作出详细说明。

证券公司应当保证客户能够按照资产管理合同约定的时间和方式查询客户资产配置状况等信息。发生资产管理合同约定的、可能影响客户利益的重大事项时，证券公司应当及时告知客户。

> **【例题·组合型选择题】** 在签订资产管理合同之前，证券公司应当了解客户的（　　）等基本情况，客户应当如实提供相关信息。
> Ⅰ．资产与收入状况
> Ⅱ．负债情况
> Ⅲ．投资偏好
> Ⅳ．风险承受能力
> A．Ⅰ、Ⅲ、Ⅳ
> B．Ⅱ、Ⅲ、Ⅳ
> C．Ⅰ、Ⅱ、Ⅳ
> D．Ⅰ、Ⅱ、Ⅲ、Ⅳ
> **【解析】**《证券公司客户资产管理业务规定》规定，在签订资产管理合同之前，证券公司应当了解客户的资产与收入状况、风险承受能力以及投资偏好等基本情况，客户应当如实提供相关信息。
> **【答案】** A

十二、资产管理业务客户资产托管的基本要求（★★★）

（1）证券公司办理定向资产管理业务，应当将客户的委托资产交由负责客户交易结算资金存管的指定商业银行、中国证券登记结算有限责任公司或者中国证监会认可的证券公司等其他资产托管机构托管。

（2）证券公司办理集合资产管理业务，应当将集合资产管理计划资产交由负责客户交易结算资金存管的指定商业银行、中国证券登记结算有限责任公司或者中国证监会认可的证券公司等其他资产托管机构托管。

证券公司、资产托管机构应当为集合资产管理计划单独开立证券账户、资金账户等相关账户。证券账户名称应当注明证券公司、集合资产管理计划名称等内容。

（3）资产托管机构应当安全保管客户委托资产。资产托管机构发现证券公司的投资指令违反法律、行政法规和其他有关规定，或者违反资产管理合同约定的，应当予以制止，并及时报告客户和证券公司住所地中国证监会派出机构；投资指令未生效的，应当拒绝执行。

（4）资产托管机构应当由专门部门负责集合资产管理计划资产的托管业务，并将托管的集合资产管理计划资产与其自有资产及其管理的其他资产严格分开。

（5）资产托管机构办理集合资产管理计划资产托管业务，应当履行下列职责。

①安全保管集合资产管理计划资产。

②执行证券公司的投资或者清算指令，并负责办理集合资产管理计划资产运营中的资金往来。

③监督证券公司集合资产管理计划的经营运作，发现证券公司的投资或清算指令违反法律、行政法规、中国证监会的规定或者集合资产管理合同约定的，应当要求改正；未能改正的，应当拒绝执行，并向中国证监会报告。

④出具资产托管报告。

⑤集合资产管理合同约定的其他事项。

（6）资产托管机构有权随时查询集合资产管理计划的经营运作情况，并应当定期核对集合资产管理计划资产的情况，防止出现挪用或者遗失。

（7）定向资产管理合同约定的投资管理期限届满或者发生合同约定的其他事由，应当终止资产管理合同的，证券公司在扣除合同约定的各项费用后，必须将客户账户内的全部资产交还客户自行管理。

集合资产管理合同约定的投资管理期限届满或者发生合同约定的其他事由，应当终止集合资产管理计划运营的，证券公司和资产托管机构在扣除合同规定的各项费用后，必须将集合资产管理计划资产按照客户拥有份额的比例或者集合资产管理合同的约定，以货币资金的形式全部分派给客户，并注销证券账户和资金账户。

> 客户资产托管是指资产托管机构根据证券公司、客户的委托，对客户的资产进行保管，办理资金收付事项、监督证券公司投资行为等。

十三、监管部门对资产管理业务的监管措施及后续监管要求（★★★）

（1）证券公司存在下列情形的，中国证监会暂不受理专项资产管理计划设立申请；已经受理的，暂缓进行审核。责令证券公司暂停签订新的集合及定向资产管理合同。

①因涉嫌违法违规被中国证监会调查，但证券公司能够证明立案调查与资产管理业务明显无关的除外。

②因发生重大风险事件、适当性管理失效和重大信息安全事件等表明公司内部控制存在重大缺陷的事项，处在整改期间。

③中国证监会规定的其他情形。

（2）证券公司应当就客户资产管理业务的运营制定内部检查制度，定期进行自查。

证券公司应当按季编制资产管理业务的报告，报中国证券业协会备案，同时抄送证券公司住所地、资产管理分公司所在地中国证监会派出机构。

（3）证券公司推广集合资产管理计划，应当将集合资产管理合同、集合资产管理计划说明书等正式推广文件，置备于证券公司及其他推广机构推广集合资产管理计划的营业场所。

（4）证券公司进行年度审计，应当同时对客户资产管理业务的运营情况进行审计，并要求会计师事务所就各集合资产管理计划出具单项审计意见。

证券公司应当将审计结果报中国证券业协会备案，同时抄送证券公司住所地、资产管理分公司所在地中国证监会派出机构，并将各集合资产管理计划的单项审计意见提供给客户和资产托管机构。

（5）证券公司和资产托管机构应当按照有关法律、行政法规的规定保存资产管理业务的会计账册，并妥善保存有关的合同、协议、交易记录等文件、资料。

（6）中国证监会及其派出机构对证券公司、资产托管机构从事客户资产管理业务的情况，进行定期或者不定期的检查，证券公司和资产托管机构应当予以配合。

（7）证券公司开展定向资产管理业务，应当于每季度结束之日起5日内，将签订定向资产管理合同报注册地中国证监会派出机构备案。

证券公司应当在集合资产管理计划设立工作完成后5个工作日内，将集合资产管理计划的设立情况报中国证监会及注册地中国证监会派出机构备案。

（8）证券公司应当在每个年度结束之日起60日内，完成资产管理业务合规检查年度报告、内部稽核年度报告和定向资产管理业务年度报告，并报注册地中国证监会派出机构备案。

（9）集合计划审计报告应当在每个年度结束之日起60个交易日内，按照合同约定的方式向客户和资产托管机构提供，并报送住所地中国证监会派出机构备案。

（10）证券公司集合资产管理业务制度不健全，净资本或者其他风险控制指标不符合规定，或者违规开展资产管理业务的，中国证监会及其派出机构依法责令其限期改正，并可以采取下列监管措施。

①责令增加内部合规检查次数并提交合规检查报告。

②对公司高级管理人员、直接负责的主管人员和其他直接责任人员进行监管谈话，记入监管档案。

③责令处分或者更换有关责任人员，并要求报告处分结果。

④法律、行政法规和中国证监会规定的其他监管措施。

（11）证券交易所、期货交易所应当对证券公司资产管理业务账户的交易行为进行严格监控，发现异常情况的，应当及时按照交易规则和会员管理规则处理，并报告中国证监会。

【例题·选择题】证券公司、资产托管机构及其直接负责的主管人员和其他直接责任人员从事客户资产管理业务，损害客户合法利益的，应当依法承担（　　）责任。
A．违约　　　　B．刑事
C．行政　　　　D．民事

【解析】证券公司、资产托管机构及其直接负责的主管人员和其他直接责任人员从事客户资产管理业务，损害客户合法利益的，应当依法承担民事责任。
【答案】D

十四、资产管理业务违反有关规定的法律责任（★★★）

资产管理业务违反有关规定的法律责任如表3-16所示。

表3-16　资产管理业务违反有关规定的法律责任

事项	具体内容
《证券法》	（《证券法》第二百二十条）证券公司对其证券经纪业务、证券承销业务、证券自营业务、证券资产管理业务，不依法分开办理，混合操作的，责令改正，没收违法所得，并处以30万元以上60万元以下的罚款；情况严重的撤销相关业务许可。对其直接负责的主管人员和其他直接责任人给予警告处分，并处以3万元以上，10万元以下的罚款；情况严重的撤销其任职资格或者从业资格
《刑法》	（《刑法》第一百八十五条第三款、第四款）商业银行、证券交易所、期货交易所、证券公司、期货经纪公司、保险公司或者其他金融机构，违背受托义务，擅自利用客户资金或者其他委托、信托的财产，情节严重的，对单位罚款，并对直接负责的主管人员和其他直接责任人员，处拘留或处三年以下有期徒刑，且处3万元以上30万元以下罚金；情节特别严重的，处3年以上10年以下有期徒刑，且处5万元以上50万元以下罚金
《证券公司客户资产管理业务管理办法》	（1）证券公司、资产托管机构、推广机构的高级管理人员、直接负责的主管人员和其他直接责任人员违反《证券公司客户资产管理业务管理办法》规定的，中国证监会及其派出机构根据不同情况，对其采取监管谈话、责令停止职权、认定为不适当人选等行政监管措施。 证券公司、资产托管机构、推广机构及其高级管理人员、直接负责的主管人员和其他直接责任人员从事客户资产管理业务，损害客户合法权益的，应当依法承担民事责任。 （2）证券公司、资产托管机构、推广机构违反《证券公司客户资产管理业务管理办法》规定的，根据不同情况，依法采取责令改正、责令增加内部合规检查的次数、责令处分有关人员、暂停业务等行政监管措施。 （3）证券公司、资产托管机构、推广机构及其高级管理人员、直接负责的主管人员和其他直接责任人员违反法律、法规规定的，按照《中华人民共和国证券法》《中华人民共和国证券投资基金法》《证券公司监督管理条例》的有关规定，进行行政处罚。 （4）证券公司、资产托管机构、推广机构及其高级管理人员、直接负责的主管人员和其他直接责任人员涉嫌犯罪的，依法移送司法机关，追究刑事责任。 （5）证券公司因违法违规经营或者有关财务指标不符合中国证监会的规定，被中国证监会暂停客户资产管理业务的，暂停期间不得签订新的资产管理合同；被中国证监会依法取消客户资产管理业务资格的，应当停止资产管理活动，按照规定处理合同终止事宜。 【名师点拨】2013年6月再次修改了《证券公司客户资产管理业务管理办法》

【例题·组合型选择题】证券公司在证券自营账户与证券资产管理账户之间或者不同的证券资产管理账户之间进行交易,应承担的法律责任,下列说法正确的是( )。

Ⅰ.情节严重的,撤销相关业务许可
Ⅱ.情节严重的,撤销任职资格或者证券业从业资格
Ⅲ.责令改正,没收违法所得,并处以违法所得1倍以上5倍以下的罚款
Ⅳ.对直接负责的主管人员和其他直接责任人员给予警告,并处以3万元以上10万元以下的罚款

A.Ⅰ、Ⅱ、Ⅲ
B.Ⅱ、Ⅲ、Ⅳ
C.Ⅰ、Ⅱ、Ⅳ
D.Ⅰ、Ⅱ、Ⅲ、Ⅳ

【解析】本题考查的是资产管理业务违反有关规定的法律责任。根据《证券法》第二百二十条的相关规定,证券公司对其证券经纪业务、证券承销业务、证券自营业务、证券资产管理业务,不依法分开办理,混合操作的,责令改正,没收违法所得,并处以30万元以上60万元以下的罚款。故Ⅲ项说法错误。而Ⅰ、Ⅱ、Ⅳ项的内容均符合《证券法》第二百二十条的规定。

【答案】C

十五、合格境外机构投资者境内证券投资、合格境内机构投资者境外证券投资的相关监管规定(★)

1.合格境外机构投资者(QFII)境内证券投资

合格境外机构投资者是经中国证监会批准投资于中国证券市场,并取得国家外汇局额度批准的中国境外基金管理机构、保险公司、证券公司以及其他资产管理机构。

(1)申请合格投资者资格,应当具备下列条件。

①申请人的财务稳健,资信良好,达到中国证监会规定的资产规模等条件。

②申请人的从业人员符合所在国家或者地区的有关从业资格的要求。

③申请人有健全的治理结构和完善的内控制度,经营行为规范,近3年未受到监管机构的重大处罚。

④申请人所在国家或者地区有完善的法律和监管制度,其证券监管机构已与中国证监会签订监管合作谅解备忘录,并保持有效的监管合作关系。

⑤中国证监会根据审慎监管原则规定的其他条件。

(2)中国证监会自收到完整的申请文件之日起20个工作日内,对申请材料进行审核,并征求国家外汇局意见,作出批准或者不批准的决定。决定批准的,颁发证券投资业务许可证;决定不批准的,书面通知申请人。

(3)申请人应当在取得证券投资业务许可证之日起1年内,通过托管人向国家外汇局提出投资额度申请。

国家外汇局自收到完整的申请文件之日起20个工作日内,对申请材料进行审核,并征求中国证监会意见,作出批准或者不批准的决定。决定批准的,作出书面批复并颁发外汇登记证;决定不批准的,书面通知申请人。

(4)中国证监会、国家外汇局依法可以要求合格投资者、托管人、证券公司等机构提供合格投资者的有关资料,并进行必要的询问、检查。

(5)合格投资者有下列情形之一的,应当在其发生后5个工作日内报中国证监会、国家外汇局备案。

①变更托管人。
②变更法定代表人。
③其控股股东变更。

④调整注册资本。
⑤涉及重大诉讼及其他重大事件。
⑥在境外受到重大处罚。
⑦中国证监会和国家外汇局规定的其他情形。

（6）合格投资者有下列情形之一的，应当重新申领证券投资业务许可证。
①变更机构名称。
②被其他机构吸收合并。
③中国证监会和国家外汇局规定的其他情形。

重新申领证券投资业务许可证期间，合格投资者可以继续进行证券交易。但中国证监会根据审慎监管原则认为需要暂停的除外。

（7）合格投资者有下列情形之一的，应当将证券投资业务许可证和外汇登记证分别交还中国证监会和国家外汇局。
①申请人取得证券投资业务许可证后1年内未向国家外汇局提出投资额度申请。
②机构解散、进入破产程序或者由接管人接管。
③合格投资者重新申领许可证。
④合格投资者有重大违法行为及中国证监会和国家外汇局认定的其他情形。

（8）合格投资者所管理的证券账户发生重大违法、违规行为的，中国证监会可以依法采取限制相关证券账户的交易行为等措施，国家外汇局可以依法采取限制其资金汇出入等措施。

（9）托管人违法、违规行为严重的，中国证监会、国家外汇局将依法联合作出取消其托管人资格的决定。

（10）合格投资者、托管人、证券公司等违反规定的，由中国证监会、国家外汇局依法进行相应的行政处罚。

【例题·选择题】下列条件，不符合申请合格投资者的是（　　）。
A．申请人的从业人员符合所在国家或者地区的有关从业资格的要求
B．申请人有健全的治理结构和完善的内控制度，经营行为规范，近1年未受到监管机构的重大处罚
C．申请人的财务稳健，资信良好，达到中国证监会规定的资产规模等条件
D．申请人所在国家或者地区有完善的法律和监管制度，其证券监管机构已与中国证监会签订监管合作谅解备忘录，并保持着有效的监管合作关系

【解析】根据规定，申请人有健全的治理结构和完善的内控制度，经营行为规范，近3年未受到监管机构的重大处罚。
【答案】B

2. 合格境内机构投资者（QDII）境外证券投资

合格境内机构投资者是中国证监会批准在中华人民共和国境内募集资金，运用所募集的部分或者全部资金以资产组合方式进行境外证券投资管理的境内基金管理公司和证券公司等证券经营机构。

（1）申请境内机构投资者资格，应当具备下列条件。
①申请人的财务稳健，资信良好，资产管理规模、经营年限等符合中国证监会的规定。
②拥有符合规定的具有境外投资管理相关经验的人员。
③具有健全的治理结构和完善的内控制度，经营行为规范。
④最近3年没有受到监管机构的重大处罚，没有重大事项正在接受司法部门、监管机构的立案调查。
⑤中国证监会根据审慎监管原则规定的其他条件。

（2）基金管理公司的净资产不少于2亿元人民币；经营证券投资基金管理业务达2年以上；在最近一个季度末资产管理规模不少于200亿元人民币或等值外汇资产。

证券公司的各项风险控制指标符合规定标准；净资本不低于8亿元人民币；净资本与净资产比例不低于70%；经营集合资产管理计划业务达1年以上；在最近一个季度末资产管理规模不少于20亿元人民币或等值外汇资产。

（3）具有5年以上境外证券市场投资管理经验和相关专业资质的中级以上管理人员不少于1名，具有3年以上境外证券市场投资管理相关经验的人员不少于3名。

（4）申请境内机构投资者资格的，应当向中国证监会报送下列文件（一份正本、一份副本）。

①申请表。

②符合本办法第五条规定的证明文件。

③中国证监会要求的其他文件。

（5）中国证监会收到完整的资格申请文件后对申请材料进行审核，作出批准或者不批准的决定。决定批准的，颁发境外证券投资业务许可文件；决定不批准的，书面通知申请人。

（6）申请人可在取得境内机构投资者资格后，向中国证监会报送产品募集申请文件。

（7）中国证监会自收到完整的产品募集申请文件后对申请材料进行审核，作出批准或者不批准的决定，并书面通知申请人。

（8）境内机构投资者应当依照有关规定向国家外汇局申请经营外汇业务资格。

（9）中国证监会和国家外汇局可以要求境内机构投资者、托管人提供境内机构投资者境外投资活动有关资料；必要时，可以进行现场检查。

（10）境内机构投资者有下列情形之一的，应当在其发生后5个工作日内报中国证监会备案并公告。

①变更托管人或境外托管人。

②变更投资顾问。

③境外涉及诉讼及其他重大事件。

④中国证监会规定的其他情形。

托管人或境外托管人发生变更的，境内机构投资者应当同时报国家外汇局备案。

（11）境内机构投资者有下列情形之一的，应当在其发生后60个工作日内重新申请境外证券投资业务资格，并向国家外汇局重新办理经营外汇业务资格申请、投资额度备案手续。

①变更机构名称。

②被其他机构吸收合并。

③中国证监会、国家外汇局规定的其他情形。

（12）境内机构投资者运用基金、集合计划财产进行证券投资，发生重大违法、违规行为的，中国证监会可以依法采取限制交易行为等措施，国家外汇局可以依法采取限制其资金汇出入等措施。

（13）托管人违法、违规严重的，中国证监会可以依法作出限制其托管业务的决定。

（14）境内机构投资者、托管人等违反规定的，由中国证监会、国家外汇局依法进行相应的行政处罚。

第七节 其他业务

考情分析：本节主要讲解有关融资融券业务、代销金融产品以及证券公司中间介绍业务三部分内容。其中，融资融券业务近年来受到市场参与者和监管部门的高度重视，因而也成为从业考试的重点内容之一。另外，随着金融市场的一体化发展，转融通、代销金融产品、证券公司中间介绍业务的比例日渐增长。关于股票质押回购、约定式购回业务、报价回购、直接投资、证券公司参与区域性股权交易市场也是近期考试的热点。在历次考试中，本节考点平均分值为5分左右。

学习建议：本节涉及的内容繁杂、考点

较多,需有针对性的关注重点内容,提高学习效率。厘清融资融券业务的账户体系,关注融资融券业务管理和合同内容的有关规定,关于标的证券、保证金和担保物的规定,金融代销规范,中间介绍业务禁止行为等内容,抓住常考点进行学习和复习。

一、融资融券业务管理的基本原则(★★★)

融资融券又称证券信用交易或保证金交易,是指投资者向具有融资融券业务资格的证券公司提供担保物,借入资金买入证券(融资交易)或借入证券并卖出(融券交易)的行为。根据相关规定,融资融券业务管理的基本原则有合法合规原则、集中管理原则、独立运行原则、岗位分离原则。

融资融券业务的决策与授权体系原则上按照"董事会——业务决策机构——业务执行部门——分支机构"的架构设立和运行。

证券公司董事会负责制定融资融券业务的基本管理制度,决定与融资融券业务有关的部门设置及各部门职责,确定融资融券业务的总规模。

业务决策机构由有关高级管理人员及部门负责人组成,负责制定融资融券业务操作流程,选择可从事融资融券业务的分支机构,确定对单一客户和单一证券的授信额度、融资融券的期限和利率(费率)、保证金比例和最低维持担保比例、可充抵保证金的证券种类及折算率、客户可融资买入和融券卖出的证券种类。

业务执行部门负责融资融券业务的具体管理和运作,制定融资融券合同的标准文本,确定对具体客户的授信额度,对分支机构的业务操作进行审批、复核和监督。

分支机构在公司总部的集中监控下,按照公司的统一规定和决定,具体负责客户征信、签约、开户、保证金收取和交易执行等业务操作。

【例题·选择题】原则上的融资融券业务的决策与授权体系的是( )。
A. 股东会——董事会——业务决策机构——业务执行部门
B. 股东会——董事会——业务决策机构——分支机构
C. 董事会——业务决策机构——业务执行部门——分支机构
D. 股东会——董事会——业务执行部门——分支机构
【解析】本题考查的是融资融券业务管理的基本原则。按照规定,融资融券业务的决策与授权体系原则上按照"董事会——业务决策机构——业务执行部门—分支机构"的架构设立和运行。
【答案】C

知识拓展

(1)独立运行原则。证券公司应当健全业务隔离制度,确保融资融券业务与证券资产管理、证券自营、投资银行等业务在机构、人员、信息、账户等方面相互分离、独立运行;(2)岗位分离原则。证券公司融资融券业务的前、中、后台应当相互分离、相互制约。各主要环节应当分别由不同的部门和岗位负责,负责风险监控和业务稽核的部门和岗位应当独立于其他部门和岗位,分管融资融券业务的高级管理人员不得兼管风险监控部门和业务稽核部门。

【例题·组合型选择题】融资融券业务管理的基本原则( )。
Ⅰ. 业务实行集中统一管理
Ⅱ. 依法合规,加强内控,严格防范和控制风险,切实维护客户资产的安全
Ⅲ. 开展业务须经监管部门批准,不得为客户与客户、客户与他人之间的融资融券活动提供任何便利和服务

Ⅳ．证券公司向客户融资，应当使用自有资金或者依法筹集的资金；向客户融券，应当使用自有证券或者依法取得处分权的证券

A．Ⅱ、Ⅲ
B．Ⅱ、Ⅲ、Ⅳ
C．Ⅰ、Ⅱ、Ⅳ
D．Ⅰ、Ⅱ、Ⅲ、Ⅳ

【解析】本题考查的是融资融券业务管理的基本原则。根据相关规定，融资融券业务管理的基本原则有：合法合规原则、集中管理原则、独立运行原则、岗位分离原则。Ⅰ、Ⅱ、Ⅲ、Ⅳ四项内容都是融资融券业务管理的基本原则的相关内容。

【答案】D

二、证券公司申请融资融券业务应具备的条件（★）

证券公司申请融资融券业务资格，应当具备下列条件。

（1）具有证券经纪业务资格。

（2）公司治理健全，内部控制有效，能有效识别、控制和防范业务经营风险和内部管理风险。

（3）公司最近2年内不存在因涉嫌违法违规正被中国证监会立案调查或者正处于整改期间的情形。

（4）财务状况良好，最近2年各项风险控制指标持续符合规定，注册资本和净资本符合增加融资融券业务后的规定。

（5）客户资产安全、完整，客户交易结算资金第三方存管有效实施，客户资料完整真实。

（6）已建立完善的客户投诉处理机制，能够及时、妥善处理与客户之间的纠纷。

（7）已建立符合监管规定和自律要求的客户适当性制度，实现客户与产品的适当性匹配管理。

（8）信息系统安全稳定运行，最近1年未发生因公司管理问题导致的重大事故，融资融券业务技术系统已通过证券交易所、证券登记结算机构组织的测试。

（9）有拟负责融资融券业务的高级管理人员和适当数量的专业人员。

（10）中国证监会规定的其他条件。

三、融资融券业务的账户体系（★★★）

1．证券公司信用账户

证券公司经营融资融券业务，应当以自己的名义，在证券登记结算机构和商业银行分别开立账户。

（1）证券公司经营融资融券业务，应当以自己的名义，在证券登记结算机构分别开立融券专用证券账户、客户信用交易担保证券账户、信用交易证券交收账户和信用交易资金交收账户。

（2）证券公司经营融资融券业务，应当以自己的名义，在商业银行分别开立融资专用资金账户和客户信用交易担保资金账户。

证券公司信用账户的相关内容如表3-17所示。

表3-17 证券公司信用账户

证券公司信用账户		用　　途
在证券登记结算机构开立账户	融券专用证券账户	用于记录证券公司持有的拟向客户融出的证券和客户归还的证券。该账户不得用于证券买卖
	客户信用交易担保证券账户	用于记录客户委托证券公司持有、担保证券公司因向客户融资融券所生债权的证券
	信用交易证券交收账户	用于客户融资融券交易的证券结算
	信用交易资金交收账户	用于客户融资融券交易的资金结算
在商业银行开立账户	融资专用资金账户	用于存放证券公司拟向客户融出的资金及客户归还的资金
	客户信用交易担保资金账户	用于存放客户交存的、担保证券公司因向客户融资融券所生债权的资金

在以证券公司名义开立的客户信用交易担保证券账户和客户信用交易担保资金账户内,应当为每一客户单独开立信用账户。

2. 客户信用账户

客户申请开展融资融券业务,要在证券公司开立实名信用资金台账和信用证券账户,在指定商业银行开立实名信用资金账户,其具体内容如表3-18所示。

表3-18 客户信用账户

客户信用账户	用途
客户信用资金台账	是客户在证券公司开立的用于记载客户交存的担保资金及融资融券负债明细数据的账户
客户信用证券账户	是证券公司根据证券登记结算公司相关规定为客户开立的、用于记载客户委托证券公司持有的担保证券的明细数据的账户。该账户是证券公司客户信用交易担保证券账户的二级证券账户
客户信用资金账户	是客户在指定商业银行开立的用于记载客户交存的担保资金的明细数据的账户。该账户是证券公司客户信用交易担保资金账户的二级账户

提示
融资融券各账户名称容易混淆,结合体系图就不难理解和记忆相关内容。该考点也是历来的常考点。

【例题·选择题】下列关于证券公司账户体系的说法中,不正确的是( )。

A. 信用交易资金交收账户用于客户融资融券交易的证券结算

B. 客户信用交易担保证券账户用于记录客户委托证券公司持有、担保证券公司因向客户融资融券所生债权的证券

C. 融资专用资金账户用于存放证券公司拟向客户融出的资金及客户归还的资金

D. 融券专用证券账户用于记录证券公司持有的拟向客户融出的证券和客户归还的证券,不得用于证券买卖

【解析】本题考查融资融券业务的账户体系。信用交易资金交收账户用于客户融资融券交易的资金结算,选项A错误,B、C、D选项叙述正确。

【答案】A

【例题·组合型选择题】证券公司经营融资融券业务,应当以自己的名义,在商业银行分别开立( )。

Ⅰ. 融券专用证券账户
Ⅱ. 融资专用资金账户
Ⅲ. 信用交易资金交收账户
Ⅳ. 客户信用交易担保资金账户

A. Ⅰ、Ⅲ
B. Ⅱ、Ⅳ
C. Ⅲ、Ⅳ
D. Ⅰ、Ⅱ、Ⅳ

【解析】本题考查的是融资融券业务的账户体系。证券公司经营融资融券业务,应当以自己的名义,在商业银行分别开立融资专用资金账户、客户信用交易担保资金账户。

【答案】B

四、融资融券业务客户的申请、客户征信调查、客户的选择标准(★★)

融资融券业务客户的申请、客户征信调查、客户的选择标准的相关内容如表3-19所示。

表3-19 融资融券业务客户的申请、客户征信调查、客户的选择标准

事项	具体内容
客户的申请	客户为开通融资融券功能须由本人向证券公司提出申请。个人客户应当提交融资融券业务申请表、有效身份证明文件、已在营业部开立的普通资金账户和证券账户、融资融券担保品证明、客户具有支配权的资产证明、住址证明等客户征信所需的相关材料;机构客户还需提交公司章程、法人代表授权书、法人代表证明书、法人代表身份证明及经办人身份证明等文件
客户征信调查	证券公司接受申请后,进行征信调查。了解客户的身份、财产与收入状况、证券投资经验和风险偏好,并以书面和电子方式予以记载、保存。 【名师点拨】客户征信调查内容一般应包括:客户基本资料;投资经验;诚信记录;还款能力;融资融券需求
客户的选择标准	对未按照要求提供有关情况、从事证券交易时间不足半年、缺乏风险承担能力、最近20个交易日日均证券类资产低于50万元或有重大违约记录的客户,以及本公司的股东、关联人、证券公司不得为其开立信用账户。 上述股东不包括持有上市公司5%以下流通股的股东。 专业机构投资者参与融资、融券,可不受前款从事证券交易时间、证券类资产的条件限制

五、融资融券业务合同的基本内容（★★★）

（1）证券公司在向客户融资、融券前,应当与其签订载有中国证券业协会规定的必备条款的融资融券合同,明确约定下列事项。

①融资、融券的额度、期限、利率（费率）、利息（费用）的计算方式。

②保证金比例、维持担保比例、可充抵保证金的证券的种类及折算率、担保债权范围。

③追加保证金的通知方式、追加保证金的期限。

④客户清偿债务的方式及证券公司对担保物的处分权利。

⑤融资买入证券和融券卖出证券的权益处理。

⑥违约责任。

⑦纠纷解决途径。

⑧其他有关事项。

（2）融资融券合同应当约定,证券公司客户信用交易担保证券账户内的证券和客户信用交易担保资金账户内的资金,为担保证券公司因融资融券所产生对客户债权的信托财产。

证券公司与客户约定的融资、融券期限不得超过证券交易所规定的期限;融资利率、融券费率由证券公司与客户自主商定。

合约到期前,证券公司可以根据客户的申请为客户办理展期,每次展期期限不得超过证券交易所规定的期限。

证券公司在为客户办理合约展期前,应当对客户的信用状况、负债情况、维持担保比例水平等进行评估。

（3）证券公司与客户签订融资融券合同前,应当采用适当的方式向客户讲解业务规则和合同内容,明确告知客户权利、义务及风险,特别是关于违约处置的风险控制安排,并将融资融券交易风险揭示书交由客户书面确认。

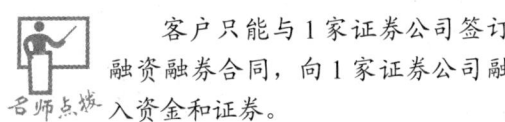
客户只能与1家证券公司签订融资融券合同,向1家证券公司融入资金和证券。

六、融资融券业务形成的债权担保有关规定（★★）

（1）证券公司向客户融资、融券,应当向客户收取一定比例的保证金。保证金可以

由证券充抵。

（2）证券公司应当将收取的保证金以及客户融资买入的全部证券和融券卖出所得全部价款，分别存放在客户信用交易担保证券账户和客户信用交易担保资金账户，作为对该客户融资融券所产生债权的担保物。

（3）证券公司应当在符合证券交易所规定的前提下，根据客户信用状况、担保物质量等情况，与客户约定最低维持担保比例、补足担保物的期限以及违约处置方式等。

证券公司应当逐日计算客户交存的担保物价值与其所欠债务的比例。当该比例低于约定的维持担保比例时，应当通知客户在约定的期限内补交担保物，客户经证券公司认可后，可以提交除可充抵保证金证券以外的其他证券、不动产、股权等资产。

客户未能按期交足担保物或者到期未偿还债务的，证券公司可以按照约定处分其担保物。

（4）保证金比例和可充抵保证金的证券的种类、折算率，最低维持担保比例和客户补交担保物的期限，由证券交易所规定。

证券交易所应当对可充抵保证金的各类证券制订不同的折算率要求。

证券公司在符合证券交易所规定的前提下，应当对可充抵保证金的证券折算率实行动态管理和差异化控制。

（5）除下列情形外，任何人不得动用证券公司客户信用交易担保证券账户内的证券和客户信用交易担保资金账户内的资金。

①为客户进行融资融券交易的结算。
②收取客户应当归还的资金、证券。
③收取客户应当支付的利息、费用、税款。
④按照本办法的规定以及与客户的约定处分担保物。
⑤收取客户应当支付的违约金。
⑥客户提取还本付息、支付税费及违约金后的剩余证券和资金。
⑦法律、行政法规和本办法规定的其他情形。

（6）客户交存的担保物价值与其债务的比例，超过证券交易所规定水平的，客户可以按照证券交易所的规定和融资融券合同的约定，提取担保物。

（7）司法机关依法对客户信用证券账户或者信用资金账户记载的权益采取财产保全或者强制执行措施的，证券公司应当处分担保物，实现因向客户融资融券所产生债权，并协助司法机关执行。

名师点拨 证券公司应该与客户约定，其融资融券的期限自客户实际使用资金或证券之日起开始计算，最长不超过6个月，且每次展期的期限不得超过6个月；其融资利率不得低于同期中国人民银行规定的金融机构贷款基准利率。

【例题·组合型选择题】关于《证券公司融资融券试点管理办法》中对债权担保的规定，叙述正确的是（　　）。

Ⅰ．证券公司应当逐日计算客户交存的担保物价值与其所欠债务的比例

Ⅱ．证券公司向客户融资、融券，应当向客户收取一定比例的保证金。保证金只能是货币性质的资金

Ⅲ．保证金比例和可充抵保证金的证券的种类、折算率，最低维持担保比例和客户补交担保物的期限，由证券交易所规定

Ⅳ．客户交存的担保物价值与其债务的比例，超过证券交易所规定水平的，客户可以按照证券交易所的规定和融资融券合同的约定，提取担保物

A．Ⅰ、Ⅱ、Ⅲ
B．Ⅰ、Ⅱ、Ⅳ
C．Ⅰ、Ⅲ、Ⅳ
D．Ⅰ、Ⅱ、Ⅲ、Ⅳ

【解析】本题考查的是融资融券业务形成的债权担保有关规定。根据相关规定，证券公司向客户融资、融券，应当向客户收取一定比例的保证金。保证金可以由证券充抵，因此Ⅱ项说法错误，Ⅰ、Ⅲ、Ⅳ项叙述正确。

【答案】C

七、标的证券、保证金和担保物的管理规定（★★★）

1. 标的证券

（1）按照上海证券交易所的有关实施细则，可作为融资买入标的证券或融券卖出标的证券的有股票、证券投资基金、债券和其他证券。

（2）标的证券为股票的，应当符合如下要求。

①其上市交易应超过3个月。

②融资买入标的股票的流通股本不少于1亿股或流通市值不低于5亿元，融券卖出标的股票的流通股本不少于2亿股或流通市值不低于8亿元。

③股东人数不少于4 000人。

④股票在最近3个月内没有出现下列情形之一。

- 日均换手率低于基准指数日均换手率的15%，且日均成交金额低于5 000万元。
- 日均涨跌幅平均值与基准指数涨跌幅平均值的偏离值超过4%。
- 波动幅度达到基准指数波动幅度的5倍以上。

⑤股票发行公司已完成股权分置改革。

⑥股票交易未被交易所实行特别处理。

⑦上交所规定的其他条件。

（3）标的证券为交易型开放式指数基金的，应当符合如下要求。

①上市交易超过5个交易日。

②最近5个交易日内的日平均资产规模不低于5亿元。

③基金持有户数不少于2 000户。

④上交所规定的其他条件。

（4）标的证券为上市开放式基金的，应当符合如下要求。

①上市交易超过5个交易日。

②最近5个交易日内的日平均资产规模不低于5亿元。

③基金持有户数不少于2 000户。

④基金份额不存在分拆、合并等分级转换情形。

⑤上交所规定的其他条件。

（5）标的证券为债券的，应当符合如下要求。

①债券托管面值在1亿元以上。

②债券剩余期限在1年以上。

③债券信用评级达到AA级（含）以上。

④上交所规定的其他条件。

（6）证券公司向其客户公布的标的证券名单，不得超出交易所公布的标的证券范围。

（7）标的证券暂停交易的，证券公司与其客户可以根据双方约定了结相关融资融券合约。

标的证券暂停交易，且恢复交易日在融资融券债务到期日之后的，融资融券的期限可以顺延，顺延的具体期限由证券公司与其客户自行约定。

（8）证券被调整出标的证券范围的，在调整实施前未了结的融资融券合同仍然有效。证券公司与其客户可以根据双方约定提前了结相关融资融券合约。

根据深交所2015年最新修订的融资融券交易实施细则，其对标的证券的规定与上交所一致。

2. 保证金和担保物

（1）证券公司向客户融资、融券，应当向客户收取一定比例的保证金。保证金可以是上市交易的股票、证券投资基金、债券、货币市场基金、证券公司现金管理产品及交易所认可的其他证券充抵。

（2）可充抵保证金的证券，在计算保证金金额时应当以证券市值或净值按下列折算率进行折算。

①上证180指数成份股股票的折算率最高不超过70%，其他A股股票折算率最高不超过65%；

②交易型开放式指数基金折算率最高不超过90%；

③证券公司现金管理产品、货币市场基金、国债折算率最高不超过95%；

④被实施风险警示、暂停上市或进入退市整理期的A股股票、权证折算率为0%；

⑤其他上市证券投资基金和债券折算率最高不超过80%。

（3）交易所可以根据市场情况调整可充抵保证金证券的名单和折算率。

（4）证券公司公布的可充抵保证金证券的名单，不得超出交易所公布的可充抵保证金证券范围。

证券公司应当根据流动性、波动性等指标对可充抵保证金证券的折算率实行动态化管理与差异化控制。

证券公司公布的可充抵保证金证券的折算率，不得高于交易所规定的标准。

（5）投资者融资买入证券时，**融资保证金比例不得低于50%**。

融资保证金比例是指投资者融资买入时交付的保证金与融资交易金额的比例，计算公式为：**融资保证金比例＝保证金/（融资买入证券数量×买入价格）×100%**。

（6）投资者融券卖出时，融券保证金比例不得低于50%。

融券保证金比例是指投资者融券卖出时交付的保证金与融券交易金额的比例，计算公式为：**融券保证金比例＝保证金/（融券卖出证券数量×卖出价格）×100%**。

（7）投资者融资买入或融券卖出时所使用的保证金不得超过其保证金可用余额。

保证金可用余额是指投资者用于充抵保证金的现金、证券市值及融资融券交易产生的浮盈经折算后形成的保证金总额，减去投资者未了结融资融券交易已占用保证金和相关利息、费用的余额。其计算公式为：保证金可用余额＝现金＋∑（可充抵保证金的证券市值×折算率）＋∑［（融资买入证券市值－融资买入金额）×折算率］＋∑［（融券卖出金额－融券卖出证券市值）×折算率］－∑融券卖出金额－∑融资买入证券金额×融资保证金比例－∑融券卖出证券市值×融券保证金比例－利息及费用。

公式中，融券卖出金额＝融券卖出证券的数量×卖出价格，融券卖出证券市值＝融券卖出证券数量×市价，融券卖出证券数量指融券卖出后尚未偿还的证券数量；∑［（融资买入证券市值－融资买入金额）×折算率］、∑［（融券卖出金额－融券卖出证券市值）×折算率］中的折算率是指融资买入、融券卖出证券对应的折算率，当融资买入证券市值低于融资买入金额或融券卖出证券市值高于融券卖出金额时，折算率按100%计算。

（8）证券公司向客户收取的保证金以及客户融资买入的全部证券和融券卖出所得全部资金，整体作为客户对会员融资融券所生债务的担保物。

（9）证券公司应当对客户提交的担保物进行整体监控，并计算其维持担保比例。维持担保比例是指客户担保物价值与其融资融券债务之间的比例，计算公式为：**维持担保比例＝（现金＋信用证券账户内证券市值总和）/（融资买入金额＋融券卖出证券数量×当前市价＋利息及费用总和）**。

客户信用证券账户内的证券，出现被调出可充抵保证金证券范围、被暂停交易、被实施风险警示等特殊情形或者因权益处理等产生尚未到账的在途证券，会员在计算客户维持担保比例时,可以根据与客户的约定按照公允价格或其他定价方式计算其市值。

(10)客户维持担保比例不得低于130%。当客户维持担保比例低于130%时,会员应当通知客户在约定的期限内追加担保物,客户经会员认可后,可以提交除可充抵保证金证券外的其他证券、不动产、股权等资产。

证券公司可以与客户自行约定追加担保物后的维持担保比例要求。

(11)维持担保比例超过300%时,客户可以提取保证金可用余额中的现金或充抵保证金的证券,但提取后维持担保比例不得低于300%。另有规定的除外。

(12)证券公司公布的融资保证金比例、融券保证金比例及维持担保比例,不得低于交易所规定的标准。

(13)投资者不得将已设定担保或其他第三方权利及被采取查封、冻结等司法强制措施的证券提交为担保物,会员不得向客户借出此类证券。

(14)证券公司应当加强对客户担保物的监控与管理,对客户提交的担保物中单一证券市值占其担保物市值比例进行监控。

客户担保物中单一证券市值占比达到一定比例时,会员应当按照与客户的约定,暂停接受其融资买入该证券的委托或采取其他风险控制措施。

【例题·组合型选择题】上海证券交易所规定,融资融券的标的证券为股票的,应当符合( )。
Ⅰ.股东人数不少于3 000人
Ⅱ.其上市交易应超过3个月
Ⅲ.股票发行公司已完成股权分置改革
Ⅳ.融券卖出标的股票的流通股本不少于2亿股或流通市值不低于8亿元
A.Ⅰ、Ⅲ、Ⅳ
B.Ⅱ、Ⅲ
C.Ⅲ、Ⅳ
D.Ⅱ、Ⅲ、Ⅳ

【解析】本题考查的是标的证券、保证金和担保物的管理规定。按照规定,标的证券为股票的,应当符合如下要求。(1)其上市交易应超过3个月。(2)融资买入标的股票的流通股本不少于1亿股或流通市值不低于5亿元,融券卖出标的股票的流通股本不少于2亿股或流通市值不低于8亿元。(3)股东人数不少于4 000人。(4)股票在最近3个月内没有出现下列情形之一:①日均换手率低于基准指数日均换手率的15%,且日均成交金额低于5 000万元;②日均涨跌幅平均值与基准指数涨跌幅平均值的偏离值超过4%;③波动幅度达到基准指数波动幅度的5倍以上。(5)股票发行公司已完成股权分置改革。(6)股票交易未被交易所实行特别处理。(7)上交所规定的其他条件。

【答案】D

八、融资融券业务涉及证券权益处理规定(★)

(1)证券登记结算机构依据证券公司客户信用交易担保证券账户内的记录,确认证券公司受托持有证券的事实,并以证券公司为名义持有人,登记于证券持有人名册。

(2)对客户信用交易担保证券账户记录的证券,由证券公司以自己的名义,为客户的利益,行使对证券发行人的权利。证券公司行使对证券发行人的权利,应当事先征求客户的意见,并按照其意见办理。

对证券发行人的权利是指请求召开证券持有人会议、参加证券持有人会议、提案、表决、配售股份的认购、请求分配投资收益等因持有证券而产生的权利。

(3)证券登记结算机构受证券发行人委

托以证券形式分派投资收益的,应当将分派的证券记入证券公司客户信用交易担保证券账户内,并相应变更客户信用证券账户的明细数据。

证券登记结算机构受证券发行人委托以现金形式分派投资收益的,应当将分派的资金划入公司信用交易资金交收账户。证券公司应当在资金到账后,通知商业银行对客户信用资金账户的明细数据进行变更。

(4)客户融入证券后、归还证券前,证券发行人分配投资收益、向证券持有人配售或者无偿派发证券、发行证券持有人有优先认购权的证券的,客户应当按照融资融券合同的约定,在偿还债务时,向证券公司支付与所融入证券可得利益相等的证券或者资金。

(5)证券公司通过客户信用交易担保证券账户持有的股票不计入其自有股票,证券公司无须因该账户内股票数量的变动而履行相应的信息报告、披露或者要约收购义务。

客户及其一致行动人通过普通证券账户和信用证券账户合计持有一家上市公司股票及其权益的数量或者其增减变动达到规定的比例时,应当依法履行相应的信息报告、披露或者要约收购义务。

【例题·选择题】下列关于融资融券业务所涉及证券权益处理的说法中,错误的是( )。

A. 证券公司行使对证券发行人的权利,应当事先征求客户的意见,并按照其意见办理

B. 证券登记结算机构受证券发行人委托以现金形式分派投资收益的,应当将分派的资金划入证券公司信用交易证券交收账户

C. 证券公司应当在资金到账后,通知商业银行对客户信用资金账户的明细数据进行变更

D. 证券公司通过客户信用交易担保证券账户持有的股票不计入其自有股票,证券公司无须因该账户内股票数量的变动而履行相应的信息报告、披露或者要约收购义务

【解析】本题考查的是融资融券业务涉及证券权益处理规定。B选项说法错误,证券登记结算机构受证券发行人委托以现金形式分派投资收益的,应当将分派的资金划入证券公司信用交易资金交收账户。A、C、D选项表述正确。

【答案】B

九、监管部门对融资融券业务的监管规定(★★★)

1. 证券交易所的监管

(1)证券交易所应当根据市场发展情况,对融资融券业务保证金比例、标的证券范围、可充抵保证金的证券种类及折算率、最低维持担保比例等进行动态调整,实施逆周期调节。

证券交易所可以对单一证券的市场融资买入量、融券卖出量和担保物持有量占其市场流通量的比例、融券卖出的价格作出限制性规定。

(2)证券交易所应当按照业务规则,采取措施,对融资融券交易的指令进行前端检查,对买卖证券的种类、融券卖出的价格等违反规定的交易指令,予以拒绝。

单一证券的市场融资买入量、融券卖出量或者担保物持有量占其市场流通量的比例达到规定的最高限制比例的,证券交易所可以暂停接受该种证券的融资买入指令或者融券卖出指令。

(3)融资融券交易活动出现异常,已经或者可能危及市场稳定,有必要暂停交易的,证券交易所应当按照业务规则的规定,暂停

部分或者全部证券的融资融券交易并公告。

2. 证券登记结算机构的监管

证券登记结算机构应当按照业务规则，对与融资融券交易有关的证券划转和证券公司信用交易资金交收账户内的资金划转情况进行监督。对违反规定的证券和资金划转指令，予以拒绝；发现异常情况的，应当要求证券公司作出说明，并向证监会及该公司住所地证监会派出机构报告。

3. 融资融券数据信息监控

中国证券金融公司应当按照业务规则，要求证券公司及时、准确、真实、完整报送融资融券业务有关数据信息；对证券公司融资融券数据进行统计分析，编制定期报告和专项报告，报送证监会；监测监控融资融券业务风险，对发现的重大业务风险情况，及时报告证监会。

证券公司融资融券业务涉及的客户信用交易资金应当纳入证券市场交易结算资金监控系统，证券公司、存管银行、登记结算机构等应当按要求向中国证券投资者保护基金公司报送相关数据信息。

4. 商业银行对客户信用资金的监控

负责客户信用资金存管的商业银行应当按照客户信用资金存管协议的约定，对证券公司违反规定的资金划拨指令予以拒绝；发现异常情况的，应当要求证券公司作出说明，并向证监会及该公司住所地证监会派出机构报告。

5. 客户查询及信息公告

（1）证券公司应当按照融资融券合同约定的方式，向客户送交对账单，并为其提供信用证券账户和信用资金账户内数据的查询服务。

证券登记结算机构应当为客户提供其信用证券账户内数据的查询服务。负责客户信用资金存管的商业银行应当按照客户信用资金存管协议的约定，为客户提供其信用资金账户内数据的查询服务。

（2）证券公司应当通过有效的途径，及时告知客户融资、融券的收费标准及其变动情况。

（3）证券公司应当按照证券交易所的规定，在每日收市后向其报告当日客户融资融券交易的有关信息。证券交易所应当对证券公司报送的信息进行汇总、统计，并在次一交易日开市前予以公告。

名师点拨 证券公司应当自每月结束之日起7个交易日内，向中国证监会、注册地证监会派出机构和证券交易所书面报告当月的下列情况。

（1）融资融券业务客户的开户数量。

（2）对全体客户和前10名客户的融资、融券余额。

（3）客户交存的担保物种类和数量。

（4）强制平仓的客户数量、强制平仓的交易金额。

（5）有关风险控制指标值。

（6）融资融券业务盈亏状况。

6. 监管机构的监管

（1）证监会及其派出机构、中国证券业协会、证券交易所、证券登记结算机构、中国证券金融公司依照规定履行证券公司融资融券业务监管、自律或者监测分析职责，可以要求证券公司提供与融资融券业务有关的信息、资料。

（2）证监会派出机构按照辖区监管责任制的要求，依法对证券公司及其分支机构的融资融券业务活动中涉及的客户选择、合同签订、授信额度的确定、担保物的收取和管理、补交担保物的通知，以及处分担保物等事项进行非现场检查和现场检查。

（3）对违反《证券公司融资融券业务管理办法》规定的证券公司或者其分支机构，证监会或者其派出机构可采取责令改正；监管谈话、出具警示函、责令公开说明、责令参加培训、责令定期报告、暂不受理与行政许可有关的文件、暂停部分或者全部业务、撤销业务许可等相关监管措施；依法应予行政处罚的，依照《证券法》《行政处罚法》等法律法规和证监会的有关规定进行处罚；涉嫌犯罪的，依法移送司法机构，追究其刑事责任。

【例题·组合型选择题】证券公司应当自每月结束之日起7个交易日内，向中国证监会、注册地证监会派出机构和证券交易所书面报告当月的情况为（　　）。

Ⅰ．有关风险控制指标值
Ⅱ．融资融券业务盈亏状况
Ⅲ．对全体客户和前10名客户的融资、融券余额
Ⅳ．强制平仓的客户数量、强制平仓的交易金额

A．Ⅰ、Ⅱ、Ⅲ
B．Ⅱ、Ⅲ、Ⅳ
C．Ⅰ、Ⅲ、Ⅳ
D．Ⅰ、Ⅱ、Ⅲ、Ⅳ

【解析】本题考查的是监管部门对融资融券业务的监管规定。按照规定，证券公司应当自每月结束之日起7个交易日内，向中国证监会、注册地证监会派出机构和证券交易所书面报告当月的融资融券业务客户的开户数量和盈亏状况、客户交存的担保物种类和数量、有关风险控制指标值、对全体客户和前10名客户的融资、融券余额以及强制平仓的客户数量、强制平仓的交易金额等。

【答案】D

十、转融通业务规则（★）

转融通业务是指证券金融公司将自有或者依法筹集的资金和证券出借给证券公司，以供其办理融资融券业务的经营活动。

1．专业证券账户

证券金融公司开展转融通业务，应当以自己的名义，在证券登记结算机构分别开立转融通专用证券账户、转融通担保证券账户和转融通证券交收账户。

转融通专用证券账户用于记录证券金融公司持有的拟向证券公司融出的证券和证券公司归还的证券；转融通担保证券账户用于记录证券公司委托证券金融公司持有、担保证券金融公司因向证券公司转融通所产生债权的证券；转融通证券交收账户用于办理证券金融公司与转融通业务有关的证券结算。

2．专用资金账户

证券金融公司开展转融通业务，应当以自己的名义，在商业银行开立转融通专用资金账户，在证券登记结算机构分别开立转融通担保资金账户和转融通资金交收账户。

转融通专用资金账户用于存放证券金融公司拟向证券公司融出的资金及证券公司归还的资金；转融通担保资金账户用于记录证券公司交存的、担保证券金融公司因向证券公司转融通所生债权的资金；转融通资金交收账户用于办理证券金融公司与转融通业务有关的资金结算。

3．客户信用评估

证券金融公司开展转融通业务，应当了解证券公司的基本情况、业务范围、财务状况、违约记录、风险控制能力等，并以书面和电子的方式予以记录和保存。

证券金融公司应当建立客户信用评估机制，对证券公司的信用状况进行评估，并根据评估结果确定和调整对证券公司的授信额度。

4．转融通业务合同规定

证券金融公司开展转融通业务，应当与证券公司签订转融通业务合同，约定转融通

的资金数额、标的证券的种类和数量、期限、费率、保证金的比例、证券权益处理办法、违约责任等事项。

证券金融公司应当制定转融通业务合同标准格式，报证监会备案。

5. 转融通期限

证券金融公司向证券公司转融通的期限不得超过6个月。转融通的期限，自资金或者证券实际交付之日起算。

证券金融公司可以与证券公司对转融通标的证券暂停交易、终止交易和其他特殊情形下转融通期限的顺延或者缩短作出约定。

6. 证券公司转融通担保账户

证券金融公司与证券公司签订转融通业务合同后，应当根据证券公司的申请，以证券公司的名义，为其开立转融通担保证券明细账户和转融通担保资金明细账户。

转融通担保证券明细账户是转融通担保证券账户的二级账户，用于记载证券公司委托证券金融公司持有的担保证券的明细数据。转融通担保资金明细账户是转融通担保资金账户的二级账户，用于记载证券公司交存的担保资金的明细数据。

证券金融公司可以委托证券登记结算机构根据清算、交收结果等，对证券公司转融通担保证券明细账户和转融通担保资金明细账户内的数据进行变更。

7. 转融通业务保证金

（1）证券金融公司开展转融通业务，应当向证券公司收取一定比例的保证金。保证金可以证券充抵，但货币资金占应收保证金的比例不得低于15%。

证券金融公司应当确定并公布可充抵保证金证券的种类和折算率。

证券金融公司可以与证券登记结算机构签订合同，委托证券登记结算机构代为管理保证金。

> **【例题·选择题】** 证券金融公司开展转融通业务，应当向证券公司收取一定比例的保证金。保证金可以证券充抵，但货币资金占应收保证金的比例不得低于（　）。
> A. 10%　　　　B. 15%
> C. 20%　　　　D. 30%
>
> **【解析】**《转融通业务监督管理办法》第二十条规定，证券金融公司开展转融通业务，应当向证券公司收取一定比例的保证金。保证金可以证券充抵，但货币资金占应收保证金的比例不得低于15%。
>
> **【答案】** B

（2）证券金融公司应当按照国家宏观政策，根据市场状况和风险控制需要，确定和调整转融通费率和保证金的比例。

（3）证券公司向证券金融公司交存保证金，采取设立信托的方式。保证金中的证券应当记入转融通担保证券账户，保证金中的资金应当记入转融通担保资金账户。

（4）证券金融公司应当逐日计算证券公司交存的保证金价值与其所欠债务的比例。当该比例低于约定的维持保证金比例时，应当通知证券公司在一定的期限内补交差额，直至达到约定的初始保证金比例。

证券公司违约的，证券金融公司可以按照约定处分保证金，以实现对证券公司的债权；处分保证金不足以完全实现对证券公司的债权的，证券金融公司应当依法向证券公司追偿。

经证券公司书面同意，证券金融公司可以有偿使用证券公司交存的保证金。证券金融公司使用保证金的用途、期限、对价等具体事项，由双方通过转融通业务合同约定。

8. 转融通互保基金

证券金融公司可以根据化解证券公司违约风险的需要，建立转融通互保基金。转融通互保基金的管理办法，由证券金融公司制定，经证监会批准后实施。

9. 暂停转融通业务

市场交易活动出现异常，已经或者可能危及市场稳定，有必要暂停转融通业务的，证券金融公司可以按照业务规则和合同约定，暂停全部或者部分转融通业务并公告。

10. 证券和资金的划转

证券登记结算机构根据证券账户和资金账户持有人发出或者认可的指令，办理转融通业务涉及的证券和资金的划转。

11. 协助司法处理

司法机关依法对证券公司转融通担保证券明细账户或者转融通担保资金明细账户记载的权益采取财产保全或者强制执行措施的，证券金融公司应当处分保证金，在实现因向证券公司转融通所生债权后，协助司法机关执行。

十一、监管部门对转融通业务的监督管理规定（★★）

1. 转融通业务规则

证券金融公司应当依照本办法的规定制定转融通业务规则，明确账户管理、授信管理、标的证券管理、保证金管理、费率管理、信息披露等事项，经证监会批准后实施。

2. 转融通信息公告

证券金融公司应当在每个交易日公布以下转融通信息。

（1）转融资余额。
（2）转融券余额。
（3）转融通成交数据。
（4）转融通费率。

3. 转融通风险控制

（1）证券金融公司应当建立合规管理机制，保证公司的经营管理及工作人员的执业行为合法合规。

（2）证券金融公司应当建立风险控制机制，有效识别、评估、控制公司经营管理中的各类风险。

（3）证券金融公司应当遵守以下风险控制指标规定。

①净资本与各项风险资本准备之和的比例不得低于100%。

②对单一证券公司转融通的余额，不得超过证券金融公司净资本的50%。

③融出的每种证券余额不得超过该证券上市可流通市值的10%。

④充抵保证金的每种证券余额不得超过该证券总市值的15%。

证券金融公司净资本、风险资本准备的计算，参照证监会对证券公司的有关规定执行。证监会另有规定的除外。

（4）证券金融公司不得为他人的债务提供担保。

（5）证券金融公司应当每年按照税后利润的10%提取风险准备金。证监会可以根据防范证券金融公司风险的需要，对提取比例进行调整。

4. 资金用途

证券金融公司的资金，除用于履行本办法规定职责和维持公司正常运转外，只能用于以下用途。

①银行存款。
②购买国债、证券投资基金份额等经证监会认可的高流动性金融产品。
③购置自用不动产。
④证监会认可的其他用途。

5. 信息系统安全管理

证券金融公司应当建立信息系统安全管理机制，保障公司信息系统安全、稳定运行。

6. 业务报告与监控

（1）证券金融公司应当自每一会计年度结束之日起4个月内，向证监会报送年度报告。

年度报告应当包含按照规定编制并经具有证券相关业务资格的会计师事务所审计的财务会计报告。

证券金融公司应当自每月结束之日起7个工作日内，向证监会报送月度报告。月度报告应当包含各项风险控制指标和转融通业务专项报表，以及证监会要求报送的其他信息。

（2）发生影响或者可能影响公司经营管理的重大事件的，证券金融公司应当立即向证监会报送临时报告，说明事件的起因、目前的状态、可能产生的后果和应对措施。

7．信息与资料管理

（1）证券金融公司为履行监控证券公司融资融券业务运行情况的职责，可以制定证券公司融资融券业务监控规则，经证监会批准后实施。

证券公司应当按照规定向证券金融公司报送融资融券的相关数据。证券公司报送的数据应当真实、准确、完整。

证券交易所、证券登记结算机构、证券金融公司应当建立融资融券信息共享机制。

（2）证券金融公司及其工作人员应当对因履行职责而获悉的信息保密。法律、行政法规和本办法另有规定的除外。

（3）证券金融公司应当妥善保存履行本办法规定职责所形成的各类文件、资料，保存期限不少于20年。

8．监管与处罚

证监会为履行监督管理职责，可以要求证券金融公司及其工作人员提供有关信息、资料，并对公司进行现场检查。

证券金融公司或者证券公司违反《转融通业务监督管理试行办法》规定的，由证监会视具体情形，采取责令改正、出具警示函、责令公开说明、责令定期报告等监管措施；应当给予行政处罚的，由证监会对公司及其有关责任人员单处或者并处警告、罚款。

【例题·选择题】在转融通业务中，证券金融公司应当妥善保存履行本办法规定职责所形成的各类文件、资料，期限不得少于（　　）年。
A．5　　　　B．10
C．15　　　 D．20
【解析】按照规定，证券金融公司应当妥善保存履行本办法规定职责所形成的各类文件、资料，期限不得少于20年。
【答案】D

十二、代销金融产品适当性原则（★★）

代销金融产品是指接受金融产品发行人的委托，为其销售金融产品或者介绍金融产品购买的行为。

证券公司代销金融产品应当遵守法律、行政法规和中国证监会的规定，遵循平等、自愿、公平、诚实信用和适当性原则，避免利益冲突，不得损害客户合法权益。

证券公司代销金融产品应当建立委托人资格审查、金融产品尽职调查与风险评估、销售适当性管理等制度。

证券公司向客户推介金融产品应当了解客户的身份、财产和收入状况、金融知识和投资经验、投资目标、风险偏好等基本情况，评估其购买金融产品的适当性。

证券公司认为客户购买金融产品不适当或者无法判断适当性的，不得向其推介；客户主动要求购买的，证券公司应当将判断结论书面告知客户，提示其审慎决策，并由客户签字确认。委托人明确约定购买人范围的，证券公司不得超出委托人确定的购买人范围销售金融产品。

十三、代销金融产品的规范和禁止行为（★★）

证券公司代销金融产品，应当建立委托人资格审查、金融产品尽职调查与风险评估、销售适当性管理制度。

证券公司应当对代销金融产品业务实行集中统一管理，明确内设部门和分支机构在代销金融产品业务中的职责。禁止证券公司分支机构擅自代销金融产品。

证券公司代销金融产品，不得有下列行为。

（1）采取夸大宣传、虚假宣传等方式误导客户购买金融产品。

（2）采取抽奖、回扣、赠送实物等方式诱导客户购买金融产品。

（3）与客户分享投资收益、分担投资损失。

（4）使用除证券公司客户交易结算资金专用存款账户外的其他账户，代委托人接收客户购买金融产品的资金。

（5）其他可能损害客户合法权益的行为。

证券公司从事代销金融产品活动的人员不得接受委托人给予的财物或其他利益。

十四、违反代销金融产品有关规定的法律责任（★★★）

（1）证券公司有下列情形之一的，依照《证券法》第一百九十八条的规定处罚。

①聘任不具有任职资格的人员担任境内分支机构的负责人。

②未按照国务院证券监督管理机构依法作出的决定，解除不再具备任职资格条件的董事、监事、高级管理人员、境内分支机构负责人的职务。

（2）证券公司从事证券经纪业务，客户资金不足而接受其买入委托，或者客户证券不足而接受其卖出委托的，依照《证券法》第二百〇五条的规定处罚。

（3）证券公司将客户的资金账户、证券账户提供给他人使用的，依照《证券法》第二百〇八条的规定处罚。

（4）证券公司诱使客户进行不必要的证券交易，或者从事证券资产管理业务时，使用客户资产进行不必要的证券交易的，依照《证券法》第二百一十条的规定处罚。

（5）证券公司有下列情形之一的，依照《证券法》第二百一十九条的规定处罚。

①证券公司或者其境内分支机构超出国务院证券监督管理机构批准的范围经营业务。

②未经批准，用多个客户的资产进行集合投资，或者将客户资产专项投资于特定目标产品。

（6）证券公司在证券自营账户与证券资产管理账户之间或者不同的证券资产管理账户之间进行交易，且无充分证据证明已依法实现有效隔离的，依照《证券法》第二百二十条的规定处罚。

（7）证券公司违反本条例的规定，有下列情形之一的，责令改正，给予警告，没收违法所得，并处以违法所得1倍以上5倍以下的罚款；没有违法所得或者违法所得不足3万元的，处以3万元以上30万元以下的罚款。对直接负责的主管人员和其他直接责任人员单处或者并处警告、3万元以上10万元以下的罚款；情节严重的，撤销任职资格或者证券从业资格。

①未按照规定对离任的法定代表人或者高级管理人员进行审计，并报送审计报告。

②与他人合资、合作经营管理分支机构，或者将分支机构承包、租赁或者委托给他人经营管理。

③未按照规定将证券自营账户或者证券资产管理客户的证券账户报证券交易所备案。

④未按照规定程序了解客户的身份、财产与收入状况、证券投资经验和风险偏好。

⑤推荐的产品或者服务与所了解的客户情况不相适应。

⑥未按照规定指定专人向客户讲解有关业务规则和合同内容，并以书面方式向其揭示投资风险。

⑦未按照规定与客户签订业务合同，或者未在与客户签订的业务合同中载入规定的必备条款。

⑧未按照规定编制并向客户送交对账单，或者未按照规定建立并有效执行信息查询制度。

⑨未按照规定指定专门部门处理客户投诉。

⑩未按照规定提取一般风险准备金。

⑪未按照规定存放、管理客户的交易结算资金、委托资金和客户担保账户内的资金、证券。

⑫聘请、解聘会计师事务所，未按照规定向国务院证券监督管理机构备案，解聘会计师事务所未说明理由。

（8）违反本条例的规定，有下列情形之一的，责令改正，给予警告，没收违法所得，并处以违法所得1倍以上5倍以下的罚款；没有违法所得或者违法所得不足10万元的，处以10万元以上60万元以下的罚款；情节严重的，撤销相关业务许可。对直接负责的主管人员和其他直接责任人员给予警告，撤销任职资格或者证券从业资格，并处以3万元以上30万元以下的罚款。

①未经批准，委托他人或者接受他人委托持有或者管理证券公司的股权，或者认购、受让或者实际控制证券公司的股权。

②证券公司股东、实际控制人强令、指使、协助、接受证券公司以证券经纪客户或者证券资产管理客户的资产提供融资或者担保。

③证券公司、资产托管机构、证券登记结算机构违反规定动用客户的交易结算资金、委托资金和客户担保账户内的资金、证券。

④资产托管机构、证券登记结算机构对违反规定动用委托资金和客户担保账户内的资金、证券的申请、指令予以同意、执行。

⑤资产托管机构、证券登记结算机构发现委托资金和客户担保账户内的资金、证券被违法动用而未向国务院证券监督管理机构报告。

（9）证券公司未按规定为客户开立账户的，责令改正；情节严重的，处以20万元以上50万元以下的罚款，并对直接负责的董事、高级管理人员和其他直接责任人员，处以1万元以上5万元以下的罚款。

（10）指定商业银行有下列情形之一的，由国务院证券监督管理机构责令改正，给予警告，没收违法所得，并处以违法所得1倍以上5倍以下的罚款；没有违法所得或者违法所得不足10万元的，处以10万元以上60万元以下的罚款。对直接负责的主管人员和其他直接责任人员给予警告，并处以3万元以上30万元以下的罚款。

①违反规定动用客户的交易结算资金。

②对违反规定动用客户的交易结算资金的申请、指令予以同意或者执行。

③发现客户的交易结算资金被违法动用而未向国务院证券监督管理机构报告。

指定商业银行有前款规定的行为，情节严重的，由国务院证券监督管理机构会同国务院银行业监督管理机构责令其暂停或者终止客户的交易结算资金存管业务；对直接负责的主管人员和其他直接责任人员，国务院证券监督管理机构可以建议国务院银行业监督管理机构依法处罚。

（11）违反本条例的规定，有下列情形之一的，责令改正，给予警告，并处以3万元以上20万元以下的罚款；对直接负责的主管人员和其他直接责任人员，给予警告，可以处以3万元以下的罚款。

①证券公司未按照本条例第六十六条的规定公开披露信息，或者公开披露的信息中

有虚假记载、误导性陈述或者重大遗漏。

②证券公司控股或者实际控制的企业、资产托管机构、证券服务机构未按规定向国务院证券监督管理机构报送、提供有关信息、资料，或者报送、提供的信息、资料中有虚假记载、误导性陈述或者重大遗漏。

（12）违反本条例的规定，有下列情形之一的，责令改正，给予警告，没收违法所得，并处以违法所得等值罚款；没有违法所得或者违法所得不足3万元的，处以3万元以下的罚款；情节严重的，撤销任职资格或者证券从业资格。

①合规负责人未按规定向国务院证券监督管理机构或者有关自律组织报告违法违规行为。

②证券经纪人从事业务未向客户出示证券经纪人证书。

③证券经纪人同时接受多家证券公司的委托，进行客户招揽、客户服务等活动。

④证券经纪人接受客户的委托，为客户办理证券认购、交易等事项。

（13）证券公司违反规定收取费用的，由有关主管部门依法给予处罚。

十五、证券公司中间介绍业务的业务范围（★★）

证券公司受期货公司委托从事介绍业务，应当提供下列服务。

（1）协助办理开户手续。

（2）提供期货行情信息、交易设施。

（3）中国证监会规定的其他服务。

证券公司不得代理客户进行期货交易、结算或者交割，不得代期货公司、客户收付期货保证金，不得利用证券资金账户为客户存取、划转期货保证金。

证券公司中间业务是指证券公司接受期货公司委托，为期货公司介绍客户参与期货交易并提供其他相关服务的业务活动。

【例题·组合型选择题】证券公司受期货公司委托从事介绍业务时，提供的服务为（　　）。
Ⅰ．代理客户进行期货结算
Ⅱ．协助办理开户手续
Ⅲ．提供期货行情信息
Ⅳ．提供交易设施
A．Ⅱ、Ⅲ、Ⅳ
B．Ⅰ、Ⅲ、Ⅳ
C．Ⅲ、Ⅳ
D．Ⅰ、Ⅱ、Ⅲ、Ⅳ
【解析】本题考查的是证券公司中间介绍业务的业务范围。证券公司受期货公司委托从事介绍业务，可以提供的服务包括：协助办理开户手续，期货行情信息、交易设施，以及中国证监会规定的其他服务。证券公司不得代理客户进行期货交易、结算或者交割。因此，本题答案是A选项。
【答案】A

十六、证券公司开展中间介绍业务的有关规定（★★★）

1. 资格条件

证券公司申请介绍业务资格，应当符合下列条件。

（1）申请日前6个月各项风险控制指标符合规定标准。

（2）已按规定建立客户交易结算资金第三方存管制度。

（3）全资拥有或者控股一家期货公司，或者与一家期货公司被同一机构控制，且该期货公司具有实行会员分级结算制度期货交易所的会员资格、申请日前2个月的风险监管指标持续符合规定的标准。

（4）配备必要的业务人员，公司总部至少有5名、拟开展介绍业务的营业部至少有2名具有期货从业人员资格的业务人员。

（5）已按规定建立健全与介绍业务相关的业务规则、内部控制、风险隔离及合规检查等制度。

（6）具有满足业务需要的技术系统。

（7）中国证监会根据市场发展情况和审慎监管原则规定的其他条件。

上述风险控制指标标准是指：

（1）净资本不低于12亿元。

（2）流动资产余额不低于流动负债余额（不包括客户交易结算资金和客户委托管理资金）的150%。

（3）对外担保及其他形式的或有负债之和不高于净资产的10%，但因证券公司发债提供的反担保除外。

（4）净资本不低于净资产的70%。

【例题·选择题】证券公司从事中间介绍业务，应当取得（　　）资格。

A. 代理交易　　B. 介绍业务
C. 投资咨询　　D. 结算业务

【解析】本题考查的是证券公司开展中间介绍业务的有关规定。按照规定证券公司从事中间介绍业务，应当取得介绍业务资格。

【答案】B

2. 签订书面委托协议

证券公司从事介绍业务，应当与期货公司签订书面委托协议。委托协议应当载明下列事项。

（1）介绍业务的范围。

（2）执行期货保证金安全存管制度的措施。

（3）介绍业务对接规则。

（4）客户投诉的接待处理方式。

（5）报酬支付及相关费用的分担方式。

（6）违约责任。

（7）中国证监会规定的其他事项。

双方可以在委托协议中约定前款规定以外的其他事项，但不得违反法律、行政法规和本办法的规定，不得损害客户的合法权益。证券公司按照委托协议对期货公司承担介绍业务受托责任。基于期货经纪合同的责任由期货公司直接对客户承担。

证券公司与期货公司签订、变更或者终止委托协议的，双方应当在5个工作日内报各自所在地的中国证监会派出机构备案。

【例题·组合型选择题】根据《证券公司为期货公司提供中间介绍业务试行办法》证券公司从事介绍业务时与期货公司签订的书面委托协议应当载明的事项为（　　）。

Ⅰ. 客户投诉的接待处理方式
Ⅱ. 介绍业务的范围和对接规则
Ⅲ. 报酬支付及相关费用的分担方式
Ⅳ. 执行期货保证金安全存管制度的措施

A. Ⅱ、Ⅲ、Ⅳ
B. Ⅰ、Ⅲ、Ⅳ
C. Ⅲ、Ⅳ
D. Ⅰ、Ⅱ、Ⅲ、Ⅳ

【解析】本题考查的是证券公司从事介绍业务，应当与期货公司签订书面委托协议的有关规定。证券公司从事介绍业务，应当与期货公司签订书面委托协议，委托协议应当载明的事项：介绍业务的范围和对接规则；客户投诉的接待处理方式；执行期货保证金安全存管制度的措施；报酬支付及相关费用的分担方式；违约责任以及中国证监会规定的其他事项。因此，本题答案是D选项。

【答案】D

3. 业务规则

（1）证券公司只能接受其全资拥有或者控股的，或者被同一机构控制的期货公司的委托从事介绍业务，不能接受其他期货公司的委托从事介绍业务。

（2）证券公司应当按照合规、审慎经营的原则，制定并有效执行介绍业务规则、内部控制、合规检查等制度，确保有效防范和隔离介绍业务与其他业务的风险。

（3）期货公司与证券公司应当建立介绍业务的对接规则，明确办理开户、行情和交易系统的安装维护、客户投诉的接待处理等业务的协作程序和规则。

（4）证券公司与期货公司应当独立经营，保持财务、人员、经营场所等分开隔离。

（5）证券公司应当根据内部控制和风险隔离制度的规定，指定有关负责人和有关部门负责介绍业务的经营管理。

> **名师点拨** 证券公司应当配备足够的具有期货从业人员资格的业务人员，不得任用不具有期货从业人员资格的业务人员从事介绍业务。证券公司从事介绍业务的工作人员不得进行期货交易。

（6）证券公司应当在其经营场所显著位置或者网站，公布下列信息。

①受托从事的业务范围。

②从事介绍业务的管理人员和业务人员的名单和照片。

③期货公司期货保证金账户信息、期货保证金安全存管方式。

④客户开户和交易流程、出入金流程。

⑤交易阶段结果查询方式。

⑥中国证监会规定的其他信息。

中国证监会及其派出机构可以根据审慎监管原则，要求证券公司调整相关信息的公告方式。

（7）证券公司应当建立完备的协助开户制度，对客户的开户资料和身份真实性等进行审查，向客户充分揭示期货交易风险，解释期货公司、客户、证券公司三者之间的权利义务关系，告知期货保证金安全存管要求。

证券公司应当及时将客户开户资料提交期货公司，期货公司应当复核后与客户签订期货经纪合同，办理开户手续。

（8）证券公司介绍其控股股东、实际控制人等开户的，证券公司应当将其期货账户信息报所在地中国证监会派出机构备案，并按照中国证监会的规定履行信息披露义务。

（9）期货、现货市场行情发生重大变化或者客户可能出现风险时，证券公司及其营业部可以协助期货公司向客户提示风险。

（10）证券公司应当协助维护期货交易系统的稳定运行，保证期货交易数据传送的安全和独立。

（11）证券公司应当在营业场所妥善保存有关介绍业务的凭证、单据、账簿、报表、合同、数据信息等资料。证券公司保存上述文件资料的期限不得少于5年。

（12）证券公司应当建立并有效执行介绍业务的合规检查制度。证券公司应当定期对介绍业务规则、内部控制、风险隔离等制度的执行情况和营业部介绍业务的开展情况进行检查，每半年向中国证监会派出机构报送合规检查报告。发生重大事项的，证券公司应当在2个工作日内向所在地中国证监会派出机构报告。

> 【例题·组合型选择题】下列关于证券公司介绍业务规则的描述正确的为（　　）。
> Ⅰ. 证券公司可以任用有证券从业人员资格但不具有期货从业人员资格的业务人员从事介绍业务
> Ⅱ. 证券公司应当按照合规、审慎经营的原则，制定并有效执行介绍业务规则、内部控制、合规检查等制度

> Ⅲ．证券公司应当根据内部控制和风险隔离制度的规定，指定有关负责人和有关部门负责介绍业务的经营管理
> Ⅳ．期货公司与证券公司应当建立介绍业务的对接规则，明确办理开户、行情和交易系统的安装维护、客户投诉的接待处理等业务的协作程序和规则
> A．Ⅱ、Ⅲ、Ⅳ
> B．Ⅰ、Ⅲ、Ⅳ
> C．Ⅲ、Ⅳ
> D．Ⅰ、Ⅱ、Ⅲ、Ⅳ
>
> 【解析】本题考查的是证券公司介绍业务规则的有关规定。根据证券公司介绍业务规则的相关规定，证券公司应当配备足够的具有期货从业人员资格的业务人员，不得任用不具有期货从业人员资格的业务人员从事介绍业务，故选项"Ⅰ"的叙述错误，Ⅱ、Ⅲ、Ⅳ的叙述正确。因此，本题答案是A选项。
> 【答案】A

十七、中间介绍业务的禁止行为（★★★）

（1）证券公司应当配备足够的具有期货从业人员资格的业务人员，不得任用不具有期货从业人员资格的业务人员从事介绍业务。证券公司从事介绍业务的工作人员不得进行期货交易。

（2）证券公司为期货公司介绍客户时，应当向客户明示其与期货公司的介绍业务委托关系，解释期货交易的方式、流程及风险，不得作获利保证、共担风险等承诺，不得虚假宣传，误导客户。

（3）证券公司不得代客户下达交易指令，不得利用客户的交易编码、资金账号或者期货结算账户进行期货交易，不得代客户接收、保管或者修改交易密码。

（4）证券公司不得直接或者间接为客户从事期货交易提供融资或者担保。

> 【例题·组合型选择题】证券公司中间介绍业务的禁止行为有（　　）。
> Ⅰ．证券公司不得代客户下达交易指令
> Ⅱ．不得代客户接收、保管或者修改交易密码
> Ⅲ．证券公司不得直接或者间接为客户从事期货交易提供融资或者担保
> Ⅳ．不得利用客户的交易编码、资金账号或者期货结算账户进行期货交易
> A．Ⅱ、Ⅲ、Ⅳ
> B．Ⅰ、Ⅲ、Ⅳ
> C．Ⅲ、Ⅳ
> D．Ⅰ、Ⅱ、Ⅲ、Ⅳ
>
> 【解析】本题考查的是中间介绍业务的禁止行为。证券公司中间介绍业务的禁止行为包括：证券公司不得代客户下达交易指令；不得利用客户的交易编码、资金账号或者期货结算账户进行期货交易；不得代客户接收、保管或者修改交易密码；证券公司不得直接或者间接为客户从事期货交易提供融资或者担保。因此，本题答案是D选项。
> 【答案】D

十八、中间介绍业务的监管要求（★★）

（1）中国证监会及其派出机构按照审慎监管原则，对证券公司从事的介绍业务进行现场检查和非现场检查。

（2）证券公司应当按照中国证监会的规定披露介绍业务的相关信息，报送介绍业务的相关文件、资料及数据信息。

（3）证券公司取得介绍业务资格后不符合规定条件的，中国证监会及其派出机构责令其限期整改；经限期整改仍不符合条件的，

中国证监会依法撤销其介绍业务资格。

（4）证券公司违反业务规则的，中国证监会及其派出机构可以采取责令限期整改、监管谈话、出具警示函等监管措施；逾期未改正，其行为可能危及期货公司的稳健运行、损害客户合法权益的，中国证监会可以责令期货公司终止与该证券公司的介绍业务关系。

（5）证券公司因其他业务涉嫌违法违规或者出现重大风险被暂停、限制业务或者撤销业务资格的，中国证监会可以责令期货公司终止与该证券公司的介绍业务关系。

（6）证券公司有下列行为之一的，按照《期货交易管理条例》第七十条进行处罚。

①未经许可擅自开展介绍业务。
②对客户未充分揭示期货交易风险，进行虚假宣传，误导客户。
③代理客户进行期货交易、结算或者交割。
④收付、存取或者划转期货保证金。
⑤为客户从事期货交易提供融资或者担保。
⑥未按规定审查客户的开户资料和身份真实性。
⑦代客户下达交易指令。
⑧利用客户的交易编码、资金账号或者期货结算账户进行期货交易。
⑨未将介绍业务与其他经营业务分开或者有效隔离。
⑩未将财务、人员、经营场所与期货公司分开隔离。
⑪拒绝、阻碍中国证监会及其派出机构依法履行职责。

《期货交易管理条例》第七十条：期货交易内幕信息的知情人或者非法获取期货交易内幕信息的人，在对期货交易价格有重大影响的信息尚未公开前，利用内幕信息从事期货交易，或者向他人泄露内幕信息，使他人利用内幕信息进行期货交易的，没收违法所得，并处违法所得1倍以上5倍以下的罚款；没有违法所得或者违法所得不满10万元的，处10万元以上50万元以下的罚款。单位从事内幕交易的，还应当对直接负责的主管人员和其他直接责任人员给予警告，并处3万元以上30万元以下的罚款。

【例题·组合型选择题】中国证监会及其派出机构按照审慎监管原则，对证券公司从事的介绍业务进行（　　）。
Ⅰ．现场检查
Ⅱ．非现场检查
Ⅲ．抽样调查
Ⅳ．全面检查
A．Ⅰ、Ⅱ　　B．Ⅰ、Ⅲ
C．Ⅱ、Ⅲ　　D．Ⅲ、Ⅳ
【解析】本题考查的是中间介绍业务的监管要求。中国证监会及其派出机构按照审慎监管原则，对证券公司从事的介绍业务进行现场检查和非现场检查。
【答案】A

十九、股票质押回购、约定式购回业务、报价回购、直接投资、证券公司参与区域性股权交易市场相关规则（★★）

1. 股票质押回购

（1）股票质押回购概念。

股票质押回购是指符合条件的资金融入方（以下简称"融入方"）以所持有的股票或其他证券质押，向符合条件的资金融出方（以下简称"融出方"）融入资金，并约定在未来返还资金、解除质押的交易。

（2）质押规则。

证券公司根据融入方和融出方的委托向深圳/上海证券交易所股票质押回购交易系

统(以下简称"交易系统")进行交易申报。交易系统对交易申报按相关规则予以确认,并将成交结果发送中国结算上海分公司。中国结算深圳\上海分公司依据深圳\上海证券交易所确认的成交结果为股票质押回购提供相应的证券质押登记和清算交收等业务处理服务。

证券公司应当建立健全股票质押回购风险控制机制,根据相关规定和自身风险承受能力确定业务规模。上海证券交易所据此对其交易规模进行前端控制。

融入方、融出方、证券公司各方根据相关法律法规、部门规章及《股票质押式回购交易及登记结算业务办法》的规定,签署《股票质押回购交易业务协议》(以下简称《业务协议》)。

证券公司代理进行股票质押回购交易申报的,应当依据所签署的《业务协议》,基于交易双方的真实委托进行。未经委托进行虚假交易申报,或者擅自伪造、篡改交易委托进行申报的,证券公司应承担全部法律责任,并赔偿由此造成的损失。

深圳\上海证券交易所及中国深圳\上海结算分公司对《业务协议》的内容及效力进行审查。融入方、融出方、证券公司之间的纠纷,不影响深圳\上海证券交易所依据《股票质押式回购交易及登记结算业务办法》确认的成交结果,亦不影响中国结算深圳\上海分公司依据证券交易所确认的成交结果已经办理或正在办理的证券质押登记及清算交收等业务。

股票质押回购的标的证券为交易所上市交易的A股股票或其他经交易所和中国结算认可的证券。

股票质押回购的回购期限不超过3年。

(3)交易时间。

股票质押回购的交易时间为每个交易日的(深圳)9:15~11:30、13:00~15:30;(上海)9:30~11:30、13:00~15:00。

(4)申报类型。

股票质押回购的申报类型包括初始交易申报、购回交易申报、补充质押申报、部分解除质押申报。

①初始交易申报是指融入方按约定将所持标的证券质押,向融出方融入资金的交易申报。

②购回交易申报是指融入方按约定返还资金、解除标的证券及相应孳息质押登记的交易申报,包括到期购回申报、提前购回申报和延期购回申报。

③补充质押申报是指融入方按约定补充提交标的证券进行质押登记的交易申报。

④部分解除质押申报是指融出方解除部分标的证券或其孳息质押登记的交易申报。

(5)申报与成交。

证券公司根据融入方、融出方的委托向交易所申报,由交易所系统及时确认成交,并发送成交回报。

(6)股票质押回购业务中的异常情况。

融入方、融出方、证券公司应当约定待购回期间或购回交易日发生异常情况的处理方式,并在异常情况发生时由证券公司及时向交易所报告。异常情况包括以下几类。

①质押标的证券、证券账户或资金账户被司法机关冻结或强制执行。

②质押标的证券被作出终止上市决定。

③计划资产管理计划提前终止。

④证券公司被暂停或终止股票质押回购交易权限。

⑤证券公司进入风险处置或破产程序。

⑥交易所认定的其他情形。

(7)发生异常情况的处理措施。

发生异常情况的,交易各方可按《业务协议》约定的以下方式处理。

①提前购回。

②延期购回。

③终止购回。

④交易所认可的其他约定方式。

【例题·选择题】一般情况下，股票质押回购的回购期限不超过（　　）年。
A. 1　　　　B. 2
C. 3　　　　D. 5
【解析】本题考查的是股票质押回购相关内容。按照规定，股票质押回购的回购期限不超过3年。
【答案】C

2. 约定式购回业务

（1）约定式购回的概念。

约定购回式证券交易是指符合条件的客户以约定价格向指定交易的证券公司卖出证券，并约定在未来某一日期客户按照另一约定价格从证券公司购回标的证券，除指定情形外，待购回期间的证券所产生的相关权益于权益登记日划转给客户的交易行为。

（2）约定式购回相关规则。

证券公司应当建立健全约定购回式证券交易风险控制机制，根据相关规定和自身风险承受能力确定业务规模。

应当按照《约定购回式证券交易及登记结算业务办法》的规定和与客户的协议约定向深圳\上海证券交易所交易系统进行申报，由深圳\上海证券交易所交易系统予以确认。中国结算深圳\上海分公司依据深圳\上海证券交易所确认的成交结果为约定购回式证券交易提供证券登记和资金划付服务。

证券公司与客户进行约定购回式证券交易，应当基于客户的真实委托进行交易申报。未经客户委托进行交易申报的，证券公司应承担全部法律责任，并赔偿由此给客户造成的损失。证券公司与客户之间的纠纷，不影响中国结算深圳\上海分公司依据深圳\上海证券交易所成交结果已经办理或正在办理的证券登记和资金划付等业务。

约定回购式证券交易的回购期限不超过1年。

约定回购式证券交易延后总的购回期限一般不超过1年。

（3）交易品种。

①约定购回式证券交易的标的证券为交易所上市的股票、基金和债券。

②非流通股、限销流通股、B股和个人持有的解除限售存量股及持有该存量股的账户通过二级市场买入的该品种流通股等证券不得用于约定购回式证券交易。

（4）交易时间。

约定购回式证券交易的交易时间为每个交易日的（深圳）9:15～11:30、13:00～15:30；（上海）9:30～11:30、13:00～15:00。

（5）申报与成交。

证券公司根据交易协议书提交双方的交易申报，由交易所系统进行确认成交，并发送成交回报。

上海、深圳证券交易所的规定大同小异，主要在交易时间上有差异。

【例题·选择题】约定购回式证券交易的购回期限不超过（　　）年。
A. 0.5　　　　B. 1
C. 2　　　　D. 3
【解析】按照规定，约定购回式证券交易的购回期限不超过1年。
【答案】B

3. 报价回购

（1）报价回购的概念。

债券质押式报价回购（以下简称"报价回购"）是指证券公司将符合规定的自有资产作为质押物，以质押券折算后的标准总额为融资额度，向其指定交易客户以证券公司报价、客户接受报价的方式融入资金，在约定的购回日客户收回融出资金并获得相应收益的交易。

（2）报价回购相关规则。

可用作报价回购质押券的债券品种与上

海证券交易所债券质押式回购的债券品种相同。标准券折算率适用《标准券折算率管理办法》发布的债券质押式回购标准券折算率。

证券公司应当建立健全报价回购证券交易风险控制机制，根据相关法律法规、部门规章和自身风险承受能力，合理确定和控制报价回购业务规模，并向上海证券交易所报备。上海证券交易所对证券公司的报价回购业务规模实行总量控制。

证券公司应当按照规定的格式向上交所综合业务平台的报价回购交易系统（以下简称"交易系统"）申报本公司的报价，并代客户申报接受报价的委托，交易系统对双方的申报按相关规则予以成交确认，并将成交结果发送中国结算上海分公司。中国结算上海分公司依据上海证券交易所确认的成交结果为报价回购的初始交易与购回交易提供相应登记结算服务。

证券公司应遵循诚实信用原则，如实向上海证券交易所交易系统申报其与客户已经达成的真实交易意向，不得擅自伪造、篡改、或进行虚假申报。

证券公司擅自伪造、篡改、或进行虚假申报，应承担全部法律责任，并赔偿由此给客户造成的损失，上海证券交易所、中国结算及其上海分公司对此不承担任何法律责任。

证券公司与客户之间的纠纷，不影响中国结算上海分公司依据上海证券交易所成交结果已经办理或正在办理的证券质押登记和资金划付等处理。

（3）证券公司可以作为质押券的自有资产包括以下几种。

①可用于上交所债券质押式回购交易的债券。

②基金份额。

③上交所和中国结算上海分公司认可的其他证券。

深交所要求的自有资产质押物还包括现金。

（4）交易品种。

报价回购的交易品种的期限可以为1年以内的任意期限，具体品种期限由证券公司确定后向上交所报告。

（5）交易时间。

报价回购的交易时间为每个交易日的（上海）9:15～15:10；（深圳）9:15～11:30、13:00～15:30。

（6）报价回购的申报数量单位。

上交所报价回购的申报数量单位为手，最低申报数量为1手。1手为人民币1 000元。

深交所报价回购交易的申报数量单位为张，1张为人民币100元。初始交易最低申报数量为10张，超出部分应为10张的整数倍。提前购回交易最低申报数量为1张，超出部分应为1张的整数倍。

（7）申报与成交。

证券公司向客户发出报价回购的统一报价，客户接受报价后向证券公司发出交易委托，证券公司接受委托向交易所系统提交证券公司和客户之间的交易申报，交易系统核验后对具有足额质押券的交易申报确认成交，并发送成交回报。

4．直接投资

（1）证券公司直接投资规则。

证券公司开展直接投资业务，应当按照监管部门有关规定设立直接投资业务子公司。直投子公司及其下属机构、直接投资基金和直接投资从业人员从事业务活动，应当遵循公平、公正的原则，合法合规，诚实守信，审慎尽责。

直接投资子公司可以开展以下业务。

①使用自有资金或设立直接投资基金，对企业进行股权投资或与股权相关的债权投

资，或投资于与股权投资相关的其他投资基金。

②为客户提供与股权投资相关的投资顾问、投资管理、财务顾问服务。

③经中国证监会认可开展的其他业务。

直接投资子公司及其下属机构、直接投资基金在有效控制风险、保持流动性的前提下，可以以现金管理为目的，将闲置资金投资于依法公开发行的国债、央行票据、投资级公司债、货币市场基金及保本型银行理财产品等风险较低、流动性较强的证券，以及证券投资基金、集合资产管理计划或专项资产管理计划。

直接投资子公司及其下属机构应当设立专门的投资决策委员会，建立投资决策程序和风险跟踪、分析机制，有效防范投资风险。

投资决策委员会的成员中，直接投资子公司及其下属机构的人员数量不得低于1/2，证券公司的人员数量不得超过1/3。

直接投资子公司及其下属机构不得对直接投资子公司及其下属机构、直接投资基金之外的单位或个人提供担保，不得成为对所投资企业的债务承担连带责任的出资人。

直接投资子公司及其下属机构、直接投资基金由于补充流动性或进行并购过桥贷款而负债经营的，负债期限不得超过12个月，负债余额不得超过注册资本或实缴出资总额的30%。

证券公司担任拟上市企业首次公开发行股票的辅导机构、财务顾问、保荐机构或者主承销商的，应按照签订有关协议或者实质开展相关业务两个时点孰早的原则，在该时点后直接投资子公司及其下属机构、直接投资基金不得对该企业进行投资。

直接投资子公司及其下属机构、直接投资基金对企业投资，不得以企业聘请证券公司担任保荐机构为前提。

直接投资子公司及其下属机构、直接投资基金开展业务活动，不得违背国家宏观政策和产业政策。

直接投资子公司及其下属机构、直接投资基金应当按照法律规定和合同约定严格履行保密义务。

（2）直投从业人员开展业务的禁止行为。

直投从业人员开展业务不得有如下行为。

①单独或协同他人从事欺诈、内幕交易等非法活动，或从事与其履行职责有利益冲突的业务。

②贬损同行或以其他不正当竞争手段争揽业务。

③接受利益相关方的贿赂或对其进行贿赂。

④向客户承诺确保收回投资本金或者固定收益或者赔偿投资损失。

⑤违规向客户提供资金或侵占挪用客户资产。

⑥私自泄露投资信息，或利用客户的相关信息为本人或者他人谋取不当利益。

⑦隐匿、伪造、篡改或者毁损投资信息。

⑧损害所在机构利益的不当交易行为。

⑨在不同直投基金之间、直投基金和直投子公司及其下属机构之间进行不当利益输送。

通常，证券公司直接投资机构会直接或间接进行私募股权投资管理。

5．证券公司参与区域性股权交易市场

（1）证券公司参与区域性市场应具备中国证监会批准的与所开展业务相适应的资格条件。

（2）证券公司推荐公司挂牌的，应经中国证监会批准可从事证券承销与保荐业务；代理客户买卖区域性市场挂牌产品的，应经中国证监会批准可从事证券经纪业务；开展其他业务的，应符合中国证监会相关规定。

（3）证券公司参与区域性市场，应合理确定参与的数量和地域，制定开展区域性市场业务方案，建立健全的业务规则、内部控制制度和风险防范机制。

证券公司参与区域性市场，应守法合规，遵守区域性市场相关管理规定和业务制度，遵循平等、自愿、诚实信用原则，并做好风险控制工作。

证券公司及其业务人员应勤勉尽责，严格遵守执业规范和执业道德，按规定和约定履行义务。

证券公司应建立与区域性市场相适应的投资者适当性制度，向投资者充分揭示风险，不得侵害投资者合法权益。

（4）中国证券业协会依据《证券公司参与区域性股权交易市场业务规范》对证券公司参与区域性市场实施自律管理。

中国证券业协会依据规范对证券公司参与区域性市场实施自律管理。

（5）证券公司拟入股区域性市场或成为区域性市场会员的，应将下列材料报协会备案。

①对区域性市场的评估报告并附区域性市场的相关业务规则和管理制度。

②关于参与区域性市场的方式及业务范围的说明并附拟开展业务所需的业务资格证明文件。

③证券公司开展区域性市场业务的管理制度。

④公司股东（大）会或董事会关于参与区域性市场的相关决议。

⑤与区域性市场签订的入股协议或会员协议（如有）。

⑥协会要求的其他文件。

（6）协会在收到证券公司备案材料后5个工作日内决定是否受理备案，如不受理，书面通知具体原因。受理后，协会在15个工作日内进行审查，审查无异议的予以确认备案；须补充材料的，协会审查结束后一次性要求证券公司补充，审查工作日自补充材料受理之日起重新计算。备案完成前，证券公司不得在区域性市场开展相关业务。

（7）证券公司参与区域性市场后，参股比例或业务范围发生变化的，应在完成变更手续后5个工作日内向协会报备相关公司决议、内部制度和资格证明资料等文件。

（8）证券公司开展区域性市场业务后，被证监会暂停或取消相关业务资格的，应暂停或终止与该业务资格相对应的业务，直至恢复或重新取得相关业务资格。

（9）证券公司决定终止区域性市场业务的，应在终止相关业务后5个工作日内将下列材料报协会备案。

①终止区域性市场业务的报告。

②公司股东（大）会或董事会关于终止区域性市场业务的决议。

③与区域性市场签订的业务终止协议（如有）。

④协会要求的其他文件。

（10）证券公司推荐非上市公司股权在区域性市场挂牌，应勤勉尽责地开展尽职调查工作，出具尽职调查报告，并履行内核程序。尽职调查时，证券公司应核实申请挂牌公司是否符合区域性市场的挂牌条件，并对其设立情况、业务独立性、治理结构、运作情况、公司关于挂牌的决议及履行信息披露义务的承诺等予以重点关注。

（11）证券公司应与其推荐的挂牌公司签订后续服务协议。在约定的服务期内，证券公司应督促挂牌公司规范履行信息披露义务。服务协议终止时，证券公司应发布公告提示区域性市场的投资者。

（12）证券公司为挂牌公司提供定向股权融资服务的，应指导挂牌公司制定定向股权融资方案，明确融资数量、价格或价格区间、认购人范围、融资使用计划等主要内容。认购人应符合投资者适当性管理相关要求。

（13）证券公司为此前未由本公司开展过尽职调查的挂牌公司提供定向股权融资服务的，应对该挂牌公司开展尽职调查，出具尽职调查报告，并履行内核程序。尽职调查报告内容包括但不限于：挂牌公司设立情况、治理结构、运作情况、信息披露义务履行情况、历次定向股权融资情况、拟进行的定向股权融资情况、融资对挂牌公司股权结构的影响。

证券公司为其他证券公司推荐的挂牌公司提供定向股权融资服务的，可适当简化尽职调查程序。

（14）证券公司可以推荐自己承销的私募债券在区域性市场进行转让。证券公司应遵守协会对私募债券承销业务的相关规定，对债券发行人开展尽职调查，并督促其履行信息披露义务。

（15）证券公司可接受本公司客户的委托，为客户买卖挂牌股权和私募债券提供服务。证券公司应对其客户委托进行核查，确认客户委托是否符合证监会和区域性市场的相关规定。

（16）证券公司提供登记、托管、结算服务的，应保证权益持有人名册和登记过户记录真实、准确、完整，不得隐匿、伪造、篡改或毁损，不得利用提供登记、托管、结算服务获取的信息为自己或他人谋取利益。

名师点拨 区域性股权交易市场是多层次资本市场的重要组成部分，是提供中小微企业股权、债券的转让和融资服务的私募市场，有利于鼓励科技创新和激活民间资本，支持实体经济薄弱环节。区域性市场经所在地省级人民政府批准设立。

过关测试题

一、选择题

1. 加强监管包括建立健全证券经纪业务管理制度，但其目的不包括（　　）。
   A. 防范公司与客户之间的利益冲突
   B. 防止出现损害客户合法权益的行为
   C. 切实履行反洗钱义务
   D. 防范公司与客户之间的信息不对称

2. 下列各项属于证券经纪业务特点的是（　　）。
   A. 客户资料的保密性
   B. 交易行为的自主性
   C. 选择交易方式的自主性
   D. 收益的不稳定性

3. 根据《发布证券研究报告执业规范》的相关规定，通过公司规定的证券研究报告发布系统平台向发布对象统一发布证券研究报告，以保障发布证券研究报告的（　　）。
   A. 审慎性　　B. 权威性
   C. 公平性　　D. 规范性

4. 按照规定，财务顾问及其财务顾问主办人在财务顾问内部控制机制和管理制度、尽职调查制度以及相关业务规则存在重大缺陷或者未得到有效执行的，中国证监会不能（　　）。
   A. 责令改正　　B. 监管谈话
   C. 出具警示函　D. 撤销资格

5. 保荐人的资格及其管理办法由（　　）规定。
   A. 中国人民银行
   B. 国务院证券监督管理机构
   C. 中国证券业协会
   D. 证券交易所

6. 根据证券公司自营业务投资范围，可以在境内银行间市场交易的证券的是（　　）。
   A. 中期票据
   B. 证券投资基金
   C. 开放式基金
   D. 权证

7. 根据《证券公司证券自营业务指引》的要求，自营业务的最高决策机构是（　　）。
   A. 监事会
   B. 董事会
   C. 股东大会

D. 投资决策机构

8. 证券公司的自营业务决策机构原则上应当按照（　　）来设立。

A. "监事会——投资决策机构——自营业务部门"的三级体制

B. "投资决策机构——自营业务部门"的二级体制

C. "董事会——投资决策机构——自营业务部门"的三级体制

D. "董事会——投资决策部门"的二级体制

9. 证券公司设立集合资产管理计划的，应当自中国证监会出具无异议意见或者作出批准决定之日起（　　）个月内启动推广工作，并在（　　）个工作日内完成设立工作并开始投资运作。

A. 1；10   B. 2；20
C. 3；30   D. 6；60

10. 证券公司可以从事的客户资产管理业务不包括（　　）。

A. 为单一客户办理定向资产管理业务

B. 为多个客户办理集合资产管理业务

C. 为客户办理特定目的的专项资产管理业务

D. 为多个客户办理定向资产管理业务

11. 投资主办人与原证券公司解除劳动合同的，原证券公司应当在（　　）日内向协会进行离职备案。

A. 10   B. 7
C. 5   D. 15

12. 证券公司集合资产管理计划资产净值估值等会计核算业务，应该由（　　）进行复核。

A. 证券业协会
B. 托管机构
C. 推广机构
D. 结算托管部门

13. 下列选项中，说法正确的是（　　）。

A. 证券公司从事定向资产管理业务，其客户委托资产净值的最低限额是固定不变的

B. 中国证监会对证券公司、证券投资咨询机构从事证券投资顾问业务实行自律管理，并依据相关法律法规，制定相关执业规范和行为准则

C. 证券自营业务应建立证券池制度，自营业务部门只能在确定的自营规模和可承受风险限额内，从证券池内选择证券进行投资

D. 限定性集合资产管理计划投资于业绩优良、成长性高、流动性强的股票等权益类证券以及股票型证券投资基金的资产，不得超过该计划资产净值的10%，并应当遵循分散投资风险的原则

14. 客户在申请开展融资融券业务时，要求其在证券公司所属营业部开设普通证券账户并从事交易满（　　）以上。

A. 1个月   B. 3个月
C. 6个月   D. 1年

15. 证券公司申请融资融券业务试点，下列情形中不符合申请条件的是（　　）。

A. 具有证券经纪业务资格

B. 客户资产安全、完整，客户交易结算资金第三方存管有效实施

C. 财务状况良好，最近3年各项风险控制指标持续符合规定

D. 已建立完善的客户投诉处理机制，能够及时、妥善处理与客户之间的纠纷

16. 在融资融券业务的账户体系中，证券公司客户信用交易担保资金账户的二级账户是（　　）。

A. 客户信用证券账户
B. 客户信用交易担保证券账户
C. 客户信用资金账户
D. 融资专用资金账户

17. 下列关于证券公司账户体系的说法中，错误的是（　　）。

A. 融券专用证券账户用于记录证券公司持有的拟向客户融出的证券和客户归还的

证券，不得用于证券买卖

B．客户信用交易担保证券账户用于记录客户委托证券公司持有、担保证券公司因向客户融资融券所生债权的证券

C．融资专用资金账户用于存放证券公司拟向客户融出的资金及客户归还的资金

D．信用交易资金交收账户用于客户融资融券交易的证券结算

18．标的证券为股票的，应当符合的条件是（　　）。

A．在交易所上市交易满2个月

B．股票交易未被实行特别处理

C．股东人数不少于2 000人

D．融资买入标的股票的流通股本不少于1亿股或流通市值不低于3亿元

19．在转融通业务中，货币资金占应收取保证金的比例不得低于（　　）。

A．10%　　B．15%
C．20%　　D．30%

20．证券公司代销金融产品，应当遵循的原则不包括（　　）。

A．平等　　B．专业性
C．自愿　　D．适当性

二、组合型选择题

1．下列各项中，不属于证券经纪业务功能的是（　　）。

Ⅰ．辅助投资者进行投资决策
Ⅱ．帮助客户实现资产增值
Ⅲ．帮助证券公司获取经济效益
Ⅳ．帮助客户完成交易并保障证券交易通畅

A．Ⅰ、Ⅲ
B．Ⅰ、Ⅱ、Ⅲ
C．Ⅰ、Ⅱ、Ⅳ
D．Ⅱ、Ⅲ

2．按照有关规定，证券经纪人从事客户招揽和客户服务等活动时，应当（　　）。

Ⅰ．出示公司营业执照
Ⅱ．遵守监管机构和行政管理部门的规定
Ⅲ．自觉接受所服务的证券公司的管理
Ⅳ．向客户充分提示证券投资的风险

A．Ⅰ、Ⅱ、Ⅲ
B．Ⅰ、Ⅱ、Ⅳ
C．Ⅱ、Ⅲ、Ⅳ
D．Ⅰ、Ⅱ、Ⅲ、Ⅳ

3．证券、期货投资咨询机构办理年检时，应当提交的文件包括（　　）。

Ⅰ．年检申请报告
Ⅱ．年度业务报告
Ⅲ．经注册会计师审计的财务会计报表
Ⅳ．证券研究报告

A．Ⅰ、Ⅱ、Ⅲ
B．Ⅰ、Ⅱ、Ⅳ
C．Ⅰ、Ⅱ
D．Ⅰ、Ⅳ

4．证券、期货投资咨询机构及其投资咨询人员，不得从事的活动有（　　）。

Ⅰ．代理投资人从事证券、期货买卖
Ⅱ．与投资人约定分享投资收益或者分担投资损失
Ⅲ．向投资人承诺证券、期货投资收益
Ⅳ．为自己买卖股票及具有股票性质、功能的证券以及期货

A．Ⅱ、Ⅲ
B．Ⅰ、Ⅱ、Ⅳ
C．Ⅱ、Ⅲ、Ⅳ
D．Ⅰ、Ⅱ、Ⅲ、Ⅳ

5．财务顾问及其财务顾问主办人出现下列（　　）情形之一的，中国证监会对其采取监管谈话、出具警示函、责令改正等监管措施。

Ⅰ．采取不正当竞争手段进行恶性竞争的
Ⅱ．未依法履行持续督导义务的
Ⅲ．违反保密制度或者未履行保密责任的
Ⅳ．唆使、协助或者伙同委托人干扰中

国证监会审核工作的

A. Ⅰ、Ⅱ、Ⅲ
B. Ⅱ、Ⅲ、Ⅳ
C. Ⅰ、Ⅱ、Ⅳ
D. Ⅰ、Ⅱ、Ⅲ、Ⅳ

6. 下列属于证券公司发行与承销业务中的法律法规是（　　）。

Ⅰ.《关于完善公开发行证券公司信息披露规范的意见》
Ⅱ.《上市公司收购管理办法》
Ⅲ.《公司法》
Ⅳ.《公司债券发行与交易管理办法》

A. Ⅰ、Ⅲ、Ⅳ
B. Ⅰ、Ⅱ、Ⅳ
C. Ⅰ、Ⅱ、Ⅲ、Ⅳ
D. Ⅱ、Ⅳ

7. 证券公司未按照规定将证券自营账户报证券交易所备案的，可能受到的处罚有（　　）。

Ⅰ. 没收违法所得，并处以违法所得1倍以上5倍以下的罚款
Ⅱ. 没有违法所得或者违法所得不足3万元的，处以3万元以上30万元以下的罚款
Ⅲ. 对直接负责的主管人员和其他直接责任人员给予警告
Ⅳ. 对直接负责的主管人员和其他直接责任人员处以3万元以上30万元以下的罚款

A. Ⅰ、Ⅱ、Ⅲ
B. Ⅰ、Ⅱ、Ⅳ
C. Ⅰ、Ⅲ、Ⅳ
D. Ⅱ、Ⅲ、Ⅳ

8. 证券经营机构从事证券自营业务不能有的行为包括（　　）。

Ⅰ. 将自营业务与代理业务混合操作
Ⅱ. 专设自营账户
Ⅲ. 单独集中资金优势连续买卖证券
Ⅳ. 利用股权结构重大变动的信息优势提前操作

A. Ⅰ、Ⅱ、Ⅲ

B. Ⅰ、Ⅱ、Ⅳ
C. Ⅰ、Ⅱ、Ⅲ、Ⅳ
D. Ⅰ、Ⅲ、Ⅳ

9. 证券公司从事资产管理，签订相关合同前应当了解客户的（　　）等基本情况。

Ⅰ. 风险承受能力
Ⅱ. 资产与收入状况
Ⅲ. 投资偏好
Ⅳ. 身体状况

A. Ⅰ、Ⅲ
B. Ⅱ、Ⅲ、Ⅳ
C. Ⅰ、Ⅱ、Ⅲ
D. Ⅰ、Ⅱ、Ⅲ、Ⅳ

10. 证券公司从事定向资产管理业务的禁止性行为有（　　）。

Ⅰ. 将资产管理业务与其他业务混合操作
Ⅱ. 以自有资金参与本公司的定向资产管理业务
Ⅲ. 通过电视、报刊、广播及其他公共媒体公开推介具体的定向资产管理业务方案
Ⅳ. 接受单一客户委托资产净值低于中国证监会规定的最低限额

A. Ⅱ、Ⅲ、Ⅳ
B. Ⅰ、Ⅱ、Ⅲ、Ⅳ
C. Ⅰ、Ⅱ、Ⅳ
D. Ⅰ、Ⅱ、Ⅳ

11. 证券公司经营证券资产管理业务，其风险控制指标必须符合（　　）。

Ⅰ. 按定向资产管理业务管理本金的2%计算风险准备
Ⅱ. 按定向资产管理业务管理本金的1%计算风险准备
Ⅲ. 按专项资产管理业务管理本金的1%计算风险准备
Ⅳ. 按专项资产管理业务管理本金的0.5%计算风险准备

A. Ⅰ、Ⅳ
B. Ⅰ、Ⅲ
C. Ⅱ、Ⅳ

D. Ⅱ、Ⅲ

12. 关于证券公司融资融券业务管理说法正确的是（   ）。

Ⅰ．开展融资融券业务应遵守法律、行政法规和有关管理办法的规定，加强内部控制，严格防范和控制风险

Ⅱ．向客户融资，应当使用自有资金或者依法筹集的资金

Ⅲ．向客户融券，应当使用自有证券或者依法取得处分权的证券

Ⅳ．证券公司应当对可充抵保证金的各类证券制定不同的折算率要求

A．Ⅰ、Ⅱ、Ⅲ
B．Ⅰ、Ⅱ、Ⅳ
C．Ⅰ、Ⅲ、Ⅳ
D．Ⅰ、Ⅱ、Ⅲ、Ⅳ

13. 股票质押回购的申报类型包括（   ）。

Ⅰ．初始交易申报
Ⅱ．购回交易申报
Ⅲ．补充质押申报
Ⅳ．联合质押申报
A．Ⅰ、Ⅱ、Ⅲ
B．Ⅰ、Ⅱ、Ⅲ、Ⅳ
C．Ⅱ、Ⅲ、Ⅳ
D．Ⅰ、Ⅲ

14. 股票质押回购中，出现异常情况时可以采取的措施是（   ）。

Ⅰ．暂停赎回
Ⅱ．延期赎回
Ⅲ．提前赎回
Ⅳ．终止赎回
A．Ⅲ、Ⅳ
B．Ⅰ、Ⅱ、Ⅳ
C．Ⅱ、Ⅲ、Ⅳ
D．Ⅱ、Ⅲ、Ⅳ

15. 在以证券公司名义开立的（   ）内，应当为每一客户单独开立信用账户。

Ⅰ．客户信用交易担保资金账户
Ⅱ．客户融资专用资金账户
Ⅲ．客户信用交易担保证券账户
Ⅳ．客户融券专用证券账户
A．Ⅱ、Ⅲ
B．Ⅱ、Ⅳ
C．Ⅰ、Ⅲ
D．Ⅰ、Ⅱ

第四章

证券市场典型违法违规行为及法律责任

本章主要介绍了证券发行和交易市场中典型的违法违规行为的相关知识，具体内容包括证券市场典型违法违规行为的认定、追诉和法律责任追究。本章属于非重点章节，考试重点集中在违法违规行为的条款以及相应的法律责任，由于本章内容枯燥，违法条款和法律责任条款众多，容易产生混淆，考生应采用对比的学习方法，在理解的基础上加以记忆。在历次的考试中，本章平均分值在8分左右。

本章考点预览

第四章 证券市场典型违法违规行为及法律责任	第一节 证券一级市场	一、擅自公开或变相公开发行证券的特征及其法律责任	★★
		二、欺诈发行股票、债券的犯罪构成、刑事立案追诉标准及其法律责任	★★
		三、非法集资类犯罪的犯罪构成、立案追诉标准及其法律责任	★★★
		四、违规披露、不披露重要信息的行政责任、刑事责任的认定	★★★
		五、擅自改变公开发行证券募集资金用途的法律责任	★
	第二节 证券二级市场	一、诱骗投资者买卖证券、期货合约的刑事责任的认定	★★★
		二、利用未公开信息交易的刑事责任、民事责任及行政责任的认定	★★★
		三、内幕交易、泄露内幕信息的刑事责任、民事责任及行政责任的认定	★★★
		四、操纵证券、期货市场的刑事责任、民事责任及行政责任的认定	★★★
		五、在证券交易活动中作出虚假陈述或者信息误导的民事责任、行政责任及刑事责任的认定	★★★
		六、背信运用受托财产的犯罪构成、刑事追诉标准及其法律责任	★★

第一节 证券一级市场

考情分析：本节属于次重点小节，主要介绍证券一级市场的违法违规行为及法律责任。主要考点集中在擅自公开发行或变相公开发行证券、欺诈发行证券、违规或不予披露重要信息、非法集资和擅自改变券募集资金用途等违法违规行为等内容。本节考试题型为选择题和组合型选择题，考试平均分值为4分左右。

学习建议：针对相关法律条文多而细碎，多归纳，找出差别，结合具体考题，在理解的基础上重点记忆重要内容，特别注意非法集资类犯罪的犯罪构成、立案追诉标准及其法律责任，违规披露、不披露重要信息的行政责任、刑事责任的认定。

一、擅自公开或变相公开发行证券的特征及法律责任（★★）

向不特定对象发行股票或向特定对象发行股票后股东累计超过200人的，为公开发行，应依法报经证监会核准。未经核准擅自发行的，属于非法发行股票。

1. 擅自公开或变相公开发行证券的特征

擅自公开或变相公开发行证券的特征如表4-1所示。

表4-1 擅自公开或变相公开发行证券的特征

项目	内容
擅自公开发行证券的特征	非法证券活动具有手段隐蔽、欺骗性强、蔓延速度快、易反复等特点。非公开发行证券不得采用广告、公开劝诱等公开方式
变相公开发行证券的特征	（1）非公开发行股票及其股权转让，若采用广告、公告、广播、电话、传真、信函、推介会、说明会、网络、短信、公开劝诱等公开方式或变相公开方式向社会公众发行的，则构成变相公开发行股票。 （2）公司股东自行或委托他人以公开方式向社会公众转让股票，亦构成变相公开发行股票。 （3）向特定对象转让股票，未经证监会核准，转让后公司股东累计超过200人的，亦构成变相公开发行股票

2. 擅自公开或变相公开发行证券的法律责任

擅自公开或变相公开发行证券的法律责任的具体内容如表4-2所示。

表4-2 擅自公开或变相公开发行证券的法律责任

项目	内容
《刑法》	（1）《中华人民共和国刑法》第一百七十九条规定，未经国家有关主管部门批准，擅自发行股票或者公司、企业债券，数额巨大、后果严重或者有其他严重情节的，处5年以下有期徒刑或者拘役，并处或者单处非法募集资金金额1%以上5%以下罚金。单位犯前款罪的，对单位判处罚金，并对其直接负责的主管人员和其他直接责任人员，处5年以下有期徒刑或者拘役。 （2）《中华人民共和国刑法》第二百二十五条规定，违反国家规定，有下列非法经营行为之一，扰乱市场秩序，情节严重的，处5年以下有期徒刑或者拘役，并处或者单处违法所得1倍以上5倍以下罚金；情节特别严重的，处5年以上有期徒刑，并处违法所得1倍以上5倍以下罚金或者没收财产。 ①未经许可经营法律、行政法规规定的专营、专卖物品或者其他限制买卖的物品的； ②买卖进出口许可证、进出口原产地证明以及其他法律、行政法规规定的经营许可证或者批准文件的； ③未经国家有关主管部门批准非法经营证券、期货、保险业务的，或者非法从事资金支付结算业务的； ④其他严重扰乱市场秩序的非法经营行为

续表

项目	内　容
《证券法》	《中华人民共和国证券法》第一百八十八条规定，未经法定机关核准，擅自公开或者变相公开发行证券的，责令停止发行，退还所募资金并加算银行同期存款利息，处以非法所募资金金额1%以上5%以下的罚款；对擅自公开或者变相公开发行证券设立的公司，由依法履行监督管理职责的机构或者部门会同县级以上地方人民政府予以取缔。对直接负责的主管人员和其他直接责任人员给予警告，并处以3万元以上30万元以下的罚款
《基金法》	《中华人民共和国基金法》第一百一十九条规定，违反本法规定，未经批准擅自设立基金管理公司或者未经核准从事公开募集基金管理业务的，由证券监督管理机构予以取缔或者责令改正，没收违法所得，并处违法所得1倍以上5倍以下罚款；没有违法所得或者违法所得不足100万元的，并处10万元以上100万元以下罚款。对直接负责的主管人员和其他直接责任人员给予警告，并处3万元以上30万元以下罚款
《最高人民法院关于审理非法集资刑事案件具体应用法律若干问题的解释》	(1) 第六条规定，未经国家有关主管部门批准，向社会不特定对象发行、以转让股权等方式变相发行股票或者公司、企业债券，或者向特定对象发行、变相发行股票或者公司、企业债券累计超过200人的，应当认定为《刑法》第一百七十九条规定的"擅自发行股票、公司、企业债券"。构成犯罪的，以擅自发行股票、公司、企业债券罪定罪处罚。 (2) 第七条规定，违反国家规定，未经依法核准擅自发行基金份额募集基金，情节严重的，依照《刑法》第二百二十五条的规定，以非法经营罪定罪处罚

【例题·选择题】未经法定机关核准，公司擅自公开发行或者变相公开发行证券的，下列对其实施的处罚中，错误的是（　　）。

A. 责令停止发行，退还所募资金并加算银行同期存款利息

B. 处以非法所募资金金额1%以上5%以下的罚款

C. 对擅自公开或者变相公开发行证券设立的公司，由依法履行监督管理职责的机构或者部门会同县级以上地方人民政府予以取缔

D. 对直接负责的主管人员和其他直接责任人员给予警告，并处以1万元以上10万元以下的罚款

【解析】未经法定机关核准，擅自公开或者变相公开发行证券的，责令停止发行，退还所募资金并加算银行同期存款利息，处以非法所募资金金额1%以上5%以下的罚款；对擅自公开或者变相公开发行证券设立的公司，由依法履行监督管理职责的机构或者部门会同县级以上地方人民政府予以取缔。对直接负责的主管人员和其他直接责任人员给予警告，并处以3万元以上30万元以下的罚款。

【答案】D

二、欺诈发行股票、债券的犯罪构成、刑事立案追诉标准及法律责任（★★）

1. 欺诈发行股票、债券的犯罪构成

欺诈发行股票、债券的犯罪构成相关内容如表4-3所示。

表 4-3　欺诈发行股票、债券的犯罪构成

犯罪构成	内　容
主体要件	本罪的主体主要是单位。自然人在一定条件下也能成为犯罪的主体
主观要件	本罪在主观上只能依故意构成，过失不构成本罪。即行为人明知自己所制作的招股说明书、认股书、债券募集办法等不是对本公司状况或本次股票、债券发行状况的真实、准确、完整反映，仍然积极为之者。因而本罪行为人的罪过实质是诈欺募股或诈欺发行债券
客体要件	本罪侵犯的客体是复杂客体，即国家对证券市场的管理制度以及投资者（即股东、债权人和公众）的合法权益
客观要件	（1）行为人必须实施在招股说明书、认股书、公司、企业债券募集办法中隐瞒重要事实或者编造重大虚假内容的行为。 （2）行为人必须实施了发行股票或公司、企业债券的行为。如果行为人仅是制作了虚假的招股说明书、认股书、公司、企业债券募集办法，而未实施发行股票或者公司、企业债券的行为，不构成本罪。必须是既制作了虚假的上述文件，且已发行了股票和公司、企业债券的才构成本罪。 （3）行为人制作虚假的招股说明书、认股书、公司债券募集办法发行股票或者公司、企业债券的行为，必须达到一定的严重程度，即达到"数额巨大、后果严重或者有其他严重情节的"，才构成犯罪

2．刑事立案追诉标准

在招股说明书、认股书、公司、企业债券募集办法中隐瞒重要事实或者编造重大虚假内容，发行股票或者公司、企业债券，涉嫌下列情形之一的，应予追诉。

（1）发行数额在 500 万元以上的。

（2）伪造、变造国家公文、有效证明文件或相关凭证、单据的。

（3）利用募集的资金进行违法活动的。

（4）转移或者隐瞒所募集资金的。

（5）其他后果严重或有其他严重情节的情形。

3．法律责任

在我国的《刑法》《证券法》《公司法》中都有涉及欺诈发行股票、债券的行为的法律责任如表 4-4 所示。

表 4-4　欺诈发行股票、债券的法律责任

事项	内　容
《证券法》	《中华人民共和国证券法》第一百八十九条规定，发行人不符合发行条件，以欺骗手段骗取发行核准，尚未发行证券的，处以 30 万元以上 60 万元以下的罚款；已发行证券的，处以非法所募资金金额 1% 以上 5% 以下的罚款。对直接负责的主管人员处以 3 万元以上 30 万元以下的罚款。发行人的控股股东、实际控制人指使从事前款违法行为的，依照前款的规定处罚
《公司法》	《中华人民共和国公司法》第二百〇七条规定，承担资产评估、验资或者验证的机构提供虚假材料的，由公司登记机关没收违法所得，处以违法所得 1 倍以上 5 倍以下的罚款，并可以由有关主管部门依法责令该机构停业、吊销直接责任人员的资格证书，吊销营业执照。 承担资产评估、验资或者验证的机构因过失提供有重大遗漏的报告的，由公司登记机关责令改正，情节较严重的，处以所得收入 1 倍以上 5 倍以下的罚款，并可由有关主管部门依法责令该机构停业、吊销直接责任人员的资格证书，吊销营业执照。 承担资产评估、验资或者验证的机构因其出具的评估结果、验资或者验证证明不实，给公司债权人造成损失的，除能证明自己没有过错的外，在其评估或者证明不实的金额范围内承担赔偿责任

第四章 证券市场典型违法违规行为及法律责任

续表

事项	内 容
《刑法》	《中华人民共和国刑法》第一百六十条规定，在招股说明书、认股书、公司、企业债券募集办法中隐瞒重要事实或者编造重大虚假内容，发行股票或者公司、企业债券，数额巨大、后果严重或者有其他严重情节的，处5年以下有期徒刑或者拘役，并处或者单处非法募集资金金额1%以上5%以下罚金。 单位犯前款罪的，对单位判处罚金，并对直接负责的主管人员和其他直接责任人员，处5年以下有期徒刑或者拘役
《关于改革完善并严格实施上市公司退市制度的若干意见》	《关于改革完善并严格实施上市公司退市制度的若干意见》中，实施重大违法公司强制退市制度规定，对欺诈发行公司实施暂停上市。上市公司因首次公开发行股票申请或者披露文件存在虚假记载、误导性陈述或者重大遗漏，致使不符合发行条件的发行人骗取了发行核准，或者对新股发行定价产生了实质性影响，受到证监会行政处罚，或者因涉嫌欺诈发行罪被依法移送公安机关的，证券交易所应当依法作出暂停其股票上市交易的决定

客体要件就是客体构成犯罪的必要的条件；犯罪客观要件的内容是危害社会的行为、危害结果、危害行为与危害结果之间的因果关系等。

【例题·组合型选择题】对于严重的欺诈发行股票、债券可能触犯刑法，下列选项符合的是（ ）。
Ⅰ．在招股说明书中隐瞒重要事实
Ⅱ．在认股书中隐瞒重要事实
Ⅲ．在公司、企业债券募集办法中隐瞒重要事实
Ⅳ．在财务会计报告中提供虚假事实
A．Ⅰ、Ⅱ、Ⅲ
B．Ⅰ、Ⅲ、Ⅳ
C．Ⅱ、Ⅲ、Ⅳ
D．Ⅰ、Ⅱ、Ⅳ

【解析】根据《刑法》第一百六十条的规定，在招股说明书、认股书、公司、企业债券募集办法中隐瞒重要事实或者编造重大虚假内容，发行股票或者公司、企业债券，数额巨大、后果严重或者有其他严重情节的，处5年以下有期徒刑或者拘役，并处或者单处非法募集资金金额1%以上5%以下罚金。单位犯前款罪的，对单位判处罚金，并对其直接负责的主管人员和其他直接责任人员，处5年以下有期徒刑或者拘役。

【答案】A

三、非法集资类犯罪的犯罪构成、立案追诉标准及法律责任（★★★）

非法集资是指未经有关部门依法批准吸收资金，并通过媒体、推介会、传单、手机短信等途径向社会公开宣传，承诺在一定期限内以货币、实物、股权等方式还本付息或者给付回报，向社会公众（不特定对象）吸收资金。

1．非法集资类犯罪的犯罪构成

非法集资类犯罪的犯罪构成相关的内容如表4-5所示。

2．立案追诉标准

以非法占有为目的，使用诈骗方法非法集资，涉嫌下列情形之一的，应予追诉。

（1）个人集资诈骗，数额在10万元以上的。

（2）单位集资诈骗数额在50万元以上的。

表4-5 非法集资类犯罪的犯罪构成

犯罪构成	内容
主体要件	本罪的犯罪主体是一般主体,自然人和单位
主观要件	本罪的犯罪主观方面是故意。当事人明知自己的非法集资行为会发生危害社会的结果,并且希望这种结果的发生。在单位进行非法集资的情况下,这种故意体现为单位的主管人员、直接责任人员和其他责任人员,以单位的名义,为单位的利益故意追求特定危害社会的结果的发生。单位犯罪故意是单位成员的共同认识和意志,严格区别于单位成员个人的认识和意志
客体要件	本罪侵犯的客体是国家金融管理秩序。非法集资在形式上表现为一种资本的运作过程,即以发行股票、债券、彩票、投资基金证券或其他债权凭证的方式将不特定对象的资金集中起来,使他们成为形式上的投资者(股东、债权人),往往是人数众多,涉案金额大,严重破坏国家金融管理秩序
客观要件	犯罪客观方面表现为未依法定程序经有关部门批准的集资行为。主要是以非法发行股票、债券、彩票、投资基金证券或其他债权凭证的方式向社会不特定对象募集资金,并承诺在一定期限内以货币、实物及其他方式向出资人还本付息或给予其他回报

3. 非法集资的法律责任

非法集资的法律责任如表4-6所示。

表4-6 非法集资的法律责任

事项	内容
《刑法》	(1)《中华人民共和国刑法》第一百七十六条规定,非法吸收公众存款或者变相吸收公众存款,扰乱金融秩序的,处3年以下有期徒刑或者拘役,并处或者单处2万元以上20万元以下罚金;数额巨大或者有其他严重情节的,处3年以上10年以下有期徒刑,并处5万元以上50万元以下罚金。 单位犯前款罪的,对单位判处罚金,并对其直接负责的主管人员和其他直接责任人员,依照前款的规定处罚。 (2)《中华人民共和国刑法》第一百九十二条规定,以非法占有为目的,使用诈骗方法非法集资,数额较大的,处五年以下有期徒刑或者拘役,并处2万元以上20万元以下罚金;数额巨大或者有其他严重情节的,处5年以上10年以下有期徒刑,并处5万元以上50万元以下罚金;数额特别巨大或者有其他特别严重情节的,处10年以上有期徒刑或者无期徒刑,并处5万元以上50万元以下罚金或者没收财产
《证券法》	《中华人民共和国证券法》第一百九十四条规定,发行人、上市公司擅自改变公开发行证券所募集资金的用途的,责令改正,对直接负责的主管人员和其他直接责任人员给予警告,并处以3万元以上30万元以下的罚款。 发行人、上市公司的控股股东、实际控制人指使从事前款违法行为的,给予警告,并处以30万元以上60万元以下的罚款。对直接负责的主管人员和其他直接责任人员依照前款的规定处罚

【例题·选择题】下列选项中,没有达到非法集资类犯罪追诉标准的是(   )。

A. 个人集资诈骗数额超过10万元
B. 单位集资诈骗数额超过10万元
C. 个人集资诈骗数额超过50万元

D. 单位集资诈骗数额超过 50 万元

【解析】本题考查非法集资罪立案追诉标准。根据相关法律法规的规定，个人集资诈骗数额在 10 万元以上，单位集资诈骗数额在 50 万元以上的，应予以立案追诉。据此本题选 B 选项。

【答案】B

【例题·组合型选择题】下列关于非法集资类犯罪立案追诉标准的说法中，正确的是（　　）。

Ⅰ．上市公司及其董事、监事、高级管理人员、实际控制人、控股股东或者其他关联人单独或者合谋，利用信息优势，操纵该公司证券交易价格或者证券交易量的

Ⅱ．单独或者合谋，当日连续申报买入或者卖出同一证券、期货合约并在成交前撤回申报，撤回申报量占当日该种证券总申报量或者该种期货合约总申报量 30% 以上的

Ⅲ．与他人串通，以事先约定的时间、价格和方式相互进行证券或者期货合约交易，且在该证券或者期货合约连续 20 个交易日内成交量累计达到该证券或者期货合约同期总成交量 20% 以上的

Ⅳ．单独或者合谋，持有或者实际控制证券的流通股份数达到该证券的实际流通股份总量 30% 以上，且在该证券连续 20 个交易日内联合或者连续买卖股份数累计达到该证券同期总成交量 30% 以上的

A．Ⅰ、Ⅱ、Ⅲ
B．Ⅰ、Ⅲ、Ⅳ
C．Ⅱ、Ⅲ、Ⅳ
D．Ⅰ、Ⅱ、Ⅲ、Ⅳ

【解析】本题考查的是非法集资类犯罪的犯罪构成、立案追诉标准及其法律责任。非法集资类犯罪立案追诉标准之一是单独或者合谋，当日连续申报买入或者卖出同一证券、期货合约并在成交前撤回申报，撤回申报量占当日该种证券总申报量或者该种期货合约总申报量 50% 以上的，Ⅱ项的叙述是错误的，因此，本题答案为选项 B。

【答案】B

四、违规披露、不披露重要信息的行政责任、刑事责任的认定（★★★）

1．违规披露、不披露重要信息的行政责任的认定

（1）《证券法》。

《证券法》第一百九十三条规定，发行人、上市公司或者其他信息披露义务人未按照规定披露信息，或者所披露的信息有虚假记载、误导性陈述或者重大遗漏的，责令改正，给予警告，并处以 30 万元以上 60 万元以下的罚款。对直接负责的主管人员和其他直接责任人员给予警告，并处以 3 万元以上 30 万元以下的罚款。

发行人、上市公司或者其他信息披露义务人未按照规定报送有关报告，或者报送的报告有虚假记载、误导性陈述或者重大遗漏的，责令改正，给予警告，并处以 30 万元以上 60 万元以下的罚款。对直接负责的主管人员和其他直接责任人员给予警告，并处以 3 万元以上 30 万元以下的罚款。

发行人、上市公司或者其他信息披露义务人的控股股东、实际控制人指使从事前两款违法行为的，依照前两款的规定处罚。

（2）《信息披露违法行为行政责任认定规则》。

《信息披露违法行为行政责任认定规则》的规定如表 4-7 所示。

表 4-7 《信息披露违法行为行政责任认定规则》

事项	具体内容
信息披露违法行为认定	（1）信息披露义务人未按照法律、行政法规、规章和规范性文件，以及证券交易所业务规则规定的信息披露（包括报告）期限、方式等要求及时、公平披露信息，应当认定构成未按照规定披露信息的信息披露违法行为。 （2）信息披露义务人在信息披露文件中对所披露内容进行不真实记载，包括发生业务不入账、虚构业务入账、不按照相关规定进行会计核算和编制财务会计报告，以及其他在信息披露中记载的事实与真实情况不符的，应当认定构成所披露的信息有虚假记载的信息披露违法行为。 （3）信息披露义务人在信息披露文件中或者通过其他信息发布渠道、载体，作出不完整、不准确陈述，致使或者可能致使投资者对其投资行为发生错误判断的，应当认定构成所披露的信息有误导性陈述的信息披露违法行为。 （4）信息披露义务人在信息披露文件中未按照法律、行政法规、规章和规范性文件以及证券交易所业务规则关于重大事件或者重要事项信息披露要求披露信息，遗漏重大事项的，应当认定构成所披露的信息有重大遗漏的信息披露违法行为
信息披露义务人信息披露违法的责任认定	（1）信息披露义务人行为构成信息披露违法的，应当根据其违法行为的客观方面和主观方面等综合审查认定其责任。 （2）认定信息披露违法行为的客观方面通常要考虑以下情形。 ①违法披露信息包括重大差错更正信息中虚增或者虚减资产、营业收入及净利润的数额及其占当期所披露数的比重，是否因此资不抵债，是否因此发生盈亏变化，是否因此满足证券发行、股权激励计划实施、利润承诺条件，是否因此避免被特别处理，是否因此满足取消特别处理要求，是否因此满足恢复上市交易条件等； ②未按照规定披露的重大担保、诉讼、仲裁、关联交易以及其他重大事项所涉及的数额及其占公司最近一期经审计总资产、净资产、营业收入的比重，未按照规定及时披露信息时间长短等； ③信息披露违法所涉及事项对投资者投资判断的影响大小； ④信息披露违法后果，包括是否导致欺诈发行、欺诈上市、骗取重大资产重组许可、收购要约豁免、暂停上市、终止上市，给上市公司、股东、债权人或其他人造成直接损失数额大小，以及未按照规定披露信息造成该公司证券交易的异常程度等； ⑤信息披露违法的次数，是否多次提供虚假或者隐瞒重要事实的财务会计报告，或者多次对依法应当披露的其他重要信息不按照规定披露； ⑥社会影响的恶劣程度； ⑦其他需要考虑的情形。 （3）认定信息披露义务人信息披露违法主观方面通常要考虑以下情形： ①信息披露义务人为单位的，在单位内部是否存在违法共谋，信息披露违法所涉及的具体事项是否是经董事会、公司办公会等会议研究决定或者由负责人员决定实施的，是否只是单位内部个人行为造成的； ②信息披露义务人的主观状态，信息披露违法是否是故意的欺诈行为，是否是不够谨慎、疏忽大意的过失行为； ③信息披露违法行为发生后的态度，公司董事、监事、高级管理人员知道信息披露违法后是否继续掩饰，是否采取适当措施进行补救； ④与证券监管机构的配合程度，当发现信息披露违法后，公司董事、监事、高级管理人员是否向证监会报告，是否在调查中积极配合，是否对调查机关欺诈、隐瞒，是否有干扰、阻碍调查情况； ⑤其他需要考虑的情形。 （4）其他违法行为引起信息披露义务人信息披露违法的，通常综合考虑以下情形认定责任： ①信息披露义务人是否存在过错，有无实施信息披露违法行为的故意，是否存在信息披露违法的过失； ②信息披露义务人是否因违法行为直接获益或者以其他方式获取利益，是否因违法行为止损或者避损，公司投资者是否因该项违法行为遭受重大损失； ③信息披露违法责任是否能被其他违法行为责任所吸收，认定其他违法行为行政责任、刑事责任是否能更好体现对违法行为的惩处； ④其他需要考虑的情形

续表

事项	具体内容
信息披露违法行为责任人员及其责任认定	（1）发生信息披露违法行为的，依照法律、行政法规、规章规定，对负有保证信息披露真实、准确、完整、及时和公平义务的董事、监事、高级管理人员，应当视情形认定其为直接负责的主管人员或者其他直接责任人员承担行政责任，但其能够证明已尽忠实、勤勉义务，没有过错的除外。 （2）信息披露违法行为的责任人员可以提交公司章程，载明职责分工和职责履行情况的材料，相关会议纪要或者会议记录以及其他证据来证明自身没有过错。 （3）董事、监事、高级管理人员之外的其他人员，确有证据证明其行为与信息披露违法行为具有直接因果关系，包括实际承担或者履行董事、监事或者高级管理人员的职责，组织、参与、实施了公司信息披露违法行为或者直接导致信息披露违法的，应当视情形认定其为直接负责的主管人员或者其他直接责任人员。 （4）有证据证明因信息披露义务人受控股股东、实际控制人指使，未按照规定披露信息，或者所披露的信息有虚假记载、误导性陈述或者重大遗漏的，在认定信息披露义务人责任的同时，应当认定信息披露义务人控股股东、实际控制人的信息披露违法责任。信息披露义务人的控股股东、实际控制人是法人的，其负责人应当认定为直接负责的主管人员。 控股股东、实际控制人直接授意、指挥从事信息披露违法行为，或者隐瞒应当披露信息、不告知应当披露信息的，应当认定控股股东、实际控制人指使从事信息披露违法行为。 （5）信息披露违法责任人员的责任大小，可以从以下方面考虑责任人员与案件中认定的信息披露违法的事实、性质、情节、社会危害后果的关系，综合分析认定。 ①在信息披露违法行为发生过程中所起的作用。对于认定的信息披露违法事项是起主要作用还是次要作用，是否组织、策划、参与、实施信息披露违法行为，是积极参加还是被动参加。 ②知情程度和态度。对于信息披露违法所涉事项及其内容是否知情，是否反映、报告，是否采取措施有效避免或者减少损害后果，是否放任违法行为发生。 ③职务、具体职责及履行职责情况。认定的信息披露违法事项是否与责任人员的职务、具体职责存在直接关系，责任人员是否忠实、勤勉履行职责，有无懈怠、放弃履行职责，是否履行职责预防、发现和阻止信息披露违法行为发生。 ④专业背景。是否存在责任人员有专业背景，对于信息披露中与其专业背景有关违法事项应当发现而未予指出的情况，如专业会计人士对于会计问题、专业技术人员对于技术问题等未予指出。 ⑤其他影响责任认定的情况。 （6）认定从轻或者减轻处罚的考虑情形如下。 ①未直接参与信息披露违法行为。 ②在信息披露违法行为被发现前，及时主动要求公司采取纠正措施或者向证券监管机构报告。 ③在获悉公司信息披露违法后，向公司有关主管人员或者公司上级主管提出质疑并采取了适当措施。 ④配合证券监管机构调查且有立功表现。 ⑤受他人胁迫参与信息披露违法行为。 ⑥其他需要考虑的情形。 （7）认定为不予行政处罚的考虑情形如下。 ①当事人对认定的信息披露违法事项提出具体异议记载于董事会、监事会、公司办公会会议记录等，并在上述会议中投反对票的； ②当事人在信息披露违法事实所涉及期间，由于不可抗力、失去人身自由等无法正常履行职责的； ③对公司信息披露违法行为不负有主要责任的人员在公司信息披露违法行为发生后及时向公司和证券交易所、证券监管机构报告的； ④其他需要考虑的情形。 （8）任何下列情形，不得单独作为不予处罚情形认定。 ①不直接从事经营管理；

事项	具体内容
信息披露违法行为责任人员及其责任认定	②能力不足、无相关职业背景； ③任职时间短、不了解情况； ④相信专业机构或者专业人员出具的意见和报告； ⑤受到股东、实际控制人控制或者其他外部干预。 （9）下列情形认定为应当从重处罚情形。 ①不配合证券监管机构监管，或者拒绝、阻碍证券监管机构及其工作人员执法，甚至以暴力、威胁及其他手段干扰执法； ②在信息披露违法案件中变造、隐瞒、毁灭证据，或者提供伪证，妨碍调查； ③两次以上违反信息披露规定并受到行政处罚或者证券交易所纪律处分； ④在信息披露上有不良诚信记录并记入证券期货诚信档案； ⑤证监会认定的其他情形。 发行人、上市公司或者其他信息披露义务人未按照规定披露信息，或者所披露的信息有虚假记载、误导性陈述或者重大遗漏的，责令改正，给予警告，并处以30万元以上60万元以下的罚款。对直接负责的主管人员和其他直接责任人员给予警告，并处以3万元以上30万元以下的罚款

【例题·选择题】以下选项不属于信息披露义务人主观方面的是（　　）。

A. 信息披露违法是否是故意的欺诈行为

B. 与证券监管机构的配合程度

C. 信息披露违法行为发生后，是否采取适当的补救措施

D. 信息披露违法所涉及事项对投资者投资判断的影响大小

【解析】《信息披露违法行为行政责任认定规则》第十三条规定，认定信息披露义务人信息披露违法主观方面的情形是从主观方面来考虑，比如违法是不是义务人故意所为；违法后是否与证券机构积极配合；违法后的态度，是否采取补救措施；以及其他需要考虑的问题。因此，选项D不属于信息披露义务人主观方面的。

【答案】D

2. 违规披露、不披露重要信息的刑事责任的认定

违规披露、不披露重要信息的刑事责任的认定的规定如表4-8所示。

表4-8 违规披露、不披露重要信息的刑事责任的认定

事项	具体内容
《刑法》	《中华人民共和国刑法》第一百六十一条规定，依法负有信息披露义务的公司、企业向股东和社会公众提供虚假的或者隐瞒重要事实的财务会计报告，或者对依法应当披露的其他重要信息不按照规定披露，严重损害股东或者其他人利益，或者有其他严重情节的，对其直接负责的主管人员和其他直接责任人员，处3年以下有期徒刑或者拘役，并处或者单处2万元以上20万元以下罚金
《最高人民检察院、公安部关于经济犯罪案件追诉标准的补充规定》	《最高人民检察院、公安部关于经济犯罪案件追诉标准的补充规定》规定：依法负有信息披露义务的公司、企业向股东和社会公众提供虚假的或者隐瞒重要事实的财务会计报告，或者对依法应当披露的其他重要信息不按照规定披露，涉嫌下列情形之一的，应予追诉。 （1）造成股东、债权人或者其他人直接经济损失数额累计在50万元以上的； （2）虚增或者虚减资产达到当期披露的资产总额30%以上的； （3）虚增或者虚减利润达到当期披露的利润总额30%以上的；

续表

事项	具体内容
《最高人民检察院、公安部关于经济犯罪案件追诉标准的补充规定》	(4)未按规定披露的重大诉讼、仲裁、担保、关联交易或者其他重大事项所涉及的数额或者连续12个月的累计数额占净资产50%以上的； (5)致使公司发行的股票、公司债券或者国务院依法认定的其他证券被终止上市交易或者多次被暂停上市交易的； (6)致使不符合发行条件的公司、企业骗取发行核准并且上市交易的； (7)在公司财务会计报告中将亏损披露为盈利，或者将盈利披露为亏损的； (8)多次提供虚假的或者隐瞒重要事实的财务会计报告，或者多次对依法应当披露的其他重要信息不按照规定披露的； (9)其他严重损害股东、债权人或者其他人利益，或者有其他严重情节的

五、擅自改变公开发行证券募集资金用途的法律责任（★）

擅自改变公开发行证券募集资金用途的法律责任如表4-9所示。

表4-9 擅自改变公开发行证券募集资金用途的法律责任

事项	具体内容
《证券法》	《中华人民共和国证券法》第一百九十四条规定，发行人、上市公司擅自改变公开发行证券所募集资金的用途的，责令改正，对直接负责的主管人员和其他直接责任人员给予警告，并处以3万元以上30万元以下的罚款。 发行人、上市公司的控股股东、实际控制人指使从事前款违法行为的，给予警告，并处以30万元以上60万元以下的罚款。对直接负责的主管人员和其他直接责任人员依照上述规定处罚
《上市公司证券发行管理办法》	《上市公司证券发行管理办法》规定，上市公司擅自改变前次公开发行证券募集资金的用途未作纠正的，不得公开发行证券。 公司对公开发行股票所募集资金，必须按照招股说明书所列资金用途使用。改变招股说明书所列资金用途，必须经股东大会作出决议。擅自改变用途而未作纠正的，或者未经股东大会认可的，不得公开发行新股，上市公司也不得非公开发行新股

第二节 证券二级市场

考情分析：本节属于次重点小节，主要介绍证券二级市场的规范规定。主要考点包括诱骗投资者买卖证券、期货合约，利用未公开信息交易，内幕交易、泄露内幕信息，操纵证券期货市场，虚假陈述或者信息误导等违法行为的认定，以及违法所承担的法律责任。本节考试题型为选择题和组合型选择题，考试平均分值为4分左右。

学习建议：本节内容属于证券从业人员在实际工作中应该遵守的一些法律法规，考生须结合实际情况，加以整理与归纳总结，在理解的基础之上记忆重点考点内容即可。

一、诱骗投资者买卖证券、期货合约的刑事责任的认定（★★★）

诱骗投资者买卖证券、期货合约罪是指证券交易所、期货交易所、证券公司、期货经纪公司的从业人员,证券业协会、期货业协会或者证券期货监督管理部门的工作人员,故意提供虚假信息或者伪造、变造、销毁交易记录,诱骗投资者买卖证券、期货合约,造成严重后果的行为。

1. 犯罪构成

相关从业人员作为行为人诱骗投资者买卖证券、期货合约涉嫌构成刑事罪,其认定的具体情况如表4-10所示。

表4-10 诱骗投资者买卖证券、期货合约的犯罪构成

项目	内容
客体要件	本罪所侵害的客体是复杂客体,包括证券、期货市场正常的交易管理秩序和其他投资者的利益
客观要件	本罪在客观方面表现为故意提供虚假信息或者伪造、变造、销毁交易记录,诱骗投资者买卖证券、期货合约,造成严重后果的行为。 本罪为结果犯罪,只有因行为人的故意提供虚假信息或伪造、变造、销毁交易记录,诱骗投资者的行为造成了实际的严重后果才能构成本罪。否则,即使有上述行为,但没有造成实际损害后果或者虽有实际损害后果但不是严重的后果,都不能构成本罪。 所谓提供,是指将虚假的有关证券发行,证券、期货交易的虚假信息故意传播或扩散。既可以提供给个人,又可以提供给单位;既可以是当面口头提供,又可以不面对他人而采用书面、影视、计算机等方式提供;既可以单个地提供,又可以成群成批地提供。但无论其方式如何,其所提供的必须与证券发行,证券、期货交易相关且必为虚假的信息。如果与证券发行,证券、期货交易无关或者所提供的不是虚假的信息,则不构成本罪。至于虚假信息的来源,既可以是自己编造的,又可以是他人编造的,但来源如何都不会影响本罪成立。 所谓伪造,在这里是指按照证券、期货交易记录的特征包括形式特征如式样、格式、形状等内容特征,采用印刷、复印、描绘、拓印、石印等各种方法,制作假交易记录冒充真交易记录的行为。 所谓变造,是指在真实交易记录的基础上,通过涂改、剪接、挖补、拼凑等加工方法,从而使原交易记录改变其内容的行为。 所谓销毁,是指将证券、期货交易记录采用诸如撕裂、火烧、水浸、丢弃等各种方法予以毁灭。 所谓诱骗,是指采取提供虚假的信息或将交易记录加以销毁的方式,以对投资者进行欺骗、引诱、误导,从而骗取投资者信任使投资者买卖证券、期货合约的行为
主体要件	本罪的主体为特殊主体,即只有证券交易所、期货交易所、证券公司、期货经纪公司的从业人员,证券业协会、期货业协会或者证券期货监督管理部门的工作人员及单位,才能构成本罪。非上述人员、单位不能构成本罪而成为本罪主体
主观要件	本罪在主观方面必须出于故意,即明知为虚假信息而故意提供或者明知是证券、期货交易记录仍决意伪造、变造或者销毁,并且具有诱骗投资者买卖证券、期货合约的目的。过失不能构成本罪

2. 立案追诉

根据《最高人民检察院、公安部关于公安机关管辖的刑事案件立案追诉标准的规定(二)》第三十八条,涉嫌下列情形之一的,应予立案追诉。

(1)获利或者避免损失数额累计在5万元以上的。

(2)造成投资者直接经济损失数额在5万元以上的。

(3)致使交易价格和交易量异常波动的。

(4)其他造成严重后果的情形。

3. 法律责任

诱骗投资者买卖证券、期货合约的法律责任如表4-11所示。

表 4-11 诱骗投资者买卖证券、期货合约的法律责任

项目	内 容
《证券法》	《证券法》第二百条规定，证券交易所、证券公司、证券登记结算机构、证券服务机构的从业人员或者证券业协会的工作人员，故意提供虚假资料，隐匿、伪造、篡改或者毁损交易记录，诱骗投资者买卖证券的，撤销证券从业资格，并处以3万元以上10元以下的罚款；属于国家工作人员的，还应当依法给予行政处分
《刑法》	《刑法》第一百八十一条规定，编造并且传播影响证券、期货交易的虚假信息，扰乱证券、期货交易市场，造成严重后果的，处5年以下有期徒刑或者拘役，并处或者单处1万元以上10万元以下罚金。 证券交易所、证券公司、证券登记结算机构、证券交易服务机构的从业人员、证券业协会或者证券监督管理机构的工作人员，故意提供虚假信息或者伪造、变造、销毁交易记录，诱骗投资者买卖证券、期货合约，造成严重后果的，处5年以下有期徒刑或者拘役，并处或者单处1万元以上10万元以下罚金。情节特别恶劣的，处5年以上10年以下有期徒刑，并处2万元以上20万元以下罚金。 单位犯前两款罪的，对单位判处罚金，并对直接负责的主管人员和其他直接责任人员，处5年以下有期徒刑或者拘役

在法律责任认定时，对同一违法行为《证券法》和《刑法》可能都有相关的规定。此时，需要对于违反《证券法》情节严重构成犯罪的，依法追究刑事责任。

【例题·组合型选择题】诱骗投资者买卖证券，造成严重后果的，对其可采取的刑事处罚措施有（　　）。
Ⅰ．处1年有期徒刑
Ⅱ．剥夺政治权利
Ⅲ．处以拘役
Ⅳ．没收财产
A．Ⅰ、Ⅱ　　　B．Ⅰ、Ⅲ
C．Ⅰ、Ⅳ　　　D．Ⅲ、Ⅳ
【解析】本题考查的是诱骗投资者买卖证券、期货合约的刑事责任相关内容。根据《刑法》第一百八十一条的规定。编造并且传播影响证券、期货交易的虚假信息，扰乱证券、期货交易市场，造成严重后果的，处5年以下有期徒刑或者拘役，并处或者单处1万元以上10万元以下罚金，因此，本题答案为B选项。
【答案】B

二、利用未公开信息交易的刑事责任、民事责任及行政责任的认定（★★★）

在二级市场中利用未公开信息交易是指金融机构（证券交易所、期货交易所、证券公司、期货经纪公司、基金管理公司、商业银行、保险公司等）的从业人员以及有关监管部门或者行业协会的工作人员，利用因职务便利获取的内幕信息以外的其他未公开的信息，违反规定，从事与该信息相关的证券、期货交易活动，或者明示、暗示他人从事相关交易活动。

1．立案追诉

根据《最高人民检察院、公安部关于公安机关管辖的刑事案件立案追诉标准的规定（二）》第三十六条，涉嫌下列情形之一的，应予立案追诉。

（1）证券交易成交额累计在50万元以上的。

（2）期货交易占用保证金数额累计在30万元以上的。

（3）获利或者避免损失数额累计在15万元以上的。

（4）多次利用内幕信息以外的其他未公开信息进行交易活动的。

（5）其他情节严重的情形。

2. 违法责任

（1）《中华人民共和国刑法》第一百八十条规定，证券、期货交易内幕信息的知情人员或者非法获取证券、期货交易内幕信息的人员，在涉及证券的发行，证券、期货交易或者其他对证券、期货交易价格有重大影响的信息尚未公开前，买入或者卖出该证券，或者从事与该内幕信息有关的期货交易，或者泄露该信息，或者明示、暗示他人从事上述交易活动，情节严重的，处5年以下有期徒刑或者拘役，并处或者单处违法所得1倍以上5倍以下罚金；情节特别严重的，处5年以上10年以下有期徒刑，并处违法所得1倍以上5倍以下罚金。

（2）单位犯前款罪的，对单位判处罚金，并对其直接负责的主管人员和其他直接责任人员，处五年以下有期徒刑或者拘役。

（3）证券交易所、期货交易所、证券公司、期货经纪公司、基金管理公司、商业银行、保险公司等金融机构的从业人员以及有关监管部门或者行业协会的工作人员，利用因职务便利获取的内幕信息以外的其他未公开的信息，违反规定，从事与该信息相关的证券、期货交易活动，或者明示、暗示他人从事相关交易活动，情节严重的，依照第一款的规定处罚。

提示《中华人民共和国证券法》第二百三十二条规定，应当承担民事赔偿责任和缴纳罚款、罚金，其财产不足以同时支付时，先承担民事赔偿责任。

【例题·选择题】下列关于利用未公开信息交易罪的说法中，错误的是（　　）。

A. 即指证券交易所的从业人员利用因职务便利获取的内幕信息以外的其他未公开的信息，违反规定，从事与该信息相关的证券、期货交易活动，或者明示、暗示他人从事相关交易活动

B. 利用未公开信息交易情节严重的，处5年以下有期徒刑或者拘役

C. 涉嫌证券交易成交额累计在50万元以上的应予立案追诉

D. 涉嫌期货交易占用保证金数额累计在20万元以上的应予立案追诉

【解析】本题考查的是利用未公开信息交易的刑事责任、民事责任及行政责任的认定相关知识。根据相关规定，涉嫌期货交易占用保证金数额累计在30万元以上的应予立案追诉，因此，本题D选项错误。

【答案】D

三、内幕交易、泄露内幕信息的刑事责任、民事责任及行政责任的认定（★★★）

内幕交易、泄露内幕信息罪是指证券、期货交易内幕信息的知情人员或者非法获取证券期货交易内幕信息的人员，在涉及证券的发行，证券、期货交易或者其他对证券、期货交易的价格有重大影响的信息尚未公开前，买入或者卖出该证券，或者从事与该内幕信息有关的期货交易，或者泄露该信息，或者明示、暗示他人从事上述交易活动，情节严重的行为。

1. 立案追诉

根据《最高人民检察院、公安部关于公安机关管辖的刑事案件立案追诉标准的规定（二）》第三十五条，涉嫌下列情形之一的，应予立案追诉。

（1）证券交易成交额累计在50万元以上的。

（2）期货交易占用保证金数额累计在30万元以上的。

（3）获利或者避免损失数额累计在15万元以上的。

（4）多次进行内幕交易、泄露内幕信

息的。

（5）其他情节严重的情形。

2. 法律责任

国务院、中国证监会、最高人民检察院和公安部先后出台若干规定规范和严厉打击内幕交易、泄露内幕信息的行为，对其法律责任的内容如表 4-12 所示。

表 4-12　内幕交易、泄露内幕信息的刑事责任、民事责任及行政责任的认定

项目	内　容
《证券法》	（1）《中华人民共和国证券法》第七十六条规定，证券交易内幕信息的知情人和非法获取内幕信息的人，在内幕信息公开前，不得买卖该公司的证券，或者泄露该信息，或者建议他人买卖该证券。 持有或者通过协议、其他安排与他人共同持有公司 5% 以上股份的自然人、法人、其他组织收购上市公司的股份，本法另有规定的，适用其规定。 内幕交易行为给投资者造成损失的，行为人应当依法承担赔偿责任。 （2）《中华人民共和国证券法》第二百〇二条规定，证券交易内幕信息的知情人或者非法获取内幕信息的人，在涉及证券的发行、交易或者其他对证券的价格有重大影响的信息公开前，买卖该证券，或者泄露该信息，或者建议他人买卖该证券的，责令依法处理非法持有的证券，没收违法所得，并处以违法所得 1 倍以上 5 倍以下的罚款；没有违法所得或者违法所得不足 3 万元的，处以 3 万元以上 60 万元以下的罚款。单位从事内幕交易的，还应当对直接负责的主管人员和其他直接责任人员给予警告，并处以 3 万元以上 30 万元以下的罚款。证券监督管理机构工作人员进行内幕交易的，从重处罚。 （3）《中华人民共和国证券法》第二百三十二条规定，应当承担民事赔偿责任和缴纳罚款、罚金，其财产不足以同时支付时，先承担民事赔偿责任
《刑法》	《中华人民共和国刑法》第一百八十条规定，证券、期货交易内幕信息的知情人员或者非法获取证券、期货交易内幕信息的人员，在涉及证券的发行，证券、期货交易或者其他对证券、期货交易价格有重大影响的信息尚未公开前，买入或者卖出该证券，或者从事与该内幕信息有关的期货交易，或者泄露该信息，或者明示、暗示他人从事上述交易活动，情节严重的，处 5 年以下有期徒刑或者拘役，并处或者单处违法所得 1 倍以上 5 倍以下罚金；情节特别严重的，处 5 年以上 10 年以下有期徒刑，并处违法所得 1 倍以上 5 倍以下罚金。 单位犯前款罪的，对单位判处罚金，并对其直接负责的主管人员和其他直接责任人员，处五年以下有期徒刑或者拘役。 【提示】内幕信息、知情人员的范围，依照法律、行政法规的规定确定。 证券交易所、期货交易所、证券公司、期货经纪公司、基金管理公司、商业银行、保险公司等金融机构的从业人员以及有关监管部门或者行业协会的工作人员，利用因职务便利获取的内幕信息以外的其他未公开的信息，违反规定，从事与该信息相关的证券、期货交易活动，或者明示、暗示他人从事相关交易活动，情节严重的，依照第一款的规定处罚

四、操纵证券、期货市场的刑事责任、民事责任及行政责任的认定（★★★）

操纵证券、期货市场罪是指以获取不正当利益或者转嫁风险为目的，集中资金优势、持股或者持仓优势，或者利用信息优势联合或者连续买卖，与他人串通相互进行证券、期货交易，自买自卖期货合约，操纵证券、期货市场交易量、交易价格，制造证券、期货市场假象，诱导或者致使投资者在不了解事实真相的情况下作出准确投资决定，扰乱

证券、期货市场秩序的行为。

1. 立案追诉

根据《最高人民检察院、公安部关于公安机关管辖的刑事案件立案追诉标准的规定（二）》第三十九条，涉嫌下列情形之一的，应予立案追诉。

（1）单独或者合谋，持有或者实际控制证券的流通股份数达到该证券的实际流通股份总量30%以上，且在该证券连续20个交易日内联合或者连续买卖股份数累计达到该证券同期总成交量30%以上的。

（2）单独或者合谋，持有或者实际控制期货合约的数量超过期货交易所业务规则限定的持仓量50%以上，且在该期货合约连续20个交易日内联合或者连续买卖期货数累计达到该期货合约同期总成交量30%以上的。

（3）与他人串通，以事先约定的时间、价格和方式相互进行证券或者期货合约交易，且在该证券或者期货合约连续20个交易日内成交量累计达到该证券或者期货合约同期总成交量20%以上的。

（4）在自己实际控制的账户之间进行证券交易，或者以自己为交易对象，自买自卖期货合约，且在该证券或者期货合约连续20个交易日内成交量累计达到该证券或者期货合约同期总成交量20%以上的。

（5）单独或者合谋，当日连续申报买入或者卖出同一证券、期货合约并在成交前撤回申报，撤回申报量占当日该种证券总申报量或者该种期货合约总申报量50%以上的。

（6）上市公司及其董事、监事、高级管理人员、实际控制人、控股股东或者其他关联人单独或者合谋，利用信息优势，操纵该公司证券交易价格或者证券交易量的。

（7）证券公司、证券投资咨询机构、专业中介机构或者从业人员，违背有关从业禁止的规定，买卖或者持有相关证券，通过对证券或者其发行人、上市公司公开作出评价、预测或者投资建议，在该证券的交易中谋取利益，情节严重的。

（8）其他情节严重的情形。

2. 法律责任

操纵证券、期货市场的刑事责任、民事责任及行政责任的规定如表4-13所示。

表4-13 操纵证券、期货市场的刑事责任、民事责任及行政责任的规定

项目	内 容
《证券法》	（1）《中华人民共和国证券法》第二百〇三条规定，违反本法规定，操纵证券市场的，责令依法处理非法持有的证券，没收违法所得，并处以违法所得1倍以上5倍以下的罚款；没有违法所得或者违法所得不足30万元的，处以30万元以上300万元以下的罚款。单位操纵证券市场的，还应当对直接负责的主管人员和其他直接责任人员给予警告，并处以10万元以上60万元以下的罚款。 （2）根据《中华人民共和国刑法》第一百八十二条对操纵证券、期货市场罪的规定，有下列情形之一，操纵证券、期货市场，情节严重的，处5年以下有期徒刑或者拘役，并处或者单处罚金；情节特别严重的，处5年以上10年以下有期徒刑，并处罚金。 ①单独或者合谋，集中资金优势、持股或者持仓优势或者利用信息优势联合或者连续买卖，操纵证券、期货交易价格或者证券、期货交易量的； ②与他人串通，以事先约定的时间、价格和方式相互进行证券、期货交易，影响证券、期货交易价格或者证券、期货交易量的； ③在自己实际控制的账户之间进行证券交易，或者以自己为交易对象，自买自卖期货合约，影响证券、期货交易价格或者证券、期货交易量的； ④以其他方法操纵证券、期货市场的

第四章 证券市场典型违法违规行为及法律责任

续表

项目	内 容
《刑法》	《中华人民共和国刑法》第一百八十二条规定，有下列情形之一，操纵证券、期货市场，情节严重的，处5年以下有期徒刑或者拘役，并处或者单处罚金；情节特别严重的，处5年以上10年以下有期徒刑，并处罚金。 ①单独或者合谋，集中资金优势、持股或者持仓优势或者利用信息优势联合或者连续买卖，操纵证券、期货交易价格或者证券、期货交易量的； ②与他人串通，以事先约定的时间、价格和方式相互进行证券、期货交易，影响证券、期货交易价格或者证券、期货交易量的； ③在自己实际控制的账户之间进行证券交易，或者以自己为交易对象，自买自卖期货合约，影响证券、期货交易价格或者证券、期货交易量的； ④以其他方法操纵证券、期货市场的； 单位犯前款罪的，对单位判处罚金，并对其直接负责的主管人员和其他直接责任人员，依照前款的规定处罚

【例题·组合型选择题】《证券法》对操纵证券市场行为，采取的处罚措施是（　　）。

Ⅰ．没收违法所得

Ⅱ．处以违法所得10倍以下的罚款

Ⅲ．违法所得不足30万元的，处以30万元以上100万元以下的罚款

Ⅳ．单位操纵证券市场的，应当对直接负责的主管人员和其他直接责任人员给予警告，并处以10万元以上60万元以下的罚款

A．Ⅰ、Ⅲ、Ⅳ

B．Ⅱ、Ⅲ

C．Ⅰ、Ⅱ、Ⅲ、Ⅳ

D．Ⅰ、Ⅳ

【解析】本题考查的是操纵证券、期货市场的刑事责任、民事责任及行政责任的规定。根据《证券法》相关规定，违反本法规定，操纵证券市场的，责令依法处理非法持有的证券，没收违法所得，并处以违法所得1倍以上5倍以下的罚款；没有违法所得或者违法所得不足30万元的，处以30万元以上300万元以下的罚款。单位操纵证券市场的，还应当对直接负责的主管人员和其他直接责任人员给予警告，并处以10万元以上60万元以下的罚款。

【答案】D

五、在证券交易活动中作出虚假陈述或者信息误导的民事责任、行政责任及刑事责任的认定（★★★）

1．概述

（1）虚假陈述。

证券市场虚假陈述，是指信息披露义务人违反证券法律规定，在证券发行或者交易过程中，对重大事件作出违背事实真相的虚假记载、误导性陈述，或者在披露信息时发生重大遗漏、不正当披露信息的行为。

虚假陈述包括虚假记载、误导性陈述和重大遗漏以及不正当披露，其具体含义如下。

虚假记载，是指信息披露义务人在披露信息时，将不存在的事实在信息披露文件中予以记载的行为。

误导性陈述，是指虚假陈述行为人在信息披露文件中或者通过媒体，作出使投资人对其投资行为发生错误判断并产生重大影响的陈述。

重大遗漏，是指信息披露义务人在信息披露文件中，未将应当记载的事项完全或者部分予以记载。

不正当披露，是指信息披露义务人未在适当期限内或者未以法定方式公开披露应当披露的信息。

（2）虚假陈述行为。

虚假陈述行为是指行为人在提交和公布的信息披露文件中作出的虚假记载、误导性陈述和重大遗漏的行为。这是一种违反信息披露义务的行为。

虚假陈述行为的主体是指依法承担信息披露义务的人。按照行为主体，可分为自然人的虚假陈述和法人的虚假陈述。

2. 立案追诉标准的规定

根据《最高人民检察院、公安部关于公安机关管辖的刑事案件立案追诉标准的规定（二）》第三十七条，编造并且传播影响证券、期货交易的虚假信息，扰乱证券、期货交易市场，涉嫌下列情形之一的，应予立案追诉。

（1）获利或者避免损失数额累计在5万元以上的。

（2）造成投资者直接经济损失数额在5万元以上的。

（3）致使交易价格和交易量异常波动的。

（4）虽未达到上述数额标准，但多次编造并且传播影响证券、期货交易的虚假信息的。

（5）其他造成严重后果的情形。

3. 违法责任

（1）违反《证券法》的责任。

①证券服务机构为证券的发行、上市、交易等证券业务活动制作、出具审计报告、资产评估报告、财务顾问报告、资信评级报告或者法律意见书等文件，应当勤勉尽责，对所依据的文件资料内容的真实性、准确性、完整性进行核查和验证。其制作、出具的文件有虚假记载、误导性陈述或者重大遗漏，给他人造成损失的，应当与发行人、上市公司承担连带赔偿责任，但是能够证明自己没有过错的除外。

②保荐人出具有虚假记载、误导性陈述或者重大遗漏的保荐书，或者不履行其他法定职责的，责令改正，给予警告，没收业务收入，并处以业务收入1倍以上5倍以下的罚款；情节严重的，暂停或者撤销相关业务许可。对直接负责的主管人员和其他直接责任人员给予警告，并处3万元以上30万元以下的罚款；情节严重的，撤销任职资格或者证券从业资格。

③发行人、上市公司或者其他信息披露义务人未按照规定披露信息，或者所披露的信息有虚假记载、误导性陈述或者重大遗漏的，责令改正，给予警告，并处以30万元以上60万元以下的罚款。对直接负责的主管人员和其他直接责任人员给予警告，并处3万元以上30万元以下的罚款。

④发行人、上市公司公告的招股说明书、公司债券募集办法、财务会计报告、上市报告文件、年度报告、中期报告、临时报告以及其他信息披露资料，有虚假记载、误导性陈述或者重大遗漏，致使投资者在证券交易中遭受损失的，发行人、上市公司应当承担赔偿责任；发行人、上市公司的董事、监事、高级管理人员和其他直接责任人员以及保荐人、承销的证券公司，应当与发行人、上市公司承担连带赔偿责任，但是能够证明自己没有过错的除外；发行人、上市公司的控股股东、实际控制人有过错的，应当与发行人、上市公司承担连带赔偿责任。

⑤《中华人民共和国证券法》第二百〇七条规定，违反本法第七十八条第二款的规定，在证券交易活动中作出虚假陈述或者信息误导的，责令改正，处以3万元以上20万元以下的罚款；属于国家工作人员的，还应当依法给予行政处分。

（2）违反《刑法》的责任。

对于虚假陈述或者信息误导情节严重构成犯罪的，依法追究刑事责任。《刑法》第一百六十一条、第一百八十条、第一百八十一条都规定了对虚假陈述或者信息误导违反《刑法》的相关条款应受到的刑事责任。

【例题·组合型选择题】虚假陈述按照行为主体可分为（　　）。
  Ⅰ．主观责任人的虚假陈述
  Ⅱ．自然人的虚假陈述
  Ⅲ．客观责任人的虚假陈述
  Ⅳ．法人的虚假陈述
  A．Ⅱ、Ⅲ
  B．Ⅱ、Ⅳ
  C．Ⅰ、Ⅱ
  D．Ⅲ、Ⅳ
【解析】本题考查的是虚假陈述的犯罪主体相关知识。虚假陈述的行为根据行为主体的角度可以分为自然人的虚假陈述和法人的虚假陈述等。
【答案】B

【例题·组合型选择题】上市公司的招股说明书有虚假记载，致使投资者在证券交易中遭受损失，应当承担赔偿责任的有（　　）。
  Ⅰ．发行人
  Ⅱ．上市公司的董事
  Ⅲ．能够证明自己没有过错的财务负责人
  Ⅳ．有过错的实际控制人
  A．Ⅱ、Ⅲ
  B．Ⅲ、Ⅳ
  C．Ⅰ、Ⅱ、Ⅳ
  D．Ⅰ、Ⅱ、Ⅲ、Ⅳ
【解析】本题考查的是虚假陈述的法律责任相关知识。根据《证券法》第六十九条的规定，发行人、上市公司公告的招股说明书、公司债券募集办法、财务会计报告、上市报告文件、年度报告、中期报告、临时报告以及其他信息披露资料，有虚假记载、误导性陈述或者重大遗漏，致使投资者在证券交易中遭受损失的，发行人、上市公司的董事、监事、高级管理人员和其他直接责任人员以及保荐人、承销的证券公司，应当与发行人、上市公司承担连带赔偿责任，但是能够证明自己没有过错的除外；上市公司的控股股东、实际控制人有过错的，应当与发行人、上市公司承担连带赔偿责任。因此，本题答案为选项C。
【答案】C

六、背信运用受托财产的犯罪构成、刑事追诉标准及法律责任（★★）

背信运用受托财产罪是指银行或者其他金融机构违背受托义务，擅自运用客户资金或者其他委托、信托的财产，情节严重的行为。对其的相关规定如表4-14所示。

表4-14　背信运用受托财产的犯罪构成、刑事追诉标准及法律责任

项目		内　　容
犯罪构成	客体要件	侵犯的客体是金融管理秩序和客户的合法权益。本罪针对金融机构背离受托义务，擅自运用受托客户财产的行为而设立。由于该行为使客户的财产陷入极大风险之中，从而动摇社会公众的投资信念，严重损害客户的合法权益并危害金融管理秩序、妨害金融市场的健康发展，须以刑法制裁
	客观要件	客观方面表现为金融机构违背受托义务，擅自运用客户资金或者其他委托、信托的财产的行为。 违背受托义务，是指金融机构违背法律、行政法规、部门规章规定的受托人应尽的法定义务以及违反有关委托合同所约定的有关金融机构应该承担的具体约定义务。

续表

项目		内 容
犯罪构成	客观要件	擅自运用，是指非法动用受托客户的资金，包括具有归还意图的非法使用和不打算归还的非法占有。 客户资金或者其他委托、信托的财产，是指客户按约定存放在各类金融机构或者委托金融机构经营的资金和资产，含存款、证券交易资金、期货交易资金以及受托理财业务中的客户资产、信托业务中的信托财产、证券投资基金等
	主体要件	犯罪主体是特殊主体，即金融机构，具体指商业银行、证券交易所、期货交易所、证券公司、期货经纪公司、保险公司或者其他金融机构。 其他金融机构主要是指经国家有关主管部门批准的、有资格开展投资理财特定业务的信托投资公司、投资咨询公司、投资管理公司等金融机构。该犯罪主体是单位
	主观要件	主观方面表现为故意，一般是为了获取非法利润
刑事追诉标准		根据《最高人民检察院、公安部关于公安机关管辖的刑事案件立案追诉标准的规定（二）》第四十条，商业银行、证券交易所、期货交易所、证券公司、期货公司、保险公司或者其他金融机构，违背受托义务，擅自运用客户资金或者其他委托、信托的财产，涉嫌下列情形之一的，应予立案追诉。 （1）擅自运用客户资金或者其他委托、信托的财产数额在30万元以上的。 （2）虽未达到上述数额标准，但多次擅自运用客户资金或者其他委托、信托的财产，或者擅自运用多个客户资金或者其他委托、信托的财产的。 （3）其他情节严重的情形
法律责任		《中华人民共和国刑法》第一百八十五条规定，商业银行、证券交易所、期货交易所、证券公司、期货经纪公司、保险公司或者其他金融机构，违背受托义务，擅自运用客户资金或者其他委托、信托的财产，情节严重的，对单位判处罚金，并对其直接负责的主管人员和其他直接责任人员，处3年以下有期徒刑或者拘役，并处3万元以上30万元以下罚金；情节特别严重的，处3年以上10年以下有期徒刑，并处5万元以上50万元以下罚金。 《中华人民共和国刑法》第一百七十二条规定，公司、企业或者其他单位的工作人员，利用职务上的便利，挪用本单位资金归个人使用或者借贷给他人，数额较大、超过3个月未还的，或者虽未超过3个月，但数额较大、进行营利活动的，或者进行非法活动的，处3年以下有期徒刑或者拘役；挪用本单位资金数额巨大的，或者数额较大不退还的，处3年以上10年以下有期徒刑

【例题·组合型选择题】下列行为构成背信运用受托财产罪的是（　　）。
Ⅰ．证券公司提前传递内幕消息给受托用户并协助操作账户获利
Ⅱ．证券交易所擅自运用受托客户证券交易资金亏损后逃逸
Ⅲ．期货公司动用客户保证金支付贷款，尚未归还
Ⅳ．期货经纪公司擅自运用受托客户期货交易资金获利后归还
A．Ⅱ、Ⅲ、Ⅳ　　B．Ⅰ、Ⅱ、Ⅲ　　C．Ⅰ、Ⅱ、Ⅲ、Ⅳ　　D．Ⅰ、Ⅱ、Ⅳ
【解析】本题考查的是背信运用受托财产的犯罪构成、刑事追诉标准及法律责任相关知识。Ⅰ属于泄露内幕信息犯罪的司法解释，Ⅱ、Ⅲ、Ⅳ属于背信运用受托财产罪的司法解释，因此，本题答案是选项A。
【答案】A

过关测试题

一、选择题

1. 关于公开发行的描述，不正确的是（　　）。

   A. 未经依法核准，任何单位和个人不得公开发行证券

   B. 公开发行证券，可采用广告、公开劝诱和变相公开方式

   C. 向累计超过50人的特定对象发行证券属于公开发行

   D. 向不特定对象发行证券属于公开发行

2. 未经核准变相公开发行证券，应该受到的处罚措施不包括（　　）。

   A. 责令停止发行

   B. 退还所募资金并加算银行同期存款利息

   C. 对直接负责的主管人员处以非法所募资金金额1%以上5%以下的罚款

   D. 处以非法所募资金金额1%以上5%以下的罚款

3. 欺诈发行股票、债券罪侵犯的客体是（　　）。

   A. 复杂客体　　B. 单一客体
   C. 简单客体　　D. 任何客体

4. 证券法中关于欺诈发行股票、债券罪，说法错误的是（　　）。

   A. 应当承担民事赔偿责任和缴纳罚款、罚金，其财产不足以同时支付时，先承担民事赔偿责任

   B. 对证券发行、交易违法行为没收的违法所得和罚款，全部上缴国库

   C. 未经法定的机关核准或者审批，擅自发行证券的，或者制作虚假的发行文件发行证券的，责令停止发行，退还所募资金和加算银行同期存款利息

   D. 一律追究刑事责任

5. 发生信息披露违法行为，认定从轻或者减轻处罚的情形不包括（　　）。

   A. 在信息披露违法行为被发现前，及时主动要求公司采取纠正措施或者向证券监管机构报告

   B. 在获悉公司信息披露违法后，向公司有关主管人员或者公司上级主管提出质疑并采取了适当措施

   C. 在信息披露上有不良诚信记录并记入证券期货诚信档案

   D. 配合证券监管机构调查且有立功表现

6. 下列行为不属于非法集资的是（　　）。

   A. 未经有关部门依法批准吸收资金

   B. 通过媒体、推介会、传单、手机短信等途径向社会公开宣传

   C. 向不特定对象吸收资金

   D. 只承诺在一定期限内返还本金

7. 董事、监事、高级管理人员之外的其他人员，确有证据证明其行为与信息披露违法行为具有（　　）关系，应当认定其为直接负责的主管人员或者其他直接责任人员。

   A. 共谋　　　　B. 隶属
   C. 直接因果　　D. 间接因果

8. 诱骗投资者买卖证券、期货合约的犯罪主体不可能是（　　）。

   A. 证券发行人

   B. 证券公司从业人员

   C. 证券业协会、期货业协会工作人员

   D. 证券交易所从业人员

9. （　　）是指证券交易所、期货交易所、证券公司、期货经纪公司的从业人员，证券业协会、期货业协会或者证券期货监督管理部门的工作人员，故意提供虚假信息或者伪造、变造、销毁交易记录，诱骗投资者买卖证券、期货合约，造成严重后果的行为。

   A. 诱骗投资者买卖证券、期货合约罪

   B. 非法集资类犯罪

C. 欺诈发行股票、债券罪
D. 内幕交易、泄露内幕信息犯罪

10. ( )是指证券交易所、期货交易所、证券公司等金融机构的从业人员以及有关监管部门或者行业协会的工作人员，利用因职务便利获取的内幕信息以外的其他未公开的信息，违反规定，从事与该信息相关的证券、期货交易活动，或者明示、暗示他人从事相关交易活动。

A. 诱骗投资者买卖证券、期货合约罪
B. 内幕交易、泄露内幕信息犯罪
C. 欺诈发行股票、债券罪
D. 利用未公开信息交易罪

11. 《刑法》规定，犯有内幕交易、泄露内幕信息罪，情节严重的，处5年以下有期徒刑或者拘役，并处或者单处违法所得（ ）罚金。

A. 1倍以上3倍以下
B. 1倍以上5倍以下
C. 20%以上200%以下
D. 30%以上300%以下

12. 下列选行为不属于内幕交易的是（ ）。

A. 与他人串通，以事先约定的时间、价格和方式相互进行证券交易
B. 知情人员买入或者卖出所持有的该公司的证券
C. 非法获取内幕信息的其他人员买入或者卖出所持有的该公司的证券
D. 知情人员或者非法获取内幕信息的其他人员建议他人买卖证券的行为

13. 进行内幕交易应当负担的法律责任是（ ）。

A. 没收全部财产
B. 责令依法处理非法持有的证券
C. 没有违法所得的，处以2万元的罚金
D. 单位从事内幕交易的，还应当对直接负责的主管人员和其他直接责任人员给予警告，并处以5万元以上50万元以下的罚款

14. 下列行为不属于操纵市场行为的是（ ）。

A. 单独或者通过合谋，集中资金优势、持股优势或者利用信息优势联合或者连续买卖，操纵证券交易价格或数量
B. 与他人串通，以事先约定的时间、价格和方式相互进行证券交易，影响证券交易价格或者证券交易量
C. 内幕人员向他人泄露内幕信息，使他人利用该信息进行交易
D. 在自己实际控制的账户之间进行证券交易，影响证券交易价格或者证券交易量

15. 在市场交易中，操纵证券价格，或者制造证券交易的虚假价格、虚假交易量，获取不正当利益，应没收违法所得，并处以违法所得（ ）的罚款。

A. 1倍以上2倍以下
B. 1倍以上3倍以下
C. 1倍以上4倍以下
D. 1倍以上5倍以下

16. 虚假陈述根据信息公开的对象的不同可分为（ ）。

A. 发行市场中的虚假陈述和流通市场中的虚假陈述
B. 自然人的虚假陈述和法人的虚假陈述
C. 针对公众的虚假陈述和针对证券监督管理机构的虚假陈述
D. 针对从业人员的虚假陈述和针对交易者的虚假陈述

17. （ ）是指银行或者其他金融机构违背受托义务，擅自运用客户资金或者其他委托、信托的财产，情节严重的行为。

A. 背信运用受托财产罪
B. 操纵证券、期货市场罪
C. 非法集资类犯罪
D. 利用未公开信息交易罪

18. 背信运用受托财产罪的主观目的一

般是（　　）。
A. 为受托人获取额外收益
B. 获取非法利润
C. 为受托物保值增值
D. 高效利用闲置资源

19. 违背法律、法规或部门规章规定的受托人应尽的法定义务以及违反有关委托合同所约定的有关金融机构应该承担的具体约定义务是（　　）。
A. 直接义务
B. 间接义务
C. 违背信托义务
D. 违背受托义务

20. 背信运用受托财产罪侵犯的主体和客体分别是（　　）。
A. 金融机构和客户的合法权益
B. 法人和金融管理秩序
C. 证券公司和自然人
D. 商业银行和复杂客体

二、组合型选择题

1. 下列行为属于变相公开发行证券特征的是（　　）。
Ⅰ. 非公开发行股票及其股权转让，采用广告、公告、广播、电话、传真、信函、推介会、说明会、网络、短信、公开劝诱等公开方式或变相公开方式向社会公众发行的
Ⅱ. 公司股东自行以公开方式向社会公众转让股票
Ⅲ. 向特定对象转让股票，未经证监会核准，转让后公司股东累计超过200人的
Ⅳ. 公司股东委托他人以公开方式向社会公众转让股票
A. Ⅰ、Ⅱ、Ⅳ
B. Ⅱ、Ⅲ、Ⅳ
C. Ⅰ、Ⅲ、Ⅳ
D. Ⅰ、Ⅱ、Ⅲ、Ⅳ

2. 并不符合发行条件，以欺骗手段骗取发行核准，可对发行人（　　）。
Ⅰ. 尚未发行证券的，处以30万元以上60万元以下的罚款
Ⅱ. 已发行证券的，处以非法所募资金金额1%以上5%以下的罚款
Ⅲ. 责令停业整顿
Ⅳ. 对直接负责的主管人员处以3万元以上30万元以下的罚款
A. Ⅰ、Ⅱ、Ⅳ
B. Ⅰ、Ⅲ、Ⅳ
C. Ⅱ、Ⅲ、Ⅳ
D. Ⅰ、Ⅱ、Ⅲ、Ⅳ

3. 非法吸收公众存款应该承担的刑事处罚是（　　）。
Ⅰ. 处5年以下有期徒刑
Ⅱ. 并处或者单处2万元以上20万元以下罚金
Ⅲ. 单位犯前款罪的，单处主管人员和其他直接责任人员
Ⅳ. 数额巨大或者有其他严重情节的，处3年以上10年以下有期徒刑
A. Ⅰ、Ⅱ
B. Ⅰ、Ⅲ
C. Ⅱ、Ⅲ
D. Ⅱ、Ⅳ

4. 对于违规披露、不披露重要信息，认定为从轻或者减轻处罚的情形包括（　　）。
Ⅰ. 在信息披露违法行为被发现前，及时主动要求公司采取纠正措施或者向证券监管机构报告
Ⅱ. 在获悉公司信息披露违法后，向公司有关主管人员或者公司上级主管提出质疑并采取了适当措施
Ⅲ. 受他人胁迫参与信息披露违法行为
Ⅳ. 配合证券监管机构调查且有立功表现
A. Ⅰ、Ⅱ、Ⅲ、Ⅳ
B. Ⅰ、Ⅱ、Ⅲ
C. Ⅰ、Ⅱ、Ⅳ

D．Ⅰ、Ⅲ、Ⅳ

5. 公司、企业违规披露重要信息，严重损害股东或者其他人利益，应承担的刑事责任是（　　）。

Ⅰ．对其直接负责的主管人员，处3年以下有期徒刑

Ⅱ．对其直接负责的主管人员，单处1万元以上10万元以下罚金

Ⅲ．对其直接责任人员，处3年以下有期徒刑

Ⅳ．对其直接责任人员，并处1万元以上10万元以下罚金

A．Ⅰ、Ⅲ
B．Ⅰ、Ⅳ
C．Ⅱ、Ⅲ
D．Ⅲ、Ⅳ

6. 关于发行人、上市公司擅自改变公开发行证券所募集资金用途的有关法律责任，表述正确的有（　　）。

Ⅰ．发行人、上市公司擅自改变公开发行证券所募集资金的用途的，责令改正，对直接负责的主管人员和其他直接责任人员给予警告，并处以3万元以上30万元以下的罚款

Ⅱ．发行人、上市公司擅自改变公开发行证券所募集资金的用途的，责令改正，对直接负责的主管人员和其他直接责任人员给予警告，并处以30元以上60万元以下的罚款

Ⅲ．发行人、上市公司的控股股东、实际控制人指使从事前款违法行为的，给予警告，并处以30万元以上60万元以下的罚款

Ⅳ．发行人、上市公司的控股股东、实际控制人指使从事前款违法行为的，给予警告，并处以3万元以上30万元以下的罚款

A．Ⅰ、Ⅲ
B．Ⅰ、Ⅳ
C．Ⅱ、Ⅲ
D．Ⅲ、Ⅳ

7. 属于诱骗投资者买卖证券、期货合约罪构成要件的有（　　）。

Ⅰ．主体要件
Ⅱ．客观要件
Ⅲ．客体要件
Ⅳ．主观要件

A．Ⅰ、Ⅱ、Ⅳ
B．Ⅰ、Ⅱ、Ⅲ、Ⅳ
C．Ⅰ、Ⅲ、Ⅳ
D．Ⅱ、Ⅲ、Ⅳ

8. 诱骗投资者买卖证券，造成严重后果的刑事处罚措施是（　　）。

Ⅰ．处5年以下有期徒刑或者拘役
Ⅱ．处5年以上10年以下有期徒刑
Ⅲ．并处或者单处1万元以上10万元以下罚金
Ⅳ．没收财产

A．Ⅰ、Ⅱ、Ⅲ、Ⅳ
B．Ⅰ、Ⅱ、Ⅳ
C．Ⅰ、Ⅲ
D．Ⅰ、Ⅳ

9. 根据《证券法》的规定，对内幕交易行为人可采取的行政处罚措施有（　　）。

Ⅰ．责令依法处理非法持有的证券，没收违法所得
Ⅱ．停止其所在单位的业务资格
Ⅲ．处以违法所得1倍以上3倍以下的罚款
Ⅳ．证券监督管理机构工作人员进行内幕交易的，从重处罚

A．Ⅰ、Ⅱ、Ⅳ
B．Ⅰ、Ⅱ
C．Ⅰ、Ⅲ
D．Ⅰ、Ⅳ

10. 对内幕信息的知情人员利用未公开信息从事交易，应该承担的刑事处罚措施是（　　）。

Ⅰ．情节严重的，处3年以下有期徒刑或者拘役，并处违法所得1倍以上3倍以下

罚金

Ⅱ．情节严重的，处5年以下有期徒刑或者拘役，并处违法所得1倍以上5倍以下罚金

Ⅲ．情节特别严重的，处3年以上5年以下有期徒刑，并处违法所得1倍以上3倍以下罚金

Ⅳ．情节特别严重的，处5年以上10年以下有期徒刑，并处违法所得1倍以上5倍以下罚金

A．Ⅱ、Ⅲ
B．Ⅱ、Ⅳ
C．Ⅰ、Ⅲ
D．Ⅰ、Ⅳ

11．对于非法获取内幕信息，在证券的发行、交易或者其他对证券的价格有重大影响的信息公开前买卖该证券的，可采取的处罚措施有（　　）。

Ⅰ．责令依法处理非法持有的证券，没收违法所得

Ⅱ．并处以违法所得1倍以上5倍以下的罚款

Ⅲ．违法所得不足3万元的，处以3万元以上60万元以下的罚款

Ⅳ．证券监督管理机构工作人员进行内幕交易的，从重处罚

A．Ⅰ、Ⅱ、Ⅲ、Ⅳ
B．Ⅱ、Ⅲ、Ⅳ
C．Ⅰ、Ⅲ、Ⅳ
D．Ⅰ、Ⅱ、Ⅲ

12．对于操纵证券、期货市场，应予以立案追诉的情形有（　　）。

Ⅰ．上市公司及其董事、监事、高级管理人员、实际控制人、控股股东或者其他关联人单独或者合谋，利用信息优势，操纵该公司证券交易价格或者证券交易量的

Ⅱ．单独或者合谋，当日连续申报买入或者卖出同一证券、期货合约并在成交前撤回申报，撤回申报量占当日该种证券总申报量或者该种期货合约总申报量50%以上的

Ⅲ．单独或者合谋，当日连续申报买入或者卖出同一证券、期货合约并在成交前撤回申报，撤回申报量占当日该种证券总申报量或者该种期货合约总申报量30%以上的

Ⅳ．与他人串通，以事先约定的时间、价格和方式相互进行证券或者期货合约交易，且在该证券或者期货合约连续20个交易日内成交量累计达到该证券或者期货合约同期总成交量20%以上的

A．Ⅰ、Ⅱ、Ⅲ
B．Ⅰ、Ⅱ、Ⅳ
C．Ⅰ、Ⅲ、Ⅳ
D．Ⅰ、Ⅱ、Ⅲ、Ⅳ

13．按照《证券法》的规定，属于操纵市场的行为的有（　　）。

Ⅰ．集中资金优势、持股优势，操纵证券交易量

Ⅱ．单独或者通过合谋，集中资金优势、持股优势或者利用信息优势联合或者连续买卖

Ⅲ．与他人串通，以事先得到的消息进行证券交易

Ⅳ．在自己实际控制的账户之间进行证券交易，影响证券交易价格

A．Ⅰ、Ⅱ、Ⅲ、Ⅳ
B．Ⅰ、Ⅱ、Ⅲ
C．Ⅰ、Ⅱ、Ⅳ
D．Ⅰ、Ⅲ、Ⅳ

14．对于违反法律规定，操纵证券市场应当承担的处罚措施有（　　）。

Ⅰ．责令依法处理非法持有的证券，没收违法所得

Ⅱ．处以违法所得1倍以上5倍以下的罚款

Ⅲ．违法所得不足10万元的，处以10万元以上100万元以下的罚款

Ⅳ．单位操纵证券市场的，应当对直接负责的主管人员和其他直接责任人员给予警

告，并处以 10 万元以上 60 万元以下的罚款
　　A．Ⅰ、Ⅱ、Ⅲ、Ⅳ
　　B．Ⅰ、Ⅱ
　　C．Ⅰ、Ⅱ、Ⅳ
　　D．Ⅲ、Ⅳ

15．下列选项构成背信运用受托财产的有（　　）。
　　Ⅰ．银行擅自动用受托保管的客户物品
　　Ⅱ．证券公司擅自运用受托客户的有价证券
　　Ⅲ．期货公司动用客户保证金支付贷款，一个月后归还
　　Ⅳ．内幕消息知情人动用证券公司客户的资金账户进行交易
　　A．Ⅰ、Ⅱ
　　B．Ⅰ、Ⅱ、Ⅳ
　　C．Ⅰ、Ⅱ、Ⅲ
　　D．Ⅰ、Ⅱ、Ⅲ、Ⅳ

上卷 过关测试题参考答案与解析

第一章 证券市场基本法律法规

一、选择题

1. A【解析】本题考查证券市场的法律法规体系。证券市场的部门规章及规范性文件由中国证监会根据法律和国务院行政法规制定,其法律效力次于法律和行政法规。

2. D【解析】本题考查有限责任公司的组织机构。《公司法》规定,有限责任公司设监事会,其成员不得少于3人;股东人数较少或者规模较小的有限责任公司,可以设1至2名监事,不设监事会。

3. C【解析】本题考查虚假出资的法律责任。《刑法》第一百五十九条规定,公司发起人、股东违反公司法的规定未交付货币或者未转移财产权,虚假出资,或者在公司成立后又抽逃其出资,数额巨大、后果严重或者有其他严重情节的,处5年以下有期徒刑或者拘役,并处以或者单处虚假出资金额或者抽逃出资金额2%以上10%以下罚金。

4. C【解析】本题考查股份有限公司董事会决议的有关制度。按照规定,董事会作出决议,应由全体董事的过半数通过,而不是出席会议的董事过半数通过。

5. A【解析】本题考查法人财产权的规定。公司作为独立民事主体存在的基础是公司法人财产的独立性。

6. D【解析】本题考查股份有限公司的董事会人数。按照《公司法》的有关规定,股份有限公司设立董事会,其成员为5~19人。

7. B【解析】本题考查独立董事任职情况。按照相关规定,独立董事在任期内辞职或被免职的,独立董事本人和证券公司应当分别向证券监管部门和股东会提供书面说明。

8. B【解析】本题考查募集设立股份有限公司的要求。以募集方式设立股份有限公司的,发起人认购的股份不得少于公司股份总数的35%。

9. C【解析】本题考查公司财务会计制度的要求。按照《公司法》第一百六十五条的规定,股份有限公司的财务会计报告应当在召开股东大会年会的20日前置备于本公司,供股东查阅;公开发行股票的股份有限公司必须公告其财务会计报告。

10. B【解析】本题考查公积金的提取规范。我国《公司法》规定,公司分配当年税后利润时,应当提取利润的10%列入公司法定公积金。公司法定公积金累计额为公司注册资本的50%以上的,可以不再提取。

11. B【解析】本题考查股东大会的议事规则。《公司法》规定,股东大会作出修改公司章程、增加或者减少注册资本的决议,以及公司合并、分立、解散或者变更公司形式的决议,必须经出席会议的股东所持表决权的三分之二以上通过。

12. B【解析】本题考查要约收购的期限。《证券法》第九十条规定,收购要约约定的收购期限不得少于30日,并不得超过60日。

13. C【解析】本题考查对操纵市场行为监管的内容。按照规定,应处以30万元以上 300 万元以下罚款。

14. B【解析】本题考查债券与股票的区别。发行债券是公司追加资金的需要，它属于公司的负债；发行股票则是股份公司创立和增加资本的需要，筹措的资金列入公司资本。

15. D【解析】本题考查《证券法》对股份有限公司申请股票上市的要求。按照规定，申请股票上市的公司，最近3年无重大违法行为，财务会计报告无虚假记载。

16. B【解析】本题考查典型的违法违规行为及法律责任。证券公司诱使客户进行不必要的证券交易，依照法律规定，责令改正，处以1万元以上10万元以下的罚款。

17. B【解析】本题考查协议收购的报告和公告。根据规定，以协议方式收购上市公司时，达成协议后，收购人必须在3日内将该收购协议向国务院证券监管机构及证券交易所作出书面报告，并予以公告。

18. D【解析】本题考查封闭式基金的内容。选项D应该是：投资者只能通过证券经纪商在二级市场上进行基金的买卖。

19. B【解析】本题考查有价证券的分类。有价证券按募集方式分类，可以分为公募证券和私募证券。

20. C【解析】本题考查公募基金的特点。除C外，其他几项都是私募基金的特点。

21. B【解析】本题考查期货的类别，按规定股票期货属于金融期货。

22. C【解析】本题考查典型的违法行为及其法律责任。操纵证券、期货市场情节严重的处5年以下有期徒刑或者拘役，并处或单处罚金。

23. A【解析】本题属于细节题，考查法律法规的公布时间。2008年4月23日，国务院公布《证券公司监督管理条例》和《证券公司风险处置条例》。

24. D【解析】本题考查融资融券业务的定义。融资融券业务是指向客户出借资金供其买入上市证券或者出借上市证券供其卖出，并收取担保物的经营活动。

25. B【解析】本题考查公积金提取规则。按照规定，法定公积金转为资本时，所留存的该项公积金不得少于转增前公司注册资本的25%。

二、组合型选择题

1. D【解析】本题考查有限责任公司和股份有限公司的区别。有限责任公司和股份有限公司在成立条件和募集资金方式上有所不同，股权转让难易程度不同，股权证明形式不同，公司治理结构简化程度不同，财务状况的公开程度不同。

2. B【解析】本题考查证券公司的设立条件。根据《证券法》第一百二十四条，设立证券公司，应当具备下列条件：（1）有符合法律、行政法规规定的公司章程；（2）主要股东具有持续盈利能力，信誉良好，最近3年无重大违法违规记录，净资产不低于人民币2亿元；（3）有符合本法规定的注册资本；（4）董事、监事、高级管理人员具备任职资格，从业人员具有证券从业资格；（5）有完善的风险管理与内部控制制度；（6）有合格的经营场所和业务设施；（7）法律、行政法规规定的和经国务院批准的国务院证券监督管理机构规定的其他条件。

3. B【解析】本题考查创立大会的职权。创立大会行使下列职权。（1）审议发起人关于公司筹办情况的报告；（2）通过公司章程；（3）选举董事会成员；（4）选举监事会成员；（5）对公司的设立费用进行审核；（6）对发起人用于抵作股款的财产的作价进行审核；（7）发生不可抗力或者经营条件发生重大变化直接影响公司设立的，可以作出不设立公司的决议。创立大会对上述事项作出决议，必须经出席会议的认股人所持表决权过半数通过。

4. A【解析】本题考查股东权利的相关内容。股东权利是一种综合权利，股东依法享有的权利包括资产收益、重大决策、选择管理者等。股东对公司财产不能直接支配处理。

5. C【解析】本题考查董事会的职权。选项Ⅳ是经理的职权。

6. B【解析】本题考查出资返还的情况。根据《公司法》，发起人、认股人缴纳股款或者交付抵作股款的出资后，除未按期募集足股份、发起人未按期召开创立大会或者创立大会决议不设立公司外，不得抽回其股本。

7. D【解析】本题考查特别决议事项。需要股东大会三分之二投票同意的事项为特别决议，下列事项须由股东大会以特别决议通过：（1）公司章程的修改；（2）公司增加或者减少注册资本；（3）公司的合并、分立和解散；（4）变更公司形式；（5）公司章程规定和股东大会以特别决议认定会对公司产生重大影响的、需要以特别决议通过的其他事项。

8. A【解析】本题考查收购本公司股份的特殊情况。根据规定，公司不得收购本公司股份，但有下列情况之一的除外，（1）减少公司注册资本；（2）与持有本公司股份的其他公司合并；（3）将股份奖励给本公司职工；（4）股东因对股东大会作出的公司合并、分立决议持异议，要求公司收购其股份的。

9. C【解析】本题考查内幕信息的内容。按照规定，公司营业用主要资产的报废一次超过该资产的30%属于内幕信息，所以Ⅲ说法有误。

10. A【解析】本题考查证券公司自营业务规范的内容。按照规定，中国证监会可聘请具有从事证券业务资格的会计师事务所、审计事务所对证券公司从事证券自营业务情况进行稽核。

11. D【解析】本题考查证券市场的法律制度。我国法律规定，证券市场的法律制度包括：证券发行及其信息披露、证券交易、上市公司的收购、证券交易所、证券公司、证券服务机构、证券业协会、证券登记结算机构、证券监督管理机构以及法律责任等。故本题选D选项。

12. D【解析】本题考查监管、行政批准事项。证券公司设立、收购或者撤销分支机构，变更业务范围或者注册资本，变更持有5%以上股权的股东、实际控制人，变更公司章程中的重要条款，合并、分立、变更公司形式，停业、解散、破产，必须经证券监督管理机构批准。

13. C【解析】本题考查证券市场中的欺诈客户行为。选项Ⅰ属于操纵市场行为。

14. B【解析】本题考查股份有限公司申请其股票上市必须符合的条件。选修Ⅱ应该是不少于人民币5 000万元。

15. D【解析】本题考查操作市场行为的具体内容。假借他人名义或者以个人名义进行自营业务，属于其他禁止行为，不是操纵市场行为。

16. B【解析】本题考查基金份额持有人的义务。分享基金财产收益是基金份额持有人的权利。

17. A【解析】本题考查封闭式基金和开放式基金的区别。封闭式基金的存续期和基金规模是固定的，开放式基金没有存续期和发行规模限制。所以选项Ⅰ、Ⅲ错误。

18. C【解析】本题考查基金托管人的概念。概括而言，基金托管人的职责主要包括安全保管基金财产、完成基金资产清算、进行基金会计核算、监督基金投资运作等方面。

19. A【解析】本题考查《证券公司监督管理条例》对证券公司的监管措施。各选项均符合条例的相关规定。

第二章 证券从业人员管理

一、选择题

1. D【解析】本题考查从业人员申请执业证书的条件。根据规定，申请执业证书要求之一是：最近3年未受过刑事处罚。

2. B【解析】本题考查从业人员资格管理的内容。按照规定取得执业证书的人员，连续3年不在机构从业的，由协会注销其执业证书。重新执业的，应当参加协会组织的执业培训，并重新申领执业证书。

3. B【解析】本题考查从业人员资格管理的内容。根据规定，证券业从业人员取得执业证书后，辞职或者不为原聘用机构所聘用的，或者其他原因与原聘用机构解除劳动合同的，原聘用机构应当在上述情形发生后10日内向协会报告，由协会变更该人员执业注册登记。变更聘用机构的，新聘用机构10日内向协会报告，由协会变更该人员执业注册登记。

4. D【解析】本题考查销售证券投资基金行为规范。根据规定，基金销售机构在销售基金产品过程中，应当坚持投资人利益优先原则。

5. C【解析】本题考查证券投资顾问和分析师的注册登记要求。根据规定，注册登记为证券投资顾问或证券分析师的人员，其所在机构、执业证书编号、从事证券投资咨询业务类型等信息将在证券业协会网站公示。

6. A【解析】本题考查保荐人执业要求。根据规定，保荐代表人应当遵守职业道德准则，珍视和维护保荐代表人职业声誉，保持应有的职业谨慎，保持和提高专业胜任能力。

7. A【解析】本题考查保荐代表人的资格管理规定。中国证监会依法对保荐机构、保荐代表人进行注册登记管理。

8. A【解析】本题考查保荐代表人的资格管理规定。保荐机构、保荐代表人注册登记事项发生变化的，保荐机构应当自变化之日起5个工作日内向中国证监会书面报告，由中国证监会予以变更登记。

9. C【解析】本题考查保荐代表人的资格管理规定。个人申请保荐代表人资格的条件之一是：最近3年未受到中国证监会的行政处罚。

10. B【解析】本题考查客户资产管理业务投资主办人执业注册的要求。根据从业资格的规定，证券公司客户资产管理业务投资主办人应当在证券业协会进行执业注册。

11. C【解析】本题考查财务顾问主办人的申请条件。选项C应为：最近24个月未因执业行为违反行业规范而受到行业自律组织的纪律处分。

12. C【解析】本题考查诚信信息的使用与查询的相关内容。根据规定，中国证券业协会应对符合条件的查询申请，从申请之日起10个工作日内出具诚信报告。

13. C【解析】本题考查协会诚信信息的采集途径。协会以外主体作出的、符合相关规定条件的奖励信息，会员应自收到对本单位及本单位从业人员奖励决定文书之日起10个工作日内向协会诚信管理系统申报，协会审核后记入诚信信息系统。

14. A【解析】本题考查证券市场禁入规定。根据2015年公布的禁入规定，没有1至3年的禁入措施。

15. B【解析】本题考查证券公司对证券经纪业务销售人员的管理规定。根据证券经纪业务营销人员的范围，B选项显然不合要求。

16. C【解析】本题考查证券公司代销金融产品的管理规定。根据规定，证券公司住所地证监会派出机构按照证券公司增加常规业务种类的条件和程序，对证券公司代销金融产品业务资格申请进行审批。

17. B【解析】本题考查证券投资咨询人员的禁止行为。证券投资咨询人员特定禁止的行为有：（1）接受他人委托从事证券投资。（2）与委托人约定分享证券投资收益，分担证券投资损失，或者向委托人承诺证券投资收益。（3）依据虚假信息、内幕信息或者市场传言撰写和发布分析报告或评级报告。（4）中国证监会、协会禁止的其他行为。

18. D【解析】本题考查发行保荐书的内容。保荐代表人专项授权书是向中国证监会提交的文件，但不属于发行保荐书的部分。

19. A【解析】本题考查证券发行上市保荐业务的有关规定。按照规定联合保荐机构不得超过两家。

二、组合型选择题

1. A【解析】本题考查证券从业人员资格条件。按照规定，证券业从业人员需要具有高中以上文化程度。

2. B【解析】本题考查从业人员监督管理的相关规定。按规定取得执业证书的人员，连续3年不在机构从业的，由协会注销其执业证书。故本题选B选项。

3. D【解析】本题考查证券机构的违法违规责任。协会工作人员不按《证券业从业人员资格管理办法》规定履行职责，徇私舞弊、玩忽职守或者故意刁难有关当事人的，协会应当给予纪律处分。

4. C【解析】本题考查基金销售人员的范围。按照规定，基金销售人员有：（1）基金销售机构总部及主要分支机构负责基金销售业务的部门中从事基金销售业务管理的人员，包括部门基金业务负责人。（2）基金销售机构从事基金宣传推介活动、基金理财业务咨询等活动的人员。

5. D【解析】本题考查证券投资咨询人员资格管理的内容。选项Ⅳ也是应当具备的条件，完整的规定是：未受过刑事处罚或者与证券、期货业务有关的严重行政处罚。

6. B【解析】本题考查保荐人注册登记的规定。根据规定，保荐代表人的注册登记事项包括：（1）保荐代表人的姓名、性别、出生日期、身份证号码。（2）保荐代表人的联系电话、通信地址。（3）保荐代表人的任职机构、职务。（4）保荐代表人的学习和工作经历。（5）保荐代表人的执业情况。

7. A【解析】本题考查证券从业人员执业行为准则。根据规定，证券从业人员不得从事的活动共10条，以上都是规定中的内容。

8. A【解析】本题考查证券业诚信信息采集的内容。根据规定，证券业协会应与中国证监会及其派出机构、全国性证券交易所、全国性证券登记结算机构、地方证券业协会、会员及其他相关机构建立诚信信息交流渠道。

9. D【解析】本题考查证券市场禁入措施的实施对象。题目中各选项违反规定，情节严重的，中国证监会都可以对其采取禁入措施。

10. D【解析】本题考查证券公司代销金融产品的管理规定。根据规定，证券公司向客户推介金融产品，应当了解客户的身份、财产和收入状况、金融知识和投资经验、投资目标、风险偏好等基本情况，评估其购买金融产品的适当性。

11. C【解析】本题考查投资咨询人员的一般性禁止行。Ⅱ选项是特定禁止行为。

12. A【解析】本题考查证券投资咨询机构报备的内容。根据规定，备案材料包括：合作内容、起止时间、版面安排或节目时间段、项目负责人等,并加盖双方单位印鉴。

13. C【解析】本题考查证券投资咨询执业规范的内容。除选项中的四项外，禁止事项还包括：为自己买卖股票及具有股票性质、功能的证券以及期货；法律、法规、规章所禁止的其他证券、期货欺诈行为。

14．B【解析】本题考查资产管理投资主办人注册规定。不得注册为投资主办人的情形包括：（1）不符合申请投资主办人注册规定的条件。（2）被监管机构采取重大行政监管措施未满两年。（3）被协会采取纪律处分未满两年。（4）未通过证券从业人员年检。（5）尚处于法律法规规定或劳动合同约定的竞业禁止期内。（6）其他情形。

15．C【解析】本题考查资产管理投资主办人注册条件。申请投资主办人注册的人员应当具备下列条件：（1）已取得证券从业资格。（2）具有3年以上证券投资、研究、投资顾问或类似从业经历。（3）具备良好的诚信记录及职业操守，且最近3年内没有受到监管部门的行政处罚。（4）中国证券业协会规定的其他条件。

第三章 证券公司业务规范

一、选择题

1．D【解析】本题考查证券经纪业务管理的目的。依据《关于加强证券经纪业务管理的规定》，证券公司应当建立健全证券经纪业务管理制度，对证券经纪业务实施集中统一管理，防范公司与客户之间的利益冲突，切实履行反洗钱义务，防止出现损害客户合法权益的行为。

2．A【解析】本题考查证券经纪业务的特点。具体特点包括业务对象的广泛性、证券经纪商的中介性、客户指令的权威性和客户资料的保密性。

3．C【解析】本题考查发布证券研究报告的相关规定。证券公司、证券投资咨询机构应当通过公司规定的证券研究报告发布系统平台向发布对象统一发布证券研究报告，以保障发布证券研究报告的公平性。

4．D【解析】本题考查财务顾问的法律责任。按照规定，财务顾问及其财务顾问主办人，内部控制机制和管理制度、尽职调查制度以及相关业务规则存在重大缺陷或者未得到有效执行的，中国证监会可对其采取监管谈话、出具警示函、责令改正等监管措施。

5．B【解析】本题考查证券发行保荐业务的监管机构。按照《证券法》的规定，保荐人的资格及其管理办法由国务院证券监督管理机构规定。

6．A【解析】本题考查证券公司自营业务投资范围的规定。已经和依法可以在境内银行间市场交易的以下证券：政府债券、国际开发机构人民币债券、央行票据、金融债券、短期融资券、公司债券、中期票据、企业债券。

7．B【解析】本题考查证券自营业务决策与授权的要求。董事会是自营业务的最高决策机构。投资决策机构是自营业务投资运作的最高管理机构。

8．C【解析】本题考查证券自营业务决策与授权的要求。按照规定，自营业务须建立健全相对集中、权责统一的投资决策与授权机制。证券公司的自营业务决策机构原则上应当按照"董事会—投资决策机构—自营业务部门"的三级体制来设立。

9．D【解析】本题考查证券公司办理客户资产管理业务的一般规定。证券公司设立集合资产管理计划的，应当自中国证监会出具无异议意见或者作出批准决定之日起6个月内启动推广工作，并在60个工作日内完成设立工作并开始投资运作。

10．D【解析】本题考查证券资产管理的具体业务。按照《证券公司客户资产管理业务管理办法》第十一条，经证监会批准，证券公司可以从事下列客户资产管理业务：（1）为单一客户办理定向资产管理业务。（2）为多个客户办理集合资产管理业务。（3）为客户办理特定目的的专项资产管理业务。

11. A【解析】本题考查客户资产管理业务规范。投资主办人与原证券公司解除劳动合同的，原证券公司应当在10日内向协会进行离职备案。

12. B【解析】本题考查证券资产管理托管机构的职责。按照规定，证券公司应当负责集合资产管理计划资产净值估值等会计核算业务，并由托管机构进行复核。

13. A【解析】本题考查证券公司在自营、资产管理、投资等业务的规范。关于选项A的直接规定是，证券公司从事定向资产管理业务，接受单一客户委托资产净值的最低限额，应当符合中国证监会的规定。证券公司可以在规定的最低限额的基础上，提高本公司客户委托资产净值的最低限额。

14. C【解析】本题考查证券公司融资融券业务的规定。证券公司开展融资融券业务选择客户时，要求客户在申请开展融资融券业务的证券公司所属营业部开设普通证券账户并从事交易满半年以上。

15. C【解析】本题考查融资融券业务资格条件。按规定，需要具备：（1）具有证券经纪业务资格。（2）公司治理健全，内部控制有效，能有效识别、控制和防范业务经营风险和内部管理风险。（3）公司最近2年内不存在因涉嫌违法违规正被中国证监会立案调查或者正处于整改期间的情形。（4）财务状况良好，最近两年各项风险控制指标持续符合规定，注册资本和净资本符合增加融资融券业务后的规定。（5）客户资产安全、完整，客户交易结算资金第三方存管有效实施，客户资料完整真实。（6）已建立完善的客户投诉处理机制，能够及时、妥善处理与客户之间的纠纷。（7）已建立符合监管规定和自律要求的客户适当性制度，实现客户与产品的适当性匹配管理。（8）信息系统安全稳定运行，最近一年未发生因公司管理问题导致的重大事故，融资融券业务技术系统已通过证券交易所、证券登记结算机构组织的测试。（9）有拟负责融资融券业务的高级管理人员和适当数量的专业人员。（10）中国证监会规定的其他条件。

16. C【解析】本题考查融资融券业务的账户体系。按照规定，客户信用资金账户是证券公司客户信用交易担保资金账户的二级账户。

17. D【解析】本题考查融资融券业务的账户体系。按照规定，信用交易资金交收账户用于客户融资融券交易的资金结算。

18. B【解析】本题考查融资融券业务中标的证券的规定。完整的股票标的要求是，在交易所上市交易满3个月。股东人数不少于4 000人。融资买入标的股票的流通股本不少于1亿股或流通市值不低于5亿元。

19. B【解析】本题考查转融通业务中保证金比例的问题。按照规定，证券金融公司开展转融通业务，应当向证券公司收取一定比例的保证金。保证金可以证券充抵，但货币资金占应收取保证金的比例不得低于15%。

20. B【解析】本题考查证券公司代销金融产品的原则。按照规定，证券公司代销金融产品，应当遵守法律、行政法规和中国证监会的规定，遵循平等、自愿、公平、诚实信用和适当性原则，避免利益冲突，不得损害客户合法权益。

二、组合型选择题

1. B【解析】本题考查证券投资咨询、证券投资顾问、证券研究报告的基本功能。证券经纪业务的功能是帮助客户完成交易并保障证券交易通畅。

2. C【解析】本题考查证券经纪业务营销人员执业行为范围、禁止性规定。证券经纪人从事客户招揽和客户服务等活动,应当遵守法律、行政法规、监管机构和行政管理部门的规定、自律规则以及职业道德,自觉接受所服务的证券公司的管理,履行委托合同约定的义务,向客户充分提示证券投资的风险。

3. A【解析】本题考查证券、期货投资咨询业务的管理规定。证券、期货投资咨询机构办理年检时,应当提交的文件:(1)年检申请报告;(2)年度业务报告;(3)经注册会计师审计的财务会计报表。

4. D【解析】本题考查证券投资咨询人员的禁止性行为规定和法律责任。《证券、期货投资咨询管理暂行办法》规定,证券、期货投资咨询机构及其投资咨询人员,不得从事下列活动:(1)代理投资人从事证券、期货买卖;(2)向投资人承诺证券、期货投资收益;(3)与投资人约定分享投资收益或者分担投资损失;(4)为自己买卖股票及具有股票性质、功能的证券以及期货;(5)利用咨询服务与他人合谋操纵市场或者进行内幕交易;(6)法律、法规、规章所禁止的其他证券、期货欺诈行为。

5. D【解析】本题考查财务顾问的监管。财务顾问及其财务顾问主办人出现下列情形之一的,中国证监会对其采取监管谈话、出具警示函、责令改正等监管措施:(1)内部控制机制和管理制度、尽职调查制度以及相关业务规则存在重大缺陷或者未得到有效执行的。(2)未按照《上市公司并购重组财务顾问业务管理办法》规定发表专业意见的。(3)在受托报送申报材料过程中,未切实履行组织、协调义务,申报文件制作质量低下的。(4)未依法履行持续督导义务的。(5)未按照《上市公司并购重组财务顾问业务管理办法》的规定向中国证监会报告或者公告的。(6)违反其就上市公司并购重组相关业务活动所作承诺的。(7)违反保密制度或者未履行保密责任的。(8)采取不正当竞争手段进行恶性竞争的。(9)唆使、协助或者伙同委托人干扰中国证监会审核工作的。(10)中国证监会认定的其他情形。

6. A【解析】本题考查债券发行、承销的法律。《上市公司收购管理办法》是涉及证券相关财务顾问方面的法规。

7. B【解析】本题考查证券自营业务的法律责任。证券公司未按照规定将证券自营账户报证券交易所备案的,责令改正,给予警告,没收违法所得,并处以违法所得1倍以上5倍以下的罚款;没有违法所得或者违法所得不足3万元的,处以3万元以上30万元以下的罚款。对直接负责的主管人员和其他直接责任人员单处或者并处警告、3万元以上10万元以下的罚款;情节严重的,撤销任职资格或者证券从业资格。

8. D【解析】本题考查自营业务禁止的行为。按照规定,证券公司自营业务不得与其他业务相混淆,不得利用内幕消息和进行操作市场。

9. C【解析】本题考查资产管理业务了解客户信息披露的规定。按照规定,在签订资产管理合同之前,证券公司应当了解客户的资产与收入状况、风险承受能力以及投资偏好等基本情况,客户应当如实提供相关信息。

10. B【解析】根据相关法律法规的规定,证券公司从事定向资产管理业务,不得有下列行为:(1)挪用客户资产;(2)以欺诈、商业贿赂、不正当竞争行为等方式误导、诱导客户;(3)通过电视、报刊、广播及其他公共媒体公开推介具体的定向资产管理业务方案;(4)接受单一客户委托资产净值低于中国证监会规定的最低限额；（5）以自有资金参与本公司的定向资产管理业务；（6）以签订补充协议等方式，掩盖非法目的或者规避监管要求；（7）使用客户委托资产进行不必要的证券交易；（8）内幕交易、操纵证券价格、不正当关联交易及其他违反公平交易规定的行为；（9）法律、行政法规和中国证监会禁止的其他行为。

11. A【解析】本题考查资产管理业务风险控制要求。按照规定，证券公司经营资产管理业务的，必须符合以下几项。（1）按定向资产管理业务管理本金的2%计算风险准备金。（2）按集合资产管理业务管理本金的1%计算风险准备金。（3）按专项资产管理业务管理本金的0.5%计算风险准备金。

12. A【解析】本题考查融资融券业务管理的基本原则。证券公司开展融资融券业务必须经中国证监会批准，任何证券公司不得向客户融资融券，也不得为客户与客户、客户与他人之间的融资融券活动提供任何便利和服务。证券交易所应当对可充抵保证金的各类证券制定不同的折算率要求。

13. A【解析】本题考查股票质押申报类型。按照规定，其类型包括初始交易申报、购回交易申报、补充质押申报、部分解除质押申报。（1）初始交易申报是指融入方按约定将所持标的证券质押，向融出方融入资金的交易申报。（2）购回交易申报是指融入方按约定返还资金、解除标的证券及相应孳息质押登记的交易申报，包括到期购回申报、提前购回申报和延期购回申报。（3）补充质押申报是指融入方按约定补充提交标的证券进行质押登记的交易申报。（4）部分解除质押申报是指融出方解除部分标的证券或其孳息质押登记的交易申报。

14. C【解析】本题考查股票质押式回购异常的处置。根据《股票质押式回购交易及登记结算业务办法》的规定，发生异常情况的，交易方可按协定以下列方式处理：提前赎回、延期赎回、终止赎回、交易所认可的其他约定方式。

15. C【解析】本题考查融资融券业务账户体系。在以证券公司名义开立的客户信用交易担保证券账户和客户信用交易担保资金账户内，应当为每一客户单独开立信用账户。

第四章 证券市场典型违法违规行为及法律责任

一、选择题

1. C【解析】本题考查公开发行的情况。按照规定有下列情形之一的，为公开发行：（1）向不特定对象发行证券。（2）向累计超过200人的特定对象发行证券。（3）法律、行政法规规定的其他发行行为。非公开发行证券，不得采用广告、公开劝诱和变相公开方式。

2. C【解析】本题考查擅自公开或者变相公开发行证券的责任。根据《证券法》第一百八十八条的规定，未经法定机关核准，擅自公开或者变相公开发行证券的，责令停止发行，退还所募资金并加算银行同期存款利息，处以非法所募资金金额1%以上5%以下的罚款；对擅自公开或者变相公开发行证券设立的公司，由依法履行监督管理职责的机构或者部门会同县级以上地方人民政府予以取缔。对直接负责的主管人员和其他直接责任人员给予警告，并处以3万元以上30万元以下的罚款。

3. A【解析】本题考查欺诈发行股票、债券的犯罪客体。其侵犯的客体是复杂客体，即国家对证券市场的管理制度以及投资者（即股东、债权人和公众）的合法权益。

4．D【解析】本题考查欺诈发行股票、债券罪法律责任。《中华人民共和国证券法》规定，依照本法对证券发行、交易违法行为没收的违法所得和罚款，全部上缴国库。

5．C【解析】本题考查信息披露违法从轻或者减轻处罚的考虑情形。主要包括：（1）未直接参与信息披露违法行为。（2）在信息披露违法行为被发现前，及时主动要求公司采取纠正措施或者向证券监管机构报告。（3）在获悉公司信息披露违法后，向公司有关主管人员或者公司上级主管提出质疑并采取了适当措施。（4）配合证券监管机构调查且有立功表现。（5）受他人胁迫参与信息披露违法行为。（6）其他需要考虑的情形。

6．D【解析】本题考查非法集资概念，它是指未经有关部门依法批准吸收资金，并通过媒体、推介会、传单、手机短信等途径向社会公开宣传，承诺在一定期限内以货币、实物、股权等方式还本付息或者给付回报，向社会公众(不特定对象)吸收资金。

7．C【解析】本题考查信息披露责任人的认定。董事、监事、高级管理人员之外的其他人员，确有证据证明其行为与信息披露违法行为具有直接因果关系，包括实际承担或者履行董事、监事或高级管理人员的职责，组织、参与、实施了公司信息披露违法行为或者直接导致信息披露违法的，应当视情形认定其为直接负责的主管人员或者其他直接责任人员。

8．A【解析】本题考查诱骗投资者买卖证券、期货合约罪的犯罪主体。该罪的主体为特殊主体，即只有证券交易所、期货交易所、证券公司、期货经纪公司的从业人员，证券业协会、期货业协会或者证券期货监督管理部门的工作人员及单位，才能构成本罪。非上述人员、单位不能构成本罪而成为本罪主体。

9．A【解析】本题考查诱骗投资者买卖证券、期货合约罪的概念。它是指证券交易所、期货交易所、证券公司、期货经纪公司的从业人员，证券业协会、期货业协会或者证券期货监管管理部门的工作人员，故意提供虚假信息或者伪造、变造、销毁交易记录，诱骗投资者买卖证券、期货合约，造成严重后果的行为。

10．D【解析】本题考查利用未公开信息交易罪的概念。它是指证券交易所、期货交易所、证券公司、期货经纪公司、基金管理公司、商业银行、保险公司等金融机构的从业人员以及有关监管部门或者行业协会的工作人员，利用因职务便利获取的内幕信息以外的其他未公开的信息,违反规定,从事与该信息相关的证券、期货交易活动，或者明示、暗示他人从事相关交易活动。

11．B【解析】本题考查内幕交易的法律责任。根据《中华人民共和国刑法》第一百八十条，证券、期货交易内幕信息的知情人员或者非法获取证券、期货交易内幕信息的人员，犯有内幕交易、泄露内幕信息罪，情节严重的，处5年以下有期徒刑或者拘役，并处以或者单处违法所得1倍以上5倍以下罚金；情节特别严重的，处5年以上10年以下有期徒刑，并处违法所得1倍以上5倍以下罚金。

12．A【解析】本题考查内幕交易的概念。内幕交易是指利用内幕信息进行证券交易活动。其交易包括下列行为：（1）知情人员买入或者卖出所持有的该公司的证券。（2）非法获取内幕信息的其他人员买入或者卖出所持有的该公司的证券。（3）知情人员或非法获取内幕信息的其他人员泄露该信息的行为。（4）知情人员或者非法获取内幕信息的其他人员建议他人买卖证券的行为。

13．B【解析】本题考查内幕交易的法律责任。根据《证券法》第二百〇二条规定，证券交易内幕信息的知情人或者非法获取内幕信息的人，在涉及证券的发行、交易或者其他对证券的价格有重大影响的信息公开前，买卖该证券，或者泄露该信息。或者建议他人买卖该证券的，责令依法处理非法持有的证券，没收违法所得，并处以违法所得1倍以上5倍以下的罚款；没有违法所得或者违法所得不足3万元的，处以3万元以上60万元以下的罚款。单位从事内幕交易的，还应当对直接负责的主管人员和其他直接责任人员给予警告，并处以3万元以上30万元以下的罚款。证券监督管理机构工作人员进行内幕交易的，从重处罚。

14. C【解析】本题考查操纵市场行为的概念。其行为包括以下几项。（1）单独或者通过合谋，集中资金优势、持股优势或者利用信息优势联合或者连续买卖，操纵证券交易价格或数量。（2）与他人串通，以事先约定的时间、价格和方式相互进行证券交易，影响证券交易价格或者证券交易量。（3）在自己实际控制的账户之间进行证券交易，影响证券交易价格或者证券交易量。（4）以其他手段操纵证券市场。因此，不包括C选项。

15. D【解析】本题考查操纵市场行为的法律责任。任何人违反规定，操纵证券交易价格，或者制造证券交易的虚假价格或者证券交易量，获取不正当利益或者转嫁风险的，应没收违法所得，并处以违法所得1倍以上5倍以下的罚款。

16. C【解析】本题考查虚假陈述的概念。根据信息公开的对象不同，虚假陈述的行为可以分为针对公众的虚假陈述和针对证券监督管理机构的虚假陈述。

17. A【解析】本题考查背信运用受托财产罪的概念。它是指银行或者其他金融机构违背受托义务，擅自运用客户资金或者其他委托、信托的财产，情节严重的行为。

18. B【解析】本题考查背信运用的目的。背信运用受托财产罪的主观方面表现为故意，一般是为了获取非法利润。

19. D【解析】本题考查背违背受托义务的概念。背违背受托义务是指金融机构违背法律、行政法规、部门规章规定的受托人应尽的法定义务以及违反有关委托合同所约定的有关金融机构应该承担的具体约定义务。

20. A【解析】本题考查背信运用受托财产罪的主体和客体。该罪是指银行或者其他金融机构违背受托义务，擅自运用客户资金或者其他委托、信托的财产，情节严重的行为。本罪的犯罪主体为特殊主体，为商业银行、证券交易所、期货交易所、证券公司、期货经纪公司、保险公司或者其他金融机构，个人不能构成本罪的主体。背信运用受托财产罪侵犯的客体是金融管理秩序和客户的合法权益，A选项正确。

二、组合型选择题

1. D【解析】本题考查变相公开发行证券的特征，具体内容包括：（1）非公开发行股票及其股权转让，若采用广告、公告、广播、电话、传真、信函、推介会、说明会、网络、短信、公开劝诱等公开方式或变相公开方式向社会公众发行的，则构成变相公开发行股票。（2）公司股东自行或委托他人以公开方式向社会公众转让股票，亦构成变相公开发行股票。（3）向特定对象转让股票，未经证监会核准，转让后公司股东累计超过200人的，亦构成变相公开发行股票。

2. A【解析】本题考查欺骗发行的法律责任。《证券法》第一百八十九条规定，发行人不符合发行条件，以欺骗手段骗取发行核准，尚未发行证券的，处以30万元以上60万元以下的罚款；已发行证券的，处以非法所募资金金额1%以上5%以下的罚款。对直接负责的主管人员处以3万元以上30万元以下的罚款。发行人的控股股东、实际控制人指使从事前款违法行为的,依照前款的规定处罚。

3. D【解析】本题考查非法吸收公众存款的法律责任。根据《刑法》第一百七十六条的规定,非法吸收公众存款或者变相吸收公众存款,扰乱金融秩序的,处3年以下有期徒刑或者拘役,并处或者单处2万元以上20万元以下罚金;数额巨大或者有其他严重情节的,处3年以上10年以下有期徒刑,并处5万元以上50万元以下罚金。单位犯前款罪的,对单位判处罚金,并对其直接负责的主管人员和其他直接责任人员。依照前款的规定处罚。

4. A【解析】本题考查违规披露、不披露重要信息,从轻或者减轻处罚的情形。具体的情形包括以下几项。(1)未直接参与信息披露违法行为。(2)在信息披露违法行为被发现前,及时主动要求公司采取纠正措施或者向证券监管机构报告。(3)在获悉公司信息披露违法后,向公司有关主管人员或者公司上级主管提出质疑并采取了适当措施。(4)配合证券监管机构调查且有立功表现。(5)受他人胁迫参与信息披露违法行为。(6)其他需要考虑的情形。

5. A【解析】本题考查公司不披露重要信息的法律责任。根据《刑法》第一百六十一条的规定,依法负有信息披露义务的公司、企业向股东和社会公众提供虚假的或者隐瞒重要事实的财务会计报告,或者对依法应当披露的其他重要信息不按照规定披露,严重损害股东或者其他人利益,或者有其他严重情节的,对其直接负责的主管人员和其他直接责任人员,处3年以下有期徒刑或者拘役,并处或者单处2万元以上20万元以下罚金。

6. A【解析】本题考查擅自改变募集资金用途的有关法律责任。《中华人民共和国证券法》第一百九十四条规定,发行人、上市公司擅自改变公开发行证券所募集资金的用途的,责令改正,对直接负责的主管人员和其他直接责任人员给予警告,并处以3万元以上30万元以下的罚款。发行人、上市公司的控股股东、实际控制人指使从事前款违法行为的,给予警告,并处以30万元以上60万元以下的罚款。对直接负责的主管人员和其他直接责任人员依照前款的规定处罚。

7. B【解析】本题考查诱骗投资者买卖证券、期货合约罪构成要件。其具体内容包括客体要件、客观要件、主体要件和主观要件。

8. C【解析】本题考查诱骗投资者买卖证券的法律责任。根据《刑法》第一百八十一条的规定。证券交易所、期货交易所、证券公司、期货经纪公司的从业人员,证券业协会、期货业协会或者证券期货监督管理部门的工作人员,故意提供虚假信息或者伪造、变造、销毁交易记录,诱骗投资者买卖证券、期货合约,造成严重后果的,处5年以下有期徒刑或者拘役,并处或者单处1万元以上10万元以下罚金;情节特别恶劣的,处5年以上10年以下有期徒刑,并处2万元以上20万元以下罚金。单位犯前两款罪的,对单位判处罚金,并对其直接负责的主管人员和其他直接责任人员,处5年以下有期徒刑或者拘役。

9. D【解析】本题考查内幕交易的法律责任。《中华人民共和国证券法》第二百○二条规定,证券交易内幕信息的知情人或者非法获取内幕信息的人,在涉及证券的发行、交易或者其他对证券的价格有重大影响的信息公开前,买卖该证券,或者泄露该信息,或者建议他人买卖该证券的,责令依法处理非法持有的证券,没收违法所得,并处以违法所得1倍以上5倍以下的罚款;没有违法所得或者违法所得不足3万元的,处以3万元以上60万元以下的罚款。单位从事内幕交易的，还应当对直接负责的主管人员和其他直接责任人员给予警告，并处以3万元以上30万元以下的罚款。证券监督管理机构工作人员进行内幕交易的，从重处罚。

10．B【解析】本题考查从事内幕交易触犯刑法的法律责任。《刑法》第一百八十条规定，证券、期货交易内幕信息的知情人员或者非法获取证券、期货交易内幕信息的人员，在涉及证券的发行，证券、期货交易或者其他对证券、期货交易价格有重大影响的信息尚未公开前，买入或者卖出该证券，或者从事与该内幕信息有关的期货交易，或者泄露该信息，或者明示、暗示他人从事上述交易活动，情节严重的，处5年以下有期徒刑或者拘役，并处违法所得1倍以上5倍以下罚金；情节特别严重的，处5年以上10年以下有期徒刑，并处违法所得1倍以上5倍以下罚金。

11．A【解析】本题考查非法进行内幕交易的法律责任。《证券法》第二百〇二条规定，证券交易内幕信息的知情人或者非法获取内幕信息的人，在涉及证券的发行、交易或者其他对证券的价格有重大影响的信息公开前，买卖该证券，或者泄露该信息，或者建议他人买卖该证券的，责令依法处理非法持有的证券，没收违法所得，并处以违法所得1倍以上5倍以下的罚款；没有违法所得或者违法所得不足3万元的，处3万元以上60万元以下的罚款。单位从事内幕交易的，还应当对直接负责的主管人员和其他直接责任人员给予警告，并处以3万元以上30万元以下的罚款。证券监督管理机构工作人员进行内幕交易的，从重处罚。

12．B【解析】本题考查操纵证券、期货市场，应予以立案追诉的情形。《最高人民检察院、公安部关于公安机关管辖的刑事案件立案追诉标准的规定（二）》第三十九条第八款规定，单独或者合谋，当日连续申报买入或者卖出同一证券、期货合约并在成交前撤回申报，撤回申报量占当日该种证券总申报量或者该种期货合约总申报量50%以上。故Ⅲ项错误。

13．C【解析】本题考查操纵市场行为的认定。根据《证券法》第七十七条的规定，禁止任何人以下列手段操纵证券市场：单独或者通过合谋，集中资金优势、持股优势或者利用信息优势联合或者连续买卖，操纵证券交易价格或者证券交易量；与他人串通，以事先约定的时间、价格和方式相互进行证券交易，影响证券交易价格或者证券交易量；在自己实际控制的账户之间进行证券交易，影响证券交易价格或者证券交易量；以其他手段操纵证券市场。操纵证券市场行为给投资者造成损失的，行为人应当依法承担赔偿责任。

14．C【解析】本题考查操纵证券市场的法律责任。根据《证券法》第二百〇三条的规定，违反本法规定，操纵证券市场的，责令依法处理非法持有的证券，没收违法所得，并处以违法所得1倍以上5倍以下的罚款；没有违法所得或者违法所得不足30万元的，处以30万元以上300万元以下的罚款。单位操纵证券市场的，还应当对直接负责的主管人员和其他直接责任人员给予警告，并处以10万元以上60万元以下的罚款。

15．C【解析】本题考查背信运用受托财产的犯罪主体。其犯罪主体是特殊主体，即金融机构，具体指商业银行、证券交易所、期货交易所、证券公司、期货经纪公司、保险公司或者其他金融机构。主体是单位而非个人。因此，只有Ⅰ、Ⅱ、Ⅲ项符合该认定标准。

下卷：金融市场基础知识

第五章

考纲分析与应试策略

第一节 考试简介

证券业从业人员一般从业资格考试是由中国证券业协会根据《证券从业人员资格管理办法》和中国证券监督管理委员会的相关规定，制定考试办法、考试大纲并具体组织的从业入门级考试。

一、考试科目

证券业从业资格考试测试划分为一般从业资格考试、专项业务类资格考试和管理类资格考试三种类别。一般从业资格考试，即"入门资格考试"，主要面向即将进入证券业从业的人员，具体测试考生是否具备证券从业人员执业所需专业基础知识，是否掌握基本证券法律法规和职业道德要求。入门资格考试科目设定两门，名称分别为《证券市场基本法律法规》和《金融市场基础知识》。

二、考试形式

一般从业资格考试，即入门资格考试的两个科目，考试时间均为120分钟，考试题型均为选择题，考试题量均为100题。各类资格考试测试满分均为100分；达到60分及60分以上的考试测试成绩，视为合格成绩同时拥有《证券市场基本法律法规》和《金融市场基础知识》两个科目有效合格成绩的，

入门资格考试合格。

一般从业资格考试的专业阶段，采用闭卷方式，实施计算机考试模式（以下简称"机考"）。为适应机考环境的变化，该考试以选择题和组合型选择题构成。

三、考试题型与答题时间

专业阶段考试的单科满分为100分，60分为合格，各科的题型与答题时间不尽相同，见表5-1所示。

表5-1　专业阶段两门单科题型及答题时间

科目	题型	答题时间
证券市场基本法律法规	（1）选择题。50小题，每题1分，共50分；（2）组合型选择题。50小题，每题1分，共50分	120分钟
金融市场基础知识	（1）选择题。50小题，每题1分，共50分；（2）组合型选择题。50小题，每题1分，共50分	120分钟

第二节 考试大纲专家解读

本教材面向证券业从业人员一般从业资格考试专业阶段的《金融市场基础知识》科

目，下面就详细介绍该科目的考试内容。

一、考查要点概览

《金融市场基础知识》包括六部分内容，一是金融市场体系概况，二是证券市场主体，三至五部分是金融市场及其产品的详细介绍，六是金融风险及其管理，各部分的考核情况如表 5-2 所示。

表 5-2 《金融市场基础知识》科目的考核要点

章节	最新版考试大纲要求	近几年主观题主要考点	各章近几年分值比例	内容重要程度
第六章 金融市场体系	了解全球金融市场体系、中国的金融体系、中国多层次资本市场	金融市场的分类及功能、我国多层次资本市场	15%	★★
第七章 证券市场主体	了解证券发行人、证券投资者、中介机构、自律性组织、监管机构	证券发行人、机构、政府机构类、金融机构类等证券投资者、中介机构、证券业协会	15%	★★
第八章 股票市场	掌握股票、股票发行、股票交易的相关内容	股票的定义及分类，股票的发行条件及程序，委托指令等相关内容	20%	★★★
第九章 债券市场	掌握债券、债券的发行与承销、债券的交易	债券的定义及分类，国债、金融债券的发行条件及要求，债券的交易流程及相关规定	20%	★★★
第十章 证券投资基金与衍生工具	理解证券投资基金和衍生工具的相关内容	证券投资基金的定义和特征、基金托管人的概念与条件、基金资产估值、金融期货、金融期权、可交换公司债券和可转换公司债券	20%	★★★
第十一章 金融风险管理	了解风险概述及风险管理	系统性风险和非系统性风险，风险管理方法	10%	★

从上表和历年考试可以看出，《金融市场基础知识》科目的考试具有考核全面、试题灵活、结合实际等特点。

二、命题趋势分析

总结近几年考试命题，其命题趋势可以总结为以下几点。

1．考核全面

历年试题的命题范围以考试大纲为依据，基本覆盖了考试大纲所规定的考试内容。考生要在规定的考试时间内，完成大量的试题，不仅要求考生牢固掌握专业知识，而且要对教材内容达到相当熟悉的程度。这么多题目分布在六章教材中，教材中的每一章都有考题，因此考生一定要按大纲规定范围全面学习，放弃盲目猜题、押题的侥幸心理；对第八、九、十这几个章节的复习要加大力度。

2．理论联系实际，重点突出

金融市场基础知识科目以金融基本知识为核心，主要阐述并解释了金融市场的基本知识。试题重点突出，着重于测试考生作为一名证券业从业人员一般从业资格应具备的业务知识和技能。其考试重点可归纳为以下两点。

（1）本学科核心内容，即《金融市场基础知识》科目本身的核心内容，具体如下。

- 第六章主要涉及金融市场的概念、分类、特点及功能，熟悉银行业、证券业、保险业、信托业的有关情况；熟悉我国金融市场"一行三会"的监管架构；掌握资本市场的分层特性；掌握多层次资本市场的主要内容与结构特征。
- 第七章主要对直接融资的概念、特点和

分类进行详讲，掌握证券市场投资者的概念、特点及分类；了解我国证券市场投资者结构及演化。

- 第八章主要考查股票的定义和种类以及股票的发行。对于优先股票、普通股东的权利，上市公司公开发行的条件及委托、竞价原则等内容要特别记忆。本章经常和第九章结合起来考查，一定要多注意。
- 第九章结构与第八章类似。对债券中的政府债券、中央政府债券和国际债券的定义和分类尤为注意，还需要对股票和债券的区别和联系做详细的理解，对我国债券的报价方式和债券交易流程做掌握。作为重要章节，此章的内容考点较多，分值较重，希望广大考生作为重中之重来对待。
- 第十章主要考查证券投资基金和衍生工具两部分。证券投资基金的分类是高频考点，掌握契约型基金与公司型基金、封闭式基金与开放式基金的定义与区别；掌握货币市场基金管理内容；熟悉各类基金的含义；掌握交易所交易的开放式基金的概念、特点；了解 ETF 和 LOF 的异同；了解私募基金的概念、特点；了解我国私募基金的发展概况，以及对衍生工具的分类；掌握股权类、货币类、利率类以及信用类衍生工具的概念及其分类；掌握远期、期货、期权和互换的定义、基本特征和区别等知识点。
- 第十一章的内容相对较少，考点较为集中。注意区分系统性风险和非系统性风险的种类以及风险管理的方法、风险管理的过程。本节历年来所涉及的题都不多，记熟知识点即可。

（2）新增内容。经过 2015 年的改革，新老大纲有着很大的差异。关于新型金融市场和金融工具的涌现、行业格局的变化、监管层的监管架构和理念的调整等新增的内容考生应给予更多关注，有针对性地加强学习。

第三节 应试经验与技巧

《金融市场基础知识》科目也采用的是机考系统。考虑到机考会对考生的答题速度有一定的影响，因而试题难度会有所下降。因此，考生在牢固、熟练掌握教材内容的同时，要善于归纳，分题型加强练习，以适应机考的答题模式。

下面分别介绍各类题型的解答技巧。

一、选择题

选择题，虽然每道题的分值不高，但题量很大，总计有 50 分，所占比重很大。

选择题主要考查考生对知识的全面理解及分析判断能力。因而，考生要熟悉教材、理解教材的基本知识、基本理论与基本方法，才能保证选择题的得分量。

考生在解答选择题时，首先要仔细看清楚题意和所有备选答案，常用的解题方法有以下 3 种。

1. 直接挑选法

这类试题一般属于法规、制度和规定性的"应知应会"内容，或者计算性的试题。考生只要掌握教材中知识的考查点，就能直接作出正确的选择，或者通过计算选择正确的答案。下面举例说明。

【例题·选择题】证券发行市场又可以称为（　　）。
A. 一级市场　　B. 场外市场
C. 场内市场　　D. 二级市场
【解析】本题考查证券发行市场的定义。发行市场又称为一级市场或初级市场，指新发行的证券或票据等金融工具最初从发行者手中转移到投资者手中的市场。
【答案】A

2. 排除法

主要做法是将备选答案中不正确或不符题意的选项排除，从剩余选项中选出正确答案。

> 【例题·选择题】优先认股权是指当股份公司为增加公司资本而决定增加发行新的股票时，原普通股股东享有的按其持股比例，以（　　）优先认购一定数量新发行股票的权利。
> A. 低于市场价格的任意价格
> B. 高于市场价格
> C. 与市场价格相同的价格
> D. 低于市场价格的某一特定价格
>
> 【解析】本题主要考查优先认股权的概念。选项A，低于市场价格的任意价格，说法明显过于肯定了，可排除；选项B，优先认股权从字面上理解"优先"，如果高于市场价格并不合理；选项C，与市场价格相同的价格也显得太过死板；故排除A、B、C选项后得正确答案选项D。
>
> 【答案】D

3. 猜测法

遇有确实不会的题目可选用猜测法，选择题选错并不扣分，其选错结果与不选是一样的。

二、组合型选择题

组合型选择题不仅考查考生对知识的熟悉程度，还需要考生运用综合的能力。组合型选择题涉及的内容多，而且一般不只考核某一个问题，是把几个知识点联系起来考查，所以考生答题时必须认真审题，仔细阅读题目中给出的资料、数据和具体要求，同时要开阔思路，将各个知识点联系起来，通过分析理出解题思路。

1. 直接挑选法

组合型选择题考查的也是主观的问题，所以在答题过程中，根据题意直接挑选出答案的直接挑选法同样适用。

下面就通过例题说明如何用直接挑选法来应对组合型选择题。

> 【例题·组合型选择题】国际债券同国内债券相比具有一定的特殊性，主要表现在（　　）。
> Ⅰ. 资金来源广、发行规模大
> Ⅱ. 存在利率风险
> Ⅲ. 有国家主权保障
> Ⅳ. 以自由兑换货币作为主要计量货币
> A. Ⅰ、Ⅲ、Ⅳ　　B. Ⅱ、Ⅲ、Ⅳ
> C. Ⅰ、Ⅱ、Ⅳ　　D. Ⅰ、Ⅱ、Ⅲ
>
> 【解析】本题主要考查国际债券的特点。国际债券的特点包括：（1）资金来源广、发行规模大。（2）存在汇率风险。（3）有国家主权保障。（4）以自由兑换货币作为主要计量货币。题干中的Ⅰ、Ⅲ、Ⅳ都属于国际债券的特点，根据直接挑选法得出A选项为正确答案。
>
> 【答案】A

2. 排除法

组合型选择题的排除法和选择题的排除法有着一定的区别，主要表现在组合型选择题只需要发现一个错误的论点，就可以排除包含该错误论点的选项得出正确答案。

> 【例题·组合型选择题】上市公司股东发行可交换公司债券的目的包括（　　）。
> Ⅰ. 用于投资项目
> Ⅱ. 投资退出
> Ⅲ. 市值管理
> Ⅳ. 资产流动性管理
> A. Ⅰ、Ⅱ
> B. Ⅰ、Ⅲ、Ⅳ
> C. Ⅱ、Ⅲ、Ⅳ
> D. Ⅰ、Ⅱ、Ⅲ、Ⅳ

> 【解析】本题主要考查可交换债券的发行目的。可转换公司债券和其他债券的发债目的一般是将募集资金用于投资项目，故可得出Ⅰ与题意不符，排除含Ⅰ的选项A、B、D，得出正确答案C选项。
> 【答案】C

3．比较法

组合型选择题还可以采用比较法来答题，通过综合判断排除无关选项，推敲剩余选项与题意的符合性，比较得出正确答案。

> 【例题·组合型选择题】基金托管费的计提通常是（   ）。
> Ⅰ．按基金资产净值的一定比率提取
> Ⅱ．按基金资产总值的一定比率提取
> Ⅲ．逐日计提，按月支付
> Ⅳ．按月计提，一次支付
> A．Ⅱ、Ⅲ　　　　B．Ⅰ、Ⅳ
> C．Ⅰ、Ⅲ　　　　D．Ⅱ、Ⅳ
> 【解析】本题主要考查基金托管费的相关内容。题干中Ⅰ、Ⅱ项和Ⅲ、Ⅳ项说法明显是对立的，因而可从对立的观点进行比较，基金托管费通常按照基金资产净值的一定比率提取；基金托管费的计提通常是逐日计算并累计，按月支付给托管人。故通过比较，得出不对立的正确观点Ⅰ、Ⅲ项，C选项为正确答案。
> 【答案】C

第四节　学习方法与建议

教材是考试大纲的具化，考试的范围、命题依据一般不会超出教材。同样，万变不离其宗，无论试题如何变化，也不会脱离教材。因而，教材是复习考试的基础，建议考生对本教材反复通读、精读，全面掌握相关知识点，精准掌握本教材提供的所有例题。

一般情况下，复习会经过以下3步。

第一，看懂。通过看教材进行系统学习，对不懂的知识点反复研读，并通过教材上的例题进行深入理解，以透彻掌握该知识点。

第二，总结。在熟悉所有的知识点之后，要注意梳理教材中的知识点，理解各章节所总结的解题要点。

第三，练习。多练习可以加深对知识点的理解和认识。本教材每章均提供适量的高质量试题。同时，本教材的配套光盘中也提供了不少真题与模拟题。因而，考生不仅可以在本教材上练习，还可以通过光盘软件系统中的试题进行练习。

对于学习方法，具体建议如下。

1．做好学习计划，合理分配学习时间

考生一定要清楚考试时间，并计算自己的学习时间有多少。在此基础上，根据考试重点、难点合理分配学习时间。

就《金融市场基础知识》科目而言，金融市场概论和证券市场主体这部分的内容分值相对较小，但是考点较多，而且作为教材的前两个章节需要理解透彻，才能为后续章节做好铺垫。股票、证券、衍生工具等相关内容的考试分值较多，难度较大，这部分所需的学习时间在60%以上。考生在学习时一定要有耐心和信心，不要半途而废。金融风险管理的考点相对集中，难度较低，所需的学习时间也相对较少。考生在备考时对章节重点所花时间要注意分配，在复习时要有的放矢，提高复习效率。

2．"学"要系统，"练"要精细

在学习时，首先要系统地研读教材，全面掌握知识点，做到融会贯通，只有这样才能应对《金融市场基础知识》科目在各章均会出题的命题规律。

同时要学练结合。练习时，不要搞题海战术，尤其是不能一开始就做大量习题，这样容易迷失在"题海"里。要知道，题不是越多越好，也不是越难越好。做题时，需要重视的是本教材的经典例题、历年真题。这些试题才是最接近无纸化考试题库真题的，也最能反映命题者的命题特点。因此，练习在于精，不在于多。在做题过程中，要注意收集错题，反复推敲做错的原因：是该知识点未能透彻掌握，以致换个出题角度就迷糊了？还是粗心大意，看题不仔细……记住，错题也是"宝"，要时时翻看，不可做过即忘。

3. 书盘结合使用，讲求学习效率

本教材配套光盘的软件系统主要有同步练习，与书中各章练习同步；题型特训，按照真考题型划分，提供每一类题型的特训试题；模拟考场，为考生提供无纸化考试方式与考试环境。

因而，考生在认真复习教材后，通过配套光盘进行有针对性地系统练习，便可熟悉各类知识点、各种题型的命题点、常考点，并熟悉无纸化模拟考试系统，为机考做好充分准备，从而顺利通过考试。

第六章

金融市场体系

金融市场是金融体系的重要组成部分,想要了解金融市场,就必须对整个金融体系有一个整体把握。金融体系既包括货币、信用、利率、汇率、金融工具等金融要素,又包括金融市场和金融机构两大运行载体,同时还包括金融监管和国际金融方面的内容。

本章一共三节。第一节的考点主要包括金融市场的概念、分类、特点、功能以及非证券市场的概念和分类,国际资金流动方式和全球金融体系的主要参与者;第二节的考点集中在我国金融市场的发展现状,"一行三会"的监管架构,中央银行的职能,存款准备金制度、货币乘数和货币政策上;第三节的考点主要包括资本市场的分层特性以及各层次资本市场的概念、主要内容与结构特征等。

本章考点预览

第六章 金融市场体系	第一节 全球金融体系	一、金融市场的概念	★★★
		二、金融市场的分类	★★
		三、金融市场的特点和功能	★★★
		四、金融市场的影响因素	★
		五、金融市场的形成和发展趋势	★
		六、金融市场的主要参与者	★★
		七、非证券金融市场的概念和分类	★★
		八、国际资金流动	★
		九、金融危机	★
	第二节 中国的金融体系	一、中国金融市场的演变历史	★
		二、我国金融市场的发展现状	★★
		三、影响我国金融市场运行的主要因素	★
		四、中国金融市场各行业的发展状况	★
		五、我国金融市场"一行三会"的监管架构	★★
		六、中央银行的主要职能	★
		七、存款准备金制度和货币乘数	★★
		八、货币政策	★★★

		续表
第三节 中国多层次资本市场	一、资本市场	★★★
	二、多层次的资本市场	★★★
	三、我国多层次资本市场发展现状和趋势	★★

第一节 全球金融体系

考情分析：本节考查的重点为金融市场的概念、特点、分类等基础性知识。其中，金融市场的概念、功能是常考知识点。本节通常就金融市场的相关知识出题，且考试频率较高，考生应加以重视。

学习建议：学好金融市场的相关基础知识，是掌握《金融市场基础知识》科目的前提和最基本的要求。作为科目的开篇内容和基础知识，考生应在掌握金融市场概念、功能等重要知识点的基础上，了解全球金融体系的相关知识。

一、金融市场的概念（★★★）

金融市场分为广义和狭义两种概念。由货币资金的借贷、金融工具的发行与交易以及外汇黄金买卖所形成的市场即广义的金融市场。债券与股票等有价证券发行与流通的场所指狭义的金融市场。

通常所说的金融市场主要是指狭义的金融市场。目前，金融市场发达与否是一国经济、金融发达程度及制度选择取向的重要标志。

金融市场是交易金融资产并确定金融资产价格的一种机制。简要地说，金融市场是指以金融资产为交易对象，以金融资产的供给方和需求方为交易主体形成的交易机制及其关系的总和，是实现货币借贷和资金融通、办理各种票据和有价证券交易活动的市场。

从以下三方面可以进一步熟悉金融市场的概念。

第一，金融市场的交易对象是货币资金等同质的金融商品。

第二，资金的供应者和需求者是金融市场的主要参与者。

第三，金融市场不受固定场所、固定时间的限制。

金融市场并不仅是指金融商品交易的场所，而且还涵盖了一切由于金融交易而产生的关系。其中最主要的是金融商品的供求关系，以及金融交易的运行机制——价格机制，其表现为金融产品的价格和资金借贷的利率。

（1）现代金融体系的基本框架。

①以货币、汇率、信用、利率、金融工具为现代金融体系的基本要素。

②以金融机构和金融市场为运作载体。

③以金融总量供求与均衡为机制。

④以宏观调控与监督为保障。

各个金融基本要素不是独立存在的，它们是相互关联和相互影响的。当货币与信用合为一体之后，就出现了以货币计值的"金融资产"这一信用工具。

（2）现代金融机构体系的构成。

现代金融机构体系主要分为存款类金融机构和非存款类金融机构两大类，存款类金融机构是指能够吸收存款并以存款作为主要资金来源的金融机构。非存款类金融机构是指不以吸收存款为主要资金来源的金融机构，亦称其他金融性公司。存款类金融机构和非存款类金融机构相关内容如表6-1所示。

表 6-1 存款类金融机构和非存款类金融机构

分 类		含义和相关要点
存款类金融机构	中央银行	中央银行属于货币金融管理机关,具有管理金融机构的职能
	商业银行	商业银行是以经营企业和居民存、贷款为主要业务,为客户提供多种金融服务的金融机构
	专业银行	专业银行是指专门从事指定范围内的业务或提供专门服务的金融机构。目前各国的专业银行主要有以下几类:储蓄银行、开发银行、农业银行和进出口银行等
	信用合作社	信用合作社是以社员认缴的股金和存款为主要负债、以向社员发放的贷款为主要资产并为社员提供结算等中间业务服务的合作性金融机构
	财务公司	财务公司属于兼有部分商业银行和投资银行业务的非银行金融机构
非存款类金融机构	保险公司	保险公司是指根据合同约定向投保人收取保险费并承担投保人出险后的风险补偿责任、拥有专业化风险管理技术的经济组织,可分为人寿保险公司、财产保险公司、存款保险公司和再保险公司等类型
	信托投资公司	信托投资公司是以收取报酬为目的,接受他人委托以受托人身份专门从事信托或信托投资业务的金融机构
	证券机构	证券机构是专门从事证券业务的金融机构,包括证券公司、证券交易所、基金管理公司、证券登记结算公司、证券评估公司、证券投资咨询公司、证券投资者保护基金公司等组织
	金融资产管理公司	金融资产管理公司可以分为面向企业、个人和机构提供各种资产管理业务和专门处理不良资产的金融机构
	金融租赁公司	金融租赁公司是以融资租赁业务为其主要业务的非存款类金融机构
	期货类机构	期货类机构是指从事商品期货合约、金融期货合约、期权合约交易及其他相关活动的经济机构,包括期货交易所、期货公司及其他期货经营机构、非期货公司结算会员、期货保证金安全存管监控机构、期货保证金存管银行、交割仓库等市场相关参与者
	黄金投融资机构	黄金投融资机构是主要从事黄金投融资交易,提供交易场所、设施和相关服务的金融机构
	专业融资公司	专业融资公司是指为特定用途提供融资业务的机构。它们以自有资金为资本,从市场上融入资金,多以动产、不动产为抵押发放贷款或提供资金,主要有不动产抵押公司、汽车金融公司、典当行等
	信用服务机构	信用服务机构指的是为接受信用提供服务的机构,主要包括信息咨询公司、投资咨询公司、金融担保公司、征信公司、信用评估机构和律师事务所、会计师事务所等

【例题·选择题】金融市场交易的对象是(   )。
A. 资本资产   B. 金融资产   C. 货币资产   D. 土地与房屋

【解析】本题主要考查金融市场的概念。金融市场以货币、资金和其他金融工具等金融商品为交易对象,具体内容可以是股票、债券、基金、货币、资本、外汇、黄金等金融资产。选项A、C虽然是金融市场交易对象,但表达准确,而选项D不属于金融商品(资产),选项B最全面、准确,因此正确答案是选项B。

【答案】B

二、金融市场的分类（★★）

按照金融交易的对象（标的物）、方式、条件、期限、程序、时间及空间的不同，可以把金融市场划分为不同类型的金融市场。

1. 按交易标的物划分

金融市场根据交易标的物的不同，分为货币市场、资本市场、外汇市场、保险市场、黄金市场和金融衍生品市场。其具体内容如表 6-2 所示。

表 6-2　按交易标的物划分的金融市场类型

类型	内容要点
货币市场	货币市场又称"短期金融市场"或"短期资金市场"，是指融资期限在 1 年以下的金融资产为交易标的物的短期金融市场，主要包括同业拆借市场、票据市场、回购市场和货币市场基金等。货币市场一般没有正式的组织，交易量大是货币市场区别于其他市场的重要特征之一
资本市场	资本市场亦称"长期金融市场"或"长期资金市场"，是指期限在 1 年以上的金融资产交易市场，是资金借贷和证券交易的场所。资本市场是政府、企业、个人筹措长期资金的市场，包括长期借贷市场和长期证券市场。在长期借贷中，一般是银行对个人提供的消费信贷；在长期证券市场中，主要是股票市场和长期债券市场
外汇市场	狭义的外汇市场通常称为外汇批发市场，是指银行间的外汇交易，包括同一市场各银行间的交易、中央银行与外汇银行间以及各国中央银行之间的外汇交易活动。广义的外汇市场不仅包括批发市场，还包括银行与企业、个人之间进行的外汇买卖零售市场 【名师点拨】在外汇市场，一国政府只能干预或管制本国的货币，而在货币市场所有贷款和金融资产的交易都受政府法律条例的管制
保险市场	保险市场是以保险单为交易对象的场所。它既可以是固定的交易场所，也可以是无固定场所的无形保险市场。 根据保险交易的对象不同，保险市场可分为财产保险市场和人身保险市场；根据保险交易主体的不同，保险市场可以分为原保险市场（一级市场）和再保险市场（二级市场） 【知识拓展】原保险市场是指保险人与投保人进行保险交易的市场，是再保险市场存在的基础。再保险市场是指保险人之间进行保险交易的市场
黄金市场	专门经营黄金买卖的金融市场。目前，黄金在国际结算中占据着重要地位，伦敦、纽约、苏黎世、芝加哥、中国香港被称为五大国际黄金市场
金融衍生品市场	金融衍生品市场是以金融衍生品为交易标的的场所，如期货市场、期权市场等

名师点拨

货币市场与资本市场的区别主要在于以下几个方面。

（1）期限差别。货币市场交易时间短，一般在一年内，甚至只有几个小时。资本市场交易则期限长，1 年以上甚至数十年。

（2）风险程度差别。货币市场的信用工具期限短，流动性高，价格变动相对较小，风险也较低，而资本市场的信用工具则期限长、流动性低，价格变动较大，风险也较高。

（3）作用不同。资本市场的资金大多用于创建企业、更新、扩充设备和储存原料。政府在资本市场上的长期资金主要用于兴办公共事业和保持财政收支平衡。而货币市场的资金主要用于工商企业的短期周转。

【例题·选择题】下列属于短期金融资产市场的是（　　）。
A. 资本市场
B. 货币市场
C. 股票市场
D. 债券市场

【解析】本题考查的是货币市场的内容。货币市场通常又称为短期金融资产市场，是以期限在1年以内的短期资金为交易对象的市场，属于短期金融市场的一种。因此B选项正确。

【答案】B

2. 按融资方式划分

按金融市场融资方式，可分为间接融资市场和直接融资市场。

（1）间接融资市场。

间接融资是盈余方（拥有闲置资金的存款人）和赤字方（资金需求的贷款人）以金融机构为中介而进行的融资活动。

具体来讲，间接融资是指拥有暂时闲置货币资金的存款人通过存款的形式，或者购买银行、信托、保险等金融机构发行的有价证券，将其暂时闲置的资金先行提供给这些金融中介机构，然后再由这些金融机构以贷款、贴现等形式，或通过购买需要资金的单位发行的有价证券，把资金提供给这些单位使用，从而实现资金融通的过程。

在间接金融活动中，存款人、金融机构和贷款人分别扮演不同的角色。金融机构同时扮演债权人和债务人双重角色，而存款人是债权人，贷款人是债务人。

（2）直接融资市场。

直接金融是指盈余方（拥有闲置资金的存款人）直接把资金贷给赤字方（资金需求的贷款人）使用，即赤字方通过发行所有权凭证或债权债务凭证融入资金，而盈余方则通过购买这些凭证向赤字方提供资金。

我国现阶段采取的融资方式以间接融资为主，直接融资为辅。

【例题·选择题】某国有企业通过公开发行股票融资的方式属于（　　）。
A. 间接融资
B. 直接融资
C. 吸收投资
D. 民间借款

【解析】本题考查的是金融市场融资方式。选项A，间接融资是通过金融中介机构进行融资的；选项B，直接融资是指没有金融中介机构介入的资金融通方式。上市公司通过公开发行股票融资的方式属于直接融资。而选项C、D则不属于公开发行股票融资的方式。

【答案】B

3. 从财务管理角度划分

金融市场从财务管理的角度，可分为债务证券市场、权益证券市场和衍生证券市场，其具体内容如表6-3所示。

表6-3　按财务管理划分金融市场的类型

类型	定　义
债务证券市场	债务证券指反映债权债务关系的有价证券。如商业票据、可转让定期存单、国库券等。 债务证券市场指发行和买卖债券的场所，可分为短期、长期债务证券市场
权益证券市场	权益证券指反映所有者权益的有价证券，如股票、信托受益券等。 权益证券市场指发行与流通权益证券的场所，以股票市场与投资基金市场为主
衍生证券市场	进行交易衍生证券（衍生金融工具）交易的市场。主要包括金融远期市场、金融期货市场、金融期权市场和金融互换市场等 【名师点拨】衍生证券市场交易的对象不是衍生证券载明的标的物，而是标准化合约本身

4. 按交割方式和交割期限划分

金融市场按交割方式和交割期限的不同，分为现货市场、期货市场和期权市场，其具体内容如表6-4所示。

5. 按交易性质划分

金融市场按照交易性质，分为发行市场和流通市场，其具体内容如表6-5所示。

表6-4 按交割方式划分金融市场的类型

类型	内容要点
现货市场	现货市场是指市场上的买卖双方以现钱现货交易，在协议成交后即时进行交割的方式买卖金融商品的市场。 现货市场的主要特点包括：（1）成交与交割时间很短，一般为1～5天；（2）以实物交割，卖方必须实实在在向买方转移金融商品，而买方则向卖方支付实际价款
期货市场	期货交易是成交以后经过一段时间再进行实物交割，交割价格为成交时约定的价格。 【知识拓展】目前世界金融期货交易的品种主要有外汇期货、利率期货、股票指数（股指）期货和个股期货
期权市场	期权市场是指交易金融商品或金融期货合约为标的物的期权交易场所。 【知识拓展】期权又称为选择权，是一种衍生性金融工具。是指买方向卖方支付期权费（指期权利金）后拥有的在未来一段时间内（指美式期权）或未来某一特定日期（指欧式期权）以事先规定好的价格（指履约价格）向卖方购买或出售一定数量的特定标的物的权利，但不负有必须买进或卖出的义务（即期权买方拥有选择是否行使买入或卖出的权利，而期权卖方都必须无条件服从买方的选择并履行成交时的允诺）

表6-5 按交易程序划分金融市场的类型

类型	内容要点
发行市场	发行市场也称一级市场、初级市场，是指新发行的证券、票据等金融工具最初从发行者手中转移到投资者手中的市场。 发行市场具有两个方面的功能：（1）为资金需求者提供筹集资金的场所；（2）为资金供应者提供投资及获利的机会。 【知识拓展】发行市场不仅包括发行人和投资者两个不可缺少的交易主体，还包括担任发行中介的各类专业机构（证券公司、投资银行以及各种经纪人）
流通市场	流通市场也称二级市场、次级市场，是已经发行、处在流通中的证券的买卖市场。 在流通市场中，证券买卖双方均属于证券投资者，流通市场只表现证券投资者单方面的活动，不直接向筹资者供应资金，对证券发行者不构成直接影响。 流通市场在金融市场中的作用有：（1）流通市场的交易为证券提供流通性；（2）流通市场能够形成公平合理、准确的证券价格，从而为发行市场定价提供参考，并引导资源有效流通和配置；（3）流通市场在赋予证券流动性的同时，为买卖双方创造了获取价差收益的机会；（4）流通市场的存在，使社会短期资金的运用能够续短为长，从而降低融资成本

6. 按有无固定场所划分

金融市场按照有无固定场所，可分为有形市场和无形市场。

（1）有形市场。

有固定交易场所和操作设施、集中进行交易的市场，通常指的是证券交易所、期货交易所、票据交换所等有组织的交易场地称为有形市场。

（2）无形市场。

无形市场又称为柜台市场（OTC市场），是指在证券交易所外进行金融资产交易的总称，大量的证券、外汇和短期资金拆借都在无形市场交易。

【例题·选择题】OTC 市场是（　　）的简称。
A．场内市场　　B．场外市场
C．发行市场　　D．交易市场
【解析】本题主要考查无形市场的相关知识。无形市场称为场外市场或柜台市场，简称 OTC 市场，是指没有固定交易场所的市场。所以本题选择 B 选项。
【答案】B

7．按竞价方式划分

金融市场按照竞价方式，分为竞价市场和议价市场。

（1）竞价市场。

竞价市场指金融资产交易价格通过多家买方和卖方公开竞价形成的市场，或者说是众多的市场主体以拍卖方式定价的市场。

（2）议价市场。

金融资产交易价格通过买卖双方协商形成的市场。

名师点拨　竞价市场通常是指有固定和有组织的有形市场，如证券交易所。而议价市场通常是指没有固定场所，相对分散的市场，绝大多数债券和中小企业的未上市股票都通过这种方式交易。

8．按地理范围划分

金融市场按照地理范围的不同，分为国际金融市场和国内金融市场。两者的划分实质在于市场制度的差异。

（1）国际金融市场。

国际金融市场是指从事各种国际金融业务活动（包括国际性金融借贷、结算以及证券、黄金、外汇买卖）的场所。此种活动包括居民与非居民之间或非居民与非居民之间。

（2）国内金融市场。

国内金融市场是指本国居民之间发生金融关系的场所，仅限于有居民身份的法人和自然人参加，经营活动一般只涉及本国货币，既包括全国性的以本币（在我国就是人民币）计值的金融交易，也包括地方性金融交易。

三、金融市场的特点和功能（★★★）

1．金融市场的特点

金融市场的特点可以概括为以下几点。

（1）金融市场以货币资金等各种金融资产的特殊商品为交易对象。

（2）金融市场的借贷活动具有集中性。在金融市场上，金融商品的交易是一种极为复杂的交易活动，需要有中间机构的牵线搭桥。

（3）金融市场的交易场所具有非固定性，可以是有形市场，也可以是无形市场。

（4）金融市场上的价格具有一致性。市场供求关系决定了金融市场上的交易价格，这种价格并不是货币资金当时本身的价格，而是借贷资金到期归还时的价格即利息，金融市场上货币资金的价格则是对利润的分割，在平均利润率的作用下趋于一致。

（5）金融市场上交易商品的使用价值具有同一性。

（6）金融市场上的买卖双方具有可变性，买卖行为可以交替出现。

【例题·选择题】金融市场上的买卖行为可交替出现，这体现的金融市场特点是（　　）。
A．金融市场是信息市场
B．金融市场的买卖双方具有可变性
C．金融市场是一个自由竞争市场
D．金融市场可以是有形市场，也可以是无形市场
【解析】本题主要考查金融市场的特点。金融市场上的买卖双方具有可变性，买卖行为可以交替出现。故 B 选项为正确答案。
【答案】B

2. 金融市场的功能（★★）

金融市场主要有以下四个方面的功能，具体内容如表6-6所示。

表6-6 金融工具的主要功能

功能	要点内容
资源配置与转化功能	（1）金融市场能够迅速有效地引导资金合理流动，将资金引导配置到效益最好、最有前途的经济单位，提高资金配置效率。 （2）通过各种融资活动，可以转化资金的性质和期限
经济调节与反映功能	（1）经济调节功能是指金融市场可以直接或间接调节经济的发展规模和发展速度，促进社会经济效益提高。 （2）金融市场被称为国民经济的"晴雨表"和"气象台"，是公认的国民经济信号系统，这也是金融市场反映功能的体现。同时，金融市场的波动是对有关宏微观经济信息的反映，政府有关部门可以通过收集及分析金融市场的运行情况来为政策的制定提供依据。 【知识拓展】由于各类市场参与者可以通过金融市场搜集信息，因此金融市场还具有降低交易的搜寻成本和信息成本的功能
价格发现功能	金融产品的价格是所有参与市场交易的经济主体对这些产品未来收益预期的体现。而交易所通过公开竞价出来的价格即为当时市场对金融产品未来价格的平均看法
风险分散和风险管理功能	金融市场上有多种融资形式可供选择，增强了金融工具的安全性，提高了融资效率，达到既能获得盈利又能保证流动性。另外，虽然金融市场并不能消除金融风险，但为投资者提供组合投资的途径，以有效分散和管理风险
宏观调控功能	现代金融市场是中央银行实施宏观金融调控的场所。金融市场的宏观调控功能表现在以下几个方面。 （1）金融市场为货币政策提供了传导路径。 （2）财政政策的实施离不开金融市场。 （3）金融市场的培育和成长可以为政府产业政策的实施创造条件

【例题·选择题】金融市场被称为国民经济的"晴雨表"和"气象台"，这体现了金融市场的（　　）功能。

A．资源配置　　B．经济调节
C．反映经济　　D．宏观调控

【解析】本题主要考查金融市场的功能。金融市场被称为国民经济的"晴雨表"和"气象台"，是公认的国民经济信号系统，这反映了金融市场的反映功能。

【答案】C

四、金融市场的影响因素（★）

1. 经济发展对金融市场的影响

经济发展对金融发展起决定性作用主要表现在如下方面。

（1）金融产生于经济活动并随之发展。

（2）经济发展水平决定金融规模、层次和结构。

【名师点拨】金融是经济的组成部分，是经济发展的产物，金融发展离不开经济实体的发展。金融作为现代市场经济中的第三产业，其基本功能是满足经济发展过程中的投融资需求和服务性需求。因此，金融只有为经济发展服务并与之紧密相结合，其发展才有坚实的基础和持久的动力。

2. 其他内、外部因素对金融市场功能发挥的影响

金融市场功能的发挥程度，首先取决于市场的基础与发展方向，其一般功能的发挥，

受表 6-7 所示内、外部因素的影响。

表 6-7　金融市场功能发挥的影响因素

条件	内　容
外部因素	（1）法制健全。全面、系统、完善的法律法规是规范市场秩序、充分发挥市场功能的基础。 （2）信息披露充分。金融市场是一个信息不对称的市场，所有规定必须披露的信息都要充分、及时、真实地披露，否则就要受到严厉的处罚。 （3）市场进退有序。金融市场是一个充分竞争的市场，进入市场和退出市场都必须严格遵循规章制度，不应受人为操控
内部因素	（1）国内国际统一的市场。 （2）丰富的市场交易品种。交易品种的丰富程度是衡量金融市场发达的重要标志。 （3）健全的价格机制。包括定价机制和灵活的价格机制。 （4）必要的技术环境。技术环境不仅包括计算机软件和硬件，还包括金融工程技术

【例题·组合型选择题】影响金融市场功能发挥的内部因素包括（　　）。
Ⅰ．信息披露充分
Ⅱ．国内国际统一的市场
Ⅲ．丰富的市场交易品种
Ⅳ．健全的价格机制
A．Ⅰ、Ⅱ、Ⅲ
B．Ⅰ、Ⅲ、Ⅳ
C．Ⅱ、Ⅲ、Ⅳ
D．Ⅰ、Ⅱ、Ⅲ、Ⅳ
【解析】本题主要考查金融市场功能发挥所需条件。金融市场功能发挥需具备的内部条件包括：（1）国内、国际统一的市场。（2）丰富的市场交易品种。（3）健全的价格机制。（4）必要的技术环境。故Ⅱ、Ⅲ、Ⅳ项都与题意相符。信息披露充分属于外部条件。
【答案】C

五、金融市场的形成和发展趋势（★）

1. 金融市场的形成

金融市场是商品经济和信用经济发展的产物。由于早期的信用制度比较简单，商品经济不发达，因而金融市场很不发达。

金融市场的真正形成与发展主要是在资本主义经济制度产生和发展起来之后，随着信用工具逐步多样化。由于信用工具必须具有流通转让的特点，其发行与流通转让的场所——金融市场也就自然随之得到了快速发展。

一般认为有形的、有组织的金融市场大约形成于 17 世纪的欧洲大陆。

（1）货币的出现标志着金融市场开始萌芽。

（2）以银行为中心的现代金融市场初步建立。生产需求和贸易需求促进了以银行为核心的金融体系的形成和发展。意味着以银行为中介的借贷资金市场的形成。

（3）证券业的发展是金融市场形成和完善的推动力。股份有限公司的产生和信用制度的发展，促使证券市场迅速形成。而证券市场则为有价证券的流通转让创造了条件。所以随着信用制度的发展，证券市场的产生也就成为了必然。

（4）信用形式的发展使各类金融子市场得以形成和发展。金融市场的形成和发展是以信用制度的发展为基础的，而多样化的信用形式又促进了各类金融市场的形成。

名师点拨　商品信用经济的发展，必然带来信用制度的发展，产生多种金融中介机构、信用形式和信用工具，而多种信用形式和信用工具的运用和流通，必然导致金融市场的形成与发展。也就是说，金融市场的发展得益于商品经济、信用制度和股份制经济的发展，而金融市场的存在与发展又是现代经济得以存在与发展的重要支付之一。

2. 金融市场的发展历程

金融市场的发展，大都经历了一个从低

级到高级、从弱小到强大、从投机性到投资性、从不完善到规范的发展过程。其发展历程大致上可以分为以下四个阶段，具体内容如表6-8所示。

表6-8 金融市场的发展历程

发展阶段	发展时间	内容阐述
第一阶段	从15世纪中叶到19世纪中叶	这一阶段的特点是各国政府对金融市场的管理比较松散，资本可以完全自由流动
第二阶段	从19世纪中叶到20世纪初	这一阶段资本主义国家的金融市场以英国最为发达。持股公司日益盛行，金融公司、投资银行、信托投资公司、证券公司等证券经营机构也获得了极大的发展
第三阶段	从20世纪初到20世纪60年代	经历了两次世界大战，各国的经济和金融形势发生了很大的变化。这一阶段资本主义国家的金融市场出现了英国、美国、瑞士三足鼎立的局面
第四阶段	从1960年至今	这一阶段的显著特点是金融市场开始走向国际化和全球化。这个时期的国际金融市场不再以某一个或某几个国家为典型代表或轴心，而是明显地表现为多极化趋势，发展中国家和地区也纷纷建立起了令世人瞩目的国际金融市场

世界上最早的证券交易所是1609年荷兰建立的，名为阿姆斯特丹证券交易所。

【例题·选择题】世界上最早的证券交易所出现在（　　）。
A. 美国　　　　B. 美国
C. 荷兰　　　　D. 中国
【解析】本题主要考查证券交易所的发展历程。1609年，荷兰建立了世界上最早的一个证券交易所，即阿姆斯特丹证券交易所。故C选项为正确答案。
【答案】C

3. 金融市场的发展趋势

金融市场的发展趋势为：金融全球化——金融自由化——金融工程化——资产证券化。

（1）金融全球化。

金融全球化即金融国际化、全球金融一体化，是指金融业跨国发展，资金可以在国际范围内自由流动，金融交易币种和范围可以在世界范围内进行，主要表现为金融市场国际化、金融交易国际化、金融机构国际化和金融监管国际化。金融全球化趋势开始于1970年年末。

（2）金融自由化。

金融自由化也称"金融深化"，主张改革金融制度，改革政府对金融的过度干预，放松对金融机构和金融市场的限制，增强国内的筹资功能以改变对外资的过度依赖，放松对利率和汇率的管制使之市场化，从而使利率能反映资金供求，汇率能反映外汇供求，促进国内储蓄率的提高，最终达到抑制通货膨胀，刺激经济增长的目的。20世纪70年代中期以后，西方国家出现了一股逐渐放松甚至取消金融管制的浪潮，逐渐减少或取消国与国之间对金融机构活动范围的限制，放松或解除汇率管制和利率管制，并陆续开始放宽金融机构业务活动范围，业务活动允许适当交叉。金融市场呈现自由化趋势，但这些措施也导致了金融竞争更加激烈，给货币政策的实施及金融监管带来了困难。

（3）金融工程化。

金融工程化是指工程思维引入金融领域，综合采用各种工程技术方法设计、开发新型的金融产品，创新性解决金融问题。金融工程化的来源是20世纪70年代以来社会经济制度的变革和电子技术的进步。金融工程技术的应用包括：套期保值、投机、套利和构造组合，其具体含义如表6-9所示。

表6-9 金融工程技术的应用

金融工程技术的应用	含 义
套期保值	套期保值是指企业为规避风险，指定一项或一项以上套期工具，使套期工具的公允价值或现金流量变动，预期抵消被套期项目全部或部分公允价值或现金流量变动风险的一种交易活动。 【名师点拨】一般都不能完全的套期保值，大多只能对风险暴露超过既定水平的部分进行抵补
投机	投机是指运用对市场某些特定走势的预期，对未来市场的发展进行预测，根据制造原来不存在的风险获取存在的高利益
套利	套利是指投资者或借贷者同时利用两地利息率的差价和货币汇率的差价，流动资本以赚取利润。套利分为抵补套利和非抵补套利两种
构造组合	构造组合是指对几项金融交易或者是几项风险进行构造组合，以此来规避风险或谋得利润

（4）资产证券化。

资产证券化是指以特定资产组合或特定现金流为支持，发行可交易证券的一种融资形式。资产证券化最早起源于美国的住房抵押贷款。

【例题·选择题】关于全球化及科技对金融市场的影响，以下说法错误的是（　　）。

A．全球化及现代科技大大降低了各类风险的互相关联

B．在一定程度上改变了金融监管方式

C．先进成熟的现代科技促进了资金在国际间的快速有效流动

D．大量资金可以轻松地在全球范围内流动

【解析】本题主要考查金融全球化的内容。虽然全球化及科技的发展带来了影响，但各类风险间的关联依然存在，可以通过投资组合对冲或分散投资风险。其他说法正确。因此选择A选项。

【答案】A

六、金融市场的主要参与者（★★）

金融市场的参与者主要包括政府、中央银行、金融机构、企业和居民。其各特点如表6-10所示。

表6-10 金融市场的参与者

金融市场的参与者	内容要点
政府	政府部门是一国金融市场上主要的资金需求者。政府在金融市场上是最主要的筹资者之一，一般通过发行债券筹集资金
中央银行	中央银行是一国政府重要的宏观经济管理部门，也是金融市场的重要参与者。中央银行与金融市场运作的目的也是实现政府的宏观经济目标，但参与市场的方式则不尽相同
金融机构	金融机构是金融市场最重要的参与者。其特殊作用表现在：（1）是储蓄转化为投资的重要渠道；（2）既发行、创造金融工具，也在市场上购买各类金融工具；（3）既是金融市场的中介人，也是金融市场的投资者、货币政策的传递者和承受者。金融机构作为机构投资者在金融市场具有支配性的作用
企业	企业是金融市场上最大的资金需求者和金融工具的提供者。 企业的理财始终离不开金融市场，即用现金余款来进行短期投资，又利用货币市场融入短期资金以满足季节性、临时性的资金需求，还可以通过资本市场筹措长期资金，因而成为金融市场最活跃的主体
居民（个人）	居民是金融市场上主要的资金供给者。不少居民动用储蓄资金投资于股票、债券、基金等资本市场工具，投资于保险市场或参与黄金市场交易，组合其金融资产，实现风险和收益的最佳匹配。居民投资者是金融市场供求均衡的重要力量

【例题·选择题】 金融市场的主要参与者不包括（ ）。

A．政府部门　　B．金融机构
C．公益组织　　D．个人

【解析】 本题主要考查金融市场的主要参与者。金融市场的参与者主要包括政府、中央银行、金融机构、企业和居民（个人）。选项C，公益组织不属于金融市场的参与者。

【答案】 C

七、非证券金融市场的概念与分类（★★）

金融市场中除了证券市场以外的市场即非证券金融市场。它主要包括货币市场、股权投资市场、信托市场、融资租赁市场、外汇市场、衍生品市场、黄金市场、保险市场、银行理财产品市场、长期贷款市场等。具体内容如表 6-11 所示。

表 6-11　非证券金融市场的分类（★）

分类	要点说明
股权投资市场	股权投资市场全称"私募股权投资"，指通过投资取得被投资单位的股份，即企业（个人）购买其他企业的股票以货币资金、无形资产和其他事物资产直接投资于其他单位，以获得较大经济利益为目的的市场。 **【知识拓展】** 股权投资，是企业购买的其他企业的股票或以货币资金、无形资产和其他实物资产直接投资于其他单位。长期股权投资的最终目的是为了获得较大的经济利益，这种经济利益可以通过分得利润或股利获取，也可以通过其他方式取得
信托市场	信托服务业实现其价值的领域即为信托市场。"受人之托，代人理财"是信托的基本特征，其实质是一种财产转移与管理的安排
融资租赁市场	融资租赁又称金融租赁、资本租赁，是指实质上转移与资产所有权有关的全部或绝大部分风险和报酬的租赁。融资租赁资产的所有权最终可选择转移或者不转移。 **【名师点拨】** 金融租赁公司是指专门为承租人提供资金融通的长期租赁公司，它以商品交易为基础，将融资与融物相结合，既有别于传统租赁，又不同于银行贷款。融资租赁服务是所有权与经营权相分离的一种新的经济活动方式，具有投资、融资、促销和管理的功能

八、国际资金流动（★）

1．国际资本流动的原因

国际资本流动的原动力来自资本的逐利性，并进一步要求在风险一定的前提下获得尽可能多的利润，引起长期资本国际流动的根本原因是不同国家或地区资本回报率的差异，以及各国不同的资本管制政策与制度。因此，国际资本流动的主要原因包括实体经济原因、金融原因、制度原因、技术及其他原因。

2．国际资本流动的方式（★）

国际资本流动，简言之，是指资本在国际间转移，或者说，资本在不同国家或地区之间作单向、双向或多向流动，具体包括：贷款、援助、输出、输入、投资、债务的增加、债权的取得，利息收支、买方信贷、卖方信贷、外汇买卖、证券发行与流通等。根据资本使用或交易期限的不同，可以将国际资本流动分为长期资本流动和短期资本流动。

（1）长期资本流动。

长期资本流动是指期限为一年以上的资本跨国流动，包括国外借贷和国际直接投资。

①国外借贷。国外借贷是指一国与该国之外的经济主体之间进行的借贷活动，国外借贷基本特征是在国内经济主体与国外经济主体之间形成债权债务关系。国外借贷主要

包括出口信贷、国际商业银行贷款、外国政府贷款、国际金融机构贷款、国际资本市场融资和国际融资租赁，其具体内容如表6-12所示。

表6-12 国外借贷的内容

分类	要点
出口信贷	出口信贷是指出口国政府为支持和扩大本国产品的出口，提高产品的国际竞争力，通过提供利息补贴和信贷担保方式鼓励本国银行向本国出口商或购买本国商品的外国进口商提供中长期信贷
国际商业银行贷款	国际商业银行贷款指一些大商业银行向外国政府及其所属部门、私营工商企业或银行提供的中长期贷款。 【知识拓展】这种贷款利率较高，一般在伦敦银行同业拆放利率之上另加一定的附加利率，期限大多为3~5年，贷款通常不限定用途。国际商业银行贷款的主要方式存独家银行贷款和银团贷款（辛迪加贷款）两种
外国政府贷款	外国政府贷款指他国政府利用国库资金向本国政府提供的贷款，这种贷款一般带有援助的性质，具有利率低、期限长的特征，但通常要附加一定的采购限制或指定用途。 【知识拓展】外国政府贷款的利率水平通常远低于国际商业银行贷款利率，平均为2.5%~3%，最高一般不超过4%，有时甚为无息贷款，通常还会包含无偿赠与部分。其平均偿还期限为30年，最长可达50年
国际金融机构贷款	国际金融机构贷款指国际金融机构对成员国政府提供的贷款，主要包括国际货币基金组织、世界银行及其附属机构以及一些地区性国际金融机构提供的贷款
国际资本市场融资	国际资本市场融资指在国际资本市场上通过发行债券、股票及其他有价证券的方式向外国投资者筹集资金
国际融资租赁	国际融资租赁是出租人根据承租人的规格要求及其所同意的条件同供货人缔结一项供货协议，出租人据此取得工厂、资本货物或其他设备，并同承租人缔结一项租赁协议，授予承租人使用该设备的权利，以补偿其所付的租金。在出租合同到期后，出租人可根据合同条款将设备赠与承租人，或者以一个象征性低价将设备所有权转让给承租人。实质上是一种以承租物为载体，以"融物"形式进行的中长期融资活动。 【名师点拨】国际融资租赁中，参与融资租赁活动的出租人和承租人必须为不同国家的经济主体

②国际直接投资。国际直接投资，又名"对外直接投资"，指一国居民、企业等直接对另一个国家进行生产性投资，并由此获得对投资企业的管理与控制权。

国际直接投资主要采取的方式有：在国外开办独资企业，包括设立分支机构、子公司等；收购或合并国外企业，包括建立附属机构；与东道国企业合资开办企业；对国外企业进行一定比例的股权投资；利用直接投资的利润在当地进行再投资。

（2）短期资本流动。

短期资本流动是指期限为一年或一年以下的资本跨境流动。短期资本流动的形成较复杂，存单、国库券、商业票据及其他短期金融资产的交易，投机性的股票交易等都可以形成短期资本流动。它包括：贸易性资本流动、套利性资本流动、保值性资本流动以及投机性资本流动等。近年来国际投机性资本流动的规模越来越大，成为短期资本流动的主体。

【例题·组合型选择题】下列属于国际资本流动的有（　　）。

Ⅰ．引进外资
Ⅱ．发行国债
Ⅲ．国际援助
Ⅳ．外汇买卖

A．Ⅰ、Ⅲ、Ⅳ
B．Ⅰ、Ⅱ、Ⅲ
C．Ⅱ、Ⅲ、Ⅳ
D．Ⅱ、Ⅳ

【解析】本题主要考查货币市场与资本市场的相关知识。国际资本流动指资本跨越国界从一个国家或地区向另一个国家或地区流动，具体包括国际间的贷款、援助、资本输出、资本输入、投资、债务的增加、债权的取得、利息收支、买方信贷、外汇买卖、证券发行与流通等。

【答案】A

【例题·组合型选择题】短期资本流动是指期限为1年或1年以内的资本流动，它包括（　　）。

Ⅰ．投资性资本流动
Ⅱ．套利性资本流动
Ⅲ．贸易性资本流动
Ⅳ．保值性资本流动

A．Ⅰ、Ⅲ、Ⅳ
B．Ⅰ、Ⅱ、Ⅳ
C．Ⅰ、Ⅱ、Ⅲ、Ⅳ
D．Ⅱ、Ⅲ、Ⅳ

【解析】本题主要考查短期资本流动的内容。短期资本流动是指期限为1年或1年以内的资本流动。短期资本流动可分为贸易性资本流动、套利性资本流动、保值性资本流动以及投机性资本流动等。

【答案】D

3．国际资本流动的效应

国际资本在全球范围内的流动，不仅增加了资本输入国的资本来源，促进了这些国家经济的发展，也提高了资本的收益。国际资本流动对国际金融市场乃至于全球经济都产生了多方面的效应，主要表现在以下几个方面，如表6-13所示。

表6-13　国际资本流动的效应

效应	原理阐述
全球化效应	国际资本流动有利于实现经济全球化、金融市场一体化以及金融市场资产价格与收益的一体化
放大效应	资金国际流动可通过特定机制对一国乃至全球经济发挥远超其自身实力的影响，这一现象被称为国际资本流动的放大效应（也叫杠杆效应）
冲击效应	国际资本自由进出会对国内金融市场造成冲击。短期内外资大量流出与流入将引起该国金融市场的资金供求失衡，造成利率和金融资产价格剧烈波动，进而影响该国的经济运行

九、金融危机（★）

1．金融危机的概念和特征

金融危机又称金融风暴，指一个国家或几个国家与地区的全部或大部分金融指标的急剧、短暂和超周期的恶化。金融危机的导火索可以是任何国家的金融产品、金融市场或金融机构等。金融危机的特征包括如下几类。

（1）人们预期经济未来将更加悲观。

（2）整个区域内货币币值出现较大幅度贬值。

（3）经济总量与经济规模出现较大幅度的缩减，经济增长受到打击。

（4）企业大量倒闭，失业率提高，社会经济萧条。

（5）严重时会伴随着社会动荡或国家政治层面的动荡，甚至导致国家破产。

【例题·组合型选择题】金融危机特征包括（　　）。
Ⅰ．经济总量与经济规模出现较大幅度的缩减
Ⅱ．企业大量倒闭，失业率提高，社会普遍的经济萧条
Ⅲ．地区性债务危机凸显
Ⅳ．整个区域内货币币值出现较大幅度的贬值
A．Ⅰ、Ⅱ、Ⅳ
B．Ⅲ、Ⅳ
C．Ⅱ、Ⅲ、Ⅳ
D．Ⅰ、Ⅱ、Ⅲ、Ⅳ

【解析】本题主要考查金融危机的特征。金融危机的特征包括：（1）人们预期经济未来将更加悲观。（2）整个区域内货币币值出现较大幅度的贬值。（3）经济总量与经济规模出现较大幅度的缩减，经济增长受到打击。（4）企业大量倒闭，失业率提高，社会经济萧条。（5）有时候甚至伴随着社会动荡或国家政治层面的动荡。

【答案】A

2．金融危机的分类

金融危机主要可以分为以下几类。

（1）货币危机，即货币剧烈贬值。

（2）债务危机，即企业或国家出现系统性的债务违约。

（3）银行危机，即由于挤兑等造成银行的流动性不足。

（4）次贷危机，由次级房屋信贷行业违约剧增、信用紧缩问题而引发的国际金融市场上的震荡、恐慌和危机。

近年来的金融危机越来越显现出某种混合形式的危机。

历史上著名的金融危机包括：（1）1637年的郁金香狂热。（2）1720年的南海泡沫。（3）美国1837年的恐慌。（4）1907年经济金融危机。（5）1929—1933年的经济大萧条。（6）1980年的拉丁美洲债务危机。（7）1990年日本房地产和股市泡沫的崩溃。（8）1997年的东南亚金融危机。（9）2007年美国次贷危机引发的全球金融危机。

【例题·组合型选择题】下列选项中，属于金融危机的是（　　）。
Ⅰ．信用危机　　Ⅱ．货币危机
Ⅲ．债务危机　　Ⅳ．银行危机
A．Ⅰ、Ⅱ、Ⅲ　　B．Ⅰ、Ⅲ、Ⅳ
C．Ⅱ、Ⅲ、Ⅳ　　D．Ⅰ、Ⅱ、Ⅳ

【解析】本题主要考查金融危机的相关内容。金融危机是"金融风暴"的别称，可以分为货币危机、债务危机和银行危机等。Ⅰ项不属于金融危机，选择C答案。

【答案】C

3．金融危机的教训

对于我国来说，国际金融危机给我们带来了以下教训。

（1）必须正确处理金融发展和实体经济的关系，要协调好经济增长与金融改革发展、经济增长与金融风险防范的关系。

（2）必须正确处理社会保障与经济发展的关系，保证社会保障既不缺失，也不过度。

（3）必须正确处理政府与市场的关系，确保以市场调节为主，政府宏观调控为辅。

第二节　中国的金融体系

考情分析：本节考查的重点内容为货币政策工具。其中，货币政策的概念、措施及目标和货币政策工具的概念及作用原理是常考知识点，考生应加以重视。学好本节内容可从整体了解和认识国内金融大局。

学习建议：对于我国金融市场的演变历

史、发展现状、影响因素以及金融市场四大行业的相关情况、中央银行主要职能以及货币政策的传导机制，考生根据大纲要求进行相应理解或熟悉即可。本节中，考生应重点学习我国金融市场"一行三会"的监管架构和货币政策的相关知识，特别是要重点掌握货币政策的概念、措施、目标、工具等。

一、中国金融市场的演变历史（★）

中国目前基本形成了货币市场、资本市场、外汇市场、黄金市场共存的金融市场。以下是中国金融市场体系的演变历史时间表。

（1）1980年是中国实施改革开放后金融市场体系建设的起步阶段。

（2）1981年开始恢复国债发行，资本市场的发展逐渐起步。

（3）1985年，银行业开始发行金融债券。企业债券、股票、各种政府债券等金融工具也陆续出现。

（4）1986年，企业债券、股票的转让市场率先在沈阳、上海起步。

（5）1988年4月，国库券开始上市交易。

（6）1990年11月26日上海证券交易所成立，同年12月19日开业；1990年12月1日深圳证券交易所成立，并于1991年7月3日正式营业。

（7）1990年10月，郑州粮食批发市场经国务院批准，以现货交易为基础，引入期货交易机制，作为我国第一家商品期货市场正式启动。1994年外汇体制改革后，形成了全国统一的外汇市场。

（8）1997年全国银行间债券市场的建立，成为资本市场发展的重要转折。

（9）2001年10月，上海黄金交易所成立，在试运行1年后正式开业。

（10）2004年1月，国务院《关于推进资本市场改革开放若干问题的决定》，多次提出了建立多层次资本市场的要求。

（11）2005年4月29日，中国证监会发布《关于上市公司股权分置改革试点有关问题的通知》，股权分置改革正式启动。

（12）2009年10月30日，创业板正式揭开了帷幕，28只股票齐发的壮观场面也刷新了中国股市多股齐发的历史纪录。

（13）2010年3月31日，深圳证券交易所、上海证券交易所接受券商的融资融券交易捷报，融资融券交易正式进入市场操作阶段。

（14）2010年4月16日，筹备多年的股指期货合约正式上市交易。

（15）2012年9月20日，全国中小企业股份转让系统（以下简称"新三板"）经国务院批准设为全国性证券交易所。

【例题·选择题】下列关于上海证券交易所的特点的描述，错误的是（　　）。

A. 国内首家证券交易市场
B. 交易采用电脑自动撮合成交的方式
C. 上海证券交易所成立于1992年11月26日
D. 交易时间为每周一至周五

【解析】本题主要考查上海证券交易所的成立时间。上海证券交易所成立于1990年11月26日，故C选项错误。

【答案】C

【例题·选择题】深圳证券交易所于（　　）正式营业。

A. 1990年8月3日
B. 1992年6月3日
C. 1989年5月3日
D. 1991年7月3日

【解析】本题主要考查深圳证券交易所的营业时间。1991年7月3日深圳证券交易所正式营业。故D选项为正确答案。

【答案】D

二、我国金融市场的发展现状（★★）

1. 货币市场发展现状

货币市场是短期资金市场，是指融资期限在一年以下的金融市场，是金融市场的重要组成部分。中国的货币市场主要包含：银行间债券回购、同业拆借、票据市场三大交易板块。票据市场交易规模的统计口径票据贴现。从交易总量来看，在发展的这10年，银行间债券回购、同业拆借、票据市场都呈现增长的趋势，但是银行间债券交易居于主导位置且增长最为明显。同业拆借市场和票据贴现市场的份额占比相对较低。

不管是质押式回购还是同业拆借，货币市场的短期化趋势都非常明显。对比而言，其他期限的占比就比较小。货币市场三大交易板块的发展情况如表6-14所示。

表6-14 货币市场市场三大交易板块的发展情况

项目	发展状况
银行间债券回购市场	债券回购市场作为货币市场最为活跃的板块，从1998年成立以来，大致经历了以下三个阶段：1998—2005年（第一阶段）交易规模在10亿元以下，呈平稳发展状态；2006—2010年（第二阶段）年均复合增长率高达70%；2011年至今（第三阶段）增速有所下降，年均复合增长率22%
同业拆借市场	因2007年上海同业拆放利率体系的影响，2007—2014年，我国同业拆借市场的年均增长率为37%左右
票据市场	票据市场交易品种主要包括转贴现和回购，以银行承兑汇票交易为主。从2013年以来，票据市场的发展呈直线上升，开始超过同业拆借

2. 中国债券市场的发展现状

截至2015年4月，我国债券总存量为37万亿元，政府债和金融债分别为10.6万亿元和12.5万亿元，信用债中企业债和中期票据分别为3万亿元和3.4万亿元。最近10年，我国债券市场的发行量增加了两倍。以银行间市场为主来分析，主要投资者是商业银行，除此之外还有基金和保险。

3. 中国股票市场的发展现状

我国股票市场的发展主要经过了以下几个阶段。

1978—1992年——新中国资本市场的萌生。

1993—1998年——全国性资本市场的形成和初步发展。

1999年至今——资本市场的进一步规范和发展。

我国的股票市场总指标包括：境内上市公司的总市值、流通市值、总股本、境内上市公司数、境内上市外资股数量、股票日均成交额等。截至2014年，我国股票市场总市值接近40万亿元，说明我国股票的发展速度是非常快的。

4. 中国期货及衍生品市场的发展现状

中国期货及衍生品市场的现状如表6-15所示。

表6-15 中国期货及衍生品市场的现状

项目	发展状况
市场交易规模	从21世纪以来，我国期货市场进入规范发展阶段，期货品种体系逐渐丰富，交易规模不断扩大
交易品种培育	随着我国期货市场的发展，期货品种体系日益完善，重要的大宗商品除原油外在我国都有交易
期货行业发展	我国的期货行业开始了稳步的发展期，净资产在迅速上升的同时，资产负债率也在大幅下降，期货公司的经营范围也在扩大

5. 我国银行理财产品市场的发展现状

银行理财产品是指商业银行在对潜在目标客户群进行分析研究的基础上，针对特定目标客户群开发设计并销售的资金投资和管理计划。根据投资领域的不同，理财产品可大致分为：债券型、信托型、挂钩型及QDII型。截至2014年我国银行理财产品年平均产品已到达13亿万元左右，呈井喷式发展。

6. 我国信托市场发展情况

在狭义的信托市场里，主要着重于信托公司提供的信托产品和服务。在"分业经营、分业监管"的金融体制下，我国信托业大约包括70家信托公司，银行合作余额已超过3万亿元。

三、影响我国金融市场运行的主要因素（★）

国际金融市场的影响因素同样适用于我国，因此，本章第一节列出的影响金融市场的因素，也影响我国金融市场。同时，考虑到我国的具体国情，影响我国金融市场的主要因素还包括如下几种。

（1）股指期货影响我国金融市场。一方面，股指期货有利于股票市场的可持续发展和长期投资，有利于避免由于过度短线操作给股市带来的动荡，有利于国有企业把握经济主控权，控制金融命脉。另一方面，股指期货的推出会导致资金的挤出效应，引起市场资金的分流，引发很多投机者进行投机操作和操纵市场行为，进而引起股票市场大的波动。

（2）国际资本流动影响我国金融市场。国际资本的大量流动，一方面使我国获得了直接投资，解决了资金不足的问题，弥补了实体产业空心化现象，对于提高我国金融市场的国际化水平，完善我国的信息披露制度有着重要的作用。另一方面也引起国内资本市场的价格大幅波动，造成我国国际收支不平衡，汇率的大起大落，金融市场的动荡。

（3）欧元区的形成对我国金融市场的影响。欧元的出现给我国金融业增加了转换欧元的技术费用，欧元的汇率波动也会造成我国负债存量的增减，增加了对持有欧币债务和资产的风险。

同时欧洲银行进入中国，带给中国先进的管理方式和金融服务内容，对我国金融业的发展起到促进作用。

（4）人民币汇率改革对国内金融市场的影响。我国实行人民币弹性的汇率机制，具有打击投机性资金、调节汇率的作用。中国人民银行稳定汇率在一定程度上导致了流动性充裕，人们购买债券的欲望增强。我国实行弹性汇率，会导致汇率风险的增加，增加了票据市场的交易量和流动性，企业规避外汇的风险意识得到加强。另外，人民币汇率改革对股票大盘也造成一定影响。

四、中国金融市场各行业的发展状况（★）

1. 新中国成立后的金融体系的建立与发展

新中国经济和金融发展的基础相当薄弱，现行的金融机构经济体系是在新中国成立后逐步得到发展的，发展历程可大致分为以下几个阶段。

（1）1948—1953年（新型金融机构体系初步形成阶段）。

（2）1953—1978年（"大一统"金融机构体系确立阶段）。

（3）1979—1983年9月（改革和突破"大一统"金融机构体系初期）。

（4）1983年9月—1993年（多样化的金融机构体系初具规模的阶段）。

（5）1994年至今（建设和完善社会主义市场金融机构体系的时期）。

2. 中国金融市场各行业的发展状况（★）

（1）银行业。

现代资本主义国家的银行结构和组织

形式种类繁多。按其职能划分，具体包括中央银行、商业银行、投资银行、储蓄银行和各种专业信用机构。目前已基本形成了以中央银行为中心，股份商业银行为主体，各类银行并存的现代资本主义国家银行体系。

在我国，银行业是指中国人民银行、监管机构、自律组织，以及在中华人民共和国境内设立的商业银行、城市信用合作社、农村信用合作社等吸收公众存款的金融机构、非银行金融机构以及政策性银行。目前我国已形成了以中央银行、银行业监管机构（中国银监会）、政策性银行、商业银行和其他金融机构为主体的银行体系，各要点参照表6-16。

> 【例题·选择题】我国银行业的主体是（　　）。
> A. 地区性商业银行
> B. 股份商业银行
> C. 中央银行
> D. 信用合作社
> 【解析】本题主要考查我国银行体系的相关知识。目前，我国已基本形成了以中央银行为中心，股份商业银行为主体，各类银行并存的现代资本主义国家银行体系。
> 【答案】B

表6-16　我国银行业的概况

机构	概况
中央银行	1984年1月1日起，中国人民银行开始专门行使中央银行的职能。1995年3月18日，全国人民代表大会通过《中华人民共和国中国人民银行法》，首次以国家立法形式确立了中国人民银行作为中央银行的地位。 2003年，成立中国银行业监督管理委员会
中国银监会	中国银监会成立于2003年4月25日，是国务院直属正部级事业单位。根据国务院授权，统一监督管理银行、金融资产管理公司、信托投资公司及其他存款类金融机构，维护银行业的合法、稳健运行
政策性银行	政策性银行是指由政府发起、出资成立，为贯彻和配合政府特定经济政策和意图而进行融资和信用活动的机构，我国的政策性银行包括国家开发银行、中国进出口银行、中国农业发展银行
商业银行	商业银行一般是指吸收存款、发放贷款和从事其他中间业务的营利性机构。我国的商业银行体系主要包括国有商业银行、股份制商业银行、城市商业银行、农村商业银行等

（2）证券业。

证券业指从事证券发行和交易服务的专门行业，是证券市场的基本组成要素之一，主要由证券交易所、证券公司、证券协会及金融机构组成。

与金融市场的发展同步，我国的证券业也得到了快速的发展，建立了统一接受中国证券监督管理委员会的监管的种类多样的证券业金融机构。

我国证券业的作用表现在：通过为企业发展筹集巨额资金进行资源分配；促进众多公司以重组方式发展壮大；提供了不同的投资工具，有助于金融服务业的发展；随着日益加强的国际合作和对外开放，证券业为外资在中国的投资提供了一个新渠道。

（3）保险业。

保险业是指将通过契约形式集中起来的资金，用以补偿被保险人的经济利益业务的行业。近年来，我国保险业和保险专业中介机构的发展都很迅速。截至2014年年底，全国有保险控股公司和集团10家，财产保险公司65家，人身保险公司67家，保险资产管理公司10家，专业再保险公司7家。保险专业中介机构多达2 532家。我国保险业原保险保费收入2万亿元，其中财产险保费7 544亿元，人身险保费收入12 690亿元，资产总额高过100 000亿元。

（4）信托业。

《中华人民共和国信托法》（简称《信托法》）于2001年4月28日在第九届全国人大常委会第二十一次会议上通过，并于当年10月1日正式实施。《信托法》从制度上肯定了信托业在我国现行金融体系中存在的必要性，为我国信托市场（即财产管理市场）构筑了基本的制度框架，将信托活动纳入了规范化和法制化的发展轨道。按照《信托法》的定义，信托是指委托人基于对受托人的信任，将其财产权委托给受托人，由受托人按委托人的意愿以自己的名义，为受益人的利益或者特定目的，进行管理或者处分的行为。

信托与银行、证券、保险并称为金融业的四大支柱。我国信托投资公司主要业务包括：经营资金和财产委托、代理资产保管、金融租赁、经济咨询、证券发行以及投资等。

五、我国金融市场"一行三会"的监管架构（★★）

"一行三会"是国内金融界对中国人民银行、中国银行业监督管理委员会、中国证券监督管理委员会和中国保险监督管理委员会，这四家中国的金融监管部门的简称，此种叫法最早起源于2003年，"一行三会"构成了中国金融业分业监管的格局。"一行三会"均实行垂直管理。

中国金融监管体制的发展演变经历了两个阶段：1984—1992年，集中监管体制阶段；1992—2003年，分业监管体制形成与发展阶段。2003年4月28日银监会正式挂牌运作，标志着中国金融业形成了"三驾马车"式垂直的分业监管体制，同时也标志着"一行三会"的监管架构正式形成。我国金融市场"一行三会"监管架构的具体内容如表6-17所示。

表6-17 我国金融市场"一行三会"的监管架构

机构	机构设置和法定职能
中国人民银行	中国人民银行是我国的中央银行，成立于1948年12月1日，1984年1月1日开始专门行使中央银行的职能。 根据《中国人民银行法》的规定，中国人民银行依法履行下列职责： （1）发布与履行其职责有关的命令和规章。 （2）依法制定和执行货币政策。 （3）发行人民币，管理人民币流通。 （4）监督管理银行间同业拆借市场和银行间债券市场。 （5）实施外汇管理，监督管理银行间外汇市场。 （6）监督管理黄金市场。 （7）持有、管理、经营国家外汇储备、黄金储备。 （8）经理国库。 （9）维护支付、清算系统的正常运行。 （10）指导、部署金融业反洗钱工作，负责反洗钱的资金监测。 （11）负责金融业的统计、调查、分析和预测。 （12）作为国家的中央银行，从事有关的国际金融活动。 （13）国务院规定的其他职责
中国银行业监督管理委员会	中国银行业监督管理委员会简称"中国银监会"，成立于2003年4月25日，中国银监会依法履行以下职责： （1）依照法律、行政法规制定并发布对银行业金融机构及其业务活动监督管理的规章、规则。 （2）依照法律、行政法规规定的条件和程序，审查批准银行业金融机构的设立、变更、终止以及业务范围。 （3）对银行业金融机构的董事和高级管理人员实行任职资格管理。 （4）依照法律、行政法规制定银行业金融机构的审慎经营规则。

续表

机构	机构设置和法定职能
中国银行业监督管理委员会	（5）对银行业金融机构的业务活动及其风险状况进行非现场监管，建立银行业金融机构监督管理信息系统，分析、评价银行业金融机构的风险状况。 （6）对银行业金融机构的业务活动及其风险状况进行现场检查，制定现场检查程序，规范现场检查行为。 （7）对银行业金融机构实行监督管理。 （8）会同有关部门建立银行业突发事件处置制度，制定银行业突发事件处置预案，明确处置机构和人员及其职责、处置措施和处置程序，及时、有效地处置银行业突发事件。 （9）负责统一编制全国银行业金融机构的统计数据、报表，并按照国家有关规定予以公布；对银行业自律组织的活动进行指导和监督。 （10）开展与银行业监督管理有关的国际交流、合作活动。 （11）对已经或者可能发生信用危机，严重影响存款人和其他客户合法权益的银行业金融机构实行接管或者促成机构重组。 （12）对有违法经营、经营管理不善等情形的银行业金融机构予以撤销。 （13）对涉嫌金融违法的银行业金融机构及其工作人员以及关联行为人的账户予以查询；申请司法机关对涉嫌转移或者隐匿的违法资金予以冻结。 （14）对擅自设立银行业金融机构或非法从事银行业金融机构的业务活动予以取缔。 （15）负责国有重点银行业金融机构监事会的日常管理工作。 （16）承办国务院交办的其他事项。
中国证券监督管理委员会	中国证券监督管理委员会简称"中国证监会"，是国务院直属机构，是全国证券期货市场的主管部门，按照国务院授权履行行政管理职能，依照法律、法规对全国证券、期货业进行集中统一监管，维护证券市场秩序，保障其合法运行。依法履行下列职能。 （1）研究和拟定证券期货市场的方针政策、发展规划；起草证券期货市场的有关法律、法规；制定证券期货市场的有关规章。 （2）统一管理证券期货市场，按规定对证券期货监督机构实行垂直领导。 （3）监督股票、可转换债券、证券投资基金的发行、交易、托管和清算；批准企业债券的上市；监管上市国债和企业债券的交易活动。 （4）监管境内期货合约上市、交易和清算；按规定监督境内机构从事境外期货业务。 （5）监管上市公司及其有信息披露义务股东的证券市场行为。 （6）管理证券期货交易所；按规定管理证券期货交易所的高级管理人员；归口管理证券业协会。 （7）监管证券期货经营机构、证券投资基金管理公司、证券登记清算公司、期货清算机构、证券期货投资咨询机构；与中国人民银行共同审批基金托管机构的资格并监管其基金托管业务；制定上述机构高级管理人员任职资格的管理办法并组织实施；负责证券期货从业人员的资格管理。 （8）监管境内企业直接或间接到境外发行股票、上市；监管境内机构到境外设立证券机构；监督境外机构到境内设立证券机构、从事证券业务。 （9）监管证券期货信息传播活动，负责证券期货市场的统计与信息资源管理。 （10）会同有关部门审批律师事务所、会计师事务所、资产评估机构及其成员从事证券期货中介业务的资格并监管其相关的业务活动。 （11）依法对证券期货违法违规行为进行调查、处罚。 （12）归口管理证券期货行业的对外交往和国际合作事务。 （13）国务院交办的其他事项
中国保险监督管理委员会	中国保险监督管理委员会简称"中国保监会"，成立于1998年11月18日，是国务院直属正部级事业单位，根据国务院授权履行行政管理职能，依照法律、法规统一监督管理全国保险市场，维护保险业的合法、稳健运行。中国保监会的职能如下所述。 （1）拟定保险业发展的方针政策，制定行业发展战略和规划；起草保险业监管的法律、法规；制定业内规章。

续表

机构	机构设置和法定职能
中国保险监督管理委员会	（2）审批保险公司及其分支机构、保险集团公司、保险控股公司的设立；会同有关部门审批保险资产管理公司的设立；审批境外保险机构代表处的设立；审批保险代理公司、保险经纪公司、保险公估公司等保险中介机构及其分支机构的设立；审批境内保险机构和非保险机构在境外设立保险机构；审批保险机构的合并、分立、变更、解散，决定接管和指定接受；参与、组织保险公司的破产、清算。 （3）审查、认定各类保险机构高级管理人员的任职资格；制定保险从业人员的基本资格标准。 （4）审批关系社会公众利益的保险险种、依法实行强制保险的险种和新开发的人寿保险险种等的保险条款和保险费率，对其他保险险种的保险条款和保险费率实施备案管理。 （5）依法监管保险公司的偿付能力和市场行为；负责保险保障基金的管理，监管保险保证金；根据法律和国家对保险资金的运用政策，制定有关规章制度，依法对保险公司的资金运用进行监管。 （6）对政策性保险和强制保险进行业务监管；对专属自保、相互保险等组织形式和业务活动进行监管。 （7）归口管理保险行业协会、保险学会等行业社团组织。 （8）依法对保险机构和保险从业人员的不正当竞争等违法、违规行为以及对非保险机构经营或变相经营保险业务进行调查、处罚。 （9）依法对境内保险及非保险机构在境外设立的保险机构进行监管。 （10）制定保险行业信息化标准；建立保险风险评价、预警和监控体系，跟踪分析、监测、预测保险市场运行状况，负责统一编制全国保险业的数据、报表，并按照国家有关规定予以发布。 （11）承办国务院交办的其他事项

【例题·选择题】中国金融监管"一行三会"的格局形成的标志性事件是（   ）。

A. 中国银监会成立
B. 中国证监会成立
C. 中国证券业协会成立
D. 中国人民银行成立

【解析】本题主要考查"一行三会"格局的标志性事件的内容。2003 年 4 月 28 日银监会正式挂牌运作。它标志着中国金融业目前形成了"三驾马车"式垂直的分业监管体制，自此"一行三会"的监管架构正式形成。故 A 选项为正确答案。

【答案】A

六、中央银行的主要职能（★）

中央银行作为国家干预经济的重要机构，职能由性质决定。我国中央银行的职能可概括为："发行的银行""银行的银行"和"政府的银行"。

1. 发行的银行

"发行的银行"是指中央银行通过国家授权，集中垄断货币发行，向社会提供经济活动所需要的货币，并保证货币流通的正常运行，维护币值稳定。这一职能只表现为中央银行负责发行和管理人民币流通。

中央银行在被赋予货币发行权的同时，也承担了维护货币流通秩序和币值稳定的责任。中央银行作为宏观调控管理部门，又需要通过对货币供给量的控制与调节，来最终实现促进经济增长或保持物价稳定的宏观经济目标。

2. 银行的银行

"银行的银行"职能是指中央银行充当一国（地区）金融体系的核心，为银行及其他金融机构提供金融服务、支付保证，并承担监督管理各金融机构与金融市场业务活动的职能。作为银行的银行，中央银行只与商业银行和其他金融机构发生业务往来，并不与工商企业和个人发生直接的信用关系；它集中保管商业银行的准备金，并对它们发放贷款，充当"最后贷款人"这一职能具体体现在以下几个方面：存款准备金；充当最后贷款人；组织、参与和管理全国清算业务；监督管理金融业。

3. 政府的银行

"政府的银行"是指中央银行作为政府宏观经济管理的一个部门，由政府授权对金融业实施监督管理，对宏观经济进行调控，代表政府参与国际金融事务，并为政府提供融资、国库收支等服务。其具体职能详见表6-18。

表6-18 "政府的银行"职能的具体内容

职能	具体内容
代理国库	中央银行收受国库存款，代理国库办理各种收付和清算业务，因而成为国家的总出纳
代理发行政府债券	中央银行通常代理政府债券的发行以及还本付息等事项
向政府融通资金，提供特定信贷支持	在法律许可的情况下中央银行通过采取直接向政府提供短期贷款或购买政府债券等方式，以解决政府的临时性资金需要
管理、经营国际储备	在一般情况下，中央银行负责持有并管理一国或地区会有外汇、黄金、特别提款权等国际储备
参加各种国际金融组织、金融活动的代表	中央银行代表政府参加国际金融组织和各种国际金融活动，进行政府间的金融事务往来，与外国中央银行进行交往，代表政府签订国际金融协定等
制定和执行货币政策	中央银行作为政府的银行，不以营利为目的，不受某个经济利益集团的控制，而是一切从国家利益出发，独立地制定和执行货币政策，调控社会信用总量，指导、管理、检查、监督各金融机构和金融市场活动，为国家经济发展的长远目标服务

续表

职能	具体内容
实施金融监管，维护金融稳定	政府一般赋予中央银行监督管理金融业的职责，监管内容包括制定并监督执行有关金融制度、法规和业务活动准则等，管理金融机构的设立和撤并，监督管理金融机构业务活动，管理、规范金融市场等
提供经济信息服务	中央银行作为一国金融活动的中心，能够及时掌握经济金融活动的基本信息，有义务为政府及社会公众提供或发布经济金融信息

【例题·组合型选择题】中央银行的主要职能有（　　）。

Ⅰ．银行的银行
Ⅱ．发行的银行
Ⅲ．流通的银行
Ⅳ．政府的银行

A．Ⅰ、Ⅱ、Ⅳ
B．Ⅲ、Ⅳ
C．Ⅰ、Ⅱ、Ⅲ、Ⅳ
D．Ⅱ、Ⅲ、Ⅳ

【解析】本题主要考查中央银行的相关知识。中央银行的主要职能有银行的银行、发行的银行、政府的银行。

【答案】A

七、存款准备金制度和货币乘数（★★）

1. 基础货币

基础货币也叫强力货币、高能货币、初始货币，指流通于银行体系之外被社会公众持有的现金与商业银行体系持有的存款准备金的总和。它是中央银行发行的债务凭证，表现为商业银行的存款准备金和公众持有的通货。基础货币包括：库存现金、准备存款和社会公众持有现金三个部分。

2. 存款准备金制度

存款准备金指金融机构为保证客户提取存款和资金清算需要而准备的中央银行的存款，中央银行要求的存款准备金占其存款总额的比例就是存款准备金率。存款准备金制度的基本内容详见表6-19。

表6-19 存款准备金制度的基本内容

项 目	具体内容
规定法定存款准备率	凡商业银行吸收的存款，必须按照法定比率提留一定的准备金存入中央银行，其余部分才能用于贷款或投资
规定可充当法定存款准备金的标的	一般只限存入中央银行的存款
规定存款准备金的计算、提存方法	（1）确定存款类别及存款余额基础。（2）确定缴存准备金的持有期。确定缴存准备金的持有期的两种办法：同期性准备金账户制和延期性准备金账户制
规定存款准备金的类别	一般分为三种：活期存款准备金、储蓄和定期存款准备金、超额准备金

制约商业银行派生存款的因素主要包括：法定存款准备金率、提现率和超额准备金率。

3. 货币乘数

货币乘数也叫货币扩张系数或货币扩张乘数，指在基础货币基础上货币供给量通过商业银行的创造存款货币功能产生派生存款的作用产生的信用扩张倍数，是货币供给扩张的倍数。货币乘数的大小决定了货币供给扩张能力的大小。

货币乘数的计算公式为：

$$m = \frac{M}{B} = \frac{C+D}{C+R} = \frac{\frac{C}{D}+1}{\frac{C}{D}+\frac{RR}{D}+\frac{ER}{D}}$$

$$B = C + R$$
$$M = C + D$$

其中：m 为货币乘数，M 为货币供给量，B 为基础货币，C 为流通中的现金，D 为存款货币，R 为存款准备金，RR 为法定准备金，ER 为超额准备金，C/D 为提现率，RR/D 为法定有效准备金率，ER/D 为超额准备金率。

银行提供的货币和贷款会通过数次存款、贷款等活动产生出数倍于它的存款，即通常所说的派生存款。货币乘数的大小决定了货币供给扩张能力的大小。而货币乘数的大小又由以下四个因素决定。

（1）法定准备金率。通常，法定准备金率越高，货币乘数越小；反之，货币乘数越大。

（2）超额准备金率。超额准备金率与货币乘数之间呈反方向变动关系，超额准备金率越高，货币乘数越小；反之，货币乘数就越大。

（3）提现率。提现率与货币乘数负相关，提现率越高，说明现金退出存款货币的扩张过程而流入日常流通的量越多，因而直接减少了银行的可贷资金量，制约了存款派生能力，货币乘数就越小。

（4）定期存款与活期存款间的比率。一般来说，在其他因素不变的情况下，定期存款对活期存款比率上升，货币乘数就会变大；反之，货币乘数会变小。

影响我国货币乘数的因素除了上述四个因素之外，还有财政性存款、信贷计划管理两个特殊因素。

综合上述分析说明，货币乘数受到银行、财政、企业、个人各自行为的影响。而货币供应量的另一个决定因素即基础货币，是由中央银行直接控制和供应的。

> 【例题·选择题】在 $M=m\times B$ 中，m 是货币乘数，B 是基础货币，M 是（ ）。
> A．虚拟货币
> B．货币供给
> C．名义货币
> D．货币需求
> 【解析】本题主要考查货币乘数的相关知识。货币供给（量）等于基础货币与货币乘数之积。即 $M=m\times B$，其中，M 表示货币供给（量）；m 表示货币乘数；B 表示基础货币。故 B 选项为正确答案。
> 【答案】B

八、货币政策（★★★）

1. 货币政策的概念

广义的货币政策指政府、中央银行以及其他相关部门所有与货币相关的各种规定及其采取的一系列影响货币数量和货币收支的各项措施的总和。

狭义的货币政策指中央银行为实现其特定的目标运用各种工具调节货币供求以实现货币均衡，进而影响宏观经济运行的各种方针措施。

2. 货币政策措施

货币政策所采取的措施主要包括以下几种。

（1）控制货币发行。
（2）控制和调节对政府的贷款。
（3）推行公开市场业务。
（4）改变存款准备金率。
（5）调整再贴现率。
（6）选择性信用管制。
（7）直接信用管制。
（8）常备借贷便利等新兴货币政策工具。

3. 货币政策目标

（1）货币政策的最终目标。

稳定物价、充分就业、促进经济增长、国际收支平衡是我国货币政策的最终目标。

①稳定物价。稳定物价目标是中央银行货币政策的首要目标，其实质是币值的稳定。币值稳定指中央银行通过货币政策的实施，使币值保持稳定，从而保持一般物价水平和汇率的基本稳定，在短期内不发生显著的或急剧的波动。在经济全球化迅速发展的背景下，稳定汇率已成为各国货币政策亟待关注的目标。

> 【例题·选择题】各国货币政策的首要目标通常是（ ）。
> A．充分就业
> B．稳定物价
> C．经济增长
> D．国际收支平衡
> 【解析】本题主要考查货币政策目标的相关内容。稳定物价目标是中央银行货币政策的首要目标，B 选项为正确答案。
> 【答案】B

②充分就业。充分就业指失业率降到社会可以接受的水平即在一般情况下，符合法定年龄、具有劳动能力且愿意工作的人，都能在较合理的条件下随时找到适当的工作。西方主要国家的经验说明，如果把失业率控制在 4% 左右，就可以被视为充分就业。

③促进经济增长。保持经济的增长是各国政府追求的最终目标，作为宏观经济政策组成部分的货币政策，自然要将其作为重要的调节目标。

④平衡国际收支。所谓平衡国际收支目标，简言之，就是采取各种措施纠正国际收支差额，使其趋于平衡。因为一国国际收支出现失衡，无论是顺差或逆差，都会对本国经济造成不利影响。当然，相比之下，逆差的危害尤甚，因此各国调节国际收支失衡一般着力于减少以致消除逆差。

1995年3月颁布实施的《中国人民银行法》对"双重目标"进行了修正,确定货币政策目标始"保持货币币值的稳定,并以此促进经济增长"。2003年12月27日生效的重新修订的《中国人民银行法》再次确认了这一目标。这个目标体现了两个要求:第一,不能把稳定币值与经济增长放在等同的位置上。从主次看,稳定币值始终是主要的,从顺序来看稳定货币为先。中央银行应该在保持币值稳定的前提下促进经济增长。第二,即使在短期内兼顾经济增长要求,仍必须坚持稳定货币的基本立足点。

(2)我国货币政策的操作指标与中介指标。

我国在1994年的《国务院关于金融体制改革的决定》中提出,我国今后货币政策中介指标主要有:货币供应量、信用总量、同业拆借利率和银行超额储备金率四个。在实际工作中,货币政策的操作指标主要是基础货币、银行的超额储备金率和货币市场基准利率——上海银行间同业拆放利率、银行间债券市场的回购利率;中介指标主要是货币供应量和以商业银行贷款总量、货币市场交易量为代表的信用总量。2010年12月中央经济工作会议和2011年政府工作报告提出"保持合理的社会融资规模",社会融资规模目前已成为我国货币政策监测的重要指标之一。

4.货币政策工具

货币政策工具又称货币政策手段,是指中央银行为调控中介指标进而实现货币政策目标所采用的政策手段。货币政策工具是中央银行为达到货币政策目标而采取的手段。

(1)一般性货币政策工具。

一般性货币政策工具或称常规性工具,指中央银行所采用的、对整个金融系统的货币信用扩张与紧缩产生全面性或一般性影响的手段,是最主要的货币政策工具,主要包括:法定存款准备金制度,再贴现政策和公开市场业务。这三种货币政策工具被称为中央银行的"三大法宝",主要从总量上对货币供应量和信贷规模进行调节,详见表6-20。

表6-20 一般性货币政策工具

工具名称	要 点
法定存款准备金制度	存款准备金制度是指中央银行对商业银行等存款货币机构的存款规定存款准备金率,强制性地要求商业银行等货币存款机构按规定比例上缴存款准备金。中央银行通过调整法定存款准备金以增加或减少商业银行的超额准备,从而影响货币供应量的一种政策措施。 优点:作用力大,主动性强、见效快。 缺点:(1)有着固定化的倾向,因为法定存款准备金率调整效果较为强烈,不合适作为中央银行调控货币供给的日常性工具。(2)各国为体现中立性和公平性对各类存款机构都保持一致,但在调整的时候对各类机构的冲击存在差异,不容易把握货币政策的操作力度与效果。(3)调整法定存款准备金率给商业银行带来的干扰比较大,增加银行流动性风险和管理的难度
再贴现政策	再贴现政策是中央银行通过提高或降低再贴现率来影响商业银行的信贷规模和市场利率,以实现货币政策目标的一种手段
公开市场业务	公开市场业务指中央银行在金融市场上公开买卖有价证券,以改变商业银行等存款货币机构的准备金,影响货币供应量和利率,实现货币政策目标的一种货币政策手段。 优点:主动性、灵活性强、调控效果和缓、震动性小,告示效应强

此外,国库现金管理和央行票据的发行也具有货币政策工具的功能。

(2)选择性货币政策工具。

选择性工具是指中央银行针对某些特殊的信贷或某些特殊的经济领域而采用的工

具,以某些商业银行的资产运用与负债经营活动或整个商业银行资产运用与负债经营活动为对象,侧重于对银行业务活动质的方面进行控制,是常规性货币政策工具的必要补充。常见的选择性货币政策工具主要如下所述。

①消费者信用控制。
②证券市场信用控制。
③不动产信用控制。
④优惠利率。
⑤预缴进口保证金。

（3）补充性货币政策工具。

除以上常规性、选择性货币政策工具外,中央银行有时还运用一些补充性货币政策工具,对信用进行直接控制和间接控制。主要的补充性工具如下所述。

①直接信用控制工具。信用直接控制工具指中央银行依法对商业银行创造信用的业务进行直接干预而采取的各种措施,主要有信用分配、直接干预、流动性比率、利率限制、特种贷款等。

②间接信用控制工具。信用间接控制工具指中央银行凭借其在金融体制中的特殊地位,通过与金融机构之间的磋商、宣传等,指导其信用活动,以控制信用,其方式主要有窗口指导、道义劝告。

（4）新型货币政策工具。

新型货币政策工具主要包括以下几类。

①短期流动性调节工具（SLO）。短期流动性调节工具是一种公开市场操作,是常规操作的必要补充,在银行体系流动性出现临时性波动时使用。公开市场短期流动性调节工具以7天期以内短期回购为主。

②常设借贷便利（SLF）。常设借贷便利是央行在2013年创设的流动性调节工具,主要功能是满足金融机构期限较短的大额流动性需求,对象主要为政策性银行和全国性商业银行,期限为1个月至3个月。常备借贷便利以抵押方式发放,合格抵押品包括高信用评级的债券类资产及优质信贷资产等。

③中期借贷便利（MLF）。中期借贷便利是中央银行提供中期基础货币的货币政策工具,对象为符合宏观审慎管理要求的商业银行、政策性银行,可通过招标方式开展。发放方式为质押方式,并须提供国债、央行票据、政策性金融债、高等级信用债等优质债券作为合格质押品。

【例题·选择题】一般性货币政策工具属于调节货币（　　）的工具。

A. 总量　　　B. 流通速度
C. 价格　　　D. 流通范围

【解析】本题主要考查一般性货币政策工具的相关知识。一般性货币政策工具指中央银行所采用的、对整个金融系统的货币信用扩张与紧缩产生全面性或一般性影响的手段,主要从总量上对货币供应量和信贷规模进行调节。因此选择A选项。

【答案】A

【例题·组合型选择题】中央银行实施货币政策的三大法宝包括（　　）。

Ⅰ. 再贴现政策
Ⅱ. 窗口指导
Ⅲ. 公开市场业务
Ⅳ. 法定存款准备金制度

A. Ⅰ、Ⅱ、Ⅲ
B. Ⅱ、Ⅲ、Ⅳ
C. Ⅰ、Ⅱ、Ⅳ
D. Ⅰ、Ⅲ、Ⅳ

【解析】本题主要考查中央银行货币政策的"三大法宝"。中央银行货币政策的"三大法宝"分别是：（1）法定存款准备金制度；（2）再贴现政策；（3）公开市场业务。

【答案】D

5. 货币政策传导机制（★）

（1）货币政策传导机制的主要环节。

货币政策传导机制的主要环节如下所述。

①从中央银行到商业银行等金融机构和金融市场。

②从商业银行等金融机构到企业、居民等经济行为主体。

③从非金融部门经济行为主体到社会各经济变量，包括总支出量、物价、就业等。

我国目前货币政策同样包含三个环节，具体来讲，我国货币政策的传导机制如图6-1所示。

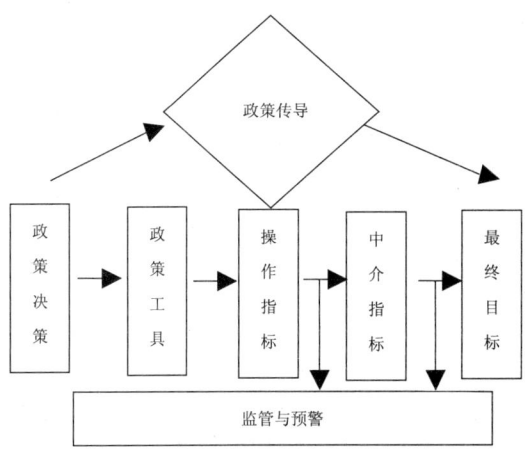

图6-1 中央银行货币政策的传导路径

（2）货币政策时滞。

货币政策时滞是指从货币政策制定到最终影响各种经济变量、实现政策目标产生影响所经过的时间，也就是货币对经济起作用的时间。货币政策的外部时滞为2～3个月。

第三节 中国多层次资本市场

考情分析：本节重点考查资本市场和多层次资本市场的相关问题。其中，资本市场的分层特性和多层次资本市场的主要内容与结构特征是主要考点，应引起考生重视。

学习建议：资本市场的分层特性是当代金融市场的重要发展趋势。本节中，考生要在整体把握我国金融市场层次机构的基础上，正确区分主板市场、创业板市场、中小板市场、中小企业股份转让系统、私募基金市场、区域股权市场、券商柜台市场、机构间私募产品报价与服务系统的概念、特点等。学习好本节内容可为后续章节的学习起了良好的铺垫作用。

一、资本市场（★★★）

1. 资本市场的概念

资本市场又称长期金融市场，是以期限在1年以上的金融工具为媒介进行长期性资金融通交易活动的场所，又称长期资金市场。广义的资本市场包括中长期债券市场和股票市场，主要包括银行中长期信贷市场和有价证券市场两大部分；狭义的资本市场又称证券市场，专指发行和流通股票、债券、基金等有价证券的市场。

2. 资本市场的特点

与其他市场相比，资本市场具有以下四个特点。

（1）融资期限长，至少在1年以上，也可以长达几十年，甚至无到期日。

（2）筹资目的是满足投资性资金需要。

（3）筹资和交易的规模大。

（4）二级市场交易的收益具有不确定性，风险和收益都较高。

（5）流动性相对较差。

3. 资本市场的基本功能

在市场经济条件下，资本市场有筹资—投资功能、资本定价功能和资源配置功能三大功能，资本资源配置功能是资本市场的核心功能。

4. 资本市场的结构

狭义资本市场的结构就是证券市场的结构，指证券市场的构成及其各部门之间的量比关系。证券市场架构要点详见表6-21。

表6-21 资本市场的结构

结构分类	要点
层次结构	按证券进入市场的顺序而形成的机构关系分为发行市场（一级市场）和交易市场（二级市场）；层次性还可分为主板市场、二板市场（创业板或高新企业板）和三板市场；根据集中程度分为集中交易市场（交易所市场）和场外市场
品种结构	有价证券按品种所形成的结构关系，主要由股票市场、债券市场、基金市场、衍生产品市场等构成。(1) 股票市场是股票发行和买卖交易的场所。(2) 债券市场是债券发行和买卖交易的场所。(3) 基金市场是基金份额发行和流通的市场。(4) 衍生产品市场是指各类衍生产品和交易的市场
交易场所结构	按交易活动的场所可分为有形市场和无形市场。【名师点拨】有形市场也被称为"场内市场"，指有固定场所的证券交易所市场。该市场是有组织、制度化了的市场。有形市场的诞生是证券市场走向集中化的重要标志之一

【例题·选择题】证券交易市场通常分为（　　）和场外交易市场。
A．证券交易所市场
B．OTC市场
C．地方股权交易中心市场
D．A股市场

【解析】本题主要考查证券交易市场的相关知识。证券交易市场分为场内交易市场（证券交易所市场）和场外交易市场。

【答案】A

【例题·选择题】证券发行市场又称（　　）。
A．二级市场
B．次级市场
C．流通市场
D．一级市场

【解析】本题主要考查证券发行市场的相关内容。发行市场也称一级市场、初级市场，是新证券发行的市场。流通市场也称二级市场、次级市场，是已经发行、处在流通中的证券的买卖市场。故D选项为正确答案。

【答案】D

二、多层次的资本市场（★★★）

1. 我国资本市场的分层特性

我国资本市场从20世纪90年代发展至今，已分阶段、分步骤初步建立并正在完善成为覆盖全国、品种丰富、机制健全、层次分明、功能强大的多层次资本市场体系。

我国多层次资本市场体系由场内市场的主板、创业板和场外市场的全国中小企业股份转让系统、区域性股权交易市场、证券公司主导的柜台市场组成。

2. 多层次资本市场的主要内容

多层次资本市场体系指针对质量、规模、风险程度不同的企业，为满足多样化市场主体的资本要求而建立起来的分层次的市场体系。多层次资本市场的主要内容详见表6-22。

表6-22 多层次资本市场的主要内容

名称	主要内容
主板市场（一板市场）	传统意义上的证券市场（通常指股票市场），是一个国家或地区证券发行、上市及交易的主要场所。主要为大型、成熟企业的融资和转让提供服务

3. 资本市场体系的结构特点

各个国家的资本市场体系存在差异，表6-23分别简要介绍了美、日、英和我国资本市场的结构特点。

表6-23 资本市场体系的结构特点

国家名称	结构特点及其内容
美国	美国资本市场体系规模最大，体系最复杂也最合理。 （1）主板市场——以纽约证券交易所为核心的全国性证券交易市场。 （2）二板市场——以纳斯达克（NASDAQ）市场为核心。 （3）遍布各地区的全国性和区域性市场及场外交易市场
日本	日本的交易所分为三个层次：全国性交易中心、地区性证券交易中心和场外交易市场。 （1）主板市场——东京证券交易所。 （2）二板市场——大阪、名古屋等地区性证券交易中心。 （3）场外交易市场
英国	（1）主板市场——伦敦证券交易所。 （2）全国性的二板市场（AIM）——由伦敦交易所主办，是伦敦证券交易所的一部分，属于正式的市场。其运行相对独立，是为英国及海外初创的、高成长性公司提供的一个全国性市场。 （3）全国性的三板市场（OFEX）——非正式市场，主要是为中小型高成长企业进行股权融资服务的市场
中国	与国外的资本市场体系相比，中国的市场体系显著特点是市场结构不完善。中国的场外市场主要由各个政府部门主办，市场定位不够明确，分布不够合理，缺少统一规则，结构层次单一，还有待进一步发展。 （1）主板市场——上海证券交易所和深圳证券交易所。沪深证券交易所在组织体系、上市标准、交易方式和监管结构方面几乎都完全一致，主要为成熟的国有大中型企业提供上市服务。 （2）二板市场（创业板市场）。2004年6月24日，为中小企业特别是高新技术企业服务的创业板市场刚刚推出，它附属于深圳证券交易所之下，基本上延续了主板市场的规则，除能接受流通盘在5 000万股以下的中小企业上市这点不同以外，其他上市的条件和运行规则几乎与主板一样，所以上市的"门槛"还是很高的。 （3）三板市场（场外交易市场）。三板市场以全国中小企业股份转让系统（新三板）、区域性股权交易中心为主体

续表

名称	主要内容
二板市场（创业板市场）	地位上次于主板市场的二级证券市场，以NASDAQ市场为代表，在中国特指深圳创业板。与主板市场相对应，目的主要是扶持中小企业（特别是高成长性企业），为风险投资企业建立正常的退出机制
三板市场（场外市场）	三板市场包括全国中小企业股份转让系统（新三板）、区域性股权交易市场、柜台市场等。其中，全国中小企业股份转让系统，是经国务院批准设立的全国性证券交易场所，全国中小企业股份转让系统有限责任公司为其运营管理机构，包含柜台市场和场外交易市场，主要解决处在初创阶段中后期和幼稚阶段初期的中小企业在筹集资本性资金方面的问题，以及这些企业的资产价值（包括知识产权）评价、风险分散和风险投资的股权交易问题

目前全国建成并初具规模的区域股权市场有青海股权交易中心、天津股权交易所、齐鲁股权托管交易中心、上海股权托管交易中心、武汉股权托管交易中心、重庆股份转让系统等十几家股权交易市场。

【例题·选择题】在我国多层次资本市场中，对于促进企业特别是中小微企业股权交易和融资，鼓励科技创新和激活民间资本，加强对实体经济薄弱环节的支持，具有积极作用的是（　　）。

A．主板市场　　B．创业板市场
C．新三板市场　D．区域股权市场

【解析】本题主要考查区域股权市场的作用。四板市场又称区域性股权交易市场（区域股权市场），是为特定区域内的企业提供股权、债券的转让和融资服务的私募市场，是我国多层次资本市场的重要组成部分。对于促进企业特别是中小微企业股权交易和融资，鼓励科技创新和激活民间资本，加强对实体经济薄弱环节的支持，具有积极作用。

【答案】D

4. 多层次资本市场体系建设的重要意义

健全多层次资本市场体系，是发挥市场配置资源决定性作用的必然要求，是推动经济转型升级和可持续发展的有力引擎，也是维护社会公平正义、促进社会和谐、增进人民福祉的重要手段。

（1）有利于促进产业整合，缓解产能过剩。

（2）有利于满足日益增长的社会财富管理需求，改善民生，促进社会和谐。随着经济发展和居民收入增加，居民投资理财需求激增。

（3）有利于调动民间资本的积极性，将储蓄转化为投资，提升服务实体经济的能力。

（4）有利于创新宏观调控机制，提高直接融资比重，防范和化解经济金融风险。

（5）有利于促进科技创新，促进新兴产业发展和经济转型。

（6）有利于提高我国经济金融的国际竞争力。

三、我国多层次资本市场发展现状和趋势（★★）

1. 场内市场

场内交易市场又称证券交易所市场或集中交易市场，是指由证券交易所组织的集中交易市场，有固定的交易场所和交易活动时间，在多数国家它还是全国唯一的证券交易场所，因此是全国最重要、最集中的证券交易市场。

我国的证券交易所市场从正式营业以来，已经经历了二十多年的发展历程，目前形成了主板、中小板和创业板并存的市场格局，市场体系已经较为完善。

（1）主板和中小板市场。

①主板市场。一个国家或地区证券发行、上市及交易的主要场所在主板市场。主板市场是一国资本市场中最重要的组成部分，在很大程度上能反映该国经济发展状况，有"宏观经济晴雨表"之称。主板市场对发行人的营业期限、股本大小、盈利水平、最低市值等方面的要求标准较高，上市企业多为大型成熟企业，具有较大的资本规模以及稳定的盈利能力。沪深证券交易所是我国的主板市场。

②中小板市场。深圳证券交易所为了鼓励自主创新，在2004年5月专门设置了中小型公司聚集板块，被称为中小企业板市场。板块内公司普遍具有收入增长快、盈利能力强、科技含量高的特点，而且股票流动性好，交易活跃，被视为中国未来的"纳斯达克"。中小板就是相对于主板市场而言的，中国的主板市场包括深交所和上交所。有些企业的条件达不到主板市场的要求，所以只能在中小板市场上市，中小板市场是创业板的一种过渡。

（2）创业板市场。

创业板市场基本情况：创业板是地位次于主板市场的二板证券市场，以NASDAQ市场为代表，在中国特指深圳创业板。具有前瞻性、高风险、监管要求严格以及明显的高技术产业导向的特点。创业板市场具有承担风险资本的退出窗口作用和优化资源配置、促进产业升级、提高产业知名度、分担投资风险、规范企业运用等作用。

（3）主板、中小板及创业板发展现状。

①从存量规模来看，上海、深圳两主板市场在我国上市公司存量规模居于主导地位。其次是中小板上市公司，创业板上市数量最低。

②从一级市场发行量来看，中小板在2004年设立，创业板在2009年设立。在2013年之后，无论是在融资金额还是上市公司数量，中小板和创业板市场都发挥着越来越重要的作用。

③从上市公司行业结构来看，就市场主板而言，从上市公司数量和市值综合来看，

排名靠前的行业主要是金融、能源等资本密集型的基础行业，这些行业符合我国主板市场的基本定位，具有质量高、风险小、规模大等特点；中小板市场排名靠前的有资本货物、技术硬件与设备等行业，科技含量的总体上升，体现了中小板的基本定位；对创业板市场而言，排名靠前的有软件与服务、硬件技术等行业，这些行业正是增长速度快、科技含量高、企业规模小的典型代表，符合创业板市场的定位。

综上所述，我国场内市场发展逐步推进，总体市场表现不错，总规模也在逐年上升，各层次市场的行业结构也符合各自的定位。但从总体上看，我国多层次资本市场仅仅有场内市场是不够的，仍需大力发展场外市场加以配合。

【例题·选择题】我国中小企业板块市场设立在（　　），创业板市场设立在（　　）。
　　A．上海证券交易所；深圳证券交易所
　　B．深圳证券交易所；上海证券交易所
　　C．深圳证券交易所；深圳证券交易所
　　D．上海证券交易所；上海证券交易所

【解析】本题主要考查主板和中小板市场的设立场所。我国中小企业板块市场和创业板市场都设立在深圳证券交易所。故C选项为正确答案。

【答案】C

2．场外市场交易

（1）场外交易市场的定义。

除了交易所外，还有一些其他交易市场，这些市场因为没有集中的统一交易制度和场所，因而把它们统称为场外交易市场，即业界所称的OTC市场，又称柜台交易市场或店头市场，是指在证券交易所外进行证券买卖的市场。它没有固定的场所，其交易主要利用电话进行，交易的证券以不在交易所上市的证券为主。场内交易市场主要由柜台交易市场、第三市场、第四市场组成。

（2）场外交易市场的特征。

①挂牌标准相对较低，着重关注企业的成长性，一般不对企业规模和盈利情况等作要求。

②信息披露要求较低，监管较为宽松，市场透明度不及证券交易所。

③交易制度通常采用做市商制度。

名师点拨 做市商制度（报价驱动制度）是一种市场交易制度，指做市商向市场提供双向报价，投资者根据报价选择是否与做市商交易。简单说就是：报出价格，并能按这个价格买入或卖出。目前的场外交易市场掺杂着自动竞价撮合，形成了混合交易模式。

（3）场外交易市场的主要功能。

场外交易市场与证券交易所共同组成证券交易市场，它主要具备以下功能。

①场外交易市场是证券发行的主要场所。

②拓宽融资渠道，改善中小企业融资环境。

③为不能在证券交易所上市交易的证券提供流通转让的场所。

④提供风险分层的金融资产管理渠道。建立多层次资本市场体系，发展场外交易市场能够增加不同风险等级的产品供给、提供必要的风险管理工具以及风险的分层管理体系，为不同风险偏好的投资者提供了更多不同风险等级的产品，满足投资者对金融资产管理渠道多样化的要求。

（4）中国的场外交易市场。

我国的场外交易市场主要由银行间交易

市场、全国中小企业股份转让系统、区域性股权交易市场、券商柜台市场、私募基金市场、机构间私募产品报价与服务系统等几个部分构成。具体情况见表6-24。

表6-24 中国场外交易市场概况

市场名称	要点内容
银行间交易市场	全国银行间债券市场成立于1997年6月6日，是指依托于全国银行间同业拆借中心（简称同业中心）和中央国债登记结算公司（简称中央登记公司）的，包括商业银行、农村信用联社、保险公司、证券公司等金融机构进行债券买卖和回购的市场。经过近几年的迅速发展，银行间债券市场目前已成为我国债券市场的主体部分。记账式国债的大部分、政策性金融债券都在该市场发行并上市交易
全国中小企业股份转让系统（新三板）	全国中小企业股份转让系统成立于2012年9月20日，是经国务院批准设立的全国性证券交易场所，全国中小企业股份转让系统有限责任公司为其运营管理机构。全国中小企业股份转让系统的发展历程包括以下三个阶段。 第一阶段，STAQ、NET系统时代。 第二阶段，代办股份转让系统时代。 第三阶段，全国中小企业股份转让系统时代。 全国中小企业股份转让系统主要服务于中小微企业，实行比较严格的投资者适当性管理制度，并适应挂牌公司差异大的特性，实行多元化的交易机制。其功能包括：公司挂牌、公开转让股份、股权融资、债权融资等。 全国中小企业股份转让系统的挂牌公司为非上市公众公司。根据最新《非上市公众公司监督管理办法》公众公司的定义是通过定向发行或转让，导致股东超过200人，或者股票公开转让，股东人数可以超过200人，接受中国证监会的统一监督管理的公司。挂牌条件包括以下六点。 （1）依法设立且存续满2年。 （2）业务明确，具有持续经营能力。 （3）公司治理机制健全，合法规范经营。 （4）股权明晰，股票发行和转让行为合法合规。 （5）主办券商推荐并持续督导。 （6）全国股份转让系统公司要求的其他条件。 对于个人投资者，投资者名下前一交易日日终证券类资产市值500万元人民币以上或者具有两年以上证券投资经验，或具有会计、金融、投资、财经等相关专业背景或培训经历。 新三板发展极其迅速，挂牌数量成指数增长趋势。挂牌公司行业分布广泛，主要分布在制造业及信息传输、软件和信息技术服务业。目前，新三板的交易方式主要有做市商交易和协议转让两种
区域性股权交易市场	区域性股权交易市场是为特定区域内的企业提供股权、债券的转让和融资服务的私募市场，是我国多层次资本市场的重要组成部分，亦是中国多层次资本市场建设中必不可少的部分。 证券公司参与到区域股权市场的方式包括：以区域性股权交易市场会员的身份开展相关业务和在会员的基础上，入股区域性股权交易市场。 区域性股权市场目前是省级政府批准设立的非公开市场，原则上不允许跨区经营，不允许采取集中的、连续的以及做市商等方式进行交易时，符合挂牌条件的，可以申请在全国股份转让系统公开转让其股份
券商柜台市场	券商柜台市场是由试点证券公司按照《证券公司柜台交易业务规范》相关要求为交易私募产品自主建立的场外交易市场即为其提供互联互通服务的机构间私募产品报价与服务系统。 柜台市场的发展有利于培育证券行业核心竞争力，是建立一流投行的基础条件。 柜台交易系统建设基本完成并平稳运行，根据业务需要，相关系统功能也在不断完善

续表

市场名称	要点内容
私募基金市场	私募基金是指一种针对少数投资者而私下（非公开）地募集资金并成立运作的投资基金，因此它又被称为向特定对象募集的基金或"地下基金"，其方式基本有两种：一是基于签订委托投资合同的契约型集合投资基金，二是基于共同出资入股成立股份公司的公司型集合投资基金。就我国而言，私募基金是指在中华人民共和国境内，以非公开方式向合格投资者募集资金设立的投资基金。其投资标的包括买卖股票、股权、债券、期货、期权、基金份额等。 中国证监会及其派出机构依法对私募基金业务活动实施监督管理，对设立私募基金管理机构和发行私募基金不设行政审批，允许各类发行主体在依法合规的基础上，向累计不超过法律规定特定数量的投资者发行私募基金。 近几年，我国私募基金发行量呈不断增长趋势，私募基金市场发展迅速
机构间私募产品报价与服务系统	机构间私募产品报价与服务系统（以下简称"报价系统"），是指依据本办法为报价系统参与人（以下简称"参与人"）提供私募产品报价、发行、转让及相关服务的专业化电子平台。 （1）报价系统的定位：定位于私募市场，服务于私募产品的报价、发行和转让，是私募市场的基础设施；定位于机构间市场，参与人为证券公司、基金公司、期货公司、私募基金等金融机构；定位于互联互通市场，搭建一个安全、高效的信息互联和报价、发行与转让平台；定位于互联网市场，以服务市场参与人、便利市场参与人为目的。 （2）报价系统参与的主体：证券公司、基金公司、期货公司、私募基金、商业银行、保险机构、信托投资公司、财务公司、政府投资机构等金融机构或其他经认可的专业投资机构及其分支机构，都可自愿申请成为报价系统参与人。 （3）多样式、多手段发挥对实体经济的支持作用：一方面，以信息服务推动投融资双方的信息对称，提高谈判效果；另一方面，通过线下推介、融资座谈等多种方式，市场监测中心延伸报价系统O2O功能，初步建立专业投资机构与中小微企业对接机制；还可以积极探索服务私募基金模式，整合场内外资源，以并购市场搭建私募投资基金退出的服务平台

【例题·选择题】以下不属于我国证券交易所场内市场的是（　　）。
A. 中小板　　B. 创业板
C. 主板　　　D. 新三板
【解析】本题主要考查中国的场内市场的内容。新三板与柜台交易都属于场外市场，故D选项为正确答案。
【答案】D

3. 我国多层次资本市场的发展趋势

我国国务院在2014年印发的《国务院关于进一步促进资本市场健康发展的若干意见》（国发〔2014〕17号）指明了我国资本市场发展方向，具体内容如下所述。

（1）积极稳妥推进股票发行注册制改革。建立和完善以信息披露为中心的股票发行制度。发行人是信息披露第一责任人，必须做到言行与信息披露的内容一致。

（2）加快多层次股权市场建设。强化证券交易所市场的主导地位，充分发挥证券交易所的自律监管职能。壮大主板、中小企业板市场，创新交易机制，丰富交易品种。加快创业板市场改革，健全适合创新型、成长型企业发展的制度安排。增加证券交易所市场内部层次。加快完善全国中小企业股份转让系统，建立小额、便捷、灵活、多元的投融资机制。在清理整顿的基础上，将区域性股权市场纳入多层次资本市场体系。完善集中统一的登记结算制度。

（3）提高上市公司质量。引导上市公司通过资本市场完善现代企业制度，建立健全市场化经营机制，规范经营决策。督促上市公司以投资者需求为导向，履行好信息披露义务，严格执行企业会计准则和财务报告制度，提高财务信息的可比性，增强信息披露的有效性。促进上市公司提高效益，增强持续回报投资者能力，为股东创造更多价值。规范上市公司控股股东、实际控制人行为，保障公司独立主体地位，维护各类股东的平等权利。鼓励上市公司建立市值管理制度。完善上市公司股权激励制度，允许上市公司按规定通过多种形式开展员工持股计划。

（4）鼓励市场化并购重组。充分发挥资本市场在企业并购重组过程中的主渠道作用，强化资本市场的产权定价和交易功能，拓宽并购融资渠道，丰富并购支付方式。尊重企业自主决策，鼓励各类资本公平参与并购，破除市场壁垒和行业分割，实现公司产权和控制权跨地区、跨所有制顺畅转让。

（5）完善退市制度。构建符合我国实际并有利于投资者保护的退市制度，建立健全市场化、多元化退市指标体系并严格执行。支持上市公司根据自身发展战略，在确保公众投资者权益的前提下以吸收合并、股东收购、转板等形式实施主动退市。对欺诈发行的上市公司实行强制退市。明确退市公司重新上市的标准和程序。逐步形成公司进退有序、市场转板顺畅的良性循环机制。

过关测试题

一、选择题

1. 中国证监会（　　）领导全国证券期货监管机构，对证券期货市场集中统一监管。
   A. 间接
   B. 垂直
   C. 松散
   D. 分别

2. （　　）是国务院直属机构，是全国证券期货市场的主管部门。
   A. 中国银监会
   B. 中国证监会
   C. 证券业协会
   D. 中国保监会

3. 金融市场被称为国民经济的"晴雨表"和"气象台"，这体现的金融市场的功能是（　　）。
   A. 调节功能
   B. 聚敛功能
   C. 配置功能
   D. 反映功能

4. 中央银行货币政策的首要目标是（　　）。
   A. 充分就业
   B. 稳定物价
   C. 促进经济增长
   D. 平衡国际收支

5. 一般性货币政策工具属于调节货币（　　）的工具。
   A. 总量
   B. 流通速度
   C. 价格
   D. 流通范围

6. 下列选项中不属于金融市场主要参与者的是（　　）。
   A. 政府部门
   B. 金融机构
   C. 公益组织
   D. 个人

7. 下列选项中，不属于货币市场的是（　　）。
   A. 同业拆借市场
   B. 票据市场
   C. 回购市场
   D. 债券市场

8. 发生在保险人和投保人之间的保险行为称为（　　）。
   A. 人身保险
   B. 再保险
   C. 原保险

D. 财产保险

9. "一行三会"构成了中国金融业（　　）的格局。

A. 同业监管
B. 混业监管
C. 多重监管
D. 分业监管

10. 下列选项中，不属于金融危机特征的是（　　）。

A. 经济总量与经济规模出现较大幅度的缩减
B. 企业大量倒闭，失业率提高，社会普遍的经济萧条
C. 地区性债务危机凸显
D. 整个区域内货币币值出现较大幅度的贬值

11. 1979年3月以后，（　　）作为国家指定的外汇专业银行，统一经营和集中管理全国的外汇业务。

A. 邮政银行
B. 中国银行
C. 交通银行
D. 建设银行

12. （　　）年，我国第一家证券交易所——上海证券交易所成立。

A. 1949
B. 1979
C. 1984
D. 1990

13. 下列选项中，属于中央银行参与货币市场主要目的是（　　）。

A. 实现货币政策目标
B. 进行短期融资
C. 构建投资组合
D. 实现利润最大化

14. 目前，我国金融市场实行的经营体制是（　　）。

A. 分业经营、分业管理
B. 分业经营、混业管理
C. 混业经营、分业管理
D. 混业经营、混业管理

15. 我国银行业的主体是（　　）。

A. 中央银行
B. 股份商业银行
C. 地区性商业银行
D. 四大国有银行

16. 我国金融业的四大支柱不包括（　　）。

A. 信托
B. 银行
C. 保险
D. 债券

17. 对银行业金融机构的董事和高级管理人员实行任职资格管理的机构是（　　）。

A. 中国人民银行
B. 国务院财政部
C. 中国银监会
D. 中国证监会

18. 中央银行充当商业银行和其他金融机构的最后贷款人，体现了中央银行是（　　）职能。

A. 银行的银行
B. 发行的银行
C. 政府的银行
D. 市场的银行

19. 由证券交易所组织的，有固定的交易场所和交易活动时间的集中交易市场指的是（　　）。

A. 场内交易市场
B. 柜台交易市场
C. 场外交易市场
D. 店头交易市场

20. 一般认为有形的、有组织的金融市场大约形成于（　　）的欧洲大陆。

A. 17世纪
B. 18世纪
C. 19世纪
D. 20世纪

二、组合型选择题

1. 金融市场按交易标的物划分，可分为（　　）、衍生工具市场等。
   Ⅰ．货币市场
   Ⅱ．资本市场
   Ⅲ．外汇市场
   Ⅳ．黄金市场
   A．Ⅰ、Ⅲ、Ⅳ
   B．Ⅰ、Ⅱ、Ⅳ
   C．Ⅰ、Ⅱ、Ⅲ、Ⅳ
   D．Ⅱ、Ⅲ、Ⅳ

2. 金融市场的功能包括（　　）。
   Ⅰ．反映经济
   Ⅱ．风险分散
   Ⅲ．资源配置
   Ⅳ．宏观调控
   A．Ⅰ、Ⅲ、Ⅳ
   B．Ⅰ、Ⅱ、Ⅳ
   C．Ⅰ、Ⅱ、Ⅲ、Ⅳ
   D．Ⅱ、Ⅲ、Ⅳ

3. 金融市场的发展趋势表现为（　　）。
   Ⅰ．金融全球化
   Ⅱ．金融自由化
   Ⅲ．金融工程化
   Ⅳ．资产证券化
   A．Ⅰ、Ⅲ、Ⅳ
   B．Ⅰ、Ⅱ、Ⅲ、Ⅳ
   C．Ⅰ、Ⅱ、Ⅳ
   D．Ⅱ、Ⅲ、Ⅳ

4. 下列选项属于中央银行的主要货币政策工具的有（　　）。
   Ⅰ．存款准备金制度
   Ⅱ．再贴现政策
   Ⅲ．公开市场业务
   Ⅳ．利率
   A．Ⅰ、Ⅲ、Ⅳ
   B．Ⅰ、Ⅱ、Ⅳ
   C．Ⅰ、Ⅱ、Ⅲ
   D．Ⅱ、Ⅲ、Ⅳ

5. 下列各项中，（　　）可以作为被套期保值的项目。
   Ⅰ．股票
   Ⅱ．谷物
   Ⅲ．美元
   Ⅳ．汇率
   A．Ⅱ、Ⅲ、Ⅳ
   B．Ⅰ、Ⅱ、Ⅳ
   C．Ⅰ、Ⅱ、Ⅲ、Ⅳ
   D．Ⅱ、Ⅲ

6. 下列可能引起国际资本流动的有（　　）。
   Ⅰ．债务的增加
   Ⅱ．利息收支
   Ⅲ．国际援助
   Ⅳ．外汇买卖
   A．Ⅰ、Ⅱ、Ⅲ、Ⅳ
   B．Ⅰ、Ⅱ、Ⅲ
   C．Ⅱ、Ⅲ、Ⅳ
   D．Ⅱ、Ⅳ

7. 金融市场根据交割方式的不同，可以分为（　　）。
   Ⅰ．现货市场
   Ⅱ．远期市场
   Ⅲ．期货市场
   Ⅳ．期权市场
   A．Ⅱ、Ⅳ
   B．Ⅰ、Ⅲ、Ⅳ
   C．Ⅱ、Ⅲ、Ⅳ
   D．Ⅰ、Ⅱ、Ⅲ

8. 按信托目的，可将信托分为（　　）。
   Ⅰ．担保信托
   Ⅱ．管理信托
   Ⅲ．处理信托
   Ⅳ．公益信托
   A．Ⅰ、Ⅱ、Ⅳ
   B．Ⅰ、Ⅲ、Ⅳ
   C．Ⅱ、Ⅲ、Ⅳ

D. Ⅰ、Ⅱ、Ⅲ

9. 下列属于资本市场基本功能的是（　　）。
Ⅰ. 资源的配置功能
Ⅱ. 筹资功能
Ⅲ. 定价功能
Ⅳ. 套利功能
A. Ⅱ、Ⅳ
B. Ⅰ、Ⅳ
C. Ⅰ、Ⅲ、Ⅳ
D. Ⅰ、Ⅱ、Ⅲ

10. 短期资本流动是指期限为一年或一年以内的资本流动，它包括（　　）。
Ⅰ. 投机性资本流动
Ⅱ. 套利性资本流动
Ⅲ. 贸易性资本流动
Ⅳ. 保值性资本流动
A. Ⅰ、Ⅲ、Ⅳ
B. Ⅰ、Ⅱ、Ⅳ
C. Ⅰ、Ⅱ、Ⅲ、Ⅳ
D. Ⅱ、Ⅲ、Ⅳ

11. 资本市场的特点是（　　）。
Ⅰ. 融资期限长
Ⅱ. 筹资和交易的规模大
Ⅲ. 流动性强
Ⅳ. 风险和收益都较高
A. Ⅰ、Ⅲ、Ⅳ
B. Ⅰ、Ⅱ、Ⅳ
C. Ⅰ、Ⅱ、Ⅲ、Ⅳ
D. Ⅱ、Ⅲ、Ⅳ

12. 中央银行的主要职能有（　　）。
Ⅰ. 银行的银行
Ⅱ. 发行的银行
Ⅲ. 流通的银行
Ⅳ. 政府的银行
A. Ⅰ、Ⅱ、Ⅳ
B. Ⅰ、Ⅲ、Ⅳ
C. Ⅰ、Ⅱ、Ⅲ、Ⅳ
D. Ⅱ、Ⅲ、Ⅳ

13. 场外交易市场，主要由（　　）组成。
Ⅰ. 柜台市场
Ⅱ. 第三市场
Ⅲ. 第四市场
Ⅳ. 二级市场
A. Ⅰ、Ⅲ、Ⅳ
B. Ⅰ、Ⅱ、Ⅳ
C. Ⅰ、Ⅱ、Ⅲ
D. Ⅱ、Ⅲ、Ⅳ

14. 金融市场按交易性质，可以分为（　　）。
Ⅰ. 一级市场
Ⅱ. 二级市场
Ⅲ. 原生市场
Ⅳ. 衍生市场
A. Ⅱ、Ⅳ
B. Ⅰ、Ⅳ
C. Ⅲ、Ⅳ
D. Ⅰ、Ⅱ

15. 下列属于金融衍生证券的是（　　）
Ⅰ. 股票
Ⅱ. 互换
Ⅲ. 远期
Ⅳ. 基金
A. Ⅱ、Ⅲ
B. Ⅰ、Ⅳ
C. Ⅲ、Ⅳ
D. Ⅰ、Ⅱ

16. 关于国际金融市场，说法正确的是（　　）。
Ⅰ. 国际金融市场是金融资产跨越国界交易的场所
Ⅱ. 产品同时向许多国家的投资者发行
Ⅲ. 不受一国法令制约
Ⅳ. 离岸金融市场是无形市场，只存在于某一城市或地区而不在一个固定的交易场所
A. Ⅰ、Ⅱ、Ⅳ
B. Ⅲ、Ⅳ

C. Ⅰ、Ⅱ、Ⅲ
D. Ⅰ、Ⅱ、Ⅲ、Ⅳ

17. 金融危机的类型包括（　　）。
Ⅰ. 货币危机
Ⅱ. 次贷危机
Ⅲ. 债务危机
Ⅳ. 银行危机
A. Ⅰ、Ⅱ、Ⅳ
B. Ⅰ、Ⅲ、Ⅳ
C. Ⅱ、Ⅲ、Ⅳ
D. Ⅰ、Ⅱ、Ⅲ、Ⅳ

18. 以下有关货币乘数的说法中，正确的有（　　）
Ⅰ. 货币乘数是一单位准备金所产生的货币量
Ⅱ. 中央银行的初始货币提供量与社会货币最终形成量之间客观存在着数倍扩张（或收缩）的效果或反应，即所谓的乘数效应
Ⅲ. 货币乘数的大小决定了货币供给扩张能力的大小
Ⅳ. 货币乘数是指货币供给量对流通中货币的倍数关系
A. Ⅰ、Ⅱ、Ⅲ
B. Ⅰ、Ⅲ、Ⅳ
C. Ⅱ、Ⅲ、Ⅳ
D. Ⅰ、Ⅱ、Ⅲ、Ⅳ

第七章

证券市场主体

证券市场的主体包括证券发行人、证券投资者、中介机构、自律性组织和监管机构五大部分，本章即分别介绍证券市场主体的不同内容。

本章共有五个小节。第一节考点包括证券市场融资活动——直接融资和间接融资，证券发行人、政府、企业、金融机构的直接融资方式及特征，直接融资对金融市场的影响；第二节的考点包括证券市场投资者，机构投资者，政府机构类投资者和金融机构类投资者，合格境内、外机构投资者，企业和事业法人类机构投资者，基金类机构投资者，以及个人投资者的相关知识；第三节考点主要集中在证券公司及相关知识和法律规定上，同时还介绍了注册会计师、会计师事务所从事证券和期货相关业务的管理，证券、期货投资咨询机构的管理，资信评级机构从事证券业务的管理，资产评估机构从事证券、期货业务的管理，转融通业务以及证券服务机构的法律责任和市场准入；第四节考点包括证券交易所、证券业协会、证券登记结算公司及证券投资者保护基金的相关知识；第五节重点内容主要是证券市场监管，我国证券市场的监管体系以及中国证监会的职责等内容。

本章考点预览

第八章 证券市场主体	第一节 证券发行人	一、证券市场融资活动	★★★
		二、证券发行人的概念与分类	★★★
		三、政府和政府机构直接融资方式、种类及特征	★★
		四、公司（企业）直接融资的方式及特征	★★
		五、金融机构直接融资的特点	★★★
		六、直接融资对金融市场的影响	★★
	第二节 证券投资者	一、证券投资者概述	★★★
		二、我国证券市场投资者结构及演化	★
		三、机构投资者概述	★★★
		四、个人投资者	★★★
	第三节 中介机构	一、证券公司概述	★★★
		二、证券服务机构	★★
	第四节 自律性组织	一、证券交易所	★★★
		二、证券业协会	★★
		三、证券登记结算公司	★★
		四、证券投资者保护基金	★★★
	第五节 监管机构	一、证券市场监管	★★
		二、我国证券市场的监管体系	★★★

第一节 证券发行人

考情分析：本节考查重点包括证券市场融资活动的概念、方式及特征、直接融资、间接融资、证券发行人的概念和分类、直接融资方式等内容。

学习建议：在本节的学习中，考生应在熟悉直接融资的基础上，分别对政府、企业、金融机构等证券发行人直接融资的概念、特点加以理解，并着重记忆证券市场融资活动的概念、方式及特征；直接融资的概念、特点和分类；证券发行人的概念、分类以及金融机构直接融资的特点。

一、证券市场融资活动（★★★）

证券融资是资金盈余单位和赤字单位之间以有价证券为媒介实现资金融通的金融活动。直接融资和间接融资是证券市场融资活动的主要方式。

1. 直接融资

（1）直接融资的概念。

直接融资（直接金融），是没有金融中介机构介入的资金融通方式，是指拥有暂时闲置资金的单位（包括企业、机构和个人）与资金短缺，需要补充资金的单位，相互之间直接进行协议，或者在金融市场上前者购买后者发行的有价证券，将货币资金提供给所需要补充资金的单位使用，从而完成资金融通的过程。

（2）直接融资的分类。

直接融资的种类包括商业信用、国家信用、消费信用、民间个人信用四大类。详细内容参照表7-1来理解。

表7-1 直接融资的种类

种类名称	内 容
商业信用	商业信用指企业与企业之间互相提供的，和商品交易直接相联系的资金融通形式。分为提供商品的商业信用（商品赊销、分期付款等）和提供货币的商业信用（商品交易基础上发生的预付定金、预付货款等）两种表现形式
国家信用	国家信用是以国家为主体的资金融通活动。国家信用表现为发行国库券或者公债等
消费信用	企业、金融机构对于个人以商品或货币形式提供的信用即为消费信用。消费信用表现为企业以分期付款的形式向消费者个人提供房屋或者高档耐用消费品，或金融机构对消费者提供的住房贷款、汽车贷款、助学贷款等
民间个人信用	民间个人之间的资金融通活动，也被称为民间信用或者个人信用

【例题·选择题】某国有银行通过公开发行股票融资的方式属于（　　）。

A. 直接融资　　B. 间接融资
C. 吸收投资　　D. 民间借款

【解析】本题主要考查直接融资的种类。直接融资亦称"直接金融"，是指没有金融中介机构介入的资金融通方式。上市公司通过公开发行股票融资的方式属于直接融资。故A选项为正确答案。

【答案】A

（3）直接融资的特征。

直接融资的基本特点是拥有暂时闲置资金的单位和需要资金的单位直接进行资金融通，不经过任何中介环节。其具体特点包括：直接性、分散性、信誉上的差距性较大、部分不可逆性和相对较强的自主性。具体内容如表7-2所示。

表7-2 直接融资的特征

特点	内 容
直接性	资金需求者从供应者手中直接获得资金，二者建立直接的债权债务关系
分散性	融资活动分散于无数个企业之间、政府与企业和个人之间或者个人与个人之间的各种场合，具有一定的分散性
信誉上的差异性较大	无论是企业还是个人，信誉好坏都存在较大的差异，给融资信誉也带来较大的差异和风险
部分不可逆性	在直接融资中，发行股票所取得的资金是无须返还的，投资者只能到市场上去出售股票而无权中途要求退回股金。因此股票只能够在不同的投资者之间互相转让
相对较强的自主性	在直接融资中，在法律允许的范围内，融资者可以自己决定融资的对象和数量

表7-3 间接融资的特征

特征	内 容
间接性	资金需求者和资金初始供应者之间不发生直接借贷关系，由金融中介发挥桥梁作用，资金初始供应者与资金需求者只是与金融中介机构发生融资关系
相对的集中性	间接融资通过金融中介机构进行。使得该金融中介机构成为一方面要面对资金供应者群体，另一方面要面对资金需求者群体的综合性中介。从而形成相对集中的局面
信誉的差异性较小	因为金融中介机构的进入，相对于直接融资来说，间接融资的信誉程度较高，风险性也相对较小，融资的稳定性较强
全部具有可逆性	通过金融中介的间接融资均属于借贷性融资，到期均必须返还本金，并支付利息，具有可逆性
融资的主动权掌握在金融中介手中	在间接融资里，资金主要集中于金融机构，资金贷给由金融机构决定

2. 间接融资

（1）间接融资的概念。

间接融资（间接金融）是在金融中介参与下进行融资的方式，是指拥有暂时闲置货币资金的单位通过存款的形式，或者购买银行、信托、保险等金融机构发行的有价证券，将其暂时闲置的资金先行提供给这些金融中介机构，然后再由这些金融机构以贷款、贴现等形式，或通过购买需要资金的单位发行的有价证券，把资金提供给这些单位使用，从而实现资金融通的过程。

（2）间接融资的种类。

①银行信用。银行信用是以银行作为中介金融机构所进行的资金融通形式。

②消费信用。银行向消费者个人提供用于购买住房或者耐用消费品的贷款。

（3）间接融资的特征。

间接融资的基本特点是资金融通通过金融中介机构来进行，其具体内容参照表7-3。

【例题·选择题】间接融资的特点不包括（　　）。

A．间接性
B．相对的集中性
C．全部具有可逆性
D．信誉的差异性较大

【解析】本题主要考查间接融资的特征。间接融资的特点包括间接性、相对的集中性、全部具有可逆性、信誉的差异性较小、融资的主动权掌握在金融中介手中。

【答案】D

【例题·选择题】（　　）需要金融中介参与，但不与金融中介形成债务关系。

A．信贷融资
B．直接融资
C．间接融资
D．境外融资

【解析】本题主要考查间接融资特征中的间接性。在间接融资中，资金需求者和资金初始供应者之间不发生直接借贷关系，而是由金融中介发挥桥梁作用，资金初始供应者与资金需求者只是与金融中介机构发生融资关系。故C选项为正确答案。

【答案】C

3. 直接融资与间接融资的区别

直接融资是不经金融机构这一媒介，由政府、企事业单位及个人直接以最后借款人的身份向最后贷款人进行的融资活动；间接融资是通过金融中介机构进行的资金融通方式。具体来说，直接融资和间接融资的区别可以概括为以下两点。

（1）金融机构所起的作用不同。在间接融资方式中，商业银行是核心中介机构，其资金融通方式是：资金盈余者——银行——资金短缺者。在直接融资方式中，不需要银行等金融中介，资金融通方式为：资金盈余者——证券公司甲＝证券公司乙——资金短缺者。

（2）特点不同。间接融资比直接融资的风险小、成本低、流动性好、保密性强。

注意直接和间接融资的区别，考点在于此。

（3）除了上述内容外，直接融资和间接融资的优缺点也存在差异，具体内容参照表7-4。

表7-4 直接融资和间接融资的优缺点

	直接融资	间接融资
优点	（1）可使资金融入单位节约融资成本，资金融出方得到更多的资金报酬，从而使投资收益较大。 （2）有利于筹集到稳定的、可长期使用的投资资金。 （3）受公平原则的约束，有助于市场竞争，实现资源优化配置。 （4）资金供求双方联系紧密，有利于合理配置资金，提高资源使用效率	（1）由于银行等金融机构网点多，能广泛筹集社会上各方面的闲散资金，积累成巨额资金，容易实现资金供求期限和数量的匹配。 （2）有利于降低信息成本和合约成本。 （3）由于金融机构的资产、负债是多样性风险便可由多样化的资产和负债结构加以分散负担，从而利于通过分散化来降低金融风险。 （4）间接融资（银行体系）具有货币创造功能，对经济增长有切实的促进作用。 （5）授信额度可以使企业的流动资金需要及时方便地获得解决。 （6）保密性强
缺点	（1）对投资者的要求较高，须具有一定的金融投资专业知识和技能，才能够在金融市场上寻找到较好的投资品种，把握住投资机会。 （2）投资者的风险和责任都很大。 （3）需要花费投资者的大量时间和金钱去寻找较好的投资品种。 （4）缺乏管理的灵活性。 （5）由于公开性的原因，有时候与企业保守商业秘密的需求相冲突。 （6）中小企业很难进入证券市场，反而从银行获取信贷更具成本优势。 （7）直接融资的双方在资金数量、期限、利率等方面受到较多限制	（1）监管和控制比较严格和保守，对新兴产业、高风险项目的融资要求一般难以及时足量满足。 （2）由于间接融资受金融机构的影响很大，社会资金运行和资源配置的效率较多地依赖于金融机构的素质。 （3）受金融机构为中介的影响，资金供给者与需求者之间隔断了资金供求双方的直接联系，不利于供给方监督和约束资金的使用。 （4）对需求方来说，增加了筹资成本；对供给方来说，降低了收益

二、证券发行人的概念与分类（★★★）

证券发行人指的是为筹措资金而发行债券、股票等证券的发行主体。发行人主要有以下三类。

（1）政府类。中央政府在证券市场上发行国库券、财政债券等国债。地方政府可为本地公用事业的建设发行地方政府债券。

（2）企业类。股份公司发行股票为满足注册资本要求和扩大资金来源，非股份公司发行企业债券可以筹集到资金。

（3）金融机构类。商业银行、政策性银行和非银行金融机构经过批准可公开发行金融债券筹措资金。

三、政府和政府机构直接融资方式、种类及特征（★★）

1. 政府和政府机构直接融资方式

随着国家干预经济理论的兴起，政府（中央政府和地方政府）以及中央政府直属机构已成为证券发行的重要主体之一，发行的证券品种一般仅限于政府债券。政府债券指政府财政部门或其他代理机构为筹集资金，以政府名义发行国库券和公债等债券。这种债券不仅可用于弥补财政赤字、兴建大型的基础性建设项目，也可用来实施某种特殊政策，还能用来弥补战争期间战争费用的支出。通常，因为中央政府债券不存在违约风险，被视为无风险证券，是金融市场上最重要的价格指标。

2. 政府和政府机构直接融资种类

按照发行主体和用途不同分为国库券和公债两大类。

（1）国库券：国家财政部门为弥补国库收支不平衡时发行的一种政府债券。中国国库券期限最短为一年。

（2）公债：政府为筹措财政资金，凭其信誉按照一定程序向投资者出具的、承诺在一定时期支付利息和到期偿还本金的一种格式化的债权债务凭证。其中，国债（国家公债）是国家以其信用为基础，按照债的一般原则，通过向社会筹集资金所形成的债权债务关系。地方债（地方公债）是由有财政收入的地方政府及地方公共机构发行的债券。

国债，是中央政府为筹集财政资金而发行的一种政府债券，被公认为是最安全的投资工具，具有最高的信用度。

3. 政府及政府机构直接融资的特征

政府债券属于政府发行的债券，有如下几个特点。

（1）安全性高。政府债券又称为"金边债券"，是一种较安全的投资选择。

（2）流通性强。由于信用度较高，风险小，政府债券对投资者具有较强的吸引力，其流动性较强。

（3）收益稳定。投资政府债券可以使投资者获得稳定的利息收入。

（4）免税待遇。为了鼓励人们投资政府债券，多数国家对政府债券给予了不同程度的免税待遇。我国对国债利息收入免收个人所得税。

【例题·组合型选择题】政府债券的特征包括（　　）。
Ⅰ．流通性不强
Ⅱ．收益稳定
Ⅲ．免税待遇
Ⅳ．安全性高
A．Ⅰ、Ⅲ、Ⅳ
B．Ⅰ、Ⅱ、Ⅳ
C．Ⅰ、Ⅱ、Ⅲ
D．Ⅱ、Ⅲ、Ⅳ

【解析】本题主要考查政府债券的特征。政府债券的特征包括：（1）安全性高。政府债券又称为"金边债券"，属于政府发行的，由政府承担还本付息责任，是国家信用的体现；（2）流通性强；（3）收益稳定；（4）免税待遇。
【答案】D

四、公司（企业）直接融资的方式及特征（★★）

现代公司主要采取股份有限公司和有限责任公司两种形式，其中，只有股份有限公司才能发行股票。

公司（企业）融资主要分为股票融资和债券融资两种。公司发行股票所筹集的资本属于自有资本。通过发行债券所筹集的资本属于借入资本。发行股票和长期公司（企业）债券是公司（企业）筹措长期资本的主要途径，发行短期债券则是补充流动资金的重要手段。随着公司（企业）对长期资本需求的增加，其作为证券发行主体的地位也呈现出不断上升的趋势。关于股票融资和债券融资的具体内容参见表7-5。

表7-5 股票融资和债券融资

	股票融资	债券融资
定义	股票融资也称股权融资，是指企业的股东愿意让出部分企业所有权，通过企业增资的方式引进新的股东的融资方式，总股本同时增加，股权融资所获得的资金，企业无须还本付息，但新股东将与老股东同样分享企业的赢利与增长。股票融资的资金不通过金融中介机构	债券融资也叫债权融资，是有偿使用企业外部资金的一种融资方式。包括银行贷款、银行短期融资（票据、应收账款、信用证等）、企业短期融资券、企业债券、资产支持下的中长期债券融资、金融租赁、政府贴息贷款、政府间贷款、世界金融组织贷款和私募债权基金等
优点	（1）筹资风险小。 （2）可提高企业知名度，带来良好声誉。 （3）所筹资金具有永久性，没有到期日，不需归还。 （4）无固定利息负担。 （5）有利于帮助企业建立规范的现代企业制度	（1）债券融资的税盾作用。使企业的税后利润增加。 （2）债券融资的财务杠杆作用。 （3）债券融资的结构优化作用
缺点	（1）资本成本较高。 （2）上市时间长，竞争激烈，无法满足企业紧迫的融资需求。 （3）控制权容易分散。 （4）可能引起股价的下跌	（1）担保风险。企业向银行借钱，需要符合条件的担保人承担连带责任。 （2）财务风险。如果企业不能经过赢利降低资产负债率并获得足够的现金流偿还到期债务，可能引起破产

五、金融机构直接融资的特点（★★★）

金融机构作为证券市场的发行主体，主要包括发行债券和股票。金融机构直接融资的特点包括以下几点。

（1）金融机构直接融资有利于丰富市场信用层次，增加投资产品种类。

（2）发行金融债券有利于提高金融机构资产负债管理能力，化解金融风险。

（3）金融机构直接融资有利于拓宽直接融资渠道，优化金融资产结构。

（4）金融机构发行债券可以影响货币供给量，从而起到去货币化的作用。相反地，银行债券赎回则会起到释放货币的作用。

六、直接融资对金融市场的影响（★★）

从国际经验来看，直接融资比重随着国家经济的发展逐步提高，资本市场在金融体系中的作用越来越大。

2004年开始，以工、农、中、建四大国有银行为代表，大量金融企业和中央企业纷纷改制上市，上市公司融资能力不断增强。2008年金融危机后，我国企业债券品种不断创新，发行量增加，债券市场规模不断扩大。近年来，中国的直接融资比重在增加，但是在总融资比重中所占比重较小，难以满足企业直接融资的需求。

我国现阶段面临的很多问题，需要通过直接融资加以解决，因此中央提出提高直接融资比重是重要的战略性任务，其意义主要在于以下几个方面。

（1）直接融资和间接融资比例反映着一国金融体系的分布情况。而提高直接融资比重能平衡金融体系结构，可以起到分散金融风险的作用，有利于金融和经济的平稳运行。

（2）直接融资和间接融资反映一国金融体系配置的效率及其是否与实体经济相匹配。而我国正处在转变经济模式、调整产业结构的经济转型期，需要发展多种股权融资方式弥补间接融资的不足，从而提高金融支持实体经济的能力。

（3）通过市场主体充分博弈直接进行交易，更有利于合理引导资源配置，发挥市场的筛选作用。

在我国，增加直接融资的比重，需要关注以下三个方面：发展和健全多层次的资本市场、丰富直接融资新金融工具，落实以信息披露为中心的监管理念，保护投资者合法效益。

第二节　证券投资者

考情分析：本节考查重点包括：证券市场投资者的概念、我国证券市场投资者结构及演化等内容。

学习建议：着重理解我国证券市场投资者结构及演化；熟练掌握机构投资者在金融市场中的作用，政府机构类投资者的概念、特点及分类，合格境外机构投资者、合格境内机构投资者的概念与特点，个人投资者的风险特征与投资者适当性；精准掌握证券市场投资者的概念、特点及分类，机构投资者的概念、特点及分类，金融机构类投资者的概念、特点及分类，基金类投资者的概念、特点及分类，个人投资者的概念，企业和事业法人类机构投资者的概念与特点。

一、证券投资者概述（★★★）

1. 证券投资者的概念

证券投资者是以获取利息、股息或资本收益为目的而买入证券的机构和个人。通过买入证券而进行投资的各类机构法人和自然人。

2. 证券投资者的特点

（1）投资的目的性。由于投资者的目的是为了获利，所以任何投资者都可根据市场变化状况及自己的需要变换证券种类，且证券投资者可以根据需要更换交易场所。

（2）市场的支撑性。作为证券市场资金的供给方，证券投资者对证券市场的生存具有支撑作用。

（3）分散性和流动性。证券投资者既可以是机构，也可以是个人，其入门条件非常低，使众多分散的单位和个人都成为证券市场参与者。

3. 证券投资者的分类

证券投资人可分为机构投资者和个人投资者两大类。

（1）机构投资者一般包括金融机构和企业、事业单位、社会团体等。

（2）个人投资者是证券市场最广泛的投资者，不论男女老幼，也不分文化职业，只要有起码的购买能力和投资欲望,都可在证券市场上一试身手。

随着我国证券市场的发展及向国际市场的开放,我国的证券投资组成中包含了一些外国的投资者。

二、我国证券市场投资者结构及演化(★)

我国证券市场投资者结构特点及其演化过程详见表7-6。

表7-6 我国证券市场投资者结构及演化

时间阶段	演化过程	结构特点
第一阶段: 1990—1996年	内资散户时代	(1)投资主体以中小股民为主,他们的投资理念、投资风险、风险承受能力都与市场要求的有很大的差距。 (2)机构投资者的投资行为缺乏规范,对市场效率显现负面影响。 (3)制度的不完善直接导致证券公司经营风险的扩大与聚集
第二阶段: 1996—2000年	内资机构投机时期	(1)市场运作规则不完善,投资者结构变动的积极性明显。 (2)中小投资者的弱势地位在机构投资者实力不断增强和操纵市场行为明显的情况下,风险在增大。 (3)新设立的证券投资基金公司由于其恶劣的市场行为和乏善可陈的经营业绩,市场认可度比较低。 (4)证券公司的狂热投机和非规范运作导致运营风险不断扩大,经营绩效出现了大幅度波动
第三阶段: 2001—2005年	内外资机构投资者多元化起步时代	(1)证券投资者基金进入快速发展时期。 (2)保险资金、社保资金正日益成为资本市场重要的机构投资者。 (3)引入合格境外投资者(QFII),投资者结构日益多元化
第四阶段: 2005年以后	内外资机构投资者多元化时期	(1)以中小投资者为主体。 (2)每年都有大量新的投资者入市,且主要集中在中等收入的工薪阶层。 (3)投资者信息获取和处理能力较弱

三、机构投资者概述(★★★)

1. 机构投资者的概念

机构投资者是指符合法律法规可以投资证券投资基金的经注册登记或经政府有关部门批准设立的机构。在西方国家,以有价证券投资收益为其重要收入来源的证券公司、投资公司、保险公司、各种福利基金、养老基金及金融财团等,一般称为机构投资者。其中最典型的机构投资者是专门从事有价证券投资的共同基金。在中国,机构投资者目前主要是具有证券自营业务资格的证券经营机构,符合国家有关政策法规的投资管理基金等。

2. 机构投资者的特点

机构投资者有投资管理专业化、投资结构组合化、投资行为规范化三个特点。详细内容参照表7-7。

表7-7 机构投资者的特点

特点	内容
投资管理专业化	机构投资者各方面条件都较为成熟,投资行为相对理性化,有利于证券市场的健康稳定发展
投资结构组合化	机构投资者在投资过程中进行合理投资组合,降低其所承受的风险。另外,机构投资者庞大的资金、专业化的管理和多方位的市场研究,也为建立有效的投资组合提供了可能
投资行为规范化	机构投资者是有独立法人资格的经济实体,其投资行为因受多方面的监督故而相对规范

3. 机构投资者的分类

机构投资者包括政府机构、金融机构、合格境内机构投资者（QDII）与合格境外机构投资者（QFII）、企业和事业法人及各类基金等。

（1）政府机构类投资者。

政府机构类投资者是指进行证券投资的政府机构。我国政府财政主要以政府机构和政府引导基金两种身份参与股权市场的投资。政府机构进行证券投资的主要目的不是获取利息、股息等投资收益，而是调剂资金余缺和实施公开市场操作，进行宏观调控。

（2）金融机构类投资者。

参与证券投资者的金融机构主要包括表7-8所示几类。

表7-8 金融机构类投资者

机构	含义和特点
证券经营机构	证券经营机构是证券市场上最活跃的投资者，以其自有资本、营运资金和受托投资资金进行证券投资。我国的证券经营机构主要是证券公司。按照《证券法》的规定，证券公司可以通过从事证券自营业务和证券资产管理业务，以自己的名义或代其客户进行证券投资，证券公司的资产管理业务应与证券公司自营业务相分离
银行业金融机构	银行业金融机构包括商业银行、邮政储蓄银行、城市信用合作社、农村信用合作社等吸收公众存款的金融机构以及政策性银行。银行业金融机构可用自有资金买卖政府债券和金融债券，除另有规定外，不得从事信托投资和证券经营业务，不得向非自用不动产投资或向非银行金融机构和企业投资。银行业金融机构因处置贷款质押资产而被动持有的股票，只能单向卖出。《商业银行个人理财业务管理暂行办法》规定，商业银行可以向个人客户提供综合理财服务，向特定目标客户群销售理财计划，接受客户的委托和授权，按照与客户事先约定的投资计划和方式进行投资和资产管理
保险经营机构	保险经营机构是保险机构、保险中介机构、再保险机构及其分支机构等经营保险或再保险业务的机构统称。保险公司是全球最重要的机构投资者之一，曾一度超过投资基金成为投资规模最大的机构投资者。2014年5月1日起实施的《保险资金运用管理暂行办法》第6条规定，保险资金运用限于下列形式：银行存款；买卖债券、股票、证券投资基金份额等有价证券；投资不动产；国务院规定的其他资金运用形式。保险资金从事境外投资的，应当符合中国保监会有关监管规定
主权财富基金	主权财富基金，是指一国政府利用外汇储备资产与国家财政盈余创立的、在全球范围内进行投资以提升本国经济和居民福利的金融投资工具，是现代国家资本主义的主要表现形式之一。它是一种全新的专业化、市场化的进取性投资基金，除进行股票、债券、房地产等风险投资外，已逐步扩展到私人股权投资、商品期货、对冲基金等非传统类投资领域。 【知识拓展】中国投资有限责任公司（简称中投公司）于2007年9月29日宣告成立，注册资本金为2 000亿美元，成为专门从事外汇资金投资业务的国有投资公司，被视为中国主权财富基金的发端
其他金融机构	（1）信托公司是指依法设立的主要经营信托业务的金融机构。 （2）企业集团财务公司是指依法设立的、为企业集团成员单位技术改造、新产品开发及产品销售提供金融服务，以中长期金融业务为主的非银行金融机构。 （3）金融租赁公司，是指经银监会批准，以经营融资租赁业务为主的非银行金融机构

（3）合格机构投资者。

①合格境内机构投资者（QDII）。在我国，QDII是指符合《合格境内机构投资者境外证券投资管理试行办法》规定，经中国证监会批准在中华人民共和国境内募集资金，运用所募集的部分或者全部资金以资产

组合方式进行境外证券投资管理的境内基金管理公司和证券公司等证券经营机构。主要可分为保险系 QDII、银行系 QDII 及基金系 QDII。目前中国外汇管理体制下，参与合格境内机构投资者发起的各类理财产品，是中国境内投资者参与境外资本市场投资的合法途径。

②合格境外机构投资者（QFII）。QFII 是一国（地区）在货币没有实现完全可自由兑换、资本项目尚未完全开放的情况下，有限度地引进外资、开放资本市场的一项过渡性的制度。这种制度对外国投资者进入一国证券市场有一定的条件，经该国有关部门的审批通过后汇入一定额度的外汇资金，并转换为当地货币，通过严格监管的专门账户投资当地证券市场。

在我国，按照相关规定，可以投资于中国证监会批准的人民币金融工具，包括在证券交易所挂牌交易的股票、在证券交易所挂牌交易的债券、证券投资基金、在证券交易所挂牌交易的权证以及中国证监会允许的其他金融工具。合格境外机构投资者可以参与新股发行、可转换债券发行、股票增发和配股的申购。

合格境外机构投资者的境内股票投资，应当遵守中国证监会规定的持股比例限制和国家其他有关规定。

- 单个境外投资者通过合格境外机构投资者持有一家上市公司股票的，持股比例不得超过该公司股份总数的 10%。
- 所有境外投资者对单个上市公司 A 股的持股比例总和，不超过该上市公司股份总额的 30%。

同时，境外投资者根据《外国投资者对上市公司战略投资管理办法》对上市公司战略投资的，其战略投资的持股不受上述比例限制。

知识拓展 RQFII 是指人民币合格境外投资者。2011 年 8 月，国务院副总理李克强在香港举办的"国家'十二五'规划与两地经贸金融合作发展论坛"上提出，"允许以人民币境外合格机构投资者方式投资境内证券市场"，同年，RQFII 试点业务正式启动。RQFII 境外机构投资人可将批准额度内的外汇结汇投资于境内的证券市场。对 RQFII 放开股市投资，是侧面加速人民币的国际化。

【例题·选择题】QFII 制度允许合格的境外机构投资者通过严格监管的专门账户投资当地（　　）。

A．证券市场
B．基金市场
C．信托市场
D．房地产市场

【解析】本题主要考查 QFII 制度的相关内容。QFII 制度要求外国投资者若要进入一国证券市场，必须符合一定的条件，经该国有关部门的审批通过后汇入一定额度的外汇资金，并转换为当地货币，通过严格监管的专门账户投资当地证券市场。故 A 选项为正确答案。

【答案】A

（4）企业和事业法人类机构投资者。

企业可以用自己的积累资金或暂时不用的闲置资金进行证券投资，可以通过股票投资实现对其他企业的控股或参股，或者将暂时闲置的资金通过自营或委托相关专业机构进行证券投资。事业单位用其可自由支配的预算外资金进行证券投资的目的在于使预算外资金保值、增值。

（5）基金类机构投资者。

基金类机构投资者的具体内容如表 7-9 所示。

表 7-9　基金类机构投资者

类别	含义和特点
证券投资基金	证券投资基金是一种间接的证券投资方式，是指通过公开发售基金份额筹集资金，由基金管理人管理，基金托管人托管，为基金份额持有人的利益，以资产组合方式进行证券投资活动的基金。证券投资基金可投于股票、债券、国务院证券监督管理机构规定的其他证券品种
社保基金	社会保险基金（以下简称社保基金）是指社会保险制度确定的用于支付劳动者或公民在患病、年老伤残、生育、死亡、失业等情况下所享受的各项保险待遇的基金。 我国的社保基金由社会保障基金和社会保险基金两部分组成。全国社会保障基金理事会（以下简称理事会）负责管理由国有股转持划入资金及股权资产、中央财政拨入资金、经国务院批准以其他方式筹集的资金及其投资收益形成的由中央政府集中的社会保障基金。社会保障基金通常根据不同的项目来划分，如社会保险基金、医疗保险基金、失业保险基金、工伤保险基金、其他社会保险项目等。我国的社会保险基金一般包括养老、医疗、失业、工伤、生育五项基本内容。在大多数国家，社保基金分为国家以社会保障税等形式征收的全国性社会保障基金和由企业定期向员工支付并委托基金公司管理的企业年金两个层次。全国性社会保障基金属于国家控制的财政收入，主要用于支付失业救济和退休金，是社会福利网的最后一道防线，对资金的安全性和流动性要求非常高。这部分资金的投资方向有严格限制，主要投向国债市场。而由企业控制的企业年金，资金运作周期长，对账户资产增值有较高要求，但对投资范围限制不多。 【名师点拨】社会保险基金的结余额应全部用于购买国债和存入财政专户存在银行，严禁投入其他金融和经营性事业。
企业年金基金	企业年金基金指企业及其职工在依法参加基本养老保险的基础上，自愿建立的补充养老保险基金。其投资范围包括：银行存款、国债和其他具有良好流动性的金融产品，包括短期债券回购、信用等级在投资级以上的金融债和企业债、可转换债、投资性保险产品、证券投资基金、股票等。 企业年金基金资产以投资组合为单位，按照公允价值计算应当符合下列规定。 （1）投资银行活期存款、中央银行票据、一年期以内（含一年）的银行定期存款、债券回购、货币市场基金、货币型养老金产品的比例，合计不得低于投资组合委托投资资产净值的5%；清算备付金、证券清算款以及一级市场证券申购资金视为流动性资产。 （2）投资一年期以上的银行定期存款、协议存款、国债、金融债、企业（公司）债、可转换债（含分离交易可转换债）、短期融资券、中期票据、万能保险产品、商业银行理财产品、信托产品、基础设施债权投资计划、特定资产管理计划、债券基金、投资连结保险产品（股票投资比例不高于30%）、固定收益型养老金产品、混合型养老金产品的比例，合计不得高于投资组合委托投资资产净值的135%。债券正回购的资金余额在每个交易日均不得高于投资组合委托投资资产净值的40%。 （3）投资股票、股票基金、混合基金、投资连结保险产品（股票投资比例高于30%）、股票型养老金产品的比例，合计不得高于投资组合委托投资资产净值的30%
社会公益基金	社会公益基金是将收益用于指定的社会公益事业的基金。如福利基金、科技发展基金、教育发展基金、文学奖励基金等。我国有关政策规定，各种社会公益基金可用于证券投资，以求保值增值

【例题·选择题】社会保险基金的结余额应全部用于购买（　　）和存入财政专户存在银行，严禁投入其他金融和经营性事业。

A．企业债　　　B．金融债　　　C．股票　　　D．国债

【解析】本题主要考查社会保险基金的使用方向。社会保险基金的结余额应全部用于购买国债和存入财政专户存在银行，严禁投入其他金融和经营性事业。故D选项为正确答案。

【答案】D

【例题·组合型选择题】机构投资者一般主要包括（　　）。
Ⅰ．企业年金基金
Ⅱ．保险公司
Ⅲ．信托投资公司
Ⅳ．养老金基金
A．Ⅰ、Ⅱ
B．Ⅱ、Ⅲ
C．Ⅰ、Ⅲ、Ⅳ
D．Ⅰ、Ⅱ、Ⅲ、Ⅳ
【解析】本题主要考查机构投资者的分类。机构投资者是指用自有资金或者从社会公众中筹集的资金专门进行有价证券投资活动的法人机构，特点是资金规模大、分析能力强、专业水平高。Ⅰ、Ⅱ、Ⅲ、Ⅳ项都属于机构投资者，故D选项为正确答案。
【答案】D

4．机构投资者在金融市场中的作用

机构投资者对完善我国金融体系和实现经济发展的远景目标具有非常重要的市场功能，是金融服务业的重要组成部分。其对金融市场的作用包括以下方面。

（1）机构投资者有助于改善储蓄转化为投资的机制与效率，促进直接金融市场的发展。和一般投资者相比，机构投资者更有能力收集和分析证券市场信息，通过机构投资者的竞争，实现市场化的证券发行约束机制，产生最优的价格信号，引导资源的有效配置；有助于解决中小投资者对公司监督的激励问题，实施对管理层的有效监督，提高投资项目的经济效益，促进公司治理的完善。

（2）机构投资者有助于促进不同金融市场之间的有机结合与协调发展，健全金融市场的运行机制。

（3）机构投资者有助于分散金融风险，促进金融体系的稳定运行。

（4）机构投资者有助于实现社会保障体系与宏观经济的良性互动发展。

知识拓展

机构投资者在金融市场上主要是买卖公司证券，也购买一定的金边债券。总之，活动范围主要是资本市场。机构投资者常常通过电话等手段完成交易。

四、个人投资者（★★★）

1．个人投资者概念

个人投资者是指从事证券投资的社会自然人，他们是证券市场最广泛的投资者。

个人进行证券投资应具备一些基本条件，如国家有关法律、法规关于个人投资者投资资格的规定和个人投资者必须具备一定的经济实力。为保护个人投资者利益，对于部分高风险证券产品的投资（如衍生产品），监管法规还要求相关个人具有一定的产品知识并签署书面的知情同意书。

2．个人投资者的风险特征与投资者的适当性

不同的投资者对风险的态度各不相同，理论上将投资者分为风险偏好型、风险中立型和风险回避型。金融机构通过客户调查问卷、产品风险评估、充分披露等方法，根据产品分级和客户分级的匹配原则，避免误导投资者和错误销售。例如，美国《证券法》规定了参与私募证券认购的投资者资格，对投资者的净资产和专业知识进行了要求；日本《金融商品法》规定，禁止中介机构劝诱75岁以上的人士从事期货交易。

国际证监会组织、国际保险监管协会2008年联合发布的《金融产品和服务领域的客户适当性》指出，适当性是指"金融中介机构所提供的金融产品或服务与客户的财务状况、投资目标、风险承受水平、财务需求、知识和经验之间的契合程度"。简言之，投资适当性的要求就是"适合的投资者购买恰当的产品"。

上海证券交易所于2013年3月26日发布实施《上海证券交易所投资者适当性管理

暂行办法》(以下简称《办法》),根据《办法》,会员的投资者适当性管理的内容如下所述。

(1) 了解投资者的相关情况并评估其风险承受能力。

(2) 了解拟提供的产品或服务的相关信息。

(3) 向投资者提供与其风险承受能力相匹配的产品或服务,并进行持续跟踪和管理。

(4) 提供产品或服务前,向投资者介绍产品和服务的内容、性质、特点、业务规则等,进行有针对性的投资者教育。

(5) 揭示产品风险,与投资者签署《风险揭示书》。

另外,国务院办公厅于2013年12月25日发布《关于进一步加强资本市场中小投资者合法权益保护工作的意见》,明确提出"健全投资者适当性制度",要求进一步完善投资者适当性规章制度和市场服务规则,严格执行投资者适当性制度并强化监管。

【例题·选择题】金融机构通常采用客户调查问卷、产品风险评估、充分披露等方法,根据客户分级和( )匹配原则,避免误导投资者和错误销售。

A. 产品分级　　B. 产品规模
C. 客户风险　　D. 产品收益

【解析】本题主要考查个人投资者的风险特征与投资者的适当性。实践中,金融机构通常采用客户调查问卷、产品风险评估与充分披露等方法,根据客户分级和产品分级匹配原则,避免误导投资者和错误销售。故A选项为正确答案。

【答案】A

第三节　中介机构

考情分析:本节考查重点包括:证券公司的定义、发展历程、监管制度及具体要求、主要业务的种类及内容、证券服务机构的类别、对律师事务所、注册会计师、会计师事务所、资信评级机构、资产评估机构从事证券、期货相关业务的管理、对证券、期货投资咨询机构的管理、对证券金融公司从事转融通业务的管理、证券服务机构的法律责任和市场准入等内容。

学习建议:本节涉及的机构较多,内容也较烦琐,但根据大纲的要求,本节多为需要熟悉的内容,需要掌握的主要是证券公司的定义、业务尤其是转融通业务。建议考生重点就需要掌握的内容进行学习,并在理解的基础上记忆。

一、证券公司概述（★★★）

1. 证券公司的定义

就我国而言,证券公司(证券商)是指依照《公司法》《证券法》的规定,并经国务院证券监督管理机构批准,经营证券业务的有限责任公司或股份有限公司。在证券交易所市场,投资者买卖证券是不能直接进入交易所办理的,而必须通过证券交易所的会员来进行。换言之,投资者在证券交易所买卖证券需要通过经纪商的代理。

证券公司从功能上分为证券经纪商、证券自营商和证券承销商。具体内容参照表7-10来理解。

表7-10　证券公司的功能划分

分类	内容
证券经纪商（证券经纪公司）	是代理买卖证券的机构,主要负责接受投资人委托、代为买卖证券,并收取一定佣金
证券自营商（综合型证券公司）	它们资金雄厚,可直接进入交易所为自己买卖股票。除证券经纪公司的权限外,还可以进行证券买卖
证券承销商	以包销或代销形式帮助发行人发售证券的机构

许多证券公司是兼营这三种业务的。

知识拓展 证券公司是证券市场重要的中介机构，在证券市场中发挥着重要作用。它不仅是证券市场里投融资服务的提供者，也是证券市场里重要的机构投资者，同时，还通过资产管理方式，为投资者提供投资管理服务。

【例题·组合型选择题】我国证券公司的组织形式可以是（　　）。
Ⅰ．有限责任公司
Ⅱ．无限责任公司
Ⅲ．股份有限公司
Ⅳ．合伙
A．Ⅰ、Ⅲ
B．Ⅱ、Ⅳ
C．Ⅰ、Ⅱ、Ⅲ
D．Ⅰ、Ⅱ、Ⅲ、Ⅳ
【解析】本题主要考查证券公司的定义。《中华人民共和国证券法》规定，我国证券公司的组织形式为有限责任公司或股份有限公司，不得采取合伙及其他非法人组织形式。故A选项为正确答案。
【答案】A

【例题·选择题】投资者在证券交易所买卖证券，是通过委托（　　）来进行的。
A．上海证券交易所或深圳证券交易所
B．中国证券业协会
C．中国金融结算公司上海分公司或深圳分公司
D．证券经纪商
【解析】本题主要考查证券经纪商的相关内容。在证券交易所市场，投资者买卖证券是不能直接进入交易所办理的，而必须通过证券交易所的会员来进行。换言之，投资者需要通过经纪商的代理才能在证券交易所买卖证券。故D选项为正确答案。
【答案】D

2．我国证券公司的发展历程

1984年，工商银行上海信托投资公司代理发行公司股票。

1986年，沈阳信托投资公司和工商银行上海信托投资公司率先开始办理柜台交易业务。

1987年，我国第一家专业性证券公司——深圳特区证券公司成立。

1988年，国债柜台交易正式启动。

1990年12月19日和1991年7月3日，上海、深圳证券交易所先后正式营业，各证券经营机构的业务开始转入集中交易市场。

1991年8月，中国证券业协会成立。

1998年年底，《中华人民共和国证券法》出台。

2003年至2004年上半年，证券业积累多年的问题呈现爆发的态势，证券公司面临自产生以来的第一次行业性危机。

为应对危机，2004年1月，国务院发布《关于推进资本市场改革开放和稳定发展的若干意见》；2005年7月，国务院办公厅转发中国证监会《证券公司综合治理工作方案》对证券业开展综合治理工作。

2009年5月26日，中国证监会公布了《证券公司分类监管规定》，进一步完善了证券公司分类的标准。截至2015年上半年，我国共有证券公司125家，证券公司进入了稳定发展期，并随着国际化开放，形成了多样化资本结构竞争的局面。2006年1月1日，新修订的《中华人民共和国证券法》实施，进一步完善了证券公司设立制度。

3．我国证券公司的监管制度及具体要求

目前，我国证券公司监管制度包括合规管理制度、以诚信与资质为标准的市场准入制度、信息报送与披露制度、客户交易结算资金第三方存管制度、以净资本为核心的经营风险控制制度等。具体内容参照表7-11来理解。

表 7-11 我国证券公司的监管制度

制度	具体要求
合规管理制度	合规管理是指证券公司制定和执行合规管理制度,建立合规管理机制,培育合规文化,防范合规风险的行为。《证券公司合规管理试行规定》要求证券公司全面建立内部合规管理制度。主要内容有以下两点。 (1) 反洗钱工作。建立反洗钱工作的三项基本制度:客户身份识别制度、客户身份资料和交易记录保存制度、大额交易和可疑交易报告制度。 (2) 信息隔离墙制度。信息隔离墙制度是指证券公司为控制敏感信息在相互存在利益冲突的业务之间不当流动和使用而采取的一系列措施
以诚信与资质为标准的市场准入制度	(1) 将业务许可与证券公司资本实力挂钩,要求证券公司必须达到从事不同业务的最低资本要求;加强证券公司高管人员的监管,将事后资格审查改为事前审核、专业测评、动态考核等相结合。 (2) 建立和完善包括机构设置、业务牌照、从业人员特别是高级管理人员在内的市场准入制度,通过行政许可把好准入关,防范不良机构和人员进入证券市场。 (3) 设立证券公司必须满足法律法规对注册资本、股东、高级管理人员及业务人员、制度建设等方面的设立条件;在准入环节对控股股东和大股东的资格进行审慎调查,鼓励资本实力强、具有良好诚信记录的机构参股证券公司
信息报送与披露制度	证券公司信息公开披露制度要求所有证券公司实行基本信息公示和财务信息公开披露。对证券公司信息报送与披露方面的监管要求如下。 (1) 信息公开披露制度,主要为证券公司的基本信息公示和财务信息公开披露。 (2) 信息报送制度,证券公司要根据相关法律法规,应当自每一个会计年度结束之日起4个月内,向中国证监会报送年度报告,自每月结束之日起7个工作日内,报送月度报告。 (3) 年报审计监管,对证券公司进行非现场检查和日常监督的重要手段
客户交易结算资金第三方存管制度	客户交易结算资金第三方存管是证券公司在接受客户委托,承担申报、清算、交收责任的基础上,在多家商业银行开立专户存放客户的交易结算资金,商业银行根据客户资金存取和证券公司提供的交易清算结果,记录每个客户的资金变动情况,建立客户资金明细账簿,并实施总分核对和客户资金的全封闭银证转账。 《证券法》规定,客户的交易结算资金应存放在商业银行,以每个客户的名义单独立户管理。证券公司不得将客户的交易结算资金和证券归入其自有财产。禁止任何单位或者个人以任何形式挪用客户的交易结算资金和证券
以净资本为核心的经营风险控制制度	《证券公司风险控制指标管理办法》建立了以净资本为核心的风险控制指标体系和风险监管制度。以净资本为核心的经营风险控制制度具有以下特点。 (1) 建立了公司业务范围与净资本充足水平动态挂钩机制。 (2) 建立了公司业务规模与风险资本动态挂钩机制。 (3) 建立了风险资本准备与净资本水平动态挂钩机制。 【知识拓展】中国证监会根据证券公司评价计分的高低,将证券公司分为 A(AAA、AA、A)、B(BBB、BB、B)、C(CCC、CC、C)、D、E 5 大类 11 个级别

【例题·选择题】在我国,证券公司在业务上必须接受( )的领导、管理、监督和协调。
A. 国务院证券委员会　　　　　　B. 中国证监会
C. 中国人民银行　　　　　　　　D. 财政部和国家计划委员会
【解析】本题主要考查我国证券公司的监管制度的相关内容。中国证监会为国务院直属正部级事业单位,依照法律、法规和国务院授权,统一监理全国证券期货市场,维护证券期货市场秩序,保障其合法运行。因此,证券公司在业务上必须接受中国证监会的领导、管理、监督和协调。
【答案】B

【例题·选择题】证券公司信息公开披露制度要求所有证券公司实行（　　）披露。
A. 基本信息公开
B. 财务信息公开
C. 基本信息公示和财务信息公开
D. 所有内部信息公开

【解析】本题主要考查我国证券公司的监管制度的相关内容。证券公司信息公开披露制度要求所有证券公司实行基本信息公示和财务信息公开披露。故C选项为正确答案。

【答案】C

【例题·选择题】（　　）是风险控制指标体系和风险监管制度的核心。

A. 净资本
B. 固定资本
C. 流动资本
D. 注册资本

【解析】本题主要考查金融风险管理。2006年7月，中国证监会发布实施了《证券公司风险控制指标管理办法》，并于2008年根据实际情况对该办法进行了修订。该办法建立了以净资本为核心的风险控制指标体系和风险监管制度。

【答案】A

4. 证券公司的主要业务

根据《证券法》规定，我国证券公司的主要业务范围包括了证券经纪、证券投资咨询以及证券交易、证券投资活动有关的财务顾问业务等，其具体内如表7-12所示。

表7-12　证券公司的主要业务

业务名称	要点内容
证券经纪业务	证券经纪业务也称"代理买卖证券业务"，是证券公司接受投资者（客户）的委托代投资者（客户）买卖有价证券的行为，是证券公司最基本的一项业务。在证券经纪业务中，委托关系的建立包括开户和委托两个环节
证券投资咨询业务	证券投资咨询业务指从事证券投资咨询业务的机构及其咨询人员为证券投资人或客户提供证券投资分析、预测或建议等直接或间接有偿咨询服务的活动。证券投资顾问和发布证券研究报告是证券投资咨询的两种基本业务形式。 （1）证券投资顾问业务是指证券公司、证券投资咨询机构接受客户委托，按约定向客户提供相关产品的投资建议活动，辅助客户作出决策，直接或间接取得经济利益的活动。 （2）发布证券研究报告是指证券公司、证券投资咨询机构对证券及证券相关产品的价值、市场走势或者相关影响因素进行分析，形成证券估值、投资评级等投资分析意见，制作证券研究报告，并向客户发布的行为
与证券交易、证券投资活动有关的财务顾问业务	主要包括：与证券交易、证券投资活动有关的咨询、建议、策划业务
证券承销与保荐业务	证券承销是证券公司代理证券发行的行为。证券公司承销业务可采取代销或者包销方式。我国《证券法》还规定了证券承销团的销售方式。 保荐机构负责证券发行的主承销工作，负有对发行人进行尽职调查的义务，对公开发行募集文件的真实性、准确性、完整性进行核查，向中国证监会出具保荐意见，并根据市场情况与发行人协商确定发行价格

续表

业务名称	要点内容
证券自营业务	证券自营业务是指证券经营机构以自己的名义和资金买卖证券从而获取利润的证券业务。在我国，证券自营业务专指证券公司为自己买卖证券产品的行为，买卖的证券产品包括在证券交易所挂牌交易的A股、基金、认股权证、国债、企业债券等。证券自营的相关规定可参考《证券公司监督管理条例》《期货交易管理条例》《证券公司风险控制指标管理办法》和《证券公司参与股指期货、国债期货指引》等法律法规
证券资产管理业务	证券资产管理业务是指证券公司作为资产管理人，根据资产管理合同约定的方式、条件、要求及限制，对客户提供证券及其他金融产品的产品投资管理服务，实现资产最大化的行为。证券公司办理集合资产管理业务，可设立限定性集合资产管理计划和非限定性集合资产管理计划。相关内容规定可参考《证券公司参与股指期货、国债期货指引》的法律法规
融资融券业务	融资融券业务是指向客户出借资金供其买入证券或出具证券供其卖出证券的业务。由融资融券业务产生的证券交易称为融资融券交易。融资融券交易分为融资交易和融券交易两类，客户向证券公司借资金买证券叫融资交易，客户向证券公司卖出证券为融券交易。证券公司经营融资融券业务，应当与客户签订融资融券合同，应当以自己的名义，在证券登记结算机构分别开立融券专用证券账户、客户信用交易担保证券账户、信用交易证券交收账户和信用交易资金交收账户；以自己的名义，在商业银行分别开立融资专用资金账户和客户信用交易担保资金账户。 证券公司向客户融资，只能使用融资专用资金账户内的资金；向客户融券，只能使用融券专用证券账户内的证券
证券公司中间（IB）业务	IB即介绍经纪商，是指机构或者个人介绍客户给期货经纪商，收取一定佣金的业务模式。证券公司中间介绍（IB）业务是指证券公司接受期货经纪商的委托，为期货经纪商介绍客户参与期货交易并提供其他相关服务的业务活动。 2007年4月20日《证券公司为期货公司提供中间介绍业务试行办法》规定了证券公司从事介绍业务的资格条件、业务范围及业务规划。 证券公司申请介绍业务资格，应当符合下列条件。 （1）申请日前6个月各项风险控制指标符合规定标准。 （2）已按规定建立客户交易结算资金第三方存管制度。 （3）全资拥有或者控股一家期货公司，或者与一家期货公司被同一机构控制，且该期货公司具有实行会员分级结算制度期货交易所的会员资格，申请日前2个月的风险监管指标持续符合规定的标准。 （4）配备必要的业务人员，公司总部至少有5名、拟开展介绍业务的营业部至少有2名具有期货从业人员资格的业务人员。 （5）已按规定建立健全与介绍业务相关的业务规则、内部控制、风险隔离及合规检查等制度。 （6）具有满足业务需要的技术系统。 （7）中国证监会根据市场发展情况和审慎监管原则规定的其他条件。 证券公司只能接受其全资拥有或者控股的，或者被同一机构控制的期货公司的委托从事IB业务，不能接受其他期货公司的委托从事IB业务。证券公司应当按照合规、审慎经营的原则，制定并有效执行IB业务规则、内部控制、合规检查等制度，确保有效防范和隔离IB业务与其他业务的风险。期货公司与证券公司应当建立IB业务的对接规则，明确办理开户、行情和交易系统的安装维护、客户投诉的接待处理等业务的协作程序和规则。证券公司与期货公司应当独立经营，保持财务、人员、经营场所等分开隔离。 【知识拓展】IB制度起源于美国
直接投资业务	证券公司设立子公司（直投子公司）直接开展投资业务。证券公司不得对直投子公司及其下属机构、直投基金提供担保。直投子公司及其下属机构不得对直投子公司及其下属机构、直投基金之外的单位或个人提供担保，不得成为对所投资企业的债务承担连带责任的出资人。直投子公司及其下属机构、直投基金由于补充流动性或进行并购过桥贷款而负债经营的，负债期限不得超过12%，负债余额不得超过注册资本或实缴出资总额的30%。直投子公司及其下属机构设立直投基金，应当以非公开的方式向合格投资者募集资金；直投基金的投资者不得超过200人

知识拓展　证券资产管理业务与经纪业务的区别在于证券资产管理业务由证券公司决定证券买卖的数量、时机等。

证券资产管理业务与证券自营业务的区别有：（1）资金来源不同。证券资产管理业务由委托方提供资金，证券自营业务由证券公司依法自筹资金。（2）收益风险归属不同。证券资产管理业务收益与风险由委托方承担，证券公司收取资产管理佣金。（3）业务操作不同。证券资产管理业务以委托方名义开立账户，所有权归委托方，证券自营业务以证券公司名义开立账户，所有权归证券公司。

【例题·选择题】下列关于证券公司提供IB业务的业务规则的说法中，错误的是（　　）。

A．证券公司应当按照合规、审慎经营的原则，制定并有效执行IB业务规则、内部控制、合规检查等制度

B．证券公司可以同时接受多个期货公司的委托从事IB业务

C．期货公司与证券公司应当建立IB业务的对接规则

D．证券公司与期货公司应当独立经营，保持财务、人员、经营场所等分开隔离

【解析】本题主要考查证券公司中间（IB）业务的相关内容。证券公司只能接受其全资拥有或者控股的，或者被同一机构控制的期货公司的委托从事IB业务，不能接受其他期货公司的委托从事IB业务。因此选项B的说法是错误的。

【答案】B

二、证券服务机构（★★）

证券服务机构是指依法设立的从事证券服务业务的法人机构。主要包括投资咨询机构、财务顾问机构、资信评级机构、资产评估机构、会计师事务所等从事证券服务业务的机构。

投资咨询机构、财务顾问机构、资信评级机构从事证券服务业务的人员必须具备证券专业知识和从事证券业务或者证券服务业务2年以上的经验。

1. 各类证券服务机构的管理

我国法律法规对证券服务机构的管理做了相关规定，具体的管理规定如表7-13所示。

表7-13　各类证券服务机构的管理

名称	内容
律师事务所从事证券法律业务的管理	中国证监会与司法部发布《律师事务所从事证券法律业务管理办法》（以下简称《办法》）调整范围是律师事务所及其指派的律师从事证券法律业务。证券法律业务指律师事务所接受当事人委托，为其证券发行、上市和交易等证券业务活动提供的制作、出具法律意见书等文件的法律服务。 律师事务所及其指派的律师从事证券法律业务，应当遵守法律、行政法规及相关规定，遵循诚实、守信、独立、勤勉、尽责的原则，恪守律师职业道德和执业纪律，严格履行法定职责，保证其所出具文件的真实性、准确性、完整性。《办法》规定，鼓励具备下列条件的律师事务所从事证券法律业务： （1）内部管理规范，风险控制制度健全，执业水准高，社会信誉良好。 （2）有20名以上执业律师，其中5名以上曾从事过证券法律业务。 （3）已经办理有效的执业责任保险。 （4）最近两年未因违法执业行为受到行政处罚

续表

名称	内　容
注册会计师、会计师事务所从事证券、期货相关业务的管理	财政部和中国证监会对注册会计师、会计师事务所执行证券、期货相关业务实行许可证管理。 会计师事务所申请证券资格，应当具备下列条件。 （1）依法成立5年以上，组织形式为合伙制或特殊的普通合伙制；由有限责任制转制为合伙制或特殊的普通合伙制的会计师事务所，经营期限连续计算。 （2）质量控制制度和内部管理制度健全并有效执行，执业质量和职业道德良好；会计师事务所设立分所的，会计师事务所及其分所应当在人事、财务、业务、技术标准和信息管理等方面做到实质性的统一。 （3）注册会计师不少于200人，其中最近5年持有注册会计师证书且连续执业的不少于120人，且每一注册会计师的年龄均不超过65周岁。 （4）净资产不少于500万元。 （5）会计师事务所职业保险的累计赔偿限额与累计职业风险基金之和不少于8 000万元。 （6）上一年度业务收入不少于8 000万元，其中审计业务收入不少于6 000万元，本项所称业务收入和审计业务收入均指以会计师事务所名义取得的相关收入。 （7）至少有25名以上的合伙人，且半数以上合伙人最近在本会计师事务所连续执业3年以上。 （8）不存在下列情形之一：①在执业活动中受到行政处罚、刑事处罚，自处罚决定生效之日起至提出申请之日止未满3年；②因以欺骗等不正当手段取得证券资格而被撤销该资格，自撤销之日起至提出申请之日止未满3年；③申请证券资格过程中，因隐瞒有关情况或者提供虚假材料被不予受理或者不予批准的，自被出具不予受理凭证或者不予批准决定之日起至提出申请之日止未满3年。 会计师事务所具备前款第（1）项、第（7）项和第（8）项规定条件，并通过吸收合并具备前款第（2）项至第（6）项规定条件的，自吸收合并后工商变更登记之日起至提出申请之日止应当满1年。 注册会计师申请证券许可证，应当符合下列条件。 （1）所在会计师事务所已取得证券许可证或者符合本规定第六条所规定的条件并已提出申请。 （2）具有证券、期货相关业务资格考试合格证书。 （3）取得注册会计师证书1年以上。 （4）不超过60周岁。 （5）执业质量和职业道德良好，在以往3年执业活动中没有违法违规行为
证券、期货投资咨询机构管理	为了加强对证券、期货投资咨询活动的管理，保障投资者的合法权益和社会公共利益，国务院证券委员会于1997年12月发布《证券、期货投资咨询管理暂行办法》。中国证监会及其授权的地方派出机构负责对证券、期货投资咨询业务的监督管理。 申请证券、期货投资咨询从业资格的机构应具备以下条件。 （1）分别从事证券或者期货投资咨询业务的机构，至少有5名以上取得证券、期货投资咨询从业资格的专职人员；同时从事证券和期货投资咨询业务的机构，有10名以上取得证券、期货投资咨询从业资格的专职人员；其高级管理人员中，至少有1名取得证券或者期货投资咨询从业资格。 （2）有100万元人民币以上的注册资本。 （3）有固定的业务场所和与业务相适应的通信及其他信息传递设施。 （4）有公司章程。 （5）有健全的内部管理制度。 （6）具备中国证监会要求的其他条件。 证券、期货投资咨询人员申请从业资格应具备以下条件。 （1）具有中华人民共和国国籍。 （2）具有完全民事行为能力。 （3）品行良好、正直诚实，具有良好的职业道德。

续表

名称	内 容
证券、期货投资咨询机构管理	(4) 未受过刑事处罚或者与证券、期货业务有关的严重行政处罚。 (5) 证券投资咨询人员具有从事证券业务2年以上的经历，期货投资咨询人员具有从事期货业务2年以上的经历。 (6) 通过中国证监会统一组织的证券、期货从业人员资格考试。 (7) 中国证监会规定的其他条件。 证券、期货投资咨询机构及其投资咨询人员，应当以行业公认的谨慎、诚实和勤勉尽责的态度，为投资人或者客户提供证券、期货投资咨询服务。 我国《证券法》规定，投资咨询机构及其从业人员从事证券服务业务不得有下列行为。 (1) 代理委托人从事证券投资。 (2) 与委托人约定分享证券投资收益或者分担证券投资损失。 (3) 买卖本咨询机构提供服务的上市公司股票。 (4) 利用传播媒介或者通过其他方式提供、传播虚假或者误导投资者的信息。 (5) 法律、行政法规禁止的其他行为。因以上行为给投资者造成损失的，依法承担赔偿责任
资信评级机构从事证券业务的管理	中国证监会对资信评级机构从事证券市场资信评级业务进行监督管理。中国证券业协会依法对证券评级业务活动进行自律管理。证券评级机构应当自取得证券评级业务许可之日起20日内，将其信用等级划分及定义、评级方法、评级程序报中国证券业协会备案，并通过中国证券业协会网站、本机构网站及其他公众媒体向社会公告。 证券评级业务是指对下列评级对象开展资信评级服务。 (1) 中国证监会依法核准发行的债券、资产支持证券以及其他固定收益或者债务型结构性融资证券。 (2) 在证券交易所上市交易的债券、资产支持证券以及其他固定收益或者债务型结构性融资证券，国债除外。 (3) 上述前两项规定的证券的发行人、上市公司、非上市公众公司、证券公司、证券投资基金管理公司。 申请证券评级业务许可的资信评级机构，应当具备下列条件。 (1) 具有中国法人资格，实收资本与净资产均不少于人民币2 000万元。 (2) 具有符合《证券市场资信评级业务管理暂行办法》规定的高级管理人员不少于3人；具有证券从业资格的评级从业人员不少于20人，其中包括具有3年以上资信评级业务经验的评级从业人员不少于10人，具有中国注册会计师资格的评级从业人员不少于3人。 (3) 具有健全且运行良好的内部控制机制和管理制度。 (4) 具有完善的业务制度。 (5) 最近5年未受到刑事处罚，最近3年未因违法经营受到行政处罚，不存在因涉嫌违法经营、犯罪正在被调查的情形。 (6) 最近3年在税务、工商、金融等行政管理机关以及自律组织、商业银行等机构无不良诚信记录。 (7) 中国证监会基于保护投资者、维护社会公共利益规定的其他条件
资产评估机构从事证券、期货业务的管理	申请证券评级业务许可的资信评级机构，应当具备下列条件。 (1) 资产评估机构依法设立并取得资产评估资格3年以上，发生过吸收合并的，还应当自完成工商变更登记之日起满1年。 (2) 质量控制制度和其他内部管理制度健全并有效执行，执业质量和职业道德良好。 (3) 具有不少于30名注册资产评估师，其中最近3年持有注册资产评估师证书且连续执业的不少于20人。 (4) 净资产不少于200万元。 (5) 按规定购买职业责任保险或者提取职业风险基金。 (6) 半数以上合伙人或者持有不少于50%股权的股东最近在本机构连续执业3年以上。 (7) 最近3年评估业务收入合计不少于2 000万元，且每年不少于500万元。

续表

名称	内 容
资产评估机构从事证券、期货业务的管理	财政部、中国证监会应当建立资产评估机构从事证券业务诚信档案。对具有证券评估资格的资产评估机构从事证券业务违反规定的，财政部、中国证监会可以采取出具警示函并责令其整改等措施；对资产评估机构负责人、直接负责的主管人员和其他直接责任人员，可以实行监管谈话、出具警示函措施，对情节严重的，可以给予一定期限不适宜从事证券业务的惩戒，同时记入诚信档案，并予以公告
证券金融公司从事转融通业务的管理	转融通业务是指证券金融公司将自有或者依法筹集的资金和证券出借给证券公司，以供其办理融资融券业务的经营活动。 证券金融公司的组织形式为股份有限公司，注册资本不少于人民币60亿元。证券金融公司的注册资本应当为实收资本，其股东应当用货币出资。证券金融公司开展转融通业务，应当以自己的名义，在证券登记结算机构分别开立转融通专用证券账户、转融通担保证券账户和转融通证券交收账户；在商业银行开立转融通专用资金账户，在证券登记结算机构分别开立转融通担保资金账户和转融通资金交收账户。 证券金融公司开展转融通业务，应当向证券公司收取一定比例的保证金。保证金可以证券充抵，但货币资金占应收保证金的比例不得低于15%。证券公司向证券金融公司交存保证金，采取设立信托的方式。保证金中的证券应当记入转融通担保证券账户，保证金中的资金应当记入转融通担保资金账户。 证券公司违约的，证券金融公司可以按照约定处分保证金，以实现对证券公司的债权；处分保证金不足以完全实现对证券公司的债权的，证券金融公司应当依法向证券公司追偿。证券金融公司开展转融通业务，可以使用下列资金和证券： (1) 自有资金和证券。 (2) 通过证券交易所的业务平台融入的资金和证券。 (3) 通过证券金融公司的业务平台融入的资金。 (4) 依法筹集的其他资金和证券。 证券金融公司应当每个交易日公布转融资余额，转融券余额，转融通成交数据，转融通费率。证券金融公司应当建立合规管理机制，并遵守以下风险控制指标规定： (1) 净资本与各项风险资本准备之和的比例不得低于100%。 (2) 对单一证券公司转融通的余额，不得超过证券金融公司净资本的50%。 (3) 融出的每种证券余额不得超过该证券上市可流通市值的10%。 (4) 充抵保证金的每种证券余额不得超过该证券总市值的15%。 证券金融公司的资金，除用于履行规定职责和维持公司正常运转外，只能用于银行存款；购买国债、证券投资基金份额等经证监会认可的高流动性金融产品；购置自用不动产；证监会认可的其他用途

【例题·选择题】证券金融公司组织形式一般为（　　）。
　　A．股份有限公司
　　B．一般合伙企业
　　C．有限合伙企业
　　D．有限责任公司
【解析】本题主要考查证券金融公司从事转融通业务的管理。证券金融公司组织形式一般为股份有限公司。故A选项为正确答案。
【答案】A

【例题·组合型选择题】下列符合注册会计师申请证券许可证应当符合的条件的有（　　）。
　　Ⅰ．不超过55周岁
　　Ⅱ．执业质量和职业道德良好，在以往3年执业活动中没有违法违规行为
　　Ⅲ．取得注册会计师证书1年以上
　　Ⅳ．具有证券、期货相关业务资格考试合格证书
　　A．Ⅰ、Ⅱ、Ⅲ
　　B．Ⅱ、Ⅲ、Ⅳ

C. Ⅰ、Ⅲ、Ⅳ
D. Ⅰ、Ⅱ、Ⅲ、Ⅳ

【解析】本题主要考查注册会计师申请证券许可证的条件。注册会计师申请证券许可证的条件之一是：不超过60周岁。故Ⅰ错误，故排除后得正确答案选项B。

【答案】B

2. 证券服务机构的法律责任与市场准入

（1）证券服务机构的法律责任。

证券服务机构为证券的发行、上市、交易等证券业务活动制作、出具审计报告、资产评估报告、财务顾问报告、资信评级报告或者法律意见书等文件。应该做到勤勉尽责，对所依据的文件资料内容的真实性、准确性、完整性进行核查和验证。除能够证明自己没有过错除外的制作、出具的文件有虚假记载、误导性陈述或者重大遗漏，给他人造成损失的，应当与发行人、上市公司承担连带赔偿责任。

（2）市场准入及退出机制。

为了加强市场准入的管理，对证券服务机构从事证券服务业务的审批管理办法由国务院证券监督管理机构和有关主管部门制定。为加强对证券服务机构的管理，我国《证券法》还授予证券监督管理机构对证券服务机构的监管权和现场检查权。证券服务机构未勤勉尽责，所制作、出具的文件有虚假记载、误导性陈述或重大遗漏的，可暂停或者撤销其证券服务业务的许可。

第四节 自律性组织

考情分析：本节考查的重点是证券交易所的相关知识，包括：证券交易所的定义、特征及主要职能、证券交易所的组织形式、我国证券交易所的发展历程、证券业协会的性质、宗旨和历史沿革、证券登记结算公司的设立。在考试中，本节涉及的考点不多，但都是重要考点，一般会围绕证券交易所、证券业协会、证券投资者保护基金等出3至4道题。

学习建议：在本小节的学习中，考生应重点掌握证券交易所的定义、特征及主要职能，证券投资者保护基金的来源、使用、监督管理；熟悉证券交易所的组织形式，证券业协会的职责和自律管理职能，证券登记结算公司的设立条件与主要职能，证券登记结算公司的登记结算制度，中国证券投资者保护基金公司设立的意义和职责；适当了解我国证券交易所的发展历程，证券业协会的机构设置，证券业协会的性质和宗旨，证券业协会的历史沿革。

一、证券交易所（★★★）

1. 证券交易所的定义

证券交易所是依据国家有关法律，经政府证券主管机关批准设立的集中进行证券交易的有形场所，为证券集中交易提供场所和设施，组织和监督证券交易，实行自律管理的法人在我国有四个：上海证券交易所、深圳证券交易所、香港交易所和台湾证券交易所。

2. 证券交易所的主要职能

我国《证券交易所管理办法》第十一条规定，证券交易所的职能如下。

（1）提供证券交易的场所和设施。
（2）制定证券交易所的业务规则。
（3）接受上市申请、安排证券上市；
（4）组织、监督证券交易。
（5）对会员进行监管。
（6）对上市公司进行监管。
（7）设立证券登记结算机构。
（8）管理和公布市场信息。
（9）证券会许可的其他职能。

3. 证券交易所的特征

（1）证券交易所是一种非营利性法人，由若干会员组成。构成股票交易的会员证券公司，由正式会员和非正式会员构成。

（2）证券交易所的设立须经国家批准。

（3）集中了证券的供求双方，具有较高的成交速度和成交率。

（4）通过公平竞价的方式决定交易价格。

（5）证券交易所的决策机构是会员大会（股东大会）及理事会（董事会）。其中会员大会是最高权力机构，决定证券交易所基本方针；理事会是由理事长及理事组成的协议机构，制定为执行会员大会决定的基本方针所必需的具体方法，制定各项规章制度。

（6）证券交易所的执行机构有理事长及常任理事，理事长总理业务。

（7）实行"公平、公开、公正"原则，并对证券交易加以严格管理。

（8）有固定的交易场所和交易时间。

4. 证券交易所的组织形式

证券交易所的组织形式大致可以分为两类，即公司制和会员制。

公司制的证券交易所是以股份有限公司形式组织并以营利为目的的法人团体，一般由金融机构及各类民营公司组建。公司制的证券交易所必须遵守本国公司法的规定，在政府证券主管机构的管理和监督下，吸收各类证券挂牌上市。同时，任何成员公司的股东、高级职员、雇员都不能担任证券交易所的高级职员，以保证交易的公正性。

会员制的证券交易所是一个由会员自愿组成的、不以营利为目的的社会法人团体。交易所设会员大会、理事会和监察委员会。

《中华人民共和国证券法》规定，证券交易所的设立和解散由国务院决定。我国内地有两家证券交易所——上海证券交易所和深圳证券交易所。两家证券交易所均按会员制方式组成，是非营利性的事业法人。

证券交易所下设会员大会、理事会和专门委员会。会员大会为证券交易所的最高权力机构。理事会是证券交易所的决策机构，每届任期3年。理事会设监察委员会，每届任期3年。监察委员会主席由理事长兼任。证券交易所设总经理1人，由国务院证券监督管理机构任免。

根据我国《证券交易所管理办法》第十七条规定，会员大会是证券交易所的最高权力机构，具有以下职权。

（1）制定和修改证券交易所章程。

（2）选举和罢免会员理事。

（3）审议和通过理事会、总经理的工作报告。

（4）审议和通过证券交易所的财务预算、决算报告。

（5）决定证券交易所的其他重大事项。

《中华人民共和国证券法》和《证券交易所管理办法》的规定，证券交易所设理事会，理事会是证券交易所的决策机构，其主要职责如下。

（1）执行会员大会的决议。

（2）制定、修改证券交易所的业务规则。

（3）审定总经理提出的工作计划。

（4）审定总经理提出的财务预算、决算方案。

（5）审定对会员的接纳。

（6）审定对会员的处分。

（7）根据需要决定专门委员会的设置。

（8）会员大会授予的其他职责。

5. 我国证券交易所的发展历程

1891年（清朝光绪末年），上海外商经纪人组织的"上海股份公所"和"上海众业公所"成立，这是我国最早的证券交易市场。

1918年夏天，中国人自己创办的第一家证券交易所——北平证券交易所成立。

1920年，上海证券物品交易所得到批准

成立。

1952年，天津证券交易所关闭，旧中国的证券市场相继消失。

1990年12月和1991年7月，上海证券交易所和深圳证券交易所相继正式营业，我国证券市场正式形成。

我国证券交易所的发展是从地域性的发展逐渐转向全国性的发展。主要分三个阶段。从萌芽—初步发展—进一步规范发展。

【例题·选择题】（　　）年，我国第一家证券交易所——上海证券交易所成立。
A. 1949
B. 1979
C. 1984
D. 1990

【解析】本题主要考查上海证券交易所成立的时间。1990年12月，第一家证券交易所——上海证券交易所成立，自此，中国证券市场的发展开始了一个崭新的篇章。

【答案】D

二、证券业协会（★★）

1. 证券业协会的性质及宗旨

协会的宗旨是：遵守国家宪法、法律、法规和经济方针政策，遵守社会道德风尚，以科学发展观为指导，在国家对证券业实行集中统一监督管理的前提下，进行证券业自律管理；发挥政府与证券行业间的桥梁和纽带作用；为会员服务，维护会员的合法权益；维护证券业的正当竞争秩序，促进证券市场的公开、公平、公正，推动证券市场的健康稳定发展。

2. 证券业协会的机构设置

根据协会章程，证券业协会下设会员大会、理事会、常务理事会、监事会、会长办公室。详细的机构参照图7-1和表7-14来理解。

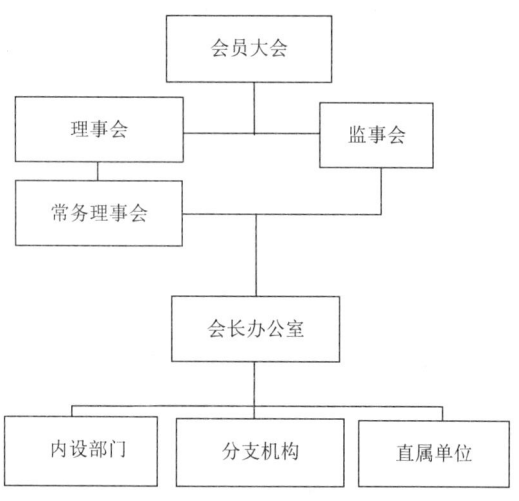

图7-1　证券业协会的机构设置

表7-14　证券业协会的机构设置

机构名称	性质和组成	职　能
会员大会	协会的最高权力机构是会员大会，会员大会由全体会员组成	（1）制定和修改章程。 （2）审议理事会工作报告和财务报告。 （3）审议监事会工作报告。 （4）选举和罢免会员理事、监事。 （5）决定会费收缴标准。 （6）决定协会的合并、分立、终止。 （7）决定咨询委员会的设立、注销和更名。 （8）决定其他应由会员大会审议的事项。 会员大会须有2/3以上会员出席，决议需要到场的会员2/3表决通过

续表

机构名称	性质和组成	职　能
理事会	理事会由会员理事会和非会员理事会组成，是会员大会的执行机构，在会员大会闭会期间领导协会开展日常工作，对会员大会负责	（1）筹备召开会员大会，向会员大会报告工作和财务情况。 （2）贯彻、执行会员大会的决议。 （3）审议通过自律规则、行业标准和业务规范。 （4）选举或罢免协会会长、副会长，聘任秘书长。 （5）在会员大会闭会期间，罢免不履职理事。 （6）决定专业委员会的设立、注销和更名。 （7）聘任咨询委员会和各专业委员会主任委员、副主任委员。 （8）提请召开临时会员大会。 （9）审议协会年度工作报告和工作计划。 （10）审议协会年度财务预算和决算。 （11）审议会长办公会提请审议的各项议案。 （12）决定其他应由理事会审议的重大事项
常务理事会	协会设常务理事会，由理事会选举产生。数量不超过理事会成员数量的三分之一	在理事会闭会期间，行使除上述第（1）、（4）、（5）及（12）项外的理事会其他职能。 常务理事会每半年至少召开一次会议。遇特殊情况，也可采用通信方式召开。会长办公会认为有必要或三分之一以上常务理事联名提议时，可召开常务理事会临时会议。常务理事会会议须三分之二以上成员出席，其决议须经到会常务理事会成员三分之二以上表决通过。监事长列席常务理事会会议
监事会	由协会设立，全体会员监事组成。监事会是协会工作的监督机构。监事由会员单位推荐，经会员大会选举产生，监事长由监事会在当选的监事中选举产生	（1）监督协会章程、会员大会各项决议的实施情况并向会员大会报告。 （2）监督理事会的工作。 （3）选举和罢免监事长。 （4）在会员大会闭会期间，罢免不履职监事。 （5）监督协会的会费收取及财务预决算执行情况。 （6）决定其他应由监事会审议的事项
会长办公室、会长、秘书长	协会设会长办公室，由会长、专职副会长、秘书长、副秘书长组成	会长办公室行使下列职权。 （1）执行会员大会、理事会、常务理事会决议。 （2）提请召开常务理事会临时会议。 （3）编制协会年度工作计划和财务预决算，交理事会或常务理事会决定。 （4）决定协会日常工作重大事项。 （5）制订协会内部管理制度。 （6）经中国证监会批准，决定协会日常办事机构的设置，报民政部备案。 （7）提请罢免理事、监事资格。 （8）审议并决定会员资格。 （9）提名咨询委员会和各专业委员会主任委员、副主任委员，聘任咨询委员会和各专业委员会委员。 （10）会员大会、理事会、常务理事会授予的其他职权。 协会会长行使下列职权。 （1）召集和主持理事会、常务理事会会议、会长办公会。 （2）主持协会日常办事机构工作。 （3）组织实施协会的年度工作计划、财务预决算。 （4）聘任副秘书长，提请理事会聘任秘书长。 （5）代表协会签署有关重要文件。 （6）常务理事会授予的其他职权。 副会长协助会长工作。会长因故不能履行职责时，由会长指定的副会长代其履行职责

【例题·选择题】证券业协会监事长由（　　）。
A. 监事会在当选的监事中选举产生
B. 会员单位推荐产生
C. 会员大会选举产生
D. 中国证监会指定

【解析】本题主要考查证券业协会的机构设置。中国证券业协会章程规定，中国证券业协会监事由会员单位推荐，经会员大会选举产生，监事长由监事会在当选的监事中选举产生。故A选项为正确答案。

【答案】A

3. 证券业协会的职责和自律管理职能

证券业协会的职责和自律管理职能如表7-15所示。

表7-15　证券业协会的职责和自律管理职能

依据	职责/自律管理职能
《证券法》	证券业协会依据《证券法》的有关规定，行使下列职责。 （1）教育和组织会员遵守证券法律、行政法规。 （2）依法维护会员的合法权益，向中国证监会反映会员的建议和要求。 （3）收集整理证券信息，为会员提供服务。 （4）制定会员应遵守的规则，组织会员单位的从业人员的业务培训，开展会员间的业务交流。 （5）对会员之间、会员与客户之间发生的证券业务纠纷进行调解。 （6）组织会员就证券业的发展、运作及有关内容进行研究。 （7）监督、检查会员行为，对违反法律、行政法规或者协会章程的，按照规定给予纪律处分
行政法规、中国证监会规范性文件	证券业协会依据行政法规、中国证监会规范性文件规定，行使下列职责。 （1）制定证券业执业标准和业务规范，对会员及其从业人员进行自律管理。 （2）负责证券业从业人员资格考试、执业注册。 （3）负责组织证券公司高级管理人员、保荐代表人及其他特定岗位专业人员的资质测试或胜任能力考试。 （4）负责对首次公开发行股票询价对象及其管理的股票配售对象进行登记备案工作。 （5）行政法规、中国证监会规范性文件规定的其他职责
行业规范发展的需要	证券业协会依据行业规范发展的需要，行使下列自律管理职责。 （1）推动行业诚信建设，开展行业诚信评价，实施诚信引导与激励，开展行业诚信教育，督促和检查会员依法履行公告义务。 （2）组织证券从业人员水平考试。 （3）推动行业开展投资者教育，组织制作投资者教育产品，普及证券知识。 （4）推动会员信息化建设和信息安全保障能力的提高，经政府有关部门批准，开展行业科学技术奖励，组织制定行业技术标准和指引。 （5）组织开展证券业国际交流与合作，代表中国证券业加入相关国际组织，推动相关资质互认。 （6）其他涉及自律、服务、传导的职责

【例题·组合型选择题】下列属于证券业协会自律管理职能的有（　　）。
Ⅰ. 组织证券从业人员水平考试
Ⅱ. 组织开展证券业国际交流与合作
Ⅲ. 对会员之间、会员与客户之间发生的证券业务纠纷进行调解
Ⅳ. 推动行业开展投资者教育
A. Ⅰ、Ⅱ
B. Ⅲ、Ⅳ
C. Ⅰ、Ⅱ、Ⅳ
D. Ⅰ、Ⅱ、Ⅲ、Ⅳ

【解析】本题主要考查证券业协会的自律管理职能。第Ⅲ项属于中国证券业协会的职责，不是自律管理职能。

【答案】C

4. 证券业协会的历史沿革

1991年8月28日,中国证券业协会成立。制定了《中国证券业协会章程》。

1999年12月15~16日,中国证券业协会第二次会议召开,修改了《中国证券业协会章程》。

2002年7月2日,第三次会议召开,对《中国证券业协会章程》等自律规则进行了修订和完善,初步建立了行业自律的框架,协会进入了历史发展的新时期。

2007年1月22日,第四次会议召开。

2010年4月12日,第五次会议召开。

截至2014年年底,协会共有会员869家,其中,法定会员(证券公司)120家,普通会员(基金管理公司、期货公司、信托公司等)668家,特别会员(地方证券业协会等)81家。

三、证券登记结算公司(★★)

中国证券市场实行中央登记制度,即证券登记结算业务全部由中国证券登记结算有限责任公司承接,中国证券登记结算有限责任公司提供沪、深证券交易所上市证券的存管、清算和登记服务。中国证券登记结算有限责任公司是为证券交易提供集中登记、存管与结算服务,不以营利为目的的法人。

2001年3月30日,中国证券登记结算有限责任公司成立,原上海证券交易所和深圳证券交易所所属的证券登记结算公司重组为中国证券登记结算有限责任公司的上海分公司和深圳分公司,这标志着全国集中、统一的证券登记结算体制的组织构架已经基本形成。

1. 证券登记结算公司的设立条件

设立证券登记结算公司必须经国务院证券监督管理机构批准。设立证券登记结算公司的条件如下所述。

(1)自有资金不少于人民币2亿元。

(2)具有证券登记、存管和结算服务所必需的场所和设施。

(3)主要管理人员和从业人员必须具有证券从业资格。

(4)国务院证券监督管理机构规定的其他条件。

证券登记结算公司的名称中应当标明"证券登记结算"字样。证券登记结算采取全国集中统一的运营方式,证券登记结算公司的章程、业务规则应当依法制定,并经国务院证券监督管理机构批准。

为保证履行职能,证券登记结算公司必须具有必备的服务设备和完善的数据安全保护措施;建立完善的业务、财务和安全防范等管理制度;建立完善的风险管理系统。

2. 证券登记结算公司的职能

证券登记结算公司依据《中华人民共和国证券法》履行以下职能。

(1)证券账户、结算账户的设立和管理。

(2)证券的存管和过户。

(3)证券持有人名册登记及权益登记。

(4)证券交易所上市证券交易的清算、交收及相关管理。证券的清算和交收统称为"证券结算",包括证券结算和资金结算。证券交易所上市证券的清算和交收由证券登记结算公司集中完成,主要模式为:证券登记结算公司作为中央对手方,与证券公司之间完成证券和资金的净额结算。

(5)受发行人委托派发证券权益。如派发红股、股息和利息等。

(6)办理与上述业务有关的查询、信息、咨询和培训服务。

(7)国务院证券监督管理机构批准的其他业务。

3. 证券登记结算公司的登记结算制度

（1）证券实名制。投资者开立证券账户应当向证券登记结算机构提出申请，投资者申请开立证券账户应当保证其提交的开户资料真实、准确、完整，投资者不得将本人的证券账户提供给他人使用。

（2）货银对付的交收制度。中国证券结算制度根据货银对付的原则设计。货银对付俗称"一手交钱，一手交货"，是指在证券登记结算机构与结算参与人在交收过程中，当且仅当资金交付时给付证券、证券交付时给付资金。货银对付原则是证券结算的一项基本原则，可以将证券结算中的违约交收风险降到最低程度。

我国上市证券的集中交易主要采用净额结算方式，结算参与人必须按照货银对付原则的要求，根据清算结果，向证券登记结算公司足额交付其应付的证券和资金，并为交易行为提供交收担保。主要的担保方式是结算参与人存放一定数量的证券交易备付金。

（3）分级结算制度和结算参与人制度。我国证券结算采用分级结算制度。《中华人民共和国证券法》明确规定，证券公司是与证券登记结算机构进行证券和资金清算交收的主体，并承担相应的清算交收责任；证券登记结算机构根据清算交收结果为投资者办理登记过户手续。在分级结算制度下，只有获得证券登记结算机构结算参与人资格的证券经营机构才能直接进入登记结算系统参与结算业务。通过对结算参与人实行准入制度，制订风险控制和财务指标要求，证券登记结算机构可以有效控制结算风险，维护结算系统安全。

（4）净额结算制度。证券交易结算方式可分为全额结算和净额结算。全额结算是指交易双方对所达成的交易实行逐笔清算，并逐笔转移证券和资金；净额结算是指交易双方对所有达成的交易实行轧差清算，并对轧抵之后的证券和资金的净额进行交付。目前，我国对证券交易所达成的多数证券交易均采取多边净额结算方式。

（5）结算证券和资金的专用性制度。证券登记结算公司按照业务规则收取的各类结算资金和证券，必须存放于专门的清算交收账户，只能按业务规则用于已成交的证券交易的清算、交收，不得被强制执行。

> 【例题·选择题】证券登记结算制度实行证券（　　）。
> A. 代持制　　B. 实名制
> C. 代理制　　D. 经纪制
> 【解析】本题主要考查证券登记结算公司的登记结算制度。证券登记结算制度实行证券实名制。投资者开立证券账户应当向证券登记结算机构提出申请，投资者申请开立证券账户应当保证其提交的开户资料真实、准确、完整，投资者不得将本人的证券账户提供给他人使用。故B选项为正确答案。
> 【答案】B

四、证券投资者保护基金（★★★）

1. 证券投资者保护基金

证券投资者保护基金是指按照《证券投资者保护基金管理办法》筹集形成的、在防范和处置证券公司风险中用于保护证券投资者利益的资金。保护基金公司负责基金的筹集、管理和使用，其主要职责是证券公司被撤销、关闭和破产或被中国证监会实施行政接管、托管经营等强制性监管措施时，按照国家有关政策规定对债权人予以偿付。证券投资者保护基金是证券投资者保护的最终措施之一，其相关知识见表7-16。

表 7-16 证券投资者基金

项目	内 容
证券投资者保护基金的来源	（1）上海、深圳证券交易所在风险基金分别达到规定的上限后，交易经手费的 20% 纳入基金。 （2）所有在中国境内注册的证券公司，按其营业收入的 0.5%～5% 缴纳基金，经营管理和运作水平较差、风险较高的证券公司，应当按较高比例缴纳基金；各证券公司的具体缴纳比例由中国证券投资者保护基金有限责任公司（以下简称"保护基金公司"）根据证券公司风险状况确定后，报中国证监会批准，并按年进行调整；证券公司缴纳的基金在其营业成本中列支。 （3）发行股票、可转债等证券时，申购冻结资金的利息收入。 （4）依法向有关责任方追偿所得和从证券公司破产清算中受偿收入。 （5）国内外机构、组织及个人的捐赠。 （6）其他合法收入
保护基金的用途	（1）证券公司被撤销、关闭和破产或被中国证监会实施行政接管、托管经营等强制性监管措施时，依照国家有关政策规定对债权人予以偿付。 （2）国务院批准的其他用途
基金的监督管理	保护基金公司应依法合规运作，按照安全、稳健的原则运用基金资产，并接受中国证监会等相关部委的监督。基金的资金仅限于银行存款、购买国债、中央银行债券（包括中央银行票据）和中央级金融机构发行的金融债券以及国务院批准的其他资金运用形式。保护基金公司应建立科学的业绩考评制度和信息报告制度，报送中国证监会、财政部、中国人民银行。保护基金公司对证券公司、托管清算机构使用基金的情况，可进行检查或委托专项审计。 中国证监会负责监督证券公司按期足额缴纳基金及向保护基金公司报送财务、业务等经营管理信息和资料。对挪用、侵占或骗取基金的违法行为，依法严厉打击；对有关人员的失职行为，依法追究其责任；涉嫌犯罪的，移送司法机关依法追究其刑事责任

2. 中国证券投资者保护基金公司（★★）

（1）中国证券投资者保护基金公司设立的意义。

①可以在证券公司出现关闭、破产等重大风险时依据国家政策规范地保护投资者权益，通过简捷的渠道快速地对投资者特别是中小投资者予以保护。

②有助于稳定和增强投资者对我国金融体系的信心，有助于防止证券公司个案风险的传递和扩散。

③对现有的国家行政监管部门、证券业协会和证券交易所等行业自律组织、市场中介机构等组成的全方位、多层次监管体系的一个重要补充，将在监测证券公司风险、推动证券公司积极稳妥地解决遗留问题和处置证券公司风险方面发挥重要作用。

④有助于我国建立国际成熟市场通行的证券投资者保护机制。

（2）中国证券投资者保护基金公司设立的职责。

①筹集、管理和运作基金。

②监测证券公司风险，参与证券公司风险处置工作。

③证券公司被撤销、被关闭、破产或被证监会实施行政接管、托管经营等强制性监管措施时，按照国家有关政策规定对债权人予以偿付。

④组织、参与被撤销、关闭或破产证券公司的清算工作。

⑤管理和处分受偿资产，维护基金权益。

⑥发现证券公司经营管理中出现可能危及投资者利益和证券市场安全的重大风险时，向证监会提出监管、处置建议；对证券公司运营中存在的风险隐患会同有关部门建立纠正机制。

⑦国务院批准的其他职责。

【例题·选择题】当证券投资者保护基金有限责任公司发现证券公司经营管理中出现可能危及投资者利益和证券市场安全的重大风险时，应当向（　　）提出监管处置建议。
A．证券公司
B．中国证券业协会
C．证券交易所
D．中国证监会
【解析】本题主要考查中国证券投资者保护基金公司设立的意义。当证券投资者保护基金有限责任公司发现证券公司经营管理中出现可能危及投资者利益和证券市场安全的重大风险时，向中国证监会提出监管、处置建议；对证券公司运营中存在的风险隐患会同有关部门建立纠正机制。故D选项为正确答案。
【答案】D

【例题·组合型选择题】下列选项中，属于保护基金公司设立的意义有（　　）。
Ⅰ．可以在证券公司出现关闭时保护投资者权益
Ⅱ．有助于稳定和增强投资者对我国金融体系的信心
Ⅲ．可以推动我国其他金融业公司的快速发展
Ⅳ．有助于我国建立国际成熟市场通行的证券投资者保护机制
A．Ⅰ、Ⅱ、Ⅲ、Ⅳ
B．Ⅱ、Ⅲ、Ⅳ
C．Ⅰ、Ⅱ、Ⅳ
D．Ⅰ、Ⅱ、Ⅲ
【解析】本题主要考查保护基金公司设立的意义。保护基金公司的设立意义包括：（1）可以在证券公司出现关闭、破产等重大风险时依据国家政策规范地保护投资者权益，通过简捷的渠道快速地对投资者特别是中小投资者予以保护。（2）有助于稳定和增强投资者对我国金融体系的信心，有助于防止证券公司个案风险的传递和扩散。（3）是对现有的国家行政监管部门、证券业协会和证券交易所等行业自律组织、市场中介机构等组成的全方位、多层次监管体系的一个重要补充，将在检测证券公司风险、推动证券公司积极稳妥地解决遗留问题和处置证券公司风险方面发挥重要作用。（4）有助于我国建立国际成熟市场通行的证券投资者保护机制。
【答案】C

第五节　监管机构

考情分析：在历次考试中，本节涉及的题目较少，主要是中国证监会的相关知识。

学习建议：在理解的基础上记忆本节内容，着重掌握我国证券市场的监管体系，国务院证券监督管理机构及其组成；熟悉证券市场监管的意义和原则，市场监管的目标和手段，《证券法》赋予证券监督管理机构的职责、权限。

一、证券市场监管（★★）

1．证券市场监管的意义

证券市场监管是指证券管理机关运用法律的、经济的以及必要的行政手段，对证券的募集、发行、交易等行为以及证券投资中介机构的行为进行监督与管理。证券市场监管是一国宏观经济监管体系中不可缺少的组成部分，对证券市场的健康发展意义重大。

（1）加强证券市场监管是保障广大投资者合法权益的需要。

（2）加强证券市场监管是维护市场良好秩序的需要。

（3）加强证券市场监管是发展和完善证券市场体系的需要。

（4）准确和全面的信息是证券市场参与者进行发行和交易决策的重要依据。

2．证券市场监管的原则

（1）依法监管原则。

（2）保护投资者利益原则。

（3）"三公"原则。"三公"原则具体包括公开原则、公平原则、公正原则。

（4）监督与自律相结合的原则。

【例题·选择题】证券市场监管原则中，（　　）要求证券市场具有充分的透明度，要实现市场信息的公开化。

A．公开原则
B．诚信原则
C．公正原则
D．公平原则

【解析】本题主要考查证券市场监管的原则。证券市场监管的"三公"原则具体包括公开原则、公平原则、公正原则。其中，公开原则就是要求证券市场具有充分的透明度，要实现市场信息的公开化。故A选项为正确答案。

【答案】A

3．证券市场监管的目标

国际证监会组织公布了证券监管的三个目标：一是保护投资者；二是保证证券市场的公平、效率和透明；三是降低系统性风险。

借鉴国际标准并根据我国的具体情况，我国证券市场的监管目标如下。

（1）运用和发挥证券市场机制的积极作用，限制其消极作用。

（2）保护投资者利益，保障合法的证券交易活动，监督证券中介机构依法经营。

（3）防止人为操纵、欺诈等不法行为，维持证券市场的正常秩序。

（4）根据国家宏观经济管理的需要，运用灵活多样的方式，调控证券市场与证券交易规模，引导投资方向，使之与经济发展相适应。

4．证券市场监管的手段

（1）法律手段。通过建立完善的证券法律、法规体系和严格执法来实现监管。这是证券市场监管部门的主要手段，具有较强的威慑力和约束力。

（2）经济手段。通过运用利率政策、公开市场业务、信贷政策、税收政策等经济手段，对证券市场进行干预。这种手段相对比较灵活，但调节过程可能较慢，存在时滞。

（3）行政手段。通过制定计划、政策等对证券市场进行行政性干预。这种手段比较直接，但运用不当可能违背市场规律，无法发挥作用甚至遭到惩罚。一般多在证券市场发展初期，法制尚不健全、市场机制尚未理顺或遇突发性事件时使用。

二、我国证券市场的监管体系（★★★）

我国证券市场经过近20年的发展，逐步形成了以国务院证券监督管理机构、国务院证券监督管理机构的派出机构、证券交易所、行业协会和证券投资者保护基金公司为一体的监管体系和自律管理体系。

1．国务院证券监督管理机构

我国证券市场监管机构是国务院证券监督管理机构。《证券法》中所称国务院证券监督管理机构是指中国证券监督管理委员会。中国证券监督管理委员会是国务院直属事业单位，是全国证券期货市场的主管部门。《证券法》规定："国务院证券监督管理机构依法对证券市场实行监督管理，维护证券市场秩序，保障其合法运行。"中国证券监督管理委员会和中国证监会派出机构构成了国务院证券监督管理机构，两者的详细内容如表7-17所示。

表 7-17 国务院证券监督管理机构

机构	内容
中国证券监督管理委员会	中国证券监督管理委员会（以下简称"中国证监会"）成立于1992年10月，是国务院直属机构，是全国证券、期货市场的主管部门，按照国务院授权履行行政管理职能，依照相关法律、法规对全国证券、期货市场实行集中统一监管，维护证券市场秩序，保障其合法运行
中国证监会派出机构	中国证监会在上海、深圳等地设立9个稽查局，在各省、自治区、直辖市、计划单列市共设立36个证监局。其主要职责是：认真贯彻、执行国家有关法律、法规和方针、政策，依据中国证监会的授权对辖区内的上市公司，证券、期货经营机构，证券、期货投资咨询机构和从事证券业务的律师事务所、会计师事务所资产评估机构等中介机构的证券业务活动进行监督管理；依法查处辖区内前述监管的违法、违规案件，调解证券、期货业务纠纷和争议，以及中国证监会授予的其他职责

2.《证券法》赋予证券监督管理构机的职责、权限

证监监督管理机构的职责、权限参照表 7-18 来理解。

表 7-18 证券监督管理机构的职责及权限

项目	内容
职责	（1）依法制定有关证券市场监督管理的规章、规则，并依法行使审批或者核准权。 （2）依法对证券的发行、上市、交易、登记、存管、结算，进行监督管理。 （3）依法对证券发行人、上市公司、证券公司、证券投资基金管理公司、证券服务机构、证券交易所、证券登记结算机构的证券业务活动，进行监督管理。 （4）依法制定从事证券业务人员的资格标准和行为准则，并监督实施。 （5）依法监督检查证券发行、上市和交易的信息公开情况。 （6）依法对证券业协会的活动进行指导和监督。 （7）依法对违反证券市场监督管理法律、行政法规的行为进行查处。 （8）法律、行政法规规定的其他职责
权限	（1）对证券发行人、上市公司、证券公司、证券投资基金管理公司、证券服务机构、证券交易所、证券登记结算机构进行现场检查。 （2）进入涉嫌违法行为发生场所调查取证。 （3）询问当事人和与被调查事件有关的单位和个人，要求其对与被调查事件有关的事项作出说明。 （4）查阅、复制与被调查事件有关的财产权登记、通信记录等资料。 （5）查阅、复制当事人和与被调查事件有关的单位和个人的证券交易记录、登记过户记录、财务会计资料及其他相关文件和资料；对可能被转移、隐匿或者毁损的文件和资料，可以予以封存。 （6）查询当事人和与被调查事件有关的单位和个人的资金账户、证券账户和银行账户；对有证据证明已经或者可能转移或者隐匿违法资金、证券等涉案财产或者隐匿、伪造、毁损重要证据的，经国务院证券监督管理机构主要负责人批准，可以冻结或者查封。 （7）在调查操纵证券市场、内幕交易等重大证券违法行为时，经国务院证券监督管理机构主要负责人批准，可以限制被调查事件当事人的证券买卖，但限制的期限不得超过15个交易日；案情复杂的，可以延长15个交易日

国务院证券监督管理机构依法履行职责，进行监督检查或者调查，其监督检查、调查的人员不得少于2人，并应当出示合法证件和监督检查、调查通知书。监督检查、调查的人员少于2人或者未出示合法证件和监督检查、调查通知书的，被检查、调查的单位有权拒绝。

过关测试题

一、选择题

1. 证券服务机构因误导性陈述给他人造成损失的,应当与发行人、上市公司承担（　　）责任,但是能够证明自己没有过错的除外。
   A. 连带赔偿
   B. 有限赔偿
   C. 无限赔偿
   D. 不连带赔偿

2. 关于全国性社会保障基金,下列说法不正确的是（　　）。
   A. 全国性社会保障基金主要投向国债市场
   B. 全国性社会保障基金主要用于支付失业救济和退休金
   C. 全国性社会保障基金是社会福利网的最后一道防线
   D. 在大多数国家,社保基金只含全国性社会保障基金

3. 下列关于政府机构的说法中,错误的是（　　）。
   A. 参与证券投资的目的主要是为了调剂资金余缺和进行宏观调控
   B. 政府机构进行证券投资的主要目的是获取利息、股息等投资收益
   C. 我国政府财政主要分为政府机构和政府引导基金两种身份参与股权市场的投资
   D. 我国国有资产管理部门通过国家控股、参股来支配更多社会资源

4. 下列不属于证券中介机构的是（　　）。
   A. 资信评级公司
   B. 资产评估机构
   C. 中国证监会
   D. 证券登记结算机构

5. （　　）既是证券市场上重要的中介机构,又是证券市场上重要的机构投资者。
   A. 会计师事务所
   B. 证券公司
   C. 资产评估事务所
   D. 投资咨询公司

6. 关于银行业金融机构证券投资范围,下列说法正确的是（　　）。
   A. 可以买卖银行业金融机构因处置贷款质押资产而被动持有的股票
   B. 可以买卖可转换债券
   C. 可以向非自用不动产投资或向非银行金融机构和企业投资
   D. 不得从事信托投资和证券经营业务

7. （　　）是证券市场上最活跃的机构投资者。
   A. 商业银行
   B. 证券经营机构
   C. 保险公司
   D. 基金公司

8. 负责对证券、期货投资咨询业务监督管理的是（　　）及其授权的地方派出机构。
   A. 中国证监会
   B. 国务院
   C. 财政部
   D. 中国证监会与财政部

9. 证券公司接受客户委托代理客户买卖有价证券的业务被称为（　　）。
   A. 资产管理业务
   B. 融资融券业务
   C. 投资银行业务
   D. 证券经纪业务

10. （　　）是风险控制指标体系和风险监管制度的核心。
    A. 净资本   B. 固定资本
    C. 流动资本   D. 注册资本

11. 根据相关规定,社会保险基金主要投向于（　　）。
    A. 证券市场   B. 国债市场
    C. 期货市场   D. 股票市场

12. （　　）是金融市场最重要的参与者。
   A. 政府部门　　B. 工商企业
   C. 金融机构　　D. 个人

13. 通过公开发售基金份额筹集资金，以资产组合方式进行证券投资活动的基金是（　　）。
   A. 社保年金
   B. 企业年金
   C. 社会公益基金
   D. 证券投资基金

14. 单个境外投资者通过合格境外机构投资者持有一家上市公司股票的，持股比例不得超过该公司股份总数的（　　）。
   A. 10%　　B. 20%
   C. 30%　　D. 80%

15. 所有境外投资者对单个上市公司A股的持股比例总和，应不超过该上市公司股份总数的（　　）。
   A. 10%　　B. 15%
   C. 20%　　D. 30%

16. 我国证券市场监管机构是（　　）。
   A. 国务院银行监督管理机构
   B. 国务院保险监督管理机构
   C. 中国人民银行
   D. 国务院证券监督管理机构

17. 单个投资组合委托投资资产，投资商业银行理财产品、信托产品、基础设施债权投资计划、特定资产管理计划的比例，合计不得高于投资组合委托投资资产净值的（　　）。
   A. 30%　　B. 50%
   C. 80%　　D. 10%

18. 证券投资者保护的最终措施之一为（　　）。
   A. 证券投资咨询
   B. 证券投资者保护基金
   C. 投资者教育
   D. 证券稽查

19. 根据相关规定，证券公司设立的条件之一是，主要股东应当最近（　　）年无重大违法违规记录且净资产不低于人民币2亿元。
   A. 1　　B. 2
   C. 3　　D. 5

20. 自有资金不少于人民币（　　）亿元是设立证券登记结算公司应当具备的条件之一。
   A. 2　　B. 3
   C. 5　　D. 8

二、组合型选择题

1. 可参与证券投资的金融机构包括（　　）。
   Ⅰ. 证券经营机构
   Ⅱ. 银行业金融机构
   Ⅲ. 保险经营机构
   Ⅳ. 企业集团财务公司
   A. Ⅰ、Ⅱ、Ⅳ
   B. Ⅰ、Ⅲ、Ⅳ
   C. Ⅱ、Ⅲ、Ⅳ
   D. Ⅰ、Ⅱ、Ⅲ、Ⅳ

2. 证券市场监管的公正原则体现在（　　）。
   Ⅰ. 证券立法机构应当制定体现公平精神的法律、法规和政策
   Ⅱ. 证券监管机构应当根据法律授予的权限履行监管职责，以法律为依据，对一切证券市场参与者给予公正的待遇
   Ⅲ. 对证券违法行为的处罚及对证券纠纷事件和争议的处理，都应当公平进行
   Ⅳ. 对所有证券市场主体一视同仁，不存在歧视
   A. Ⅱ、Ⅲ、Ⅳ
   B. Ⅰ、Ⅱ、Ⅳ
   C. Ⅰ、Ⅱ、Ⅲ
   D. Ⅰ、Ⅲ、Ⅳ

3. 下列选项中，（　　）是证券公司可

以在客户资产管理业务范围内为客户办理的。

Ⅰ．定向资产管理业务

Ⅱ．特定目的的专项资产管理业务

Ⅲ．集合资产管理业务

Ⅳ．其他资产管理业务

A．Ⅰ、Ⅱ、Ⅲ

B．Ⅰ、Ⅲ、Ⅳ

C．Ⅱ、Ⅲ、Ⅳ

D．Ⅰ、Ⅱ、Ⅲ、Ⅳ

4．（　　）属于合格境外机构投资者可以投资的人民币金融工具。

Ⅰ．在证券交易所挂牌交易的股票

Ⅱ．在证券交易所挂牌交易的债券

Ⅲ．证券投资基金

Ⅳ．在证券交易所挂牌交易的权证

A．Ⅰ、Ⅱ、Ⅳ

B．Ⅰ、Ⅱ、Ⅲ、Ⅳ

C．Ⅱ、Ⅲ、Ⅳ

D．Ⅰ、Ⅲ、Ⅳ

5．（　　）属于基金性质的机构投资者。

Ⅰ．社会保险基金

Ⅱ．证券投资基金

Ⅲ．企业年金基金

Ⅳ．社会公益基金

A．Ⅰ、Ⅱ、Ⅳ

B．Ⅰ、Ⅲ、Ⅳ

C．Ⅰ、Ⅱ、Ⅲ、Ⅳ

D．Ⅱ、Ⅲ、Ⅳ

6．关于企业年金基金财产的投资范围，下列说法（　　）是正确的。

Ⅰ．不得购买投资连结保险产品

Ⅱ．可投资债券回购

Ⅲ．可投资信用等级在投资级以上的金融债

Ⅳ．不限于境内投资

A．Ⅰ、Ⅳ

B．Ⅱ、Ⅲ

C．Ⅱ、Ⅲ、Ⅳ

D．Ⅰ、Ⅱ、Ⅲ、Ⅳ

7．下列选项中，（　　）属于社会公益基金。

Ⅰ．教育发展基金

Ⅱ．养老保险基金

Ⅲ．福利基金

Ⅳ．文学奖励基金

A．Ⅰ、Ⅱ、Ⅳ

B．Ⅰ、Ⅲ、Ⅳ

C．Ⅰ、Ⅱ、Ⅲ、Ⅳ

D．Ⅱ、Ⅲ、Ⅳ

8．理论上可以根据投资者对风险的态度将其区分为（　　）。

Ⅰ．风险偏好型

Ⅱ．风险寻找型

Ⅲ．风险中立型

Ⅳ．风险回避型

A．Ⅰ、Ⅱ、Ⅳ

B．Ⅱ、Ⅲ、Ⅳ

C．Ⅰ、Ⅱ、Ⅲ、Ⅳ

D．Ⅰ、Ⅲ、Ⅳ

9．下列选项中，（　　）是在证券市场中起中介作用的机构。

Ⅰ．证券登记结算机构

Ⅱ．证券公司

Ⅲ．会计师事务所

Ⅳ．律师事务所

A．Ⅰ、Ⅱ、Ⅳ

B．Ⅰ、Ⅲ、Ⅳ

C．Ⅱ、Ⅲ、Ⅳ

D．Ⅰ、Ⅱ、Ⅲ、Ⅳ

10．有关我国证券公司发展历程的表述中，正确的是（　　）。

Ⅰ．1991年8月，中国证券业协会成立

Ⅱ．1988年，国债柜台交易正式启动

Ⅲ．1984年，工商银行上海信托投资公司代理发行公司股票

Ⅳ．1998年年底，《中华人民共和国证券法》出台

A．Ⅰ、Ⅱ、Ⅲ

B. Ⅰ、Ⅲ、Ⅳ
C. Ⅱ、Ⅲ、Ⅳ
D. Ⅰ、Ⅱ、Ⅲ、Ⅳ

11. 下列（ ）是我国证券市场监管的目标。
   Ⅰ. 运用和发挥证券市场机制的积极作用，限制其消极作用
   Ⅱ. 防止人为操纵、欺诈等不法行为，维持证券市场的秩序
   Ⅲ. 调控证券市场与证券交易规模，引导投资方向，使之与经济发展相适应
   Ⅳ. 保护投资者利益，保障合法的证券交易活动，监督证券中介机构依法经营
   A. Ⅰ、Ⅱ、Ⅲ、Ⅳ
   B. Ⅰ、Ⅲ、Ⅳ
   C. Ⅱ、Ⅲ、Ⅳ
   D. Ⅰ、Ⅱ、Ⅲ

12. 下列选项中，（ ）是间接融资方式的特点。
   Ⅰ. 具有分散性
   Ⅱ. 信誉上的差异性较小
   Ⅲ. 具有相对集中性
   Ⅳ. 全部具有可逆性
   A. Ⅰ、Ⅱ
   B. Ⅰ、Ⅳ
   C. Ⅱ、Ⅲ、Ⅳ
   D. Ⅰ、Ⅱ、Ⅲ

13. （ ）属于证券市场监管的原则。
   Ⅰ. "三公"
   Ⅱ. 依法管理
   Ⅲ. 保护投资者利益
   Ⅳ. 监管与自律相结合
   A. Ⅰ、Ⅲ、Ⅳ
   B. Ⅰ、Ⅱ、Ⅲ、Ⅳ
   C. Ⅱ、Ⅲ、Ⅳ
   D. Ⅰ、Ⅱ、Ⅲ

14. 我国证券市场中的自律性组织包括（ ）。
   Ⅰ. 中国证券监督管理委员会
   Ⅱ. 中国人民银行
   Ⅲ. 中国证券业协会
   Ⅳ. 上海和深圳证券交易所
   A. Ⅲ、Ⅳ
   B. Ⅰ、Ⅳ
   C. Ⅰ、Ⅲ、Ⅳ
   D. Ⅰ、Ⅱ、Ⅲ

15. （ ）是我国证券公司的主要业务。
   Ⅰ. 证券承销业务
   Ⅱ. 证券自营业务
   Ⅲ. 证券保荐业务
   Ⅳ. 证券投资咨询业务
   A. Ⅰ、Ⅱ、Ⅲ
   B. Ⅰ、Ⅱ、Ⅳ
   C. Ⅰ、Ⅲ、Ⅳ
   D. Ⅱ、Ⅲ、Ⅳ

16. 我国证券公司的组织形式可以是（ ）。
   Ⅰ. 有限责任公司
   Ⅱ. 无限责任公司
   Ⅲ. 股份有限公司
   Ⅳ. 合伙
   A. Ⅰ、Ⅲ
   B. Ⅱ、Ⅳ
   C. Ⅰ、Ⅱ、Ⅲ
   D. Ⅰ、Ⅱ、Ⅲ、Ⅳ

17. （ ）既是证券发行人，也是证券投资者。
   Ⅰ. 股份有限公司
   Ⅱ. 商业银行
   Ⅲ. 保险公司
   Ⅳ. 政府机构
   A. Ⅰ、Ⅲ
   B. Ⅱ、Ⅳ
   C. Ⅰ、Ⅱ、Ⅲ
   D. Ⅰ、Ⅱ、Ⅲ、Ⅳ

18. （ ）属于银行业金融机构。
   Ⅰ. 商业银行
   Ⅱ. 城市信用合作社

Ⅲ．邮政储蓄银行
Ⅳ．证券经营机构
A．Ⅰ、Ⅱ、Ⅲ
B．Ⅰ、Ⅱ、Ⅲ、Ⅳ
C．Ⅰ、Ⅲ、Ⅳ
D．Ⅰ、Ⅱ、Ⅳ

19．下列属于资产评估机构应具备的条件的是（　　）。
Ⅰ．资产评估机构依法设立并取得资产评估资格3年以上，发生过吸收合并的，还应当自完成工商变更登记之日起满1年
Ⅱ．质量控制制度和其他内部管理制度健全并有效执行，执业质量和职业道德良好
Ⅲ．具有不少于30名注册资产评估师，其中最近3年持有注册资产评估师证书且连续执业的不少于20人

Ⅳ．净资产不少于500万元
A．Ⅰ、Ⅲ
B．Ⅱ、Ⅳ
C．Ⅰ、Ⅱ、Ⅲ
D．Ⅰ、Ⅱ、Ⅲ、Ⅳ

20．以下属于证券业从业人员诚信信息管理的有（　　）。
Ⅰ．基本信息
Ⅱ．奖励信息
Ⅲ．警示信息
Ⅳ．处罚处分信息
A．Ⅰ、Ⅲ
B．Ⅱ、Ⅳ
C．Ⅰ、Ⅱ、Ⅲ
D．Ⅰ、Ⅱ、Ⅲ、Ⅳ

第八章

股票市场

股票市场是金融市场的重要组成部分,想深入了解股票市场必须明确股票这一重要金融工具的定义、性质和特征及其分类、相关的股利、股票价值等重要问题。

本章为重要章节,共计三节。第一节考点包括股票的定义、性质、特征和分类,优先股票的定义、特征和普通股票、普通股股东的权利和义务,股票的价值与价格,我国的股票类型与股票相关的部分资本管理概念;第二节的重点内容在于股票发行、保荐、承销制度,上市公司公开发行新股的相关规定等;第三节包括证券账户的种类,公开证券账户的基本原则,证券交易原则和交易规则,委托指令以及竞价原则和竞价方式等。

本章考点预览

第八章 股票市场	第一节 股票	一、股票的定义、性质、特征和分类	★★★
		二、股利政策、股份变动等与股票相关的资本管理概念	★★★
		三、股票的价值与价格	★★★
		四、普通股票的权利和义务	★★★
		五、优先股票	★★
		六、我国的股票类型	★
		七、我国的股权分置改革	★
	第二节 股票发行	一、股票发行制度的概念	★★
		二、审批制度、核准制度与注册制度	★★★
		三、我国的股票发行制度的演变	★
		四、保荐制度与承销制度	★★★
		五、股票的无纸化发行和初始登记制度	★
		六、新股公开发行的相关规定	★★★
		七、上市公司非公开发行股票	★★★
		八、增发、配股的发行方式	★

续表

第八章 股票市场	第三节 股票交易	一、证券账户	★★★
		二、证券交易原则和交易规则	★★★
		三、证券交易的竞价原则和竞价方式	★★★
		四、做市商交易制度	★
		五、融资融券交易的基本概念	★
		六、证券委托	★★
		七、证券托管与证券存管	★
		八、证券买卖中交易费用的种类	★
		九、股票交易的清算与交收	★
		十、股票的非交易过户和担保业务	★
		十一、股票价格指数	★★
		十二、沪港通	★

第一节 股票

考情分析：本节考查重点为股票的相关知识。其中，股票的概念、股票价值、普通股票、股东的权利和义务、公司利润、股利分配是常考知识点，考生应引起重视。

学习建议：由于本节的基础性较强，在历次考试中考查的频率较高，考生在学习中要加以重视。考生应根据大纲要求，着重理解发行或投资优先股的意义，优先股票的分类及各种优先股票的含义，我国各种股份的概念，我国股票按投资主体性质的分类及概念，我国股票按流通受限与否的分类及概念，我国股权分置改革的情况。熟悉普通股票与优先股票、记名股票与不记名股票、有面额股票与无面额股票的区别和特征，A股、B股、H股、N股、S股、L股、红筹股等概念，优先股的定义、特征，股东重大决策参与权、资产收益权、剩余资产分配权、优先认股权等概念，股票的理论价格与市场价格的概念及引起股票价格变动的直接原因；股票的定义、性质、特征和分类，股利政策、股份变动等与股票相关的资本管理概念，股票票面价值、账面价值、清算价值、内在价值的概念与联系，普通股股东的权利和义务，公司利润分配顺序、股利分配条件、原则和剩余资产分配条件、顺序。学习好本节内容是掌握本章知识的前提，考生应在理解的基础上加强记忆。

一、股票的定义、性质、特征和分类（★★★）

1. 股票的定义

股票是一种有价证券，它是投资者向公司提供资本而取得的由股份有限公司签发的证明股东所持股份的权益凭证或者是所有权凭证。股票实质上代表了股东对股份公司的所有权，股东凭借股票可以获得公司的股息和红利，参加股东大会并行使自己的权利，同时也承担相应的责任与风险。

股份有限公司的资本划分为股份，只有

股份有限公司的股份采取股票的形式。世界上最早的股份有限公司是1602年在荷兰成立的东印度公司。股份的发行实行公平、公正的原则，同种类的每一股份具有同等权利；同次发行的同种类股票，每股的发行条件和价格应当相同；任何单位或者个人所认购的股份，每股应当支付相同价额。

股票一经发行，购买股票的投资者即成为公司的股东。股东对公司的重大经营决策具有投票权利。股票实质上代表了股东对股份公司的所有权，股东凭借股票可以获得公司的股息和红利，参加股东大会并行使自己的权利，同时也承担相应的有限责任与风险。

《中华人民共和国公司法》规定，股票采用纸面形式或国务院证券监督管理机构规定的其他形式。股票应当载明下列主要事项：公司名称、公司成立的日期、股票种类、票面金额及代表的股份数、股票的编号。股票由法定代表人签名，公司盖章。发起人的股票应当标明"发起人股票"字样。

2. 股票的性质

（1）股票是证权证券。证券分为证权证券和设权证券。前者是指证券是权利的一种物化的外在形式，它是作为权利的载体，权利是已经存在的；后者是指证券所代表的权利本不存在，而是随着证券的制作而产生，即权利的发生是以证券的制作和存在为条件的，证券的作用在于创设一定权利。股票代表的是股东权利，它的发行是以股份的存在为条件的，股票只是把已存在的股东权利表现为证券的形式。所以说，股票是证权证券。

（2）股票是要式证券。要式证券指的是证券所记载的事项通过法律的形式加以规定，如果缺少规定要件，证券就无法律效力。股票应具备《公司法》规定的有关内容，否则不予承认。

（3）股票是资本证券。股票是投入股份公司资本份额的证券化，属于资本证券。在二级市场交易的股票，独立于真实资本之外，在股票市场上进行着独立的价值运动，是一种虚拟资本。

（4）股票是有价证券。股票本身是投入企业的现实资本的纸质复本，并没有价值。它之所以可以买卖和转让，是因为它包含着股东可以依其持有的股票要求股份公司分配股息和红利，也就是说它能给持有人带来预期收益。另外，股票与其代表的财产权不可分离，持有股票就可以行使相应的财产权。股票的转让也就是股东权的转让。

（5）股票是综合权利证券。首先要明确两个概念，即物权证券和债权证券。物权证券是指证券持有者对公司的财产有直接支配处理权的证券；债权证券是指证券持有者为公司债权人的证券。股东权是一种综合权利，它既不是物权证券，也不是债权证券。持有股票的股东就享有资产收益、重大决策、选择公司管理者等权利。

3. 股票的特征

股票具有表8-1所示五个方面的特征。

表8-1 股票的特征

特征	内容
收益性	收益性是股票最基本的特征，它是指股票可以为持有人带来收益的特性。股票的收益来源可分成两类：一是来自股份公司派发的股息和红利；二是来自股票流通的资本所得
参与性	参与性是指股票持有人有权参与公司重大决策的特性。股票持有人作为股份公司的股东，有权出席股东大会，并行使对公司经营决策的参与权

续表

特征	内　容
流动性	流动性是指股票可以通过依法转让而变现的特性。通常，判断股票的流动性强弱主要分析以下三个方面。 （1）报价紧密度，以价位之间的价差来衡量。若价差较小，交易对市场价格的冲击越小，股票流动性就比较强。在有做市商的情况下，做市商双边报价的买卖价差通常是衡量股票流动性的最重要指标。 （2）市场深度，以每个价位上报单的数量来衡量，如果买卖盘在每个价位上报单越多，成交越容易，股票的流动性越高。 （3）股票的价格弹性或者恢复能力，以交易价格受大额交易冲击后的恢复能力来衡量。价格恢复能力越强，股票的流动性越高
不可偿还性	不可偿还性又称永久性，股票所载有权利的有效性是始终不变的，因为它是一种无偿还期限的有价证券
风险性	股票风险的内涵是股票投资收益的不确定性，或者说实际收益与预期收益之间的偏离。投资者在买入股票时，对其未来收益会有一个预期，但真正实现的收益可能会高于或低于原先的预期，这就是股票的风险

【例题·选择题】下列不属于股票特征的是（　　）。
A. 收益性　　B. 风险性
C. 流动性　　D. 保本性
【解析】本题主要考查股票的特征。股票具有以下特征：收益性、风险性、流动性、不可偿还性（永久性）和参与性。A、B、C选项都是属于股票的特征，只有D选项不属于。
【答案】D

4．股票的分类（★★★）
（1）普通股票和优先股票。
按股东享有权利的不同，股票可以分为普通股票和优先股票。

普通股票（普通股），是最基本、最常见的一种股票，其持有者享有股东的基本权利和义务。它是在优先股要求权利得到满足后才参与公司利润和资产分配的股票合同。普通股代表着剩余索取权（股东的权益在利润和资产分配上表现为索取公司对债务还本付息后的剩余收益，就是剩余索取权），收益并不稳定，但具有投票权。与优先股票相比，普通股票是标准的股票，也是风险较大的股票，根据其风险特征，可分为以下七类，详见表8-2。

表8-2　普通股的分类

类型	概　念
概念股	概念股指适合某一时代潮流的公司所发行的、股价起伏较大的普通股。其有具体的名称、事物题材等，例如金融股、地产股、期货概念等都称为概念股。简单来说概念股就是对股票所在的行业经营业绩增长的提前炒作
投机股	投机股指价格极不稳定或公司前景难以确定，具有较大投机潜力的股票。在我国股票市场上，一些ST股票（交易所对财务状况或其他状况出现异常的上市公司股票交易进行特别处理的股票）就是投机股的典型代表。这些股票有时在几天内上涨许多倍，因而能够吸引一些投机者。这种股票的风险性很大

续表

类型	概　念
蓝筹股	蓝筹股是指具备稳定的盈利能力，在所属行业中占有重要支配地位，能定期分派优厚股利的大公司所发行的普通股。 【知识拓展】"蓝筹"一词来源于西方的赌场，赌场中的筹码分三种颜色，其中以蓝色筹码最为值钱，这个说法后来被引申到股市，所以"蓝筹股"用来代表富有投资价值的股票
收入股	收入股也称收益股、高息股，指能支付较高收益的普通股，其公司业绩比较稳定，代表为一些公用事业股票
成长股	成长股，是指发行股票时规模并不大，但公司的业务蒸蒸日上，管理良好，利润丰厚，产品在市场上有竞争力的公司的股票
周期股	周期股有两种情况：一是指发行公司的经营状况易受整个经济周期的变化而波动，如建筑、水泥、钢材、汽车等行业；二是指发行公司本身的经营状况有周期变动的特征，如冰箱、饮料、服装等行业。这类股票多为投机性的股票
防守股	防守股指在经济衰退时期或经济发展不确定因素较多的时候，那些高于社会平均收益具有相对稳定性的公司所发行的普通股。此类股票的发行公司大多是经营公用事业及生活必需品的行业，例如水、电、交通、食品、医药等

名师点拨 以上这七种股票概念并不是绝对非此即彼的，例如很多公用事业股票既属于防守股，也属于收入股。

【例题·选择题】能支付较高收益的普通股，其公司业绩比较稳定，代表为一些公用事业股票，比如铁路、水务等行业的股票是（　　）。
A．蓝筹股
B．高息股
C．成长股
D．防守股
【解析】本题主要考查收入股的概念。收入股也叫收益股、高息股，指能支付较高收益的普通股，其公司业绩比较稳定，代表为一些公用事业股票，比如铁路、水务等行业股票。故B选项为正确答案。
【答案】B

优先股票是一种特殊股票，是指在剩余索取权方面较普通股票优先的股票。优先股在普通股票之前收取固定股息。优先股票持有者的股东权利受到一定限制，但在公司营利和剩余财产的分配顺序上比普通股票股东享有优先权，但通常没有投票权，只有在特殊情况下才有有限的投票权。

（2）记名股票和不记名股票。

股票按是否记载股东姓名，可以分为记名股票和不记名股票。

记名股票是指在股票票面和股份公司的股东名册上记载股东姓名的股票。记名股票有如下特点。
①股东权利归属于记名股东。
②可以一次或分次缴纳出资。
③转让相对复杂或受限制。
④便于挂失，相对安全。

无记名股票也称不记名股票，是指在股票票面和股份公司股东名册上均不记载股东姓名的股票。无记名股票与记名股票的差别不是在股东权利等方面，而是在股票的记载方式上。无记名股票有如下特点。
①股东权利归属股票的持有人。
②认购股票时要求一次缴纳出资。
③转让相对简便。
④安全性较差。

【例题·选择题】记名股票的特点不包括（　　）。
A. 股东权利归属记名股东
B. 可以一次或分次缴纳出资
C. 安全性较差
D. 转让相对复杂或受限制

【解析】本题主要考查记名股票的特点。记名股票的特点包括：（1）股东权利归属于记名股东。(2)可以一次或分次缴纳出资。(3)转让相对复杂或受限制。(4)便于挂失，相对安全。C选项属于不记名股票的特点。

【答案】C

（3）有面额股票和无面额股票。

按是否在股票票面上标明金额，股票可以分为有面额股票和无面额股票。

有面额股票是指在股票票面上记载一定金额的股票。这一记载的金额也称为票面金额、票面价值或股票面值。有面额股票具有如下特点。

①可以明确表示每一股所代表的股权比例。

②为股票发行价格的确定提供依据。

名师点拨《公司法》规定，股票发行价格可以按票面金额，也可以超过票面金额，但不得低于票面金额。

无面额股票也被称为无面值股票、比例股票、分权股票或份额股票，是指在股票票面上不记载股票面额，只注明它在公司总股本中所占比例的股票。无面额股票有如下特点。

①发行或转让价格较灵活。
②便于股票分割。

【例题·组合型选择题】下列属于无面额股票特点的是（　　）。
Ⅰ. 便于股票分割
Ⅱ. 为股票发行价格的确定提供了依据
Ⅲ. 发行价格灵活
Ⅳ. 转让价格灵活
A. Ⅰ、Ⅱ
B. Ⅱ、Ⅲ
C. Ⅰ、Ⅲ、Ⅳ
D. Ⅱ、Ⅲ、Ⅳ

【解析】本题主要考查无面额股票的特点。无面额股票的特点包括：（1）发行或转让价格较灵活。（2）便于股票分割。所以第Ⅰ、Ⅲ、Ⅳ项都是正确的，本题选择C选项。

【答案】C

【例题·组合型选择题】关于有面额股票和无面额股票的说法中，正确的是（　　）。
Ⅰ. 同次发行的有面额股票的每股票面金额是相等的
Ⅱ. 《中华人民共和国公司法》规定股票发行价格可以按票面金额，也可以超过票面金额或低于票面金额
Ⅲ. 无面额股票也称为比例股票
Ⅳ. 无面额股票只注明它在公司总股本中所占的比例
A. Ⅰ、Ⅲ、Ⅳ
B. Ⅰ、Ⅱ、Ⅳ
C. Ⅱ、Ⅳ
D. Ⅰ、Ⅱ、Ⅲ、Ⅳ

【解析】本题主要考查有面额股票和无面额股票的相关知识。《公司法》规定，股票发行价格可以按票面金额，也可以超过票面金额，但不得低于票面金额。故排除第Ⅱ项后得正确答案为A选项。

【答案】A

二、股利政策、股份变动等与股票相关的资本管理概念（★★★）

股利政策、股份变动等与股票相关的资本管理概念详见表8-3。

表8-3 与股利政策、股份变动等与股票相关的资本管理概念

名称		概念和相关规定
股利政策		股利政策是指股份公司对公司经营获得的盈余公积和应付利润采取现金分红或派息、发放红股等方式回馈股东的制度。股利政策体现了公司的发展战略和经营思路,稳定可预测的股利政策有利于股东利益最大化,是股份公司稳健经营的重要指标。 股利政策主要有四大类:固定股利政策、固定股利支付率政策、零股利政策及剩余股利政策。 【名师点拨】与股利政策相关的概念。 (1) 派现。派现也称现金股利,指股份公司以现金分红方式将盈余公积和当期应付利润的部分或全部发放给股东,股东为此应支付所得税。 (2) 送股。送股也称股票股利,是指股份公司对原有股东采取无偿派发股票的行为。 (3) 资本公积金转增股本。资本公积转增股本是在股东权益内部,把公积金转到"实收资本"或"股本"账户,并按照投资者所持有的股份份额比例的大小分到各个投资者的账户中,以此增加每个投资者的投入资本。 (4) 股利发放有以下几个非常重要的日期。 ①股利宣布日:公司董事会将分红派息的消息公布于众的时间。 ②股权登记日:统计和确认参加本期股利分配的股东的日期,在此日期持有公司股票的股东方能享受股利发放。 ③除息除权日:通常为股权登记日之后的1个工作日,本日之后(含本日)买入的股票不再享有本期股利。 ④派发日:股利正式发放给股东的日期。根据证券存管和资金划转的效率不同,通常会在几个工作日之内到达股东账户
股份变动	股票分割	股票分割又称"拆股""拆细",是将1股股票均等地拆成若干股	从理论上说,不论是分割还是合并,都将增加或减少股东持有股票的数量,但并不改变每位股东所持股东权益占公司全部股东权益的比重。理论上,股票分割或合并后股价会以相同的比例向下或向上调整,但股东所持股票的市值不发生变化。也就是说,如果把1股分拆为2股,则分拆后股价应为分拆前的一半;同样,若把2股并为1股,并股后股价应为此前的两倍。股票分割通常适用于高价股,拆细之后每股股票的市价下降,便于吸引更多的投资者购买;并股则常见于低价股,并股后,流动性有可能提高,导致估值上调
	股票合并	股票合并又称"并股",是将若干股股票合并为1股	
	增发	增发指公司因业务发展需要增加资本额而发行新股。上市公司可以向公众公开增发,也可以向少数特定机构或个人增发。增发之后,公司注册资本相应增加	
	配股	配股是面向原有股东,按持股数量的一定比例增发新股,原股东可以放弃配股权。由于配股价通常低于市场价格,配股上市之后可能导致股价下跌	
	转增股本	转增股本是将原本属于股东权益的资本公积转为实收资本,股东权益总量和每位股东占公司的股份比例均未发生变化,唯一的变动是发行在外的总股数增加了	
	股份回购	上市公司利用自有资金,从公开市场上买回发行在外的股票,称为"股份回购"。通常,股份回购会导致公司股价上涨。 【知识拓展】我国《公司法》规定,公司不得收购本公司股份,但是有下列情形之一的除外:(1) 减少公司注册资本。(2) 与持有本公司股份的其他公司合并。(3) 将股份奖励给本公司职工。(4) 股东因对股东大会作出的公司合并、分立决议持异议,要求公司收购其股份的	

【例题·选择题】下列关于股份变动的说法,错误的是( )。

A. 当转债持有人行使转换权时,公司收回并注销发行的债券,同时发行新股,由于稀释效应,有可能引起股价下降

B．股票分割与合并，会改变公司的实收资本和每位股东所持股东权益占公司全部股东权益的比重

C．原股东可以参与配股，也可以放弃配股权

D．资本公积金是在公司的正常生产经营范围之外，由资本本身及其他原因形成的股东权益收入

【解析】本题主要考查股份变动的相关知识。股票不论是分割还是合并，将增加或减少股份总数和股东持有股票的数量，但并不改变公司的实收资本和每位股东所持股东权益占公司全部股东权益的比重。因此B选项错误。其他三项说法正确。

【答案】B

三、股票的价值与价格（★★★）

1．股票各种价值的概念与联系

股票价值是指股票能在未来给持有者带来的预期收益，股票价值的主要构成由股票的未来股息收入和未来资本利得收入组成。

股票的价值包括：票面价值、账面价值、清算价值和内在价值。各种价值的概念与联系见表8-4。

表8-4 股票各种价值的概念与联系

股票价值	概念与联系
股票的票面价值	股票的票面价值又称"面值"，即在股票票面上标明的金额。该种股票被称为"有面额股票"。股票的票面价值在初次发行时有一定的参考意义，代表着每股所占的比例。如果以面值作为发行价，称为"平价发行"；如果发行价格高于面值，称之为"溢价发行"；如果发行价格低于面值，称为"折价发行"

续表

股票价值	概念与联系
股票的账面价值	股票的账面价值又称"股票净值"或"每股净资产"，在没有优先股的条件下，每股账面价值等于公司净资产除以发行在外的普通股票的股数。公司净资产是公司资产总额减去负债总额后的净值，从会计角度说，等于股东权益价值。股票账面价值的高低影响着股票的交易价格，但不等于股票的市场价格。主要原因如下。 （1）会计价值通常反映的是历史成本或者按某种规则计算的公允价值，并不等于公司资产的实际价格。 （2）账面价值并不反映公司的未来发展前景
股票的清算价值	股票的清算价值是公司清算时每一股份所代表的实际价值。从理论上说，股票的清算价值应与账面价值一致，实际上并非如此。只有当清算时公司资产实际出售价款与财务报表上的账面价值一致时，每一股份的清算价值才与账面价值一致。现实中，大多数公司的实际清算价值低于其账面价值
股票的内在价值	股票的内在价值即理论价值，也即股票未来收益的现值。股票的内在价值决定股票的市场价格，股票的市场价格总是围绕其内在价值波动

【例题·组合型选择题】关于股票的票面价值，下列说法错误的是（　　）。

Ⅰ．股票的票面价值又称面值，即股票交易时的价格

Ⅱ．发行价格高于票面价值称为溢价发行，募集的资金中等于面值总和的部分记入资本账户，以超过股票票面金额的发行价格发行的股份所得的溢价款列为公司资本公积金

Ⅲ．如果以票面价值作为发行价，称为平价发行

Ⅳ．股票的票面价值在初次发行时没有参考意义

A．Ⅱ、Ⅳ　　　　B．Ⅰ、Ⅳ
C．Ⅰ、Ⅲ　　　　D．Ⅲ、Ⅳ

【解析】本题主要考查股票的票面价值的相关知识。股票的票面价值又称面值，即在股票票面上标明的金额，但不一定是股票交易时的价格。所以第Ⅰ项说法错误。股票的票面价值在初次发行时有一定的参考意义。所以第Ⅳ项说法错误。另外两项正确，故 B 选项为正确答案。

【答案】B

【例题·选择题】股票账面价值又称为（　　）。

A．股票净值
B．净收益
C．股票面值
D．股票内在价值

【解析】本题主要考查股票账面价值的含义。股票账面价值又称股票净值或每股净资产，是每股股票所代表的实际资产的价值。因此 A 选项正确。

【答案】A

2．股票的理论价格与市场价格

（1）股票的理论价格。

股票价格是指股票在证券市场上买卖的价格。理论上，股票价格应由其价值决定，但股票本身并没有价值，而只是一张资本凭证。股票之所以有价格，是因为它代表着收益的价值，即能给它的持有者带来股息红利。股票交易实际上是对未来收益权的转让买卖，股票价格就是对未来收益的评定。股票及其他有价证券的理论价格是根据现值理论而来的。现值理论认为，人们之所以愿意购买股票和其他证券，是因为它能够为它的持有人带来预期收益，因此，它的价值取决于未来收益的大小。可以认为，股票的未来股息收入、资本利得收入是股票的未来收益，亦可称为"期值"。将股票的期值按必要收益率和有效期限折算成今天的价值，即为股票的现值。股票的现值就是股票未来收益的当前价值，也就是人们为了得到股票的未来收益愿意付出的代价。可见，股票及其他有价证券的理论价格就是以一定的必要收益率计算出来的未来收入的现值。

（2）股票的市场价格。

股票的市场价格一般是指股票在二级市场上交易的价格。股票的市场价格由股票的价值决定，但同时受许多其他因素的影响。其中，供求关系是最直接的影响因素，其他因素都是通过作用于供求关系而影响股票价格的。由于影响股票价格的因素复杂多变，所以股票的市场价格呈现出高低起伏的波动性特征。

【例题·组合型选择题】下列关于股票价值与价格的说法中，正确的是（　　）。

Ⅰ．股票的账面价值又称为面值，即在股票票面上标明的金额
Ⅱ．股票价格是指股票在证券市场上买卖的价格，从理论上说，股票价格应由其价值决定
Ⅲ．股票及其他有价证券的理论价格是根据现值理论而来的
Ⅳ．股票的市场价格一般是指股票在一级市场上交易的价格

A．Ⅰ、Ⅱ
B．Ⅱ、Ⅲ
C．Ⅰ、Ⅱ、Ⅲ、Ⅳ
D．Ⅰ、Ⅱ、Ⅳ

【解析】本题主要考查股票的价值与价格。股票的账面价值又可称为股票净值或每股净资产，在股票票面上标明的金额是股票面值，所以第Ⅰ项错误。股票的市场价格一般是指股票在二级市场上的价格，故第Ⅳ项错误。第Ⅱ、Ⅲ项正确，本题选 B 选项。

【答案】B

3. 影响股票价格变动的基本因素

如上文所述,供求关系的变化或者说是买卖方力量强弱的转换是引起股票价格变动的直接原因。在任何价位上,如果买方的意愿购买量超过此时卖方的意愿出售量,股价将会上涨;反之,股价就会下跌。此外,股票价格变动主要受以下因素的影响。

(1) 宏观经济与政策因素。

宏观经济发展水平和状况是影响股票价格的重要因素。宏观经济影响股票价格的特点是波及范围广、干扰程度深、作用机制复杂和股价波动幅度较大。主要宏观经济与政策因素,详见表 8-5。

表 8-5 影响股票价格变动的主要宏观经济与政策因素

因素	影响方式
货币政策	中央银行的货币政策对股票价格有直接的影响。货币政策是政府重要的宏观经济政策,中央银行通常采用存款准备金制度、再贴现政策、公开市场业务等货币政策手段调控货币供应量,从而实现发展经济、稳定货币等政策目标。中央银行放松银根、增加货币供应,资金面较为宽松,大量游资需要新的投资机会,从而对股票需求增加,促使股价上升。反之则相反
财政政策	财政政策也是政府的重要宏观经济政策。财政政策对股票价格影响有四个方面。 (1) 通过扩大财政赤字、发行国债筹集资金,增加财政支出,刺激经济发展;或是通过增加财政盈余或降低赤字,减少财政支出,抑制经济增长,调整社会经济发展速度,改变企业生产的外部环境,进而影响企业利润水平和股息派发。 (2) 通过调节税率影响企业利润和股息。提高税率,企业税负增加,税后利润下降,股息减少;反之,企业税后利润和股息增加。 (3) 干预资本市场各类交易适用的税率,直接影响市场交易和价格。 (4) 国债发行量会改变证券市场的证券供应和资金需求,从而间接影响股票价格
经济增长	一个国家或地区的社会经济是否能持续稳定地保持一定的发展速度,是影响股票价格能否稳定上升的重要因素。当一国或地区的经济运行势态良好,一般来说,大多数企业的经营状况也较好,它们的股票价格会上升;反之,股票价格会下降
经济周期循环	社会经济运行经常表现为扩张与收缩的周期性交替,每个周期一般都要经过高涨、衰退、萧条、复苏 4 个阶段,即所谓的景气循环。经济周期循环对股票市场的影响非常显著,可以这么说,是景气变动从根本上决定了股票价格的长期变动趋势
汇率变化	汇率的调整对整个社会经济影响很大,是国际贸易中最重要的调节杠杆,有利有弊。传统理论认为,汇率下降,即本币升值,不利于出口而有利于进口,同时会引起境外资本流入,国内资本市场流动性增加;汇率上升,即本币贬值,不利于进口而有利于出口,同时会导致境内资本流出,国内资本市场流动性下降。汇率变化对股价的影响要看对整个经济的影响而定。若汇率变化趋势对本国经济发展影响较为有利,股价会上升;反之,股价会下降
市场利率	市场利率变化通过以下途径影响股票价格。 (1) 绝大部分公司都负有债务,利率提高,利息负担加重,公司净利润和股息相应减少,股票价格下降;利率下降,利息负担减轻,公司净营利和股息增加,股票价格上升。 (2) 在市场资金量一定的条件下,利率提高,其他投资工具收益相应增加,一部分资金会流向储蓄、债券等其他收益固定的金融工具,对股票需求减少,股价下降;若利率下降,对固定收益证券的需求减少,资金流向股票市场,对股票的需求增加,股票价格上升。 (3) 利率提高,一部分投资者要负担较高的利息才能借到所需资金进行证券投资,如果允许进行信用交易,买空者的融资成本相应提高,投资者会减少融资和对股票的需求,股票价格下降;若利率下降、投资者能以较低利率借到所需资金,增加融资和对股票的需求,股票价格上涨
通货膨胀与通货紧缩	通货膨胀是因货币供应过多造成货币贬值、物价上涨的经济现象。通货膨胀对股票价格的影响较复杂,它既有刺激股票市场的作用,又有抑制股票市场的作用

续表

因素	影响方式
通货膨胀与通货紧缩	（1）在通货膨胀之初，公司会因产品价格的提升和存货的增值而增加利润，从而增加可以分派的股息，并使股票价格上涨。 （2）在物价上涨时，股东实际股息收入下降，股份公司为股东利益着想，会增加股息派发，使股息名义收入有所增加，也会促使股价上涨。 （3）通货膨胀给其他收益固定的证券带来了不可回避的通货膨胀风险，投资者为了保值，增加购买收益不固定的股票，对股票的需求增加，股价也会上涨。 （4）当通货膨胀严重、物价居高不下时，企业因原材料、工资、费用、利息等各项支出增加，使得利润减少，同时政府也会采取治理通货膨胀的紧缩政策和相应的措施，从而引起股价下降。严重的通货膨胀会使社会经济秩序紊乱，使企业无法正常地开展经营活动，此时对股票价格的负面影响更大。 通货紧缩将损害消费者和投资者的积极性，造成经济衰退，不利于经济增长和市场稳定
国际收支状况	通常情况下，如果一个国家国际收支连续出现逆差，政府为平衡国际收支会采取提高国内利率和提高汇率的措施，以鼓励出口、减少进口，股价就会下跌；反之，股价会上涨

（2）行业与部门因素。

行业与部门因素包括行业分类、行业分析因素（行业或产业竞争结构、行业的可持续性、抗外部冲击的能力、监管及税收待遇、劳资关系、财务与融资问题、行业估值水平）、行业生命周期等。

（3）公司自身经营状况。

公司自身经营状况和发展前景对股票价格具有重要的影响力。公司经营状况好坏与股份正相关。

4．影响股票价格变动的其他因素

影响股票价格变动的其他因素主要包括：政策及制度因素、人为操纵的因素、政治因素、心理因素。具体内容见表8-6。

表8-6 影响股价变化的其他因素

因素	内　容
稳定市场的政策与制度安排	我国《证券法》规定，证券交易所依照证券法律、行政法规制定上市规则、交易规则、会员管理规则，并经国务院证券监督管理机构批准。因突发事件而影响证券交易的正常进行时，证券交易所可以采取技术性停牌的措施；因不可抗力的突发性事件或者为维护证券交易的正常秩序，证券交易所可以决定临时停市。证券交易所根据需要，可以对出现重大异常交易情况的证券账户限制交易。有的证券交易所对每日股票价格的涨跌幅度有一定限制，即涨跌停板规定，使股价的涨跌会大大平缓。 另外，当股票市场投机过度或出现严重违法行为时，证券监督管理机构也会采取一定的措施以平抑股价波动
人为操纵因素	人为操纵往往会引起股票价格短期的剧烈波动。人为操纵会影响股票市场的健康发展，违背公开、公平、公正的原则，一旦查明，操纵者会受到行政处罚或法律制裁
政治及其他不可抗力因素	影响股价变化的政治及其他不可抗力的因素主要有：战争；政权更迭、领袖更替等政治事件；政府重大经济政策的出台、社会经济发展规划的制定、重要法规的颁布等；国际社会政治、经济的变化；不可预料和不可抵抗的自然灾害或不幸事件等
心理因素	大多数投资者对股市抱乐观态度时，会促使股价上涨；反之将致使股价下跌。当大多数投资者对股市持观望态度时，市场交易量就会减少，股价往往呈现盘整格局。股票市场中的中小投资者由于信息不灵，缺乏必要的专业知识和投资技巧，往往有严重的盲从心理，使中小投资者在股价上涨时盲目追涨，或者股价下跌时恐慌抛售，从而加大了股价涨跌的程度

【例题·选择题】 下列选项中,（　　）影响股票价格变动的直接因素。

A. 供求关系
B. 市场利率
C. 股票价值
D. 公司状况

【解析】 本题主要考查影响股票价格变动的因素。供求关系的变化或者说是买卖方力量强弱的转换是引起股票价格变动的直接原因。在任何价位上，如果买方的意愿购买量超过此时卖方的意愿出售量，股价将会上涨；反之，股价就会下跌。因此选项 A 正确。

【答案】 A

四、普通股票股东的权利和义务（★★★）

1. 普通股票股东的权利

普通股票是标准的股票，通过发行普通股票所筹集的资金，成为股份公司注册资本的基础。《公司法》规定，股东可以用货币出资，也可以用实物、知识产权、土地使用权等可以用货币估价出资，还可以依法转让的非货币财产作价出资，但是，法律、行政法规规定不得作为出资的财产除外。股份有限公司成立后，即向股东正式交付股票。普通股票的持有者是股份公司的基本股东，按照《公司法》的规定，公司股东依法享有资产收益、参与重大决策和选择管理者等权利，详细内容参照表 8-7。

表 8-7　普通股股东的权利

权利	内　　容
公司重大决策参与权	普通股股东基于股票的持有而享有股东权，这是一种综合权利，其中首要的是可以以股东身份参与股份公司的重大事项决策。 普通股票股东通过参加股东大会行使表决权。股东大会应当每年召开一次年会。有下列情形之一的，应当在两个月内召开临时股东大会：董事人数不足本法规定人数或者公司章程所定人数的三分之二时；公司未弥补的亏损达实收股本总额三分之一时；单独或者合计持有公司 10% 以上股份的股东请求时；董事会认为必要时；监事会提议召开时；公司章程规定的其他情形。 股东大会由股东按出资比例行使表决权，但是公司章程另有规定的除外。股东出席股东大会会议，所持每一股份有一表决权。但是，公司持有的本公司股份没有表决权。股东大会的决议，必须获得出席会议的股东所表决权过半数通过。股东大会作出修改公司章程，增加或者减少注册资本的决议，以及公司合并、分立、解散或者变更公司形式的决议，必须获得出席会议的股东所表决权的三分之二以上通过。股东可以委托代理人出席股东大会，代理人应该向公司提交授权委托书，并在授权范围内行使表决权。股份公司应保证普通股股东享有出席会议的平等权利
公司资产收益权和剩余资产分配权	普通股票股东拥有公司资产收益权和剩余资产分配权，这一权利直接体现了其在经济利益上的要求，也就是剩余索取权的要求。这一要求又可以表现为两个方面：一是普通股票股东有权按照实缴的出资比例分取红利，但是全体股东约定不按照出资比例分取红利的除外；二是普通股票股东在股份公司解散清算时，有权要求取得公司的剩余资产。 （1）公司利润分配顺序、股利分配条件。 普通股票股东行使资产收益权有一定的限制条件。 第一，受法律上的限制。我国《公司法》规定，公司分配当年税后利润的 10% 列入公司法定公积金。公司法定公积金累计额为公司注册资本的 50% 以上的，可以不再提取。公司的法定公积金不足以弥补以前年度亏损的，在依照前款规定提取法定公积金之前，应当先用当年利润弥补亏损。公司从税后利润中提取法定公积金后，经股东（大）会决议，还可以提取任意公积金。简言之，公司缴纳所得税后的利润，在支付普通股红利之前的分配顺序是：弥补亏损、提取法定公积金、提取任意公积金，如果有优先股票，还要先支付优先股股息。 第二，其他方面的限制。比如公司正在快速发展，对现金的需求比较大，同时再融资能力较弱，这种情况下公司分红较少或不分红，股东就暂时得不到股息收入。

续表

权利	内 容
公司资产收益权和剩余资产分配权	（2）剩余资产分配条件、顺序。 普通股票股东行使剩余资产分配权有一定的先决条件。 第一，普通股票股东要求分配公司资产的权利不是任意的，必须在公司解散清算之时。 第二，公司的剩余资产在分配给股东之前，一般应按下列顺序支付：支付清算费用，支付公司员工工资和劳动保险费用，缴付所欠税款，清偿公司债务，如还有剩余资产，再按照股东持股比例分配给各股东
其他权利	《公司法》规定，普通股股东还有以下主要权利。 第一，股东有权查阅公司章程、股东名册、公司债券存根、股东大会会议记录、董事会会议决议、监事会会议决议、财务会计报告，对公司的经营提出建议或者质询。 第二，股东持有的股份可依法转让。股东转让股份应在依法设立的证券交易场所进行或按照国务院规定的其他方式进行。公司发起人、董事、监事、高级管理人员的股份转让受《公司法》和公司章程的限制。 第三，公司为增加注册资本发行新股时，股东有权按照实缴的出资比例认购新股。股东大会应对向原有股东发行新股的种类及数额作出决议。 第四，优先认股权。优先认股权或称配股权，是指当股份公司为增加公司资本而决定增加发行新的股票时，原普通股票股东享有的按其持股比例、以低于市价的某一特定价格优先认购一定数量新发行股票的权利

【例题·选择题】优先认股权是指当股份公司为增加公司资本而决定增加发行新的股票时，原普通股股东享有的按其持股比例，以（　　）优先认购一定数量新发行股票的权利。

A. 低于市场价格的任意价格
B. 高于市场价格
C. 与市场价格相同的价格
D. 低于市场价格的某一特定价格

【解析】本题主要考查优先认股权的概念。优先认股权是指当股份公司为增加公司资本而决定增加发行新的股票时，原普通股股东享有的按其持股比例，以低于市价的某一特定价格优先认购一定数量新发行股票的权利。因此D选项正确。

【答案】D

2. 普通股票股东的义务

《中华人民共和国公司法》规定，公司股东应当遵守法律、行政法规和公司章程，依法行使股东权利，不得滥用股东权利损害公司或其他股东的利益；不得滥用公司法人独立地位和股东有限责任损害公司债权人的利益。公司股东滥用股东权利给公司或者其他股东造成损失的，应当依法承担赔偿责任。公司股东滥用公司法人独立地位和股东有限责任逃避责任，严重损害公司债权人利益的，应当对公司债务承担连带责任。公司的控股股东、实际控制人、董事、监事、高级管理人员不得利用其关联关系损害公司利益。如违反有关规定，给公司造成损失的，应当承担赔偿责任。

五、优先股票（★★）

1. 优先股票的定义

优先股票与普通股票相对应，是指股东享有某些优先权利（如优先分配公司营利和剩余财产权）的股票。相对于普通股票而言，优先股票在其股东权利上附加了一些特殊条件，是特殊股票中最重要的一个品种。

优先股既像债券，又像股票，其"优先"主要体现在两个方面。

（1）通常具有固定的股息（类似债券），并须在派发普通股股息之前派发。

（2）在破产清算时，优先股股东对公司剩余资产的权利先于普通股股东，但在债权人之后。

优先股股东在享受上述两方面"优先"权利时，其他一些股东权利是受限的。一般来讲，优先股股东对公司日常经营管理事务没有表决权，仅在与之利益密切相关的特定事项上享有表决权，优先股股东对公司经营的影响力要小于普通股股东。

2. 优先股票的特征

优先股的特征详见表8-8。

表8-8 优先股的特征

特征	相关解释
股息率固定	普通股票的红利是不固定的，它取决于股份公司的经营状况和营利水平。而优先股票在发行时就约定了固定的股息率，无论公司经营状况和营利水平如何变化，该股息率不变
股息分派优先	在股份公司营利分配顺序上，优先股票排在普通股票之前。也就是说，公司可分配的利润先分给优先股股东，剩余部分再分给普通股股东
剩余资产分配优先	当股份公司因解散或破产进行清算时，在对公司剩余资产的分配上，优先股票股东排在债权人之后、普通股票股东之前。也就是说，一旦公司破产清算，剩余财产先分给债权人，再分给优先股股东，最后分给普通股股东
一般无表决权	优先股股东权利是受限制的，最主要的是表决权限制。普通股股东参与股份公司的经营决策主要通过参加股东大会行使表决权，而优先股股东在一般情况下没有投票表决权，不享有公司的决策参与权。只有在特殊情况下，如讨论涉及优先股股东权益的议案时，他们才能行使表决权
收益率相对较低	一般优先股无法同普通股一样享有公司成长所带来的好处，更像是债券，股息率一般不高，也不能起到抵税的作用

【例题·选择题】相对普通股而言，优先股的特征不包括（ ）。

  A．股息率固定
  B．股息分派优先
  C．剩余资产分配优先
  D．具有优先认股权

【解析】本题主要考查优先股的特征。优先股的特征有：（1）股息率固定。（2）股息分派优先。（3）剩余资产分配优先。（4）一般无表决权。（5）收益率相对较低。所以A、B、C选项正确，D选项是普通股股东的权利。

【答案】D

"优先认股权"是指当股份公司为增加公司注册资本而发行新股时，原普通股股东按其持股比例，可以按低于市场价的特价购买公司新发行的一定数量股票的权利。而优先股是指股东享有某些优先权利（如优先分配公司营利和剩余财产权）的股票。两个概念不能混淆。

【例题·选择题】一般情况下，优先股票的股息率是（ ）的，其持有者的股东权利受到一定限制，但在公司营利和剩余财产的分配顺序上比普通股股东享有优先权。

  A．不确定
  B．固定
  C．随公司营利变化而变化
  D．浮动

【解析】本题主要考查优先股票的特征。股息率固定优先股票是指发行后股息率不再变动的优先股票。大多数优先股票的股息率是固定的，一般意义上的优先股票就是指股息率固定优先股票。故B选项为正确答案。

【答案】B

3. 优先股票的分类及含义

优先股票的种类详见表8-9。

表8-9 优先股票的种类

名称	分类依据	含义
参加优先股票和非参加优先股票	优先股股东按照确定的股息率分配股息后，是否有权同普通股股东一起参加剩余税后利润分配	（1）参与分红优先股票是指除了按规定分得本期固定股息外，还有权参与对本期剩余营利分配的优先股票。 （2）非参与优先股票是指除了按规定分得本期固定股息外，无权再参与对本期剩余营利分配的优先股票。它是一般意义上的优先股票，其优先权不是体现在股息多少上，而是在分配顺序上
累积优先股票和非累积优先股票	优先股票股息在当年未能足额支派时，能否在以后年度补发	（1）累积优先股是指公司在某一时期所获盈利不足，导致当年可分配利润不足以支付优先股股息时，则将应付股息累积到次年或以后某一年盈利时，在普通股的股息发放之前，连同本年优先股的股息一并发放。 （2）非累积优先股则是指公司不足以支付优先股的全部股息时，对所欠股息部分，优先股股东不能要求公司在以后年度补发
固定股息率优先股和浮动股息率优先股	股息率是否允许变动	（1）固定股息率优先股是指发行后股息率不再变动的优先股票。大多数优先股票的股息率是固定的，一般意义上的优先股票就是指固定股息率优先股票。 （2）浮动股息率优先股是指股票发行后，股息率可以根据情况按规定进行调整的优先股票。这种股票与一般优先股票股息率事先固定的特点不同，它的特性在于股息率是可变动的
可转换优先股票和不可转换优先股票	优先股票在一定的条件下能否转换成其他品种	（1）可转换优先股票是指发行后在一定条件下允许持有者将它转换成其他种类股票的优先股票。在大多数情况下，股份公司的转换股票是由优先股票转换成普通股票，或者由一种优先股票转换成另一种优先股票。 （2）不可转换优先股票是指发行后不允许其持有者将它转换成其他种类股票的优先股票。不可转换优先股票与转换优先股票不同，它没有给投资者提供改变股票种类的机会
可赎回优先股票和不可赎回优先股票	在一定条件下，该优先股票能否由原发行的股份公司出价赎回	（1）可赎回优先股票是指在发行后一定时期，可按特定的赎买价格由发行公司收回的优先股票。公司通常在认为可以用较低股息率发行新的优先股时，就可用此方法回购已发行的优先股股票。 （2）不可赎回优先股票是指发行后根据规定不能赎回的优先股票。这种股票一经投资者认购，在任何条件下都不能由股份公司赎回。由于股票投资者不能再从公司抽回股本，这就保证了公司资本的长期稳定

4. 我国发行和投资优先股的意义

我国优先股的发行与投资对股票市场的发展也有重要的意义，具体表现在如下方面。

（1）有助于加快直接融资的发展，拓展企业融资渠道。

（2）有利于商业银行补充资本金，缓解资本监管要求的压力。

（3）可丰富证券品种，为投资者提供多元化的投资渠道，促进资本市场稳定发展。

（4）为企业兼并重组提供支持，推动行业整合和产业升级。

六、我国的股票类型（★）

1. 按投资主体的性质分类

按投资主体的性质，可将股票划分为国家股、法人股、社会公众股和外资股等不同类型。详见表8-10。

表8-10 我国股票类型按投资主体的性质分类

类型	概念相关规定
国家股	国家股是指有权代表国家投资的部门或机构以国有资产向公司投资形成的股份,包括公司现有国有资产折算成的股份。从资金来源上看,国家股主要有三个方面。(1)现有国有企业改组为股份公司时所拥有的净资产。(2)现阶段有权代表国家投资的政府部门向新组建的股份公司的投资。(3)经授权代表国家投资的投资公司、资产经营公司、经济实体性总公司等机构向新组建股份公司的投资。 国家股和国有法人股是国有股权的组成部分。国有资产管理部门是国有股权行政管理的专职机构。国有股权可由国家授权投资的机构持有,也可由国有资产管理部门持有或由国有资产管理部门代政府委托其他机构或部门持有。国有股股利收入由国有资产管理部门监督收缴,依法纳入国有资产经营预算,并根据国家有关规定安排使用。国家股股权可以转让,但转让应符合国家的有关规定
法人股	法人股是指企业法人或具有法人资格的事业单位和社会团体以其依法可支配的资产投入公司形成的股份。法人持股所形成的也是一种所有权关系,是法人经营自身财产的一种投资行为。法人股股票以法人记名。如果是具有法人资格的国有企业、事业单位及其他单位以其依法占用的法人资产向独立于自己的股份公司出资形成或依法定程序取得的股份,可称为"国有法人股"。国有法人股属于国有股权。 作为发起人的企业法人或具有法人资格的事业单位和社会团体在认购股份时,可以用货币出资,也可以用其他形式的资产,如实物、工业产权、非专利技术、土地使用权等作价出资。但对其他形式资产必须进行评估作价,核实财产,不得高估或者低估作价
社会公众股	社会公众股是指社会公众依法以其拥有的财产投入公司时形成的可上市流通的股份。在社会募集方式下,股份公司发行的股份,除了由发起人认购一部分外,其余部分应该向社会公众公开发行。《中华人民共和国证券法》规定,公司申请股票上市的条件之一是:向社会公开发行的股份达到公司股份总数的25%以上;公司股本总额超过人民币4亿元的,向社会公开发行股份的比例为10%以上
外资股	外资股是指股份公司向外国和我国香港、澳门、台湾地区投资者发行的股票。这是我国股份公司吸收外资的一种方式。外资股按上市地域,可以分为境内上市外资股和境外上市外资股。 (1)境内上市外资股。境内上市外资股原来是指股份有限公司向境外投资者募集并在我国境内上市的股份,投资者限于:外国的自然人、法人和其他组织;我国香港、澳门、台湾地区的自然人、法人和其他组织;定居在国外的中国公民等。这类股票称为"B股"。B股采取记名股票形式,以人民币标明股票面值,以外币认购、买卖,在境内证券交易所上市交易。但从2001年2月对境内居民个人开放B股市场后,境内投资者逐渐成为B股市场的重要投资主体,B股的外资股性质发生了变化。境内居民个人可以用现汇存款和外币现钞存款以及从境外汇入的外汇资金从事B股交易,但不允许使用外币现钞。境内居民个人与非居民之间不得进行B股协议转让。境内居民个人所购B股不得向境外转托管。经有关部门批准,境内上市外资股或者其派生形式,如认股权凭证和境外存股凭证,可以在境外流通转让。公司向境内上市外资股股东支付股利及其他款项,以人民币计价和宣布,以外币支付。 (2)境外上市外资股。境外上市外资股是指股份有限公司向境外投资者募集并在境外上市的股份。它也采取记名股票形式,以人民币标明面值,以外币认购。在境外上市时,可以采取境外存股凭证形式或者股票的其他派生形式。在境外上市的外资股除了应符合我国的有关法规外,还须符合上市所在地国家或者地区证券交易所制定的上市条件。依法持有境外上市外资股、其姓名或者名称登记在公司股东名册上的境外投资人,为公司的境外上市外资股股东。境外上市外资股主要由H股、N股、S股、L股等构成。H股是指注册地在我国内地、上市地在我国香港的外资股。"香港"的英文是HONGKONG,取其首字母,在香港上市的外资股被称为"H股"。依此类推,"纽约"的第一个英文字母是N,"新加坡"的第一个英文字母是S,"伦敦"的第一个英文字母是L,因此在纽约、新加坡、伦敦上市的外资股分别称为"N股""S股""L股"。

名师点拨 红筹股是指在中国境外注册、在香港上市，但主要业务在中国内地或大部分股东权益来自中国内地的股票。红筹股不属于外资股。一般来说，如果某个在海外注册、在中国香港上市的公司的主要业务在中国境内，其中一大部分的盈利也来自该业务，或者该上市公司的大部分股东权益来自中国内地公司，就可以判定该股票是红筹股。红筹股已经成为内地企业进入国际资本市场筹资的一条重要渠道。

【例题·选择题】H股、N股、S股等属于（ ）。
A．社会公众股
B．境内上市外资股
C．境外上市外资股
D．红筹股

【解析】本题主要考查境外上市外资股的相关知识。境外上市外资股主要由H股、N股、S股等构成。H股是指注册地在我国内地、上市地在我国香港的外资股。"香港"的英文是HONGKONG，取其首字母，在香港上市的外资股被称为"H股"。纽约、新加坡、伦敦上市的外资股分别称为"N股""S股""L股"。故C选项为正确答案。

【答案】C

【例题·选择题】股份公司向外国和我国香港、澳门、台湾地区投资者发行的股票，称为（ ）。
A．社会公众股　　B．国家股
C．法人股　　　　D．外资股

【解析】本题主要考查外资股的概念。外资股是指股份公司向外国和我国香港、澳门、台湾地区投资者发行的股票。因此D选项正确。

【答案】D

【例题·选择题】我国国有资产管理部门或其授权部门持有（ ），履行国有资产的保值增值和通过国家控股、参股来支配更多社会资源的职责。
A．国有股　　B．法人股
C．限售股　　D．流通股

【解析】本题主要考查国有股的相关知识。我国国有资产管理部门或其授权部门持有国有股，履行国有资产的保值增值和通过国家控股、参股来支配更多社会资源的职责。因此A选项正确。

【答案】A

2．按流通受限与否分类及概念

已完成股权分置改革的公司，按股份流通受限与否可分为有限售条件股份和无限售条件股份。具体内容见表8-11。

表8-11 我国投票类型按流通受限与否分类

类别	概念	具体内容
有限售条件股份	有限售条件股份是指股份持有人依照法律、法规规定或按承诺有转让限制的股份，包括因股权分置改革暂时锁定的股份，内部职工股，董事、监事、高级管理人员持有的股份等	（1）股权分置改革产生的受限股。根据《上市公司股权分置改革管理办法》，此类受限股中首次公开发行前股东持有股份超过5%的股份在股改结束12个月后解禁流通量为5%，24个月流通量不超过10%，在其之后成为全部可上市流通股。该类股份被市场称为"大非"，股东持股数低于5%称为小非，在股改完成后12个月即可上市流通。 （2）"新老划断"后新的IPO公司产生的受限股，是指对改革后首次公开发行股票的公司不再区分流通股和非流通股。此类股票有三种：①首次公开发行前公司持有的股份自发行人股票上市之日起

类别	概念	具体内容
有限售条件股份		36个月内不得流通；②战略投资者配售的股份自本次公开发行的股票上市之日起12个月内不得流通；③特定机构配售的股份自本次公开发行的股票上市之日起3个月内不得流通。 （3）上市公司非公开发行产生的受限股。此类又分两档：①上市公司的控股股东、实际控制人或者控制的关联人认购的股份，锁定期为36个月；②通过本次发行的股份得到上市公司实际控制权的投资者、董事会拟引入的境内外战略投资者、其他投资者认购的股份，锁定期为12个月
无限售条件股份	无限售条件股份是指流通转让不受限制的股份	（1）人民币普通股，即A股，含向社会公开发行股票时向公司职工配售的公司职工股。 （2）境内上市外资股，即B股。 （3）境外上市外资股，即在境外证券市场上市的普通股，如H股、N股、S股、L股。 （4）其他。 【知识拓展】A股的正式名称是人民币普通股票。它是由中国境内的公司发行，供境内机构、组织或个人（不含台、港、澳投资者）以人民币认购和交易的普通股股票。A股不是实物股票，以无纸化电子记账，实行"T+1"交割制度，有涨跌幅（10%）限制，参与投资者为中国大陆机构或个人

七、我国的股权分置改革（★）

1. 股权分置改革的概念

由于历史原因，我国证券市场存在股权分置现象。股权分置是指A股市场上的上市公司股份按能否在证券交易所上市交易，被区分为非流通股和流通股，这是我国经济体制转轨过程中形成的特殊问题。股权分置不能适应资本市场改革开放和稳定发展的要求，必须通过股权分置改革，消除非流通股和流通股的流通制度差异。

上市公司股权分置改革，是通过非流通股股东和流通股股东之间的利益平衡协商机制，消除A股市场股份转让制度性差异的过程。上市公司股权分置改革遵循公开、公平、公正的原则，由A股市场相关股东在平等协商、诚信互谅、自主决策的基础上进行。中国证券监督管理委员会（中国证监会）依法对股权分置改革各方主体及其相关活动实行监督管理，组织、指导和协调推进股权分置改革工作。

2. 我国股权分置改革的历程

股权分置改革发展可分为以下几个阶段。

（1）第一阶段：股权分置改革探索阶段。

1998年下半年到1999年上半年，开始进行国有股减持的探索性尝试。

2001年6月12日，国务院颁布《减持国有股筹集社会保障资金管理暂行办法》，再次进行国有股减持尝试。

2001年10月22日，宣布暂停《减持国有股筹集社会保障资金管理暂行办法》。

（2）第二阶段：股权分置改革启动阶段。

2004年1月31日，国务院发布《国务院关于推进资本市场改革开放和稳定发展的若干意见》，提出"积极稳妥解决股权分置问题"。

2005年4月29日，国务院发布《关于上市公司股权分置改革试点有关问题的通知》，标志着股权分置改革正式启动。

（3）第三阶段：股权分置改革正式实施阶段。

2005年9月4日，中国证监会发布《上

市公司股权分置改革管理办法》，我国的股权分置改革进入全面铺开阶段。截至2006年12月31日，累计完成或进入股改程序的公司数已达1 303家，总市值约为60 504.47亿元，约占沪深A股总市值的98.55%，股权分置改革取得决定性胜利。

（4）第四阶段：后股改时代。

从"小非解禁"到所有受限股票实现全流通为止，股改后，各类股东利益趋向一致，扩大了市场规模，提高了市场整体的投资价值和效率。改革后的资本市场为非流通股股东特别是大股东提供了实施并购重组和资本退出的平台，有利于企业长远健康地发展。

3. 股权分置改革的操作规定

公司股权分置改革的动议，原则上应当由全体非流通股股东一致同意提出。非流通股股东提出改革建议，应委托公司董事会召集A股市场相关股东举行会议，审议公司股权分置改革方案。改革方案应当兼顾全体股东的即期利益和长远利益，有利于公司发展和市场稳定，并可根据公司实际情况，采用控股股东增持股份、上市公司回购股份、预设原非流通股股份实际出售的条件、预设回售价格、认沽权等具有可行性的股价稳定措施。相关股东会议投票表决改革方案，须经参加表决的股东所持表决权的2/3以上通过，并经参加表决的流通股股东所持表决权的2/3以上通过。改革方案获得相关股东会议表决通过，公司股票复牌后，市场称这类股票为"G股"。改革后公司原非流通股股份的出售应当遵守以下规定：自改革方案实施之日起，在12个月内不得上市交易或转让；持有上市公司股份总数5%以上的原非流通股股东在上述规定期满后，通过证券交易所挂牌交易出售原非流通股股份，出售数量占该公司股份总数的比例在12个月内不得超过5%，在24个月内不得超过10%。

4. 股权分置改革的意义

证券监督管理机构将根据股权分置改革进程和市场整体情况择机实行"新老划断"，即对首次公开发行公司不再区分流通股和非流通股。股权分置改革基本完成和其他市场化改革措施的实施，解决了长期影响我国资本市场健康发展的重大历史遗留问题，理顺了市场机制，释放了市场潜能，使资本市场融资和资源配置功能得以恢复，并引领资本市场活跃向上。更为重要的是，资本市场已经开始对中国经济社会产生重要影响，不仅中国社会的各个层面感受到资本市场给经济发展带来的活力，而且中国的资本市场已成为全球投资者关注的焦点。目前，我国绝大多数上市公司的股权分置改革已经完成。尚未完成股权分置改革的公司有10余家，股票代码前加"S"标示。

股权分置改革是推进我国资本市场国际化进程的重要一步，对我国证券市场产生了深刻、积极的影响，具体影响如下所述。

（1）不同股东之间的利益行为机制在股改后趋于一致化。

（2）股权分置改革有利于证券市场核心功能的恢复，市场的价值发现功能得以发挥，股权分置的功能进一步优化。

（3）股权分置改革形成的全流通的市场结构，使中国资本市场开始具备建立上市公司条件。

（4）股权分置改革之后市场上股票的供给增加，为资本运作和衍生工具的快速发展奠定了制度基础。

（5）中国资本市场的运行规则也在进行重大调整。

（6）股权分置改革对大股东非理性行为的约束更为明显。

股权分置改革使中国证券市场迈入了一个新的发展阶段，为中国证券市场今后的发展提供了坚实的制度基础，解决了困扰股票市场多年的制度桎梏。

【例题·选择题】上市公司股权分置改革是通过非流通股和流通股之间利益（　　），消除A股市场股份转让制度性差异的过程，是为非流通股可上市交易作出的制度安排。

A. 平衡协商机制
B. 均分机制
C. 行政指令机制
D. 固定对价机制

【解析】本题主要考查股权分置改革的相关知识。上市公司股权分置改革是通过非流通股股东和流通股股东之间的利益平衡协商机制，消除A股市场股份转让制度性差异的过程，是为非流通股可上市交易作出的制度安排。因此A选项正确。

【答案】A

第二节 股票发行

考情分析：本节重点考查股票发行制度的相关问题，包括：我国的股票发行制度的演变、审批制度、核准制度、注册制度的概念与特征，保荐制度、承销制度的概念等。本节考点较多，且考试频率较高，考生应加以重视。

学习建议：根据大纲要求，掌握审批制度、核准制度、注册制度的概念与特征，保荐制度、承销制度的概念，新股公开发行和非公开发行的基本条件、一般规定，配股的特别规定，增发的特别规定。理解我国的股票发行制度的演变和股票的无纸化发行和初始登记制度。熟悉股票发行制度的概念、增发的发行方式、配股的发行方式。本节内容与以前章节知识点有一定的联系，考生应加以区分，找出异同，在理解的基础上进行记忆。

一、股票发行制度的概念（★★）

股票发行制度是指发行人在申请发行股票时必须遵循的一系列程序化的规范，具体而言，表现在发行监管制度、发行方式与发行定价等方面。健全的股票发行制度是股份制发展和完善的重要条件，也是证券市场建设的基础环节。

二、审批制度、核准制度与注册制度（★★★）

股票发行制度包括：审批制、核准制和注册制，每一种发行监管制度都对应一定的市场发展状况。在市场逐渐发育成熟的过程中，股票发行制度也应该逐渐地改变，以适应市场发展需求，其中审批制是完全计划发行的模式，核准制是从审批制向注册制过渡的中间形式，注册制则是目前成熟股票市场普遍采用的发行制度。表8-12详细介绍了三种制度的内容。

表8-12 审批制度、核准制度与注册制度

制度名称	含义和特征
审批制度	审批制度是一国在股票市场的发展初期，为了维护上市公司的稳定和平衡复杂的社会经济关系，采用行政和计划的办法分配股票发行的指标和额度，由地方政府或行业主管部门根据指标推荐企业发行股票的一种发行制度。审批制下，公司发行股票的首要条件是取得指标和额度，取得了政府给予的指标和额度，就等于取得了政府的保荐。因此，公司发行股票的竞争焦点主要是争夺股票发行指标和额度。

续表

制度名称	含义和特征
审批制度	审批制本身有很多弊病，使得证券市场的供求机制完全行政化而非市场化。首先，地方政府既作为公司上市的主要决定者，又作为地方行政实体，往往倾向于将其所控制下的问题较多的国有企业拿去上市融资，而不考虑其持续经营能力，造就股票市场发展初期上市公司质量普遍不高的现象。其次，企业申请上市要经历二级审批，导致企业发行股票费用较高，为此，也出现了一些企业为获取上市资格而对政府进行"寻租"的现象
核准制度	核准制度是介于注册制和审批制之间的中间形式。它一方面取消了政府的指标和额度管理，并引进证券中介机构的责任，判断企业是否达到股票发行的条件；另一方面证券监管机构同时对股票发行的合规性和适销性条件进行实质性审查，并有权否决股票发行的申请。 在核准制下，发行人在申请发行股票时，不仅要充分公开企业的真实情况，而且必须符合有关法律和证券监管机构规定的必要条件，证券监管机构有权否决不符合规定条件的股票发行申请。证券监管机构对申报文件的真实性、准确性、完整性和及时性进行审查，还对发行人的营业性质、财力、素质、发展前景、发行数量和发行价格等条件进行实质性审查，并据此作出发行人是否符合发行条件的价值判断和是否核准申请的决定
注册制度	注册制度是在市场化程度较高的成熟股票市场所普遍采用的一种发行制度。又称"申报制"或"登记制"，实质上是一种发行公司的财务公开制度。证券监管部门公布股票发行的必要条件，只要达到所公布条件要求的企业即可发行股票。发行人申请发行股票时，必须依法将公开的各种资料完全准确地向证券监管机构申报。证券监管机构的职责是对申报文件的真实性、准确性、完整性和及时性作合规性的形式审查，而将发行公司的质量留给证券中介机构来判断和决定。 这种股票发行制度对发行人、证券中介机构和投资者的要求都比较高。企业拥有发行股票筹集资本的绝对自主权，实行以信息披露为中心的监管理念，各市场参与主体勤勉尽责，实行宽进，重在事中和事后监管，严惩违法违规，保护投资者合法权益

关于上述三类发行审核制度的比较有如下几点。

（1）就审核原则上来说，注册制采取信息公开原则，对信息披露情况进行事后监督；核准制采取实质性管理原则，强调监管审核；审批制采取完全行政审批原则。

（2）就审核内容上来说，注册制仅进行形式审查，不进行实质判断；核准制须进行实质审查，判断是否核准申请；审批制采取两级审核制。

（3）就审核方式而言，注册制采取形式审查；核准制采取实质审查；审批制采取形式及实质的全面审查。

（4）就透明度而言，注册制的透明度相对较高，审核机构难以人为干预；核准制相对较低，审核机构有较大裁量权；审批制的透明度较低，采用完全行政审批。

（5）注册制的审核主体和推荐主体是中介机构，审核效率较高；核准制的审核主体和推荐主体都是中介机构，但是审核效率就相对较低；审批制的审核主体和推荐主体都是主管部门，审核效率就更低。

三、我国的股票发行制度的演变（★）

1. 我国的股票发行监管制度的演变

我国股票发行制度与特定的经济环境、市场结构等因素密切相关，主要体现在发行监管制度和发行方式两方面。总体来看，我国股票发行审核制度的演变经历了从审批制到核准制的转变过程。这一过程又分别或同时并行着"额度管理""指标管理""通道制"和"保荐制"四个阶段，其中额度管理和指标管理属于审批制，通道制和保荐制属于核准制。具体内容见表8-13。

表 8-13　我国的股票发行监管制度的演变

阶段	具体内容
审批制之前的发行监管制度（1990—1993年）	在上海证券交易所与深圳证券交易所成立以后将近3年的时间里，股票的发行没有实质性的监管制度来进行监管。自1992年年底国务院证券委员会和中国证监会成立以后，证券市场的管理格局和管理方式才开始发生变化
"额度管理"阶段（1993—1995年）	1993年4月25日，国务院颁布了《股票发行与交易管理暂行条例》，标志着审批制的正式确立。我国股票发行审批制度包括两层含义。第一，股票发行实行两级审批制，即发行者首先须按隶属关系向地方政府或国务院有关主管部门提出申请，地方政府或国务院有关主管部门则在国家下达的规模内进行审批。获得批准的发行申请还必须送中国证监会复审。复审同意之后，再向上交所或深交所的上市委员会提出上市申请，待上市委员同意接受上市后，方可发行股票。第二，这种审批制度以额度管理为核心。 在审批制下，股票发行由国务院证券监督管理机构根据经济发展和市场供求的具体情况，在宏观上制定一个当年股票发行总规模（额度或指标），经国务院批准后，下达给计委，计委再根据各个省级行政区域和行业在国民经济发展中的地位和需要进一步将总额度分配到各省、自治区、直辖市、计划单列市和国家有关部委。省级政府和国家有关部委在各自的发行规模内推荐预选企业，证券监管机构对符合条件的预选企业的申报材料进行审批。对企业而言，需要经历两级行政审批，即企业首先向其所在地政府或主管中央部委提交额度申请，经批准后报送证监会复审。证监会对企业的质量、前景进行实质审查，并对发行股票的规模、价格、发行方式、时间等作出安排。额度是以股票面值计算的，在溢价发行条件下，实际筹资额远大于计划额度
"指标管理"阶段（1996—2000年）	1996年，国务院证券委员会公布了《关于1996年全国证券期货工作安排意见》，推行"总量控制、限报家数"的指标管理办法。由国家计委、证券委共同制定股票发行总规模，证监会在确定的规模内，根据市场情况向各省级政府和行业管理部门下达股票发行家数指标，省级政府或行业管理部门在指标内推荐预选企业，证券监管部门对符合条件的预选企业同意其上报发行股票正式申报材料并审核。 1997年，证监会下发了《关于做好1997年股票发行工作的通知》，同时增加了拟发行股票公司预选材料审核的程序，由证监会对地方政府或中央企业主管部门推荐的企业进行预选，改变了两级行政审批下单纯由地方推荐企业的做法，开始了对企业的事前审核
"通道制"阶段（2001—2004年）	1999年7月1日正式实施的《中华人民共和国证券法》确立了核准制的法律地位。随后，中国证监会于1999年9月16日推出了股票发行核准制实施细则。紧接着中国证监会又陆续制定了一系列与《证券法》相配套的法律法规和部门规章，例如《中国证监会股票发行审核委员会条例》《中国证监会股票发行核准程序》《股票发行上市辅导工作暂行办法》等，构建了股票发行核准制的基本框架。 核准制的第一个阶段是"通道制"。2001年3月17日，证监会宣布取消股票发行审批制，正式实施股票发行核准制下的"通道制"。2001年3月29日，中国证券业协会对"通道制"作出了具体解释：每家证券公司一次只能推荐一定数量的企业申请发行股票，由证券公司将拟推荐企业逐一排队，按序推荐。所推荐企业每核准一家才能再报一家，即"过会一家，递增一家"（2001年6月24日又调整为"每公开发行一家才能再报一家"，即"发行一家，递增一家"），具有主承销资格的证券公司拥有的通道数量最多8条，最少2条。到2005年1月1日"通道制"被废除时，全国83家证券公司一共拥有318条通道。 "通道制"改变了由行政机制遴选和推荐发行人的做法，使主承销商在一定程度上承担起股票发行的风险，同时也获得了遴选和推荐股票发行人的权利

续表

阶段	具体内容
"保荐制"阶段（2004年至今）	2003年12月，证监会制定了《证券发行上市保荐制度暂行办法》等法规，这是适应市场需求和深化股票发行制度改革的重大举措。2008年8月14日、2009年4月14日中国证监会分别对该《办法》进行了修订。 保荐制度的重点是明确保荐机构和保荐代表人的责任并建立责任追究机制。与"通道制"相比，保荐制度增加了由保荐人承担发行上市过程中连带责任的内容。保荐人的保荐责任期包括发行上市全过程，以及上市后的一段时期（比如两个会计年度）
推进新股发行体制改革阶段（2013年至今）	2013年11月30日，证监会制定并发布《关于进一步推进新股发行体制改革的意见》，这是逐步推进股票发行从核准制向注册制过渡的重要步骤，标志着我国股票发行监管制度改革所取得的新发展。改革的总体原则是：坚持市场化、法制化取向，综合施策、标本兼治，进一步理顺发行、定价、配售等环节的运行机制，发挥市场决定性作用，加强市场监管，维护市场公平，切实保护投资者特别是中小投资者的合法权益。 《意见》强调市场化改革的核心是信息披露，新股市场化发行改革的趋势是由核准制向注册制转变，而信息披露作为注册制发行的核心，提前招股书的披露时点，能够最大限度缓解市场上的信息不对称问题。同时指出，新股发行体制改革并不意味着监管放松，而是在完善事前审核的同时，更加突出事中加强监管、事后严格执法

2. 我国股票发行方式的历史演变

我国股票发行方式的主要内容，是指我国新股的定价和配售制度。我国股票发行方式的演变历程见表8-14。

表8-14 我国股票发行方式的演变历程

项目	演变历程
定价方式	（1）固定价格发售机制（1990—1998年）。 （2）上网竞价发行（1994—1995年）。 （3）对市盈率限制的突破（1999—2001年）。 （4）询价方式确定发行价格（1999年）。 （5）上网竞价发行（2001年）。 （6）网上累计投标发行定价方式（2001年）。 （7）询价制（2004年至今）
配售方式	（1）发售认购证（1991—1993年）。 （2）与储蓄存款挂钩的无限量发售认购表（1993年）。 （3）全额预缴、比例配售（1994年）。 （4）上网竞价方式（1994—1995年）。 （5）上网定价抽签方式（1995—1997年）。 （6）上网定价发行与对法人配售相结合（1999—2000年）。 （7）上网定价发行与向二级市场投资者配售相结合（2000年）。 （8）放开市盈率限制的上网定价发行（2000—2001年）。 （9）二次发售机制（2001年）。 （10）上网发行资金申购，网下配售与网上发行同时进行（2006年至今）

3. 我国股票发行方式和定价方式

我国的股票发行主要采取公开发行并上市方式，同时也允许上市公司在符合相关规定的条件下向特定对象非公开发行股票。我国现行的有关法规规定,我国股份公司首次公开发行股票和上市后向社会公开募集股份(公募增发),采取对公众投资者上网发行和对机构投资者配售相结合的发行方式。

股票发行的定价方式,可以采取协商定价方式,也可以采取询价方式、上网竞价方式等。我国《证券发行与承销管理办法》规定,首次公开发行股票以询价方式确定股票发行价格。首次公开发行股票的公司及其主承销商应通过向询价对象询价的方式确定股票发行价格。

四、保荐制度与承销制度（★★★）

1. 保荐制度

"保荐制"起源于英国,全称是保荐代表人制度。中国的保荐制度是指有资格的保荐人推荐符合条件的公司公开发行证券和上市,并对所推荐的发行人的信息披露质量和所做承诺提供持续训示、督促、辅导、指导和信用担保的制度。其主要内容包括：建立保荐机构和保荐代表人的注册登记管理制度；明确保荐期限；分清保荐责任；引进持续信用监管和"冷淡对待"的监管措施四个方面。

保荐制度的核心内容是对企业发行上市提出了"双保"要求,也就是说企业发行上市必须要保荐机构保荐,并由具有保荐代表人资格的从业人员具体负责保荐。保荐制度规范了证券发行上市的行为,促进了证券市场的健康发展。2012 年 9 月 23 日,"保荐代表人注册"取消,改由中国证券业协会实施自律管理。保荐代表人审批制度的转变意味着保荐人资格将不受机构和个人的限制,制度设计更加灵活。

保荐制度在规范证券发行人上市行为,提高上市公司质量和证券经营机构执业水平,保护投资者的合法权益,促进证券市场健康发展等方面都起积极作用。

2. 承销制度

证券承销是指证券发行人借助证券承销机构来发行证券的行为。证券承销制度是用来规范证券承销中监管部门、发行人、承销机构、投资者等内部关系的法律法规和契约的总称。

股票承销有表 8-15 所示三种方式。

表 8-15 股票承销方式

方式	含 义
股票包销	股票包销是最常见的股票承销方式,指发行公司和证券机构达成协议,以低于发行价的价格把公司发行的股票全部买进,再转卖给投资者。如果证券机构不能完成股票发售的,由证券机构承购的股票发行方式,股票包销又分全额包销和余额包销两种
股票代销	代销是指承销商代发行人发售股票,在承销期结束后,将未售出的股票全部退还给发行人的承销方式
备用包销	备用包销是指承销商与发行人签订协议,承销期间是代销行为,期满后将售后剩余的股票全部自行买入的承销方式。在这种方式下,承销商购买剩余股票时,发行人须支付一定的费用

我国《证券法》规定：发行人向不特定对象发行的证券,法律、行政法规规定应当由证券公司承销的,发行人应当同证券公司签订承销协议。向不特定对象发行的证券票面总值超过人民币 5 000 万元的,应当由承销团承销。承销团应当由主承销和参与承销的证券公司组成。证券的代销、包销期限最长不得超过 90 日。证券公司在代销、包销期内,对所代销、包销的证券应当保证先行出售给认购人,证券公司不得为本公司预留所代销的证券和预先购入并留存所包销的证券。股票发行采取溢价发行的,其发行价格由发行人与承销的证券公司协商确定。股票发行采用代销方式,代销期限届满,向投资者出售

的股票数量未达到拟公开发行股票数量70%的,为发行失败。发行人应当按照发行价并加算银行同期存款利息返还股票认购人。公开发行股票,代销、包销期限届满,发行人应当在规定的期限内将股票发行情况报国务院证券监督管理机构备案。

【例题·选择题】下列关于证券承销与保荐业务的说法中,错误的是(　　)。
　　A．证券承销是指证券公司代理证券发行人发行证券的行为
　　B．证券公司履行保荐职责,应按规定注册登记为保荐机构
　　C．证券发行人负责证券发行的主承销工作
　　D．保荐机构负有对发行人进行尽职调查的义务
【解析】本题主要考查证券承销与保荐业务的相关知识。证券承销是指证券公司代理证券发行人发行证券的行为,所以A选项正确。证券公司履行保荐职责,应按规定注册登记为保荐机构。保荐机构负责证券发行的主承销工作,负有对发行人进行尽职调查的义务,对公开发行募集文件的真实性、准确性、完整性进行核查,向中国证监会出具保荐意见,并根据市场情况与发行人协商确定发行价格。所以B、D选项都正确。证券发行人与证券承销机构签订承销协议,由承销机构代理发行证券。所以C选项错误。
【答案】C

五、股票的无纸化发行和初始登记制度(★)

1. 股票的无纸化发行

股票凭证是股票的具体表现形式。由于电子技术的发展与应用,世界很多国家已经实现部分或全部无纸化。不再以纸质凭证为表现形式,而仅以权利记录作为账簿存管。

净额交收系统和证券存管制度的出现使股票的无纸化发行和交易成为现实。我国深沪股市股票的发行和交易都借助于电子计算机及电子通信系统进行,上市股票的日常交易已实现了无纸化,所以现在的股票仅仅是由电子计算机系统管理的一组组二进制数字而已。

2. 股份的初始登记制度

证券登记是指证券登记结算机构为证券发行人建立和维护证券持有人名册的行为。初始登记指已发行的证券在证券交易所上市前,由中国结算公司根据证券发行人的申请维护证券持有人名册,并将证券记录到投资者证券账户中。经过初始登记手续,投资者持有该证券的事实得到确认。初始登记是投资者后续进行买卖、转让、质押等流转和处置行为的前提。按照证券类别和发行情况,可以对证券初始登记进一步划分为股份初始登记、基金募集登记、债券发行登记、权证发行登记和交易型开放式指数基金发行登记。其中,股份登记包括首次公开发行登记、增发新股登记、送股(或转增股本)登记和配股登记等。

(1)股份首次公开发行和增发登记。在我国,股份公司经主管部门批准公开发行新股,曾采用股票认购证、与储蓄存款挂钩、"全额预缴、比例配售"等网下发行和网上定价发行、网上竞价发行等方式。在不同的发行方式下,股份发行登记的方法略有不同。在现阶段采用网上定价公开发行方式的情况下,投资者申购后,主承销商根据股票发行公告的有关规定确定认购股数,然后由中国结算公司在发行结束后根据成交记录或配售结果自动完成新股的股份登记。具体办法为:新股认购者在开立股票账户后,可于规定的发行日前,在办理本次发行的证券营业部存入

足够的申购资金,然后按买入股票的委托手续办理申购。认购者应在申购结束后到证券营业部确认申购配号,并在中签后办理交割手续。对于中国结算公司股份登记的实际运作来说,如果是通过网上发行新股的,就根据证券交易所关于股票发行有关事宜的通知,将网上发行总量记录到主承销商发行专户中,并根据网上申购结果,将主承销商证券账户中的相应股份过户到投资者证券账户中。如果是通过网下发行新股的,中国结算公司根据证券发行人申报数据,将相应股份记录到投资者证券账户中。发行结束后2个交易日内,上市公司应当向中国结算公司申请办理股份发行登记,对网上和网下发行的结果加以确认。

(2)送股及公积金转增股本登记。送股是指股份公司将其拟分配的红利转增为股本;公积金转增股本是指股份公司将公积金的一部分按每股一定比例转增为股本。对送股(公积金转增股本)的股份登记,由中国结算公司根据上市公司提供的股东大会红利分配方案决议确定的送股比例或公积金转增股本比例,按照股东数据库中股东的持股数,主动为其增加股数,从而自动完成送股(转增股)的股份登记手续。送股股份登记的记录在证券账户的过户记录中逐笔反映。根据有关规定,证券发行人申请办理送股(公积金转增股本)登记,应向中国结算公司提供派发股份股利及公积金转增股本申请、股东大会决议以及其他要求的材料。中国结算公司对证券发行人的申请材料审核通过后,根据其申请派发相应股份,于权益登记日登记送股(转增股)。申请送股(转增股)时,上市公司应确保权益登记日不得与配股、增发、扩募等发行行为的权益登记日重合,并确保自向中国结算公司提交申请表之日至新增股份上市日期间,不得因其他业务改变公司的股本数或权益数。

(3)配股登记。配股是指股份公司以股东所持有的股份数为认购权,按一定比例向股东配售该公司新发行的股票。在配股登记日闭市后,中国结算公司将根据持股数量记录投资者的配股权,并将明细数据传输给证券公司。投资者可在公告的配股期限内,委托其指定交易所所属证券营业部或原股份托管的证券营业部,在交易时间通过证券交易所电脑交易系统进行配股申报。认购缴款结束后,由中国结算公司主动为认购缴款的股东在相应的股票账户中增加相应的股数。未被认购并且承销商未予包销的股份,根据中国证监会的有关规定即时在可配股份总数中予以扣除,不予登记。配股股份登记的记录在股票账户的过户记录中逐笔反映。

六、新股公开发行的相关规定

股票发行的类型主要包括上市公司发行新股与首次公开发行股票两种,上市公司发行新股又包括公开发行新股和非公开发行新股。

1. 公司公开发行新股的一般规定

根据《证券法》和《上市公司证券发行管理办法》的规定,公司公开发行新股的一般规定如下所述。

(1)上市公司的组织机构健全、运行良好,符合下列规定。

①公司章程合法有效,股东大会、董事会、监事会和独立董事制度健全,能够依法有效履行职责。

②公司内部控制制度健全,能够有效保证公司运行的效率、合法合规性和财务报告的可靠性;内部控制制度的完整性、合理性、有效性不存在重大缺陷。

③现任董事、监事和高级管理人员具备任职资格,能够忠实和勤勉地履行职务,不存在违反公司法第一百四十八条、第一百四十九条规定的行为,且最近36个月内未受到过中国证监会的行政处罚、最近12个

月内未受到过证券交易所的公开谴责。

④上市公司与控股股东或实际控制人的人员、资产、财务分开,机构、业务独立,能够自主经营管理。

⑤最近12个月内不存在违规对外提供担保的行为。

(2)上市公司的盈利能力具有可持续性,符合下列规定。

①最近3个会计年度连续盈利。扣除非经常性损益后的净利润与扣除前的净利润相比,以低者作为计算依据。

②业务和盈利来源相对稳定,不存在严重依赖于控股股东、实际控制人的情形。

③现有主营业务或投资方向能够可持续发展,经营模式和投资计划稳健,主要产品或服务的市场前景良好,行业经营环境和市场需求不存在现实或可预见的重大不利变化。

④高级管理人员和核心技术人员稳定,最近12个月内未发生重大不利变化。

⑤公司重要资产、核心技术或其他重大权益的取得合法,能够持续使用,不存在现实或可预见的重大不利变化。

⑥不存在可能严重影响公司持续经营的担保、诉讼、仲裁或其他重大事项。

⑦最近24个月内曾公开发行证券的,不存在发行当年营业利润比上年下降50%以上的情形。

(3)上市公司的财务状况良好,符合下列规定。

①会计基础工作规范,严格遵循国家统一会计制度的规定。

②最近3年及一期财务报表未被注册会计师出具保留意见、否定意见或无法表示意见的审计报告;被注册会计师出具带强调事项段的无保留意见审计报告的,所涉及的事项对发行人无重大不利影响或者在发行前重大不利影响已经消除。

③资产质量良好。不良资产不足以对公司财务状况造成重大不利影响。

④经营成果真实,现金流量正常。营业收入和成本费用的确认严格遵循国家有关企业会计准则的规定,最近3年资产减值准备计提充分合理,不存在操纵经营业绩的情形。

⑤最近3年以现金或股票方式累计分配的利润不少于最近3年实现的年均可分配利润的20%。

(4)上市公司最近36个月内财务会计文件无虚假记载,且不存在下列重大违法行为。

①违反证券法律、行政法规或规章,受到中国证监会的行政处罚,或者受到刑事处罚。

②违反工商、税收、土地、环保、海关法律、行政法规或规章,受到行政处罚且情节严重,或者受到刑事处罚。

③违反国家其他法律、行政法规且情节严重的行为。

(5)上市公司募集资金的数额和使用应当符合下列规定。

①募集资金数额不超过项目需要量。

②募集资金用途符合国家产业政策和有关环境保护、土地管理等法律和行政法规的规定。

③除金融类企业外,本次募集资金使用项目不得为持有交易性金融资产和可供出售的金融资产、借予他人、委托理财等财务性投资,不得直接或间接投资于以买卖有价证券为主要业务的公司。

④投资项目实施后,不会与控股股东或实际控制人产生同业竞争或影响公司生产经营的独立性。

⑤建立募集资金专项存储制度,募集资金必须存放于公司董事会决定的专项账户。

(6)上市公司存在下列情形之一的,不得公开发行证券。

①本次发行申请文件有虚假记载、误导性陈述或重大遗漏。

②擅自改变前次公开发行证券募集资金的用途而未作纠正。

③上市公司最近12个月内受到过证券交易所的公开谴责。

④上市公司及其控股股东或实际控制人最近12个月内存在未履行向投资者作出的公开承诺的行为。

⑤上市公司或其现任董事、高级管理人员因涉嫌犯罪被司法机关立案侦查或涉嫌违法违规被中国证监会立案调查。

⑥严重损害投资者的合法权益和社会公共利益的其他情形。

同时,《证券法》第十四条规定,公司公开发行新股,应当向国务院证券监督管理机构报送募股申请和下列文件:公司营业执照;公司章程;股东大会决议;招股说明书;财务会计报告;代收股款银行的名称及地址;承销机构名称及有关的协议。依照法律规定聘请保荐人的,还应当报送保荐人出具的发行保荐书。

2. 配股、增发的特别规定

(1) 配股的特别规定。

向原股东配售股份(以下简称"配股"),除符合上述一般规定外,还应当符合下列规定。

①拟配售股份数量不超过本次配售股份前股本总额的30%。

②控股股东应当在股东大会召开前公开承诺认配股份的数量。

③采用证券法规定的代销方式发行。

控股股东不履行认配股份的承诺,或者代销期限届满,原股东认购股票的数量未达到拟配售数量70%的,发行人应当按照发行价并加算银行同期存款利息返还已经认购的股东。

(2) 增发的特别规定。

向不特定对象公开募集股份(以下简称"增发"),除符合上述一般规定外,还应当符合下列规定。

①最近3个会计年度加权平均净资产收益率平均不低于6%。扣除非经常性损益后的净利润与扣除前的净利润相比,以低者作为加权平均净资产收益率的计算依据。

②除金融类企业外,最近一期末不存在持有金额较大的交易性金融资产和可供出售的金融资产、借予他人款项、委托理财等财务性投资的情形。

③发行价格应不低于公告招股意向书前20个交易日公司股票均价或前一个交易日的均价。

3. 在主板和中小板上市的公司首次公开发行股票的条件

(1) 持续经营时间3年以上。具体包括:①股份有限公司自成立后,持续经营时间在3年以上。②有限责任公司按原账面净资产值折股整体变更为股份有限公司的,持续经营时间可以从有限责任公司成立之日起计算,并达3年以上(经国务院批准,有限责任公司在依法变更为股份有限公司时,可以采取募集设立方式公开发行股票)。

(2) 发行人最近3年内主营业务和董事、高级管理人员没有发生重大变化,实际控制人没有发生变更。

(3) 人员独立。发行人的总经理、副总经理、财务负责人和董事会秘书等高级管理人员不得在控股股东、实际控制人及其控制的其他企业中担任除"董事、监事"以外的其他职务,不得在控股股东、实际控制人及其控制的其他企业领薪;发行人的"财务人员"不得在控股股东、实际控制人及其控制的其他企业中兼职。

(4) 业务独立。发行人的业务应当独立于控股股东、实际控制人及其控制的其他企业,与控股股东、实际控制人及其控制的其他企业间不得有同业竞争或者显失公平的关联交易。

(5) 具有持续盈利能力。

知识拓展

影响发行人持续盈利能力的情形，包括但不限于以下两点。(1) 发行人最近1个会计年度的营业收入或净利润对关联方或者存在重大不确定性的客户存在重大依赖。(2) 发行人最近1个会计年度的净利润主要来自合并财务报表范围以外的投资收益。

(6) 由注册会计师出具了"无保留意见的审计报告"。

(7) 财务指标符合下列要求。

①最近3个会计年度净利润均为正数且累计超过人民币3 000万元，净利润以扣除非经常性损益前后较低者为计算依据。

②最近3个会计年度经营活动产生的现金流量净额累计超过人民币5 000万元；或者最近3个会计年度营业收入累计超过人民币3亿元。

③发行前股本总额不少于人民币3 000万元。

④最近一期期末无形资产（扣除土地使用权、水面养殖权和采矿权等后）占净资产的比例不高于20%。

⑤最近一期期末不存在未弥补亏损。

(8) 发行人不存在重大偿债风险，不存在影响持续经营的担保、诉讼以及仲裁等重大或有事项。

(9) 财务资料真实完整。发行人披露的财务资料不得存在以下情形。

①故意遗漏或虚构交易、事项或者其他重要信息。

②滥用会计政策或者会计估计。

③操纵、伪造或篡改编制财务报表所依据的会计记录或者相关凭证。

(10) 募集资金原则上应当用于主营业务。除金融类企业外，募集资金使用项目不得为持有交易性金融资产和可供出售的金融资产、借予他人、委托理财等财务性投资，不得直接或者间接投资于以买卖有价证券为主要业务的公司。

(11) 在主板和中小板上市的公司首次公开发行股票应不存在下列情形。

①最近36个月内未经法定机关核准，擅自公开或者变相公开发行过证券；或者有关违法行为虽然发生在36个月前，但目前仍处于持续状态。

②最近36个月内违反工商、税收、土地、环保、海关以及其他法律、行政法规，受到行政处罚，且情节严重。

③最近36个月内曾向中国证监会提出发行申请，但报送的发行申请文件有虚假记载、误导性陈述或重大遗漏；或者不符合发行条件以欺骗手段骗取发行核准；或者以不正当手段干扰中国证监会及其发行审核委员会审核工作；或者伪造、变造发行人或其董事、监事、高级管理人员的签字、盖章。

④本次报送的发行申请文件有虚假记载、误导性陈述或者重大遗漏。

⑤涉嫌犯罪被司法机关立案侦查，尚未有明确结论意见。

⑥严重损害投资者合法权益和社会公共利益的其他情形。

(12) 招股说明书中引用的财务报表在其最近一期截止日后6个月内有效。特别情况下发行人可申请适当延长，但至多不超过1个月。

【例题·选择题】股票市场的发行人为（ ）。

A. 无限责任公司
B. 股权两合公司
C. 股份有限公司
D. 有限责任公司

【解析】本题主要考查股票发行人的相关知识。股票是一种有价证券，它是股份有限公司签发的证明股东所持股份的凭证。按《公司法》第七十六条规定股票市场的发行人为股份有限公司。故C选项为正确答案。

【答案】C

4．在创业板上市的公司首次公开发行股票的条件

发行人申请首次公开发行股票并在创业板上市，应依法披露的信息，必须真实、准确、完整、及时，不得有虚假记载、误导性陈述或者重大遗漏。发行人作为信息披露第一责任人，应当及时向保荐人、证券服务机构提供真实、准确、完整的财务会计资料和其他资料，全面配合保荐人、证券服务机构开展尽职调查。

中国证监会依法对发行人申请文件的合法合规性进行审核，依法核准发行人的首次公开发行股票申请，并对发行人股票发行进行监督管理。证券交易所依法制定业务规则，创造公开、公平、公正的市场环境，保障创业板市场的正常运行。

中国证监会依据发行人提供的申请文件核准发行人首次公开发行股票申请，不对发行人的盈利能力、投资价值或者投资者的收益作出实质性判断或者保证。

投资者自主判断发行人的投资价值，自主作出投资决策，自行承担股票依法发行后因发行人经营与收益变化或者股票价格变动引致的投资风险。

创业板市场应当建立健全与投资者风险承受能力相适应的投资者准入制度，向投资者充分提示投资风险，注重投资者需求，切实保护投资者特别是中小投资者的合法权益。发行人申请首次公开发行股票应当符合下列条件。

（1）发行人是依法设立且持续经营三年以上的股份有限公司。有限责任公司按原账面净资产值折股整体变更为股份有限公司的，持续经营时间可以从有限责任公司成立之日起计算。

（2）最近两年连续盈利，最近两年净利润累计不少于1 000万元；或者最近一年盈利，最近一年营业收入不少于5 000万元。净利润以扣除非经常性损益前后孰低者为计算依据。

（3）最近一期末净资产不少于2 000万元，且不存在未弥补亏损。

（4）发行后股本总额不少于3 000万元。

（5）发行人的注册资本已足额缴纳，发起人或者股东用作出资的资产的财产权转移手续已办理完毕。发行人的主要资产不存在重大权属纠纷。

（6）发行人应当主要经营一种业务，其生产经营活动符合法律、行政法规和公司章程的规定，符合国家产业政策及环境保护政策。

（7）发行人最近两年内主营业务和董事、高级管理人员均没有发生重大变化，实际控制人没有发生变更。

（8）发行人的股权清晰，控股股东和受控股股东、实际控制人支配的股东所持发行人的股份不存在重大权属纠纷。

（9）发行人具有完善的公司治理结构，依法建立健全股东大会、董事会、监事会以及独立董事、董事会秘书、审计委员会制度，相关机构和人员能够依法履行职责。发行人应当建立健全股东投票计票制度，建立发行人与股东之间的多元化纠纷解决机制，切实保障投资者依法行使收益权、知情权、参与权、监督权、求偿权等股东权利。

（10）发行人会计基础工作规范，财务报表的编制和披露符合企业会计准则和相关信息披露规则的规定，在所有重大方面公允地反映了发行人的财务状况、经营成果和现金流量，并由注册会计师出具无保留意见的审计报告。

（11）发行人内部控制制度健全且被有效执行，能够合理保证公司运行效率、合法合规和财务报告的可靠性，并由注册会计师出具无保留结论的内部控制鉴证报告。

（12）发行人的董事、监事和高级管理人员应当忠实、勤勉，具备法律、行政法规和规章规定的资格，且不存在下列情形。

①被中国证监会采取证券市场禁入措施尚在禁入期的。

②最近三年内受到中国证监会行政处罚,或者最近一年内受到证券交易所公开谴责的。

③因涉嫌犯罪被司法机关立案侦查或者涉嫌违法违规被中国证监会立案调查,尚未有明确结论意见的。

(13)发行人及其控股股东、实际控制人最近三年内不存在损害投资者合法权益和社会公共利益的重大违法行为。发行人及其控股股东、实际控制人最近三年内不存在未经法定机关核准,擅自公开或者变相公开发行证券,或者有关违法行为虽然发生在三年前,但目前仍处于持续状态的情形。

5. 首次公开发行股票时的老股转让

中国证监会2013年11月30日公布的《关于进一步推进新股发行体制改革的意见》中明确提出,发行人在首次公开发行新股时,鼓励持股满3年的原有股东将部分老股向投资者转让,增加新上市公司可流通股票的比例。老股转让后,公司实际控制人发生变更。老股转让的具体方案应在公司招股说明书和发行公告中公开披露。

此后,中国证监会发布《首次公开发行股票时公司股东公开发售股份暂行规定》对老股转让的条件和程序作出以下具体规定。

(1)公司股东应当遵循平等自愿的原则协商确定首次公开发行时各自公开发售股份的数量。

(2)公司首次公开发行时,公司股东公开发售的股份,其已持有时间应当在36个月以上。

(3)公司股东公开发售股份后,公司的股权结构不得发生重大变化,实际控制人不得发生变更。

(4)公司股东公开发售的股份,权属应当清晰,不存在法律纠纷或质押、冻结等依法不得转让的情况。

(5)公司股东拟公开发售股份的,应当向发行人董事会提出申请;需要相关主管部门批准的,应当事先取得相关部门的批准文件。发行人董事会应当依法就本次股票发行方案作出决议,并提请股东大会批准。

(6)发行人与拟公开发售股份的公司股东应当就本次发行承销费用的分摊原则进行约定,并在招股说明书等文件中披露相关信息。

(7)公司股票发行方案应当载明本次公开发行股票的数量。公司发行新股的同时,其股东拟公开发售股份的,发行方案应当载明公司预计发行新股数量、公司相关股东预计公开发售股份的数量和上限,并明确新股发行与老股转让数量的调整机制。

公司首次公开发行股票应主要用于筹集企业发展需要的资金。新股发行数量应根据企业实际的资金需求合理确定;公司股东公开发售股份数量不得超过自愿设定12个月及以上限售期的投资者获得配售股份的数量。

发行人应当在招股说明书扉页载明公司拟发行新股和公司股东拟公开发售股份的数量,并提示股东发售股份所得资金不归公司所有;在招股说明书披露本次公开发行的股数、预计发行新股数量和公司股东公开发售股份的数量、发行费用的分摊原则及拟公开发售股份的股东情况,包括股东名称、持股数量及拟公开发售股份数量等。

发行公告应该披露公司股东拟公开发售股份总数及股东名称、各自公开发售股份数量等情况,并应当提示投资者关注公司将不会获得公司股东发售股份所得资金。

七、上市公司非公开发行股票(★★★)

非公开发行股票,是指上市公司采用非公开方式,向特定对象发行股票的行为。其特点主要是：募集对象的特定性和发售方式的限制性。

1. 上市公司非公开发行股票

（1）非公开发行股票的特定对象。

非公开发行股票的特定对象应当符合下列规定。

①特定对象符合股东大会决议规定的条件。

②发行对象不超过10名。

发行对象为境外战略投资者的，应当经国务院相关部门事先批准。

（2）非公开发行股票的条件。

上市公司非公开发行股票，应当符合下列规定。

①发行价格不低于定价基准日前20个交易日公司股票均价的90%。

②本次发行的股份自发行结束之日起，12个月内不得转让；控股股东、实际控制人及其控制的企业认购的股份，36个月内不得转让。

③募集资金使用符合《上市公司证券发行管理办法》的相关规定。

④本次发行将导致上市公司控制权发生变化的，还应当符合中国证监会的其他规定。

名师点拨 "定价基准日前20个交易日股票均价"的计算公式：定价基准日前20个交易日均价＝定价基准日前20个交易日股票交易总额/定价基准日前20个交易日股票交易总量。

（3）不得非公开发行股票的情形。

上市公司存在下列情形之一的，不得非公开发行股票。

①本次发行申请文件有虚假记载、误导性陈述或重大遗漏。

②上市公司的权益被控股股东或实际控制人严重损害且尚未消除。

③上市公司及其附属公司违规对外提供担保且尚未解除。

④现任董事、高级管理人员最近30个月内受到过中国证监会的行政处罚，或者最近12个月内受到过证券交易所公开谴责。

⑤上市公司或其现任董事、高级管理人员因涉嫌犯罪正被司法机关立案侦查或涉嫌违法违规正被中国证监会立案调查。

⑥最近一年及一期财务报表被注册会计师出具保留意见、否定意见或无法表示意见的审计报告。保留意见、否定意见或无法表示意见所涉及事项的重大影响已经消除或者本次发行涉及重大重组的除外。

⑦严重损害投资者合法权益和社会公共利益的其他情形。

【例题·组合型选择题】下列情形中，属于上市公司不得非公开发行股票的有（　　）。

Ⅰ．上市公司及其附属公司曾违规对外提供担保，但已消除

Ⅱ．上市公司现任董事最近36个月内受到过中国证监会的行政处罚

Ⅲ．上市公司最近1年及1期财务报表被注册会计师出具保留意见的审计报告，但保留意见所涉及事项的重大影响已消除

Ⅳ．上市公司的权益被控股股东或实际控制人严重损害且尚未消除

A．Ⅰ、Ⅱ
B．Ⅱ、Ⅲ
C．Ⅱ、Ⅳ
D．Ⅰ、Ⅲ、Ⅳ

【解析】本题主要考查上市公司非公开发行新股的相关知识。上市公司非公开发行新股的条件只有第Ⅱ、Ⅳ项正确。故C选项为正确答案。

【答案】C

2. 创业板上市公司非公开发行的特别规定

（1）关于特定对象的特别规定。

在创业板上市公司非公开发行股票的特

定对象应当符合的规定包括以下两点。

①特定对象符合股东大会决议规定的条件。

②发行对象不超过5名。

（2）发行价格和持股期限的特别规定。

上市公司非公开发行股票确定发行价格和持股期限，应符合的规定包括以下三点。

①发行价格不低于发行期首日前1个交易日公司股票均价的，本次发行股份自发行结束之日起可上市交易。

②发行价格低于发行期首日前20个交易日公司股票均价但不低于90%，或者发行价格低于发行期首日前1个交易日公司股票均价但不低于90%的，本次发行股份自发行结束之日起12个月内不得上市交易。

③上市公司控制股东、实际控制人或者其控制的关联方以及董事会引入的境内外战略投资者，以不低于董事会作出本次非公开发行股票决议公告日前20个交易日或前1个交易日公司股票均价的90%认购的，本次发行股份自发行结束之日起36个月内不得上市交易。

八、增发、配股的发行方式（★）

增发和配股的发行方式见表8-16。

表8-16 增发、配股的发行方式

项目	内容
增发的发行方式	（1）网上定价发行与网下询价配售相结合。这种方式是网下通过向机构投资者询价确定发行价格配售，同时网上对公众投资者定价发行。根据《证券发行与承销管理办法》的规定，上市公司发行证券，可以通过询价的方式确定发行价格，也可以与主承销商协商确定发行价格。上市公司发行证券的定价，应当符合中国证监会关于上市公司证券发行的有关规定。采用此种发行方式时，在承销期开始前，发行人和主承销商可以不确定发行定价和上网发行量（也可以确定上网发行量）。发行人在指定报刊刊登招股意向书后，向机构投资者进行推介，根据向机构投资者询价的结果，来确定发行价格及向机构配售的数量，其余部分向公众投资者（包括股权登记日登记在册的流通股股东）上网定价发行。 （2）网下网上同时定价发行。这种方式是发行人和主承销商按照"发行价格应不低于公告招股意向书前20个交易日公司股票均价或前1个交易日的均价"的原则确定增发价格，网下对机构投资者与网上对公众投资者同时公开发行。这是目前通常的增发方式。在此种发行方式下，对于网上发行部分，既可以按统一配售比例对所有公众投资者进行配售，也可以按一定的中签率以摇号抽签方式确定获配对象，但发行人和主承销商必须在发行公告中预先说明。 （3）中国证监会认可的其他形式
配股的发行方式	配股一般采取网上定价发行的方式。配股价格的确定是在一定的价格区间内由主承销商和发行人协商确定。价格区间通常以股权登记日前20个或30个交易日该股二级市场价格的平均值为上限，下限为上限的一定折扣

【例题·组合型选择题】下列选项中，属于增发股票的发行方式的有（　　）。

Ⅰ．网上定价发行与网下配售相结合　　Ⅱ．中国证监会认可的其他形式
Ⅲ．网下网上同时定价发行　　Ⅳ．上网定价发行与比例配售相结合
A．Ⅰ、Ⅱ　　B．Ⅱ、Ⅳ　　C．Ⅰ、Ⅱ、Ⅲ　　D．Ⅱ、Ⅲ、Ⅳ

【解析】本题主要考查增发的发行方式。增发的发行方式包括：（1）网上定价发行与网下配售相结合。（2）网下网上同时定价发行。（3）中国证监会认可的其他形式。（4）上市公司增发采用比例配售方式的，可以全部或部分向原股东优先配售，优先配售比例应当在发行公告中披露。第Ⅰ、Ⅱ、Ⅲ项都属于增发的发行方式，故C选项为正确答案。

【答案】C

第三节 股票交易

考情分析：本节考查的重点为股票交易的相关问题。其中，证券账户的种类、开立证券账户的基本原则和要求、证券交易原则和交易规则、证券交易原则和交易规则是常考知识点，考生应引起重视。

学习建议：股票交易是股票发行的目的和延续，考生应在学好股票和股票发行的基础上，学习本节内容。学习中，考生应重点关注证券账户、证券交易原则和交易规则、委托指令、股票竞价原则和竞价方式、股票价格指数等内容，适当了解沪港通等知识。

一、证券账户（★★★）

证券账户是指中国结算公司为申请人出具的记载其证券持有或变更的权利凭证。开立证券账户是投资者进行证券交易的先决条件。

1. 证券账户的种类

目前，我国证券账户的种类有两种划分依据：一是按照交易场所划分；二是按照账户用途划分。

（1）按照交易场所划分。

证券账户按交易场所划分可分为上海证券账户和深圳证券账户。上海证券账户和深圳证券账户分别用于记载在上海证券交易所和深圳证券交易所上市交易的证券以及中国结算公司认可的其他证券。

（2）按照账户用途划分。

《证券账户管理规则》规定，上海证券账户和深圳证券账户按证券账户的用途，划分为人民币普通股票账户、人民币特种股票账户、证券投资基金账户和其他账户等。

详细内容见表8-17证券账户的种类。

表 8-17 证券账户的分类

名称	内 容
人民币普通股票账户	人民币普通股票账户简称"A股账户"，其开立仅限于国家法律法规和行政规章允许买卖A股的境内投资者。A股账户按持有人还可以分为：自然人证券账户（上海为A字头账户）、一般机构证券账户（上海为B字头账户）、证券公司自营证券账户和基金管理公司的证券投资基金专用证券账户（上海均为D字头账户）等。A股账户是我国目前用途最广、数量最多的一种通用型证券账户，既可用于买卖人民币普通股票，也可用于买卖债券、上市基金、权证等各类证券
人民币特种股票账户	人民币特种股票账户简称"B股账户"（上海为C字头账户），是专门用于为投资者买卖人民币特种股票而设置的。B股账户按持有人可以分为境内投资者证券账户（上海以C90打头）和境外投资者证券账户（上海以C99打头）
证券投资基金账户	证券投资基金账户简称"基金账户"（上海为F字头账户），是只能用于买卖上市基金的一种专用型账户，是随着我国证券投资基金的发展为方便投资者买卖证券投资基金而专门设置的。该账户也可用于买卖上市的国债

【例题·选择题】下列各项中，不属于我国证券账户种类的是（　　）。

A．人民币普通股票账户
B．人民币特种股票账户
C．创业板交易账户
D．权证交易账户

【解析】本题主要考查证券账户的种类的相关知识。证券账户的种类中按照用途划分的有人民币普通股票账户、人民币特种股票账户、创业板交易账户、证券投资基金账户等。A、B、C选项为证券账户的种类，故D选项为正确答案。

【答案】D

> 【例题·选择题】下列各项中，属于专门为投资者买卖人民币特种股票而设置的账户是（　　）。
> A．A股账户　　B．基金账户
> C．期权账户　　D．B股账户
>
> 【解析】本题主要考查人民币特种股票账户。人民币特种股票账户简称B股账户，是专门用于为投资者买卖人民币特种股票（即B股，也称境内上市外资股）而设置的。故D选项为正确答案。
>
> 【答案】D

2．开立证券账户的基本原则

证券经纪商为投资者办理经纪业务的前提条件之一，是投资者必须事先到中央结算公司或其开户代理机构开立证券账户。开立证券账户应坚持合法性和真实性的原则。

①合法性。合法性是指只有国家法律允许进行证券交易的自然人和法人才能开立证券账户。对国家法律法规不准许开户的对象，中央结算公司及其开户代理机构不得予以开户。

②真实性。真实性是指投资者开立证券账户时所提供的资料必须真实有效，不得虚假隐匿。目前，投资者在我国证券市场上进行证券交易时采用实名制。《中华人民共和国证券法》规定，证券登记结算机构应当按照规定以投资者本人的名义为投资者开立证券账户。投资者申请开立账户时，必须持有证明中国公民身份或者中国法人资格的合法证件。

3．开户数量

根据修订后的证券账户业务指南，同一投资者只能申请开立一个一码通账户。同一投资者最多可以申请开立20个A股账户、封闭式基金账户，只能申请开立一个信用账户、B股账户。

4．开户方式

开户代理机构可根据中国结算有关规定采取临柜、见证或中国结算认可的其他非现场方式为自然人、普通机构投资者办理证券账户开立业务。开户代理机构还可以根据中国结算有关规定采取网上方式为自然人投资者办理证券账户开立业务。

5．证券开户流程和相关要求

证券账户的开户流程见表8-18。

表8-18　证券账户的开户流程

流程	具体内容
开户申请	对于没有一码通账户的首次开户投资者，应当填写《证券账户开立申请表》中除一码通账户号码外的全部信息，并勾选拟申请开立的子账户及其他账户。境内合伙企业、非法人创业投资企业首次申请开立证券账户时，还应当填写并提交《合伙企业等非法人组织合伙人信息采集表》。 对于已有一码通账户再次申请开立子账户的投资者，应当填写《证券账户开立申请表》中投资者三要素关键信息及"证券账户开立"一栏中的一码通账户号码，并勾选拟申请开立的子账户及其他账户，无须重复填写投资者基本信息、联系信息等内容。 投资者遗忘一码通账户号码的，开户代理机构应当根据投资者姓名或名称、有效身份证明文件类型及号码三项关键信息协助投资者查询一码通账户号码，并告知投资者
同时开立沪、深A股账户	投资者申请开立A股账户时，开户代理机构应当为投资者一并开立沪、深A股账户。投资者确有需要开立单边A股账户的除外
开户材料审核	开户代理机构受理投资者开户申请时，应当按照中国结算《证券账户管理规则》等有关规定对申请人提交的开户申请材料进行审核

续表

流程	具体内容
审核结果	开户代理机构审核确认投资者业务申请材料合格后,由经办人在证券账户开立申请表上注明"已审核"字样并签章,同时加盖开户业务专用章,留存业务申请材料。 投资者业务申请材料未通过审核的,开户代理机构应当要求投资者补齐相关合法有效的业务申请材料后,方为其办理开户业务
数据录入	开户代理机构应当按中国结算《统一账户平台数据接口规范》以及本指南《信息录入规范》(附录4)的相关要求录入开户申报数据,并向中国结算统一账户平台申报
统一账户平台实时处理开户申请	中国结算收到开户代理机构申报的数据后,对开户代理网点权限、开户证件类型、关联关系是否确认、开户数据合法性及有效性等进行审核。对于检查通过的开户申报数据,统一账户平台实时进行配号处理,建立一码通账户、子账户间的关联关系,并将关联关系标为确认状态。统一账户平台处理完毕后,将向开户代理机构实时反馈开户结果,同时反馈配发的一码通账户及相应的子账户号码。对于审核未通过的,统一账户平台不予配号,并向开户代理机构实时反馈开户失败原因
开户失败后的处理	对于因开户代理机构数据录入原因导致开户失败的,开户代理机构可重新录入正确数据后再次申报开户数据。对于因投资者缺少合格A股账户而不能开立信用证券账户等原因导致开户失败的,开户代理机构应当通过适当方式及时向投资者说明失败原因及进一步的处理方式。属于证券账户冒开情形的,开户代理机构应当协助投资者根据指南规定的证券账户冒开业务流程予以处理。对于因投资者关联关系未确认导致开户失败的,开户代理机构应当协助投资者办理关联关系确认后,再次申报开户数据
开户代理机构反馈开户结果至投资者	开户代理机构实时接收中国结算发送的开户结果数据。对于开户成功的,开户代理机构应当通过短信、电话、电子邮件等适当方式将一码通账户及相应的子账户号码反馈给投资者;投资者要求提供纸质凭证的,开户代理机构应当为投资者打印《证券账户开户办理确认单》

二、证券交易原则和交易规则(★★★)

证券是用来证明证券持有人有权取得相应权益的凭证。证券交易是指已发行的证券在证券市场上买卖的活动。证券交易的特征在于证券的流动性、收益性和风险性。

1. 证券交易原则

证券交易的原则是反映证券交易宗旨的一般法则,应该贯穿于证券交易的全过程。为了保障证券交易功能的发挥,以利于证券交易的正常运行,证券交易必须遵循"公开、公平、公正"三个原则。具体内容见表8-19。

表8-19 证券交易原则

原则	含义
公开原则	公开原则又称信息公开原则,指证券交易是一种面向社会的、公开的交易活动,其核心要求是实现市场信息的公开化。根据这一原则的要求,证券交易参与各方应依法及时、真实、准确、完整地向社会发布有关信息
公平原则	公平原则是指参与交易的各方应当获得平等的机会。它要求证券交易活动中的所有参与者都有平等的法律地位,各自的合法权益都能得到公平保护。在证券交易活动中,有各种各样的交易主体,这些交易主体的资金数量、交易能力等可能各不相同,但不能因此而给予不公平的待遇或者使其受到某些方面的歧视
公正原则	公正原则是指应当公正地对待证券交易的参与各方,以及公正地处理证券交易事务

2. 证券交易规则

证券交易规则是为了维护证券交易市场而颁布的具有法律依据的规则,主要包含:集合竞价交易规则、大宗交易制度。

(1) 集合竞价交易规则。

所谓集合竞价,是指对在规定的一段时间内接受的买卖申报一次性集中撮合的竞价方式。根据我国证券交易所的相关规定,集合竞价确定成交价的原则如下。

①可实现最大成交量的价格。

②高于该价格的买入申报与低于该价格的卖出申报全部成交的价格。

③与该价格相同的买方或卖方至少有一方全部成交的价格。

如有两个以上申报价格符合上述条件的,深圳证券交易所取距前收盘价最近的价位为成交价;上海证券交易所则规定使未成交量最小的申报价格为成交价格,若仍有两个以上使未成交量最小的申报价格符合上述条件的,其中间价为成交价格。

集合竞价的所有交易以同一价格成交。

然后进行集中撮合处理。所有买方有效委托按委托限价由高到低的顺序排列,限价相同者按照进入证券交易所交易系统电脑主机的时间先后排列。所有卖方有效委托按照委托限价由低到高的顺序排列,限价相同者也按照进入交易系统电脑主机的时间先后排列。依序逐笔将排在前面的买方委托与卖方委托配对成交。也就是说,按照价格优先、同等价格下时间优先的成交顺序依次成交,直至成交条件不满足为止,即所有买入委托的限价均低于卖出委托的限价,所有成交都以同一成交价成交。集合竞价中未能成交的委托,自动进入连续竞价。

(2) 大宗交易制度。

大宗交易,指单笔数额较大的证券买卖。我国现行有关规定,如果证券单笔买卖申报达到一定数额的,证券交易所可以采用大宗交易方式进行交易,证券交易所可以根据市场情况调整大宗交易的最低限额度。

1) 上海证券交易所大宗交易。根据《上海证券交易所交易规则》规定,满足以下条件可以采用大交易的方式:① A 股单笔买卖申报数量应当不低于 30 万股,或者交易金额不低于 200 万元人民币;② B 股单笔买卖申报数量应当不低于 30 万股,或者交易金额不低于 20 万美元;③基金大宗交易的单笔买卖申报数量应当不低于 200 万份,或者交易金额不低于 200 万元;④债券及债券回购大宗交易的单笔买卖申报数量应当不低于 1 000 手,或者交易金额不低于 100 万元。

每个交易日接受大宗交易申报的时间分别为:① 9:30 至 11:30、13:00 至 15:30 接受意向申报;② 9:30 至 11:30、13:00 至 15:30、16:00 至 17:00 接受成交申报;③ 15:00 至 15:30 接受固定价格申报。交易日的 15:00 仍处于停牌状态的证券,当日不再接受其大宗交易的申报;每个交易日 9:30 至 15:30 时段确认的成交,于当日进行清算交收;每个交易日 16:00 至 17:00 时段确认的成交,于次一交易日进行清算交收。

大宗交易的申报包括意向申报、成交申报和固定价格申报。

2) 深圳证券交易所综合协议交易平台业务。深圳证券交易所为提高大宗交易市场效率,丰富交易服务手段,自 2009 年 1 月 12 日起,启用综合协议交易平台(以下简称"协议平台"),取代原有大宗交易系统。协议平台是指交易所为会员和合格投资者进行各类证券大宗交易或协议交易提供的交易系统。根据《深圳证券交易所交易规则》的规定,在深圳证券交易所进行的证券买卖符合以下条件的,可以采用大宗交易方式。

① A 股单笔交易数量不低于 50 万股,或者交易金额不低于 300 万元人民币。

② B 股单笔交易数量不低于 5 万股,或者交易金额不低于 30 万元港币。

③基金单笔交易数量不低于300万份，或者交易金额不低于300万元人民币。

④债券单笔现货交易数量不低于5 000张（以100元人民币面额为1张）或者交易金额不低于50万元人民币。

⑤债券单笔质押式回购交易数量不低于5 000张（以人民币100元面额为1张）或者交易金额不低于50万元人民币。

⑥多只A股合计单向买入或卖出的交易金额不低于500万元人民币，且其中单只A股的交易数量不低于20万股。

⑦多只基金合计单向买入或卖出的交易金额不低于500万元人民币，且其中单只基金的交易数量不低于100万份。

⑧多只债券合计单向买入或卖出的交易金额不低于500万元人民币，且其中单只债券的交易数量不低于1.5万张。

协议平台按不同业务类型分别确认成交，具体确认成交的时间规定为：权益类证券大宗交易、债券大宗交易（除公司债券外），协议平台的成交确认时间为每个交易日15:00～15:30；公司债券的大宗交易、专项资产管理计划协议交易，协议平台的成交确认时间为每个交易日9:15～11:30、13:00～15:30。债券大宗交易以及专项资产管理计划协议交易实行当日回转交易。

【例题·组合型选择题】开放式基金募集期内，上海证券交易所接收认购申报的时间为每个交易日的（　　）。
Ⅰ．询价时间
Ⅱ．集合竞价交易时间
Ⅲ．撮合交易时间
Ⅳ．大宗交易时间
A．Ⅰ、Ⅱ、Ⅲ、Ⅳ
B．Ⅱ、Ⅲ
C．Ⅲ、Ⅳ
D．Ⅰ、Ⅱ

【解析】本题主要考查上海证券交易所的相关规定。基金募集期内，上海证券交易所接收认购申报的时间为每个交易日的撮合交易时间和大宗交易时间。
【答案】C

3．证券交易机制

证券交易机制是证券市场具体交易制度设计的基础，如上海证券交易所和深圳证券交易所的集合竞价和连续竞价，其设计依据就是定期交易和连续交易的不同机制；而上海证券交易所固定收益平台交易中一级交易商提供的双边报价，就采用了报价驱动的机制。

（1）定期交易和连续交易。

从交易时间的连续特点划分，有定期交易和连续交易。在定期交易中，成交的时点是不连续的。在某一段时间到达的投资者的委托订单并不马上成交，而是要先存储起来，然后在某一约定的时刻加以匹配。在连续交易中，并非意味着交易一定是连续的，而是指在营业时间里订单匹配可以连续不断地进行。因此，两个投资者下达的买卖指令，只要符合成交条件就可以立即成交，而不必再等待一段时间定期成交。这两种交易机制有着不同的特点。

定期交易的特点有：第一，批量指令可以提供价格的稳定性；第二，指令执行和结算的成本相对比较低。

连续交易的特点有：第一，市场为投资者提供了交易的即时性；第二，交易过程中可以提供更多的市场价格信息。

（2）指令驱动和报价驱动。

从交易价格的决定特点划分，有指令驱动和报价驱动。指令驱动是一种竞价市场，也称为"订单驱动市场"。在竞价市场中，证券交易价格是由市场上的买方订单和卖方订单共同驱动的。如果采用经纪商制度，投资者在竞价市场中将自己的买卖指令报给自己的经纪商,然后经纪商持买卖订单进入市场,市场交易中心以买卖双向价格为基准进行撮合。报价驱动交易市场是一种连续交易商市场,或称"做市商市场"。在这一市场中,证券交易的买价和卖价都由做市商给出,做市商将根据市场的买卖力量和自身情况进行证券的双向报价。投资者之间并不直接成交,而是从做市商手中买进证券或向做市商卖出证券。做市商在其所报的价位上接受投资者的买卖要求,以其自有资金或证券与投资者交易。做市商的收入来源是买卖证券的差价。

这两种交易机制也有着不同的特点。指令驱动的特点有:第一,证券交易价格由买方和卖方的力量直接决定;第二,投资者买卖证券的对手是其他投资者。报价驱动的特点有:第一,证券成交价格的形成由做市商决定;第二,投资者买卖证券都以做市商为对手,与其他投资者不发生直接关系。

(3)证券交易机制目标。

通常,证券交易机制的目标是多重的。主要的目标有如下几种。

①流动性。证券的流动性是证券市场生存的条件。证券市场流动性包含两个方面的要求,即成交速度和成交价格;

②稳定性。证券市场的稳定性是指证券价格的波动程度。一般来说,稳定性好的市场,其价格波动性比较小,或者说其调节平衡的能力比较强;

③有效性。证券市场的有效性包含两个方面的要求:一是证券市场的高效率;二是证券市场的低成本。其中,高效率又包含两方面内容。首先是证券市场的信息效率,即要求证券价格能准确、迅速、充分反映各种信息。根据证券价格对信息的反映程度,可以将证券市场分为强有效市场、半强有效市场和弱有效市场。其次是证券市场的运行效率,即证券交易系统硬件的工作能力,如交易系统的处理速度、容量等。低成本也包含两方面:一是直接成本;二是间接成本。前者如投资者参与交易而支付的佣金和缴纳的税收;后者如投资者收集证券信息所发生的费用等。

三、证券交易的竞价原则和竞价方式(★★★)

1. 竞价原则

证券交易所内的证券交易按"价格优先、时间优先"原则竞价成交。

价格优先原则是指:较高价格买入申报优先于较低价格买入申报,较低价格卖出申报优先于较高价格卖出申报。

时间优先原则是指:买卖方向、价格相同的,先申报者优先于后申报者。先后顺序按证券交易所交易主机接受申报的时间确定。

2. 竞价方式

目前,我国证券交易所采用集合竞价和连续竞价两种竞价方式。具体内容参照表8-20来理解。

表8-20 集合竞价与连续竞价的比较

	集合竞价	连续竞价
概念	集合竞价,是指对在规定的一段时间内接受的买卖申报一次性集中撮合成交的竞价方式	连续竞价是指对买卖申报逐笔连续撮合的竞价方式。连续竞价阶段的特点是,每一笔买卖委托输入交易自动撮合系统后,当即判断并进行不同的处理:能成交者予以成交;不能成交者等待机会成交;部分成交者则让剩余部分继续等待

续表

	集合竞价	连续竞价
确定成交价的原则	（1）可实现最大成交量的价格。 （2）高于该价格的买入申报与低于该价格的卖出申报全部成交的价格。 （3）与该价格相同的买方或卖方至少有一方全部成交的价格	（1）最高买入申报与最低卖出申报价位相同，以该价格为成交价。 （2）买入申报价格高于即时揭示的最低卖出申报价格时，以即时揭示的最低卖出申报价格为成交价。 （3）卖出申报价格低于即时揭示的最高买入申报价格时，以即时揭示的最高买入申报价格为成交价
竞价时间	沪、深证券交易所：9:15～9:25、14:57～15:00	上海证券交易所：9:30～11:30、13:00～15:00 深圳证券交易所：9:30～11:30、13:00～14:57

按照我国证券交易所的有关规定，在无撤单的情况下，委托当日有效。另外，开盘集合竞价期间未成交的买卖申报，自动进入连续竞价。深圳证券交易所还规定，连续竞价期间未成交的买卖申报，自动进入收盘集合竞价。

【例题·选择题】根据现行证券交易规则，连续竞价时，成交价格确定原则包括（　　）。

A. 卖出申报价格低于即时揭示的最高买入申报价格时，以中间价成交

B. 买入申报价格高于即时揭示的最低卖出申报价格时，以中间价成交

C. 最高买入申报与最低卖出申报价位相同，以该价格为成交价

D. 次高买入申报与最低卖出申报价位相同，不成交

【解析】本题主要考查连续竞价方式下，确定成交价的原则。连续竞价时，成交价格的确定原则为：（1）最高买入申报与最低卖出申报价位相同，以该价格为成交价。（2）买入申报价格高于即时揭示的最低卖出申报价格时，以即时揭示的最低卖出申报价格为成交价。（3）卖出申报价格低于即时揭示的最高买入申报价格时，以即时揭示的最高买入申报价格为成交价。故只有C选项符合题意。

【答案】C

3. 竞价申报时的有效申报价格范围

（1）实行涨跌幅限制的证券的有效申报范围。

根据现行制度规定，无论买入或卖出，股票（含A股、B股）、基金类证券在1个交易日内交易价格相对上一交易日收市价格的涨跌幅度不得超过10%，其中ST股票和*ST股票价格涨跌不得超过5%。

涨幅价格的计算公式（计算结果四舍五入至价格最小变动单位）：

涨跌幅价格 = 前收盘价 × （1 ± 涨跌幅比例）

买卖有价格涨跌幅限制的证券，在价格涨跌幅限制内的申报为有效申报，超过涨跌幅限制的申报为无效申报。

中小企业板股票连续竞价期间有效竞价范围为最近成交价格上下3%。开盘集合竞价期间没有产生成交的，连续竞价开始时有效竞价范围调整为前收盘价的上下3%。

（2）无价格涨跌幅限制的证券的有效价格申报范围。

上交所和深交所首个交易日不实行价格涨跌幅限制的相关规定见表8-21。

无价格涨跌幅限制的证券在开盘集合竞价期间没有产生成交的，连续竞价开始时，按下列方式调整有效竞价范围。

①有效竞价范围内的最高买入申报价高于发行价或前收盘价的，以最高买入申报价为基准调整有效竞价范围。

表 8-21　上交所和深交所首个交易日不实行价格涨跌幅限制的相关规定

		上海证券交易所	深圳证券交易所
首个交易日不实行价格涨跌幅限制的情形		（1）首次公开发行上市的股票和封闭式基金。 （2）增发上市的股票。 （3）暂停上市后恢复上市的股票。 （4）证券交易所认定的其他情形	（1）首次公开发行股票上市的。 （2）暂停上市后恢复上市的。 （3）中国证监会或证券交易所认定的其他情形
有效申报价格范围	集合竞价阶段	（1）股票交易申报价格不高于前收盘价格的900%，并且不低于前收盘价格的50%。 （2）基金、债券交易申报价格最高不高于前收盘价格的150%，并且不低于前收盘价格的70%。 （3）债券回购交易申报无价格限制	（1）股票上市首日开盘集合竞价的有效竞价范围为发行价的900%以内，连续竞价、盘中临时停牌复牌集合竞价、收盘集合竞价的有效竞价范围为最近成交价的上下10%。 （2）债券上市首日开盘集合竞价的有效竞价范围为发行价的上下30%，连续竞价、收盘集合竞价的有效竞价范围为最近成交价的上下10%；非上市首日开盘集合竞价的有效竞价范围为前收盘价的上下10%，连续竞价、收盘集合竞价的有效竞价范围为最近成交价的上下10%。 （3）债券质押式回购非上市首日开盘集合竞价的有效竞价范围为前收盘价的上下100%，连续竞价、收盘集合竞价的有效竞价范围为最近成交价的上下100%
	连续竞价阶段	（1）申报价格不高于即时揭示的最低卖出价格的110%，且不低于即时揭示的最高买入价格的90%；同时不高于上述最高申报价与最低申报价平均数130%且不低于该平均数的70%。 （2）即时揭示中无买入申报价格的，即时揭示的最低卖出价格、最新成交价格中较低者视为前项最高买入价格。 （3）即时揭示中无卖出申报价格的，即时揭示的最高买入价格、最新成交价格中较高者视为前项最低卖出价格。 （4）当日无成交的，前收盘价格视为前项最高买入价格	

②有效竞价范围内的最低卖出申报价低于发行价或前收盘价的，以最低卖出申报价为基准调整有效竞价范围。

另外，买卖深圳证券交易所无价格涨跌幅限制的证券，超过有效竞价范围的申报不能即时参加竞价，可暂存于交易主机；当成交价格波动使其进入有效竞价范围时，交易主机自动取出申报，参加竞价。

【例题·选择题】上海证券交易所规定，买卖无价格涨跌幅限制的股票，集合竞价阶段的有效申报价格应（　　）。

A．不高于前收盘价格的100%，并且不低于前收盘价格的100%

B．不高于前收盘价格的150%，并且不低于前收盘价格的50%

C．不高于前收盘价格的200%，并且不低于前收盘价格的50%

D．不高于前收盘价格的900%，并且不低于前收盘价格的50%

【解析】本题主要考查集合竞价阶段的有效申报价格规定。上海证券交易所规定，买卖无价格涨跌幅限制的股票，集合竞价阶段的有效申报价格应符合以下规定：股票交易申报价格不高于前收盘价格的900%，并且不低于前收盘价格的50%；基金、债券交易申报价格最高不高于前收盘价格的150%，并且不低于前收盘价格的70%；债券回购交易申报无价格限制。故D选项为正确答案。

【答案】D

【例题·选择题】在我国证券交易所的证券交易中，不受10%涨跌幅限制的是（　　）。
A. 已上市A股
B. 已上市B股
C. 首日上市的证券
D. 已上市基金
【解析】本题主要考查涨跌幅限制的相关规定。目前股票（含A股、B股）、基金类证券的涨跌幅限制为10%，ST股票为5%，但股票、基金上市首日无此限制。
【答案】C

4. 证券交易的竞价结果

证券交易竞价结果有三种可能：全部成交、部分成交、不成交。

（1）全部成交指的是委托买卖全部成交，证券经营机构须及时通知委托人，并按规定的交割时间向委托人办理交割手续。

（2）部分成交指的是委托人的委托如果未能全部成交，证券经营机构在委托有效期内可继续执行，直到有效期结束。

（3）不成交指的是委托人的委托如果未能成交，证券经营机构在委托有效期内可继续执行，等待机会成交，直到有效期结束。

四、做市商交易制度（★）

1. 做市商交易制度的基本概念

做市商制度也叫报价驱动制度，是指做市商向市场提供双向报价，投资者根据报价选择是否与做市商交易。

做市商是联结证券买卖双方的证券商。在做市商交易市场中，证券交易的买价和卖价由做市商给出，做市商将根据市场的买卖力量和自身情况进行证券的双向报价。投资者之间并不直接成交，而是从做市商买卖中买进证券或向做市商卖出证券。做市商在其出资价位上接受投资者的买卖要求，以其自有资金或证券与投资者交易。做市商的收入来源是买卖证券的差价。这种交易制度即"做市商交易制度"。做市商交易制度类型主要有垄断型的做市商交易制度和竞争型的做市商交易制度。

【名师点拨】做市商是指在证券市场上，由具备一定实力和信誉的独立证券经营法人作为特许交易商，不断向公众投资者报出某些特定证券的买卖价格（即双向报价），并在该价位上接受公众投资者的买卖要求，以其自有资金和证券与投资者进行证券交易。买卖双方不需等待交易对手出现，只要有做市商出面承担交易对手方即可达成交易。做市商制度就是以做市商报价形成交易价格、驱动交易发展的证券交易方式。它是不同于竞价交易方式的一种证券交易制度，一般为柜台交易市场所采用。

2. 做市商交易的特征

（1）提高流动性，增强市场吸引力。在做市商制度下，买卖双方不必等到对方出现，只要由做市商出面，承担另一方的责任，交易就可以进行。因此，做市商保证了市场进行不间断的交易活动，提高了市场的流动性。

（2）有效稳定市场，促进市场平稳运行。做市商有责任在股价暴涨暴跌时参与做市，从而有利于遏制过度的投机，起到市场"稳定器"的作用。此外，做市商之间的竞争也很大程度上保证了市场的稳定。

（3）具有价格发现的功能。做市商所报的价格是在综合分析市场所有参与者的信息以衡量自身风险和收益的基础上形成的，投资者在报价基础上进行决策，并反过来影响做市商的报价，从而促使证券价格逐步靠拢其实际价值。

（4）能够增强市场的透明度、校正买卖指令不均衡现象。在做市商制度下，由做市商来履行义务，承接买单或卖单，缓和买卖指令的不均衡，并缓和相应的价格波动。另外，由于做市商对市场的了解程度远远高于一般投资者，通过对上市公司进行分析给出的合理报价，避免了中小投资者报价的盲目性，增强了市场的透明度。

（5）受到严格监管。对做市商的监管包括：严格的准入监管、强化信息披露和报价约束、严格的退市及惩罚制度。

> 【例题·组合型选择题】下列关于做市商交易制度的说法中，正确的是（　　）。
> Ⅰ．做市商报出特定证券卖出价格
> Ⅱ．做市商报出特定证券买入价格
> Ⅲ．投资者报出特定证券买入价格
> Ⅳ．投资者报出特定证券卖出价格
> A．Ⅰ、Ⅱ　　B．Ⅰ、Ⅲ
> C．Ⅲ、Ⅳ　　D．Ⅱ、Ⅳ
> 【解析】本题主要考查做市商制度。做市商是指在证券市场上，由具备一定实力和信誉的独立证券经营法人作为特许交易商，不断向公众投资者报出某些特定证券的买卖价格（即双向报价），并在该价位上接受公众投资者的买卖要求，以其自有资金和证券与投资者进行证券交易。
> 【答案】A

五、融资融券交易的基本概念（★）

1. 融资融券交易的基本概念

融资融券交易又称"证券信用交易"或"保证金交易"，是指投资者向具有融资融券业务资格的证券公司提供担保物，借入资金买入证券（融资交易）或借入证券并卖出（融券交易）的行为。包括券商对投资者的融资、融券和金融机构对券商的融资、融券。从世界范围来看，融资融券制度是一项基本的信用交易制度。2010年3月30日，上交所、深交所分别发布公告，表示将于2010年3月31日起正式开通融资融券交易系统，开始接受试点会员融资融券交易申报，融资融券业务正式启动。

2. 证券公司开展融资融券业务许可

（1）证券公司申请融资融券业务资格，应当具备下列条件。

①具有证券经纪业务资格。

②公司治理健全，内部控制有效，能有效识别、控制和防范业务经营风险和内部管理风险。

③公司最近2年内不存在因涉嫌违法违规正被证监会立案调查或者正处于整改期间的情形。

④财务状况良好，最近2年各项风险控制指标持续符合规定，注册资本和净资本符合增加融资融券业务后的规定。

⑤客户资产安全、完整，客户交易结算资金第三方存管有效实施，客户资料完整真实。

⑥已建立完善的客户投诉处理机制，能够及时、妥善处理与客户之间的纠纷。

⑦已建立符合监管规定和自律要求的客户适当性制度，实现客户与产品的适当性匹配管理。

⑧信息系统安全稳定运行，最近1年未发生因公司管理问题导致的重大事件，融资融券业务技术系统已通过证券交易所、证券登记结算机构组织的测试。

⑨有拟负责融资融券业务的高级管理人员和适当数量的专业人员。

⑩证监会规定的其他条件。

（2）证券公司开展融资融券业务的相关规定。

证券公司经营融资融券业务，应当以自己的名义，在证券登记结算机构分别开立融券专用证券账户、客户信用交易担保证券账户、信用交易证券交收账户和信用交易资金交收账户。在商业银行分别开立融资专用资金账户和客户信用交易担保资金账户。

证券公司在向客户融资、融券前，应当

与其签订载有中国证券业协会规定的必备条款的融资融券合同,融资融券合同应当约定,证券公司客户信用交易担保证券账户内的证券和客户信用交易担保资金账户内的资金,为担保证券公司因融资融券所生对客户债权的信托财产。证券公司与客户签订融资融券合同后,应当根据客户的申请,按照证券登记结算机构的规定,为其开立实名信用证券账户。客户信用证券账户与其普通证券账户的开户人姓名或者名称应当一致。

证券公司融资融券的金额不得超过其净资本的4倍。

证券公司向客户融资、融券,应当向客户收取一定比例的保证金。保证金可以证券充抵。

融资保证金比例=保证金/(融资买入证券数量×买入价格)×100%

融券保证金比例=保证金/(融券卖出证券数量×卖出价格)×100%

除下列情形外,任何人不得动用证券公司客户信用交易担保证券账户内的证券和客户信用交易担保资金账户内的资金。

①为客户进行融资融券交易的结算。

②收取客户应当归还的资金、证券。

③收取客户应当支付的利息、费用、税款。

④按照本办法的规定以及与客户的约定处分担保物。

⑤收取客户应当支付的违约金。

⑥客户提取还本付息、支付税费及违约金后的剩余证券和资金。

⑦法律、行政法规和本办法规定的其他情形。

证券交易所应当根据市场发展情况,对融资融券业务保证金比例、标的证券范围、可充抵保证金的证券种类及折算率、最低维持担保比例等进行动态调整,实施逆周期调节。

知识拓展

证券公司有强制平仓的规定。维持担保比例提高至不低于补仓维持担保比例;投资者不能进行担保品买入、融资买入及融券卖出等操作。若投资者未在一个交易日内将维持担保比例提高至补仓维持担保比例以上,公司进行强制平仓。

【例题·选择题】融券保证金比例是指客户融券卖出时支付的保证金与融券交易金额的比例,计算公式为( )。

A. 融券保证金比例=保证金/(卖出证券数×卖出价格)×100%

B. 融券保证金比例=保证金/(融券卖出证券数量×卖出价格)×100%

C. 融券保证金比例=保证金/(融券卖出证券数量×证券市价)×100%

D. 融券保证金比例=保证金/(融券卖出证券数量×收盘价)×100%

【解析】本题主要考查融券保证金比例的计算公式。融券保证金比例是指投资者融券卖出时交付的保证金与融券交易金额的比例,其计算公式为:融券保证金比例=保证金/(融券卖出证券数量×卖出价格)×100%。故B选项为正确答案。

【答案】B

六、证券委托(★★)

1. 委托指令的基本类别

在证券交易所市场,投资者买卖证券是不能直接进入交易所办理的,而必须通过证券交易所的会员来进行。换言之,投资者需要通过经纪商的代理才能在证券交易所买卖证券。在这种情况下,投资者向经纪商下达买进或卖出证券的指令,称为"委托"。

委托指令有多种形式,可以按照不同的依据来分类。从各国(地区)情况看,一般根据委托订单的数量，有整数委托和零数委托；根据买卖证券的方向，有买进委托和卖出委托；根据委托价格限制，有市价委托和限价委托；根据委托时效限制，有当日委托、当周委托、无期限委托、开市委托和收市委托等。

证券经纪商接到投资者的委托指令后，首先要对投资者身份的真实性和合法性进行审查。审查合格后，经纪商要将投资者委托指令的内容传送到证券交易所进行撮合。这一过程称为"委托的执行"，也称为"申报"或"报盘"。证券交易所在证券交易中接受报价的方式主要有口头报价、书面报价和电脑报价三种。目前，我国通过证券交易所进行的证券交易均采用电脑报价方式。

（1）市价委托和限价委托。

市价委托是指客户向证券经纪商发出买卖某种证券的委托指令时，要求证券经纪商按证券交易所内当时的市场价格买进或卖出证券。市价委托的优点是：没有价格上的限制，证券经纪商执行委托指令比较容易，成交迅速且成交率高。市价委托的缺点是：只有在委托执行后才知道实际的执行价格。尽管场内交易员有义务以最有利的价格为客户买进或卖出证券，但成交价格有时会不尽如人意，尤其是当市场价格变动较快时。

限价委托是指客户要求证券经纪商在执行委托指令时，必须按限定的价格或比限定价格更有利的价格买卖证券，即必须以限价或低于限价买进证券，以限价或高于限价卖出证券。限价委托方式的优点是：证券可以以客户预期的价格或更有利的价格成交，有利于客户实现预期投资计划，谋求最大利益。但是，采用限价委托时，由于限价与市价之间可能有一定的距离，故必须等市价与限价一致时才有可能成交。此时，如果有市价委托出现，市价委托将优先成交。因此，限价委托成交速度慢，有时甚至无法成交。在证券价格变动较大时，客户采用限价委托容易坐失良机，遭受损失。

上海证券交易所和深圳证券交易所都规定，客户可以采用限价委托或市价委托的方式委托会员买卖证券。同时，证券交易所也接受会员的限价申报和市价申报。不过，市价申报只适用于有价格涨跌幅限制证券连续竞价期间的交易。

《深圳证券交易所交易规则》规定，根据市场需要，深圳证券交易所接受下列类型的市价申报：①对手方最优价格申报。②本方最优价格申报。③最优5档即时成交剩余撤销申报。④即时成交剩余撤销申报。⑤全额成交或撤销申报。⑥深圳证券交易所规定的其他类型。《上海证券交易所交易规则》规定，根据市场需要，上海证券交易所可以接受下列方式的市价申报：①最优5档即时成交剩余撤销申报。②最优5档即时成交剩余转限价申报。③上海证券交易所规定的其他方式。

（2）整数委托和零数委托。

整数委托是指委托买卖证券的数量为1个交易单位或交易单位的整数倍。1个交易单位俗称"1手"。零数委托是指客户委托证券经纪商买卖证券时，买进或卖出的证券不足证券交易所规定的1个交易单位。目前，我国只在卖出证券时才有零数委托。关于上海证券交易所和深圳证券交易所对证券买卖申报数量的具体规定，将在后面进一步说明。

除上述主要委托类别外，委托还可以做以下分类：按操作方向不同，委托分为买进委托和卖出委托；按操作期限不同，分为当日和多日委托。另外还有停止受损委托和授权委托之分。

2. 委托指令的内容

在委托指令中，不管是采用填写委托单还是自助委托方式，都需要反映客户买卖证券的基本要求或具体内容，这些主要体现在委托指令的基本要素中。以委托单为例，委托指令的基本要素包括以下内容。

（1）证券账号。

（2）日期。日期即客户委托买卖的日期，填写年、月、日。

（3）品种。品种指客户委托买卖证券的名称，也是填写委托单的第一要点。填写证券名称的方法有全称、简称和代码三种（有些证券品种没有全称和简称的区别，仅有一个名称）。通常的做法是填写代码及简称，这种方法比较方便快捷，且不容易出错。上海证券代码和深圳证券代码都为一组6位数字。委托买卖的证券代码与简称必须一致。

（4）买卖方向。客户在委托指令中必须明确表明是买进证券还是卖出证券。

（5）数量。这是指买卖证券的数量，可分为整数委托和零数委托。整数委托是指委托买卖证券的数量为1个交易单位或交易单位的整数倍。1个交易单位俗称"1手"。零数委托是指客户委托证券经纪商买卖证券时，买进或卖出的证券不足证券交易所规定的1个交易单位。目前，我国只在卖出证券时才有零数委托。

（6）价格。这是指委托买卖证券的价格。在我国上海证券交易所和深圳证券交易所的交易制度中，涉及委托买卖证券价格的内容包括委托价格限制形式、证券交易的计价单位、申报价格最小变动单位、债券交易报价组成等方面。

名师点拨 上海证券交易所和深圳证券交易所都规定，股票交易的报价为每股价格，基金交易为每份基金价格，权证交易为每份权证价格，债券交易（指债券现货买卖）为每百元面值债券的价格，债券质押式回购为每百元资金到期年收益，债券买断式回购为每百元面值债券的到期购回价格。

在申报价格最小变动单位方面，《上海证券交易所交易规则》规定：A股、债券交易和债券买断式回购交易的申报价格最小变动单位为0.01元人民币，基金、权证交易为0.001元人民币，B股交易为0.001美元，债券质押式回购交易为0.005元人民币。《深圳证券交易所交易规则》规定：A股、债券、债券质押式回购交易的申报价格最小变动单位为0.01元人民币，基金交易为0.001元人民币，B股交易为0.01港元。另外，根据市场需要，我国证券交易所可以调整各类证券单笔买卖申报数量和申报价格的最小变动单位。

（7）时间。这是指客户填写委托单的具体时点，也可由证券经纪商填写委托时点。这是检查证券经纪商是否执行时间优先原则的依据。

（8）有效期。这是指委托指令的有效期间。如果委托指令未能成交或未能全部成交，证券经纪商应继续执行委托。委托有效期满，委托指令自然失效。委托指令有效期一般有当日有效与约定日有效两种。我国现行规定的委托期为当日有效。

（9）签名。客户签名以示对所作的委托负责。若预留印鉴，则应盖章。

（10）其他内容。其他内容涉及委托人的身份证号码、资金账号等。

【例题·组合型选择题】下列属于委托指令的基本要素的有（　　）。

Ⅰ．证券账号
Ⅱ．买卖方向
Ⅲ．席位代码
Ⅳ．有效期

A．Ⅰ、Ⅱ、Ⅲ
B．Ⅱ、Ⅲ、Ⅳ
C．Ⅰ、Ⅱ、Ⅳ
D．Ⅰ、Ⅱ、Ⅲ、Ⅳ

> 【解析】本题主要考查委托指令的基本要素。委托指令的基本要素包括：（1）证券账号；（2）日期；（3）品种；（4）买卖方向；（5）数量；（6）价格；（7）时间；（8）有效期；（9）签名；（10）其他内容。
> 【答案】C

3．证券委托形式

投资者在证券交易所买卖证券，是通过委托证券经纪商来进行的，此时，投资者是证券经纪商的客户。客户在办理委托买卖证券时，需要向证券经纪商下达委托指令。委托指令有不同的具体形式，可以分为柜台委托和非柜台委托两大类。

（1）柜台委托。

柜台委托是指委托人亲自或由其代理人到证券营业部交易柜台，根据委托程序和必需的证件采用书面方式表达委托意向，由本人填写委托单并签章的形式。采用柜台委托方式，客户和证券经纪商面对面办理委托手续，加强了委托买卖双方的了解和信任，比较稳妥可靠。

（2）非柜台委托。

非柜台委托主要有人工电话委托或传真委托、自助和电话自动委托、网上委托等形式。客户在使用非柜台委托方式进行证券交易时，必须严格按照证券公司证券交易委托系统的提示进行操作，因客户操作失误造成的损失由客户自行承担。对证券公司电脑系统和证券交易所交易系统拒绝受理的委托，均视为无效委托。非柜台委托方式的具体方式见表8-22。

表8-22 非柜台委托方式

非柜台委托方式	含义和操作要求
人工电话委托或传真委托	人工电话委托是指客户将委托要求通过电话报给证券经纪商，证券经纪商根据电话委托内容向证券交易所交易系统申报。传真委托是指客户填写委托内容后，采用传真的方式表达委托要求，证券经纪商接到传真委托书后，将委托内容输入交易系统申报进场
自助和电话自动委托	这里的自助方式是自助终端委托，即客户通过证券营业部设置的专用委托电脑终端，凭证券交易磁卡和交易密码进入电脑交易系统委托状态，自行将委托内容输入电脑交易系统，以完成证券交易。电话自动委托是指证券经纪商把电脑交易系统和普通电话网络连接起来，构成一个电话自动委托交易系统；客户通过普通电话，按照该系统发出的指示，借助电话机上的数字和符号键输入委托指令
网上委托	网上委托是指证券公司通过基于互联网或移动通信网络的网上证券交易系统，向客户提供用于下达证券交易指令、获取成交结果的一种服务方式，包括网页版和交易软件版两种选择，如手机炒股软件委托等。网上委托的上网终端包括电子计算机、手机等设备。客户在办理网上委托的同时，也应当开通柜台委托、电话委托等其他委托方式，当证券公司网上证券委托系统出现网络中断、高峰拥挤或网上委托被冻结等异常情况时，客户可采用上述其他委托方式下达委托指令

4．委托受理的手续和过程

证券经纪商在收到客户委托后，应对委托人身份、委托内容、委托卖出的实际证券数量及委托买入的实际资金余额进行审查。经审查符合要求后，才能接受委托。

（1）验证与审单。

验证主要是对客户委托时递交的相关证件（如身份证件等）进行核实，审单主要是检查客户填写的委托单。证券经纪商要根据证券交易所的交易规则，对客户的证件和委托单在合法性和同一性方面进行审查。这些审查是为了维护交易的合法性，提高成交的准确率，避免造成不必要的纠纷。

（2）查验资金及证券。

在不采用信用交易的情况下，投资者必须用自己账户上的资金买入证券，或者卖出自己账户上实际存在的证券。因此，证券经纪商在受理客户委托买卖证券时，要查验证实客户的资金及证券。

名师点拨 如果客户采用自助委托方式，则当其输入相关的账号和正确的密码后，即视同确认了身份。证券经纪商的电脑系统还自动检验客户的证券买卖申报数量和价格等是否符合证券交易所的交易规则。

5. 委托执行

证券经纪商接受客户买卖证券的委托，应当根据委托书载明的证券名称、买卖数量、出价方式、价格幅度等，按照证券交易所交易规则代理买卖证券。买卖成交后，应当按规定制作买卖成交报告单交付客户。

（1）申报方式。

申报方式有两种，一种由证券经纪商的场内交易员进行申报，另一种由客户或证券经纪商营业部业务员直接申报。在前一种情况下，证券经纪商营业部业务员在受理客户委托后，要按受托先后顺序用电话将委托买卖的有关内容通知其场内交易员（俗称"红马甲"），由场内交易员通过场内电脑终端将委托指令输入证券交易所交易系统。在后一种情况下，证券经纪商的电脑系统要与证券交易所交易系统联网；客户利用自助委托方式，自行将委托指令输入证券经纪商电脑系统，经审查确认后，再自动传送至证券交易所交易系统；或是由证券经纪商营业部业务员在进行委托审查后，将委托指令直接通过终端机输入证券交易所交易系统，无须其场内交易员再行输入。客户自行输入委托指令方式是目前主要的申报方式。

（2）申报原则。

证券经纪商接受客户委托后应按"时间优先、客户优先"的原则进行申报竞价。时间优先是指证券经纪商应按受托时间的先后次序为委托人申报。客户优先是指当证券公司自营买卖申报与客户委托买卖申报在时间上相冲突时，应让客户委托买卖优先申报。

（3）申报时间。

上海证券交易所和深圳证券交易所都规定，交易日为每周一至周五。国家法定假日和证券交易所公告的休市日，证券交易所市场休市。经中国证监会批准，证券交易所可以调整交易时间。交易时间内因故停市，交易时间不作顺延。关于申报时间，上海证券交易所规定，接受会员竞价交易申报的时间为每个交易日9:15～9:25、9:30～11:30、13:00～15:00。每个交易日9:20～9:25的开盘集合竞价阶段，上海证券交易所交易主机不接受撤单申报。深圳证券交易所则规定，接受会员竞价交易申报的时间为每个交易日9:15～11:30、13:00～15:00。每个交易日9:20～9:25、14:57～15:00，深圳证券交易所交易主机不接受参与竞价交易的撤销申报。每个交易日9:25～9:30，交易主机只接受申报，不对买卖申报或撤销申报作处理。另外，上海证券交易所和深圳证券交易所认为必要时，都可以调整接受申报时间。

【例题·组合型选择题】证券营业部接收客户买卖证券委托，委托执行采用的申报方式有（　　）。

Ⅰ．由客户或证券经纪商营业部业务员直接申报

Ⅱ．由证券经纪商的场内交易员进行申报

Ⅲ．限价委托申报

Ⅳ．市价委托申报

A. Ⅰ、Ⅱ
B. Ⅱ、Ⅲ
C. Ⅲ、Ⅳ
D. Ⅰ、Ⅱ、Ⅲ

【解析】本题主要考查委托的申报方式。委托的申报方式包括：(1) 由证券经纪商的场内交易员进行申报。(2) 由客户或证券经纪商营业部业务员直接申报。
【答案】A

6. 委托指令撤销的条件和程序
(1) 撤单的条件。

在委托未成交之前，客户有权变更和撤销委托。证券营业部申报竞价成交后，买卖即告成立，成交部分不得撤销。

(2) 撤单的程序。

在采用证券经纪商场内交易员进行申报的情况下，客户变更或撤销委托的，证券经纪商营业部业务员须即刻通知场内交易员，经场内交易员操作确认后，立即将执行结果告知客户。

在采用客户或证券经纪商营业部业务员直接申报的情况下，客户变更或撤销委托的，客户或证券经纪商营业部业务员可直接将撤单信息通过电脑终端输入证券交易所交易系统，办理撤单。对客户撤销的委托，证券经纪商须及时将冻结的资金或证券解冻。

七、证券托管与证券存管（★）

1. 证券托管与证券存管的概念

证券托管是指投资者将持有的证券委托给证券公司保管，并由后者代为处理有关证券权益事务的行为。

证券存管是指证券公司将投资者交给其保管的证券以及自身持有的证券统一交给证券登记结算机构保管，并由后者代为处理有关证券权益事务的行为。

2. 我国目前的证券托管制度

(1) 上海证券交易所交易证券的托管制度。

上海证券交易所交易证券的托管制度是和指定交易制度联系在一起的。投资者如不办理指定交易，上海证券交易所交易系统将自动拒绝其证券账户的交易申报指令，直至该投资者完成办理指定交易手续。

 指定交易是指凡在上海证券交易所市场进行证券交易的投资者，必须事先指定上海证券交易所市场某一交易参与人，作为其证券交易的唯一受托人，并由该交易参与人通过其特定的交易单元参与交易所市场证券交易的制度，指定交易制度于1998年4月1日起推行。

对于持有和买卖上海证券交易所上市证券的投资者，办理的指定交易一经确认，其与指定交易证券公司（指定的交易参与人）的托管关系即建立。中国结算公司上海分公司将记录该投资者与托管证券公司托管关系的建立、变更等情况，并对投资者托管在证券公司的证券数量及其变化情况等加以记录。未办理指定交易的投资者的证券暂由中国结算公司上海分公司托管，其红利、股息、债息、债券兑付款在办理指定交易后可领取。

投资者在办理指定交易时，须通过其委托的交易参与人向上海证券交易所交易系统申报证券账户的指定交易指令，申报经上海证券交易所交易系统确认后即时生效。

已办理指定交易的投资者，根据需要可以变更指定交易。办理指定交易变更手续时，投资者须向其原指定交易的交易参与人提出撤销指定交易的申请，并由原交易参与人完成向上海证券交易所交易系统撤销指定交易的指令申报。申报一经确认，其撤销即刻生效。但投资者具有下列情形之一的，交易参与人不得为其申报撤销指定交易：撤销当日有交易行为的；撤销当日有申报；新股申购未到期的；因回购或其他事项未了结的；相关机构未允许撤销的。

撤销指定交易的投资者，在撤销指定交易的手续办妥后，必须按规定另行选择一个交易参与人重新办理指定交易申请后，方可进行交易。

2015年4月12日，在中国证券登记结算有限公司放宽了自然人投资者开立A股账户数量的限制之后，上海证券交易所交易证券的托管制度也作出了相应变化：在维持指定交易制度的基础上，允许投资者一人开设多个证券账户，投资者可以在多家证券公司开设账户，每个账户指定一家证券公司。

（2）深圳证券交易所交易证券的托管制度。

深圳证券交易所交易证券的托管制度可概括为：自动托管，随处通买，哪买哪卖，转托不限。深圳证券市场的投资者持有的证券须在自己选定的证券营业部托管，由证券营业部管理其名下明细证券资料。投资者的证券托管是自动实现的，投资者在哪家证券营业部买入证券，这些证券就自动托管在哪家证券营业部。投资者可以利用同一证券账户在国内任意一家证券营业部买入证券。投资者要卖出证券，必须到证券托管营业部方能进行（在哪里买入就在哪里卖出）。投资者也可以将其托管证券从一家证券营业部转移到另一家证券营业部托管，称为"证券转托管"。转托管可以是一只证券或多只证券，也可以是一只证券的部分或全部。投资者需要通过其托管证券公司领取相应的红利、股息、债息、债券兑付款等。中国结算公司深圳分公司将记录该投资者与托管证券公司托管关系的建立、变更等情况，同时对投资者托管在证券公司的证券数量及其变化情况等加以记录。

八、证券买卖中交易费用的种类（★）

投资者在委托买卖证券时须支付如佣金、过户费、印花税等费用。详细内容参照表8-23。

表8-23 证券买卖中的交易费用

费用名称	内　　容
佣金	佣金是投资者在委托买卖证券成交后按成交金额一定比例支付的费用，是证券经纪商为客户提供证券代理买卖服务收取的费用。此项费用由证券公司经纪佣金、证券交易所手续费及证券交易监管费等组成。 我国规定证券经纪商向客户收取的佣金（包括代收的证券交易监管费和证券交易所手续费等）不得高于证券交易金额的3‰，也不得低于代收的证券交易监管费和证券交易所手续费等
过户费	过户费是委托买卖的股票、基金成交后，买卖双方为变更证券登记所支付的费用。这笔收入一部分属于中国结算公司的收入，另一部分由证券公司留存，由证券公司在同投资者清算交收时代为扣收。 上海证券交易所A股的过户费为成交面额的0.75‰，深圳交易所A股过户费包含在交易经手费中，不向投资者单独收取。B股没有过户费，但中国结算公司要收取结算费。在上海证券交易所结算费是成交金额的0.5‰；在深圳交易所，称为结算登记费，是成交金额的0.5‰，但最高不超过500港元。基金交易目前不收过户费
印花税	印花税是根据国家税法规定，在A股和B股成交后对买卖双方投资者按照规定的税率分别征收的税金。我国税收制度规定，股票成交后，国家税务机关应向成交双方分别收取印花税。为保证税源，简化缴款手续，现行的做法是由证券经纪商在同投资者办理交收过程中代为扣收；然后，在证券经纪商同中国结算公司的清算、交收中集中结算；最后，由中国结算公司统一向征税机关缴纳

九、股票交易的清算与交收（★）

证券交易的清算与交收包括资金的清算交收和证券的清算交收两个方面。我国证券市场采用的是法人结算模式，即由证券公司以法人名义集中在证券登记结算机构开立资金清算交收账户，并通过此账户办理委托代理的证券交易的清算交收。证券公司与其客户之间的资金清算交收由证券公司自行负责完成。

股票交易的结算可以划分为清算和交收两个主要环节，它们是股票交易的最后一步。每日交易结束后，证券公司为客户办理清算与交收。

1. 清算和交收的概念

股票清算，是指将买卖股票的数量与金额分别给以抵销，然后通过证券交易所交割净差额股票或价款的一种程序。

股票交收，根据清算的结果在事先约定的时间内履行合约的行为，一般指买方支付一定款项获得所购股票，卖方交付一定股票以获得相应价款。

2. 我国股票交易的清算和交收

我国股票交易的清算和交收按结算的时间安排来看，分为滚动交收和会计日交收。滚动交收要求某一交易日成交的所有交易有计划地安排距成交日相同营业日天数的某一营业日进行交收。会计日交收则是在一段时间内的所有交易集中在一个特定日期进行交收。从现实情况来看，各市场采用的滚动交收周期长短不一，美国证券市场采取T+3，我国香港市场采取T+2。我国存在两种滚动交收周期，即T+1与T+3。A股是T+1滚动交收；B股是T+3滚动交收。

3. 股票交易的清算与交收程序

证券交易的结算在清算和交收的基础上，还可以进一步划分为表8-24所示的八个环节。

表8-24 股票交易的清算与交收程序

程序	内　　容
交易数据接收	沪、深证券交易所在闭市后，会按约定将证券交易数据通过专门通信链路传输给中国结算公司沪、深分公司。中国结算公司沪、深分公司接收数据时，应当核对所接收数据的完整性
清算	接收完证券交易数据后，中国结算公司沪、深分公司一般在当日日终，作为共同对手方，以结算参与人为单位，对各结算参与人负清算的证券交易对应的应收和应付价款进行轧抵处理。由于我国证券交易所市场实行滚动交收制度，因此一般来说，不同交易日发生的交易是分开清算的，在同一个交易日发生的交易才会进行轧抵处理
发送清算结果	清算完毕后，中国结算公司沪、深分公司会通过专用通信网络，将清算结果数据发送给各结算参与人
结算参与人组织证券或资金以备交收	结算参与人应当根据收到的清算结果，组织证券或资金以备交收。 （1）结算参与人净应付款项的，应当及时核查自身资金交收账户的资金是否足额；如不足，应当在最终交收时点前，向其资金交收账户划入资金。根据有关规定，结算参与人应当在其资金交收账户预留一定金额的资金，其最低限额一般称为最低备付。 （2）对于证券，证券公司一般不需要专门组织证券以备交收。不过B股市场存在例外
证券交收和资金交收	（1）证券交收。在最终交收时点（A股、基金、债券、ETF、权证等品种最终交收试点为"T+1"16：00），中国结算公司沪、深分公司将进行证券交收和资金交收。证券交收包含两个层面：一是中国结算公司沪、深分公司与结算参与人的证券交收，一般称为"集中证券交收"；二是结算参与人与客户之间的证券交收。 （2）资金交收。资金交收仅包括中国结算公司沪、深分公司与结算参与人的资金交收这一"集中资金交收"环节，中国结算公司并不具体处理结算参与人与客户的资金交收

续表

程序	内容
发送交收结果	中国结算公司沪、深分公司在完成证券交收和资金交收后，会将交收结果发送给结算参与人，供结算参与人对账、向客户提供证券余额查询服务、用于自身系统的前端监控等。另外，中国结算公司沪、深分公司也会在次日开市前，将完成交收后的证券账户余额等数据发送给证券交易所，供证券交易所实行前端监控
结算参与人划回款项	如果结算参与人根据资金交收结果并妥善估计已达成证券交易的资金净应收或应付的情况，确认其资金交收账户内的资金足额，则可向中国结算公司沪、深分公司申请划出资金，但划出后其资金交收账户余额不得低于最低备付要求。划出资金的具体操作是结算参与人向中国结算公司沪、深分公司发出指令，中国结算公司沪、深分公司审核后，指示对应结算银行从专用存款账户划付款项至结算参与人指定收款账户，并相应记减结算参与人的资金交收账户余额
交收违约处理	在前述集中证券交收和资金交收过程中，如结算参与人证券交收账户或资金交收账户余额不足以履行交收义务，则构成交收违约。 （1）对于资金交收违约，中国结算公司沪、深分公司将暂不向该结算参与人交付其应收的证券，同时按规则计收违约金。另外，由于在结算参与人资金交收违约时，中国结算公司沪、深分公司作为共同对手方须垫付款项给守约结算参与人，为弥补自身成本，中国结算公司沪、深分公司还需向违约结算参与人收取垫付资金的利息。中国结算公司沪、深分公司将责令违约结算参与人通过补缴款项等尽快弥补交收违约。如果违约结算参与人在违约次日前仍未能弥补资金交收违约，中国结算公司沪、深分公司将从违约第二日起，采取处置暂不交付证券的措施，收回此前垫付的资金。 （2）对于证券交收违约，中国结算公司沪、深分公司将暂不向该结算参与人交付其应收的资金，同时按规则计收违约金。中国结算公司沪、深分公司将责令违约结算参与人通过补缴或补购证券等措施尽快弥补证券交收违约。如果违约结算参与人在规定期限内未能弥补证券交收违约，中国结算公司沪、深分公司将利用暂不交付的款项补购证券（称为强行补购）

【例题·选择题】对于证券公司与客户之间的（　　），是委托中国结算公司根据成交记录按照业务规则代为办理。

A．证券交易　　B．资金清算交收
C．资金划付　　D．证券清算交收

【解析】本题考查股票交易的清算和交收。实践中，对于证券公司与客户之间的证券清算交收，是委托中国结算公司根据成交记录按照业务规则代为办理的。故D选项为正确答案。

【答案】D

十、股票的非交易过户和担保业务（★）

1. 股票的非交易过户

非交易过户是指符合法律规定和程序的因继承、赠与、财产分割或法院判决等原因而发生的股票、基金、无纸化国债等记名证券的股权（或债权）变更，受让人须凭法院、公证处等机关出具的文书到登记结算机构或其代理机构申办非交易过户，并根据受让总数按当天收盘价，收取规定标准的印花税。股票的非交易过户的具体要求包括以下几点。

（1）自然人因遗产继承办理公众股非交易过户：申请人填写股份非交易过户申请表，并提交继承公证书、证明被继承人死亡的有效法律文件及复印件、继承人身份证原件及复印件、证券账户卡原件及复印件、股份托管证券营业部出具的所涉流通股份冻结证明。申请人委托他人代办的，还应提供经公证的代理委托书、代办人有效身份证明文件及复印件。

（2）自然人因出国定居向受赠人赠与公司职工股办理非交易过户：申请人填写股份非交易过户申请表，并提交赠与公证书、赠与方原户口所在地公安机关出具的身份证注销证明及复印件、受赠方身份证及复印件、当事人双方证券账户卡及复印件、上市公司出具的确认受赠人为该公司职工的证明。申请人委托他人代办的，还应提供经公证的代理委托书、代办人有效身份证明文件及复印件。

（3）经办人查验申请人所提供资料的真实性、有效性、完整性及一致性，在申请表单上签章后交复核员实时复核。

（4）复核员实时复核并在申请表单上签章后，将申请表及资料交营业部分管负责人审核；营业部分管负责人在股份非交易过户申请表上实时审核签字后交还经办人；经办人将有效身份证明原件交还申请人，其余资料留存。

（5）经办人向申请人预收取非交易过户的一切费用并出示相应凭证。

（6）按照中国结算公司上海分公司或中国结算公司深圳分公司的要求，将股份非交易过户申请材料以特快专递方式寄送（中国结算公司深圳分公司）或传真至公司经纪业务管理部门（上海证券的非交易过户）。公司经纪业务管理部门审核无误后再传真至中国结算公司。

（7）收市后经办人将客户留存资料归入客户资料档案留存。

（8）经办人于收到登记结算公司非交易过户确认单的下一工作日将该确认单交申请人，并扣除实际发生的费用。

2. 股票的担保业务

股票担保业务主要分两种：股票质押融资和融资融券交易。

（1）股票质押融资是用股票等有价证券提供质押担保获得融通资金的一种方式。它主要是以取得现金为目的，公司通过股票质押融资取得的资金通常用来弥补流动资金不足，股票质押融资不是一种标准化产品，在本质上更体现了一种民事合同关系，在具体的融资细节上由当事人双方合意约定。股票质押融资属于一种权利质押，其最常见的方式是股票质押贷款。

（2）融资融券业务是指在证券交易所或者国务院批准的其他证券交易场所进行的证券交易中，证券公司向客户出借资金供其买入证券或者出借证券供其卖出，并由客户交存相应担保物的经营活动。证券公司开展的融资融券业务中，为保证投资者融资，可以用投资者所有的证券来做担保，这种担保属于让与担保。

十一、股票价格指数（★★）

1. 股票价格指数的概念和功能

股票价格指数也称股价指数、股指或股票市场指数，是证券交易所或金融服务机构编制的表明股票行市变动并供炒股者参考的指示数字。一般来说，股价指数是将计算期的股价或市值与某一基期的股价或市值相比较的相对变化值，用以反映市场股票价格的相对水平，是测度股市行情变化幅度的重要指标参数。股价指数是衡量股票市场总体价格水平及其变动趋势的尺度，也是反映一个国家或地区政治、经济发展状态的灵敏信号。世界上最早的股票价格指数是1884年美国的查尔斯·亨利·道和爱德华·琼斯用11种有代表性的股票的收盘价，采用简单算术平均法计算出来的道·琼斯股价平均数。

股价指数的功能在于基准和投资两个方面，具体内容见表8-25。

表 8-25　股票指数的功能

功能	内　　容
基准功能	基准功能体现在三个方面。 （1）描述市场走势，反映国民经济情况。 （2）为投资者提供衡量其风险和收益的基准。 （3）为不同细分市场的投资配置与选择提供基准
投资功能	投资功能体现在两个方面。 （1）作为指数化投资工具的基础。 （2）作为金融衍生工具的投资标的，可以派生出新的投资工具

2．股票价格指数的编制步骤和方法（★）

（1）编制步骤。

股价指数的编制分为四步。

①选择样本股。样本股可以是全部上市股票，也可以是其中有代表性的一部分。样本股的选择主要考虑两条标准：一是样本股的市价总值要占在交易所上市的全部股票市价总值的大部分；二是样本股票价格变动趋势必须能反映股票市场价格变动的总趋势。

②选定某基期，并以一定方法计算基期平均股价或市值。

③计算计算期平均股价或市值，并作必要的修正。有代表性的价格是样本股收盘平均价。

④指数化。如果计算股价指数，就需要将计算期的平均股价或市值转化为指数值，即将基期平均股价或市值定为某一常数（通常为100、1 000或10），并据此计算计算期股价的指数值。

计算方法主要有股票价格平均数、简单算术股票指数和加权股价指数三种。

（2）编制方法。

股价指数的编制方法有简单算术股价指数和加权股价指数两类。具体计算方法见表8-26。

表 8-26　股价指数的计算方法

方　　法		含义和公式
简单算术股价指数	相对法	相对法是先计算各样本股的个别指数，再加总求出算术平均数
	综合法	综合法是将样本股票基期价格和计算期价格分别加总，然后再求出股价指数
加权股价指数	基期加权股价指数	基期加权股价指数又称"拉斯贝尔加权指数"，是采用基期发行量或成交量作为权数
	计算期加权股价指数	计算期加权股价指数又称"派许加权指数"，采用计算期发行量或成交量作为权数。其适用性较强，使用较广泛，很多著名股价指数，如标准普尔指数等，都使用这一方法
	几何加权股价指数	几何加权股价指数又称"费雪理想式"是对两种指数作几何平均，由于计算复杂，很少被实际应用

3．我国主要的股票价格指数

（1）上海证券交易所的股票指数。

由上海证券交易所编制并发布的上证指数系列是一个包括上证180指数、上证50指数、上证综合指数、A股指数、B股指数、分类指数、债券指数、基金指数等指数系列，其中最早编制的为上证综合指数。上海证券交易所的股票指数详见表8-27。

表8-27 上海证券交易所的股票指数

类别	股票指数	内容要点
成分指数类	上证50指数	2004年1月2日,上海证券交易所发布了上证50指数。上证50指数根据流通市值、成交金额对股票进行综合排名,从上证180指数样本中挑选上海证券市场规模大、流动性好的最具代表性的50只股票组成样本股,以综合反映上海证券市场最具影响力的一批龙头企业的整体状况
	上证380指数	上海证券交易所和中证指数有限公司于2010年1月29日发布上证380指数。上证380指数样本股的选择主要考虑公司规模、盈利能力、成长性、流动性和新兴行业的代表性,侧重反映在上海证券交易所上市的中小盘股票的市场表现
	上证成分股指数	上证成分股指数简称上证180指数,是上海证券交易所对原上证30指数进行调整和更名产生的指数。 上证成分股指数的样本股共有180只股票,选择样本的标准是遵行规模(总市值、流通市值),流动性(成交金额、换手率)和行业三项指标,即选取规模较大、流动性较好且具有行业代表性的股票作为样本,建立一个反映上海证券市场的概貌的运行状况、能够作为投资评价尺度及金融衍生产品基础的基准指数。上证成分股指数依据样本稳定性和动态跟踪的原则,每年调整一次成分股,每次调整比例一般不超过10%,特殊情况下也可能对样本股进行临时调整
综合指数类	上证综合指数	上海证券交易所从1991年7月15日起编制并公布上海证券交易所股份指数,它以1990年12月19日为基期,以全部上市股票为样本,以股票发行量为权数,按加权平均法计算
	新上证综合指数	新上证综合指数简称新综指,指数代码为000017,于2006年1月4日首次发布。新综指选择已完成股权分置改革的沪市上市公司组成样本,实施股权分置改革的股票在方案实施后的第2个交易日纳入指数。新综指是一个全市场指数,它不仅包括A股市值,对于含B股的公司,其B股市值同样计算在内
	上证综合指数系列还包括A股指数、B股指数及工业类指数、商业指数、地产类指数、公用事业类指数、综合类指数、上证流通指数等	

上海证券交易所按全部上市公司的主营范围、投资方向及产出分别计算工业类指数、商业类指数、地产类指数、公用事业类指数和综合类指数。上证工业类指数、商业类指数、地产类指数、公用事业类指数、综合类指数均以1993年4月30日为基期,基期指数设为1 358.78点,于1993年6月1日正式对外公布。以在上海证券交易所上市的全部工业类股票、商业类股票、地产类股票、公用事业类股票、综合类股票为样本,以全部发行股数为权数进行计算。

上海证券交易所编制和发布的指数还有上证行业指数系列、策略指数系列、上证风格指数系列、上证主题指数系列等。

(2)深圳证券交易所的股价指数。

深圳证券交易所的股价指数见表8-28。

表8-28　深圳证券交易所的股价指数

类别	股价指数	内容要点
成分指数类	深证100指数	深圳证券信息有限公司于2003年年初发布深证100指数。深证100指数成分股的选取主要考查A股上市公司流通市值和成交金额两项指标，从在深圳证券交易所上市的股票中选取100只A股作为成分股，以成分股的可流通A股数为权数，采用派许综合法编制。根据市场动态跟踪和成分股稳定性原则，深证100指数将每半年调整一次成分股
	深证成分股指数	深证成分股指数由深圳证券交易所编制，通过对所有在深圳证券交易所上市的公司进行考查，按一定标准选出40家有代表性的上市公司作为成分股，以成分股的可流通股数为权数。采用加权平均法编制而成
综合指数类	深证综合指数	以在深圳证券交易所主板、中小板、创业板上市的全部股票为样本股。深证系列综合指数均为派式加权股价指数，即以指数样本股计算日股份数作为权数进行加权逐日连锁计算
	深证A股指数	深证A股指数以在深圳证券交易所主板、中小板、创业板上市的全部A股为样本股，以样本股发行总股本为权数，进行加权逐日连锁计算
	深证B股指数	深证B股指数以在深圳证券交易所上市的全部B股为样本，以样本股发行总股本为权数，进行加权逐日连锁计算
	行业分类指数	以在深圳证券交易所主板、中小板、创业板上市的按行业进行划分的股票为样本。行业分类指数依据《上市公司行业分类指引》中的门类划分，编制13个门类指数；依据制造业门类下的大类划分，编制9个大类指数，共有22条行业分类指数。行业分类指数以样本股发行总股本为权数，进行加权逐日连锁计算
	中小板综合指数	以在深圳证券交易所中小企业板上市的全部股票为样本。中小企业板指数以可流通股本数为权数，进行加权逐日连锁计算。中小综合指数以2005年6月7日为基日，基日指数为1000点，2005年12月1日开始发布
	创业板综合指数	以在深圳证券交易所企业板上市的全部股票为样本。创业板指数以可流通股本数为权数，进行加权逐日连锁计算。创业板综合指数以2010年5月31日为基日，基日指数为1000点，2010年8月20日开始发布
	深证新指数	以在深圳证券交易所主板、中小板、企业板上市的正常交易的且已完成股改的A股为样本股。深证新指数以可流通股本数为权数，进行加权逐日连锁计算

（3）中证指数有限公司及其指数。

中证指数有限公司成立于2005年8月25日，是由上海证券交易所和深圳证券交易所共同出资发起设立的一家专业从事证券指数及指数衍生产品开发服务的公司。

①沪深300指数。沪深300指数是沪、深证券交易所于2005年4月8日联合发布的反映A股市场整体趋势的指数。沪深300指数的编制目标是反映中国证券市场股票价格变动的概貌和运行状况，并能够作为投资业绩的评价标准，为指数化投资和指数衍生产品创新提供基础条件。中证指数有限公司成立后，沪、深证券交易所将沪深300指数的经营管理及相关权益转移至中证指数有限公司。

沪深300指数简称"沪深300"，成分股数量为300只，指数基日为2004年12月31日，基点为100点。

②中证规模指数。中证规模指数包括中证100指数、中证200指数、中证500指数、中证700指数、中证800指数和中证流通指数。这些指数与沪深300指数共同构成中证规模指数体系。其中，中证100指数定位于大盘指数，中证200指数为中盘指数，沪深

300指数为大中盘指数,中证500指数为小盘指数,中证700指数为中小盘指数,中证800指数则由大中小盘指数构成。中证规模指数的计算方法、修正方法、调整方法与沪深300指数相同。

> 【例题·选择题】上证综合指数以股票（　　）为权数,按加权平均法计算。
> A. 成交额
> B. 市值
> C. 流通股本
> D. 发行量
>
> 【解析】本题主要考查上证综合指数的相关知识。上海证券交易所从1991年7月15日起编制并公布上海证券交易所股价指数,它以1990年12月19日为基期,以全部上市股票为样本,以股票发行量为权数,按加权平均法计算。故D选项为正确答案。
>
> 【答案】D

4. 海外国家主要股票市场的股票价格指数

（1）道·琼斯工业股价平均指数。道·琼斯工业股价平均指数是世界上最早、最享盛誉和最有影响的股票价格平均数,由美国道·琼斯公司编制,并在《华尔街日报》上公布。现在人们所说的道·琼斯指数实际上是一组股价平均数,包括5组指标:工业股价平均数、运输业股价平均数、公用事业股价平均数、股价综合平均数、道·琼斯公正市价指数。

（2）金融时报证券交易所指数（FTSE100指数）。金融时报证券交易所指数（也译为"富时指数"）是英国最具权威性的股价指数,原由《金融时报》编制和公布,现由《金融时报》和伦敦证券交易所共同拥有的富时集团编制。这一指数包括三种:一是金融时报工业股票指数,又称"30种股票指数";二是100种股票交易指数,又称"FT-100指数";三是综合精算股票指数。

（3）标准普尔500指数。由美国标准普尔公司发布,样本公司行业分布广,信息资料齐全,代表性强,能更精确地反映股票市场变化。

（4）日经225股价指数。日经225股价指数是日本经济新闻社编制和公布的反映日本股票市场价格变动的股价指数。该指数从1950年9月开始编制,最初根据在东京证券交易所第一市场上市的225家公司的股票算出修正平均股价,称为"东证修正平均股价"。1975年5月1日日本经济新闻社向道·琼斯公司买进商标,采用道·琼斯修正指数法计算,指数也改称为"日经道式平均股价指标"。1985年5月合同期满,经协商,又将名称改为"日经股价指数"。现在的日经股价指数分为两组:一是日经225种股价指数;二是日经500种股价指数。

（5）恒生指数。恒生指数是由香港恒生银行于1969年11月24日起编制公布、系统反映香港股票市场行情变动最有代表性和影响最大的指数。它挑选了33种有代表性的上市股票为成分股,用加权平均法计算。

十二、沪港通（★）

1. 沪港通的概念和组成

沪港通是"沪港股票市场交易互联互通机制试点"的简称,是指上海证券交易所（以下简称"上交所"）和香港联合交易所有限公司（以下简称"联交所"）建立技术连接,使两地投资者通过当地证券公司或经纪商买卖规定范围内的对方交易所上市的股票。沪港通包括沪股通和港股通两部分。

（1）沪股通,是指香港投资者委托香港经纪商,经由联交所设立的证券交易服务公司,向上交所进行申报,买卖规定范围内的上交所上市的股票。沪股通股票以人民币报价和交易。

（2）港股通，是指内地投资者委托内地证券公司，经由上交所设立的证券交易服务公司，向联交所进行申报，买卖规定范围内的联交所上市的股票。投资者应当通过沪市人民币普通股票账户进行港股通交易。港股通交易以港币报价，投资者以人民币交收。

【例题·选择题】沪股通交易以人民币报价，投资者以（　　）交收。
A. 港币
B. 美元
C. 欧元
D. 人民币
【解析】本题主要考查沪股通的知识。沪港通包括沪股通和港股通。内地投资者买卖以港币报价的港股通股票，中国香港投资者买卖以人民币报价的沪股通股票，均以人民币交收。
【答案】D

2. 沪港通的特点
（1）充分借鉴了市场互联互通的国际经验，采用较为成熟的订单路由技术和跨境结算安排，为投资者提供便捷、高效的证券交易服务。
（2）双向开放，内地投资者可以通过港股通买卖规定范围内联交所上市的股票，同时，香港地区投资者也可以通过沪股通买卖规定范围内上交所上市的股票。
（3）对投资者双向采用人民币交收，即内地投资者买卖以港币报价的港股通股票，以人民币交收，香港地区投资者买卖沪股通股票，以人民币报价和交易。
（4）在试点初期实行额度控制，即内地投资者买入港股通股票有总额度和每日额度限制，香港地区投资者买入沪股通股票有总额度和每日额度限制。
（5）两地投资者通过沪港通可以买卖的对方市场股票限于规定的范围。

3. 沪港通股票范围
沪港通股票范围详见表8-29。

表8-29　沪港通股票范围

项目	投资范围
沪股通股票	沪股通股票包括以下范围内的股票。 （1）上证180指数成份股。 （2）上证380指数成份股。 （3）A+H股上市公司的本所上市A股。 上市公司股票风险警示板交易的股票（即ST、*ST股票和退市整理股票）、以外币报价交易的股票（即B股）和具有本所认定的其他特殊情形的股票，不纳入沪股通股票。 沪股通交易采用竞价交易方式，申报方式为限价申报，但上海证券交易所另有规定的除外
港股通股票	港股通股票包括以下范围内的股票。 （1）恒生综合大型股指数的成份股。 （2）恒生综合中型股指数的成份股。 （3）A+H股上市公司的H股。 上市A股为风险警示板股票的A+H股上市公司的相应H股、同时有股票在本所以外的内地证券交易所上市的发行人的股票、在联交所以港币以外货币报价交易的股票和具有本所认定的其他特殊情形的股票，不纳入港股通股票

4. 沪港通股票投资额度的相关规定
沪港通业务实行总额度控制和每日额度控制。上交所证券交易服务公司对港股通的额度进行控制，联交所证券交易服务公司对沪股通的额度进行控制。

（1）沪股通股票投资额度的相关规定。
联交所证券交易服务公司对沪股通交易每日额度的使用情况进行实时监控，并在沪股通交易日日终对沪股通交易总额度的使用情况进行监控。联交所证券交易服务公司于每日交易结束后在其指定网站公布额度使用情况。

沪股通交易当日额度余额的计算公式为：
当日额度余额＝每日额度－买入申报金额＋卖出成交金额＋被撤销和被本所拒绝接

受的买入申报金额＋买入成交价低于申报价的差额

当日额度在本所开盘集合竞价阶段使用完毕的，联交所证券交易服务公司暂停接受该时段后续的买入申报，但仍然接受卖出申报。此后在本所连续竞价阶段开始前，因买入申报被撤销、被本所拒绝接受或者卖出申报成交等情形，导致当日额度余额大于零的，联交所证券交易服务公司恢复接受后续的买入申报。当日额度在本所连续竞价阶段使用完毕的，联交所证券交易服务公司停止接受当日后续的买入申报，但仍然接受卖出申报。在上述时段停止接受买入申报的，当日不再恢复，本所另有规定的除外。

沪股通总额度可用余额的计算公式为：
总额度余额＝总额度－买入成交总金额＋卖出成交对应的买入总金额。

其中，卖出成交对应的买入总金额是指对卖出成交的股票按其买入的平均价格计算的总金额。

总额度余额少于一个每日额度的，联交所证券交易服务公司自下一沪股通交易日起停止接受买入申报，但仍然接受卖出申报。总额度余额达到一个每日额度时，联交所证券交易服务公司自下一沪股通交易日起恢复接受买入申报。

（2）港股通股票投资额度的相关规定。

港股通交易当日额度余额的计算公式为：
当日额度余额＝每日额度－买入申报金额＋卖出成交金额＋被撤销和被联交所拒绝接受的买入申报金额＋买入成交价低于申报价的差额。

名师点拨 上述买入申报金额、卖出成交金额、被撤销和被联交所拒绝接受的买入申报金额、买入成交价低于申报价的差额，按照中国结算每日交易开始前提供的当日交易参考汇率，由港币转换为人民币计算。

当日额度在联交所开市前时段使用完毕的，本所证券交易服务公司暂停接受该时段后续的买入申报，且在该时段结束前不再恢复，但仍然接受卖出申报。当日额度在联交所持续交易时段使用完毕的，本所证券交易服务公司停止接受当日后续的买入申报，但仍然接受卖出申报。在上述时段停止接受买入申报的，当日不再恢复，本所另有规定的除外。

港股通总额度可用余额的计算公式为：
总额度余额＝总额度－买入成交总金额＋卖出成交对应的买入总金额。

名师点拨 上述买入成交总金额、卖出成交对应的买入总金额，按照中国结算每日交易结束后提供的当日交易结算汇率，由港币转换为人民币计算。其中，卖出成交对应的买入总金额是指对卖出成交的股票按其买入的平均价格计算的总金额。

投资者参与港股通交易，不得通过低价大额买入申报等方式恶意占用额度，影响额度控制。

过关测试题

一、选择题

1. 小王预测近期将发生引起股票价格波动的政治事件，于是将手中的股票抛出并换成了债券，这是因为股票的（　　）增大。
   A. 参与性　　　B. 收益性
   C. 期限性　　　D. 风险性
2. 普通股的持有者享有股东的（　　）。
   A. 营销权
   B. 支配公司财产的权利
   C. 特许经营权
   D. 基本权利和义务
3. （　　）不属于投资者在委托买卖证

券时需要支付的交易费用。

A. 印花税　　　　B. 佣金
C. 过户费　　　　D. 增值税

4. 股票的清算价值是公司清算时每一股份所代表的（　　）。

A. 清算资金　　　B. 虚拟价值
C. 账面价值　　　D. 实际价值

5. （　　）不属于优先股票的特征。

A. 股息率固定
B. 具有优先认股权
C. 剩余资产分配优先
D. 股票分派优先

6. 报价驱动交易市场是一种连续交易商市场，或称（　　）。

A. 做市商市场　　B. 订单驱动市场
C. 经纪商市场　　D. 竞价市场

7. 港股通交易以（　　）报价，投资者以（　　）交收。

A. 人民币；港币
B. 港币；人民币
C. 人民币；人民币
D. 港币；港币

8. 下列关于股票发行的描述中，错误的是（　　）。

A. 现如今，网上竞价仍是我国股票发行的主要方式
B. 有限发售认购方式极易发生抢购风潮，出现私自截留申请表等徇私舞弊现象
C. 从1984年到20世纪90年代初期，我国股票发行多为自办发行，没有承销商，很少有中介机构参与
D. 上网定价发行方式具有效率高、成本低、安全快捷等优点

9. 对股份有限公司而言，发行优先股票的作用在于可以筹集（　　）的公司股本。

A. 长期稳定　　　B. 中短期
C. 中期　　　　　D. 短期

10. （　　）是注册地在中国内地、上市地在伦敦的境外上市外资股。

A. S股　　　　　B. A股
C. B股　　　　　D. L股

11. 按（　　）划分，证券交易委托分为市价委托和限价委托。

A. 委托时效限制
B. 委托订单的数量
C. 委托价格限制
D. 买卖证券的方向

12. 下列（　　）不能是客户发出委托指令的形式。

A. 网上委托
B. 传真委托
C. 电话自动委托
D. 当面口头委托

13. 股票发行额度以股票面值计算，在溢价发行的条件下，实际筹资额（　　）计划额度。

A. 无关　　　　　B. 大于
C. 等于　　　　　D. 小于

14. 小王、小李、小黄、小赵均申报卖出A股票，申报价格和申报时间分别为：小王的卖出价为10.00元，时间为13:20；小李的卖出价为10.90元，时间为13:35；小黄的卖出价为10.45元，时间为13:30；小赵的卖出价为10.90元，时间为13:40。那么这四位投资者交易的先后顺序为（　　）。

A. 小黄、小李、小赵、小王
B. 小李、小赵、小王、小黄
C. 小王、小黄、小李、小赵
D. 小赵、小李、小黄、小王

15. 股权分置改革后，公司原非流通股股份的出售应当遵循的规定之一是，自改革方案实施之日起，（　　）个月内不得上市交易或转让。

A. 3　　　　　　 B. 6
C. 9　　　　　　 D. 12

16. 根据相关规定，每个交易日为集合竞价时间的时间段有（　　）个。

A. 5　　　　　　 B. 4

C. 3　　　　　D. 2

17. ( ) 是开立证券账户应坚持的原则。

A. 合法性与及时性
B. 合法性与真实性
C. 及时性与合法性
D. 及时性与全面性

18. 公司股票在主板首次公开发行的，最近3个会计年度净利润应均为正数且累计超过人民币( )。

A. 500万元　　B. 5 000万元
C. 300万元　　D. 3 000万元

19. 企业法人或具有法人资格的事业单位和社会团体以其依法可支配的资产投入公司形成股份的是( )。

A. 社会公众股　　B. 外资股
C. 法人股　　　　D. 国家股

20. 下列日期中，在( )前认购普通股票的，该股东享有优先认股权。

A. 股利宣布日　　B. 股权登记日
C. 除息除权日　　D. 派发日

二、组合型选择题

1. 下列对红筹股的说法正确的有( )。

Ⅰ. 红筹股不属于外资股
Ⅱ. 红筹股属于境外上市外资股
Ⅲ. 红筹股是指在中国境外注册、在香港上市，但主要业务在中国内地或大部分股东权益来自中国内地的股票
Ⅳ. 红筹股已经成为内地企业进入国际资本市场筹资的一条重要渠道

A. Ⅰ、Ⅱ、Ⅲ
B. Ⅱ、Ⅳ
C. Ⅰ、Ⅲ、Ⅳ
D. Ⅰ、Ⅱ、Ⅲ、Ⅳ

2. 优先股根据其在一定条件下，能否由原发行的股份公司出价赎回，可分为( )。

Ⅰ. 不可赎回优先股
Ⅱ. 累积优先股票
Ⅲ. 可赎回优先股
Ⅳ. 非累积优先股票

A. Ⅰ、Ⅲ
B. Ⅱ、Ⅳ
C. Ⅱ、Ⅲ
D. Ⅰ、Ⅱ

3. 下列选项中，( )属于A股账户按持有人不同的分类。

Ⅰ. 基金管理公司的证券投资基金专用证券账户
Ⅱ. 一般机构证券账户
Ⅲ. 自然人证券账户
Ⅳ. 证券公司自营证券账户

A. Ⅰ、Ⅲ
B. Ⅱ、Ⅳ
C. Ⅰ、Ⅱ、Ⅲ
D. Ⅰ、Ⅱ、Ⅲ、Ⅳ

4. 股票应载明的事项包括( )。

Ⅰ. 公司名称
Ⅱ. 公司成立的日期
Ⅲ. 股票的编号
Ⅳ. 票面金额

A. Ⅰ、Ⅲ
B. Ⅱ、Ⅳ
C. Ⅰ、Ⅱ、Ⅲ
D. Ⅰ、Ⅱ、Ⅲ、Ⅳ

5. 下列属于股价指数编制步骤的有( )。

Ⅰ. 选定某基期并计算基期平均股价或市值
Ⅱ. 计算计算期平均股价或市值，并作必要的修正
Ⅲ. 选择样本股
Ⅳ. 指数化

A. Ⅰ、Ⅱ、Ⅲ、Ⅳ
B. Ⅱ、Ⅳ
C. Ⅰ、Ⅱ、Ⅲ
D. Ⅰ、Ⅱ、Ⅳ

6. ( )属于影响股价变动的其他因素。
Ⅰ. 政策及制度因素
Ⅱ. 行业与部门因素
Ⅲ. 政治因素
Ⅳ. 人为操纵的因素
A. Ⅰ、Ⅱ、Ⅲ、Ⅳ
B. Ⅱ、Ⅳ
C. Ⅰ、Ⅱ、Ⅲ
D. Ⅰ、Ⅲ、Ⅳ

7. 股票价值的主要构成有（ ）。
Ⅰ. 未来股息收入
Ⅱ. 上一期股息收入
Ⅲ. 未来资本利得收入
Ⅳ. 未来股本数量变化
A. Ⅰ、Ⅳ
B. Ⅰ、Ⅲ
C. Ⅱ、Ⅲ
D. Ⅰ、Ⅱ

8. ( )属于股票发行的定价方式。
Ⅰ. 协商定价方式
Ⅱ. 上网竞价方式
Ⅲ. 询价方式
Ⅳ. 招标定价方式
A. Ⅰ、Ⅳ
B. Ⅱ、Ⅲ
C. Ⅰ、Ⅱ、Ⅲ
D. Ⅰ、Ⅱ、Ⅲ、Ⅳ

9. 下列关于无记名股票的说法中，正确的是（ ）。
Ⅰ. 无记名股票发行时一般留有存根联
Ⅱ. 《中华人民共和国公司法》规定，发行无记名股票的公司应该记载其股票数量、编号及发行日期
Ⅲ. 无记名股票是指在股票票面和股份公司股东名册上均不记载股东姓名的股票
Ⅳ. 存根联分为两部分，一部分是股票的主体，记载公司的有关事项；另一部分是股息票，用于进行股息结算和行使增资权利
A. Ⅰ、Ⅱ、Ⅲ

B. Ⅰ、Ⅱ、Ⅲ、Ⅳ
C. Ⅰ、Ⅱ、Ⅳ
D. Ⅲ、Ⅳ

10. 宏观经济对股票价格影响的特点包括（ ）。
Ⅰ. 波及范围广
Ⅱ. 干扰程度深
Ⅲ. 作用机制复杂
Ⅳ. 导致股价浮动幅度较大
A. Ⅰ、Ⅱ、Ⅲ、Ⅳ
B. Ⅰ、Ⅲ、Ⅳ
C. Ⅱ、Ⅲ
D. Ⅰ、Ⅱ

11. 股票是一种资本证券，但它不属于（ ）。
Ⅰ. 虚拟资本
Ⅱ. 设权证券
Ⅲ. 证权证券
Ⅳ. 真实资本
A. Ⅰ、Ⅲ
B. Ⅱ、Ⅳ
C. Ⅲ、Ⅳ
D. Ⅰ、Ⅱ

12. 沪股通股票的范围包括（ ）。
Ⅰ. 上证180指数成份股
Ⅱ. A+H股上市公司的H股
Ⅲ. 上证380指数成份股
Ⅳ. A+H股上市公司的本所上市A股
A. Ⅰ、Ⅱ、Ⅲ、Ⅳ
B. Ⅰ、Ⅱ、Ⅲ
C. Ⅱ、Ⅳ
D. Ⅰ、Ⅲ、Ⅳ

13. 下列选项中，（ ）属于大宗交易申报的内容。
Ⅰ. 成交申报
Ⅱ. 意向申报
Ⅲ. 数量申报
Ⅳ. 固定价格申报
A. Ⅱ、Ⅲ、Ⅳ

B. Ⅰ、Ⅱ、Ⅲ
C. Ⅰ、Ⅱ、Ⅳ
D. Ⅰ、Ⅱ、Ⅲ、Ⅳ

14. 下列选项中，（　　）是常见的影响股票价格的行业因素。
　　Ⅰ．经济周期循环
　　Ⅱ．抗外部冲击的能力
　　Ⅲ．行业估值水平
　　Ⅳ．行业的可持续性
A. Ⅰ、Ⅱ、Ⅳ
B. Ⅱ、Ⅲ、Ⅳ
C. Ⅰ、Ⅲ、Ⅳ
D. Ⅰ、Ⅱ、Ⅲ

15. 下列（　　）属于国际证券市场上著名的股价指数。
　　Ⅰ．新上证综合指数
　　Ⅱ．日经225股价指数
　　Ⅲ．标准普尔500指数
　　Ⅳ．道·琼斯工业股价平均指数
A. Ⅰ、Ⅱ、Ⅳ
B. Ⅰ、Ⅱ、Ⅲ、Ⅳ
C. Ⅰ、Ⅲ
D. Ⅱ、Ⅲ、Ⅳ

16. （　　）属于根据股票的风险特征划分的普通股。
　　Ⅰ．周期股
　　Ⅱ．概念股
　　Ⅲ．投机股
　　Ⅳ．成长股
A. Ⅰ、Ⅱ、Ⅳ
B. Ⅰ、Ⅱ、Ⅲ
C. Ⅰ、Ⅲ、Ⅳ
D. Ⅰ、Ⅱ、Ⅲ、Ⅳ

17. 上市公司存在下列（　　）情形之一的，不得公开发行证券。
　　Ⅰ．擅自改变前次公开发行证券募集资金的用途而未作纠正
　　Ⅱ．上市公司最近12个月内受到过证券交易所的公开谴责
　　Ⅲ．上市公司及其控股股东或实际控制人最近36个月内存在未履行向投资者作出的公开承诺的行为
　　Ⅳ．本次发行申请文件有虚假记载、误导性陈述或重大遗漏
A. Ⅱ、Ⅲ、Ⅳ
B. Ⅰ、Ⅱ、Ⅳ
C. Ⅰ、Ⅲ
D. Ⅰ、Ⅱ、Ⅲ、Ⅳ

18. （　　）属于普通股股东依法享有的权利。
　　Ⅰ．资产收益权
　　Ⅱ．对公司财产的直接支配处理权
　　Ⅲ．重大决策权
　　Ⅳ．选择管理者权
A. Ⅰ、Ⅱ、Ⅲ、Ⅳ
B. Ⅱ、Ⅳ
C. Ⅰ、Ⅲ、Ⅳ
D. Ⅰ、Ⅱ、Ⅲ

19. 下列选项中，属于股票的性质的有（　　）。
　　Ⅰ．股票是资本证券
　　Ⅱ．股票是有价证券
　　Ⅲ．股票是收益证券
　　Ⅳ．股票是要式证券
A. Ⅰ、Ⅱ、Ⅳ
B. Ⅰ、Ⅱ、Ⅲ
C. Ⅰ、Ⅱ、Ⅲ、Ⅳ
D. Ⅲ、Ⅳ

20. 有面额股票的特点包括（　　）。
　　Ⅰ．可以明确表示每一股所代表的股权比例
　　Ⅱ．为股票发行价格的确定提供依据
　　Ⅲ．发行或转让价格较灵活
　　Ⅳ．便于股票分割
A. Ⅰ、Ⅱ
B. Ⅱ、Ⅲ
C. Ⅰ、Ⅲ
D. Ⅰ、Ⅳ

第九章

债券市场

债券是最早发行的证券品种，债券市场作为发行和交易债券的场所，是金融市场的重要组成部分。想要了解债券市场，就必须了解债券的相关的知识。本章从债券开始，以债券发行、交易的顺序为线索，介绍了债券、债券发行与承销、债券的交易等内容。

与股票市场相同，本章也是证券一般从业考试金融基础知识科目的重点内容，主要包括三节。第一节主要介绍了我国各类债券品种的定义、特征、分类和相关管理规定等；第二节考点集中在我国各类债券的的发行方式、发行条件等相关规定上；第三节的内容主要包括债券现券交易、回购交易、远期交易和期货交易的概念、流程、方式，债券报价的主要方式，债券的交易流程和债券评级等内容。

本章考点预览

第九章 债券市场	第一节 债券	一、债券概述	★★★
		二、政府债券	★★★
		三、金融债券	★★★
		四、公司债券	★★★
		五、企业债券	★★★
		六、国际债券	★★★
	第二节 债券的发行与承销	一、我国国债的发行与承销	★★★
		二、地方政府债券的发行与承销	★
		三、我国金融债券的发行与承销	★★
		四、企业债券的发行与承销	★★
		五、公司债券的发行与承销	★★
		六、企业短期融资融券的注册规则和承销组织	★★
		七、中期票据的注册规则和承销组织	★★
		八、中小非金融企业集合票据	★★
		九、证券公司债券的发行与承销	★★
		十、证券公司次级债的发行规定	★
		十一、国际开发机构人民币债券的发行与承销	★

续表

第九章 债券市场	第三节 债券的交易	一、我国的债券交易市场	★
		二、债券交易方式	★★★
		三、债券报价的主要方式	★★★
		四、债券交易流程	★★
		五、债券登记	★★
		六、债券托管	★★
		七、债券兑付及付息	★★
		八、债券评级	★★★
		九、债券结算	★★
		十、债券市场转托管的定义及条件	★★

第一节 债券

考情分析：债券是金融市场上最为重要的证券品种之一，在国内和国家市场上交易频繁，且交易金额巨大。本节考查重点为债券的定义、票面要素、特征和分类，政府债券的分类、定义和特征，金融债券、公司债券、企业债券的定义和分类，中小企业私募债、国际债券、外国债券、欧洲债券的概念、特点等内容。

学习建议：鉴于债券在金融市场上的重要地位，其在考试中所占比重必然较大，考生学好债券的相关知识，是掌握本章内容的基础和前提。考生必须熟练掌握各类债券的定义、特征和分类等内容，并在理解的基础上进行记忆。

一、债券概述（★★★）

1. 债券的定义

债券是一种有价证券，是社会各类经济主体为筹集资金而向债券投资者出具的、承诺按一定利率定期支付利息并到期偿还本金的债权债务凭证。债券有以下三个基本性质。

（1）债券属于有价证券。
（2）债券是一种虚拟资本。
（3）债券是债权的表现。

名师点拨：债券的本质是证明债权债务关系的证书，在债权债务关系建立时所投入的资金已被债务人占用，债券是实际运用的真实资本的证书。债券的流动并不意味着它所代表的实际资本也同样流动，债券独立于实际资本之外。

2. 债券的票面要素

债券作为证明债权债务关系的凭证，一般以有一定格式的票面形式来表现。通常，债券票面上有表9-1所示四个基本要素。

表9-1 债券的票面要素

票面要素	具体内容
债券的票面价值	债券的票面价值是债券票面标明的货币价值，是债券发行人承诺在债券到期日偿还给债券持有人的金额。债券的面值和债券的实际发行价格往往是不一致的。当债券的发行价格低于债券面值时，称为折价发行；当债券的发行价格等于票面价值时，称为平价发行；当债券发行的价格高于债券面值时，称为溢价发行

续表

票面要素	具体内容
债券的到期期限	债券到期期限是指债券从发行日至偿清本息日的时间，也是债券发行人承诺履行合同义务的全部时间，过期不还即构成违约
债券的票面利率	债券票面利率也称"名义利率"，是债券年利息与债券票面价值的比率，通常年利率用百分数表示。形式有单利、复利和贴现利率等。 【名师点拨】债券的票面利率并不一定等于债券的实际收益率。当以票面金额购进债券时，实际利率等于票面利率；当以低于票面价格购进债券时，实际收益率高于票面利率；当高于票面价格购进债券时，实际收益率低于票面利率
债券发行者名称	发行者是发行债券募集资金的债务主体，在债权契约关系中为债务人，也为债权人到期追回本金和利息提供依据

此外，债券票面上有时还包含一些其他要素，例如，有的债券具有分期偿还的特征，在债券的票面上或发行公告中附有分期偿还时间表；有的债券附有一定的选择权，即发行契约中赋予债券发行人或持有人具有某种选择的权利，包括附有赎回选择权条款的债券、附有出售选择权条款的债券、附有可转换条款的债券、附有交换条款的债券、附有新股认购权条款的债券等。

【例题·选择题】债券作为证明（　　）关系的凭证，一般是以有一定格式的票面形式来表现的。

A. 产权　　　　B. 委托代理
C. 债权债务　　D. 所有权

【解析】本题主要考查债券的定义。债券作为证明债权债务关系的凭证，一般以有一定格式的票面形式来表现。故C选项为正确答案。

【答案】C

【例题·选择题】债券票面利率是债券年利息与债券票面价值之比率，又称为（　　）。

A. 到期收益率　　B. 实际收益率
C. 持有期收益率　D. 名义利率

【解析】本题主要考查债券的票面利率。债券票面利率又称名义利率，是债券年利息与债券票面价值的比率，通常年利率用百分数表示。

【答案】D

3. 债券的特征

债券具有偿还性、流动性、安全性和收益性四项基本特征，具体内容见表9-2。

表9-2 债券的特征

特征	具体内容
偿还性	偿还性是指债券有规定的偿还期限，债务人必须按期向债权人支付利息和偿还本金。债券的偿还性使资金筹措者不能无限期地占用债券购买者的资金，这一特征与股票的永久性有很大的区别。但是，在历史上，债券的偿还性也有例外，曾有国家发行过无期公债或永久性公债
流动性	流动性是指债券持有人可按需要和市场的实际状况，灵活地转让债券，以提前收回本金和实现投资收益。流动性首先取决于市场为转让所提供的便利程度；其次取决于债券在迅速转变为货币时，是否在以货币计算的价值上蒙受损失
安全性	安全性是指债券持有人的收益相对稳定，不随发行者经营收益的变动而变动，并且可按期收回本金。一般来说，具有高度流动性的债券同时也是较安全的。债券不能收回投资的风险有两种情况： （1）债务人不履行债务。一般政府债券不履行债务的风险最低。 （2）流通市场风险，即债券在市场上转让时因价格下跌而承受损失
收益性	收益性是指债券能为投资者带来一定的收入，即债权投资的报酬。在实际经济活动中，债券收益可以表现为三种形式：利息收入、资本损益和再投资收益

名师点拨 上述四个特征之间具有相逆的关系。一般来说，期限长的债券收益较高，但安全性、流动性较差；期限短的债券流动性、安全性较好，但收益较低。政府债券的安全性高，风险相对较小，但其收益则低于许多安全性相对较差的公司债券。

【例题·选择题】关于债券的特征，下列描述错误的是（　　）。

A．安全性是指债券持有人的收益相对固定，并且一定可按期收回投资

B．收益性是指债券能为投资者带来一定的收入，即债权投资的报酬

C．偿还性是指债券有规定的偿还期限，债务人必须按期向债权人支付利息和偿还本金

D．流动性是指债券持有人可按需要和市场的实际状况，灵活地转让债券

【解析】本题主要考查债券的特征。债券的特征包括：偿还性、流动性、安全性和收益性。其中，安全性是指债券持有人的收益相对稳定，不随发行者经营收益的变动而变动，并且可按期收回本金。债券的安全性是相对的，并不能简单地说债券一定可以按期收回投资。故A选项说法错误。

【答案】A

4．债券的分类

依据不同的标准，债券可以作出不同的分类，关于债券的具体分类详见表9-3。

表9-3　债券的分类

依据	类别及其含义
按照期限长短不同	债券可分为短期债券、中期债券和长期债券。 （1）长期债券的偿还期限一般在10年以上。 （2）中期债券的期限在1年或1年以上、10年以下（包括10年）。 （3）短期债券的偿还期限在1年以下
按照募集方式不同	债券可以分为公募债券和私募债券。 （1）公募债券是指发行人向不特定的社会公众投资者公开发行的债券。 （2）私募债券是指向特定的投资者发行的债券。私募债券的发行对象一般是特定的机构投资者
按照发行主体不同	债券可以分为政府债券、金融债券和公司债券。 （1）政府债券的发行主体是政府。中央政府发行的债券称为"国债"。其主要用途是解决由政府投资的公共设施或重点建设项目的资金需要和弥补国家财政赤字。根据不同的发行目的，政府债券有不同的期限，从几个月至几十年。有些国家把政府担保的债券也划归为政府债券体系，称为"政府保证债券"。这种债券由一些与政府有直接关系的公司或金融机构发行，并由政府提供担保。 （2）金融债券的发行主体是银行或非银行的金融机构。金融机构一般有雄厚的资金实力，信用度较高，因此，金融债券往往也有良好的信誉。 （3）公司债券是公司依照法定程序发行、约定在一定期限还本付息的有价证券。公司债券的发行主体是股份公司，但有些国家也允许非股份制企业发行债券，所以，归类时，可将公司债券和企业发行的债券合在一起，称为"公司（企业）债券"。公司发行债券的目的主要是为了满足经营需要。公司债券有中长期的，也有短期的，视公司的需要而定
按照付息方式不同	债券可分为零息债券、贴现债券、附息债券、息票累积债券四类。 （1）零息债券又称零息票债券，是指债券合约未规定利息支付的债券。零息债券以贴现方式发行，不附息票，于到期日时按面值一次性支付本利。

续表

依据	类别及其含义
按照付息方式不同	（2）贴现债券又被称为"贴水债券"，是指在票面上不规定利率，发行时按某一折扣率，以低于票面金额的价格发行，发行价与票面金额之差额相当于预先支付的利息，到期时按面额偿还本金的债券。 （3）附息债券的合约中明确规定，在债券存续期内，对持有人定期支付利息（通常每半年或每年支付一次）。有些附息债券可以根据合约条款推迟支付定期利率，故称为"缓息债券"。按照计息方式的不同，这类债券还可细分为固定利率债券和浮动利率债券两大类。 ①固定利率债券是在债券存续期内票面利率不变的债券。 ②浮动利率债券是在票面利率的基础上参照预先确定的某一基准利率予以定期调整的债券。 （4）息票累积债券与附息债券相似，也规定了票面利率，但是，债券持有人必须在债券到期时一次性获得本息，存续期间没有利息支付
按照债券券面形态不同	债券可以分为实物债券、凭证式债券和记账式债券。 （1）实物债券是一种具有标准格式实物券面的债券。无记名国债就属于这种实物债券。 （2）凭证式债券的形式是债权人认购债券的一种收款凭证，而不是债券发行人制定的标准格式的债券。我国于1994年开始发行凭证式国债。 （3）记账式债券是没有实物形态的票券，利用证券账户通过电脑系统完成债券发行、交易及兑付的全过程。我国于1994年开始发行记账式国债。记账式国债可以记名、挂失，安全性较高，同时由于记账式债券的发行和交易均无纸化，所以发行时间短，发行效率高，交易手续简便，成本低，交易安全
按担保性质分类不同	债券可分为有担保债券和无担保债券。 （1）有担保债券指以抵押财产为担保发行的债券。按担保品不同，分为抵押债券、质押债券和保证债券。 ①抵押债券以不动产作为担保，又被称为"不动产抵押债券"，是指以土地、房屋等不动产作抵押品而发行的一种债券。若债券到期不能偿还，持券人可依法处理抵押品受偿。 ②质押债券以动产或权利作担保，通常以股票、债券或其他证券为担保。发行人主要是控股公司。质押的证券一般应以信托形式过户给独立的中介机构，在约定的条件下，中介机构代全体债权人行使对质押证券的处置权。 ③保证债券以第三人作为担保，担保人或担保全部本息，或仅担保利息。一般公司债券大多为担保债券。 （2）无担保债券。无担保债券也被称为"信用债券"，仅凭发行人的信用而发行，不提供任何抵押品或担保人而发行的债券。国债、金融债券、信用良好的公司发行的公司债券，大多为信用债券

【例题·组合型选择题】债券的形式有很多，按券面形态分类，可以分为（　　）。

Ⅰ．实物债券
Ⅱ．凭证式债券
Ⅲ．记账式债券
Ⅳ．贴现债券

A．Ⅰ、Ⅱ、Ⅲ
B．Ⅰ、Ⅱ、Ⅲ、Ⅳ
C．Ⅱ、Ⅲ、Ⅳ
D．Ⅰ、Ⅲ、Ⅳ

【解析】本题主要考查债券的分类。按债券券面形态的不同，可以将债券分为实物债券、凭证式债券、记账式债券。故A选项为正确答案。

【答案】A

5．债券与股票的异同点

债券与股票既有相同点，也有很大的差别，详细内容见表9-4。

表 9-4 债券与股票的异同

项目	内容	具体内容
相同点	债券与股票都属于有价证券	债券和股票作为有价证券体系中的一员,是虚拟资本,它们本身无价值,但又都是真实资本的代表。持有债券或股票,都有可能获取一定的收益,并能行使各自的权利和流通转让。债券和股票都在证券市场上交易,是各国证券市场的两大支柱类交易工具
	债券与股票都是筹措资金的手段	债券和股票都是有关经济主体为筹资需要而发行的有价证券。与向银行贷款间接融资相比,发行债券和股票筹资的数额大,时间长,成本低,且不受贷款银行的条件限制
	债券与股票收益率相互影响	总体而言,如果市场是有效的,则债券的平均收益率和股票的平均收益率会大体保持相对稳定的关系,其差异反映了两者风险程度的差别
不同点	权利不同	(1) 债券是债权凭证,债券持有者与债券发行人之间的经济关系是债权债务关系,债券持有者只可按期获取利息及到期收回本金,无权参与公司的经营决策。 (2) 股票是所有权凭证,股票所有者是发行股票公司的股东,股东一般拥有表决权,可以通过参加股东大会选举董事,参与公司重大事项的审议和表决,行使对公司的经营决策权和监督权
	目的不同	(1) 发行债券是公司追加资金的需要,它属于公司的负债,不是资本金。 (2) 发行股票则是股份公司创立和增加资本的需要,筹措的资金列入公司资本。能发行股票的经济主体只有股份有限公司
	期限不同	(1) 债券一般有规定的偿还期,期满时债务人必须按时归还本金,因此,债券是一种有期证券。 (2) 股票通常是无须偿还的,一旦投资入股,股东便不能从股份公司抽回本金,因此,股票是一种无期证券,或称"永久证券"。但是,股票持有者可以通过市场转让收回投资资金
	收益不同	(1) 债券通常有规定的票面利率,可获得固定的利息。 (2) 股票的股息红利不固定,一般视公司经营情况而定
	风险不同	股票风险较大,债券风险相对较小

6. 影响债券期限和利率的主要因素

(1) 影响债券期限的主要因素。

在确定债券期限时,要考虑多种因素的影响,主要有如下几种。

① 资金使用方向。

② 市场利率变化。一般来说,当未来市场利率趋于下降时,应选择发行期限较短的债券,可以避免市场利率下跌后仍须支付较高的利息;而当未来市场利率趋于上升时,应选择发行期限较长的债券,这样能在市场利率趋高的情况下保持较低的利息负担。

③ 债券变现能力。如果流通市场发达,债券容易变现,长期债券较能被投资者接受,反之则短期债券较受欢迎。

【例题·组合型选择题】发行人在确定债券期限时,要考虑的因素主要有( )。
Ⅰ. 债券变现能力
Ⅱ. 筹集资金数额
Ⅲ. 资金使用方向
Ⅳ. 市场利率变化

A．Ⅰ、Ⅱ
B．Ⅰ、Ⅲ、Ⅳ
C．Ⅰ、Ⅳ
D．Ⅱ、Ⅲ、Ⅳ

【解析】本题主要考查影响债券期限的因素。债券到期期限是指债券从发行之日起至偿清本息之日止的时间，也是债券发行人承诺履行合同义务的全部时间。发行人在确定债券期限时，要考虑多种因素的影响，主要有资金使用方向、市场利率变化、债券变现能力。故第Ⅰ、Ⅲ、Ⅳ项都属于债券确定期限时需要考虑的因素，B选项为正确答案。

【答案】B

（2）影响债券利率的主要因素。

在实际经济生活中，债券利率受很多因素影响，主要有如下几种。

①借贷资金市场利率水平。市场利率较高时，债券的票面利率也相应较高，否则，投资者会选择其他金融资产投资而舍弃债券；反之，市场利率较低时，债券的票面利率也相应较低。

②筹资者的资信。如果债券发行人的资信状况好，债券信用等级高，投资者的风险小，债券票面利率可以定得比其他条件相同的债券低一些；如果债券发行人的资信状况差，债券信用等级低，投资者的风险大，债券票面利率就需要定得高一些。

③债券期限长短。一般来说，期限较长的债券流动性差，风险相对较大，票面利率应该定得高一些；而期限较短的债券流动性强，风险相对较小，票面利率就可以定得低一些。

【例题·选择题】下列不属于影响债券利率因素的是（　　）。

A．筹资者的资信
B．债券票面金额
C．债券期限长短
D．借贷资金市场利率水平

【解析】本题主要考查影响债券利率的因素。影响债券利率的因素有：（1）借贷资金市场利率水平。（2）筹资者的资信。（3）债券期限长短。故B选项为正确答案。

【答案】B

二、政府债券（★★★）

1．政府债券概述

（1）政府债券的定义。

政府债券是指政府财政部门或其他代理机构为筹集资金，以政府名义发行的、承诺在一定时期支付利息和到期还本的债务凭证。中央政府发行的债券称为"中央政府债券"或者"国债"，地方政府发行的债券称为"地方政府债券"，有时也将两者统称为"公债"。

（2）政府债券的性质。

政府债券的性质主要从两个方面进行考查。

①形式方面，政府债券是一种有价证券，本身有面额，投资者投资于政府债券可以取得利息，因此，政府债券具备了债券的一般特征。

②功能方面，政府债券最初仅是政府弥补赤字的手段，但在现代商品经济条件下，政府债券已成为政府筹集资金、扩大公共开支的重要手段，并且随着金融市场的发展，逐渐具备了金融商品和信用工具的职能，成为国家实施宏观经济政策、进行宏观调控的工具。

（3）政府债券的特征。

政府债券具有安全性高、流通性强、收益稳定、免税待遇四个显著特征，具体内容见表9-5。

表 9-5 政府债券的特征

特征	具体内容
安全性高	政府债券是政府发行的债券，由政府承担还本付息的责任，是国家信用的体现。在各类债券中，政府债券的信用等级是最高的，通常被称为"金边债券"
流通性强	由于政府债券的信用好，竞争力强，市场属性好，所以，许多国家政府债券的二级市场十分发达，一般不仅允许在证券交易所上市交易，还允许在场外市场进行买卖。发达的二级市场为政府债券的转让提供了方便，使其流通性大大增强
收益稳定	政府债券的付息由政府保证，其信用度最高，风险最小，对于投资者来说，投资政府债券的收益是比较稳定的。此外，因政府债券的本息大多数固定且有保障，所以交易价格一般不会出现大的波动，二级市场的交易双方均能得到相对稳定的收益
免税待遇	《中华人民共和国个人所得税法》规定，个人投资的公司债券利息、股息、红利所得应纳个人所得税，但国债和国家发行的金融债券的利息收入可免纳个人所得税

2. 中央政府债券

中央政府债券也称"国家债券"或"国债"，国债发行量大、品种多，是政府债券市场上最主要的融资和投资工具。

（1）中央政府债券的分类。

中央政府债券根据不同的分类标准，可做表 9-6 所示的分类。

表 9-6 中央政府债券的分类

依据	类别及其含义
按资金用途不同	国债可以分为赤字国债、建设国债、战争国债和特种国债。 （1）赤字国债是指用于弥补政府预算赤字的国债。 （2）建设国债是指发债筹措的资金用于建设项目的国债。 （3）战争国债专指用于弥补战争费用的国债。 （4）特种国债是指政府为了实施某种特殊政策而发行的国债
按偿还期限不同	国债分为短期国债、中期国债和长期国债。 （1）短期国债一般指偿还期限为 1 年或 1 年以内的国债，具有周期短及流动性强的特点。在国际市场上，短期国债的常见形式是国库券，它是由政府发行用于弥补临时收支差额的一种债券。我国 20 世纪 80 年代以来也曾使用"国库券"的名称，但其偿还期限大多是超过 1 年的。 （2）中期国债是指偿还期限在 1 年以上、10 年以下的国债。政府发行中期国债筹集的资金或用于弥补赤字，或用于投资，不再用于临时周转。 （3）长期国债是指偿还期限在 10 年或 10 年以上的国债
按流通与否不同	流通性是国债的基本特点，但也有一些国债是不能流通的，因此，国债可以分为流通国债和非流通国债。 （1）流通国债是指可以在流通市场上交易的国债。这种国债可以自由认购、自由转让，通常不记名，转让价格取决于对该国债的供给与需求。 （2）非流通国债是指不允许在流通市场上交易的国债。这种国债不能自由转让，可以记名，也可以不记名。以个人为发行对象的非流通国债，一般以吸收个人的小额储蓄资金为主，故有时称为"储蓄债券"

续表

依据	类别及其含义
按附息方式不同	国债可以分为附息式国债和贴现式国债。 （1）附息式国债是指债券发行明确规定，在债券存续期内，对持有人定期支付利息（通常每半年或每年支付一次）。附息式国债的期限通常在1年以上。 （2）贴现式国债是指在票面上不规定利率，发行时按某一折扣率，以低于票面金额的体格发行，发行价与票面金额之差额相当于预先支付的利息，到期时按面额偿还本金的国债。贴现式国债的期限通常在1年以下（含1年）
按发行本位不同	国债可以分为货币国债和实物国债。 （1）货币国债是指以某种货币为本位而发行的国债。货币国债又可以进一步分为本币国债和外币国债。本币国债以本国货币为面值发行，外币国债以外国货币为面值发行。 （2）实物国债是指以某种商品实物为本位而发行的国债。 在现代社会，绝大多数国债属于货币国债，实物国债已非常少见。 【名师点拨】实物国债与实物债券不是同一个含义。实物债券是专指具有实物票券的债券，它与无实物票券的债券（如记账式债券）相对应；而政府发行实物国债，主要有两种情况：一是在货币经济不发达时，实物交易占主导地位；二是尽管货币经济已比较发达，但币值不稳定，为维持国债信誉，增强国债吸引力，发行实物国债

【例题·组合型选择题】根据举借债务的用途不同，国债可以分为（　　）。
Ⅰ．赤字国债
Ⅱ．建设国债
Ⅲ．战争国债
Ⅳ．特种国债
A．Ⅰ、Ⅲ、Ⅳ
B．Ⅱ、Ⅲ
C．Ⅰ、Ⅱ、Ⅲ、Ⅳ
D．Ⅰ、Ⅱ、Ⅳ
【解析】本题主要考查国债的分类。根据举借债务的用途不同，国债可以分为赤字国债、建设国债、战争国债和特种国债。所以Ⅰ、Ⅱ、Ⅲ、Ⅳ都属于按此标准分类的国债，C选项为正确答案。
【答案】C

（2）我国国债的发行情况。

1949年新中国成立以后，我国国债发行基本上分为两个阶段：20世纪50年代是第一阶段，80年代以来是第二阶段。

第一阶段：20世纪50年代，我国发行过两种国债。一种是1950年发行的人民胜利折实公债；另一种是1954—1958年发行的国家经济建设公债。

在20世纪60年代和70年代，我国停止发行国债。

第二阶段：1981年中央政府恢复发行国债。

1981—1994年，面向个人发行的国债一直只有无记名国库券一种。

1994年我国面向个人发行的债种从单一型（无记名国库券）逐步转向多样型（凭证式国债和记账式国债等）。随着2000年国家发行的最后一期实物券（1997年3年期债券）的全面到期，无记名国债宣告退出国债发行市场的舞台。

1997年亚洲金融危机爆发后，我国政府连续7年实施积极的财政政策，增发国债。这一时期的国债主要采取凭证式国债形式。2006年财政部研究推出新的储蓄债券品种——储蓄国债（电子式）。

（3）我国国债的品种、特点和区别。

1981年后我国发行的国债品种有如下几种。

1）普通国债。目前我国发行的普通国债有记账式国债、凭证式国债和储蓄国债（电子式）。具体内容见表9-7。

记账式国债、凭证式国债和储蓄国债（电子式）的联系和区别见表9-8。

表9-7 我国各类国债的特点和区别

	记账式国债	凭证式国债	储蓄国债（电子式）
含义	我国的记账式国债是从1994年开始发行的一个上市券种。它是由财政部面向全社会各类投资者、通过无纸化方式发行的、以电子记账方式记录债权并可以上市和流通转让的债券。记账式国债的发行分为证券交易所市场发行、银行间债券市场发行以及同时在银行间债券市场和证券交易所市场发行（又称为"跨市场发行"）三种情况	凭证式国债是指由财政部发行的、有固定票面利率、通过纸质媒介记录债权债务关系的国债。发行凭证式国债一般不印制实物券面，而采用填制"中华人民共和国凭证式国债收款凭证"的方式，通过部分商业银行和邮政储蓄柜台，面向城乡居民个人和各类投资者发行，是一种储蓄性国债	储蓄国债（电子式）是2006年推出的国债新品种，是指财政部面向境内中国公民储蓄类资金发行的、以电子方式记录债权的不可流通的人民币债券。储蓄国债（电子式）自发行之日起计息，付息方式分为利随本清和定期付息两种
特点	①可以记名、挂失，以无券形式发行可以防止证券的遗失、被窃与伪造，安全性好；②可上市转让，流通性好；③期限有长有短，但更适合短期国债的发行；④通过证券交易所电脑网络发行，可以降低证券的发行成本；⑤上市后价格随行就市，具有一定的风险	购买方便，变现灵活，利率优惠，收益稳定，安全无风险，是我国重要的国债品种	①针对个人投资者，不向机构投资者发行；②采用实名制，不可流通转让；③采用电子方式记录债权；④收益安全稳定，由财政部负责还本付息，免缴利息税；⑤鼓励持有到期；⑥手续简化；⑦付息方式较为多样

表9-8 三类国债的联系和区别

项目	联系和区别
凭证式国债和储蓄国债（电子式）的联系和区别	联系：都在商业银行柜台发行，不能上市流通，都是信用级别最高的债券，以国家信用作保证，而且免缴利息税。 区别： ①申请购买手续不同。投资者购买凭证式国债，可持现金直接购买；购买储蓄国债（电子式），须开立个人国债托管账户并指定对应的资金账户后购买。 ②债权记录方式不同。凭证式国债采取填制"中华人民共和国凭证式国债收款凭证"的形式记录债权，由各承销银行和投资者进行管理；储蓄国债（电子式）以电子记账方式记录债权，采取二级托管体制，由各承办银行总行和中央国债登记结算有限责任公司统一管理，降低了由于投资者保管纸质债权凭证带来的风险。 ③付息方式不同。凭证式国债为到期一次还本付息；储蓄国债（电子式）付息方式比较多样，既有按年付息品种，也有利随本清品种。 ④到期兑付方式不同。凭证式国债到期后，须由投资者前往承销机构网点办理兑付事宜，逾期不加计利息；储蓄国债（电子式）到期后，承办银行自动将投资者应收本金和利息转入其资金账户，转入资金账户的本息资金作为居民存款，按活期存款利率计付利息。 ⑤发行对象不同。凭证式国债的发行对象主要是个人，部分机构也可认购；储蓄国债（电子式）的发行对象仅限于个人，机构不允许购买或者持有。 ⑥承办机构不同。凭证式国债由各类商业银行和邮政储蓄机构组成的凭证式国债承销团成员的营业网点销售；已发行的储蓄国债（电子式）由经财政部会同中国人民银行确认代销试点资格的商业银行营业网点销售
储蓄国债（电子式）与记账式国债的联系与区别	联系：都以电子记账方式记录债权。 区别： ①发行对象不同。对于记账式国债，机构和个人都可以购买，而储蓄国债（电子式）的发行对象仅限于个人。 ②发行利率确定机制不同。记账式国债的发行利率是由记账式国债承销团成员投标确定的；储蓄国债（电子式）的发行利率由财政部参照同期银行存款利率及市场供求关系等因素确定。 ③流通或变现方式不同。记账式国债可以上市流通，可以从二级市场上购买，需要资金时可以按照市场价格卖出；储蓄国债（电子式）只能在发行期认购，不可上市流通，但可以按照有关规定提前兑取。 ④到期前变现收益预知程度不同。记账式国债二级市场交易价格是由市场决定的，到期前市场价格（净价）有可能高于或低于发行面值。储蓄国债（电子式）在发行时就对提前兑取条件作出规定，也就是说，投资者提前兑取所能获得的收益是可以预知的，而且本金不会低于购买面值（因提前兑付带来的手续费除外），不承担由于市场利率变动而带来的价格风险

2）其他类型国债。1987年以来，财政部曾发行多种其他类型的国债，主要有国家重点建设债券、国家建设债券、财政债券、特种债券、保值债券、基本建设债券等。近年来主要有以下几种。

①特别国债。特别国债是为了特定的政策目标而发行的国债。1998—2007年，财政部发行了两次特别国债。

②长期建设国债。为执行积极的财政政策，经第九届全国人大常委会第四次会议通过，财政部于1998年9月向四大国有商业银行定向发行附息国债，专项用于国民经济和社会发展急需的基础设施投入。1999—2004年，为实施积极财政政策而发行的长期建设国债。

【例题·组合型选择题】我国储蓄国债（电子式）的特点包括（　　）。
Ⅰ．针对机构投资者
Ⅱ．不记名，可以流通
Ⅲ．采用电子方式记录债权
Ⅳ．免缴利息税
A．Ⅰ、Ⅱ　　　　B．Ⅲ、Ⅳ
C．Ⅰ、Ⅱ、Ⅲ　　D．Ⅱ、Ⅲ、Ⅳ

【解析】本题主要考查我国储蓄国债（电子式）的特点。储蓄国债（电子式）具有以下特点：针对个人投资者，不向机构投资者发行；采用实名制，不可流通转让；采用电子方式记录债权；收益安全稳定，由财政部负责还本付息，免缴利息税；鼓励持有到期；手续简化；付息方式较为多样。第Ⅲ、Ⅳ项说法正确，故B选项为正确答案。

【答案】B

3．地方政府债券

（1）地方政府债券的概念。

地方政府债券简称"地方债券"，也可以称为"地方公债"或"地方债"，是地方政府根据本地区经济发展和资金需求状况，以承担还本付息责任为前提，向社会筹集资金的债务凭证。筹集的资金一般用于弥补地方财政资金的不足，或者地方兴建大型项目。

（2）地方政府债券的发行主体。

地方政府债券的发行主体是地方政府，地方政府一般又由不同的级次组成，而且在不同的国家有不同的名称。美国地方政府债券由州、市、区、县和州政府所属机关和管理局发行。日本地方政府债券则由一般地方公共团体和特殊地方公共团体发行，前者是指都、道、府、县、市、镇、村政府，后者是指特别地区、地方公共团体联合组织和开发事业团体等。

【例题·选择题】地方政府一般债券由（　　）发行，遵循公开、公平、公正的原则。
A．中国证监会　　B．财政部
C．地方政府　　　D．国务院

【解析】本题主要考查地方政府债券的发行主体。根据财政部颁布《地方政府一般债券发行管理暂行办法》第五条规定：一般债券由各地按照市场化原则自发自还，遵循公开、公平、公正的原则，发行和偿还主体为地方政府。故本题选C选项。

【答案】C

（3）地方政府债券的分类。

地方政府债券按资金用途和偿还资金来源不同，通常可以分为一般责任债券（普通债券）和专项债券（收入债券）。

①一般责任债券是指地方政府为缓解资金紧张或解决临时经费不足而发行的债券，不与特定项目相联系，其还本付息得到发行政府信誉和税收的支持。

②专项债券是指为筹集资金建设某项具体工程而发行的债券，与特定项目或部分特

定税收相联系，其还本付息来自投资项目的收益、收费及政府特定的税收或补贴。大部分专项债券是用来为政府拥有的公用事业和准公用事业等项目筹资的。

为探索国有金融机构注资改革的新模式，中央汇金投资有限责任公司（以下简称"汇金公司"）于2010年在全国银行间债务市场成功发行了两期人民币债券，共1 090亿元汇金债券被命名为政府支持机构债券。汇金公司是国家对金融机构进行股权投资的金融控股机构，它履行国有金融资产出资人的职责，本身并不从事商业活动。它发行债券是为了解决在股权投资过程中所需的资金来源，国家对其发行的债券提供某种方式的信用担保。汇金公司没有金融业务牌照，它不属于金融机构，在我国按照发行的主体性质确定债券名称的现行制度下，将汇金债券定为政府支持机构债券。

（4）我国地方政府债券的发行模式。

2009年后我国地方政府债券采取代发代还、自发代还和自发自还三个模式。

（5）我国地方政府债券的发行情况。

早在1950年，东北人民政府就发行过东北生产建设折实公债，但1981年恢复国债发行以来，却从未发行过地方政府债券。

我国1995年起实施的《中华人民共和国预算法》规定，地方政府不得发行地方政府债券（除法律和国务院另有规定外）。

近几年，国债发行总规模中有少量中央政府代地方政府发行的债券。1998—2004年实施积极财政政策时，中央政府代地方政府举债并转贷地方用于国家确定项目的建设。2009年以来的地方政府债券由省级政府在国务院核准的额度内，提请同级人民代表大会或同级人民代表大会常务委员会审查批准发行一定数量的地方政府债券，筹措的资金纳入政府本级预算管理，有利于依法规范解决上述问题。

1998—2004年中央政府代地方政府举债并转贷地方用于国家项目的建设，2009—2011年中国地方政府的年度发债规模达2 000亿元。2012年达到2 500亿元，2013年达到3 500亿元，2014年达到4 000亿元。

三、金融债券（★★★）

1. 金融债券的定义

金融债券是指银行及非银行金融机构依照法定程序发行并约定在一定期限内还本付息的有价证券。

> 【例题·选择题】金融债券是指（　　）依照法定程序发行并约定在一定期限内还本付息的有价证券。
> A．银行及非银行金融机构
> B．大型国企
> C．上市公司
> D．地方政府
> 【解析】本题主要考查金融债券的定义。金融债券是指银行及非银行金融机构依照法定程序发行并约定在一定期限内还本付息的有价证券。故A选项为正确答案。
> 【答案】A

2. 金融债券的分类

按不同标准，金融债券可以划分为很多种类。最常见的分类有以下两种。

（1）根据利息支付方式不同，金融债券分为付息金融债券和贴现金融债券。如果金融债券上附有多期息票，发行人定期支付利息，则称为附息金融债券；如果金融债券是以低于面值的价格贴现发行，到期按面值还本付息，利息为发行价与面值的差额，则称为贴现债券。

（2）根据发行条件不同，金融债券可分为普通金融债券和累进利息金融债券。普通金融债券按面值发行，到期一次还本付息，期限一般是1年、2年和3年。累进利息金融债券的利率不固定，在不同的时间段有不同的利率，并且一年比一年高。

3. 我国金融债券的品种和管理规定

我国金融债券的发行始于北洋政府时期，新中国成立之后的金融债券发行始于1982年。为推动金融资产多样化，筹集社会资金，国家决定于1985年由中国工商银行、中国农业银行发行金融债券，开办特种贷款。这是我国经济体制改革以后国内发行金融债券的开端。1988年，部分非银行金融机构开始发行金融债券。1993年，中国投资银行被批准在境内发行外币金融债券，这是我国首次发行境内外币金融债券。1994年，我国政策性银行成立后，发行主体从商业银行转向政策性银行。1997年和1998年，经中国人民银行批准，部分金融机构发行了特种金融债券，所筹集资金专门用于偿还不规范证券回购交易所形成的债务。

近年来，我国金融债券市场发展较快，金融债券品种不断增加，我国金融债券的品种和管理规定，如表9-9所示。

表9-9 我国金融债券的品种和管理规定

品种	管理规定
政策性金融债券	政策性金融债券是政策性银行在银行间债券市场发行的金融债券。 1999年以后，我国金融债券的发行主体集中于政策性银行，其中，以国家开发银行为主。同年，我国银行间债券市场以政策性银行为发行主体开始发行浮动利率债券。基准利率曾采用1年期银行定期存款利率和7天回购利率。 从2007年6月起，浮息债券以上海银行间同业拆放利率（以下简称"Shibor"）为基准利率。Shibor是中国货币市场的基准利率，是以16家报价行的报价为基础，剔除一定比例的最高价和最低价后的算术平均值，自2007年1月4日正式运行。目前对外公布的Shibor共有8个品种，期限从隔夜到1年。 2007年6月，中国人民银行、国家发展和改革委员会发布《境内金融机构赴香港特别行政区发行人民币债券管理暂行办法》，境内政策性银行和商业银行经批准可在香港发行人民币债券
商业银行债券	（1）商业银行金融债券。金融债券是指依法在中华人民共和国境内设立的金融机构法人在全国银行间债券市场发行的、按约定还本付息的有价证券。2005年4月27日，《全国银行间债券市场金融债券发行管理办法》颁布，自2005年6月1日起施行。 （2）商业银行次级债券。商业银行次级债券是指商业银行发行的、本金和利息的清偿顺序列于商业银行其他负债之后、先于商业银行股权资本的债券。2004年6月17日，《商业银行次级债券发行管理办法》颁布实施。 （3）混合资本债券。2006年9月5日，中国人民银行发布第11号公告，就商业银行发行混合资本债券的有关事宜进行了规定。我国的混合资本债券是指商业银行为补充附属资本发行的、清偿顺序位于股权资本之前但列在一般债务和次级债务之后、期限在15年以上、发行之日起10年内不可赎回的债券。银行间市场发行的债券是我国混合资本工具的主要形式。 【名师点拨】按照现行规定，我国的混合资本债券具有四个基本特征。①期限在15年以上，发行之日起10年内不得赎回。发行之日起10年后发行人具有1次赎回权，若发行人未行使赎回权，可以适当提高混合资本债券的利率。②混合资本债券到期前，如果发行人核心资本充足率低于4%，发行人可以延期支付利息；如果同时出现以下情况：最近1期经审计的资产负债表中盈余公积与未分配利润之和为负，且最近12个月内未向普通股票股东支付现金红利，则发行人必须延期支付利息。在不满足延期支付利息的条件时，发行人应立即支付欠息及欠息产生的复利。③当发行人清算时，混合资本债券本金和利息的清偿顺序列于一般债务和次级债务之后、先于股权资本。④混合资本债券到期时，如果发行人无力支付清偿顺序在该债券之前的债务或支付该债券将导致无力支付清偿顺序在混合资本债券之前的债务，发行人可以延期支付该债券的本金和利息。待上述情况好转后，发行人应继续履行其还本付息义务，及延期支付的本金和利息

续表

品种	管理规定
证券公司债券	（1）证券公司债券。2003年8月29日，中国证监会发布《证券公司债券管理暂行办法》，并于2004年进行修订。证券公司债券是指证券公司依法发行的、约定在一定期限内还本付息的有价证券。 （2）证券公司短期融资券。2004年10月，经商中国证监会和中国银监会，中国人民银行制定并发布《证券公司短期融资券管理办法》。证券公司短期融资券是指证券公司以短期融资为目的，在银行间债券市场发行的约定在一定期限内还本付息的金融债券。 （3）证券公司次级债。2012年12月27日，中国证券监督管理委员会公布《证券公司次级债管理规定》。证券公司次级债是指证券公司向股东或机构投资者定向借入的清偿顺序在普通债之后的次级债务，以及证券公司向机构投资者发行的、清偿顺序在普通债之后的有价证券
保险公司次级债务	2004年9月29日，中国保监会发布了《保险公司次级定期债务管理暂行办法》。保险公司次级债务是指保险公司为了弥补临时性或阶段性资本不足，经批准募集，期限在5年以上（含5年），且本金和利息的清偿顺序列于保单责任和其他负债之后，先于保险公司股权资本的保险公司债务。中国保监会依法对保险公司次级债务的募集、管理、还本付息和信息披露行为进行监督管理
财务公司债券	2007年7月，中国银监会下发《企业集团财务公司发行金融债券有关问题的通知》，明确规定企业集团财务公司发行债券的条件和程序，并允许财务公司在银行间债券市场发行财务公司债券
金融租赁公司和汽车金融公司的金融债券	中国人民银行对金融租赁公司和汽车金融公司在银行间债券市场发行和交易金融债券进行监督管理；中国银行业监督管理委员对金融租赁公司和汽车金融公司发行金融债券的资格进行审查
资产支持债券	资产支持债券是指由银行业金融机构作为发起机构，将信贷资产委托给受托机构，由受托机构发行的、由该财产所产生的现金支付其收益的受益证券

【例题·组合型选择题】下列有关混合资本债券的特征，说法正确的是（　　）。

Ⅰ．商业银行为补充附属资本发行

Ⅱ．清偿顺序位于股权资本之前但列在一般债务和次级债务之后

Ⅲ．期限在15年以上

Ⅳ．发行之日起10年内不可赎回

A．Ⅰ、Ⅱ、Ⅲ、Ⅳ
B．Ⅰ、Ⅱ、Ⅲ
C．Ⅱ、Ⅲ、Ⅳ
D．Ⅰ、Ⅳ

【解析】本题主要考查混合资本债券的概念。我国的混合资本债券是指商业银行为补充附属资本发行的、清偿顺序位于股权资本之前但列在一般债务和次级债务之后、期限在15年以上、发行之日起10年内不可赎回的债券。故A选项为正确答案。

【答案】A

四、公司债券（★★★）

1. 公司债券定义

公司债券是公司依照法定程序发行的、约定在一定期限还本付息的有价证券。它反映发行债券的公司和债券投资者之间的债权债务关系。我国的公司债券是指公司依照法定程序发行、约定在1年以上期限内还本付息的有价证券。公司债券的发行人是依照《中华人民共和国公司法》在中国境内设立的有限责任公司和股份有限公司。

2. 公司债券的分类及各种公司债券的含义

公司债券可以分为信用公司债券、不动产抵押公司债券、保证公司债券、收益公司债券、可转换公司债券、附认股权证的公司债券、可交换债券等，其各自含义见表9-10。

表9-10 各种公司债券的含义

类型	含义
信用公司债券	信用公司债券是一种不以公司任何资产作担保而发行的债券，属于无担保证券范畴
不动产抵押公司债券	不动产抵押公司债券是以公司的不动产（如房屋、土地等）作抵押而发行的债券，是抵押证券的一种。 【知识拓展】用作抵押的财产价值不一定与发生的债额相等，当某抵押品价值很大时，可以分作若干次抵押，这样就有第一抵押债券、第二抵押债券等之分。在处理抵押品偿债时，要按顺序依次偿还优先一级的抵押债券
保证公司债券	保证公司债券是公司发行的由第三者作为还本付息担保人的债券，是担保证券的一种。担保人是发行人以外的其他人（或被称为"第三者"）。实践中，保证行为常见于母子公司之间
收益公司债券	收益公司债券是一种具有特殊性质的债券，一方面，它与一般债券相似，有固定到期日，清偿时债权排列顺序先于股票。但另一方面，它又与一般债券不同，其利息只在公司有盈利时才支付，即发行公司的利润扣除各项固定支出后的余额用作债券利息的来源。如果余额不足支付，未付利息可以累加，待公司收益增加后再补发。所有应付利息付清后，公司才可对股东分红
可转换公司债券	可转换公司债券是指发行人依照法定程序发行、在一定期限内依据约定的条件可以转换成股份的公司债券。这种债券附加转换选择权，在转换前是公司债券形式，转换后相当于增发了股票。可转换公司债券兼有债权投资和股权投资的双重优势
附认股权证的公司债券	附认股权证的公司债券是公司发行的一种附有认购该公司股票权利的债券。这种债券的购买者可以按预先规定的条件在公司发行股票时享有优先购买权。预先规定的条件主要是指股票的购买价格、认购比例和认购期限。 （1）按照附新股认股权和债券本身能否分开来划分，这种债券有两种类型：一种是可分离型，即债券与认股权可以分离，可独立转让，即可分离交易的附认股权证公司债券；另一种是非分离型，即不能把认股权从债券上分离，认股权不能成为独立买卖的对象。 （2）按照行使认股权的方式，可以分为现金汇入型与抵缴型。现金汇入型是指当持有人行使认股权时，必须以现金认购股票；抵缴型是指公司债券票面金额本身可按一定比例直接转股
可交换债券	可交换债券是指上市公司的股东依法发行、在一定期限内依据约定的条件可以交换成该股东所持有的上市公司股份的公司债券

3. 我国公司债券的管理规定

在我国，发行公司债券应当符合《证券法》《公司法》和《公司债券发行试点办法》规定的条件，经中国证监会核准。

1997年3月经国务院批准、国务院证券委员会发布《可转换公司债券管理暂行办法》，我国上市公司开始发行可转换公司债券。2001年4月中国证监会发布《上市公司发行可转换公司债券实施办法》，对可转换公司债券的发行细则作出规定。2006年5月，中国证监会颁布《上市公证券发行管理办法》，进一步明确发行可转换公司债券是上市公司再融资的方式之一。

2006年5月，中国证监会颁布的《上市公司证券发行管理办法》中首次提出上市公司可以公开发行认股权和债券分离交易的可转换公司债券（以下简称"分离交易的可转换公司债券"），我国资本市场再增加新品种。

2007年8月，中国证监会正式颁布实施《公司债券发行试点办法》，标志着我国公司债券发行工作的正式启动。《公司债券发行试点办法》规定，公司与资信评级机构应当约定,在债券有效存续期间,资信评级机构每年至少公告1次跟踪评级报告。

2008年10月17日,中国证监会发布《上市公司股东发行可交换公司债券试行规定》,推出可交换公司债券。

五、企业债券（★★★）

1. 企业债券的定义

企业债券是指企业按照法定程序发行、约定在一定期限内还本付息的有价证券,包括依法发行的公司债券和其他企业发行的企业债券。我国的企业债券是指在中华人民共和国境内具有法人资格的企业在境内依照法定程序发行、约定在一定期限内还本付息的有价证券,但是,金融债券和外币债券除外。

2. 企业债券的分类

企业债券按不同标准可以分为很多种类。最常见的分类有以下几种。

（1）按是否记名划分,企业债券可分为记名企业债券和不记名企业债券。如果企业债券上登记有债券持有人的姓名,投资者领取利息时要凭印章或其他有效的身份证明,转让时要在债券上签名,同时还要到发行公司登记,那么,它就称为记名企业债券,反之称为不记名企业债券。通常在市面上流通的企业债券都是不记名企业债券。

（2）按债券有无担保划分,企业债券可分为信用债券和担保债券。信用债券指仅凭筹资人的信用发行的、没有担保的债券,信用债券只适用于信用等级高的债券发行人。担保债券是指以抵押、质押、保证等方式发行的债券,其中,抵押债券是指以不动产作为担保品所发行的债券,质押债券是指以其有价证券作为担保品所发行的债券,保证债券是指由第三者担保偿还本息的债券。

（3）按照期限划分,企业债券有短期企业债券、中期企业债券和长期企业债券。根据中国企业债券的期限划分,短期企业债券期限在1年以内,中期企业债券期限在1年以上5年以内,长期企业债券期限在5年以上。

（4）按发行人是否给予投资者选择权分类,企业债券可分为附有选择权的企业债券和不附有选择权的企业债券。附有选择权的企业债券,指债券发行人给予债券持有人一定的选择权。反之,债券持有人没有上述选择权的债券,即是不附有选择权的企业债券。

（5）按债券可否提前赎回划分,企业债券可分为可提前赎回债券和不可提前赎回债券。如果企业在债券到期前有权定期或随时购回全部或部分债券,这种债券就称为可提前赎回企业债券,反之则是不可提前赎回企业债券。

（6）按债券票面利率是否变动,企业债券可分为固定利率债券、浮动利率债券和累进利率债券。固定利率债券指在偿还期内利率固定不变的债券;浮动利率债券指票面利率随市场利率定期变动的债券;累进利率债券指随着债券期限的增加,利率累进的债券。

（7）按发行方式分类,企业债券可分为公募债券和私募债券。公募债券指按法定手续经证券主管部门批准公开向社会投资者发行的债券;私募债券指以特定的少数投资者为对象发行的债券,发行手续简单,一般不能公开上市交易。

3. 我国企业债券的品种和管理规定

（1）我国企业债券的具体品种和相关管理规定

企业债券由1993年8月2日国务院发布的《企业债券管理条例》来规范。具体品种和相关管理规定见表9-11。

表 9-11 我国企业债的品种和管理规定

品种	管理规定
短期融资券和超短期融资券	短期融资券的最长期限不超过 365 天；超短期融资券是期限在 270 天（9 个月）以内的短期融资券。短期融资券采取注册制，其注册机构为中国银行间市场交易商协会
中期票据	中期票据是指具有法人资格的非金融企业在银行间债券市场按计划分期发行的、约定在一定期限内还本付息的债务融资工具，其期限通常在 5~10 年。中期票据待偿还余额不得超过企业净资产的 40%
中小非金融企业集合票据	根据《银行间债券市场中小非金融企业集合票据业务指引》，中小非金融企业（以下简称"企业"），是指国家相关法律法规及政策界定为中小企业的非金融企业。集合票据，是指 2 个（含）以上、10 个（含）以下具有法人资格的企业，在银行间债券市场以统一产品设计、统一券种冠名、统一信用增进、统一发行注册方式共同发行的，约定在一定期限还本付息的债务融资工具。 企业发行集合票据应在交易商协会注册，一次注册、一次发行。任一企业集合票据待偿还余额不得超过该企业净资产的 40%。任一企业集合票据募集资金额不超过 2 亿元人民币，单支集合票据注册金额不超过 10 亿元人民币。中小非金融企业发行集合票据应制定偿债保障措施，并在发行文件中披露
非公开定向发行债券	在银行间债券市场以非公开定向发行方式发行的融资工具被称为非公开定向债务融资工具。企业发行定向工具应在中国银行间市场交易商协会注册，并应由符合条件的承销机构承销
中小企业私募债	2012 年 5 月 22 日、23 日，深圳证券交易所和上海证券交易所先后发布《中小企业私募债试点办法》为中小企业债券融资开辟了一条新渠道。关于中小企业私募债的定义和特征将在后文详细介绍

（2）中小企业私募债的定义和特征。

中小企业私募债是中小微企业在中国境内以非公开方式发行和转让，发行利率不超过同期银行货款基准利率的 3 倍，期限在 1 年（含）以上，约定在一定期限内还本付息的企业债券。它是高收益、高风险债券品种，又被称为"垃圾债"。中小企业私募债的特征详见表 9-12。

表 9-12 中小企业私募债的特征

与国内其他信用债比较	与美国垃圾债比较
（1）发行门槛更低。中小企业私募债对发行人的净资产和盈利不做任何要求，发债规模也不受企业净资产 40% 的限制。 （2）投资者限制少。中小企业私募债投资者上限为 200 人。 （3）评级和审计的规定较宽松	（1）我国的中小企业私募债重在发债主体而非评级；美国垃圾债更重评级而不重主体。 （2）我国的中小企业私募债主要针对中小企业；而美国的发行主体更为丰富。 （3）我国中小企业私募债发行期限在 1~3 年，主要以 1 年为主；美国则以中长期为主。 （4）我国首批中小企业私募债的利率大部分维持在 8.5%~10%；美国的高收益债发行利率主要在 5%~10%，且波动较大。 （5）我国中小企业私募债的参与主体相对美国来说还不够多元。 （6）国内信用债券市场的实质性违约并未出现，中小企业私募债的加入可能成为违约爆发的先锋；而美国高收益债券市场的违约处理已有了相对丰富的经验。 （7）国内高收益债券市场刚刚起步，存量较小；而美国的高收益债已具有一定的规模

【例题·选择题】在公司债券有效存续期间，资信评级机构每年至少公告（　　）次跟踪评级报告。
A. 1　　B. 2
C. 3　　D. 5

【解析】本题主要考查《公司债券发行试点办法》的相关内容。《公司债券发行试点办法》规定，公司与资信评级机构应当约定，在债券有效存续期间，资信评级机构每年至少公告1次跟踪评级报告。故A选项为正确答案。

【答案】A

4. 我国公司债券和企业债券的区别

我国公司债券和企业债券的区别可以概括为以下几点。

（1）发行主体的范围不同。企业债券主要是以大型的企业为主发行的；公司债券的发行不限于大型企业，一些中小规模公司只要符合一定法规标准，都有发行机会。

（2）发行方式和发行的审核方式不同。企业债券的发行采取审批制或注册制；公司债券的发行采取核准制，引进发审委制度和保荐制度。

（3）担保要求不同。企业债券较多的采用担保方式的同时又以一定的项目（国家或政府批准）为主，公司债券募集资金的使用不强制与项目挂钩，包括可用于偿还银行贷款、改善财务结构等股东大会核准的用途，也不强制担保，采用信用评级的方式。

（4）发行定价方式不同。根据《企业债券管理条例》规定，企业债券的利率不得高于银行相同期限居民储蓄定期存款利率的40%；公司债券的利率或价格由发行人通过市场询价确定。

六、国际债券（★★★）

1. 国际债券的定义

国际债券是指一国借款人在国际证券市场上以外国货币为面值、向外国投资者发行的债券。国际债券的发行人主要是各国政府、政府所属机构、银行或其他金融机构、工商企业及一些国际组织等。国际债券的投资者主要是银行或其他金融机构、各种基金会、工商财团和自然人。

2. 国际债券的特征

国际债券是一种跨国发行的债券，涉及两个或两个以上的国家。同国内债券相比，具有一定的特殊性。

（1）资金来源广、发行规模大。

（2）存在汇率风险。发行国际债券，筹集到的资金是外国货币，汇率一旦发生波动，发行人和投资者都有可能蒙受意外损失或获取意外收益。

（3）有国家主权保障。在国际债券市场上筹集资金，有时可以得到一个主权国家政府最终偿债的承诺保证。

（4）以自由兑换货币作为计量货币。国际债券在国际市场上发行，因此，其计价货币往往是国际通用货币，一般以美元、英镑、欧元、日元和瑞士法郎为主。

【例题·组合型选择题】国际债券的特征包括（　　）。
Ⅰ. 存在利率风险
Ⅱ. 资金来源广
Ⅲ. 以自由兑换货币作为计量货币
Ⅳ. 发行规模大
A. Ⅲ、Ⅳ
B. Ⅰ、Ⅱ、Ⅳ
C. Ⅰ、Ⅱ、Ⅲ、Ⅳ
D. Ⅱ、Ⅲ、Ⅳ

【解析】本题主要考查国际债券的特征。国际债券是一种跨国发行的债券，涉及两个或两个以上的国家。同国内债券相比，具有一定的特殊性。(1)资金来源广、发行规模大。(2)存在汇率风险。(3)有国家主权保障。(4)以自由兑换货币作为计量货币。故D选项为正确答案。
【答案】D

【例题·选择题】一国借款人在国际证券市场上以外国货币为面值、向外国投资者发行的债券是（　　）。
A. 国际债券　　B. 亚洲债券
C. 外国债券　　D. 欧洲债券
【解析】本题主要考查国际债券的定义。国际债券是指一国借款人在国际证券市场上以外国货币为面值、向外国投资者发行的债券。故A选项为正确答案。
【答案】A

3. 国际债券的分类
(1) 外国债券。

外国债券是指某一国家借款人在本国以外的某一国家发行以该国货币为面值的债券。其特点是债券发行人属于一个国家，面值货币和发行市场属于另一个国家。

2005年2月18日，《国际开发机构人民币债券发行管理暂行办法》发布，中国允许符合条件的国际开发机构在中国发行人民币债券。其中，国际开发机构指的是进行开发性贷款和投资的国际开发性金融机构。国际开发机构人民币债券是指国际开发机构依法在中国境内发行的、约定在一定期限内还本付息的、以人民币为计价的债券。2010年9月，对《国际开发机构人民币债券发行管理暂行办法》进行了修订，允许发行人发债所募集的人民币资金可以直接汇出境外使用。

根据国际惯例，国外金融机构在一国发行债券时，一般以该国最具特征的吉祥物命名。据此，在美国发行的称为"扬基债券"，在日本发行的称为"武士债券"，在英国发行的称为"猛犬债券"，在西班牙发行的称为"斗牛士债券"，国际多边金融机构首次在华发行的人民币债券称为"熊猫债券"。

(2) 欧洲债券。

欧洲债券是指借款人在本国境外市场发行的，不以发行市场所在货币为面值的国际债券。其特点是债券发行人、债券发行地点和债券面值所使用的货币可以分别属于不同的国家。由于它不以发行市场所在国的货币为面值，故也称"无国籍债券"。欧洲债券票面一般使用的是可自由兑换的货币，主要为美元，其次还有欧元、英镑、日元等；也有使用复合货币单位的，如特别提款权。

欧洲债券市场以创新品种众多而著称。在计息方式上，既有传统的固定利率债券，也有种类繁多的浮动利率债券，还有零息债券、延付息票债券、利率递增债券（累进利率债券）和在一定条件下将浮动利率转换为固定利率的债券等。在附有选择权方面，有双货币债券、可转换债券和附权证债券等。

欧洲债券与外国债券的区别如下。

(1) 在发行方式方面，外国债券一般由发行地所在国的证券公司、金融机构承销，而欧洲债券主要由一家或几家大银行牵头组织多家国际性银行在一个国家或几个国家同时承销。

(2) 在发行法律方面，外国债券受市场所在地国家证券主管机构的监管，公募发行管理比较严格，欧洲债券在法律上所受的限制少、更宽松，发行时不必向债券面值货币国或发行市场所在地的证券主管机构登记，不受任何一国的管制，通常采用公募发行方式，欧洲债券不受面值货币国或发行市场所在地的法律的限制。

（3）在发行纳税方面，外国债券发行人和投资者必须根据市场所在地的法规缴纳税金；而欧洲债券采取不记名债券形式，投资者的利息收入是免税的。

【例题·组合型选择题】下列属于外国债券的有（　　）。
Ⅰ．扬基债券
Ⅱ．熊猫债券
Ⅲ．武士债券
Ⅳ．欧洲债券
A．Ⅰ、Ⅱ、Ⅲ
B．Ⅱ、Ⅲ、Ⅳ
C．Ⅲ、Ⅳ
D．Ⅰ、Ⅱ、Ⅲ、Ⅳ

【解析】本题主要考查外国债券的内容。常见的外国债券包括：（1）在美国发行的"扬基债券"。（2）在日本发行的"武士债券"。（3）在英国发行的"猛犬债券"。（4）在西班牙发行的"斗牛士债券"。（5）在中国发行的"熊猫债券"。第Ⅰ、Ⅱ、Ⅲ项都属于外国债券，故A选项为正确答案。
【答案】A

【例题·组合型选择题】下列关于国际债券的说法中，正确的是（　　）。
Ⅰ．外国债券一般由发行地所在国的证券公司、金融机构承销
Ⅱ．欧洲债券在法律上所受的限制比外国债券宽松得多
Ⅲ．欧洲债券和外国债券在发行纳税方面不存在差异
Ⅳ．欧洲债券由一家或几家大银行牵头，组成十几家或几十家国际性银行，在一个国家或几个国家同时承销
A．Ⅰ、Ⅱ、Ⅲ
B．Ⅰ、Ⅱ、Ⅳ
C．Ⅱ、Ⅲ、Ⅳ
D．Ⅰ、Ⅲ、Ⅳ

【解析】本题主要考查欧洲债券与外国债券的区别。Ⅲ项中，在发行纳税方面，外国债券受发行地所在国的税法管制，而欧洲债券的预扣税一般可以豁免，投资者的利息收入也免缴所得税。故排除后得B选项为正确答案。
【答案】B

4．我国国际债券的发行概况

对外发行债券是我国吸引外国资金的一个重要渠道，我国发行国际债券始于20世纪80年代初期（1982年）。我国发行的国际债券品种主要包括以下几类。

（1）政府债券。

1987年10月，我国经济体制改革后政府首次在德国法兰克福发行了3亿德国马克的公募债券。我国政府在1994年7月和1995年11月先后在日本发行公债券。1996年，我国政府在美国发行4亿美元100年期扬基债券，这次的债券发行不仅提高了我国政府的国际形象，而且在国际资本市场上也确定了我国主权信用债券的较高地位和等级。我国政府在1997年和1998年，陆续共发行美元债券34.31亿、德国马克债券5亿、日元债券140亿。直至2001年5月17日，中国政府在海外成功发行了总值达15亿美元的欧元和美元债券。

（2）金融债券。

1982年的1月，中国国际信托投资公司在日本东京采用私募方式发行100亿日元的债券，期限12年，利率8.7%。随后，福建投资信托公司、中国银行、上海国际信托投资公司、广东国际信托投资公司、天津国际信托投资公司、交通银行等，也先后在日本东京、德国法兰克福、中国香港、新加坡、英国伦敦发行国际债券，发行币种包括日元、港币、德国马克、美元等，期限均为中、长期，最短的5年，最长的12年，绝大多数采用公募方式发行。1993年，中国投资银行被批准

首次在境内发行外币金融债券，发行数量为5 000万美元，发行对象为城乡居民，期限为1年，采取浮动利率制，利率高于国内同期限美元存款利率1个百分点。

（3）可转换公司债券。

到2001年年底，南玻B股转券、镇海炼油、庆铃汽车H股转券、华能国际N股转券4种可供境外投资者投资的券种已先后发行。

截至2003年12月月底，我国共发行各种国际债券200多亿美元。我国国际债券的发行地遍及亚洲、欧洲、美洲等世界各地；债券的期限结构有1年、5年、7年、10年、30年等数个品种。2004年，我国财政部在境外发行10亿欧元10年期债券和5亿美元5年期债券，中国进出口银行发行两期共10亿美元10年期债券，国家开发银行发行6亿美元和3.25亿欧元两期债券。2007年国家开发银行和中国进出口银行在国际市场各发行1期美元债券，发行额各为7亿美元。同年，中石化在境外发行15亿美元可转换为境外上市外资股的可转换公司债券。尽管近年的发行量不大，但却保持了我国在国际资本市场上经常发行人的地位，树立了我国政府和金融机构的国际形象，在国际资本市场确立了我国主权信用债券的地位和等级，并对我国金融业的对外开放起到了重要的推动作用。

【例题·组合型选择题】下列利用国际债券市场筹集资金的说法，正确的是（　　）。

Ⅰ．我国在国际债券市场发行的主要债券品种仅有政府债券

Ⅱ．财政部在国外发行的债券属于政府债券

Ⅲ．我国政府曾经成功地在美国发行过"扬基债券"

Ⅳ．我国发行国际债券始于20世纪80年代初期

A．Ⅰ、Ⅲ、Ⅳ
B．Ⅰ、Ⅱ、Ⅲ
C．Ⅱ、Ⅲ、Ⅳ
D．Ⅰ、Ⅲ、Ⅳ

【解析】本题主要考查我国国际债券的发行情况。我国在国际债券市场发行的主要债券品种包括政府债券、金融债券。故第Ⅰ项说法有误，排除后得正确答案C选项。

【答案】C

第二节 债券的发行与承销

考情分析：本节重点考查我国国债发行方式、承销程序，金融债券、公司（企业）债券的发行条件和发行条款设计等内容。在考试中，本节较常出现条款性题目，多为数字题或国家相关法律法规的硬性规定。

学习建议：本节要求掌握的考点不多，但要求考生准确记忆要求掌握的相关规定。同时，由于本节多是国家法律法规规范的内容，条款繁多，考生应在理解的基础选择重点进行记忆，对相关条款中出现的对于数字的要求要加以重视。

一、我国国债的发行与承销（★★★）

1. 我国国债的发行方式

1988年以前，我国国债发行采用行政分配方式；1988年，财政部首次通过商业银行和邮政储蓄柜台销售了一定数量的国债；1991年，开始以承购包销方式发行国债；1996年起，公开招标方式被广泛采用。目前，凭证式国债发行完全采用承购包销方式，储蓄国债发行可采用包销或代销方式，记账式国债发行完全采用公开招标方式。

（1）公开招标方式。

公开招标方式是通过投标人的直接竞价来确定发行价格（或利率）水平，发行人将投标人的标价自高价向低价排列，或自低利率排到高利率，发行人从高价（或低利率）选起，直到达到需要发行的数额为止。因此，所确定的价格恰好是供求决定的市场价格。我国国债发行招标规则的制定借鉴了国际资本市场中的美国式、荷兰式规则，并发展出混合式招标方式，招标标的为利率、利差、价格或数量。

根据财政部《2016年记账式国债招标发行规则》中规定，记账式国债发行招标通过财政部国债发行招投标系统（以下简称招标系统）进行，招标系统包括中心端和客户端。2015—2017年记账式国债承销团成员（以下简称国债承销团成员）通过客户端远程投标。根据《2016年记账式国债招标发行规则》，记账式国债招标是竞争性招标，其相关规定见表9-13。

表9-13 记账式国债招标规定

项目		相关规定
竞争性招标规则		（1）记账式国债竞争性招标时间为招标日上午10:35～11:35。 （2）竞争性招标方式包括单一价格、单一价格与多重价格结合的混合式（以下简称混合式），招标标的为利率或价格。 10年期（不含）以上记账式国债采用单一价格招标方式。标的为利率时，全场最高中标利率为当期（次）国债票面利率，各中标国债承销团成员（以下简称中标机构）均按面值承销；标的为价格时，全场最低中标价格为当期（次）国债发行价格，各中标机构均按发行价格承销。 10年期（含）以下采用混合式招标方式。标的为利率时，全场加权平均中标利率为当期（次）国债票面利率，低于或等于票面利率的中标标位，按面值承销；高于票面利率的中标标位，按各中标标位的利率与票面利率折算的价格承销。标的为价格时，全场加权平均中标价格为当期（次）国债发行价格，高于或等于发行价格的中标标位，按发行价格承销；低于发行价格的中标标位，按各中标标位的价格承销
投标限定	投标标位变动幅度	利率招标时，标位变动幅度为0.01%。价格招标时，91天、182天、1年期、2年期、3年期、5年期、7年期、10年期、30年期国债标位变动幅度分别为0.002元、0.005元、0.01元、0.02元、0.03元、0.05元、0.06元、0.08元、0.18元
	投标标位差	每一国债承销团成员最高、最低投标标位差不得大于当期（次）财政部记账式国债发行通知[以下简称"当期（次）发行通知"]中规定的投标标位差
	投标剔除	背离全场加权平均投标利率或价格一定数量的标位为无效投标，全部落标，不参与全场加权平均中标利率或价格的计算
	中标剔除	标的为利率时，高于全场加权平均中标利率一定数量以上的标位，全部落标；标的为价格时，低于全场加权平均中标价格一定数量以上的标位，全部落标。单一标位最低投标限额为0.2亿元，最高投标限额为30亿元。投标量变动幅度为0.1亿元的整数倍
	最高投标限额	国债承销团甲类成员不可追加的记账式国债最高投标限额为当期（次）国债竞争性招标额的30%，可追加的记账式国债最高投标限额为当期（次）国债竞争性招标额的25%。国债承销团乙类成员1年期（不含）以上最高投标限额为当期（次）国债竞争性招标额的10%，1年期（含）以下最高投标限额为当期（次）国债竞争性招标额的20%。上述比例均计算至0.1亿元，0.1亿元以下四舍五入
中标原则		按照低利率或高价格优先的原则对有效投标逐笔募入，直到募满招标额或将全部有效投标募完为止。 最高中标利率标位或最低中标价格标位上的投标额大于剩余招标额，以国债承销团成员在该标位投标额为权重平均分配，取整至0.1亿元，尾数按投标时间优先原则分配

续表

项目	相关规定
追加投标	（1）自二季度起，竞争性招标结束后20分钟内，国债承销团甲类成员有权通过投标追加承销当期（次）国债。 （2）追加投标为数量投标，国债承销团甲类成员按照竞争性招标确定的票面利率或发行价格承销。 （3）国债承销团甲类成员追加承销额上限为该成员当期（次）国债竞争性有效投标额（不含投标剔除）的25%，计算至0.1亿元，0.1亿元以下四舍五入。追加承销额应为0.1亿元的整数倍
国债承销团成员最低投标、承销义务	（1）国债承销团甲类成员最低投标为当期（次）国债竞争性招标额的4%；乙类为1.5%。 （2）国债承销团甲类成员最低承销额（含追加承销部分）为当期（次）国债竞争性招标额的1%；乙类为0.2%

"荷兰式"招标："荷兰式"招标的特点是"单一价格"，是我国国债公开招标发行采用的主要方式。当标的为利率时，最高中标利率为当期国债的票面利率；标的为利差时，最高中标利差为当期国债的基本利差；标的为价格时，最低中标价格为当期国债的承销价格。

"美国式"招标："美国式"招标的特点是"多种价格"。标的为利率时，全场加权平均中标利率为当期国债的票面利率，各中标机构依各自及全场加权平均中标利率折算承销价格；标的为价格时，各中标机构按各自加权平均中标价格承销当期国债。

"荷兰式"招标和"美国式"招标的区别："美国式"招标和"荷兰式"招标的直接区别在于中标价格的形成模式。进一步看，对中标的承销商而言，"美国式"招标形成的是差异的中标价格，也称多重价格招标，即中标人以各自的投标利率为最终中标利率；"荷兰式"招标则是单一价格招标，即所有中标人均以同一利率作为中标利率。两者的有效投标均以收益率由低到高的累加方式截止于招标发行量。

【例题·组合型选择题】下列关于"荷兰式"与"美国式"招标方式中，正确的有（　　）。

Ⅰ．"荷兰式"招标的标的为利率时，最高中标利率为当期国债的票面利率

Ⅱ．"荷兰式"招标中，标的为价格时，全场最高中标价格为当期国债发行价格

Ⅲ．"美国式"招标中，标的为利率时，全场加权平均中标利率为当期国债票面利率

Ⅳ．"美国式"招标中，标的为价格时，全场加权平均中标价格为当期国债发行价格

A．Ⅰ、Ⅱ、Ⅲ　　B．Ⅱ、Ⅲ、Ⅳ
C．Ⅰ、Ⅲ、Ⅳ　　D．Ⅰ、Ⅱ、Ⅳ

【解析】本题主要考查"荷兰式""美国式"招标的相关内容。"荷兰式"招标中，标的为价格时，全场最低中标价格为当期国债发行价格，各中标机构均按发行价格承销。故第Ⅱ项说法错误，排除后可得正确答案C选项。

【答案】C

（2）承购包销方式。

承购包销方式是由发行人和承销商签订承购包销合同，合同中的有关条款是通过双方协商确定的。承购包销方式主要包括凭证式国债发行额度管理和储蓄国债（电子式）发行额度管理。对于事先已确定发行条款的国债，我国仍采取承购包销方式，目前主要运用于不可上市流通的凭证式国债的发行。2010年以后储蓄国债（电子式）也可采用报销方式。

《2016年储蓄国债发行额度管理办法》（以下简称《办法》）对额度分配作出了详细规定。

《办法》所称储蓄国债指储蓄国债（电子式）和凭证式国债。关于额度管理的具体内容见表9-14。

表9-14 储蓄国债（电子式）和凭证式国债的额度管理规定

储蓄国债（电子式）发行额度管理	额度分配方式	（1）发行开始前，财政部会同中国人民银行根据发行通知规定，将当期储蓄国债（电子式）的最大发行额的全部或部分，作为基本代销额度，按照各承销团成员基本代销额度比例分配给承销团成员。其余发行额度作为机动代销额度在发行期内供各承销团成员抓取。 （2）发行期内，承销团成员可于每日 8：30～16：30 通过与财政部储蓄国债（电子式）业务管理信息系统（以下简称国债系统）联网方式申请抓取机动代销额度。承销团成员申请机动代销额度的单笔上限为自身当期国债基本代销额度的 10%，同一期国债两次申请时间间隔不少于 1 分钟。 （3）发行期每日日终，承销团成员将当日储蓄国债（电子式）相关业务数据传送至国债系统，通过当期国债账务总量数据核查后，如当日实际销售量大于日初剩余基本代销额度，承销团成员应将剩余全部发行额度清零；如当日实际销售量小于或等于日初剩余基本代销额度，承销团成员应将当日抓取机动代销额度清零
	额度调整方式	（1）定期调整。国债发行通知中规定基本代销额度统一调整日期。 （2）不定期调整。财政部会同中国人民银行根据各承销团成员销售情况，决定调减部分承销团成员剩余基本代销额度的日期和比例，并通知被调减的承销团成员和国债登记公司。具体调减数额为调整日日终承销团成员剩余基本代销额度与上述比例的乘积，计算结果按万元为单位取整，尾数舍去。 （3）如承销团成员调整日未通过账务总量数据核查，上述两种调减操作均暂不执行，相关承销团成员当日剩余发行额度冻结；待相关承销团成员账务总量数据核查通过后，再执行相关操作。 【知识拓展】承销团成员当日剩余并清零的储蓄国债（电子式）机动代销额度，不得超过其当期国债基本代销额度的 7%
	基本代销额度比例调整方法	（1）计算新基本代销额度比例。 （2）尾差调整。如调整后承销团成员基本代销额度比例合计大于 100%，从基本代销额度比例调增幅度最大的机构开始，从高至低依次调减 0.1 个百分点，直至承销团成员基本代销额度比例合计为 100% 止。如调增幅度相同，2015 年综合排名居后的承销团成员先调减。如调整后承销团成员基本代销额度比例合计小于 100%，从基本代销额度比例调增幅度最大的机构开始，从高至低依次调增 0.1 个百分点，直至承销团成员基本代销额度比例合计为 100% 止。如调增幅度相同，2015 年综合排名居前的承销团成员先调增
凭证式国债发行额度管理	额度分配方式	（1）发行开始前，财政部会同中国人民银行将当期凭证式国债最大发行额按发行通知中规定的代销额度分配比例分配给承销团成员。 （2）凭证式国债发行期间，原则上不调整承销团成员的发行额度。 （3）凭证式国债发行期结束后，各承销团成员应准确计算当期凭证式国债的实际发售金额，将未售出的发行额度注销
	代销额度比例调整方法	（1）计算新代销额度比例。 （2）尾差调整。如调整后承销团成员代销额度比例合计大于 100%，从代销额度比例调增幅度最大的机构开始，从高至低依次调减 0.1 个百分点，直至承销团成员代销额度比例合计为 100% 止。如调增幅度相同，2015 年综合排名居后的承销团成员先调减。如调整后承销团成员代销额度比例合计小于 100%，从代销额度比例调增幅度最大的机构开始，从高至低依次调增 0.1 个百分点，直至承销团成员代销额度比例合计为 100% 止。如调增幅度相同，2015 年综合排名居前的承销团成员先调增。 【名师点拨】如承销团成员无法参加某期凭证式国债发行，应不晚于当期国债发行前 20 个工作日报告财政部和中国人民银行，其代销额度于发行开始前，分配给参与当期国债发行的承销团成员，从最近一次调整时代销额度比例调增幅度最大的机构开始，从高至低依次调增 0.1 个百分点，直至额度分配完毕。如调增幅度相同，2015 年综合排名居前的承销团成员先调增。

2. 国债承销程序

记账式国债和凭证式国债的承销程序如表 9-15 所示。

表 9-15 记账式国债和凭证式国债的承销程序

记账式国债的承销程序	凭证式国债的承销程序
（1）招标发行。 （2）远程投标。 （3）债券托管。债券托管包括选择债券托管、注册券种和承销额度、确立债券三个步骤。 （4）分销	凭证式国债是一种不可上市流通的储蓄型债券，由具备凭证式国债承销团资格的机构承销。 （1）确认承销资格。财政部和中国人民银行一般每年确定一次凭证式国债承销团资格，各类商业银行、邮政储蓄银行均有资格申请加入凭证式国债承销团。 （2）分配承销数额。财政部一般委托中国人民银行分配承销数额。 （3）代理发售。承销商在分得所承销的国债后，通过各自的代理网点发售

3. 国债销售的价格及影响国债销售价格的因素

（1）国债销售的价格。

在传统方式下，国债按规定以面值出售，不存在承销商确定销售价格的问题。

在现行多种价格公开招标方式下，每个承销商的中标价格与财政部按市场情况和投标情况确定的发售价格是有差异的，财政部允许承销商在发行期内自定销售价格，随行就市发行，以免其按发行价销售而造成损失。

（2）影响国债销售价格的因素。

①承销商承销国债的中标成本。国债销售的价格一般不应低于承销商与发行人的结算价格，否则就可能发生亏损。

②市场利率。市场利率上升会限制承销商确定销售价格的空间；市场利率下降则为承销商确定销售价格拓宽了空间。

③承销商所期望的资金回收速度。降低销售价格，有利于缩短承销商的分销过程，加快资金的回收速度。

④流通市场中可比国债的收益率水平。如果国债承销收益率过低，投资者就会倾向于在二级市场上购买已流通的国债，从而阻碍国债分销工作顺利进行。

⑤国债承销的手续费收入。由于承销国债时，承销商有一定比例的手续费收入，因此，承销商有可能压低销售价格，以促进分销活动。

⑥其他国债分销过程中的成本。

【例题·组合型选择题】下列关于国债销售价格的说法，正确的是（ ）。

Ⅰ．在传统的行政分配和承购包销的方式下，国债按规定以面值出售，不存在承销商确定销售价格的问题

Ⅱ．在现行多种价格公开招标方式下，每个承销商的中标价格与财政部按市场情况和投标情况确定的发售价格是有差异的

Ⅲ．目前，财政要求国债承销商以中标价格分销国债

Ⅳ．目前，财政部允许承销商在发行期内自定销售价格，随行就市发行

A．Ⅰ、Ⅲ B．Ⅰ、Ⅱ、Ⅳ
C．Ⅱ、Ⅳ D．Ⅰ、Ⅱ、Ⅲ

【解析】本题主要考查国债销售价格的相关知识。在现行多种价格公开招标方式下，财政部允许承销商在发行期内自定销售价格，随行就市发行。故 B 选项为正确答案。

【答案】B

二、地方政府债券的发行与承销（★）

地方政府债券的发行和承销可以分为两种。

（1）财政部代理发行地方政府债券。目前，我国财政部代理发行地方政府债券采取合并名称、合并发行、合并托管的方式。

（2）地方政府自行发债。所谓自行发债，是指试点省（市）在国务院批准的发债规模限额内，自行组织发行本省（市）政府债券

的发债机制。

1. 财政部代理发行地方政府债券

根据《关于印发〈财政部代理发行 2014 年地方政府债券招标发行规则〉的通知》财政部代理发行地方政府债券的相关规定如表 9-16 所示。

表 9-16 代理发行地方政府债券的相关规定

项目		相关规定
招标方式和时间		方式：单一价格招标。 时间：招标日上午 9:50 至 10:30
招标标的		利率。全场最高中标利率为当期地方债票面利率，各中标承销团成员按面值承销
投标限定	投标标位限定	投标标位变动幅度为 0.01%。每一承销团成员最高、最低标位差为 30 个标位，无须连续投标
	投标量和承销量限定	最高投标量：承销团甲、乙类成员最高投标限额分别为当期地方债招标额的 30%、10%。 最低投标、承销义务：承销团甲、乙类成员最低投标量分别为当期地方债招标额的 4%、1%；承销团甲、乙类成员最低承销额分别为当期地方债招标额的 1%、0.2%。 单一标位投标量：单一标位最低投标限额为 0.2 亿元，投标量最小变动幅度为 0.1 亿元，最高投标限额为 30 亿元
中标原则	中标募入顺序	按照低利率优先的原则对投标逐笔募入，直到募满招标额或将全部投标募完为止
	最高中标利率标位中标分配顺序	以各承销团成员在最高中标利率标位投标量为权数平均分配，最小中标单位为 0.1 亿元，分配后仍有尾数时，按投标时间优先原则分配
债权登记和托管		在招标结束后 15 分钟内，各中标承销团成员应通过招标系统填制"债权托管申请书"，在中央国债登记结算有限责任公司（以下简称国债登记公司）、中国证券登记结算有限责任公司（以下简称"证券登记公司"）上海、深圳分公司选择托管。逾时未填制的，系统默认全部在国债登记公司托管
券种注册和承销额度注册		国债登记公司，证券登记公司上海、深圳分公司根据招标结果办理券种注册，根据各中标承销团成员选择的债券托管数据为各中标机构办理承销额度注册
债权确立方式		地方债债权确立实行见款付券方式
分销		地方债采取场内挂牌、场外签订分销合同的方式分销。分销对象为在国债登记公司开立债券账户及在证券登记公司开立股票和基金账户的各类投资者。国债承销团成员间不得分销。非国债承销团成员通过分销获得的地方债权额度，在分销期内不得转让。分销价格由国债承销团成员根据市场情况自行确定

2. 地方政府自行发债

自行发债是指试点省（市）在国务院批准的发债规模限额内，自行组织发行本省（市）政府债券的发债机制。

经国务院批准，2011 年上海市、浙江省、广东省、深圳市开展地方政府自行发债试点，2013 年适当扩大了自行发债试点范围，试点省（市）包括上海市、浙江省、广东省、深圳市、江苏省、山东省。2014 年 10 月国务院发布《国务院关于加强地方政府性债务管理的意见》，指出要建立"借、用、还"相统一的地方政府性债务管理机制，有效发挥地方政府规范举债的积极作用，切实防范化解财政金融风险，促进国民经济持续健康发展。2015 年 36

个地方政府（包括5个计划单列市）债券发行额度为6 000亿元，其中一般债券5 000亿元，1 000亿元为专项债券（地方政府首次发行专项债券）。

3. 财政部代理发行地方政府债券和地方政府自行发债的异同

作为地方政府债券的发行和承销的两种方式，财政部代理发行地方政府债券和地方政府自行发债的区别主要表现以下方面。

（1）债券发行和偿还主体不同。在财政部代理发行方式下，发行和偿还主体都是财政部；在地方政府自行发债方式下，由地方政府自发自还。

（2）发行方式不同。财政部代理发行采用招标方式，专项地方政府债券采用承销方式，一般地方政府两种发行方式都可以采用。

（3）托管要求不同。采用财政部代理发行的，在中央国债登记结算有限责任公司，证券登记公司上海、深圳分公司选择托管。逾时未填制的，系统默认全部在国债登记公司托管。采用地方政府自行发行的，在中央国债登记结算有限责任公司总登记托管，在规定的证券登记结算机构办理分登记托管。

三、我国金融债券的发行与承销（★★）

1. 金融债券的发行条件及应报送的文件

金融债券主要由政策性银行、商业银行、企业集团财务银行、金融租赁公司和其他金融机构发行。表9-17将详细讲解上述几种发行机构的发行条件和需要报送的文件。

表9-17 金融债券发行的条件及报送文件

名称	发行条件	应报送的文件
政策性银行	政策性银行发行金融债券，应按年向中国人民银行报送金融债券发行申请，经中国人民银行核准后方可发行。政策性银行金融债券发行申请应包括发行数量、期限安排、发行方式等内容，如需调整，应及时报中国人民银行核准。 【名师点拨】我国的政策性银行包括国家开发银行、中国进出口银行、中国农业发展银行	（1）金融债券发行申请报告。 （2）发行人近3年经审计的财务报告及审计报告。 （3）金融债券发行办法。 （4）承销协议。 （5）中国人民银行要求的其他文件
商业银行	（1）具有良好的公司治理机制。 （2）核心资本充足率不低于4%。 （3）最近三年连续盈利。 （4）贷款损失准备计提充足。 （5）风险监管指标符合监管机构的有关规定。 （6）最近三年没有重大违法、违规行为。 （7）中国人民银行要求的其他条件。 根据商业银行的申请，中国人民银行可以豁免前款所规定的个别条件	（1）金融债券发行申请报告。 （2）发行人公司章程或章程性文件规定的权力机构的书面同意文件。 （3）监管机构同意金融债券发行的文件。 （4）发行人近3年经审计的财务报告及审计报告。 （5）募集说明书。 （6）发行公告或发行章程。 （7）承销协议。 （8）发行人关于本期债券偿债计划及保障措施的专项报告。 （9）信用评级机构出具的金融债券信用评级报告及有关持续跟踪评级安排的说明。 （10）发行人律师出具的法律意见书。 （11）中国人民银行要求的其他文件。 采用担保方式发行金融债券的，还应提供担保协议及担保人资信情况说明。如有必要，中国人民银行可商请其监管机构出具相关监管意见

续表

名称	发行条件	应报送的文件
企业集团财务公司	（1）具有良好的公司治理结构、完善的投资决策机制、健全有效的内部管理和风险控制制度及相应的管理信息系统。 （2）具有从事金融债券发行的合格专业人员。 （3）依法合规经营，符合银监会有关审慎监管的要求。 （4）财务公司设立1年以上，经营状况良好，申请前1年利润率不低于行业平均水平，且有稳定的盈利预期。 （5）申请前1年，不良资产率低于行业平均水平，资产损失准备拨备充足。 （6）申请前1年，注册资本金不低于3亿元人民币，净资产不低于行业平均水平。 （7）近3年无重大违法违规记录。 （8）无到期不能支付债务。 （9）银监会规定的其他审慎性条件。 【名师点拨】根据银监会的规定，财务公司已发行、尚未兑付的金融债券总额不得超过其净资产总额的100%，发行金融债券后，资本充足率不低于10%	（1）发行金融债券申请书。 （2）可行性研究报告。报告应当至少包括财务公司经营和财务状况分析、发债资金用途、金融债券本息兑付资金安排和金融债券发行计划等内容。采取分期发行方式的，还应包括分期销售的时间及每期销售量。 （3）财务公司股东会发行金融债券的决议。 （4）募集说明书。 （5）有关担保协议及担保人资信情况说明。 （6）财务公司和担保人近3年经审计的财务报告或审计报告。 （7）发行公告或发行章程。 （8）信用评级报告和跟踪评级安排的说明。评级报告应针对财务公司的特点，重点分析财务公司的信用水平和揭示本次发行金融债券的风险。 （9）承销协议或者意向书。 （10）律师出具的法律意见书。 （11）银监会要求提交的其他文件和资料
金融租赁公司和汽车金融公司	（1）具有良好的公司治理结构和完善的内部控制体系。 （2）具有从事金融债券发行和管理的合格专业人员。 （3）金融租赁公司注册资本金不低于5亿元人民币或等值的自由兑换货币，汽车金融公司注册资本金不低于8亿元人民币或等值的自由兑换货币。 （4）资产质量良好，最近1年不良资产率低于行业平均水平，资产损失准备计提充足。 （5）无到期不能支付债务。 （6）净资产不低于行业平均水平。 （7）经营状况良好，最近3年连续盈利，最近1年利润率不低于行业平均水平，且有稳定的盈利预期。 （8）最近3年平均可分配利润足以支付所发行金融债券1年的利息。 （9）风险监管指标达到监管要求。 （10）最近3年没有重大违法、违规行为。 （11）中国人民银行和中国银行业监督管理委员会要求的其他条件。 【名师点拨】对于商业银行设立的金融租赁公司，资质良好但成立不满3年的，应由具有担保能力的担保人提供担保。金融租赁公司和汽车金融公司发行金融债券后，资本充足率均应不低于8%	（1）金融债券发行申请报告。 （2）发行人公司章程或章程性文件规定的权力机构的书面同意文件。 （3）发行人近3年经审计的财务报告及审计报告。 （4）募集说明书。 （5）发行公告或发行章程。 （6）承销协议。 （7）发行人关于本期偿债计划及保障措施的专项报告。 （8）信用评级机构出具的金融债券信用评级报告和有关持续跟踪评级安排的说明。 （9）发行人律师出具的法律意见书。 （10）中国银行业监督管理委员会要求的其他文件。 采用担保方式发行金融债券的，还应提供担保协议及担保人资信情况说明
其他金融机构	其他金融机构发行金融债券应具备的条件由中国人民银行另行规定	须报送的文件由中国人民银行另行规定

2. 我国金融债券发行的操作要求

我国金融债券发行的操作要求见表9-18。

表9-18 我国金融债券发行的操作要求

项目	操作要求
发行方式	金融债券可在全国银行间债券市场公开发行或定向发行，其发行方式可以采取一次足额发行或限额内分期发行。其中，发行人分期发行金融债券的，应在募集说明书中说明每期发行安排
信用评级要求	金融债券的发行应由具有债券评级能力的信用评级机构进行信用评级。金融债券发行后，信用评级机构应每年对该金融债券进行跟踪信用评级。如发生影响该金融债券信用评级的重大事项，信用评级机构应及时调整该金融债券的信用评级，并向投资者公布。 【名师点拨】金融债券定向发行的，经认购人同意，可免于信用评级。定向发行的金融债券只能在认购人之间进行转让
承销方式及承销人条件	发行金融债券时，发行人应组建承销团，承销人可在发行期内向其他投资者分销其所承销的金融债券。发行金融债券的承销可采用协议承销、招标承销等方式。其中，金融债券的招投标发行通过中国人民银行债券发行系统进行。 承销人应为金融机构，并须具备下列条件： （1）注册资本不低于2亿元人民币。 （2）具有较强的债券分销能力。 （3）具有合格的从事债券市场业务的专业人员和债券分销渠道。 （4）最近2年内没有重大违法、违规行为。 （5）中国人民银行要求的其他条件
担保要求	除中国银监会批准免于担保外，财务公司发行金融债券，则需要由财务公司的母公司或其他有担保能力的成员单位提供相应担保。商业银行发行金融债券没有强制担保要求。对于商业银行设立的金融租赁公司，资质良好但成立不满3年的，应由具有担保能力的担保人提供担保
应在向中国人民银行报送备案文件时进行书面报告的情形	一次足额发行或限额内分期发行金融债券，发生下列情况之一，应在向中国人民银行报送备案文件时进行书面报告并说明原因： （1）发行人业务、财务等经营状况发生重大变化。 （2）高级管理人员变更；控制人变更。 （3）发行人作出新的债券融资决定。 （4）发行人变更承销商、会计师事务所、律师事务所或信用评级机构等专业机构。 （5）是否分期发行、每期发行安排等金融债券发行方案变更。 （6）其他可能影响投资人作出正确判断的重大变化
其他操作要求	（1）发行人不得认购或变相认购自己发行的金融债券。 （2）发行人应在中国人民银行核准金融债券发行之日起60个工作日内开始发行金融债券，并在规定期限内完成发行。发行人未能在规定期限内完成发行的，原金融债券发行核准文件自动失效。发行人不得继续发行本期金融债券。发行人仍需发行金融债券的，应依据本办法另行申请。 （3）金融债券发行结束后10个工作日内，发行人应向中国人民银行书面报告金融债券发行情况

3. 金融债券的登记、托管与兑付

（1）登记与托管。

中央国债登记结算有限责任公司（以下简称"中央结算公司"）为金融债券的登记、托管机构。金融债券发行结束后，发行人应及时向中央结算公司确认债权债务关系，中央结算公司应及时办理债券登记工作。

（2）兑付。

金融债券付息或兑付日前（含当日），发行人应将相应资金划入债券持有人指定资金账户。

【例题·选择题】中国人民银行指定的银行间债券登记、托管和结算的机构是（　　）。
A．中央国债登记结算有限责任公司
B．中国结算所
C．中国金融期货交易所
D．中央登记所

【解析】本题主要考查债券登记托管结算机构。中央国债登记结算有限责任公司是中国人民银行指定的债券登记托管结算机构。故 A 选项为正确答案。

【答案】A

4．次级债务

次级债务包括商业银行次级债务、保险公司次级债务和证券公司次级债务，三者的详细内容参照表9-19来理解。

表9-19 次级债务

要点	商业银行次级债务	保险公司次级债务	证券公司次级债务
概念	根据《中国人民银行中国银行业监督管理委员会公告〔2004〕第4号》商业银行次级债券（以下简称"次级债券"）是指商业银行发行的、本金和利息的清偿顺序列于商业银行其他负债之后、先于商业银行股权资本的债务	根据《保险公司次级定期债务管理办法》（保监令〔2013〕第5号），保险公司次级定期债务是指保险公司为了弥补临时性或阶段性资本不足，经批准募集，期限在5年以上（含5年），且本金和利息的清偿顺序列于保单责任和其他负债之后，先于保险公司股权资本的保险公司债务	根据《证券公司借入次级债务规定》（〔2010〕23号），证券公司次级债务是指证券公司经批准向股东或其他符合条件的机构投资者定向借入的清偿顺序在普通债务之后，先于证券公司股权资本的债务
募集方式	在全国银行间债券市场公开发行或私募发行。商业银行也可以私募方式募集次级定期债务	保险公司偿付能力充足率低于150%或预计未来两年内偿付能力充足率低于150%的，可以申请募集次级。保险集团（或控股）公司不得募集次级债	以非公开方式发行，每期债券的机构投资者合计不得超过200人
发行（募集）条件	（1）实行贷款五级分类，贷款五级分类偏差小。 （2）核心资本充足率不低于5%。 （3）贷款损失准备计提充足。 （4）具有良好的公司治理结构与机制。 （5）最近3年没有重大违法、违规行为	（1）开业时间超过3年。 （2）经审计的上年度末净资产不低于人民币5亿元。 （3）募集后，累计未偿付的次级债务本息额不超过上年度末经审计的净资产的50%。 （4）具备偿债能力。 （5）具有良好的公司治理结构。 （6）内部控制制度健全且能得到严格遵循。 （7）资产未被具有实际控制权的自然人、法人或者其他组织及其关联方占用。 （8）最近两年内未受到重大行政处罚。 （9）中国保监会规定的其他条件	（1）借入资金有合理用途。 （2）次级债务应当以现金或中国证监会认可的其他形式借入。 （3）借入次级债务数额应当符合以下规定：长期次级债务计入净资本的数额不得超过净资本（不含长期次级债务累计计入净资本的数额）的50%；净资本与负债的比例、净资产与负债的比例等各项风险控制指标不触及预警标准。 （4）次级债务合同条款符合证券公司监管规定

5. 混合资本债券

（1）混合资本债券的概念。

我国的混合资本债券是指商业银行为补充附属资本发行的、清偿顺序位于股权资本之前但列在一般债务和次级债务之后、期限在15年以上、发行之日起10年内不可赎回的债券。

（2）混合资本债券的特征。

根据《关于对商业银行发行混合资本债券的有关事宜的公告》规定，混合资本债券有以下特征。

①期限在15年以上，发行之日起10年内不得赎回。发行之日起10年后发行人具有一次赎回权，若发行人未行使赎回权可以适当提高混合资本债券的利率。

②混合资本债券到期前，如果发行人核心资本充足率低于4%，发行人可以延期支付利息；如果同时出现以下情况：最近一期经审计的资产负债表中盈余公积与未分配利润之和为负，且最近12个月内未向普通股股东支付现金红利，则发行人必须延期支付利息。在不满足延期支付利息的条件时，发行人应立即支付欠息及欠息产生的复利。

③当发行人清算时，混合资本债券本金和利息的清偿顺序列于一般债务和次级债务之后、先于股权资本。

④混合资本债券到期时，如果发行人无力支付清偿顺序在该债券之前的债务或支付该债券将导致无力支付清偿顺序在混合资本债券之前的债务，发行人可以延期支付该债券的本金和利息。待上述情况好转后，发行人应继续履行其还本付息义务，延期支付的本金和利息将根据混合资本债券的票面利率计算利息。

（3）混合资本债券的募集方式。

混合资本债券可以公开发行，也可以定向发行。两种发行方式下，混合资本债券均需进行信用评级。

混合资本债券存续期内，发行人应按季度披露财务信息。若混合资本债券采取公开发行方式发行，发行人应在债券付息时公开披露资本充足率信息和其他债务本息偿付情况，作为上市公司的商业银行还应披露其普通股红利支付情况。发行人应在募集说明书、发行公告中进行风险提示，重点说明混合资本债券的清偿顺序和到期前利息延期支付、到期时本金和利息延期支付的风险。

发行人按规定提前赎回混合资本债券、延期支付利息或混合资本债券到期延期支付本金和利息时，应提前5个工作日报中国人民银行备案，通过中国货币网、中国债券信息网公开披露，同时，作为重大会计事项在年度财务报告中披露。

四、企业债券的发行与承销（★★）

企业债券，是指企业依照法定程序发行、约定在一定期限内还本付息的有价证券。

1. 发行条件

《企业债券管理条例》规定，企业发行企业债券必须按照本条例的规定进行审批；未经批准的，不得擅自发行和变相发行企业债券。中央企业发行企业债券，由中国人民银行会同国家计划委员会审批；地方企业发行企业债券，由中国人民银行省、自治区、直辖市、计划单列市分行会同同级计划主管部门审批。

企业发行企业债券必须符合下列条件。

（1）企业规模达到国家规定的要求。

（2）企业财务会计制度符合国家规定。

（3）具有偿债能力。

（4）企业经济效益良好，发行企业债券前连续3年盈利。

（5）所筹资金用途符合国家产业政策。

> 【例题·选择题】企业发行企业债券的，发行企业债券前应连续（　　）年盈利。
> A. 2　B. 3　C. 5　D. 6
> 【解析】本题主要考查企业债券发行条件。企业经济效益良好，发行企业债券前连续3年盈利是企业发行企业债券必须具备的条件之一。
> 【答案】B

2. 募集资金的投向

根据《企业债券管理条例》，企业发行企业债券所筹资金应当按照审批机关批准的用途，用于本企业的生产经营。企业发行企业债券所筹资金不得用于房地产买卖、股票买卖和期货交易等与本企业生产经营无关的风险性投资。

3. 企业债券条款设计要求及其他安排

（1）企业债券的票面要素

企业债券的票面应当载明下列内容：①企业的名称、住所。②企业债券的面额。③企业债券的利率。④还本期限和方式。⑤利息的支付方式。⑥企业债券发行日期和编号。⑦企业的印记和企业法定代表人的签章。⑧审批机关批准发行的文号、日期。

（2）企业债券持有人的权利和义务。

企业债券持有人有权按照约定期限取得利息、收回本金，但是无权参与企业的经营管理，其对企业的经营状况不承担责任。

（3）企业债券条款设计要求及其他安排。

①企业债券可以转让、抵押和继承。
②企业发行企业债券应当制订发行章程。
③企业申请发行企业债券，应当向审批机关报送下列文件：发行企业债券的申请书；营业执照；发行章程；经会计师事务所审计的企业近3年的财务报告；审批机关要求提供的其他材料。
④企业发行企业债券的总面额不得大于该企业的自有资产净值。
⑤企业债券的利率不得高于银行相同期限居民储蓄定期存款利率的40%。
⑥任何单位不得以财政预算拨款、银行贷款、国家规定不得用于购买企业债券的其他资金购买企业债券。办理储蓄业务的机构不得将所吸收的储蓄存款用于购买企业债券。
⑦企业发行企业债券，应当由证券经营机构承销。企业债券的转让，应当在经批准的可以进行债券交易的场所进行。非证券经营机构和个人不得经营企业债券的承销和转让业务。
⑧单位和个人所得的企业债券利息收入，按照国家规定纳税。

五、公司债券的发行与承销（★★）

1. 发行条件

根据《公司债券发行与交易管理办法》的规定，公司债券可以公开发行，也可以非公开发行。公开发行公司债券，应当符合《证券法》《公司法》的相关规定，经中国证监会核准。

（1）发行公司债券的资信标准。

资信状况符合以下标准的公司债券可以向公众投资者公开发行，也可以自主选择仅面向合格投资者公开发行。

①发行人最近3年无债务违约或者迟延支付本息的事实。
②发行人最近3个会计年度实现的年均可分配利润不少于债券1年利息的1.5倍。
③债券信用评级达到AAA级。
④中国证监会根据投资者保护的需要规定的其他条件。

未达到前款规定标准的公司债券公开发行应当面向合格投资者；仅面向合格投资者公开发行的，中国证监会简化核准程序。

（2）发行条件和募集投向。

《证券法》规定，公开发行公司债券，应当符合下列条件。

①股份有限公司的净资产不低于人民币3 000万元，有限责任公司的净资产不低于人民币6 000万元。

②累计债券余额不超过公司净资产的40%。

③最近3年平均可分配利润足以支付公司债券1年的利息。

④筹集的资金投向符合国家产业政策。

⑤债券的利率不超过国务院限定的利率水平。

⑥国务院规定的其他条件。

公开发行公司债券筹集的资金，必须用于核准的用途，不得用于弥补亏损和非生产性支出。上市公司发行可转换为股票的公司债券，除应当符合上述条件外，还应当符合本法关于公开发行股票的条件，并报国务院证券监督管理机构核准。

2. 不得再次发行的情形

（1）不得公开发行公司债券的情形。

根据《公司债券发行与交易管理办法》，存在下列情形之一的，不得发行公司债券。

①最近36个月内公司财务会计文件存在虚假记载，或公司存在其他重大违法行为。

②本次发行申请文件存在虚假记载、误导性陈述或者重大遗漏。

③对已发行的公司债券或者其他债务有违约或者迟延支付本息的事实，仍处于继续状态；严重损害投资者合法权益和社会公共利益的其他情形。

④公司债券条款设计要求及其他安排。

（2）不得再次公开发行公司债券的情形。

有下列情形之一的，不得再次公开发行公司债券。

①前一次公开发行的公司债券尚未募足。

②对已公开发行的公司债券或者其他债务有违约或者延迟支付本息的事实，仍处于继续状态。

③违规改变公开发行公司债券所募资金的用途。

3. 公司债券发行的条款设计要求

（1）公开发行公司债券，可以申请一次核准，分期发行。自中国证监会核准发行之日起，发行人应当在12个月内完成首期发行，剩余数量应当在24个月内发行完毕。公开发行公司债券的募集说明书自最后签署之日起6个月内有效。采用分期发行方式的，发行人应当在后续发行中及时披露更新后的债券募集说明书，并在每期发行完成后5个工作日内报中国证监会备案。

（2）发行公司债券，发行人应当依照《公司法》或者公司章程相关规定对以下事项作出决议：发行债券的数量；发行方式；债券期限；募集资金的用途；决议的有效期；其他按照法律法规及公司章程规定需要明确的事项。发行公司债券，如果对增信机制、偿债保障措施作出安排的，也应当在决议事项中载明。

（3）公开发行的公司债券，应当在依法设立的证券交易所上市交易，或在全国中小企业股份转让系统或者国务院批准的其他证券交易场所转让。

（4）证券交易所、全国中小企业股份转让系统对公开发行公司债券的上市交易或转让实施分类管理，实行差异化的交易机制，建立相应的投资者适当性管理制度，健全风险控制机制。证券交易所、全国中小企业股份转让系统应当根据债券资信状况的变化及时调整交易机制和投资者适当性安排。

（5）公司债券的信用评级，应当委托经中国证监会认定、具有从事证券服务业务资格的资信评级机构进行。公司与资信评级机构应当约定，在债券有效存续期间，资信评级机构每年至少公告1次跟踪评级报告。

（6）公司债券每张面值100元，发行价格由发行人与保荐机构通过市场询价确定。

（7）上市公司、股票公开转让的非上市公众公司发行的公司债券，可以附认股权、可转换成相关股票等条款。

（8）非公开发行的公司债券应当向合格投资者发行，不得采用广告、公开劝诱和变相公开方式，每次发行对象不得超过200人。

（9）公司债券公开发行的价格或利率以

询价或公开招标等市场化方式确定。

【例题·组合型选择题】 公开发行公司债券，可以申请一次核准，分期发行。自中国证监会核准发行之日起，发行人应当在（　　）个月内完成首期发行，剩余数量应当在（　　）个月内发行完毕。

Ⅰ. 6　　　　Ⅱ. 12
Ⅲ. 24　　　Ⅳ. 36

A．Ⅰ、Ⅲ　　B．Ⅱ、Ⅲ
C．Ⅱ、Ⅳ　　D．Ⅰ、Ⅳ

【解析】 本题主要考查公司债券相关知识。我国《公司债券发行与交易管理办法》，规定，公开发行公司债券，可以申请一次核准，分期发行。自中国证监会核准发行之日起，发行人应当在12个月内完成首期发行，剩余数量应当在24个月内发行完毕。

【答案】 B

六、企业短期融资融券的注册规则和承销组织（★★）

短期融资融券，是指具有法人资格的非金融企业（以下简称企业）在银行间债券市场发行的，约定在1年内还本付息的债务融资工具。

1. 短期融资融券的注册规则

企业发行短期融资券应依据《银行间债券市场非金融企业债务融资工具注册规则》在交易商协会注册。交易商协会负责受理短期融资券的发行注册。交易商协会设注册委员会，注册委员会通过注册会议行使职责，注册会议决定是否接受发行注册。注册委员会委员由市场相关专业人士组成，专业人士由交易商协会会员推荐，交易商协会常务理事会审议决定。短期融资券的注册规则详见表9-20。

表9-20　短期融资融券的注册规则

项目	规　则
注册文件	企业通过主承销商将注册文件送达办公室。注册文件包括如下几种。 （1）债务融资工具注册报告；企业应在注册报告中声明自愿接受交易商协会的自律管理。 （2）主承销商推荐函及相关中介机构承诺书。 （3）企业发行债务融资工具拟披露文件。 （4）证明企业及相关中介机构真实、准确、完整、及时披露信息的其他文件
注册会议	注册会议原则上每周召开一次，由5名注册委员会委员参加。参会委员从注册委员会全体委员中抽取。注册会议召开前，办公室应至少提前2个工作日，将经过初审的企业注册文件和初审意见送达参会委员。 参会委员应对是否接受债务融资工具的发行注册作出独立判断。2名以上（含2名）委员认为企业没有真实、准确、完整、及时披露信息，或中介机构没有勤勉尽责的，交易商协会不接受发行注册。注册委员会委员担任企业及其关联方董事、监事、高级管理人员，或者存在其他情形足以影响其独立性的，该委员应回避
注册时效	交易商协会向接受注册的企业出具《接受注册通知书》，注册有效期为两年。 企业在注册有效期内可一次发行或分期发行债务融资工具。企业应在注册后2个月内完成首期发行。企业如分期发行，后续发行应提前2个工作日向交易商协会备案。 企业在注册有效期内需更换主承销商或变更注册金额的，应重新注册。 交易商协会不接受注册的，企业可于6个月后重新提交注册文件

【例题·选择题】 负责受理短期融资券的发行注册的是（　　）。

A．中国银监会
B．中国证监会
C．中国人民银行
D．中国银行间市场交易商协会

【解析】 本题主要考查短期融资券的相关内容。中国银行间市场交易商协会负责受理短期融资券的发行注册。

【答案】 D

2. 短期融资券发行的操作要求

（1）承销的组织。

企业发行短期融资券应由已在中国人民银行备案的金融机构承销。企业可自主选择主承销商。需要组织承销团的，由主承销商组织承销团。承销团有3家或3家以上承销商的，可设1家联席主承销商或副主承销商，共同组织承销活动；承销团中除主承销商、联席主承销商、副主承销商以外的承销机构为分销商。

（2）其他操作要求。

企业发行短期融资券，其发行利率、发行价格和所涉费率以市场化方式确定。应披露企业主体信用评级和当期融资券的债项评级，企业的主体信用级别低于发行注册时信用级别的，短期融资券发行注册自动失效，交易商协会将有关情况进行公告。短期融资券在国债登记结算公司登记托管、结算。同业拆借中心为短期融资券在银行间债券市场的交易提供服务。

七、中期票据的注册规则和承销组织（★★）

中期票据是指具有法人资格的非金融企业在银行间债券市场按照计划分期发行的，约定在一定期限还本付息的债务融资工具。

1. 中期票据的发行注册

企业发行中期票据应依据《银行间债券市场非金融企业债务融资工具注册规则》在中国银行间市场交易商会（简称交易商协会）注册。注册不能免除企业及相关中介机构真实、准确、完整、及时披露信息的法律责任。中期票据的发行注册相关要求参照短期融资券。

2. 中期票据发行的操作要求

企业发行中期票据应制定发行计划，除按交易商协会的相关规定在银行间债券市场披露信息外，还应于中期票据注册之日起3个工作日内，在银行间债券市场一次性披露中期票据完整的发行计划。企业发行中期票据应披露企业主体信用评级。中期票据若含有可能影响评级结果的特殊条款，企业还应披露中期票据的债项评级。

企业应在中期票据发行文件中约定投资者保护机制，包括应对企业信用评级下降、财务状况恶化或其他可能影响投资者利益情况的有效措施，以及中期票据发生违约后的清偿安排。

中期票据投资者可就特定投资需求向主承销商进行逆向询价，主承销商可与企业协商发行符合特定需求的中期票据。

有关中期票据发行与承销过程中的其他所有事项，均与短期融资券相同。

八、中小非金融企业集合票据（★★）

中小非金融企业（简称企业），是指国家相关法律法规及政策界定为中小企业的非金融企业。中小非金融企业集合票据是指2个（含）以上、10个（含）以下具有法人资格的中小非金融企业，在银行间债券市场以"统一产品设计、统一券种冠名、统一信用增进、统一发行注册"方式共同发行的，并约定在一定期限还本付息的债务融资工具。中小非金融企业集合票据的特点、发行规模要求、偿债保障措施、评级要求、投资者保护机制见表9-21。

表9-21 中小非金融企业集合票据

项目	内容
特点	（1）发行主体和发行规模适中。 （2）发行期限灵活。 （3）引入了信用增进机制。 （4）分别负债、集合发行。 企业发行集合票据应依据《银行间债券市场非金融企业债务融资工具注册规则》在交易商协会注册，一次注册、一次发行

续表

项目	内容
发行规模要求	企业发行集合票据应遵守国家相关法律法规，任一企业集合票据待偿还余额不得超过该企业净资产的40%。任一企业集合票据募集资金额不超过2亿元人民币，单支集合票据注册金额不超过10亿元人民币
偿债保障措施	企业发行集合票据应制定偿债保障措施，并在发行文件中进行披露，包括信用增进措施、资金偿付安排以及其他偿债保障措施
评级要求	企业发行集合票据应披露集合票据债项评级、各企业主体信用评级以及专业信用增进机构（若有）主体信用评级
投资者保护机制	企业应在集合票据发行文件中约定投资者保护机制，包括应对任一企业及信用增进机构主体信用评级下降或财务状况恶化、集合票据债项评级下降以及其他可能影响投资者利益情况的有效措施

【例题·选择题】中小非金融企业集合票据在（　　）实现流通转让。
A. 上海证券交易所
B. 深圳证券交易所
C. 银行间柜台市场
D. 银行间债券市场
【解析】本题考查中小非金融企业集合票据的转让流通。中小非金融企业集合票据在债权债务登记日的次一工作日即可在银行间债券市场流通转让。故选项D正确。
【答案】D

九、证券公司债券的发行与承销（★★）

证券公司债券是指证券公司依法发行的、约定在一定期限内还本付息的有价证券。中国证券监督管理委员会（以下简称"中国证监会"）依法对证券公司债券的发行和转让行为进行监督管理。

1．证券公司债券的发行条件

根据《证券公司债券管理暂行办法》（2004年），证券公司公开发行债券，除应当符合《公司法》规定的条件外，还应当符合下列要求。

（1）发行人为综合类证券公司。
（2）最近一期期末经审计的净资产不低于10亿元。
（3）各项风险监控指标符合中国证监会的有关规定。
（4）最近两年内未发生重大违法违规行为。
（5）具有健全的股东会、董事会运作机制及有效的内部管理制度，具备适当的业务隔离和内部控制技术支持系统。
（6）资产未被具有实际控制权的自然人、法人或其他组织及其关联人占用。
（7）中国证监会规定的其他条件。

证券公司定向发行债券，除应当符合《公司法》规定的条件外，还应当符合上述第（4）~（8）项规定的要求，且最近一期期末经审计的净资产不低于5亿元。

2．证券公司债券的发行条款设计要求

证券公司债券发行的条款设计要求详见表9-22。

表9-22　证券公司债券发行的条款设计

条款	设计要求
发行对象	定向发行的债券只能向合格投资者发行。合格投资者是指自行判断具备投资债券的独立分析能力和风险承受能力，且符合下列条件的投资者。（1）依法设立的法人或投资组织。（2）按照规定和章程可从事债券投资。（3）注册资本在1 000万元以上或者经审计的净资产在2 000万元以上
发行面值	定向发行的债券应面向社会公开发行，面值为100元/份。采用记账的方式向合格投资者发行，总面值50万元，每个合格投资者至少认购不低于面值100万元的债券。发行债券可按面值发行，具体方式由发行人和主承销商协商确定

续表

条款	设计要求
债券利率	利率须按企业债券利率管理有关规定，由发行人和主承销商协商，根据信用等级、风险程度、市场供求状况等因素协商确定
债券期限	最短的债券期限为1年
债券担保	发行人应当为债券的发行提供担保。为债券的发行提供保证的，保证人应当具有代为清偿债务的能力，保证应当是连带责任保证；为债券的发行提供抵押或质押的，抵押或质押的财产应当由具备资格的资产评估机构进行评估。公开发行债券的担保金额应不少于债券本息的总额。定向发行债券的担保金额原则上不少于债券本息的50%
信用评级	证券的发行人应当聘请证券资信评级机构对本期债券进行信用评级并对跟踪评级作出相关安排。因此要求证券资信评级机构对评级结果承担责任，且内容和格式符合相关规定
债券代理人	发行人可聘请信托投资公司、基金管理公司、证券公司、律师事务所、证券投资咨询机构等机构担任债权代理人
法律意见	债券发行人应当参照中国证监会证券发行的有关规定聘请律师事务所出具法律意见书和律师工作报告
债券的承销组织	发行人应当聘请有主承销商资格的证券公司组织债券的承销。定向发行的债券，经中国证监会批准可以由发行人自行组织销售。债券的承销可采取包销和代销方式。承销或者自行组织的销售，销售期最长不得超过90日
发行失败及其处理	公开发行的债券，在销售期内售出的债券面值总额占拟发行债券面值总额的比例不足50%的，或未能满足债券上市条件的，视为发行失败。若发行失败，发行人应当按发行价并加算银行同期存款利息返还认购人

3. 证券公司债券发行的申报程序

证券公司债券发行的申报程序如下。

（1）董事会决议并经股东大会批准。证券公司发行债券应当由董事会制订方案，股东会对发行规模、期限、利率、担保、募集资金的用途、发行方式、决议有效期及与本期债券相关的其他重要事项作出专项决议。

（2）发行申报。发行申报是发行审批的法定程序，一经申报，未经中国证监会同意，不得随意增加、撤回或更换。

（3）申报文件编制。发行人、主承销商及负责出具专业意见的律师事务所、会计师事务所、资信评级机构等，应审慎对待所申报的材料和所出具的意见。

证券公司申请发行债券，应当向中国证监会报送下列文件：（1）发行人申请报告。（2）董事会、股东会决议。（3）主承销商推荐函（附尽职调查报告）。（4）募集说明书（附发行方案）。（5）法律意见书（附律师工作报告）。（6）经审计的最近3年及最近1期的财务会计报告。（7）信用评级报告及跟踪评级安排的说明。（8）偿债计划及保障措施的专项报告。（9）关于支付本期债券本息的现金流分析报告。（10）担保协议及相关文件。（11）债权代理协议。（12）发行人章程和营业执照复印件。（13）与债券发行相关的其他重要合同。（14）中国证监会要求报送的其他文件。

4. 证券公司债券发行申请文件的内容

申请文件是发行人为发行债券向中国证监会报送的必备文件。证券公司债券发行的申请文件目录按照《公开发行证券的公司信息披露内容与格式准则第20号——证券公司发行债券申请文件》的要求执行，该目录是发行申请文件的最低要求，发行人可视实际情况增加。有的目录对发行人确实不适用的，可不必提供，但应向中国证监会作出书面说明。

中国证监会可视实际需要要求发行人提供有关补充材料。发行人报送的申请文件应包括公开披露的文件和一切相关的资料。整套申请文件应包括两个部分，即要求在指定报刊或网站披露的文件和不要求在指定报刊或网站披露的文件。公开发行申请经中国证监会批准并且第一部分文件披露后,整套申请文件可供投资者查阅。

申请文件应为原件,如不能提供原件的,应由发行人律师提供鉴证意见,或由出文单位盖章,以保证与原件一致。如原出文单位不再存续,可由承继其职权的单位或作出撤销决定的单位出文证明文件的真实性。

5. 证券公司债券的上市与交易的制度安排

证券公司债券应当由证券登记结算公司负责登记、托管和结算。经批准,国债登记结算公司也可以负责证券公司债券的登记、托管和结算。

公开发行的债券应当申请在证券交易所挂牌集中竞价交易;经中国证监会批准的,也可采取其他方式转让。申请债券上市的证券公司应当与证券交易所订立上市协议,遵守证券交易所债券上市规则,接受证券交易所的监管。

公司申请公司债券上市交易,应当符合下列条件:(1)公司债券的期限为1年以上。(2)公司债券实际发行额不少于人民币5 000万元。(3)公司申请债券上市时仍符合法定的公司债券发行条件。

公司债券上市交易后,公司有下列情形之一的,由证券交易所决定暂停其公司债券上市交易:(1)公司有重大违法行为。(2)公司情况发生重大变化不符合公司债券上市条件。(3)公司债券所募集资金不按照核准的用途使用。(4)未按照公司债券募集办法履行义务。(5)公司最近两年连续亏损。

公司有前条第(1)项、第(4)项所列情形之一经查实后果严重的,或者有前条第(2)项、第(3)项、第(5)项所列情形之一,在限期内未能消除的,由证券交易所决定终止其公司债券上市交易。公司解散或者被宣告破产的,由证券交易所终止其公司债券上市交易。

定向发行的债券可采取协议方式转让,也可经中国证监会批准采取其他方式转让,最小转让单位不得少于面值50万元。债券的转让应当在合格投资者之间进行,且应当符合转让场所的业务规则。

十、证券公司次级债的发行规定(★)

根据《证券公司次级债管理规定》,证券公司次级债,是指证券公司向股东或机构投资者定向借入的清偿顺序在普通债之后的次级债务(简称次级债务),以及证券公司向机构投资者发行的、清偿顺序在普通债之后的有价证券(简称次级债券)。次级债务、次级债券为证券公司同一清偿顺序的债务。

1. 发行方式

证券公司次级债券只能以非公开方式发行,不得采用广告、公开劝诱和变相公开方式。每期债券的机构投资者合计不得超过200人。证券公司次级债券经批准后,可分期发行。次级债券分期发行的,自批准发行之日起,证券公司应在6个月内完成首期发行,剩余债券应在24个月内完成发行。

2. 发行条件

证券公司借入或发行次级债应符合以下条件。

(1)借入或募集资金有合理用途。

(2)次级债应以现金或中国证监会认可的其他形式借入或融入。

(3)借入或发行次级债数额应符合以下规定:长期次级债计入净资本的数额不得超过净资本(不含长期次级债累计计入净资本的数额)的50%;净资本与负债的比例、净资产与负债的比例等各项风险控制指标不触及预警标准。

(4)募集说明书内容或次级债务合同条款符合证券公司监管规定。

3．发行、转让与承销

证券公司次级债券可在证券交易所或中国证监会认可的交易场所（统称交易场所）依法向机构投资者发行、转让。发行或转让后，债券持有人不得超过200人。次级债券发行或转让后，证券公司应在中国证券登记结算有限责任公司或中国证监会认可的其他登记结算机构（统称登记结算机构）办理登记。

证券公司在银行间市场发行次级债券，应事先经中国证监会认可，并遵守银行间市场的相关规定。证券公司不得向其实际控制的子公司借入或发行次级债。

证券公司次级债券可由具备承销业务资格的其他证券公司承销，也可由证券公司自行销售。证券公司次级债券可在证券交易所或中国证监会认可的交易场所（统称交易场所）依法向机构投资者发行、转让。发行或转让后，债券持有人不得超过200人。次级债券发行或转让后，证券公司应在中国证券登记结算有限责任公司或中国证监会认可的其他登记结算机构（统称登记结算机构）办理登记。

证券公司在银行间市场发行次级债券，应事先经中国证监会认可，并遵守银行间市场的相关规定。

十一、国际开发机构人民币债券的发行与承销（★）

根据《国际开发机构人民币债券发行管理暂行办法》，国际开发机构是指进行开发性贷款和投资的多边、双边以及地区国际开发性金融机构；国际开发机构人民币债券（简称人民币债券）是指国际开发机构依法在中国境内发行的、约定在一定期限内还本付息的、以人民币计价的债券。

1．审核机制

在中国境内申请发行人民币债券的国际开发机构应向财政部等窗口单位递交债券发行申请，由窗口单位会同中国人民银行、国家发展和改革委员会、中国证券监督管理委员会、国家外汇管理局等部门审核通过后，报国务院同意。国家发展和改革委员会会同财政部根据国家产业政策、外资外债情况、宏观经济和国际收支状况，对人民币债券的发行规模及所筹资金用途进行审核。国家外汇管理局负责对与人民币债券发行和偿还有关的外汇专用账户及相关购汇、结汇进行管理。

2．国际开发机构人民币债券的发行条件

国际开发机构申请在中国境内发行人民币债券应具备以下条件。

（1）财务稳健，资信良好，经两家以上（含两家）评级公司评级，其中至少应有一家评级公司在中国境内注册且具备人民币债券评级能力，人民币债券信用级别为AA级（或相当于AA级）以上。

（2）已为中国境内项目或企业提供的贷款和股本资金在10亿美元以上，经国务院批准予以豁免的除外。

（3）所募集资金应优先用于向中国境内的建设项目提供中长期固定资产贷款或提供股本资金，投资项目符合中国国家产业政策、利用外资政策和固定资产投资管理规定。主权外债项目应列入相关国外贷款规划。

3．申请材料

国际开发机构申请在中国境内发行人民币债券应提交以下材料：人民币债券发行申请报告；募集说明书；近3年经审计的财务报表及附注；人民币债券信用评级报告及跟踪评级安排的说明；为中国境内项目或企业提供贷款和投资情况；拟提供贷款和股本资金的项目清单及相关证明文件和法律文件；按照《中华人民共和国律师法》执业的律师出具的法律意见书；与本期债券相关的其他重要事项。

4．承销规则

国际开发机构在中国境内公开发行人民

币债券应组成承销团，承销商应为在中国境内设立的具备债券承销资格的金融机构。

名师点拨 人民币债券发行利率由发行人参照同期国债收益率水平确定，并由中国人民银行核定。中国人民银行对人民币债券发行利率进行管理。中国人民银行负责对与人民币债券发行和偿还有关的人民币账户和人民币跨境支付进行管理。

【例题·选择题】在中国境内申请发行人民币债券的国际开发机构应向（　　）等窗口单位递交债券发行申请。
　A．中国证监会
　B．中国人民银行
　C．财政部
　D．中国银监会
【解析】本题主要考查国际开发机构的审批机构。在中国境内申请发行人民币债券的国际开发机构应向财政部等窗口单位递交债券发行申请，由窗口单位会同中国人民银行、国家发改委、中国证监会等部门审核后，报国务院同意。故C选项为正确答案。
【答案】C

第三节　债券的交易

考情分析：本节主要介绍债券各交易环节和交易项目中的相关知识。重点为债券现券交易、回购交易、远期交易和期货交易的概念和流程，债券报价的主要方式，债券评级的定义与内涵等。在历次考试中，本节考查的知识点较多，分布也比较零散，要求考生能熟练掌握本节内容。

学习建议：作为考试的重点内容，本节涉及的知识点较多。但本节讲述的债券各交易项目及交易环节在整体框架上有一定的相关性和规律性。考生应在理解本节整体框架的基础上，按照大纲要求，有重点的记忆要求掌握的内容。

一、我国的债券交易市场（★）

债券交易市场是发行和买卖债券的流通交易场所，又称二级市场。由各类交易者、中介服务机构以及市场监督者构成。债券交易市场由场外债券市场和场内市场构成。其中，场内市场即交易所债券市场，在我国是指上海、深圳证券交易所；我国的场外债券市场主要包括银行间债券市场和商业银行柜台债券市场。

1．交易所债券市场的发展情况

交易所债券市场又称场内市场，是指通过交易所的交易系统和中国证券登记结算有限责任公司的后台结算系统完成债券交易和结算，资金清算由清算银行完成，机构投资者和个人通过券商进行债券交易结算的交易场所。

交易所债券市场包括上海证券交易所和深圳证券交易所两个债券市场。交易机制由集中竞价交易的零售市场和固定收益平台和大宗交易系统构成的批发市场组成，上市的债券有国债、企业债券和可转换债券，投资者实行会员制。

在进行交易时，遵循"价格优先、时间优先"的原则，采用公开竞价的方式进行。

1990年左右两个证券交易所设立，交易所债券市场发展壮大。

2002年交易所对债券交易方式进行改革。2002年3月25日，上海证券交易所对国债试行净价交易。2002年7月12日上海证券交易所开发完成了"国债远程招标系统"，表明交易所市场国债远程招标模式启动。2002年8月15日非现场远程发行国债。2002年10月21日上海证券交易所推出1天国债回购品种。深圳证券交易所于2003年1

月2日正式推出AAA级企业债券回购交易，同时大幅调低债券交易费率。

2005年4月28日，交易所调整债券大宗交易。上海证券交易所对大宗交易的有关规定进行了适当调整。

从2004年"国九条"颁布到2014年新"国九条"颁布的10年间，交易所债券市场快速发展。

2. 场外债券市场

（1）银行间债券市场的发展情况。

银行间债券市场是指依托于中国外汇交易中心暨全国银行间同业拆借中心（简称同业中心）和中央国债登记结算公司（简称中央登记公司）的，包括商业银行、农村信用联社、保险公司、证券公司等金融机构进行债券买卖和回购的市场。经过近几年的迅速发展，银行间债券市场目前已成为我国债券市场的主体部分。记账式国债的大部分、政策性金融债券都在该市场发行并上市交易。我国银行间债券市场的发展情况可以概括为以下几种。

①债券市场主板地位基本确立。随着市场规模的急剧扩张，银行间债券市场已经逐步确立了其在我国债券市场中的主板地位。

②市场功能逐步显现，兼具投资和流动性管理功能。银行间债券市场的快速扩容为商业银行提供了资金运作的平台，提高了商业银行的资金运作效率。

③虽然我国银行间债券市场交易量大幅增长，但在很大程度上源于债券存量增长，因此总体来讲流动性仍然较差。

名师点拨

全国银行间市场债券交易以询价方式进行，自主谈判，逐笔成交。

（2）商业银行柜台债券市场的发展情况。

商业银行柜台债券市场是指银行通过营业网点（含电子银行系统）与投资人进行债券买卖，并办理相关托管与结算等业务的行为。

2002年，记账式国债率先开展了商业银行柜台债券业务。2014年，商业银行柜台债券业务品种范围进一步增加，由记账式国债扩大至国开行金融债券、政策性金融债券和中国铁路总公司等政府支持机构债券。承办柜台债券业务的商业银行共8家，包括工商银行、农业银行、中国银行、建设银行、招商银行、民生银行、北京银行、南京银行等。目前，8家商业银行已经全部开办了记账式国债柜台业务。

商业银行柜台债券业务作为银行间债券市场的延伸，有效连接了个人等柜台债券业务投资者和银行间债券市场。商业银行通过柜台债券业务将银行间债券市场的债券产品卖给个人等投资者，同时通过双边报价为这些债券产品提供流动性。投资人通过柜台购买债券后，可以持有到期，按照票面利率获得利息收益，也可以适时卖出债券，获得资金。柜台债券业务的投资收益包括利息收入和交易价差收入两部分。其中，利息收入是指投资者实际持有债券期间获得的利息收入；交易价差收入是指投资者交易期债券卖出净价或到期获得的债券本金与债券买入净价的差额。

二、债券交易方式（★★★）

根据交易合约的签订与实际交割之间的关系，债券交易的方式可分为现券交易、回购交易、远期交易和期货交易。

1. 现券交易、回购交易、远期交易和期货交易的概念和流程

按照交易合约的签订与实际交割之间的关系，债券交易可分为现券交易、回购交易、远期交易和期货交易。现券交易、回购交易、远期交易和期货交易的概念和流程详见表9-23。

表 9-23 债券各交易方式的概念和流程

交易方式	概　　念	流　　程
现券交易	现券交易也称现券买卖，是指债券买卖双方在成交后就办理交收手续，买入者付出资金并得到证券，卖出者交付证券并得到资金。现券买卖是债券交易中最普遍的交易方式	以债券为交易标的，一方出资金，一方出让债券，一次买断，在很短的时间内办理交割、交收。 【名师点拨】现券买卖采用询价交易方式和点击成交交易方式。询价交易方式下可用意向报价、双向报价（仅适用资产支持证券）和对话报价，点击成交交易方式下可用做市报价、点击成交报价和限价报价。现券买卖按净价交易，全价结算
回购交易	债券回购交易就是指债券买卖双方在成交的同时，约定于未来某一时间以某一价格双方再进行反向交易的行为，包括质押式回购和买断式回购两种。 【名师点拨】理论上说，回购交易是质押贷款的一种方式。回购交易长的有几个月，但通常情况下只有24小时，是一种超短期的金融工具，具有短期融资的属性。从运作方式看，它结合了现货交易和远期交易的特点，通常在债券交易中运用	（1）客户委托证券公司做回购交易。 （2）根据客户委托，证券公司向证券交易所主机做交易申报，下达回购交易指令。 （3）交易系统前端检查。如果融资要求超过该证券账户实时最大可融资额度属于无效委托。 （4）交易撮合。 （5）闭市后，交易所将回购交易成交数据和其他证券交易成交数据一并发送结算公司。 （6）标准券核算。 （7）清算交收。结算公司以结算备付金账户为单位，将回购成交应收应付资金数据，与当日其他证券交易数据合并清算，轧差计算出证券公司经纪和自营结算备付金账户净应收或净应付资金余额，并在T+1流程办理资金交收
远期交易	债券远期交易指交易双方约定在未来的某一日期，以约定价格和数量买卖标的债券的行为。远期交易标的债券券种应为已在全国银行间债券市场进行现券交易的中央政府债券、中央银行债券、金融债券等	市场参与者开展远期交易应通过同业中心交易系统进行，并逐笔订立书面形式的合同（交易系统形成的成交单），双方认为必要时，可签订补充合同。远期交易采用竞价交易、全价结算。从成交日到结算日，最长不得超过365天
期货交易	债券期货交易是指在将来某一特定日期以重新商定的价格买卖某特定债券的交易。债券期货交易有三种形态：投机交易、套头交易、套利保值交易	债券期货交易在时间、空间上把债券的成交和交割两个环节完全分离开来。其交易过程分为预约成交和定期交割两个步骤。 （1）签订成交协议。期货交易买卖双方通过交易所经纪人签订一份成交协议。协议的内容包括：双方交易债券的种类、数量、成交价格、交割期等。 （2）办理交割。在交割期，买卖双方必须按协议规定的债券价格、数量办理交割。 【名师点拨】事实上，期货协议在到期时真正交收实物的极少，大部分协议在交割时都采用清算方式相互轧抵，很少有实物交割

债券质押式回购交易是指融资方（正回购方、卖出回购方、资金融入方）在将债券质押给融券方（逆回购方、买入返售方、资金融出方）融入资金的同时，双方约定在将来某一指定日期，由融资方按约定回购利率计算的资金额向融券方返回资金，融券方向融资方返回原出质债券的融资行为。

债券买断式回购是正回购方以出售债券现券的方式，向逆回购方融入资金，并按照约定利率和期限，以债券回购方式赎回债券现券。买断式回购采用"一次成交、两次结算"的方式。

债券买断式回购与质押式回购的区别在于：在买断式回购的初始交易中，债券持有人是将债券"卖"给逆回购方，所有权转移至逆回购方；而在质押式回购的初始交易中，债券所有权并不转移，逆回购方只享有质权。由于所有权发生转移，因此买断式回购的逆回购方可以自由支配购入债券。

> 【例题·选择题】回购交易通常在（ ）交易中运用。
> A．远期　　　　B．现货
> C．债券　　　　D．股票
> 【解析】本题主要考查回购交易的相关内容。从运作方式看，回购交易结合了现货交易和远期交易的特点，通常在债券交易中运用。故C选项为正确答案。
> 【答案】C

2．现券交易、远期交易和期货交易的区别

（1）现券交易与远期交易的区别。

现券交易与远期交易相比，主要区别在于如下几点。

①远期合同交易买卖双方必须签订远期合同；而现券交易则无此必要。

②远期合同交易买卖双方进行商品交收或交割的时间与达成交易的时间，通常有较长的间隔；而现券交易通常是现买现卖。

③远期合同交易往往要通过正式的磋商、谈判，双方达成一致意见签订合同之后才算成立；而现券交易则随机性较大，方便灵活，没有严格的交易程序。

④远期合同交易通常要求在规定的场所进行，双方交易要受到第三方的监控，因而能有效地防止不正当行为，以维护市场交易秩序；而现券交易不受过多的限制，因此也易产生一些非法行为。

（2）远期交易和期货交易的区别。

远期交易和期货交易的区别主要表现在以下几个方面。

①交易对象不同。期货交易的对象是交易所统一制定的标准化期货合约；远期交易的对象是交易双方私下协商达成的非标准化合同，所涉及的商品没有任何限制。

②功能作用不同。期货交易的功能是规避风险和价格发现；远期交易尽管在一定程度上也能起到调节供求关系、减少价格波动的作用，但由于远期合同缺乏流动性，所以其价格的权威性和分散风险的作用大打折扣。

③履约方式不同。期货交易有实物交割与对冲平仓两种履约方式，其中绝大多数期货合约都是通过对冲平仓的方式了结的；远期交易履约方式主要采用实物交收方式，虽然也可采用背书转让方式，但最终的履约方式是实物交收。

④信用风险不同。在期货交易中，以保证金制度为基础，实行每日无负债结算制度，每日进行结算，信用风险较小；远期交易从交易达成到最终完成实物交割有相当长的一段时间，此间市场会发生各种变化，各种不利于履约的行为都有可能出现，具有较高的信用风险。

⑤保证金制度不同。期货交易有特定的保证金制度，按照成交合约价值的一定比例向买卖双方收取保证金；而远期交易是否收取或收取多少保证金由交易双方商定。

知识拓展　从交易价格的组成看，债券交易有两种：全价交易和净价交易。

全价交易是指买卖债券时，以含有应计利息的价格申报并成交的交易。净价交易是指买卖债券时，以不含有应计利息的价格申报并成交的交易。在净价交易的情况下，成交价格与债券的应计利息是分解的，价格随行就市，应计利息则根据票面利率按天计算。目前，我国全国银行间市场买断式回购以净价交易，全价结算；债券现券买卖以净价交易、全价结算。

【例题·组合型选择题】下列对期货交易与远期交易的说法中,正确的有（　　）。

Ⅰ. 期货交易和远期交易都是现在定约成交,将来交割

Ⅱ. 远期交易是非标准化的,在场外市场进行双边交易

Ⅲ. 期货交易是标准化的,一般在场内市场进行

Ⅳ. 在多数情况下都不进行实物交收,而是在合约到期前进行反向交易、平仓了结

A. Ⅰ、Ⅱ
B. Ⅰ、Ⅱ、Ⅳ
C. Ⅰ、Ⅱ、Ⅲ
D. Ⅰ、Ⅱ、Ⅲ、Ⅳ

【解析】本题主要考查期货交易与远期交易的共同点和区别。期货交易与远期交易的正确说法包括：（1）二者都是现在定约成交,将来交割。（2）二者的交易场所和交易组织形式不同,期货交易是标准化的,一般在场内市场进行,而远期交易是非标准化的,在场外市场进行双边交易。（3）现货交易和远期交易以通过交易获取标的物为目的,而期货交易在多数情况下不进行实物交收,是在合约到期前进行反向交易、平仓了结。故Ⅳ说法有误,本题选C选项。

【答案】C

【例题·组合型选择题】买断式回购实行（　　）,采用询价交易方式,可用意向报价和对话报价。

Ⅰ. 净价交易
Ⅱ. 净价结算
Ⅲ. 全价结算
Ⅳ. 半价结算

A. Ⅰ、Ⅱ
B. Ⅱ、Ⅲ
C. Ⅰ、Ⅲ
D. Ⅰ、Ⅳ

【解析】本题主要考查买断式回购的相关内容。买断式回购实行净价交易、全价结算,采用询价交易方式,可用意向报价和对话报价。故C选项为正确答案。

【答案】C

三、债券报价的主要方式（★★★）

债券的报价方式主要有公开报价、对话报价和小额报价。前两种是询价交易,而后一种可通过点击确认和单向撮合方式成交。具体内容见表9-24。

表9-24　债券报价的主要方式

报价方式	概念和相关内容
公开报价	公开报价指的是参与者为表明自身交易意向而面向市场作出的、不可直接确认成交的报价。公开报价还可进一步分为单边报价和双边报价两类。 （1）单边报价是指参与者为表明自身对资金或债券的供给或需求而面向市场作出的公开报价。 （2）双边报价是指经批准的参与者在进行现券买卖公开报价时,在中国人民银行核定的债券买卖价差范围内连续报出该券种的买卖实价,并可同时报出该券种的买卖数量、清算速度等交易要素。进行双边报价的参与者有义务在报价的合理范围内与对手方达成交易。双边报价发出后未成交部分可予撤销。系统依据时间优先原则进行单向撮合
对话报价	对话报价是指参与者为达成交易而直接向交易对手方作出的、对手方确认即可的成交报价
小额报价	小额报价就是一次报价、规定交易数量范围和对手范围单向撮合的交易方式。只要满足交易数量和交易对手的要求,其他市场成员可直接通过点击确认、单向撮合即成交。 小额报价发出后不可修改,未成交的可予撤销

四、债券交易流程（★★）

就场内市场而言，债券交易流程包括开户、委托、成交、清算交收、过户 5 个步骤。具体内容见表 9-25。

表 9-25 债券交易流程

流程	概念及有关规定
开户	在投资者与证券公司订立开户合同后，就可以开立账户，为自己从事债券交易做准备。开户包括开立证券账户和开立资金账户。我国上海证券交易所可开现金账户和证券账户两种。证券账户可由证券商免费代管
委托	投资者开立账户后，必须与证券公司办理证券交易委托关系，这是投资者金融交易的必经程序，也是债券交易的必经程序。投资者办理委托有当面委托和电话委托两种。投资者向证券公司发出"委托"指令，证券公司收到委托指令填写"委托单"，并及时送交证券公司在交易所的驻场人员，由交易所驻场人员执行委托
成交	证券公司在接受投资者的有效委托后，就要由其驻场人员在交易所内迅速执行委托，促成债券成交。 （1）债券成交的原则：价格优先、时间优先、客户委托优先。价格优先就是证券公司按照交易最有利于投资委托人的利益的价格买进或卖出债券；时间优先就是要求在相同的价格申报时，应该与最早提出该价格的一方成交；客户委托优先主要是要求证券公司在自营买卖和代理买卖之间，首先进行代理买卖。 （2）竞价的方式：口头唱报、板牌报价和计算机终端申报
清算交收	债券的清算是指对在同一交割日对同一种债券的买和卖相互抵消，确定出应当交割的债券数量和应当交割的价款数额，然后按照"净额交收"原则办理债券和价款的交割。 债券的交收就是将债券由卖方交给买方，将价款由买方交给卖方。在证券交易所交易的债券，按照交割日期的不同，可分为当日交割、普通日交割和约定日交割三种。深、沪证券交易所规定为当日交割，即在买卖成交当天办理券款交割手续
过户	过户是指将债券的所有权从一个所有者名下转移到另一个所有者的名下。债券成交并办理交割手续后，完成债券的过户

知识拓展 银行间市场的"本币交易系统"提供"询价交易"和"做市商"两种交易方式。前者是通过询价方式完成交易要素的确认和成交，后者则是发出双边报价后，对手方直接点击成交。

五、债券登记（★★）

债券登记是指本公司在证券账户中记录债券持有人持有债券余额和余额变化情况的行为。登记日是指债券发行人确认当日登记在册的债券所有权人或权益人享有相关债券权益的日期。如通过名义持有人持有证券的，债券登记是指本公司对名义持有人名下债券余额和余额变化情况进行记录的行为。

1. 交易所市场的债券登记

企业债券登记的，先要与中国证券登记结算公司签订《证券登记及服务协议》，并提交登记表、国家有关部门关于企业债券公开发行的批准文件复印件、《债券发行承销协议和债券担保协议》等文件向企业债券发行人办理债券登记业务。

可转换公司债券登记的，发行人向登记结算公司申请办理，并签订《证券登记及服务协议》。登记结算公司依据送达的登记资料办理可转债初始登记，登记到持有人账户，同时出具发行人登记确认文件。可转换公司债券可通过网上发行或网下发行。

2. 银行间市场的债券登记

中央结算公司负责银行间市场的债券登记工作。银行间市场的债券登记分为债权债务登记和债券要素登记两部分。前者是指中央结算公司对债券发行人和持有人确认成立的债权债务关系及其数额总量的记录。后者是指中央结算公司根据相关规则编制债券名称和债券代码,并根据发行文件对债券各发行人和债券持有人确认成立的全码债务关系在中央债券簿记系统进行记录。

六、债券托管（★★）

债券托管是指债券投资人基于对债券托管机构的信任,将其所拥有的债券委托托管人进行债权登记、管理和权益监护的行为。在我国,中央结算公司和银行间市场清算所股份有限公司（上海清算所）负责银行间债券市场托管,中国结算公司负责交易所债券市场托管。

交易所债券市场实行"中央登记、二级托管"制度。

银行间债券市场实行一级、二级综合托管账户模式。中央国债登记结算有限责任公司是指定的中央债券存管机构。

商业银行柜台交易市场的债券实行二级托管,中央国债登记结算有限责任公司是一级托管人,银行承担二级托管职责。

七、债券兑付及付息（★★）

1. 债券兑付及付息的概念和流程

债券兑付是偿还本金,债券付息是支付利息。一般情况下,债券有五种兑付方式：到期兑付、提前兑付、债券替换、分期兑付和转换为普通股兑付；利息的支付方式主要有三种：息票方式（又称"减息票方式"）、折扣利息、本息合一方式。债券兑付及付息流程见表9-26。

表9-26　债券兑付及付息流程

主体	流　　程
债券发行人	（1）债券发行人根据相关规定,将付息兑付资金通过大额支付系统划付给各受益人。 （2）核查联系中央结算公司资金部。 （3）兑息付息完成后的5个工作日内,出具《兑付付息完成确认书》。 （4）发行人根据相关标准,向中央结算公司交纳代理兑付付息手续费。 （5）向中央结算公司财会部领取手续费发票
债券持有人	（1）可通过中央债券综合业务系统客户端或中国债券信息网,查询当日兑付付息提示,核对应收本息金额的正确与否,若有疑问应当向中央结算公司托管部或客户服务部提出咨询。 （2）在交易时,注意债券债权登记日（企业债券债权登记日为付息日前2个工作日,其他债券债权登记日为付息日前1个工作日）,只有在债权登记日持有债券的,可享有当期利息。 （3）兑付付息日当日15:00,仍未收到资金的,可咨询中央结算公司托管部或资金部。 （4）注意中国债券信息网兑付付息公告

2. 债券兑付及付息的几个重要日期

（1）付息债权登记日：企业债券债权登记日为付息日前2个工作日,其他债券债权登记日为付息日前1个工作日。在付息债权登记日日终持有该只债券的持有人享有当期利息。

（2）到期兑付债权登记日（截至过户日）：债券到期还本付息前3个工作日为截止过户日，结算合同日期不能晚于截止过户日日期。截止过户日后债券仍处于非可用状态的，兑付日资金将留置于中央结算公司，待债权债务关系明确后另行支付。

（3）兑付付息日：兑付付息日遇国家法定节假日的，资金支付顺延至节假日后的第1个工作日，债券结息日不变，不计复利。

八、债券评级（★★★）

1. 债券评级的定义与内涵

债券信用评级又称资信评级，由独立的信用评级机构对影响对象的诸多信用因素进行分析研究，就其偿债能力及意愿进行综合评价，并且以简明明了的符号表示。信用评级机构指依法设立的从事信用评级业务的社会中介机构。债券信用评级以企业或经济主体发行的有价债券为对象进行信用评级。债券评级的内涵主要体现在以下两个方面。

（1）对债券购买者来说是，购买债券需要承担一定的风险，进行信用评级，为投资者投资决策提供了参考，有利于其进行债券投资决策。

（2）对债券发行人来说，信用评级可以降低信用高的发行人的筹资成本。

2. 债券评级的程序

根据中国人民银行2010年3月3日发布的《信贷市场和银行间债券市场信用评级规范》，债券信用评级的程序及各程序的具体规定见表9-27。

表9-27 债券评级的程序

程序	具体规定
评级准备	（1）接受评级委托方申请后，信用评级机构进行初步调查，判断本机构是否能够独立、客观、公正地对评级对象进行评级，且具备相应的评级能力。 （2）接受评级委托方委托后，评级对象（发行人）与评级机构当事双方签订"评级合同"，支付评估费，评级机构根据评级项目特点成立专门的评级小组并指定评级小组的负责人。 （3）评级对象（发行人）按评级小组要求提供材料，并对所提供材料的真实性负责。评级小组对评级对象（发行人）提交的材料及机构已有的信息做初步审核，确定材料中遗漏、缺失、错误的信息并通知评级对象（发行人）进行补充，以保证评级材料的完整性、真实性。 （4）按照评级需要，制定合理完善的评级计划
实地调查	依据对收集资料的初步审查结果，评级机构确定详尽的评级对象（发行人）实地调查内容。实地调查包括与评级对象（发行人）的高层管理人员及有关人员访谈、查看评级对象（发行人）现场、对评级对象（发行人）关联的机构进行调查与访谈等方面的工作。评级小组在实地考查和访谈之后，应根据实际情况随时修改或补充相关资料，并建立完备的实地调查工作底稿
初评阶段	评级小组在完成实地调查后，开始进入初评阶段。评级机构应视评级对象的实际情况安排初评工作进度。从初评工作开始日到信用评级报告初稿完成日，单个主体评级或债券评级不应少于15个工作日，集团企业评级或债券评级不应少于45个工作日
评定等级	信用等级的评定流程如下。 （1）评级小组向信用评级机构的内部信用评审委员会提交三级审核后的信用评级报告及工作底稿。 （2）内部信用评审委员会应召开评审会。 （3）评级小组根据信用评审委员会决定的信用等级及评定意见，修改信用评级报告。 （4）评级结果须经三分之二以上的与会评审委员同意方为有效

续表

程序	具体规定
结果反馈与复评	信用评级机构在评级结果确定后，将信用评级报告及意见反馈表送交评级委托方，委托方应当在规定期限内反馈意见。如委托方和评级对象（发行人）不为同一单位的，则还应将信用评级报告及意见反馈表送交评级对象（发行人）。 如果评级委托方或评级对象（发行人）对评级结果没有异议，则评级结果为首次评级的最终信用级别。 如果评级委托方或评级对象（发行人）对评级结果有异议，并在规定的时限内向评级机构提出复评申请并提供补充材料，由评级小组向信用评级机构的信用评审委员会申请复评。 如果评级委托方或评级对象（发行人）对评级结果有异议，但不能在规定的时限内提供充分、有效的补充材料，信用评级机构可不受理复评请求。 信用评审委员会受理复评后，评级小组根据补充的材料，按照相关规定重新评级。复评结果为首次评级的最终信用级别，且复评仅限一次
结果发布	信用评级结果的发布方式应有利于信用信息的及时传播。 评级结果发布的要求如下。 （1）信用评级结果的发布要依据国家有关法律法规的规定和信用评级业务主管部门的规定，将评级结果在评级机构网站、指定的公共媒体上对外发布。若无相应的法律法规和规定，对由第三方委托进行的信用评级，按照委托主体与评级对象（发行人）的约定，发布评级结果；对评级对象主动进行的信用评级，信用评级结果的发布方式应当有利于信用信息的及时传播。 （2）信用评级结果发布的内容一般包括评级对象（发行人）名称、信用等级、简要描述及主要支持数据。 （3）评级机构应当及时将评级结果向信用评级业务主管部门报告。 （4）跟踪评级结果发布的具体要求如下。 ①对于主体评级，评级机构应在正式出具评级报告后第6个月发布定期跟踪报告；对于一年期的短期债券评级机构应在债券发行后第6个月发布定期跟踪报告；中长期债券应在债券发行后第12个月发布定期跟踪报告。 ②不定期跟踪自首次评级报告发行之日起进行。不定期跟踪评级结果若发生变化，应在不定期跟踪评级分析结束后下1个工作日向评级业务主管部门报告并发布评级结果的变化；若无变化，应在不定期跟踪评级分析结束后7个工作日内向评级业务主管部门报告并发布评级结果
文件存档	评级小组将评级对象（发行人）的原始资料、评价过程中的文字资料进行分类整理，作为工作底稿存档。 评级委托方或评级对象（发行人）提供的全套资料按照保密级别归档，对评级委托方或评级对象（发行人）特别要求保密的文件，应作为机密文件单独存档
跟踪评级	信用评级机构应按以下要求进行跟踪评级。 （1）评级机构应在信用等级时效限定期内按照跟踪评级安排继续进行评级服务。 （2）跟踪评级包括定期和不定期跟踪评级。 （3）信用评级机构应密切关注评级对象（发行人）的信息，保证信用评级资料的及时更新。 （4）跟踪评级报告应当与前次评级报告保持连贯。 （5）跟踪评级结果按照上述"结果发布"栏的规定发布。跟踪评级结果与以前公告结果不一致的，由信用评级机构及时通知委托方或评级对象（发行人）。变更后的债券信用等级应在指定媒体向社会发布并在评级业务主管部门备案

3. 国际债券评级标准及其主要内容

目前，国际上最具权威性的债券评级机构是美国标准普尔公司（S&P）和穆迪投资服务公司（Moody's Investors Service）。标准普尔公司信用等级从高到低划分为10级，分别是：AAA、AA、A、BBB、BB、B、CCC、CC、C、D。穆迪投资服务公司信用等级从高到低划分为9级，分别为：Aaa、Aa、A、

Baa、Ba、B、Caa、Ca、C。

4．我国债券评级标准及其主要内容

（1）银行间债券市场中长期债券信用评级。

银行间债券市场中长期债券信用评级等级划分为三等九级，符号表示为：AAA、AA、A、BBB、BB、B、CCC、CC、C。各等级符号及其含义如下。

① AAA 级：偿还债务的能力极强，基本不受不利经济环境的影响，违约风险极低。

② AA 级：偿还债务的能力很强，受不利经济环境的影响不大，违约风险很低。

③ A 级：偿还债务能力较强，较易受不利经济环境的影响，违约风险较低。

④ BBB 级：偿还债务能力一般，受不利经济环境影响较大，违约风险一般。

⑤ BB 级：偿还债务能力较弱，受不利经济环境影响很大，违约风险较高。

⑥ B 级：偿还债务的能力较大地依赖于良好的经济环境，违约风险很高。

⑦ CCC 级：偿还债务的能力极度依赖于良好的经济环境，违约风险极高。

⑧ CC 级：在破产或重组时可获得保护较小，基本不能保证偿还债务。

⑨ C 级：不能偿还债务。

提示 除 AAA 级，CCC 级（含）以下等级外，每一个信用等级可用"+""-"符号进行微调，表示略高或略低于本等级。

（2）银行间债券市场短期债券信用评级。

银行间债券市场短期债券信用评级等级划分为四等六级，符号表示为：A-1、A-2、A-3、B、C、D。各信用等级符号及其含义如下所示。

① A-1 级：还本付息能力最强，安全性最高。

② A-2 级：还本付息能力较强，安全性较高。

③ A-3 级：还本付息能力一般，安全性易受不良环境变化的影响。

④ B 级：还本付息能力较低，有一定的违约风险。

⑤ C 级：还本付息能力很低，违约风险较高。

⑥ D 级：不能按期还本付息。

 每一个信用等级均不进行微调。

【例题·选择题】在我国，（　　）中长期债券偿还债务的能力极强，基本不受不利经济环境的影响，违约风险极低。

A．AAA 级
B．A 级
C．A-3 级
D．A-1 级

【解析】本题主要考查债券的等级标准。AAA 级长期债券表示偿还债务的能力极强，基本不受不利经济环境的影响，违约风险极低；C、D 选项是对短期债券的登记划分，故应当率先排除。A 级债券偿还债务能力较强，较易受不利经济环境的影响，违约风险较低，其信用级别低于 AAA 级。

【答案】A

九、债券结算（★★）

债券结算是指债券市场的参与者之间进行的债券交易而引起的债权登记变更行为以及相应的资金划转业务。主要结算方式分纯券过户（FOP）、见款付券（DPA）、见券付款（PAD）、券款对付（DVP）四种。

交易所市场债券结算和清算主要采取中央对手方的净额结算机制，由中证登负责，并为交易双方提供交收担保。

银行间债券结算采用实时全额逐笔结算机制，统一通过中债登的中央债券综合业务系统完成。

上海清算所于2011年12月19日正式在国内银行间债券市场引入中央对手清算机制，依托自身提供登记托管结算服务的债券产品，推出了债券现券交易净额清算业务。目前在上海清算所登记托管结算的债券产品包括超短融、信用风险缓释合约（CRM）和非公开定向融资工具（即私募债）。其全额结算方式包括：现券交易、质押式回购、买断式回购、债券远期和债券借贷。

【例题·组合型选择题】上海清算所托管的债券全额结算方式有（ ）。
Ⅰ. 现券交易
Ⅱ. 质押式回购
Ⅲ. 开放式回购
Ⅳ. 债券借贷
A. Ⅰ、Ⅲ
B. Ⅱ、Ⅲ、Ⅳ
C. Ⅰ、Ⅱ、Ⅳ
D. Ⅰ、Ⅱ、Ⅲ、Ⅳ
【解析】本题主要考查债券结算制度。目前在上海清算所登记托管结算的债券产品包括超短融、信用风险缓释合约（CRM）和非公开定向融资工具（即私募债）。其全额结算方式包括现券交易、质押式回购、买断式回购、债券远期和债券借贷。故C选项为正确答案。
【答案】C

十、债券市场转托管的定义及条件（★★）

投资者将其托管证券从一家证券营业部转移到另一家证券营业部托管，称为"证券转托管"。债券市场转托管是指可跨市场交易的投资者将其持有的可跨市场上市交易的债券在全国银行间债券市场、交易所市场、银行柜台市场之间进行债券托管转移。

交易所债券市场与银行间债券市场之间的债券转托管仅限于国债（双向托管）和企业债（仅限于从银行间市场转托管到交易所市场）。办理此业务的投资者应具备的条件是债券可在所转入的交易所交易，投资者在申请该业务应在拟转入的托管机构设立债券账户，且户名完全一致。

商业银行柜台市场以及银行间债券市场之间的债券转托管主要分内部转托管和外部转托管两种。前者是指在同一承办银行的二级托管账户之间，后者是两个不同承办银行开立的二级托管账户之间的转托管及一二级托管账户间的转托管。

办理转托管需要注意以下问题。
（1）转托管只有深市有，沪市没有转托管问题。
（2）由于深市B股实行的是T+3交收，深市投资者若要转托管须在买入成交的T+3日交收过后才能办理。
（3）转托管可以是一只股票或多只股票，也可以是一只证券的部分或全部。投资者可以选择转其中部分股票或同股票中的部分股票。
（4）投资者转托管报盘在当天交易时间内允许撤单。
（5）转托管证券T+1日（即次一交易日）到账，投资者可在转入证券商处委托卖出。
（6）权益派发日转托管的，红股和红利在原托管券商处领取。
（7）配股权证不允许转托管。
（8）通过交易系统报盘办理B股转托管的业务目前仅适用于境内结算会员。
（9）境内个人投资者的股份不允许转托管至境外券商处。
（10）投资者的转托管不成功（转出券商接收到转托管未确认数据），投资者应立即向转出券商询问，以便券商及时为投资者向深圳证券结算公司查询原因。

过关测试题

一、选择题

1. 中小非金融企业集合票据是指（　　）具有法人资格的中小非金融企业，在银行间债券市场以统一产品设计、统一券种冠名、统一信用增进、统一发行注册方式共同发行的，约定在一定期限还本付息的债务融资工具。
   A. 2个（含）以上、10个（含）以下
   B. 2个（含）以上、50个（含）以下
   C. 5个（含）以上、10个（含）以下
   D. 2个（含）以上、50个（含）以下

2. 超短期融资券是指具有法人资格，信用评级较高的非金融企业在银行间债券市场发行的、期限在（　　）以内的短期融资券。
   A. 365天　　　B. 270天
   C. 210天　　　D. 180天

3. 以下选项中，不属于债券基本性质的有（　　）。
   A. 债券属于有价证券
   B. 发行人必须在约定的时间付息还本
   C. 债券是一种虚拟资本
   D. 债券是债权的表现

4. 我国政策性银行天然具备发行（　　）的条件，经中国人民银行核准后便可发行。
   A. 金融债券　　　B. 公司债券
   C. 企业债券　　　D. 政府债券

5. （　　）指的是在债券合约中不对利息支付进行规定的债券。
   A. 零息债券
   B. 附息债券
   C. 浮动利率债券
   D. 息票累积债券

6. 在市场是有效的前提下，债券的平均收益率和股票的平均收益率有一定的关系，表现为（　　）。
   A. 债券的平均收益率大于股票的平均收益率
   B. 保持相反的关系
   C. 相对稳定的关系
   D. 债券的平均收益率小于股票的平均收益率

7. 债券发行人确认当日登记在册的债券所有权人或权益人享有相关债券权益的日期指的是（　　）。
   A. 交割日　　　B. 派发日
   C. 宣布日　　　D. 登记日

8. 保险公司申请募集次级债的条件之一是：募集后，累计未偿付的次级债本息额不超过上年度未经审计的净资产的（　　）。
   A. 30%　　　B. 50%
   C. 70%　　　D. 80%

9. 下列对债券票面价值的表述，正确的是（　　）。
   A. 当债券的发行价格等于票面价值时，称为平价发行
   B. 债券的面值和债券的实际发行价格是一致的
   C. 当债券发行的价格低于债券面值时，称为溢价发行
   D. 债券的发行价格高于债券面值时，称为折价发行

10. （　　）指的是债券从发行之日起至偿清本息之日止的时间。
    A. 债券到期期限
    B. 债券发行期限
    C. 利息偿还期限
    D. 债券交易期限

11. 负责我国交易所债券市场托管的是（　　）。
    A. 中国结算公司　B. 中央结算公司
    C. 上海交易所　　D. 交易商协会

12. 由财政部面向全社会各类投资者，通过无纸化方式发行的、以电子记账方式记录债权并可以上市和流通转让的债券，指的是（　　）。

A. 凭证式债券
B. 记账式国债
C. 储蓄国债
D. 建设国债

13. 下列对通过银行系统发行的凭证式国债的说法，不正确的是（   ）。
A. 可以面向社会发行
B. 可以记名
C. 可以挂失
D. 可以上市流通

14. （   ）是按照计息方式的不同划分的附息债券。
A. 固定利率债券和浮动利率债券
B. 中期债券和长期债券
C. 有担保债券和无担保债券
D. 零息债券、附息债券

15. 下列对欧洲债券的说法，不正确的是（   ）。
A. 欧洲债券是指借款人在本国境外市场发行的债券
B. 欧洲债券是一种无国籍债券
C. 欧洲债券票面一般使用的是可自由兑换的货币
D. 债券发行人、债券发行地点和债券面值所使用的货币不可以分别属于不同的国家

16. 债券现券买卖的交易方式为（   ），结算方式为（   ）。
A. 全价交易；净价结算
B. 净价交易；全价结算
C. 净价交易；净价结算
D. 全价交易；全价结算

17. （   ）可以采用跨市场发行方式。
A. 实物债券
B. 凭证式债券
C. 浮动利率债券
D. 记账式债券

18. 我国国债招标发行中，单一标位最低投标限额是 0.2 亿元，最高投标限额是（   ）。

A. 1 000 万元   B. 5 亿元
C. 15 亿元   D. 30 亿元

19. 负责受理短期融资券的发行注册的是（   ）。
A. 中国银监会
B. 中国证监会
C. 中国人民银行
D. 中国银行间市场交易商协会

20. 下列对地方政府债券的说法中，正确的是（   ）。
A. 地方政府债券简称"地方债券"
B. 地方政府债券通常可以分为一般债券和普通债券
C. 美国地方政府债券是由一般地方公共团体和特殊地方公共团体发行
D. 收入债券是指地方政府为缓解资金紧张或解决临时经费不足而发行的债券

二、组合型选择题

1. 下列选项中，（   ）是主要的国际债券的发行人。
Ⅰ. 各国政府
Ⅱ. 银行或其他金融机构
Ⅲ. 政府所属机构
Ⅳ. 工商企业
A. Ⅲ、Ⅳ
B. Ⅰ、Ⅱ、Ⅲ、Ⅳ
C. Ⅰ、Ⅱ、Ⅳ
D. Ⅰ、Ⅲ、Ⅳ

2. 同国内债券相比，国际债券的特殊性主要表现在（   ）。
Ⅰ. 资金来源广、发行规模大
Ⅱ. 存在汇率风险
Ⅲ. 有国家主权保障
Ⅳ. 以自由兑换货币作为主要计量货币
A. Ⅰ、Ⅲ、Ⅳ
B. Ⅰ、Ⅱ、Ⅲ、Ⅳ
C. Ⅰ、Ⅱ、Ⅳ

D. Ⅰ、Ⅱ、Ⅲ

3. 发行人在确定债券期限时，要考虑的因素主要有（　　）。

Ⅰ. 筹集资金数额
Ⅱ. 市场利率变化
Ⅲ. 债券变现能力
Ⅳ. 资金使用方向

A. Ⅰ、Ⅲ、Ⅳ
B. Ⅰ、Ⅱ、Ⅳ
C. Ⅱ、Ⅲ、Ⅳ
D. Ⅰ、Ⅱ、Ⅲ、Ⅳ

4. 我国混合资本债券具有的基本特征包括（　　）。

Ⅰ. 期限在15年以上，发行之日起10年内不得赎回
Ⅱ. 期限在15年以上，发行之日起5年内不得赎回
Ⅲ. 到期前若发行人核心资本充足率低于4%，可以延期支付利息
Ⅳ. 清算时本金和利息清偿顺序列于次级债务之后

A. Ⅰ、Ⅲ
B. Ⅰ、Ⅱ、Ⅳ
C. Ⅱ、Ⅲ、Ⅳ
D. Ⅰ、Ⅱ、Ⅲ、Ⅳ

5. 债券买断式回购和质押式回购的区别是（　　）。

Ⅰ. 买断式回购的初始交易中，债券持有人将债券卖给逆回购方，所有权转移至逆回购方
Ⅱ. 质押式回购的初始交易中，债券持有人将债券卖给逆回购方，所有权转移至逆回购方
Ⅲ. 买断式回购的逆回购方可以自由支配购入的债券
Ⅳ. 质押式回购的逆回购方可以自由支配购入的债券

A. Ⅱ、Ⅳ
B. Ⅰ、Ⅳ
C. Ⅰ、Ⅲ
D. Ⅱ、Ⅲ

6. 以下债券种类中，属于按照发行主体划分的是（　　）。

Ⅰ. 企业债券
Ⅱ. 实物债券
Ⅲ. 政府债券
Ⅳ. 金融债券

A. Ⅰ、Ⅱ、Ⅲ
B. Ⅰ、Ⅱ、Ⅳ
C. Ⅱ、Ⅲ、Ⅳ
D. Ⅰ、Ⅲ、Ⅳ

7. 公开发行公司债券，可以申请一次核准，分期发行。自中国证监会核准发行之日起，发行人应当在（　　）个月内完成首期发行，剩余数量应当在（　　）个月内发行完毕。

Ⅰ. 12
Ⅱ. 18
Ⅲ. 20
Ⅳ. 24

A. Ⅰ、Ⅲ
B. Ⅱ、Ⅲ
C. Ⅱ、Ⅳ
D. Ⅰ、Ⅳ

8. 我国发行的国际债券品种主要有（　　）。

Ⅰ. 政府债券
Ⅱ. 金融债券
Ⅲ. 可转换公司债券
Ⅳ. 熊猫债券

A. Ⅰ、Ⅲ、Ⅳ
B. Ⅰ、Ⅱ、Ⅲ、Ⅳ
C. Ⅱ、Ⅲ、Ⅳ
D. Ⅰ、Ⅱ、Ⅲ

9. （　　）属于债券和股票的主要区别。

Ⅰ. 期限不同
Ⅱ. 风险不同
Ⅲ. 权利不同
Ⅳ. 收益不同

A. Ⅰ、Ⅲ、Ⅳ
B. Ⅰ、Ⅱ、Ⅳ
C. Ⅱ、Ⅲ、Ⅳ
D. Ⅰ、Ⅱ、Ⅲ、Ⅳ

10. 下列关于外国债券的说法中，正确的有（   ）。

Ⅰ. 在美国发行的外国债券称为扬基债券

Ⅱ. 在日本发行的外国债券称为武士债券

Ⅲ. 外国债券的面值货币与发行市场属于同一个国家

Ⅳ. 外国债券的发行人与发行市场属于同一个国家

A. Ⅰ、Ⅱ、Ⅳ
B. Ⅰ、Ⅱ
C. Ⅰ、Ⅱ、Ⅲ
D. Ⅰ、Ⅱ、Ⅲ、Ⅳ

11. 流通国债的特点包括（   ）。

Ⅰ. 主要吸纳储蓄资金

Ⅱ. 通常不记名

Ⅲ. 自由转让

Ⅳ. 自由认购

A. Ⅰ、Ⅱ、Ⅲ
B. Ⅰ、Ⅱ、Ⅳ
C. Ⅱ、Ⅲ、Ⅳ
D. Ⅰ、Ⅱ、Ⅲ、Ⅳ

12. 在公开报价方式下，不可直接确认成交。公开报价还可进一步分为（   ）。

Ⅰ. 单边报价

Ⅱ. 双边报价

Ⅲ. 大额报价

Ⅳ. 小额报价

A. Ⅰ、Ⅱ
B. Ⅲ、Ⅳ
C. Ⅰ、Ⅲ
D. Ⅱ、Ⅳ

13. 根据交易合约的签订与实际交割之间的关系，债券交易的方式包括（   ）。

Ⅰ. 询价交易

Ⅱ. 现券交易

Ⅲ. 远期交易

Ⅳ. 期货交易

A. Ⅰ、Ⅱ、Ⅲ
B. Ⅰ、Ⅱ、Ⅳ
C. Ⅱ、Ⅲ、Ⅳ
D. Ⅰ、Ⅱ、Ⅲ、Ⅳ

14. （   ）是按资金用途不同划分的国债。

Ⅰ. 流通国债

Ⅱ. 建设国债

Ⅲ. 特种国债

Ⅳ. 赤字国债

A. Ⅰ、Ⅲ
B. Ⅰ、Ⅱ、Ⅳ
C. Ⅰ、Ⅱ、Ⅳ
D. Ⅱ、Ⅲ、Ⅳ

15. （   ）是债券的票面要素的基本要素。

Ⅰ. 承销者的名称

Ⅱ. 债券的到期期限

Ⅲ. 债券的票面利率

Ⅳ. 发行者的名称

A. Ⅰ、Ⅲ、Ⅳ
B. Ⅰ、Ⅱ、Ⅳ
C. Ⅱ、Ⅲ、Ⅳ
D. Ⅰ、Ⅱ、Ⅲ、Ⅳ

16. 下列属于不得再次公开发行公司债券情形的有（   ）。

Ⅰ. 上一年度公开发行的公司债券尚未募足

Ⅱ. 对已公开发行的公司债券或者其他债务有违约或者延迟支付本息的事实，仍处于继续状态

Ⅲ. 违规改变公开发行公司债券所募资金的用途

Ⅳ. 最近36个月内公司财务会计文件存在虚假记载，或公司存在其他重大违法行为

A. Ⅰ、Ⅲ、Ⅳ

B. Ⅰ、Ⅱ、Ⅳ
C. Ⅱ、Ⅲ
D. Ⅰ、Ⅱ、Ⅲ、Ⅳ
17. 我国的政策性银行包括（　　）。
Ⅰ. 国家开发银行
Ⅱ. 中国进出口银行
Ⅲ. 中国人民银行
Ⅳ. 中国农业发展银行
A. Ⅰ、Ⅲ、Ⅳ
B. Ⅱ、Ⅲ、Ⅳ
C. Ⅰ、Ⅱ、Ⅲ

D. Ⅰ、Ⅱ、Ⅳ
18. （　　）是我国2009年后地方政府债券的发行模式。
Ⅰ. 代发自还
Ⅱ. 自发代还
Ⅲ. 代发代还
Ⅳ. 自发自还
A. Ⅰ、Ⅱ、Ⅲ
B. Ⅰ、Ⅱ、Ⅳ
C. Ⅱ、Ⅲ、Ⅳ
D. Ⅰ、Ⅱ、Ⅲ、Ⅳ

第十章

证券投资基金与衍生工具

本章围绕证券投资基金和金融衍生工具两类金融工具进行编排，主要介绍了证券投资基金的概念、分类、当事人以及基金利润的来源和分配、基金的风险及投资范围等，同样也介绍了金融衍生工具的基本概念并分别就金融期权和期货、互换及结构化金融衍生等工具的具体知识进行讲解。

同以第八章和第九章一样，本章也是考试的重点章节。通过本章的学习，考生要熟练掌握两类金融产品：证券投资基金和各类衍生工具。与以上两章相比，本章的内容更多，要求掌握的重点也多，是考试的重中之重。

本章考点预览

第十章 证券投资基金与衍生工具	第一节 证券投资基金	一、证券投资基金的定义、特征和作用	★★★
		二、基金与股票、债券的区别	★★★
		三、我国证券投资基金的发展概况	★★
		四、证券投资基金的分类及各类基金的含义	★★
		五、契约型基金与公司型基金的定义与区别	★★★
		六、封闭式基金与开放式基金的定义与区别	★★★
		七、货币市场基金管理内容	★★★
		八、交易所交易的开放式基金	★★★
		九、私募基金	★
		十、证券投资基金的当事人	★★★
		十一、基金的相关费用	★★
		十二、基金资产估值	★★★
		十三、基金的收入与利润分配	★★
		十四、基金的投资风险	★★★
		十五、基金的投资范围及投资限制	★★★
	第二节 衍生工具	一、金融衍生工具概述	★★★
		二、金融期货和金融期货合约	★★★
		三、金融期权	★★★
		四、互换	★
		五、可转换公司债券与可交换公司债券	★★★
		六、资产证券化	★★★
		七、结构化金融衍生产品	★
		八、金融衍生工具	★★★
		九、金融衍生工具市场	★★★

第一节 证券投资基金

考情分析：本节考查重点为证券投资基金的定义、分类和特征等相关问题。其中，基金与股票、债券的区别，契约型基金与公司型基金、封闭式基金与开放式基金的定义与区别，货币市场基金管理内容，基金管理人，基金的投资风险是常考知识点，作为本章考试的主要内容，考生应引起重视。

学习建议：由于本节在考试中考查的重点较多，考试频率较高，考分占比也较大，考生应在了解全节内容的基础上，有重点的记忆要求掌握的内容。同时，对于大纲要求熟悉和了解的内容，考生也不能放松警惕。

一、证券投资基金的定义、特征和作用（★★★）

1. 证券投资基金的定义

证券投资基金也称基金，是指通过公开发售基金份额募集资金，由基金托管人托管，由基金管理人管理和运用资金，为基金份额持有人的利益，以资产组合方式进行证券投资的一种利益共享、风险共担的集合投资方式。

【例题·选择题】（ ）是指通过向社会公开发行一种凭证来筹集资金，并将资金用于证券投资的集合投资制度。
A. 股票
B. 债券
C. 投资基金
D. 公开市场业务

【解析】本题主要考查投资基金的定义。投资基金是一种利益共享、风险共担的集合投资制度，即通过向社会公开发行一种凭证来筹集资金，并将资金用于证券投资。

【答案】C

2. 证券投资基金的特征

证券投资基金的特点主要表现为5个方面，详细内容见表10-1。

表 10-1 证券投资基金的特点

特点	内 容
利益共享、风险共担	基金投资者是基金的所有者，基金投资收益在扣除由基金承担的费用后的盈余全部归基金投资者所有，并依据各投资者所持有的基金份额比例进行分配。 【提示】为基金提供服务的基金托管人、基金管理人只能按规定收取一定比例的托管费、管理费，并不参与基金收益的分配
组合投资、分散风险	基金通常会购买几十种甚至上百种股票，在多数情况下，某些股票价格下跌造成的损失可以用其他股票价格上涨产生的盈利来弥补，因此可以充分享受到组合投资、分散风险的好处
集合理财、专业管理	基金将众多投资者的资金集中起来，委托拥有大量的专业投资研究人员和强大的信息网络的基金管理人进行共同投资，表现出一种集合理财和专业化的投资管理的特点
独立托管、保障安全	基金管理人负责基金的投资操作，本身并不参与基金财产的保管，基金财产的保管由独立于基金管理人的基金托管人负责
严格监管、信息透明	各国（地区）基金监管机构都对基金业实行严格的监管，对各种有损于投资者利益的行为进行严厉的打击，并强制基金进行及时、准确、充分的信息披露

3. 基金的作用

鉴于基金具有以上特点，它通过发行基金份额向大众募集资金，并通过专业理财、分散投资的方式投资于资本市场。其独特的制度优势促使其在金融体系中的地位和作用也不断上升。具体来说，证券投资基金具有以下作用。

（1）有利于证券市场的稳定和发展。证券投资基金在投资组合管理过程中对所投资证券进行的深入研究与分析，有利于促进信息的有效利用和传播，有利于市场合理定价，有利于市场有效性的提高和资源的合理配置。

（2）为中小投资者拓宽了投资渠道。证券投资基金作为一种新型的投资工具，为中小投资者提供了较为理想的间接投资工具，大大拓宽了中小投资者的投资渠道。

（3）优化金融结构，促进经济增长。基金将闲散资金汇集起来投资于证券市场，扩大了直接融资的比例，在一定程度上降低了金融行业的系统性风险，并提供重要的资金来源，有利于生产力的提高和国民经济的发展。

（4）有利于完善金融体系和社会保障体系。一方面，证券投资基金的专业化服务为社保基金、企业年金基金等提供了保值增值的平台，促进社保体系的建立与完善；另一方面，基金业行业发展增强了证券市场、保险市场和货币市场的协调，有助于完善金融体系。

二、基金与股票、债券的区别（★★★）

基金与股票、债券的区别主要表现在以下几个方面。

（1）反映的经济关系和证券性质不同。基金反映的是一种信托关系，是一种受益凭证；股票反映的是一种所有权关系，是一种所有权凭证；债券反映的是债权债务关系，是一种债权凭证。

（2）所筹资金的投向不同。基金是一种间接投资工具，所筹集的资金主要投向有价证券等金融工具或产品；股票和债券是直接投资工具，筹集的资金主要投向实业领域。

（3）投资收益与风险不同。一般来说，基金投资于众多金融工具或产品，能有效分散风险，是一种风险相对适中、收益相对稳健的投资品种；股票价格的波动性较大，是一种高风险、高收益的投资品种；债券可以给投资者带来较为确定的利息收入，是一种低风险、低收益的投资品种。

名师点拨 基金与股票、债券的区别不仅仅讲述了三者的区别，同时也简明扼要地介绍了股票、债券、基金的性质、用途、风向收益等，是全书的缩影，考生必须加以重视。

【例题·选择题】基金一般反映的是（　　）。
A. 债权债务关系
B. 信托关系
C. 借贷关系
D. 所有权关系
【解析】本题主要考查基金反映的经济关系。基金是一种收益凭证，反映的是信托关系。股票反映的是所有权关系，债券反映的是债权债务关系。故B选项为正确答案。
【答案】B

【例题·选择题】证券投资基金筹集的资金主要投向（　　）。
A. 实业
B. 有价证券
C. 房地产
D. 第三产业
【解析】本题主要考查基金与股票、债券的区别。基金是间接投资工具，筹集的资金主要投向有价证券等金融工具。故B选项为正确答案。股票和债券是直接投资工具，筹集的资金主要投向实业。
【答案】B

三、我国证券投资基金的发展概况（★★）

我国证券投资基金发展可分3个历史阶段，关于各个阶段的发展情况，详见表10-2。

表10-2　我国证券投资基金的发展概况

阶段	时间	发展概况
早期探索阶段	20世纪80年代末至1997年11月，国务院颁布《证券投资基金管理暂行办法》（简称《暂行办法》）颁布之前	1987年，中国新技术创业投资公司（中创公司）与汇丰集团、渣打集团在中国香港联合设立了中国置业基金，直接投资于以珠江三角洲为中心的周边乡镇企业，并随即在香港联合交易所上市。这标志着中资金融机构开始正式涉足投资基金业务。 上海证券交易所与深圳证券交易所相继于1990年12月、1991年7月开业，标志着中国证券市场正式形成。 1992年11月，中国境内第一家较为规范的投资基金——淄博乡镇企业投资基金（简称"淄博基金"）经中国人民银行总行批准正式设立，并于1993年8月在上海证券交易所最早挂牌上市。 1994年后，我国进入经济金融治理整顿阶段。随后中国基金业的发展因此陷于停滞状态。 人们习惯上将1997年《暂行办法》实施以前设立的基金称为"老基金"，以后发展起来的新的证券投资基金称为"新基金"
试点发展阶段	《暂行办法》颁布到2004年6月1日《证券基金法》实施	1997年11月颁布的《暂行办法》是我国首次颁布的规范证券投资基金运作的行政法规，为我国基金业的规范发展奠定了规制基础。由此，中国基金业的发展进入规范化的试点发展阶段。 该阶段的特点：基金规范化运作提高；封闭基金成功试点并推出开放式基金；对老基金进行了全面规范清理，将其改造成新的证券投资基金；监管部门出台鼓励基金业发展的政策措施；开放式基金的发展为基金产品的创新开创了新的天地。 【知识拓展】1998年3月27日，经中国证监会批准，新成立的南方基金管理公司和国泰基金管理公司分别发起设立了两只规模均为20亿元的封闭式基金——基金开元和基金金泰，由此拉开了中国证券投资基金试点的序幕。2000年10月8日中国证监会发布了《开放式证券投资基金试点办法》。2001年9月，我国第一只开放式基金——华安创新诞生，使我国基金业发展实现了从封闭式基金到开放式基金的历史性跨越。此后，开放式基金逐渐取代封闭式基金成为中国基金市场发展的方向
快速发展阶段	2004年6月1日《证券投资基金法》正式实施以后	2004年6月1日，我国《证券投资基金法》正式实施，以法律形式确认了证券投资基金在资本市场及社会主义市场经济中的地位和作用，成为中国证券投资基金业发展史上的一个重要里程碑。证券投资基金业从此进入崭新的发展阶段，基金数量和规模迅速增长，市场地位日趋重要，呈现出下列特点。 （1）基金品种日益丰富，开放式基金后来居上，逐渐成为基金设立的主流形式。我国的基金产品除股票型基金外，债券基金、货币市场基金、保本基金、指数基金等纷纷问世。近年来，基金品种不断丰富，如出现了结构化基金、ETF联接基金等。在投资风格方面，除传统的成长型基金、混合型基金外，还有收益型基金、价值型基金等。 （2）基金投资者队伍迅速壮大，个人投资者取代机构投资者成为基金的主要持有者。 （3）基金公司业务呈多元化发展趋势，出现一些规模较大的基金管理公司。 （4）中国基金业发展迅速，对外开放的步伐加快。2006年中国基金业开始了国际化航程，获得QDII资格的国内基金管理公司可以通过募集基金投资国际市场，即QDII基金。2007年11月中国证监会基金部发布《基金管理公司特定客户资产管理业务试点办法》，允许符合条件的基金管理公司开展为特定客户管理资产的业务。 （5）基金业监管的法律体系日趋完善。 （6）基金业市场营销和服务创新日益活跃

四、证券投资基金的分类及各类基金的含义（★★）

证券投资基金的分类及各类基金的含义参照表10-3来理解。

表10-3 证券投资基金的分类方法

分类方法	基金及其含义
按基金的法律形式不同，分为契约型基金和公司型基金	（1）契约型基金，又被称为单位信托基金，是指将投资者、管理人、托管人三者作为信托关系的当事人，通过签订基金契约的形式发行受益凭证而设立的一种基金。契约型基金是没有基金章程和董事会，通过基金契约来规范三方当事人的行为。由基金管理人对基金进行管理操作，基金的名义持有人是基金托管人，负责基金资产的保管和处置，对基金管理人的运作实行监督。契约型基金起源于英国。 （2）公司型基金，是依据基金公司章程设立，在法律上具有独立法人地位的股份投资公司。公司型基金在组织形式上与股份有限公司类似，由股东选举董事会，由董事会选聘基金管理公司，基金管理公司负责管理基金的投资业务
按基金运作方式不同，可分为封闭式基金和开放式基金	（1）封闭式基金，是指基金份额在基金合同期限内固定不变，基金份额可以在依法设立的证券交易所交易，但基金份额持有人不得申请赎回的一种基金运作方式。 （2）开放式基金，是指基金份额不固定，基金份额可以在基金合同约定的时间和场所进行申购或者赎回的一种基金运作方式
按基金的投资对象不同，可分为债券基金、股票基金、货币市场基金、混合基金和衍生证券投资基金	（1）债券基金，又称为债券型基金，是一种以债券为主要投资对象的证券投资基金。根据中国证监会对基金类别的分类标准，基金资产80%以上投资于债券的为债券基金。 （2）股票基金，也称为股票型基金，是指以股票为主要投资对象的基金。目前我国除股票基金外，还有债券基金、股票债券混合基金、货币市场基金等。根据我国目前相关规定，80%以上的基金资产投资于股票的，为股票基金。 （3）货币市场基金，是指投资于货币市场上短期（一年以内，平均期限120天）有价证券的一种投资基金。根据中国证监会对基金类别的分类标准，仅投资于货币市场工具的为货币市场基金。 （4）混合基金，同时以股票、债券等为投资对象，以期通过在不同资产类别上的投资实现收益与风险之间的平衡。根据中国证监会对基金类别的分类标准，投资于股票、债券和货币市场工具，但股票投资和债券投资的比例不符合股票基金、债券基金规定的为混合基金。混合基金的风险低于股票基金，预期收益则高于债券基金。它为投资者提供了一种在不同资产之间进行分散投资的工具，比较适合较为保守的投资者。 混合基金分为偏股型基金、偏债型基金、股债平衡型基金、灵活配置型基金等。 ①偏股型基金中股票的配置比例较高，债券的配置比例相对较低。通常，股票的配置比例在50%～70%，债券的配置比例在20%～40%。 ②偏债型基金与偏股型基金正好相反，债券的配置比例较高，股票的配置比例则相对较低。 ③股债平衡型基金，股票与债券的配置比例较为均衡，比例在40%～60%。 （5）衍生证券投资基金，是以衍生证券为主要投资对象的基金，主要包括期货基金、期权基金、认股权证基金。其投资风险大，是高风险的投资品种
按投资目标不同，可分为增长型基金、收入型基金和平衡型基金	（1）增长型基金，是以追求资本增值为基本目标，较少考虑当期收入的基金，主要以具有良好增长潜力的股票为投资对象。 （2）收入型基金，是以追求稳定的经常性收入为基本目标的基金，主要以大盘蓝筹股、公司债券、政府债券等稳定收益证券为投资对象。 （3）平衡型基金，是既注重资本增值又注重当期收入的一类基金。 【名师点拨】一般而言，增长型基金的风险大、收益高；收入型基金的风险小、收益较低；平衡型基金的风险、收益则介于增长型基金与收入型基金之间

续表

分类方法	基金及其含义
按基金的募集方式不同，可分为公募基金和私募基金	（1）公募基金，是可以面向社会公众公开发售的基金。公募基金的特点可以概括为：受政府主管部门监管；可以向社会公众公开发售基金份额和宣传推广，基金募集对象不固定；投资金额要求低，适用于中小投资者。 （2）私募基金，是向特定的投资者发售的基金
按基金的投资理念不同，可分为主动型基金和被动型基金	（1）主动型基金，是一类力图取得超越基准组合表现的基金。 （2）被动型基金，也称为指数型基金。一般选取特定的指数成份股作为投资的对象，不主动寻求超越市场的表现，而是试图复制指数的表现。指数基金具有费用低廉、风险较小、流动性高、市场收益稳定或较平均的优势，同时，指数基金还可以作为避险套利的工具。指数基金特别适合于社保基金等数额较大、风险承受能力较低的资金投资
根据资金来源和用途不同，划分为在岸和离岸基金	（1）在岸基金，也称在岸证券投资基金，是指在本国筹集资金并投资于本国证券市场的证券投资基金。 （2）离岸基金，也称离岸证券投资基金，是指一国的证券基金组织在他国发行证券基金单位并将募集的资金投资于本国或第三国证券市场的证券投资基金。离岸基金公司总部设在香港以外的互惠基金，大部分在香港发售的互惠基金均在卢森堡、百慕大或都柏林等海外管辖区注册成立。离岸基金的主要作用是规避国内单一市场的风险，帮助客户进行全球化的资产配置
特殊类型的基金	（1）交易所交易基金（ETF），上海证券交易所则将其定名为"交易型开放式指数基金"，是一种在交易所上市交易的、基金份额可变的开放式基金。 （2）上市开放式基金（LOF），是一种既可以在场外市场进行基金份额申购、赎回，又可以在交易所（场内市场）进行基金份额交易和基金份额申购或赎回的开放式基金。它是我国对证券投资基金的一种本土化创新。 （3）系列基金，也称为伞式基金，是指多个基金共用一个基金合同，子基金独立运作，子基金之间可以进行相互转换的一种基金结构形式。其主要特点是在基金内部可以为投资者提供多种选择，投资者可根据自己的需要转换基金类型（不用支付转换费用），在不增加成本的情况下为投资者提供一定的选择余地。 （4）基金中的基金，是指以其他证券投资基金为投资对象的基金，其投资组合由其他基金组成。我国目前还没有这类基金上市。 【名师点拨】基金中的基金与开放式基金最大的区别在于基金中的基金是以基金为投资标的，而开放式基金是以股票、债券等有价证券为投资标的。 （5）分级基金，又被称为"结构型基金""可分离交易基金"，是指在一个投资组合下，通过对基金收益或净资产的分解，形成两级（或多级）风险收益表现为有一定差异化基金份额的基金品种。它的主要特点是将基金产品分为两类或多类份额，并分别给予不同的收益分配。 （6）保本基金，是指通过采用投资组合保险技术，保证投资者在投资到期时至少能够获得投资本金或一定回报的证券投资基金。保本基金的投资目标是在锁定下跌风险的同时力争有机会获得潜在的高回报。 【知识拓展】按照中国证监会于2010年发布的《关于保本基金的指导意见》，保本基金是指通过一定的保本投资策略进行运作，同时引入保本保障机制，以保证基金份额持有人在保本周期到期时，可以获得投资本金保证的基金。我国的保本保障机制包括：①由基金管理人对基金份额持有人的投资本金承担保本清偿义务，同时基金管理人与符合条件的担保人签订保证合同，由担保人和基金管理人对投资人承担连带责任。②基金管理人与符合条件的保本义务人签订风险买断合同，约定由基金管理人向保本义务人支付费用，保本义务人在保本基金到期出现亏损时，负责向基金份额持有人偿付相应损失。保本义务人在向基金份额持有人偿付损失后，放弃向基金管理人追偿的权利。③经中国证监会认可的其他保本保障机制。

续表

分类方法	基金及其含义
特殊类型的基金	（7）QDII基金，是指在一国境内设立，经该国有关部门批准从事境外证券市场的股票、债券等有价证券投资的基金。QDII基金是在货币没有实现完全可自由兑换、资本项目尚未开放的情况下，有限度地允许境内投资者投资境外证券市场的一项过渡性的制度安排。2007年我国推出了首批QDII基金。QDII基金的投资风险有：汇率风险、国别风险、新兴市场风险、市场风险和流动性风险等。 【知识拓展】合格的境内机构投资者（QDII），是指符合《合格境内机构投资者境外证券投资管理试行办法》规定，经中国证监会批准在中华人民共和国境内募集资金，运用所募集的部分或者全部资金以资产组合方式进行境外证券投资管理的境内基金管理公司和证券公司等证券经营机构。QFII，即合格的境外机构投资者的英文简称，QFII机制是指外国专业投资机构到境内投资的资格认定制度

提示 此处仅对基金分类方法及各类基金的含义做简要介绍，关于大纲对一些重要基金的特殊要求，将严格按照大纲的要求，在以后的内容中介绍。

【例题·选择题】证券投资基金根据运作方式不同，可以分为（　　）。
A．封闭式基金和开放式基金
B．股票基金和债券基金
C．契约型基金和公司型基金
D．主动型基金和被动型基金
【解析】本题主要考查证券投资基金。证券投资基金根据运作方式不同，可分为封闭式基金和开放式基金。
【答案】A

【例题·选择题】特殊类型基金中的交易型开放式指数基金最大的特点是（　　）。
A．被动操作
B．实物的申购、赎回机制
C．指数型基金
D．进行一级市场和二级市场并存交易
【解析】本题主要考查特殊类型基金的相关内容。交易型开放式指数基金（ETF）是特殊类型基金中的一种，其最大的特点是实物的申购、赎回机制。
【答案】B

【例题·选择题】（　　）是以货币市场工具为投资对象，投资对象期限较短，包括银行短期存款、国库券等货币市场工具的证券投资基金。
A．混合基金
B．债券基金
C．货币市场基金
D．债权基金值
【解析】本题主要考查货币市场基金的内容。货币市场基金是以货币市场工具为投资对象，投资对象期限较短，包括银行短期存款、国库券等货币市场工具的证券投资基金。
【答案】C

【例题·组合型选择题】根据相关规定，基金投资应符合以下有关方面的规定（　　）。
Ⅰ．股票基金应有80%以上的资产投资于股票
Ⅱ．债券基金应有80%以上的资产投资于债券
Ⅲ．基金可以投资于有锁定期但锁定期不明确的证券
Ⅳ．货币市场基金仅投资于货币市场工具

A. Ⅰ、Ⅱ
B. Ⅱ、Ⅲ
C. Ⅰ、Ⅱ、Ⅳ
D. Ⅰ、Ⅱ、Ⅲ、Ⅳ

【解析】本题主要考查证券投资基金的相关内容。根据相关规定,基金投资应符合的规定包括:(1)股票基金应有80%以上的资产投资于股票;(2)债券基金应有80%以上的资产投资于债券;(3)货币市场基金仅投资于货币市场工具;(4)基金不得投资于有锁定期,但锁定期不明确的证券等。

【答案】C

五、契约型基金与公司型基金的定义与区别（★★★）

契约型基金是依据基金合同而设立的一类基金。公司型基金是依据基金公司章程设立的基金类型。契约型基金与公司型基金的区别详见表10-4。

表10-4 契约型基金与公司型基金的区别

区别	具体内容
基金成立与营运依据不同	契约型基金成立与营运的依据是基金合同;公司型基金成立与营运的依据是公司章程
投资者地位不同	与公司型基金的股东大会相比,契约型基金持有人大会赋予基金持有者的权利相对较小
法律主体资格不同	契约型基金不具有法人资格;公司型基金具有法人资格

【名师点拨】公司型基金的优点是法律关系明确清晰,监督约束机制较为完善;但契约型基金在设立上更为简单易行。二者之间的区别主要表现在法律形式的不同,并无优劣之分。目前,我国的基金全部是契约型基金。

【例题·选择题】公司型基金依据（　　）设立并营运。
A. 基金合同
B. 发起人协议
C. 基金募集说明书
D. 基金公司章程

【解析】本题主要考查公司型基金的相关内容。公司型基金是依据基金公司章程设立并运营的,在法律上具有独立法人地位的股份投资公司。

【答案】D

六、封闭式基金与开放式基金的定义与区别（★★★）

关于封闭式基金与开放式基金的定义,前文中已有介绍,此处不再赘述。

封闭式基金与开放式基金的区别详见表10-5。

表10-5 封闭式基金与开放式基金的区别

项目	封闭式基金	开放式基金
期限	有一个固定的存续期。【名师点拨】我国封闭式基金的存续期应在5年以上,期满后可延期。目前,我国封闭式基金的存续期大多在15年左右	无期限

续表

项目	封闭式基金	开放式基金
可赎回性	在封闭期间不能赎回	具有法定的可赎回性。投资者可以在首次发行结束一段时间（最长不得超过3个月）后，随时提出赎回申请
份额限制	基金份额固定，封闭期内不可增减	基金规模不固定
交易场所	基金份额在证券交易所上市交易	投资者可以按照基金管理人确定的时间和地点向基金管理人或其销售代理人提出申购、赎回申请
完成交易的参与者	投资者买卖封闭式基金份额，只能委托证券公司在证券交易所按市价买卖，交易在投资者之间完成	交易在投资者与基金管理人之间完成
价格形成方式	交易价格主要受二级市场供求关系的影响。当需求旺盛时，封闭式基金二级市场的交易价格会超过基金份额净值而出现溢价交易现象；反之，则出现折价交易现象	买卖价格以基金份额净值为基础，不受市场供求关系的影响
激励约束机制	与封闭式基金相比，一般开放式基金向基金管理人提供了更好的激励约束机制	
投资策略	封闭式基金没有赎回压力，基金投资管理人员完全可以根据预先设定的投资计划进行长期投资和全额投资，并将基金资产投资于流动性相对较弱的证券上，这在一定程度上有利于基金长期业绩的提高	开放式基金不能全部用来投资，必须保留一定的现金资产，并高度重视基金资产的流动性，这在一定程度上会给基金的长期经营业绩带来不利影响
交易费用	手续费	支付申购费和赎回费
基金份额资产净值公布的时间	每周或更长时间公布一次	每个交易日连续公布

提示 这里所指的开放式基金特指传统的开放式基金，不包括交易型开放式指数基金和上市开放式基金等新型开放式基金。

【例题·选择题】封闭式基金有固定的存续期，通常在（ ）年以上。
A. 3　　　　　B. 5
C. 8　　　　　D. 10
【解析】本题主要考查封闭式基金的相关内容。封闭式基金有固定的存续期，通常在5年以上，一般为10年或15年，经受益人大会通过并经监管机构同意可以适当延长期限。
【答案】B

七、货币市场基金管理内容（★★★）

1. 货币市场基金在投资组合中的作用

货币市场基金以货币市场工具为投资对象。货币市场工具通常指到期日不足1年的短期金融工具。由于货币市场工具到期日非常短，因此也称为现金投资工具。

与其他类型基金相比，货币市场基金具有风险低、流动性好的特点，是厌恶风险、对资产流动性和安全性要求较高的投资者进行短期投资的理想工具，或暂时存放现金的理想场所。但货币市场基金的长期收益率较低，并不适合进行长期投资。

知识拓展 货币市场属于场外交易市场，其进入门槛通常很高，在很大程度上限制了一般投资者的进入。而货

币市场基金的投资门槛极低，因此，货币市场基金为普通投资者进入货币市场提供了重要通道。

2. 我国货币市场基金的投资对象

我国货币市场基金的投资对象及其禁止投资内容参考表10-6。

表10-6 我国货币市场基金投资对象的规定

	可投资对象	禁止投资对象
货币市场基金允许/禁止投资对象的内容	目前我国货币市场基金能够进行投资的金融工具主要包括如下几种。 （1）现金。 （2）1年以内（含1年）的银行定期存款、大额存单。 （3）剩余期限在397天以内（含第397天）的债券。 （4）期限在1年以内（含1年）的债券回购。 （5）期限在1年以内（含1年）的中央银行票据。 （6）剩余期限在397天以内（含第397天）的资产支持证券。	货币市场基金不得投资于以下金融工具。 （1）股票。 （2）可转换债券。 （3）剩余期限超过397天的债券。 （4）信用等级在AAA级以下的企业债券。 （5）国内信用评级机构评定的A-1级或相当于A-1级的短期信用级别及该标准以下的短期融资券。 （6）流通受限的证券。

3. 我国货币市场基金的风险分析

由于投资对象的限制，我国货币市场基金的利率风险、购买力风险、信用风险、流动性风险都极低，但并不意味着没有投资风险。

用以反映货币市场基金风险的指标有投资组合平均剩余期限、融资比例、浮动利率债券投资情况等。

4. 货币市场基金收益分析

货币市场基金的份额净值固定在1元人民币，基金收益通常用日每万份基金净收益和最近7日年化收益率表示。这两个反映收益的指标都是短期指标。

八、交易所交易的开放式基金（★★★）

交易所交易的开放式基金是传统封闭式基金的交易便利性与开放式基金可赎回性相结合的一种新型基金。交易所交易的开放式基金主要有两类：交易型开放式指数基金（ETF）和上市开放式基金（LOF）。

1. 交易型开放式指数基金（ETF）

ETF是一种在交易所交易上市交易的、基金份额可变的一种基金运作方式。ETF结合了封闭式基金与开放式基金的运作特点，一方面可以像封闭式基金一样在交易所二级市场进行买卖，另一方面又可以像开放式基金一样申购、赎回。不同的是，它的申购是用"一揽子"股票换取ETF份额，赎回时也是换回"一揽子"股票而不是现金。这种交易模式使该类基金存在一、二级市场之间的套利机制，可有效防止类似封闭式基金的大幅折价现象。具体来讲，ETF具有下列三大特点。

（1）被动操作的指数基金。ETF不但具有传统指数基金的全部特色，而且是更为纯粹的指数基金。

（2）独特的实物申购、赎回机制。实物申购、赎回机制是ETF最大的特色。此外，ETF还有"最小申购、赎回份额"的规定。

（3）实行一级市场与二级市场并存的交易制度。在一级市场上，只有资金达到一定规模的投资者（基金份额通常要求在50万份以上）在交易时间内可以随时进行以股票换份额（申购）、以份额换股票（赎回）的交易，中小投资者被排斥在一级市场之外。在二级市场上，ETF 在市场挂牌交易，对投资者规模不做要求。一级市场的存在使二级市场交易价格不可能偏离基金份额净值很多，否则两个市场的差价会引发套利交易。

ETF 本质上是一种指数基金，对 ETF 的需求主要体现为对指数产品的需求上。由一级和二级市场的差价所引致的套利交易则属于一种派生需求。与传统的指数基金相比，ETF 的复制效果更好，成本更低，买卖更为方便（可以在交易日随时进行买卖），并可以进行套利交易，因此对投资者具有独特的吸引力。

ETF 出现于 20 世纪 90 年代初期。加拿大多伦多证券交易所于 1991 年推出的指数参与份额（简称"TIPs"）是严格意义上最早出现的 ETF，但于 2000 年终止。现存最早的 ETF 是美国证券交易所（简称"AMEX"）于 1993 年推出的标准普尔存托凭证（简称"SPDRs"）。尽管出现的时间不长，但 ETF 发展非常迅速。根据 ETF 跟踪具体指数的不同，股票型 ETF 可进一步细分为全球指数 ETF、综合指数 ETF、行业指数 ETF 和风格指数 ETF 等。

【例题·组合型选择题】以下对特殊类型基金 ETF 说法正确的是（　　）。
　Ⅰ．基金份额可变的一种基金运作方式
　Ⅱ．采用指数基金模式
　Ⅲ．实物申购、赎回
　Ⅳ．有"最小申购、赎回份额"的规定
　A．Ⅰ、Ⅱ
　B．Ⅱ、Ⅲ
　C．Ⅱ、Ⅲ、Ⅳ
　D．Ⅰ、Ⅱ、Ⅲ、Ⅳ

【解析】本题主要考查特殊类型基金中的 ETF。ETF，全称"交易所交易的开放式指数基金"是一种在交易所上市交易的、基金份额可变的一种基金运作方式，它采用指数基金模式，以一篮子股票进行申购、赎回，有"最小申购、赎回份额"的规定。故第Ⅰ、Ⅱ、Ⅲ、Ⅳ项说法都正确，D 选项为正确答案。
【答案】D

2．上市开放式基金（LOF）

LOF 是一种既可以在场外市场进行基金份额申购、赎回，也可以在交易所进行基金份额交易，并通过份额转托管机制将场外市场与场内市场有机地联系在一起的一种新的基金运作方式。LOF 的特点表现在以下方面。

（1）上市开放式基金本质上仍是开放式基金，基金份额总额不固定，基金份额可以在基金合同约定的时间和场所申购、赎回。

（2）上市开放式基金发售结合了银行等代销机构与深交所交易网络两者的销售优势。银行等代销机构网点仍沿用现行的营业柜台销售方式，深交所交易系统则采用通行的新股上网定价发行方式。LOF 获准交易后，投资者既可以通过银行等场外销售渠道申购和赎回基金份额，也可以在挂牌的交易所买卖该基金或进行基金份额的申购与赎回。

（3）上市开放式基金获准在深交所上市交易后，投资者既可以选择在银行等代销机构按当日收市的基金份额净值申购、赎回基金份额，也可以选择在深交所各会员证券营业部按撮合成交的价格买卖基金份额。

（4）投资者可以通过跨系统转托管实现在深交所交易系统买卖和在银行等代销机构申购、赎回基金份额两种交易方式的转换。

LOF 所具有的转托管机制与可以在交易所进行申购、赎回的制度安排，使 LOF 不会出现封闭式基金的大幅折价交易现象。

3. ETF 和 LOF 的异同

LOF 与 ETF 都具备开放式基金可以申购、赎回和场内交易的特点，但两者存在本质区别，主要表现如表10-7所示。

表10-7 ETF 和 LOF 的区别

区别	具体内容
对申购、赎回限制不同	只有资金在一定规模以上的投资者（基金份额通常要求在50万份以上）才能参与 ETF 的申购、赎回交易；而 LOF 在申购、赎回上没有特别要求
申购、赎回的标的不同	ETF 与投资者交换的是基金份额与一篮子股票；而 LOF 申购、赎回的是基金份额与现金的对价
申购、赎回的场所不同	ETF 的申购、赎回通过交易所进行；LOF 的申购、赎回既可以在代销网点进行也可以在交易所进行
二级市场的净值报价频率不同	ETF 每15秒提供一个基金参考净值报价；而 LOF 的净值报价频率要比 ETF 低，通常1天只提供1次或几次基金净值报价
投资策略不同	ETF 通常采用完全被动式管理方法，以拟合某一指数为目标；而 LOF 则是普通的开放式基金增加了交易所的交易方式，它可以是指数型基金，也可以是主动管理型基金

【例题·选择题】按照投资对象不同，证券投资基金可分为（　　）。
A. 债券基金、股票基金、货币市场基金、混合基金和衍生证券投资基金
B. 封闭式基金与开放式基金
C. 成长型基金与收入型基金
D. 契约型基金与公司型基金

【解析】本题主要考查证券投资基金的分类。按基金的投资对象不同，可分为债券基金、股票基金、货币市场基金、混合基金和衍生证券投资基金。故 A 选项为正确答案。

【答案】A

九、私募基金（★）

1. 私募基金的概念和特点

所谓私募基金，是指通过非公开方式，面向少数机构投资者募集资金而设立的基金。由于私募基金的销售和赎回都是通过基金管理人与投资者私下协商来进行的，因此它又被称为向特定对象募集的基金。

我国《证券投资基金法》规定，非公开募集基金应当向合格投资者募集，合格投资者累计不得超过200人。

私募基金的特点可以概括为：私募基金不能进行公开发售和宣传推广，只能采取非公开方式发行，监管机构对投资者的资格和人数会加以限制；投资金额较高，风险较大；基金的投资范围较广，在基金运作和信息披露方面所受的限制和约束较少。

2. 我国私募基金的发展历程

我国私募基金的发展大致经历了四个阶段，具体阶段及相关内容见表10-8。

表 10-8 我国私募基金的发展历程

阶段	时间	发展概况
萌芽阶段	1993年至1995年	这期间，证券公司的主营业务从经纪业务走向承销业务，大客户将资金交由证券公司代理委托投资，与证券公司之间逐渐形成了不规范的信托关系，私募基金初具雏形
形成阶段	1996年至1998年	在此阶段，上市公司将从股市募集来的闲置资金委托证券公司进行投资，众多的咨询公司和投资顾问公司以委托理财的方式设立、运作私募基金，私募基金逐渐成形，开始初步发展
发展阶段	1999年至2000年	此期间，综合类券商经批准可以从事资产管理业务，股票市场的较高收益使得大批上市公司更改募集资金的投向，私募基金的数量和规模迅速增长，但更多的是以操纵股价等违规操作手法获利
分化调整阶段	2001年至今	股市持续低迷使得大批私募基金因亏损而出局，在优胜劣汰之后，私募基金正逐步走向规范化。政策层面也有所松动，开始逐步允许信托公司、证券公司、基金管理公司等有限度地开展私募基金业务。2014年8月21日，证监会发布《私募投资基金监督管理暂行办法》，明确了私募基金的三种设立形式：公司制、合伙制和契约制，至此，私募投资基金的三种设立方式均具备了相应的法律法规基础

十、证券投资基金的当事人（★★★）

我国的证券投资基金依据基金合同设立，基金份额持有人、基金管理人与基金托管人是基金合同的当事人，简称基金当事人。

 依据所承担的职责与作用的不同，可以将基金市场的参与主体分为基金当事人、基金市场服务机构、监管和自律机构三大类。

1. 基金份额持有人

基金份额持有人即基金投资者，是基金的出资人、基金资产的所有者和基金投资回报的受益人。

（1）基金份额持有人的权利。

根据我国《证券投资基金法》的规定，基金份额持有人享有下列权利。

①分享基金财产收益。

②参与分配清算后的剩余基金财产。

③依法转让或者申请赎回其持有的基金份额。

④按照规定要求召开基金份额持有人大会或者召集基金份额持有人大会。

⑤对基金份额持有人大会审议事项行使表决权。

⑥对基金管理人、基金托管人、基金服务机构损害其合法权益的行为依法提起诉讼。

⑦基金合同约定的其他权利。

（2）基金份额持有人的义务。

在享受权利的同时，基金份额持有人必须承担以下义务。

①遵守基金契约。

②缴纳基金认购款项及规定费用。

③承担基金亏损或终止的有限责任。

④不从事任何有损基金及其他基金投资人合法权益的活动。

⑤法律、法规及基金契约规定的其他义务。

【例题·组合型选择题】我国《证券投资基金法》规定，基金份额持有人享有的权利有（　　）。

Ⅰ．分享基金财产收益

Ⅱ．参与分配清算后的剩余基金财产

Ⅲ．按照规定要求召开基金份额持有人大会

Ⅳ．在封闭式基金存续期间，要求赎回基金份额

A．Ⅱ、Ⅳ
B．Ⅰ、Ⅱ、Ⅲ
C．Ⅰ、Ⅲ、Ⅳ
D．Ⅰ、Ⅱ、Ⅲ、Ⅳ

【解析】本题主要考查基金份额持有人的权利。第Ⅰ、Ⅱ、Ⅲ项都属于基金份额持有人的权利。封闭式基金存续期间不能申请赎回，故第Ⅳ项说法错误。

【答案】B

2．基金管理人

（1）基金管理人的概念。

基金管理人（基金管理公司），是指凭借专门的知识与经验，运用所管理基金的资产，根据法律、法规及基金章程或基金契约的规定，按照科学的投资组合原理进行投资决策，谋求所管理的基金资产不断增值，并使基金持有人获取尽可能多收益的机构。

基金管理人是负责基金发起设立与经营管理的专业性机构，不仅负责基金的投资管理，而且承担着产品设计、基金营销、基金注册登记、基金估值、会计核算和客户服务等多方面的职责。《证券投资基金法》规定，基金管理人由依法设立的基金管理公司担任。基金管理公司通常由证券公司、信托投资公司或其他机构等发起成立，具有独立法人地位。基金管理人作为受托人，必须履行"诚信义务"，其目标函数是受益人利益的最大化。基金管理费是基金管理人的主要收入来源。

（2）基金管理人的资格条件。

设立管理公开募集基金的基金管理公司，应当具备下列条件，并经国务院证券监督管理机构批准。

①有符合本法和《中华人民共和国公司法》规定的章程。

②注册资本不低于一亿元人民币，且必须为实缴货币资本。

③主要股东应当具有经营金融业务或者管理金融机构的良好业绩、良好的财务状况和社会信誉，资产规模达到国务院规定的标准，最近三年没有违法记录。

④取得基金从业资格的人员达到法定人数。

⑤董事、监事、高级管理人员具备相应的任职条件。

⑥有符合要求的营业场所、安全防范设施和与基金管理业务有关的其他设施。

⑦有良好的内部治理结构、完善的内部稽核监控制度、风险控制制度。

⑧法律、行政法规规定的和经国务院批准的国务院证券监督管理机构规定的其他条件。

（3）基金管理人的职责。

《证券投资基金法》对基金管理人的职责及其行为的限制作出了明确规定，具体内容见表10-9。

表10-9 基金管理人的职责

项目	内　容
职责	公开募集基金的基金管理人应当履行下列职责。 (1) 依法募集资金，办理基金份额的发售和登记事宜。 (2) 办理基金备案手续。 (3) 对所管理的不同基金财产分别管理、分别记账，进行证券投资。 (4) 按照基金合同的约定确定基金收益分配方案，及时向基金份额持有人分配收益。 (5) 进行基金会计核算并编制基金财务会计报告。 (6) 编制中期和年度基金报告。

续表

项目	内　容
职责	（7）计算并公告基金资产净值，确定基金份额申购、赎回价格。 （8）办理与基金财产管理业务活动有关的信息披露事项。 （9）按照规定召集基金份额持有人大会。 （10）保存基金财产管理业务活动的记录、账册、报表和其他相关资料。 （11）以基金管理人名义，代表基金份额持有人利益行使诉讼权利或者实施其他法律行为。 （12）国务院证券监督管理机构规定的其他职责
禁止行为	公开募集基金的基金管理人及其董事、监事、高级管理人员和其他从业人员不得有下列行为。 （1）将其固有财产或者他人财产混同于基金财产从事证券投资。 （2）不公平地对待其管理的不同基金财产。 （3）利用基金财产或者职务之便为基金份额持有人以外的人牟取利益。 （4）向基金份额持有人违规承诺收益或者承担损失。 （5）侵占、挪用基金财产。 （6）泄露因职务便利获取的未公开信息、利用该信息从事或者明示、暗示他人从事相关的交易活动。 （7）玩忽职守，不按照规定履行职责。 （8）法律、行政法规和国务院证券监督管理机构规定禁止的其他行为

（4）基金管理人的更换条件。

根据我国《证券投资基金法》的规定，有下列情形之一的，公开募集基金的基金管理人职责终止。

①被依法取消基金管理资格。

②被基金份额持有人大会解任。

③依法解散、被依法撤销或者被依法宣告破产。

④基金合同约定的其他情形。

公开募集基金的基金管理人职责终止的，基金份额持有人大会应当在6个月内选任新基金管理人；新基金管理人产生前，由国务院证券监督管理机构指定临时基金管理人。

基金管理公司变更持有5%以上股权的股东，变更公司的实际控制人，或者变更其他重大事项，应当报经国务院证券监督管理机构批准。国务院证券监督管理机构应当自受理申请之日起60日内作出批准或者不予批准的决定，并通知申请人；不予批准的，应当说明理由。

（5）我国基金管理公司的主要业务范围。

最初我国基金管理公司的主要业务局限于对证券投资基金的募集与管理上。但随着市场的发展，目前除证券投资基金的募集与管理业务外，我国基金管理公司已被允许从事其他资产管理业务和提供投资咨询服务。具体来说，我国基金管理公司的主要业务如表10-10所示。

表10-10　我国基金管理公司的主要业务范围

业务名称		具体内容
证券投资基金业务	基金募集与销售	依法募集基金是基金管理公司的一项法定权利，其他任何机构不得从事基金的募集活动。为成功进行基金的募集与销售，基金管理公司必须在市场调查的基础上进行基金产品的开发，设计出能够满足不同投资者需要的基金产品
	基金的投资管理	投资管理业务是基金管理公司最核心的一项业务。基金管理公司之间的竞争在很大程度上取决于其投资管理能力的高低
	基金运营服务	基金运营事务是基金投资管理与市场营销工作的后台保障，通常包括基金注册登记、核算与估值、基金清算和信息披露等业务

续表

业务名称	具体内容
全国社会保险基金管理及企业年金管理业务	目前,部分取得投资管理人资格的基金管理公司已经开展了管理社会保险基金和企业年金的业务
特定客户资产管理业务	特定客户资产管理业务,又称"专户理财业务",是指基金管理公司向特定客户募集资金或者接受特定客户财产委托担任资产管理人,由商业银行担任资产托管人,为资产委托人的利益,运用委托财产进行证券投资的活动。2008年1月1日开始施行的《基金管理公司特定客户资产管理业务试点办法》规定,符合条件的基金管理公司既可以为单一客户办理特定客户资产管理业务,也可以为特定的多个客户办理特定客户资产管理业务
投资咨询服务	基金管理公司向特定对象提供投资咨询服务不得有下列行为。(1)侵害基金份额持有人和其他客户的合法权益。(2)承诺投资收益。(3)与投资咨询客户约定分享投资收益或者分担投资损失。(4)通过广告等公开方式招揽投资咨询客户。(5)代理投资咨询客户从事证券投资
QDII业务	符合条件的基金管理公司可以申请境内机构投资者资格,开展境外证券投资业务。基金管理公司申请境内机构投资者资格应当具备下列条件。 (1)申请人的财务稳健,资信良好,净资产不少于2亿元人民币;经营证券投资基金管理业务达2年以上;在最近一个季度末资产管理规模不少于200亿元人民币或等值外汇资产。 (2)具有5年以上境外证券市场投资管理经验和相关专业资质的中级以上管理人员不少于1名,具有3年以上境外证券市场投资管理相关经验的人员不少于3名。 (3)具有健全的治理结构和完善的内部控制制度,经营行为规范。 (4)最近3年没有受到监管机构的重大处罚,没有重大事项正在接受司法部门、监管机构的立案调查。 (5)中国证监会根据审慎监管原则规定的其他条件

【例题·选择题】《中华人民共和国证券投资基金法》规定,基金管理公司的注册资本不得低于( )人民币,且必须为实缴货币资本。

A. 5 000万元
B. 1亿元
C. 2亿元
D. 3亿元

【解析】本题主要考查基金管理人的资格。我国《证券投资基金法》规定,设立基金管理公司,应当具备的条件之一是:注册资本不低于1亿元人民币,且必须为实缴货币资本。故B选项为正确答案。

【答案】B

3. 基金托管人(★★★)

(1)基金托管人的概念。

基金托管人又被称为基金保管人,是根据法律法规的要求,在证券投资基金运作中承担资产保管、交易监督、信息披露、资金清算与会计核算等相应职责的当事人。基金托管人与基金管理人签订托管协议,在托管协议规定的范围内履行自己的职责并收取一定的报酬。

基金托管人是基金持有人权益的代表,我国基金法规定,基金托管人由依法设立的商业银行或者其他金融机构担任。

在基金运作中引入基金托管人制度,有利于基金财产的安全和投资者利益的保护。基金托管人的职责主要体现在基金资产保管、基金投资运作监督、基金资金清算以及基金会计复核等方面。

（2）担任基金托管人的条件。

担任基金托管人，应当具备下列条件。

①净资产和风险控制指标符合有关规定。

②设有专门的基金托管部门。

③取得基金从业资格的专职人员达到法定人数。

④有安全保管基金财产的条件。

⑤有安全高效的清算、交割系统。

⑥有符合要求的营业场所、安全防范设施和与基金托管业务有关的其他设施。

⑦有完善的内部稽核监控制度和风险控制制度。

⑧法律、行政法规规定的和经国务院批准的国务院证券监督管理机构、国务院银行业监督管理机构规定的其他条件。

（3）基金托管人的职责。

基金托管人与基金管理人不得为同一机构，不得相互出资或者持有股份。基金托管人应当履行下列职责。

①安全保管基金财产。

②按照规定开设基金财产的资金账户和证券账户。

③对所托管的不同基金财产分别设置账户，确保基金财产的完整与独立。

④保存基金托管业务活动的记录、账册、报表和其他相关资料。

⑤按照基金合同的约定，根据基金管理人的投资指令，及时办理清算、交割事宜。

⑥办理与基金托管业务活动有关的信息披露事项。

⑦对基金财务会计报告、中期和年度基金报告出具意见。

⑧复核、审查基金管理人计算的基金资产净值和基金份额申购、赎回价格。

⑨按照规定召集基金份额持有人大会。

⑩按照规定监督基金管理人的投资运作。

⑪国务院证券监督管理机构规定的其他职责。

基金托管人发现基金管理人的投资指令违反法律、行政法规和其他有关规定，或者违反基金合同约定的，应当拒绝执行，立即通知基金管理人，并及时向国务院证券监督管理机构报告。基金托管人发现基金管理人依据交易程序已经生效的投资指令违反法律、行政法规和其他有关规定，或者违反基金合同约定的，应当立即通知基金管理人，并及时向国务院证券监督管理机构报告。

【例题·组合型选择题】基金托管人的职责包括（　　）。

Ⅰ．按照规定开设基金财产的资金账户和证券账户

Ⅱ．对所托管的不同基金财产分别设置账户

Ⅲ．安全保管基金财产

Ⅳ．办理与基金托管业务活动有关的信息披露事项

A．Ⅰ、Ⅱ、Ⅲ
B．Ⅰ、Ⅱ、Ⅳ
C．Ⅱ、Ⅲ、Ⅳ
D．Ⅰ、Ⅱ、Ⅲ、Ⅳ

【解析】本题主要考查基金托管人的职责。根据我国《证券投资基金法》的规定，题干中的第Ⅰ、Ⅱ、Ⅲ、Ⅳ项都属于基金托管人的职责，故D选项为正确答案。

【答案】D

4．基金托管人的更换条件

基金托管人因失去相应的托管资质而需要更换。可以取消基金托管资格的情形和基金托管人职责终止的情形参见表10-11。

表 10-11 基金托管人的更换条件

项目	内容
可以取消基金托管资格的情形	国务院证券监督管理机构、国务院银行业监督管理机构对有下列情形之一的基金托管人,可以取消其基金托管资格。 (1) 连续3年没有开展基金托管业务的。 (2) 违反本法规定,情节严重的。 (3) 法律、行政法规规定的其他情形
基金托管人职责终止的情形	有下列情形之一的,基金托管人职责终止。 (1) 被依法取消基金托管资格。 (2) 被基金份额持有人大会解任。 (3) 依法解散、被依法撤销或者被依法宣告破产。 (4) 基金合同约定的其他情形

基金托管人职责终止的,基金份额持有人大会应当在6个月内选任新基金托管人(新基金托管人产生前,由国务院证券监督管理机构指定临时基金托管人);应当妥善保管基金财产和基金托管业务资料,及时办理基金财产和基金托管业务的移交手续,新基金托管人或者临时基金托管人应当及时接收。同时,应当按照规定聘请会计师事务所对基金财产进行审计,并将审计结果予以公告,同时报国务院证券监督管理机构备案。

【例题·组合型选择题】我国《证券投资基金法》的规定,当基金托管人出现(　　)情形时,基金托管人职责终止。
Ⅰ. 被依法取消基金托管资格
Ⅱ. 被基金份额持有人大会解任
Ⅲ. 依法解散、被依法撤销、被依法宣告破产
Ⅳ. 连续3年没有开展基金托管业务的

A. Ⅰ、Ⅳ
B. Ⅰ、Ⅱ、Ⅲ、Ⅳ
C. Ⅰ、Ⅱ、Ⅲ
D. Ⅰ、Ⅱ

【解析】本题主要考查基金托管人的更换条件。第Ⅰ、Ⅱ、Ⅲ项属于《证券投资基金法》规定基金托管人职责终止的情形,第Ⅳ项属于可以取消基金托管资格的情形,故C选项为正确答案。
【答案】C

5. 证券投资基金当事人之间的关系(★★)

证券投资基金当事人之间的关系包括基金份额持有人与基金管理人之间的关系、基金管理人与基金托管人之间的关系、基金份额持有人与基金托管人之间的关系三类,具体关系见表10-12。

表 10-12 证券投资基金当事人之间的关系

项目	内容
基金份额持有人与基金管理人之间的关系	基金份额持有人与基金管理人之间的关系是委托人、受益人与受托人的关系,也是所有者和经营者之间的关系。其中,基金份额持有人是基金资产的终极所有者和基金投资收益的受益人;基金管理人则是受托所募集的资金进行具体的投资决策和日常管理,并有权委托基金托管人保管基金资产的金融中介机构

续表

项目	内容
基金管理人与基金托管人之间的关系	基金管理人与基金托管人是相互制衡的关系。基金管理人是基金的组织者和管理者，负责基金资产的经营，是基金运营的核心；托管人负责基金资产的保管，依据基金管理机构的指令处置基金资产并监督管理人的投资运作是否合法合规
基金份额持有人与基金托管人之间的关系	基金份额持有人与托管人的关系是委托与受托的关系。其中，基金份额持有人是委托人，将其基金资产委托给基金托管人保管

十一、基金的相关费用（★★）

1. 基金费用概述

基金费用包括基金销售过程中自己承担的费用，如申购费、赎回费和基金转换费等，和基金管理过程中发生的，由基金资产承担的费用，如基金管理费、基金托管费、基金信息披露费等。

根据《公开募集证券投资基金运作管理办法》，下列与基金有关的费用可以从基金财产中列支。

（1）基金管理人的管理费。

（2）基金托管人的托管费。

（3）基金的证券交易费用。

（4）基金份额持有人大会费用。

（5）基金合同生效后的会计师费和律师费。

（6）按照国家有关规定和基金合同约定，可以在基金财产中列支的其他费用。

基金管理人可以根据与基金份额持有人利益一致的原则，结合产品特点和投资者的需求设置基金管理费率的结构和水平。

2. 各类费用的含义和提取规定

各类基金相关费用的含义及提取规定如表10-13所示。

表10-13 各类费用的含义和提取规定

费用名称	含义	提取规定
基金管理费	基金管理费是指从基金资产中提取的、支付给为基金提供专业化服务的基金管理人的费用，即管理人为管理和操作基金而收取的费用	基金管理费通常按照每个估值日基金净资产的一定比率（年率）逐日计提，累计至每月月底，按月支付。一般情况下，管理费率与基金规模成反比，与风险成正比。管理费通常从基金的股息、利息收益中或从基金资产中扣除，不另向投资者收取。目前，我国基金大部分按照1.5%的比例计提基金管理费，债券型基金的管理费率一般低于1%，货币基金的管理费率为0.33%
基金托管费	基金托管费是指基金托管人为保管和处置基金资产而向基金收取的费用	托管费通常按照基金资产净值的一定比例提取（通常在0.25%左右），逐日计提并累计，按月支付给托管人。此费用也是从基金资产中支付，不须另向投资者收取。目前，我国封闭式基金按照0.25%的比例计提基金托管费，开放式基金根据基金合同的规定比例计提，通常低于0.25%；股票型基金的托管费率要高于债券型基金及货币市场基金

续表

费用名称	含　义	提取规定
基金交易费	基金交易费指基金在进行证券买卖交易时所发生的相关交易费用。我国证券投资基金的交易费用主要包括印花税、交易佣金、过户费、经手费、证管费。参与银行间债券交易的，还需向中央国债登记结算有限责任公司支付银行间账户服务费，向全国银行间同业拆借中心支付交易手续费等服务费用	交易佣金由证券公司按成交金额的一定比例向基金收取，印花税、过户费、经手费、证管费等则由登记公司或交易所按有关规定收取
基金销售服务费	销售服务费是指基金管理人根据基金合同的约定及届时有效的相关法律法规的规定，从开放式基金财产中计提的一定比例的费用，用于支付销售机构佣金、基金的营销费用以及基金份额持有人服务费等，包括持有人服务费、基金营销广告费、促销活动费等	基金销售服务费按前一日基金资产净值的一定比例逐日计提，按月支付。目前只有货币市场基金以及其他经中国证监会核准的基金产品收取基金销售服务费。基金管理人可以依照相关规定从基金财产中持续计提一定比例（大约为0.25%）的销售服务费。 【提示】收取销售服务费的基金通常不再收取申购费
基金运作费	基金运作费指为保证基金正常运作而发生的应由基金承担的费用，包括开户费、持有人大会费、审计费、律师费、上市年费、分红手续费、信息披露费、银行汇划手续费等	发生的这些费用如果影响基金份额净值小数点后第5位的，应采用预提或待摊的方法计入基金损益；如果不影响基金份额净值小数点后第5位的，应于发生时直接计入基金损益

【例题·选择题】基金管理费费率的大小通常（　　）。
　　A. 与基金规模成反比，与风险成正比
　　B. 与基金规模成反比，与风险成反比
　　C. 与基金规模成正比，与风险成正比
　　D. 与基金规模成正比，与风险成反比
【解析】本题主要考查基金管理费的知识。一般情况下，基金管理费费率的大小与基金规模成反比，与风险成正比。故A选项为正确答案。
【答案】A

【例题·组合型选择题】证券投资基金所应支付的费用包括（　　）。
　　Ⅰ. 基金销售服务费
　　Ⅱ. 基金托管费
　　Ⅲ. 基金交易费
　　Ⅳ. 基金管理费

　　A. Ⅰ、Ⅱ
　　B. Ⅲ、Ⅳ
　　C. Ⅱ、Ⅲ、Ⅳ
　　D. Ⅰ、Ⅱ、Ⅲ、Ⅳ
【解析】本题主要考查基金的费用种类。基金从设立到终止都要支付一定的费用。通常情况下，基金所支付的费用主要包括：（1）基金管理费。（2）基金托管费。（3）基金交易费。（4）基金运作费。（5）基金销售服务费。题干中Ⅰ、Ⅱ、Ⅲ、Ⅳ都属于基金的费用，故D选项为正确答案。
【答案】D

【例题·选择题】下列选项中，（　　）不属于基金交易费。
　　A. 审计费
　　B. 经手费
　　C. 印花税

D. 证管费

【解析】本题主要考查证券投资基金交易费的内容。我国证券投资基金的交易费用主要包括：（1）印花税。（2）交易佣金。（3）过户费。（4）经手费。（5）证管费。

【答案】A

十二、基金资产估值（★★★）

1. 基金资产净值的含义

基金资产净值是指基金所拥有的各类证券的价值、银行存款本息、基金应收的申购基金款以及其他投资所形成的价值总和。基金资产净值、基金资产总值和基金负债三者的关系如下。

基金资产净值 = 基金资产总值 - 基金负债

基金份额净值 = 基金资产净值 ÷ 基金总份额

名师点拨 基金经营业绩的主要指标是通过基金份额净值来衡量的，通常情况下，基金份额价格与份额净值是一致的，如果资产净值有增长，基金份额价格也会有增长。

【例题·选择题】某一证券投资基金的基金资产净值为21.8亿元，基金负债是3.2亿元，则该基金资产总值为（　　）。

A. 18.6亿元
B. 25亿元
C. 21.8亿元
D. 27亿元

【解析】本题主要考查基金资产总值的计算方法。基金资产总值 = 基金资产净值 + 基金负债 = 21.8 + 3.2 = 25（亿元）。故B选项为正确答案。

【答案】B

【例题·选择题】基金资产净值是指基金资产总值减去（　　）。

A. 基金应收的申购基金款
B. 负债
C. 银行存款本息
D. 各类证券的价值

【解析】本题主要考查基金资产净值的相关知识。基金资产净值是指指基金资产总值减去负债后的价值。

【答案】B

2. 基金资产估值（★★）

（1）基金资产估值的概念。

基金资产估值是指通过对基金所拥有的全部资产及所有负债按一定的原则和方法进行重新估算，进而确定基金资产公允价值的过程。

基金资产估值以客观、准确地反映基金资产的价值为目的；以基金所拥有的各类资产，如股票、债券及配股权证及其他资产为对象。

基金管理在每个交易日当天对基金净资产进行估值。遇到下列特殊情况，可以暂停估值。

①基金投资所涉及的证券交易所遇法定节假日或因其他原因暂停营业时。

②因不可抗力或其他情形致使基金管理人、基金托管人无法准确评估基金资产价值时。

③占基金相当比例的投资品种的估值出现重大转变，而基金管理人为保障投资人的利益，已决定延迟估值。

④如出现基金管理人认为属于紧急事故的任何情况，会导致基金管理人不能出售或评估基金资产的。

⑤中国证监会和基金合同认定的其他形式。

（2）基金资产估值的基本原则。

按照我国《企业会计准则》和中国证监会相关规定，估值的基本原则如下：

①对不存在活跃市场的投资品种，应采用市场参与者普遍认同且被以往市场实际交易价格验证具有可靠性的估值技术确定公允价值。

②对存在活跃市场的投资品种，如估值日有市价的，应采用市价确定公允价值。估值日无市价的，但最近交易日后经济环境未发生重大变化，应采用最近交易市价确定公允价值；估值日无市价的，且最近交易日后经济环境发生了重大变化的，应参考类似投资品种的现行市价及重大变化因素，调整最近交易市价，确定公允价值。

③有充足理由表明按以上估值原则仍不能客观反映相关投资品种的公允价值的，基金管理公司应根据具体情况与托管银行进行商定，按最能恰当反映公允价值的价格估值。

采用估值技术确定公允价值时，应尽可能使用市场参与者在定价时考虑的所有市场参数，并通过定期校验，确保估值技术的有效性。基金资产估值的目的是客观、准确地反映基金资产的价值。

【例题·组合型选择题】下列符合基金资产估值规则的是（　　）。

Ⅰ．基金管理人应于每个交易日当天对基金资产进行估值

Ⅱ．遇到某些特殊情况，可以暂停估值

Ⅲ．采用估值技术确定公允价值时，应尽可能使用市场参与者在定价时考虑的所有市场参数

Ⅳ．基金资产估值的目的是客观、准确地反映基金资产的价值

A．Ⅱ、Ⅲ、Ⅳ
B．Ⅰ、Ⅲ
C．Ⅰ、Ⅱ、Ⅲ、Ⅳ
D．Ⅰ、Ⅱ、Ⅳ

【解析】本题主要考查基金资产估值规则。基金管理人应于每个交易日当天对基金资产进行估值。基金管理人虽然必须按规定对基金净资产进行估值，但遇到特殊情况，可以暂停估值。采用估值技术确定公允价值时，应尽可能使用市场参与者在定价时考虑的所有市场参数，并通过定期校验，确保估值技术的有效性。基金资产估值的目的是客观、准确地反映基金资产的价值。故第Ⅰ、Ⅱ、Ⅲ、Ⅳ项都属于基金资产估值的原则，选项C为正确答案。

【答案】C

十三、基金的收入与利润分配（★★）

1. 基金收入的来源

证券投资基金收入是基金资产在运作过程中所产生的各种收入，主要包括利息收入、投资收益以及其他收入。基金资产估值引起的资产价值变动作为公允价值变动损益计入当期损益。

2. 利润分配方式和原则

证券投资基金利润是指基金在一定会计期间的经营成果，包括收入减去费用后的净额、直接计入当期利润的利得和损失等，基金利润的分配方式包括支付现金和分配基金份额。各类基金的利润分配方式及原则见表10-14。

表 10-14　各类基金的利润分配方式及原则

名称	分配方式	分配原则
封闭式基金	除中国证监会规定的特殊基金品种外，封闭式基金一般采用现金方式分红	封闭式基金的利润分配每年不得少于一次，且年度利润分配比例不得低于基金年度已实现收益的90%，基金当年收益应先弥补上一年亏损
开放式基金	现金分红、分红再投资转换为基金	开放式基金的基金合同应当约定每年基金利润分配的最多次数和基金利润分配的最低比例
货币市场基金	可以在基金合同中将收益分配的方式约定为红利再投资，并应当每日进行收益分配	当日申购的基金份额自下一个工作日起享有基金的分配权益，当日赎回的基金份额自下一个工作日起不享有基金的分配权益

关于"当日申购的基金份额自下一个工作日起享有基金的分配权益，当日赎回的基金份额自下一个工作日起不享有基金的分配权益"的规定具体而言，货币市场基金每周五进行利润分配时，将同时分配周六和周日的利润；每周一至周四进行分配时，则仅对当日利润进行分配。投资者于周五申购或转换转入的基金份额不享有周五、周六和周日的利润；投资者于周五赎回或转换转出的基金份额享有周五、周六和周日的利润。

十四、基金的投资风险（★★★）

投资者投资基金可能面临的风险见表10-15。

表 10-15　投资者投资基金可能面临的风险

风险类别	具体内容
市场风险	市场风险主要包括政策风险、经济周期风险、利率风险、上市公司经营风险、购买力风险等，属于系统性风险
技术风险	技术风险是因为技术系统的故障或者差错而影响交易的正常进行甚至导致基金份额持有人利益受到影响的风险。这种技术风险可能来自基金管理人、基金托管人、注册登记人、销售机构、证券交易所和证券登记结算机构等
巨额赎回风险	巨额赎回风险属于开放式基金的特有风险
管理能力风险	由于基金管理人的专业技能、研究能力及投资管理水平直接影响到其对信息的占有、分析和对经济形势、证券价格走势的判断，进而影响基金的投资收益水平。同时，基金管理人的投资管理制度、风险管理和内部控制制度是否健全，能否有效防范道德风险和其他合规性风险，以及基金管理人的职业道德水平等，也会对基金的风险收益水平造成影响

【例题·组合型选择题】证券投资基金可能面临的技术风险是（　　）。
Ⅰ．经济因素和政治因素导致的市场价格变化
Ⅱ．基金投资者大量赎回导致的风险
Ⅲ．交易网络出现异常导致的风险
Ⅳ．注册登记系统瘫痪导致的风险
A．Ⅰ、Ⅱ、Ⅲ　　B．Ⅲ、Ⅳ　　C．Ⅱ、Ⅳ　　D．Ⅱ、Ⅲ、Ⅳ

【解析】本题主要考查基金投资风险中的技术风险。题干中的第Ⅰ项属于市场风险；第Ⅱ项属于巨额赎回风险。故B选项为正确答案。

【答案】B

十五、基金的投资范围及投资限制（★★★）

我国《证券投资基金法》规定了基金财产的投资范围和投资限制。具体内容见表10-16。

表10-16　基金的投资范围及投资限制

项目	内容
投资范围	基金财产应当用于下列投资。 （1）上市交易的股票、债券。 （2）国务院证券监督管理机构规定的其他证券及其衍生品种
投资限制	基金管理人运用基金财产进行证券投资，除国务院证券监督管理机构另有规定外，应当采用资产组合的方式。基金财产不得用于下列投资或者活动。 （1）承销证券。 （2）违反规定向他人贷款或者提供担保。 （3）从事承担无限责任的投资。 （4）买卖其他基金份额，但是国务院证券监督管理机构另有规定的除外。 （5）向基金管理人、基金托管人出资。 （6）从事内幕交易、操纵证券交易价格及其他不正当的证券交易活动。 （7）法律、行政法规和国务院证券监督管理机构规定禁止的其他活动。 运用基金财产买卖基金管理人、基金托管人及其控股股东、实际控制人或者与其有其他重大利害关系的公司发行的证券或承销期内承销的证券，或者从事其他重大关联交易的，应当遵循基金份额持有人利益优先的原则，防范利益冲突，符合国务院证券监督管理机构的规定，并履行信息披露义务

第二节　衍生工具

考情分析：衍生工具是目前金融市场的重要产品，且随着现代金融体系的不断完善，金额衍生工具的品种不断增加，在金融市场中的地位也不断提高。鉴于衍生产品的重要地位和其较多的品种，在《金融市场基础知识》科目考试中，其考查重点较多，出题频率也较高。

学习建议：金融衍生工具涉及的产品较多，但考试时常考点产品主要集中在期货、期权等较常见的金融衍生品上。本节考生应重点掌握期货，期权含义、特征，相关交易制度和交易规则。

一、金融衍生工具概述（★★★）

1. 金融衍生工具的概念和基本特征

金融衍生工具又被称为金融衍生产品，指建立在基础产品或基础变量之上，其价格取决于基础金融产品价格（或数值）变动的派生金融产品。它是与基础金融产品相对应的一个概念。金融衍生工具的基本特征主要表现为表10-17所示四个方面。

表 10-17 金融衍生工具的基本特征

特征	内涵
跨期性	金融衍生工具是约定在未来某一时间按照一定条件进行交易或选择是否交易的合约。无论是哪一种金融衍生工具，都会影响交易者在未来一段时间内或未来某时点上的现金流，其跨期交易的特点十分突出
联动性	金融衍生工具建立在基础产品或基础变量之上，其价值与基础产品或基础变量紧密联系、规则变动
不确定性或高风险性	基础工具价格的不稳定性是金融衍生工具高风险性的重要诱因，但不是唯一原因。国际证监会组织在1994年7月公布的一份报告中认为金融衍生工具还伴随着以下几种风险。因交易或管理人员的人为错误或系统故障、控制失灵而造成的操作风险；因资产或指数价格不利变动可能带来损失的市场风险；因交易对手无法按时付款或交割可能带来的结算风险；因市场缺乏交易对手而导致投资者不能平仓或变现所带来的流动性风险；交易中对方违约，没有履行承诺造成损失的信用风险；因合约不符合所在国法律，无法履行或合约条款遗漏及模糊导致的法律风险
杠杆性	金融衍生工具交易一般只需要支付少量的保证金或权利金就可签订远期大额合约或互换不同的金融工具。金融衍生工具的杠杆性使其风险和收益都成倍放大

【例题·组合型选择题】金融衍生工具的基本特征是（   ）。
Ⅰ．跨期性
Ⅱ．杠杆性
Ⅲ．联动性
Ⅳ．高风险性
A．Ⅰ、Ⅳ
B．Ⅱ、Ⅲ
C．Ⅰ、Ⅱ、Ⅲ、Ⅳ
D．Ⅰ、Ⅱ、Ⅲ

【解析】本题主要考查金融衍生工具的基本特征。金融衍生工具的基本特征包括：跨期性、杠杆性、联动性、不确定性或高风险性。故第Ⅰ、Ⅱ、Ⅲ、Ⅳ项都属于金融衍生工具的基本特征，故C选项为正确答案。
【答案】C

【例题·组合型选择题】金融衍生工具伴随的风险主要包括（   ）。
Ⅰ．汇率风险、利率风险
Ⅱ．信用风险、法律风险
Ⅲ．市场风险、操作风险
Ⅳ．流动性风险、结算风险
A．Ⅰ、Ⅱ、Ⅲ
B．Ⅱ、Ⅲ、Ⅳ
C．Ⅰ、Ⅱ、Ⅲ、Ⅳ
D．Ⅰ、Ⅳ

【解析】本题考查的是金融衍生工具伴随的风险。金融衍生工具伴随的风险主要包括：（1）交易中对方违约，没有履行承诺造成损失的信用风险；（2）因资产或指数价格不利变动可能带来损失的市场风险；（3）因市场缺乏交易对手而导致投资者不能平仓或变现所带来的流动性风险；（4）因交易对手无法按时付款或交割可能带来的结算风险；（5）因交易或管理人员的人为错误或系统故障、控制失灵而造成的操作风险；（6）因合约不符合所在国法律，无法履行或合约条款遗漏及模糊导致的法律风险。
【答案】B

2．金融衍生工具的分类

金融衍生工具的分类详见表10-18。

表 10-18 金融衍生工具的分类

分类方法	定 义
按交易场所，分为交易所交易的衍生工具和场外交易市场交易的衍生工具	（1）交易所交易的衍生工具是指在有组织的交易所上市交易的衍生工具。包括在股票交易所交易的股票期权产品，在期货交易所和专门的期权交易所交易的各类期货合约、期权合约等。 （2）场外交易市场交易的衍生工具是指通过各种通信方式，不通过集中的交易所，实行分散的、一对一交易的衍生工具
根据产品形态，分为独立衍生工具和嵌入式衍生工具	（1）独立衍生工具是指本身即为独立存在的金融合约。 （2）嵌入式衍生工具是指嵌入到非衍生合同（简称"主合同"），使混合工具的全部或部分现金流量随特定利率、金融工具价格、商品价格、汇率、价格指数、费率指数、信用等级、信用指数或其他类似变量的变动而变动的衍生工具。 【名师点拨】独立衍生工具具有下列特征：（1）其价值随特定利率、金融工具价格、商品价格、汇率、价格指数、费率指数、信用等级、信用指数或其他类似变量的变动而变动，变量为非金融变量的，该变量与合同任一方不存在特定关系。 （2）不要求初始净投资，或与对市场情况变化有类似反应的其他类型合同相比，要求很少的初始净投资。（3）在未来某一日期结算
按照自身交易的方法和特点，分为金融期货、金融期权、金融远期合约、金融互换和结构化金融衍生工具	（1）金融期货，是指交易双方在金融市场上，以约定的时间和价格，买卖某种金融工具的具有约束力的标准化合约。以金融工具为标的物的期货合约。金融期货一般分为四类，货币期货、利率期货、股票指数期货和股票期货。 （2）金融期权，是指合约买方向卖方支付一定费用（被称为"期权费"或"期权价格"），在约定日期内（或约定日期）享有按事先确定的价格向合约卖方买卖某种金融工具的权利的契约，包括现货期权和期货期权两大类。除交易所的标准化期权、权证之外，还存在大量场外交易的期权，这些新型期权通常被称为奇异型期权。 （3）金融远期合约，是交易双方在场外市场上通过协议，按照约定价格（远期价格）在约定的未来的日期（交割日）买卖某种标的的金融资产的合约。金融远期合约会对以下内容作出规定：将来交割的资产、交割的日期、交割的价格和数量。 （4）金融互换，是约定两个或两个以上的当事人按照商定条件，在约定的时间内，交换一系列现金流的合约。它可分为货币互换、利率互换、股权互换、信用违约互换等类别。 （5）结构化金融衍生工具，简称"结构化产品"，指的是利用上述四种衍生工具的其结构化特性，结合其特征，开发设计出更多具有复杂特性的金融衍生产品
按基础工具分类，可以分为货币衍生工具、股权类产品的衍生工具、利率衍生工具、信用衍生工具及其他衍生工具	（1）货币衍生工具，指的是以各种货币作为基础工具的金融衍生工具。货币衍生工具包括远期外汇合约、货币期货、货币期权、货币互换以及上述合约的混合交易合约。 （2）股权类产品的衍生工具，指的是以股票或股票指数为基础工具的金融衍生工具。股权类产品的衍生工具包括股票期货、股票期权、股票指数期货、股票指数期权以及上述合约的混合交易合约。 （3）利率衍生工具，指的是以利率或利率的载体为基础工具的金融衍生工具，利率衍生工具包括远期利率协议、利率期货、利率期权、利率互换以及上述合约的混合交易合约。 （4）信用衍生工具，指的是以基础产品所蕴含的信用风险或违约风险为基础变量的金融衍生工具，包括信用互换、信用联结票据等。这类衍生工具主要用来转移或防范信用风险。 （5）其他衍生工具，即在非金融变量的基础上开发的衍生工具。包括天气期货、政治期货、巨灾衍生产品等

【例题·组合型选择题】独立衍生工具的特征包括（　　）。

Ⅰ．与对市场情况变化有类似反应的其他类型合同相比，要求较多的初始净投资

Ⅱ．其价值随特定利率、金融工具价格、商品价格、汇率、价格指数或其他类似变量的变动而变动，变量为非金融变量的，该变量与合同的任一方不存在特定关系

Ⅲ．不要求初始净投资，或与对市场情况变化有类似反应的其他类型合同相比，要求很少的初始净投资

Ⅳ．在未来某一日期结算

A．Ⅰ、Ⅱ、Ⅲ
B．Ⅰ、Ⅱ、Ⅳ
C．Ⅱ、Ⅲ、Ⅳ
D．Ⅰ、Ⅱ、Ⅲ、Ⅳ

【解析】本题主要考查独立衍生工具的特征。独立衍生工具不要求初始净投资，或与对市场情况变化有类似反应的其他类型合同相比，要求很少的初始净投资。故第Ⅰ项错误。第Ⅱ、Ⅲ、Ⅳ项都属于独立衍生工具的特征，故C选项为正确答案。

【答案】C

【例题·组合型选择题】利率衍生工具主要包括（　　）。

Ⅰ．远期利率协议
Ⅱ．利率期权
Ⅲ．利率期货
Ⅳ．利率互换

A．Ⅱ、Ⅳ
B．Ⅱ、Ⅲ
C．Ⅰ、Ⅱ、Ⅲ、Ⅳ
D．Ⅰ、Ⅲ、Ⅳ

【解析】本题主要考查利率衍生工具。利率衍生工具是指以利率或利率的载体为基础工具的金融衍生工具，主要包括远期利率协议、利率期货、利率期权、利率互换以及上述合约的混合交易合约。故C选项为正确答案。

【答案】C

3．常见金融衍生工具的基本特征和区别

（1）金融期货、金融期权、金融远期合约和金融互换的基本特征和区别

金融期货、金融期权、金融远期合约和金融互换是较常见的金融衍生工具，其特征见表10-19。

表10-19　期货、期权、远期合约和互换的基本特征和区别

项目	特征和区别
期货	（1）交易对象是一个具体形态的金融工具。 （2）交易价格是对金融现货未来的预期。 （3）交易目的不是创造价值或投资，而是进行风险管理。 （4）采用保证金制度，不用具有一切资金或基础金融工具。 （5）可通过做相反交易实现对冲而平仓
期权	（1）期权交易的对象是一种权利。 （2）期权交易有一定的时间性。 （3）期权投资具有杠杆效应。 （4）期权的供求双方具有权利和义务的不对称，买方只有权利而没有义务。 （5）期权的购买者具有选择权

续表

项目	特征和区别
远期合约	（1）非标准化合约，一般在场外交易，流动性差。 （2）在合约到期之前并无现金流。 （3）买卖双方易发生违约问题，从合约签订到交割期间不能直接看出履约情况，风险较大。 （4）合约到期必须交割，不可实行反向对冲操作来平仓
互换	（1）非标准化合约，期限设置灵活，风险转移较快。 （2）不需要对头寸进行日常管理。 （3）互换融资创新工具也可运用于金融管理

提示 期货、期权、远期合约和互换的区别在于其各自具有不同的特征，不同衍生产品的特征对比就是其相互之间的区别，故此处不再单独对其区别进行阐述。

（2）期货交易与现货交易、远期交易的区别。

期货交易与现货交易、远期交易的区别详见表10-20。

表10-20 期货交易与现货交易、远期交易的区别

项目	内容
期货交易与现货交易、远期交易的区别	（1）交易对象的不同。和金融期货交易对象是金融期货合约不同的是，金融现货交易的对象是某一具体形态的金融工具。一般情况下，现货交易是代表着一定所有权或债权关系的股票、债券或其他金融工具。 （2）交易目的的不同。期货交易以筹资或投资为目的，是生产和经营筹集资金或用闲置资金创造生息的机会。现货交易则不创造价值，不为投资工具。 （3）交易价格的含义的不同。期货交易通过交易过程中公开竞价或协商形成交易价格，实时成交价。现货交易在交易过程中形成，是对未来价格的预期。 （4）交易方式的不同。前者一般要求在成交后的几个交易日内完成资金与金融工具的全额结算，允许买空卖空。后者实行保证金和逐日盯市。 （5）结算方式的不同。前者通常以基础金融工具与货币的转手而结束交易。后者则是通过做相反交易实现对冲而平仓
期货交易与普通远期交易的区别	（1）交易场所和交易组织形式不同。前者必须在交易集中进行，后者则可进行双边交易。 （2）交易监管程度不同，在世界各国，前者至少受一家以上监管机构监管，后者远期交易则较少受到监管。 （3）金融期货是标准化交易，普通远期交易则可协商解决。 （4）保证金制度和每日结算导致违约风险不同。前者是实行保证金制度和每日结算制度，不担心违约，后者则存在一定的违约风险

二、金融期货和金融期货合约（★★★）

1. 金融期货与金融期货合约的定义

金融期货是指在交易所内，以约定的时间和价格进行交易的标准化的金融商品合约。它以外汇、利率、个股和股票价格指数等为标的物的一种派生金融工具。

金融期货合约是指由交易双方订立的、约定在未来某日期按成交时约定的价格交割一定数量的某种商品的标准化协议。

2. 金融期货合约的主要种类

按基础工具不同，金融期货可分为外汇期货、利率期货和股价指数期货。

（1）外汇期货，也称为货币期货，是以外汇为基础工具的期货合约。外汇期货交易最先由芝加哥商业交易所所属的国际货币市场（简称"IMM"）于1972年推出，是金融期货中最先产生的品种，主要用于规避外汇风险。

（2）利率期货，是指由交易双方签订的，约定在将来某一时间按双方事先商定的价格，交割一定数量与利率相关的金融资产的标准化合约。利率期货交易则是指在有组织的期货交易所中通过竞价成交的、在未来某一时期进行交割的债券合约买卖。利率期货合约主要包括债券期货和主要参考利率期货两大类。利率期货于1975年10月产生于美国芝加哥期货交易所。

就主要参考利率期货来说，其参考的利率除国债利率外，常见的还包括：伦敦银行间同业拆放利率（简称"Libor"）、香港银行间同业拆放利率（简称"Hibor"）、欧洲美元定期存款单利率、联邦基金利率等。

（3）股权类期货，是以单只股票、股票组合或者股票价格指数为基础资产的期货合约。其主要种类包括股票价格指数期货、单只股票期货、股票组合的期货。1982年，美国堪萨斯期货交易所（简称"KCBT"）首先推出价值线指数期货。新加坡交易所（简称"SGX"）于2006年9月5日推出以新华富时50指数为基础变量的全球首个中国A股指数期货。

【例题·选择题】下列属于金融期货的有（　）。
A. 货币期货、利率期货、股票指数期货和股票期货
B. 货币期货、利率期货、股票指数期货和期权期货
C. 货币期货、利率期货、债券指数期货和股票期货
D. 货币期货、利率期货、债券指数期货和期权期货
【解析】本题主要考查金融期货的相关内容。金融期货主要包括：（1）货币期货。（2）利率期货。（3）股票指数期货。（4）股票期货。故A选项为正确答案。
【答案】A

【例题·组合型选择题】股权类期货是以（　）为基础资产的期货合约。
Ⅰ. 利率期货
Ⅱ. 单只股票
Ⅲ. 股票组合
Ⅳ. 股票价格指数
A. Ⅰ、Ⅱ、Ⅲ
B. Ⅰ、Ⅲ、Ⅳ
C. Ⅱ、Ⅲ、Ⅳ
D. Ⅰ、Ⅱ、Ⅲ、Ⅳ
【解析】本题主要考查股权类期货的定义。股权类期货是以单只股票、股票组合或者股票价格指数为基础资产的期货合约。故C选项为正确答案。
【答案】C

3. 金融期货的基本功能

（1）套期保值功能。根据《企业会计准则第24号——套期保值》的定义，套期保值是指企业为规避外汇风险、利率风险、商品价格风险、股票价格风险、信用风险等，指定一项或一项以上套期工具，使套期工具的公允价值或现金流量变动，预期抵消被套期项目全部或部分公允价值或现金流量变动。

（2）价格发现功能。价格发现功能是指在一个公开、公平、高效、竞争的期货市场中，通过集中竞价形成期货价格的功能。

（3）投机功能。期货市场上的投机者也

会利用对未来期货价格走势的预期进行投机交易，预计价格上涨的投机者会建立期货多头，反之则建立空头。与现货市场投机相比较，期货市场投机有两个重要区别：一是目前我国股票市场实行T+1清算制度，而期货市场是T+0，可以进行日内投机；二是期货交易的保证金制度导致期货投机具有较高的杠杆率，盈亏相应放大，具有更高的风险性。

（4）套利功能。期货套利是指利用同一合约在不同市场上可能存在的短暂价格差异进行买卖，赚取价差，被称为"跨市场套利"。套利的理论基础在于经济学中的一价定律，即忽略交易费用的差异，同一商品只能有一个价格。

4. 金融期货的主要交易制度（★★★）

金融期货的交易规则是期货交易正常进行的制度保证和期货市场运行机制的外在体现。金融期货的主要交易制度详见表10-21。

表10-21 金融期货的主要交易制度

交易制度	具体含义
集中交易制度	期货交易所是专门进行期货合约买卖的场所，不仅是期货市场的核心，也承担着组织、监督期货交易的重要职能。金融期货在期货交易所/证券交易所进行集中交易
保证金制度	期货交易所的会员经纪公司必须向交易所或结算所缴纳的时候，而期货交易双方在成交后都要通过经纪人向交易所或结算所缴纳一定数量的保证金，以此来控制期货交易的风险和提高效率
无负债结算制度	期货交易专门清算的机构是结算所，结算所一般附属于交易所，特殊的是结算所以独立的公司形式组建。结算所实行无负债的每日结算制度，也称"逐日盯市制度"，是以每种期货合约在交易日收盘前规定时间内的平均成交价作为当日结算价，与每笔交易成交时的价格作对照，计算每个结算所会员账户的浮动盈亏，进行随市清算
持仓限额制度	持仓限额制度是交易所为了防止市场风险过度集中和防范操纵市场的行为，而对交易者持仓数量加以限制的制度
大户报告制度	大户报告制度在是交易所建立限仓制度后，当会员或客户的持仓量达到交易所规定的数量时，必须向交易所申报有关开户、交易、资金来源、交易动机等情况，以便交易所审查大户是否有过度投机和操纵市场行为，并判断大户交易风险状况的风险控制制度被称为大户报告制度
每日价格波动限制及断路器规则	每日价格波动限制及断路器规则是指为防止期货价格出现过大的非理性变动，交易所通常对每个交易时段允许的最大波动范围作出规定，一旦达到涨（跌）幅限制，则高于（低于）该价格的买入（卖出）委托无效
强行平仓制度	强行平仓制度是指交易所会员或客户的交易保证金不足并未在规定时间内补足，或当会员或客户的持仓量超出规定的限额，或当会员或客户违规时，交易所为了防止风险进一步扩大，将对其持有的未平仓合约进行强制性平仓处理。它是与持仓限额制度和涨跌停板制度等相互配合的风险管理制度
强制减仓制度	强制减仓是指交易所将当日以涨跌停板申报的未成交平仓报单，以当日涨跌停板价格与该合约净持仓营利客户按照持仓比例自动撮合成交。 【提示】强制减仓会导致投资者的持仓量以及盈亏发生变化

【例题·选择题】结算所实行无负债的每日结算制度,又被称为( )。
A. 逐日盯市制度
B. 限仓制度
C. 保证金制度
D. 集中交易制度

【解析】本题主要考查结算所的无负债结算制度。结算所实行无负债的每日结算制度,又被称为"逐日盯市制度",指以每种期货合约在交易日收盘前规定时间内的平均成交价作为当日结算价,与每笔交易成交时的价格作对照,计算每个结算所会员账户的浮动盈亏,进行随市清算。故A选项为正确答案。

【答案】A

【例题·组合型选择题】下列有关金融期货主要交易制度的说法,正确的是( )。
Ⅰ. 期货交易所的会员经纪公司必须向交易所或结算所缴纳结算保证金
Ⅱ. 大户报告制度便于交易所审查大户是否有过度投机和操纵市场行为
Ⅲ. 交易所通常对每个交易时段允许的最大波动范围作出规定,一旦达到涨(跌)幅限制,则高于(低于)买入(卖出)委托无效
Ⅳ. 结算所是期货交易的专门清算机构,通常并不附属于交易所
A. Ⅱ、Ⅲ、Ⅳ
B. Ⅰ、Ⅱ、Ⅲ
C. Ⅰ、Ⅲ、Ⅳ
D. Ⅰ、Ⅱ、Ⅳ

【解析】本题主要考查金融期货的主要交易制度。结算所是期货交易的专门清算机构,通常附属于交易所,故第Ⅳ项说法错误,排除后得正确答案B选项。

【答案】B

三、金融期权(★★★)

1. 金融期权的定义和特征

期权又称"选择权"指的是持有者能在规定的期限内按交易双方商定的价格购买或出售一定数量的基础工具的权利。

与金融期货相比,金融期权的主要特征在于它仅仅是买卖权利的交换。期权的买方可以选择行使他所拥有的权利;期权的卖方在收取期权费后就承担着在规定时间内履行该期权合约的义务。金融期权的基本特征在本节上文中已做详细介绍,此处不再赘述。

2. 金融期权的主要功能

金融期权是金融期货功能的延伸和发展,具有与金融期货相同的套期保值和发现价格的功能,是一种行之有效的控制风险的工具。金融期权的主要功能参见金融期货的基本功能。

3. 金融期权的主要种类

从不同的分类标准出发,可以讲金融期权划分为不同的种类。具体来说,金融期权的分类如表10-22所示。

4. 金融期货与金融期权的区别

(1)基础资产不同。一般来说,金融期权的基础资产多于金融期货的基础资产。在实践中,只有金融期货期权,而没有金融期权期货。

(2)履约保证不同。金融期货交易双方均需开立保证金账户,并按规定缴纳履约保证金;金融期权无须开立保证金账户,也无须缴纳保证金。

(3)套期保值的作用与效果不同。利用金融期货进行套期保值,在避免价格不利变动造成损失的同时,也必须放弃利益;利用金融期权进行套期保值,既可避免价格不利变动造成的损失,又可在相当程度上保住价格有利变动而带来的利益。

表 10-22　金融期权的分类

分类方法	具体类别
金融期权按照其基础资产性质的不同，可分为货币期权、利率期权、股权类期权、金融期货合约期权、互换期权等	（1）货币期权，也称"外币期权"或"外汇期权"，指的是买方在支付期权费后，就取得在合约有效期内或到期时以约定的汇率购买或出售一定数额某种外汇资产的权利。该类合约的基础资产主要以美元、欧元、日元、英镑、瑞士法郎、加拿大元及澳大利亚元为主。 （2）利率期权，指的是买方在支付了期权费后，就取得在合约有效期内或到期时以一定的利率（价格）买入或卖出一定面额的利率工具的权利。利率期权的基础资产通常以政府短期、中期、长期债券，欧洲美元债券，大面额可转让存单等利率工具为主。 （3）股权类期权，主要包括：单只股票期权、股票组合期权和股票指数期权。其中，①单只股票期权（以下简称"股票期权"）指买方在交付了期权费后，即取得在合约规定的到期日或到期日以前按协定价买入或卖出一定数量相关股票的权利。②股票组合期权是以"一揽子"股票为基础资产的期权，代表性品种是交易所交易基金的期权。③股票指数期权是以股票指数为基础资产，买方在支付了期权费后，即取得在合约有效期内或到期时以协定指数与市场实际指数进行盈亏结算的权利。股票指数期权没有可作实物交割的具体股票，只能采取现金轧差的方式结算。 （4）金融期货合约期权，是以金融期货合约为交易对象的选择权。它赋予其持有者在规定时间内以协议价格买卖特定金融期货合约的权利。 （5）互换期权，是以金融互换合约为交易对象的选择权。互换期权的本质是期权而不是互换，该期权的标的物为互换。互换期权的买方要支付一笔现金，作为在未来某一个时期可以行使互换合约的成本
金融期权按照选择权的性质不同，可分为看涨期权和看跌期权	（1）看涨期权，又称"认购权"，是指期权的购买者拥有在期权合约有效期内按执行价格买进一定数量标的物的权利。交易者购买看涨期权的原因是他预期基础金融工具的价格在合约期限内将会呈上涨趋势。若判断正确，可赚取市价与协定价格之间的差额；如果判断失误，则放弃行权，只损失期权费。 （2）看跌期权。看跌期权又称"认沽权"，指的是期权的买方具有在约定期限内按协定价格卖出一定数量基础金融工具的权利。交易者购买看跌期权的原因是他预期基础金融工具的价格在近期内将会下跌。若判断正确，将赚取协定价与市价的差额；若判断失误，则放弃行权，损失期权费
金融期权按执行价格和标的物市价的关系，分为实值期权、虚值期权和平值期权	（1）实值期权，是指具有内在价值的期权。当看涨期权的敲定价格低于相关标的资产合约的当时市场价格时，该看涨期权具有内涵价值。当看跌期权的敲定价格高于相关标的资产合约的当时市场价格时，该看跌期权具有内涵价值（市价＞行权价格）。 （2）虚值期权，又称价外期权，是指不具有内涵价值的期权，即敲定价高于当时标的资产价格的看涨期权或敲定价低于当时标的资产价格的看跌期权（市价＜行权价格）。 （3）平值期权的行使价非常接近标的资产的市价（市价＝行权价格）
金融期权按照合约所规定的履约时间的不同，可分为欧式期权、美式期权和修正的美式期权	（1）欧式期权，即是指买入期权的一方必须在期权到期日当天才能行使的期权。 （2）美式期权，是指可以在成交后有效期内任何一天被执行的期权，多为场内交易所采用。 （3）修正的美式期权，又称"百慕大期权"或"大西洋期权"，是一种可以在到期日前所规定的一系列时间行权的期权。百慕大期权可以被视为美式期权与欧式期权的混合体

（4）现金流转不同。金融期货交易双方都必须保有一定的流动性较高的资产，以备不时之需；而在金融期权交易中，在成交后，除了到期履约外，交易双方将不发生任何现金流转。

（5）交易者权利与义务的对称性不同。金融期货交易双方的权利与义务对称；而金融期权交易双方的权利与义务则明显的不对称，它的买方只有权利没有义务，而期权的卖方只有义务没有权利。

（6）盈亏特点不同。金融期货交易中双方都无权违约，交易双方潜在的营利和亏损都是无限的；而期权购买者在交易中的潜在亏损是有限的，营利是无限的，相反，期权出售者在交易中所取得的营利是有限的（仅限于所收取的期权费），而他可能遭受的损失却是无限的。

【例题·组合型选择题】下列各项中，属于金融期货性质的是（　　）。
Ⅰ．买卖双方的权利与义务是对称的
Ⅱ．双方均需开立保证金账户，缴纳履约保证金
Ⅲ．双方潜在的盈利和亏损是无限的
Ⅳ．金融期货是以金融工具（或金融变量）为基础工具的期货交易
A．Ⅰ、Ⅱ、Ⅲ、Ⅳ
B．Ⅰ、Ⅱ、Ⅳ
C．Ⅲ、Ⅳ
D．Ⅰ、Ⅱ、Ⅲ

【解析】本题主要考查金融期货的性质。金融期货是以金融工具（或金融变量）为基础工具的期货交易。金融期货交易双方的权利与义务是对称的，即对任何一方而言，都既有要求对方履约的权利，又有自己对对方履约的义务。金融期货交易双方均需开立保证金账户，并按规定缴纳履约保证金。在金融期货交易中，双方潜在的盈利和亏损是无限的。题干中第Ⅰ、Ⅱ、Ⅲ、Ⅳ项的说法都是正确的，故A选项为正确答案。

【答案】A

【例题·组合型选择题】下列金融期权属于实值期权的是（　　）。
Ⅰ．看涨期权协定价格低于金融工具市场价格
Ⅱ．看涨期权协定价格高于金融工具市场价格
Ⅲ．看跌期权协定价格低于金融工具市场价格
Ⅳ．看跌期权协定价格高于金融工具市场价格
A．Ⅰ、Ⅲ
B．Ⅱ、Ⅲ
C．Ⅱ、Ⅳ
D．Ⅰ、Ⅳ

【解析】本题主要考查金融期权的相关内容。对看涨期权而言，若市场价格高于协定价格，期权的买方执行期权将有利可图，此时为实值期权；市场价格低于协定价格，期权的买方将放弃执行期权，为虚值期权。对看跌期权而言，市场价格低于协定价格为实值期权；市场价格高于协定价格为虚值期权。故第Ⅰ、Ⅲ项说法正确，本题选D。

【答案】D

四、金融互换（★）

1. 互换概述

互换是双方或多方约定好交换物品或权利义务的一个过程。它是参与者进行套期保值和风险管理的重要工具，同时也是联系债券市场和货币市场的重要桥梁。

互换的种类很多，主要有利率互换、货币互换、商品互换、股权类互换和其他类型互换等。其中，有以下几点需要注意。

（1）利率互换指的是交易双方约定在未来的一定期限内对约定的名义本金按不同的计算方法定期交换利息的一种场外交易的金融合约。利率互换的期限通常在2年以上，有时甚至在15年以上。

（2）货币互换是将一种货币的本金和固定利息与另一货币的等价本金和固定利息进行交换。

（3）商品互换是指双方为了管理商品价格风险，同意交换与商品价格有关的现金流的交易。股权类互换指某个权益性指数所实现的总收益交换为固定利率或浮动利率的协议。

（4）其他互换，包括本金增长型互换、本金减少型互换、过山车型互换；可延长互换和可赎回互换；零息互换；后定利率互换；远期互换等。

2. 人民币利率互换交易的业务内容

2006年1月24日，中国人民银行发布了《关于开展人民币利率互换交易试点有关事宜的通知》，批准在全国银行间同业拆借中心开展人民币利率互换交易试点。2008年1月18日，中国人民银行发布《关于开展人民币利率互换业务有关事宜的通知》，同时废止《关于开展人民币利率互换交易试点有关事宜的通知》。

根据上述通知，人民币利率互换是指交易双方约定在未来的一定期限内，根据约定的人民币本金和利率计算利息并进行利息交换的金融合约。关于人民币利率互换交易的业务内容参考表10-23。

表10-23　人民币利率互换交易的业务内容

项目	内容
参考利率	利率互换的参考利率应为经中国人民银行授权的全国银行间同业拆借中心等机构发布的银行间市场具有基准性质的市场利率或经中国人民银行公布的基准利率。目前，中国外汇交易中心人民币利率互换参考利率包括上海银行间同业拆放利率（含隔夜、1周、3个月期等品种）、国债回购利率（7天）、1年期定期存款利率
互换期限	互换期限从7天到3年，交易双方可协商确定付息频率、利率重置期限、计息方式等合约条款
主要用途	互换交易的主要用途是改变交易者资产或负债的风险结构（比如利率或汇率结构），从而规避相应的风险

3. 信用违约互换的含义和主要风险

（1）信用违约互换的含义。

信用违约互换（简称"CDS"）又称为信贷违约掉期，也叫贷款违约保险，是目前全球交易最为广泛的场外信用衍生品。在信用违约互换交易中，希望规避信用风险的一方称为信用保护购买方，向风险规避方提供信用保护的一方称为信用保护出售方，愿意承担信用风险。违约互换购买者将定期向违约互换出售者支付一定费用（称为信用违约互换点差），而一旦出现信用类事件（主要指债券主体无法偿付），违约互换购买者将有权利将债券以面值递送给违约互换出售者，从而有效规避信用风险。

（2）信用违约互换的主要风险。

最基本的信用违约互换涉及两个当事人，双方约定以某一信用工具为参考，一方向另一方出售信用保护，若参考工具发生规定的信用违约事件，则信用保护出售方必须向购买方支付赔偿。信用违约互换的主要风险来自以下3个方面。

①信用违约互换具有较高的杠杆性。信用保护买方只需要支付少量保费，最多可以获得等于名义金额的赔偿，一旦参考品信用等级出现微小变化，CDS保费价格就会剧烈波动。

②由于信用保护的买方并不需要真正持有作为，因此，特定信用工具可能同时在多起交易中被当作CDS的参考，有可能极大地放大风险敞口总额，在发生危机时，市场往往恐慌性地高估涉险金额。

③由于场外市场缺乏充分的信息披露和监管，因此，在危机期间，每起信用事件的发生都会引起市场参与者因担心自己的交易

对手倒下而使自己的敞口头寸失去着落。

> 常见的CDS参考信用工具有：按揭贷款、按揭支持证券、各国国债及公司债券或者债券组合、债券指数。

基于以上原因，信用违约互换面临以下几类风险。

（1）交易对手风险。
（2）流动性风险。
（3）操作风险。
（4）定价风险。
（5）法律风险。

五、可转换公司债券与可交换公司债券（★★★）

1. 可转换公司债券

（1）可转换公司债券的概念。

可转换公司债券是指其持有者可以在一定时期内按一定比例或价格将之转换成一定数量的另一种证券的证券。可转换公司债券通常是转换成普通股票，当股票价格上涨时，可转换公司债券的持有人行使转换权比较有利。目前，我国只有可转换债券。我国可转换公司债券的期限最短为1年，最长为6年，每张面值100元。可转换公司债券自发行结束之日起6个月后方可转换为公司股票。

可转换公司债券按附认股权和债券本身能否分开交易划分，可分为分离交易的可转换公司债券和非分离交易的可转换公司债券。

企业发行可转换公司债券原因主要有两个：一是发行可转换公司债券比发行普通债券融资成本低，对于风险的变化不敏感，相应补偿的要求也不高；二是与发行股票相比，发行可转换债券对权益稀释的程度较低。

> 可转换公司债券实质上嵌入了普通股票的看涨期权，正是从这个意义上说，我们将其列为期权类衍生产品。

【例题·选择题】可转换证券通常是指其持有者可以将一定数量的证券转换为一定数量的（　　）的证券。
A. 债券
B. 公司债券
C. 优先股
D. 普通股

【解析】本题主要考查可转换公司债券的定义。可转换公司债券通常是转换成普通股票，因此可以将可转换债券描述成：持有者可以将一定数量的证券转换成一定数量普通股票的证券。故D选项为正确答案。

【答案】D

（2）可转换公司债券的特征。

①可转换债券具有双重选择权。双重选择权是可转换公司债券最主要的金融特征。一方面，投资者可自行选择是否转股，并为此承担转债利率较低的机会成本；另一方面，转债发行人拥有是否实施赎回条款的选择权，并为此要支付比没有赎回条款的转债更高的利率。

②可转换债券是一种附有转股权的特殊债券。在转换以前，它是一种公司债券；在转换成股票后，它变成了股票，具备股票的一般特征。

（3）发行可转换公司债券的条件。

根据《上市公司证券发行管理办法》的规定，发行可转换公司债券的条件参照表10-24。

表10-24 发行可转换公司债券的条件

条件		具体规定
公开发行证券的一般条件	上市公司的组织机构健全、运行良好	(1) 公司章程合法有效，股东大会、董事会、监事会和独立董事制度健全，能够依法有效履行职责。 (2) 公司内部控制制度健全，能够有效保证公司运行的效率、合法合规性和财务报告的可靠性；内部控制制度的完整性、合理性、有效性不存在重大缺陷。 (3) 现任董事、监事和高级管理人员具备任职资格，能够忠实和勤勉地履行职务，不存在违反《公司法》第一百四十八条、第一百四十九条规定的行为，且近36个月内未受到过中国证监会的行政处罚、近12个月内未受到过证券交易所的公开谴责。 (4) 上市公司与控股股东或实际控制人的人员、资产、财务分开，机构、业务独立，能够自主经营管理。 (5) 近12个月内不存在违规对外提供担保的行为
	上市公司的盈利能力具有可持续性	(1) 3个会计年度连续盈利。扣除非经常性损益后的净利润与扣除前的净利润相比，以低者作为计算依据。 (2) 业务和盈利来源相对稳定，不存在严重依赖于控股股东、实际控制人的情形。 (3) 现有主营业务或投资方向能够可持续发展，经营模式和投资计划稳健，主要产品或服务的市场前景良好，行业经营环境和市场需求不存在现实或可预见的重大不利变化。 (4) 高级管理人员和核心技术人员稳定，12个月内未发生重大不利变化。 (5) 公司重要资产、核心技术或其他重大权益的取得合法，能够持续使用，不存在现实或可预见的重大不利变化。 (6) 不存在可能严重影响公司持续经营的担保、诉讼、仲裁或其他重大事项。 (7) 24个月内曾公开发行证券的，不存在发行当年营业利润比上年下降50%以上的情形。
	上市公司的财务状况良好	(1) 会计基础工作规范，严格遵循国家统一会计制度的规定。 (2) 最近3年及1期财务报表未被注册会计师出具保留意见、否定意见或无法表示意见的审计报告；被注册会计师出具带强调事项段的无保留意见审计报告的，所涉及的事项对发行人无重大不利影响或者在发行前重大不利影响已经消除。 (3) 资产质量良好。不良资产不足以对公司财务状况造成重大不利影响。 (4) 经营成果真实，现金流量正常。营业收入和成本费用的确认严格遵循国家有关企业会计准则的规定，3年资产减值准备计提充分合理，不存在操纵经营业绩的情形。 (5) 最近3年以现金方式累计分配的利润不少于最近3年实现的年均可分配利润的20%
	上市公司36个月内财务会计文件无虚假记载，且不存在规定的重大违法行为	规定的重大违法行为包括如下几项。 (1) 违反证券法律、行政法规或规章，受到中国证监会的行政处罚，或者受到刑事处罚。 (2) 违反工商、税收、土地、环保、海关法律、行政法规或规章，受到行政处罚且情节严重，或者受到刑事处罚。 (3) 违反国家其他法律、行政法规且情节严重的行为
	上市公司募集资金的数额和使用应当符合规定	(1) 募集资金数额不超过项目需要量。 (2) 募集资金用途符合国家产业政策和有关环境保护、土地管理等法律和行政法规的规定。 (3) 除金融类企业外，本次募集资金使用项目不得为持有交易性金融资产和可供出售的金融资产、借予他人、委托理财等财务性投资，不得直接或间接投资于以买卖有价证券为主要业务的公司。 (4) 投资项目实施后，不会与控股股东或实际控制人产生同业竞争或影响公司生产经营的独立性。 (5) 建立募集资金专项存储制度，募集资金必须存放于公司董事会决定的专项账户。

续表

条件		具体规定
公开发行证券的一般条件	不存在禁止情形	上市公司存在下列情形之一的，不得公开发行证券。 （1）本次发行申请文件有虚假记载、误导性陈述或重大遗漏。 （2）擅自改变前次公开发行证券募集资金的用途而未作纠正。 （3）上市公司12个月内受到过证券交易所的公开谴责。 （4）上市公司及其控股股东或实际控制人12个月内存在未履行向投资者作出的公开承诺的行为。 （5）上市公司或其现任董事、高级管理人员因涉嫌犯罪被司法机关立案侦查或涉嫌违法违规被中国证监会立案调查。 （6）严重损害投资者的合法权益和社会公共利益的其他情形
发行可转换公司债券条件		公开发行可转换公司债券的公司，除应当符合上述一般条件外，还应当符合下列规定。 （1）3个会计年度加权平均净资产收益率平均不低于6%。 （2）本次发行后累计公司债券余额不超过一期末净资产额的40%。 （3）3个会计年度实现的年均可分配利润不少于公司债券1年的利息
发行分离交易的可转换公司债券的条件		发行分离交易的可转换公司债券，除符合上述一般规定外，还应当符合下列规定。 （1）公司最近1期末经审计的净资产不低于人民币15亿元。 （2）最近3个会计年度实现的年均可分配利润不少于公司债券1年的利息。 （3）最近3个会计年度经营活动产生的现金流量净额平均不少于公司债券1年的利息，符合本办法第十四条第（一）项规定的公司除外。 （4）本次发行后累计公司债券余额不超过最近1期末净资产额的40%，预计所附认股权全部行权后募集的资金总量不超过拟发行公司债券金额

除上述规定的条件以外，《公司法》《证券法》《上市公司证券发行管理办法》对发行可转换公司债券净资产要求、净资产收益率要求和现金流量要求等也作出了明确规定。

公开发行可转换公司债券，应当委托具有资格的资信评级机构进行信用评级和跟踪评级，资信评级机构每年至少公告一次跟踪评级报告。上市公司应当在可转换公司债券期满后5个工作日内办理完毕偿还债券余额本息的事项。

公开发行可转换公司债券，应当提供担保，但最近一期末经审计的净资产不低于人民币15亿元的公司除外。提供担保的，应当为全额担保，担保范围包括债券的本金及利息、违约金、损害赔偿金和实现债权的费用。以保证方式提供担保的，应当为连带责任担保，且保证人最近一期经审计的净资产额应不低于其累计对外担保的金额。证券公司或上市公司不得作为发行可转债的担保人，但上市商业银行除外。设定抵押或质押的，抵押或质押财产的估值应不低于担保金额。估值应经有资格的资产评估机构评估。

【例题·选择题】在公司债券有效存续期间，资信评级机构每年至少公告（　　）次跟踪评级报告。
A．1　　　　　B．2
C．3　　　　　D．5
【解析】本题主要考查可交换公司债券的主要条款。根据《公司债券发行试点办法》规定，公司与资信评级机构应当约定，在债券有效存续期间，资信评级机构每年至少公告1次跟踪评级报告。故A选项为正确答案。
【答案】A

2. 可交换公司债券

（1）可交换公司债券的概念。

可交换公司债券是指上市公司的股东依法发行，在一定期限内依据约定的条件可以交换成该股东所持有的上市公司股份的公司债券。我国可交换公司债券的期限最短为1年，最长为6年，每张面值100元。可交换公司债券自发行结束之日起12个月后方可交换为预备交换的股票，债券持有人对交换股票或者不交换股票有选择权。公司债券交换为每股股份的价格应当不低于公告募集说明书日前20个交易日公司股票均价和前1个交易日的均价。另外，其担保安排和信用评级规定，可参考可转换公司债券。

（2）可交换公司债券的特征。

①可交换债券的融资成本较低。可交换债券的利率水平与同期限、同等信用评级的一般债券相比要低。因此即使可交换债券的转换不成功，其发行人的还债成本也不高。

②可交换债券和其转股标的股分别属于不同的发行人。一般来说可交换债券的发行人为控股母公司，而转股标的的发行人则为上市子公司。

③由于可交换债券的标的为母公司所持有的子公司股票，为存量股。因此发行可交换债券一般并不增加其上市子公司的总股本，但在转股后会降低母公司对子公司的持股比例。

（3）可交换公司债券的发行基本条件。

申请发行可交换公司债券，应当具备以下基本条件。

①申请人应当是符合《公司法》《证券法》规定的有限责任公司或者股份有限公司。

②公司组织机构健全，运行良好，内部控制制度不存在重大缺陷。

③公司最近1期末的净资产额不少于人民币3亿元。

④公司最近3个会计年度实现的年均可分配利润不少于公司债券1年的利息。

⑤本次发行后累计公司债券余额不超过最近一期末净资产额的40%。

⑥本次发行债券的金额不超过预备用于交换的股票按募集说明书公告日前20个交易日均价计算的市值的70%，并应当将预备用于交换的股票设定为本次发行的公司债券的担保物。

⑦经资信评级机构评级，债券信用级别良好。

⑧不存在《公司债券发行试点办法》第八条规定的不得发行公司债券的情形。

知识拓展　预备用于交换的上市公司股票应当符合下列规定：（1）该上市公司最近1期末的净资产不低于人民币15亿元，或者最近3个会计年度加权平均净资产收益率平均不低于6%。扣除非经常性损益后的净利润与扣除前的净利润相比，以低者作为加权平均净资产收益率的计算依据。（2）用于交换的股票在提出发行申请时应当为无限售条件股份，且股东在约定的换股期间转让该部分股票不违反其对上市公司或者其他股东的承诺。（3）用于交换的股票在本次可交换公司债券发行前，不存在被查封、扣押、冻结等财产权利被限制的情形，也不存在权属争议或者依法不得转让或设定担保的其他情形。

3. 可交换债券与可转换债券的异同

可交换债券与可转换债券既有联系也有区别，具体内容见表10-25。

表 10-25 可交换债券与可转换债券的异同

项目	内　容
相同点	（1）期限都是最低1年，最高6年。 （2）面值都为人民币100元。 （3）都对转换期和转换比率进行了规定。 （4）都可约定赎回和回售条款。 （5）发行利率都低于普通公司债券的利率或同期银行贷款利率。 （6）都要求资信评级机构每年至少公告1次跟踪评级报告
不同点	（1）所换股份的来源不同。前者是发行人持有的其他公司的股份；后者是发行人未来发行的新股。 （2）发债主体和偿债主体不同。前者的主体是上市公司的股东，通常是大股东；后者的主体是上市公司本身。 （3）抵押担保方式不同。前者以持有的用于交易的股票作质押品，还可另行担保；后者，要由第三方作保，且该方最近1期末经审计净资产不低于人民币15亿元的公司除外。 （4）对公司股本的影响不同。前者总股本扩大，摊薄每股收益；后者没有导致总股本的变化。 （5）发行目的不同。前者的发行目的包括投资退出、市值管理、资产流动性管理等，不一定要用于投资项目；后者是将募集资金用于投资项目。 （6）转股价的确定方式不同。前者每股价格应当不低于募集说明书公告日前30个交易日上市公司股票交易价格平均值的90%；后者则是不低于募集说明书公告日前20个交易日该公司股票交易均价和前1日交易日的均价。 （7）转换为股票的期限不同。前者自发行结束日起12个月后方可交换为预备交换的股票，没有确定是欧式还是百慕大式转股；后者自发行结束日起6个月后方可交换为公司股票，确定是百慕大式转股。 （8）转股价的向下修正方式不同。前者没有可向下修正转换价格的规定；后者则可在满足条件时向下修正转股价

六、资产证券化（★★★）

1. 资产证券化的定义

资产证券化业务，是指以特定基础资产或资产组合所产生的现金流为偿付支持，通过结构化方式进行信用增级，在此基础上发行资产支持证券的业务活动。传统的证券发行是以企业为基础，而资产证券化则是以特定的资产池为基础发行证券。

资产证券化起源于美国的住宅抵押贷款证券化。

2. 资产证券化的种类

（1）根据基础资产分类，资产证券化可分为不动产证券化、应收账款证券化、信贷资产证券化、未来收益证券化、债券组合证券化等类别。

（2）资产证券化根据其发起人、发行人和投资者所属地域不同，可分为境内资产证券化和离岸资产证券化。

（3）根据证券化产品的属性不同，可以分为股权型证券化、债权型证券化和混合型证券化。

在资产证券化过程中发行的以资产池为基础的证券就称为"证券化产品"。

【例题·选择题】由银行业金融机构作为发起机构，将信贷资产信托给受托机构，由受托机构发行的，以该财产所产生的现金支付其收益的证券为（　　）。

A. 资产支持证券
B. 商业银行次级债
C. 财务公司债券
D. 中央银行票据

【解析】本题主要考查资产支持证券的定义。资产支持证券是指由银行业金融机构作为发起机构，将信贷资产信托给受托机构，由受托机构发行的，以该财产所产生的现金支付其收益的受益证券。故 A 选项为正确答案。

【答案】A

【例题·选择题】资产证券化最初是对（　　）抵押贷款的证券化。
A. 专利
B. 企业
C. 汽车
D. 住宅

【解析】本题主要考查证券资产化的相关内容。资产证券化起源于美国，最初是对住宅抵押贷款的证券化。故 D 选项为正确答案。

【答案】D

3. 资产证券化各方参与者的条件和职责

资产证券化各方参与者的条件和职责详见表 10-26。

表 10-26　资产证券化各方参与者的条件和职责

参与者	条　件	职　责
发起人，也称"原始权益人"	通常是金融机构或大型工商企业	是证券化基础资产的原始所有者，为证券化提供基础资产
承销人	属于投资银行，如果证券化交易涉及金额较大，可能会组成承销团	负责证券设计和发行承销
特定目的机构或特定目的受托人（SPV）	选择特定目的机构或受托人时，通常要求满足所谓破产隔离条件，即发起人破产对其不产生影响	接受发起人转让的资产，或受发起人委托持有资产，并以该资产为基础发行证券化产品
资金和资产存管机构	通常应是信誉良好的金融机构	进行资金和资产的托管
信用增级机构	采用超额抵押等方法进行内部增级，不需要外部增级机构	此类机构负责提升证券化产品的信用等级，为此要向特定目的机构收取相应费用，并在证券违约时承担赔偿责任
信用评级机构	—	在发行前，对属于债券证券化产品进行信用评级
证券化产品投资者	—	即证券化产品发行后的持有人
服务人	属于金融机构，通常可由发起人兼任	负责对资产池中的现金流进行日常管理

4. 资产证券化的具体操作要求（以信贷资产证券化为例）

中国银监会发布的《关于信贷资产证券化备案登记工作流程的通知》规定，对证券化产品发行进行逐笔审批，银行业金融机构应在申请取得业务资格后开展业务，在发行证券化产品前应进行备案登记，操作要求如下。

（1）业务资格审批。银行业金融机构开展信贷资产证券化业务应向中国银监会提出申请相关业务资格。对已发行过信贷资产支持证券的银行业金融机构豁免资格审批，但须履行相应手续。

（2）产品备案登记。银行业金融机构发行证券化产品前须进行备案登记，信贷资产证券化产品的备案申请由创新部统一受理、核实、登记；转送各机构监管部实施备案统计；备案后由创新部统一出口。银行业金融机构在完成备案登记后可开展资产支付证券的发行工作。已备案产品须在3个月内完成发行，3个月内未完成发行的须重新备案。

（3）过渡期安排。在通知正式发布前已报送中国银监会、正处于发行审批通道内的证券化产品仍按照原审批制下工作流程继续推进。通知正式发布后，已发行过信贷资产支持证券的银行业金融机构被视为已具备相关业务资格，可按照新工作流程开展产品报备登记，并应补充完成业务资格审批手续；未发行过证券化产品的机构则须在获得业务资格后再进行产品备案。

此外，中国人民银行也发布公告，对信贷资产支持证券发行实施注册制管理。申请注册发行的证券化信贷资产应具有较高的同质性。

中国人民银行接受注册后，在注册有效期内，受托机构和发起机构可自主选择信贷资产支持证券发行时机，在按有关规定进行产品发行信息披露前5个工作日，将最终的发行说明书、评级报告及所有最终的相关法律文件和信贷资产支持证券发行登记表送中国人民银行备案。

另外，按照投资者适当性原则，由市场和发行人双向选择信贷资产支持证券交易场所。受托机构、发起机构可与主承销商或其他机构通过协议约定信贷资产支持证券的做市安排。采用分层结构的信贷资产支持证券，其最低档次证券发行可免于信用评级。

公告指出，受托机构和发起机构应向中国人民银行报送书面的注册登记材料和发行材料，同时提交电子版文件光盘。受托机构和发起机构在信贷资产支持证券发行前和存续期间，应切实履行信息披露职责，并承担主体责任。采用注册方式分期发行的，可在注册后即披露产品交易结构等信息，每期产品发行前披露基础资产池相关信息。受托机构、承销机构、信用评级机构、会计师事务所、律师事务所等中介机构要按合同约定，切实履行尽职调查责任，依法披露信息。

七、结构化金融衍生产品（★）

1. 结构化金融衍生产品的定义

结构化金融衍生产品是运用金融工程结构化方法，将若干基础金融商品和金融衍生品相结合设计出的新型金融产品。一个典型的结构化产品包括一个零息票据、定期存单或类似固定收益产品和一个衍生工具。目前最为流行的结构化金融衍生产品主要是由商业银行开发的各类结构化理财产品以及在交易所市场上可上市交易的各类结构化票据。

各种类型的结构化产品具有以下特征：固定投资期限、本金保护、基于特定公式计算收益、种类繁多的标的物。

目前，我国内地尚无交易所交易的结构化产品，但是，很多商业银行均通过柜台销售各类"挂钩理财产品"。

2. 结构化金融衍生产品的类别

（1）根据风险的程度不同，结构化产品

可分为本金保护类产品、收益增强类产品和杠杆参与类产品。

（2）按联结的基础产品不同，结构化产品可分为股权联结型产品、利率联结型产品、汇率联结型产品、商品联结型产品等种类。

（3）按收益保障性不同，结构化产品可分为收益保证型产品和非收益保证型产品两大类，其中前者又可进一步细分为保本型产品和保证最低收益型产品。

（4）按发行方式不同，结构化产品可分为公开募集的结构化产品与私募结构化产品。

（5）按照嵌入式衍生产品的属性不同，结构化产品可以分为基于互换的结构化产品、基于期权的结构化产品等类别。

当然，还可以按照币种、期限、发行地等进行分类。

【例题·组合型选择题】根据收益保障性不同，可将结构化金融衍生产品分为（　　）。
Ⅰ．保证最高收益型
Ⅱ．非收益保证型
Ⅲ．保证风险最低型
Ⅳ．收益保证型
A．Ⅰ、Ⅱ
B．Ⅰ、Ⅲ、Ⅳ
C．Ⅱ、Ⅳ
D．Ⅰ、Ⅱ、Ⅲ、Ⅳ
【解析】本题主要考查结构化金融衍生产品的分类。根据收益保障性不同，结构化金融衍生产品可分为收益保证型产品和非收益保证型产品两大类。
【答案】C

八、金融衍生工具（★★★）

1．金融衍生工具的发展动因

（1）避险。避险是金融衍生工具产生的最基本原因。

（2）金融自由化。金融自由化，指的是政府或有关监管当局对限制金融体系的现行法令、规则、条例及行政管制予以取消或放松，以形成一个较宽松、自由、更符合市场运行机制的新的金融体制。金融自由化的发展推动了金融衍生工具的发展。

（3）金融机构的利润驱动。

（4）新技术革命。新技术革命为金融衍生工具的产生与发展提供了物质基础与手段。

2．金融衍生工具的发展现状和趋势

金融衍生工具的发展现状和趋势如表10-27所示。

表10-27　金融衍生工具的发展现状和趋势

项目	内容
发展现状	（1）金融衍生工具以场外交易为主。 （2）利率衍生品是名义金额最大的衍生品种类，在场外交易的利率互换占所有衍生品名义金额的半数以上，是最大的单个衍生品种类。场外交易市场也是名义金额最大的衍生品种类。 （3）在场外市场，远期和互换这两类具有对称性收益的衍生产品比收益不对称的期权类产品大得多。但在场内市场则正好相反。 （4）金融危机后，衍生品的市场结构和品种结构发生较大变化，但其交易的增长趋势并未改变
发展趋势	尽管近年来震动世界金融体系的危机和风波似乎都与金融衍生品有关，各国政府和国际组织纷纷加强了对衍生产品的监管力度，但总的来看，金融衍生产品仍处于一个良好的发展态势之中

九、金融衍生工具市场（★★★）

1．金融衍生工具市场的特点

金融衍生工具市场是指以各种金融合约为交易对象的交易场所。金融衍生工具市场的特点包括如下几点。

(1) 杠杆性。杠杆性，即交易者能以较少的资金成本控制较多的投资，从而提高投资的收益，达到"以小搏大"的目的。它是金融衍生交易的最显著的特征之一。

(2) 风险性。金融衍生工具市场的风险主要包括市场风险、信用风险、流动性风险、操作风险、法律风险、管理风险。

(3) 虚拟性。虚拟性是指金融衍生工具的价格运动过程脱离了现实资本的运动，但却能给持有者带来一定收入的特征。

2. 金融衍生工具市场的功能

(1) 有利于完善国家金融市场、提高金融运作的效率和维护金融安全。

(2) 有利于推动现代金融市场的发展，是现代金融市场的重要内容。

(3) 有利于分散国内金融机构的金融风险，提高风险管理，减缓国际金融风险的影响。

(4) 有利于完善现代金融市场的组织体系，同时提供了对金融风险的市场基础和手段，促进了国际竞争力的提高。

3. 我国衍生工具市场的发展状况

我国金融衍生工具市场分为交易所市场、银行间债券市场和银行柜台衍生工具市场。表10-28从三个市场出发，介绍了我国衍生工具市场的发展状况。

表10-28 我国衍生工具市场的发展状况

市场类型	发展状况
交易所市场	1921年上海金业交易所推出标金期货，是近代首例金融期货交易。 1988年上海成立全国外汇调剂中心。1991年非上市公司海南新能源股份有限公司公开发行可转换债券，于1993年上市。证券监管机构发布《可转换公司债券管理暂行办法》(1997)、《上市公司发行可转换公司债券实施办法》(2001)、《上市公司证券发行管理办法》(2006)。2008年中国证监会制定《上市公司股东发行可交换公司债券试行规定》。 2014年12月24日第一单公开发行可交换公司债券为宝钢集团，质押标的股票为1.65亿元新华保险A股股票
银行间债券市场	银行间债券市场是指依托于中国外汇交易中心暨全国银行间同业拆借中心（简称"交易中心"）。2005年6月开通银行间债券远期交易，2005年8月推出人民币/外币远期交易。2006年2月开始人民币利率掉期交易，2006年4月24日外汇掉期交易，2007年利率互换交易，2011年4月1日正式启动人民币对外汇期权交易
银行柜台衍生工具市场	目前主要涉及远期结售汇、外汇远期与掉期、利率衍生品交易

过关测试题

一、选择题

1. 通过公开发售基金份额筹集资金，以资产组合方式进行证券投资活动的基金是（　　）。

A. 社保年金
B. 企业年金基金
C. 社会公益基金
D. 证券投资基金

2. 证券投资基金通过发行基金单位集中的资金，由（　　）负责托管。

A. 基金投资顾问
B. 基金承销公司

C. 基金管理人

D. 基金托管人

3. 封闭式基金的固定存续期通常在（　　）。

A. 3年以上

B. 5年以上

C. 8年以上

D. 1～10年

4. （　　）是开放式基金所特有的风险。

A. 市场风险

B. 管理风险

C. 技术风险

D. 巨额赎回风险

5. 证券投资基金的特点不包括（　　）。

A. 独立托管、保障安全

B. 严格监管、信息透明

C. 利益共享、风险共担

D. 分散理财、集合管理

6. 基金管理人和基金托管人是（　　）的关系。

A. 相互制衡

B. 委托与受托

C. 相互竞争

D. 受益人与受托人

7. （　　）不属于契约型基金与公司型基金的主要区别。

A. 基金规模不同

B. 投资者地位不同

C. 营运依据不同

D. 法律主体资格不同

8. 证券投资基金根据运作方式的不同，可以划分为（　　）。

A. 封闭式基金和开放式基金

B. 私募基金和公募基金

C. 契约型基金和公司型基金

D. 股票基金和债券基金

9. 下列属于可交换公司债券与可转换公司债券相似之处的是（　　）。

A. 发债主体和偿债主体

B. 适用的法规

C. 发行要素

D. 所换股份的来源

10. 金融期货是以（　　）为对象的期货交易品种。

A. 金融期货合约

B. 债券

C. 金融证券

D. 商品

11. 下列选项中，（　　）不属于基金的费用。

A. 申购费

B. 管理费

C. 发行费

D. 赎回费

12. （　　）是可在期权到期日或到期日之前的任一营业日执行的期权。

A. 看跌期权

B. 欧式期权

C. 看涨期权

D. 美式期权

13. 可交换公司债券的最长期限是（　　）。

A. 1年

B. 5年

C. 6年

D. 10年

14. （　　）不属于金融期货交易制度。

A. 大户报告制度

B. 连续交易制度

C. 集中交易制度

D. 每日价格波动限制及断路器规则

15. 根据美国的相关法规，私募基金的投资者人数不得超过（　　）人，每个投资者的净资产必须在100万美元以上。

A. 60

B. 100

C. 150

D. 200

16. (　　)属于交易所交易的衍生工具。

A. 金融机构之间、金融机构与大规模交易者之间进行的各类互换交易和信用衍生品交易

B. 在期货交易所交易的期货合约

C. 公司债券条款中包含的返售条款

D. 期权合约、期货合约或者互换交易合约

17. (　　)指的是金融衍生工具的价值与基础产品或基础变量紧密联系、规则变动。

A. 高风险性
B. 跨期性
C. 杠杆性
D. 联动性

18. (　　)是金融衍生工具产生的最基本原因。

A. 避险
B. 金融危机
C. 利润驱动
D. 新技术革命

二、组合型选择题

1. 基金托管费的计提方法是(　　)。

Ⅰ. 按基金资产净值的一定比率提取
Ⅱ. 按基金资产总值的一定比率提取
Ⅲ. 逐日计提，按月支付
Ⅳ. 按月计提，一次支付

A. Ⅱ、Ⅲ
B. Ⅰ、Ⅳ
C. Ⅰ、Ⅲ
D. Ⅱ、Ⅳ

2. 下列属于交易型开放式指数基金的特征的是(　　)。

Ⅰ. 对象不固定，基金份额的投资金额要求较低，适合中小投资者参与
Ⅱ. 独特的实物申购、赎回机制
Ⅲ. 独特的现金申购、赎回机制
Ⅳ. 实行一级市场与二级市场并存的交易制度

A. Ⅰ、Ⅱ
B. Ⅱ、Ⅲ
C. Ⅱ、Ⅳ
D. Ⅰ、Ⅱ、Ⅳ

3. 货币市场基金利润分配的规定包括(　　)。

Ⅰ. 货币市场基金每周五进行利润分配时，将同时分配周六和周日的利润
Ⅱ. 投资者于周五赎回或转换转出的基金份额享有周五、周六和周日的利润
Ⅲ. 货币市场基金每周五进行利润分配时，将不再分配周六和周日的利润
Ⅳ. 每周一至周四进行分配时，则仅对当日利润进行分配

A. Ⅰ、Ⅱ、Ⅳ
B. Ⅰ、Ⅲ、Ⅳ
C. Ⅱ、Ⅲ、Ⅳ
D. Ⅱ、Ⅳ

4. (　　)属于投资QDII基金时应注意的风险。

Ⅰ. 汇率风险
Ⅱ. 特别投资风险
Ⅲ. 市场风险
Ⅳ. 流动性风险

A. Ⅰ、Ⅱ、Ⅲ、Ⅳ
B. Ⅱ、Ⅳ
C. Ⅰ、Ⅲ、Ⅳ
D. Ⅰ、Ⅱ、Ⅲ

5. (　　)是证券投资基金与股票、债券差异的主要表现。

Ⅰ. 反映的经济关系不同
Ⅱ. 所筹资金的投向不同
Ⅲ. 收益与风险水平不同
Ⅳ. 实施监管的主体不同

A. Ⅰ、Ⅱ、Ⅲ
B. Ⅱ、Ⅳ
C. Ⅰ、Ⅲ、Ⅳ

D．Ⅰ、Ⅱ、Ⅲ、Ⅳ

6．根据相关规定，出现强行平仓的情况包括（　　）。

Ⅰ．会员结算准备金余额等于零

Ⅱ．持仓超出持仓限额标准，并未能在规定时间内平仓的

Ⅲ．因违规受到中金所强行平仓处罚的

Ⅳ．根据中金所紧急措施应予强行平仓的

A．Ⅱ、Ⅲ、Ⅳ
B．Ⅰ、Ⅲ
C．Ⅰ、Ⅱ、Ⅲ、Ⅳ
D．Ⅰ、Ⅱ、Ⅳ

7．申请取得基金托管资格的，应具备下列（　　）条件。

Ⅰ．有完善的内部稽核监控制度和风险控制制度

Ⅱ．有安全高效的清算、交割系统

Ⅲ．交易期限设置灵活

Ⅳ．有安全保管基金财产的条件

A．Ⅰ、Ⅱ、Ⅳ
B．Ⅰ、Ⅱ、Ⅲ
C．Ⅰ、Ⅱ、Ⅲ、Ⅳ
D．Ⅰ、Ⅲ、Ⅳ

8．信用违约互换的当事人有（　　）。

Ⅰ．信用担保出售方

Ⅱ．信用担保购买方

Ⅲ．中介管理机构

Ⅳ．证券公司

A．Ⅰ、Ⅱ
B．Ⅰ、Ⅱ、Ⅲ
C．Ⅰ、Ⅱ、Ⅲ、Ⅳ
D．Ⅱ、Ⅲ

9．根据《证券投资基金法》的规定，（　　）是我国基金份额持有人享有的权利。

Ⅰ．参与分配清算后的剩余基金财产

Ⅱ．依法转让或申请赎回其持有的基金份额

Ⅲ．依法管理基金份额

Ⅳ．对基金管理人、基金托管人、基金销售机构损害其合法权益的行为依法提起诉讼

A．Ⅱ、Ⅲ
B．Ⅰ、Ⅱ、Ⅲ、Ⅳ
C．Ⅰ、Ⅱ、Ⅳ
D．Ⅰ、Ⅲ、Ⅳ

10．独立衍生工具的特征包括（　　）。

Ⅰ．与对市场情况变化有类似反应的其他类型合同相比，要求较多的初始净投资

Ⅱ．价值随特定利率、金融工具价格、商品价格、汇率、价格指数或其他类似变量的变动而变动，变量为非金融变量的，该变量与合同的任一方不存在特定关系

Ⅲ．不要求初始净投资，或要求很少的初始净投资

Ⅳ．在未来某一日期结算

A．Ⅰ、Ⅱ、Ⅲ
B．Ⅰ、Ⅱ、Ⅳ
C．Ⅱ、Ⅲ、Ⅳ
D．Ⅰ、Ⅱ、Ⅲ、Ⅳ

11．金融期权的主要特征包括（　　）。

Ⅰ．交易的对象是一种权利

Ⅱ．购买者具有选择权

Ⅲ．具有杠杆效应

Ⅳ．交易有一定的时间性

A．Ⅰ、Ⅱ、Ⅲ、Ⅳ
B．Ⅱ、Ⅳ
C．Ⅱ、Ⅲ
D．Ⅰ、Ⅲ、Ⅳ

12．（　　）是按照金融衍生工具自身交易的方法及特征划分的衍生证券。

Ⅰ．金融远期

Ⅱ．金融期货

Ⅲ．金融期权

Ⅳ．结构化金融衍生工具

A．Ⅱ、Ⅲ
B．Ⅱ、Ⅳ
C．Ⅰ、Ⅱ、Ⅳ
D．Ⅰ、Ⅱ、Ⅲ、Ⅳ

13. 上市公司股东发行可交换公司债券的目的包括（　　）。
Ⅰ．用于投资项目
Ⅱ．投资退出
Ⅲ．市值管理
Ⅳ．资产流动性管理
A．Ⅰ、Ⅱ
B．Ⅰ、Ⅲ、Ⅳ
C．Ⅱ、Ⅲ、Ⅳ
D．Ⅰ、Ⅱ、Ⅲ、Ⅳ

14. （　　）是按照基础工具不同划分的金融衍生工具类别。
Ⅰ．货币衍生工具
Ⅱ．利率衍生工具
Ⅲ．信用衍生工具
Ⅳ．OTC交易的衍生工具
A．Ⅱ、Ⅲ
B．Ⅱ、Ⅳ
C．Ⅰ、Ⅱ、Ⅲ
D．Ⅰ、Ⅲ、Ⅳ

15. 股权类期权包括（　　）。
Ⅰ．单只股票期权
Ⅱ．股票组合期权
Ⅲ．认股权证期权
Ⅳ．股票指数期权
A．Ⅱ、Ⅲ、Ⅳ
B．Ⅰ、Ⅱ、Ⅲ、Ⅳ
C．Ⅰ、Ⅳ
D．Ⅰ、Ⅱ、Ⅳ

16. 金融期权中，属于实值期权的有（　　）。
Ⅰ．看涨期权的敲定价格低于相关期货合约的当时市场价格
Ⅱ．看涨期权的敲定价格高于相关期货合约的当时市场价格
Ⅲ．看跌期权的敲定价格高于相关期货合约的当时市场价格
Ⅳ．看跌期权的敲定价格低于相关期货合约的当时市场价格
A．Ⅰ、Ⅱ
B．Ⅰ、Ⅲ
C．Ⅱ、Ⅲ
D．Ⅱ、Ⅳ

17. 证券投资基金是一种（　　）集合投资方式。
Ⅰ．利益共享
Ⅱ．业余理财
Ⅲ．风险自担
Ⅳ．风险共担
A．Ⅰ、Ⅱ
B．Ⅰ、Ⅲ、Ⅳ
C．Ⅰ、Ⅳ
D．Ⅲ、Ⅳ

18. 按照发行时证券的性质，可将可转换证券划分为（　　）。
Ⅰ．可转换普通股票
Ⅱ．可转换债券
Ⅲ．可转换优先股票
Ⅳ．可转换基金
A．Ⅱ、Ⅲ
B．Ⅱ、Ⅳ
C．Ⅰ、Ⅱ、Ⅲ、Ⅳ
D．Ⅰ、Ⅲ、Ⅳ

19. 对于开放式基金，为了应对日常赎回，法规要求保持不低于基金资产净值5%的资金投资于（　　）。
Ⅰ．现金
Ⅱ．流通性好的蓝筹股
Ⅲ．到期日在1年以内的政府债券
Ⅳ．到期日在2年以内的国债
A．Ⅱ、Ⅳ
B．Ⅰ、Ⅳ
C．Ⅰ、Ⅲ
D．Ⅱ、Ⅲ

第十一章

金融风险管理

金融风险是贯穿金融市场各个环节、各个领域的因素,是金融市场参与者必然需要面对的考验。本章主要介绍金融风险和风向管理的基础知识,包括风险的概念、特征,风险的传导机制,风险的分类,风险管理的概念、方法及各类风险管理手段的概念和特点等。

本章内容较少,涉及的考点不多,但就2015年及2016年的最新考试来看仍然存在必考内容。学习中,考生可按照大纲要求,重点记忆要求掌握的内容。

本章考点预览

第十一章 金融风险管理	第一节 风险概述	一、金融风险定义与特征	★★★
		二、金融风险的传导	★★
		三、金融风险的分类	★★★
	第二节 风险管理	一、风险管理的概念	★★★
		二、风险管理的方法	★★
		三、风险管理工具	★★
		四、风险管理的过程	★★
		五、风险管理的发展趋势	★

第一节 风险概述

考情分析:本节主要考查风险及金融风险的基础知识,主要考点包括风险的特征及分类、系统风险与非系统风险的划分标准以及几种常见的金融风险的界定。同时。学好本小节的基础知识,也是进行下一小节学习的前提条件。

学习建议:本节是基础性章节,但由于内容较少,考查的重点不多。就考试情况来看,建议考生重点关注系统风险与非系统风险的相关知识,并在此基础上进一步熟悉各类金融风险的概念和特点。

一、金融风险定义与特征(★★★)

1. 金融风险的定义

风险是指在某一特定环境下,在某一特定时间段内,某种损失发生的可能性。风险是由风险因素、风险事故和风险损失等要素组成。换句话说,是在某一个特定时间段里,人们所期望达到的目标与实际出现的结果之间产生的距离称为风险。

金融风险也是一种风险,是指金融机构在经营过程中,由于决策失误,客观情况变化或其他原因使资金、财产、信誉等有遭受损失的可能性。狭义的金融风险专指银行、信托公司、证券公司、保险公司等金融机构由于各种不确定性而遭受损失的可能性，所涉及范围小。广义的金融风险指的是所有参与金融活动的交易主体，包括个人、公司、金融机构以及政府等因不确定性而遭受损失的可能性，所涉及的范围较大。

2. 金融风险的特征

（1）不确定性。不确定性是金融风险的必要条件。

（2）可扩张（扩散）性。由于金融机构之间存在复杂的债权、债务关系，一家金融机构出现危机可能导致多家金融机构接连倒闭的"多米诺骨牌"现象。另外，由于金融工具创新，衍生金融工具等也伴随金融市场而产生金融风险。

（3）加速性。加速性指一旦金融机构出现经营困难，就会失去信用基础，甚至出现挤兑风潮，这样会加速金融机构的倒闭。

（4）可测定、可控性。通过金融理论的发展、金融市场的规范、智能性的管理媒介，可以测定风险的相关指标，并通过风险管理手段，将风险转移或分散。

（5）周期性。周期性指金融风险受经济循环周期和货币政策变化的影响，呈现规律性、周期性的特点。

（6）客观性。金融风险在金融市场是客观存在的，它不能被消除，只能被防范和管理。

（7）隐蔽性和危害性。由于金融机构经营活动的不完全透明性，在其不爆发金融危机时，可能因信用特点而掩盖金融风险不确定损失的实质。

【例题·选择题】一旦金融机构出现经营困难，就会失去信用基础，甚至出现挤兑风潮，这样会加速金融机构的倒闭。这说明金融风险具有（　　）。

A．或然性　　　B．隐藏性

C．累积性　　　D．加速性

【解析】本题主要考查金融风险的特征。加速性指一旦金融机构出现经营困难，就会失去信用基础，甚至出现挤兑风潮，这样会加速金融机构的倒闭。

【答案】D

【例题·组合型选择题】金融风险的特征包括（　　）。

Ⅰ．风险的确定性

Ⅱ．风险的客观性

Ⅲ．风险的危害性

Ⅳ．风险的扩散性

A．Ⅰ、Ⅱ、Ⅳ

B．Ⅰ、Ⅱ、Ⅲ

C．Ⅰ、Ⅲ、Ⅳ

D．Ⅱ、Ⅲ、Ⅳ

【解析】本题主要考查金融风险的特征。金融风险具有不确定性特征，它是金融风险的必要条件。故第Ⅰ项错误，D选项为正确答案。

【答案】D

二、金融风险的传导（★★）

1. 金融风险的来源

金融风险来源于实体经济与虚拟经济的严重脱节，虚拟经济的过度膨胀是金融风险的根源。此外，风险暴露以及影响资产组合未来收益的金融变量的不确定性是引起金融风险的最直观原因。

世界经济巨大的财富价值如一座倒置的金字塔，底层是实际的物质和知识产品，上一层是商品和真实的商业服务贸易，再往上一层是复杂的债券、股票和商品期货，顶端的是衍生期货和其他虚拟资本。

"金字塔"由各个层次机构的内容构成并且紧密相连。当整个财富体系出现难以维持所需的日益增长的收入时，由于连锁反应，庞大的金融体系可能在顷刻间坍塌，"金字塔"就会轰然解体。

 金融创新是为规避风险和逃避管制而产生的，能在一定程度上可以起到转移和分散风险的作用。但是这里需要注意的是，它并不能从整体上减少风险。

2. 金融风险的作用机制

（1）金融风险的形成与稳定机制。

金融风险的形成机理与金融稳定机制可以简短表述如下。金融体系在内在不稳定机制、冲击机制的作用下，不稳定性逐步积聚与增强，金融风险随之产生。在传导机制作用下，金融风险逐步扩散，对实质经济产生影响。在稳定机制作用下，金融风险逐步得到控制。

（2）金融风险传导机制。

金融风险扩散乃至演化为金融危机的重要途径是通过金融风险的传导机制来完成的，不同类型的金融风险通过传导渠道，作用于国内经济，甚至作用于其他国家和地区金融市场。

金融风险深化为金融危机的传导机制如下。首先是金融风险使金融市场的不稳定性增加，进而金融市场上的逆向选择与道德风险就会进一步增加，导致利率与汇率过度波动，金融市场不稳定性进一步增加，在风险积聚到一定程度的时候金融危机就产生了。通过贸易渠道或金融渠道，金融风险与金融危机进一步扩散，影响国外金融市场。

3. 金融风险的影响因素

（1）信息技术发展为金融风险的传导提供了有利条件。

（2）金融市场联动性是金融风险传导的基础。

（3）资产配置活动是造成金融风险传导的重要行为。

（4）投资者心理与预期的变化是金融风险传导的推力。

 影响我国金融风险的因素如下。储蓄率和M2持续攀升导致大量的风险集中于银行业；币值稳定仍旧面临很大的潜在压力；从世界各国范围看财政赤字往往是金融不稳定的根源；汇率制度僵化和国际收支失衡严重蕴涵巨大的风险；银行业客户和银企关系所蕴涵着的显著风险；公司治理中若干问题不解决可能面临需要国家再度救助的风险；金融机构缺乏自主定价的环境和科学定价能力蕴涵的重大金融风险；缺乏金融创新体制蕴涵金融僵化的竞争力风险；维护金融稳定和防范道德风险的关系等。

三、金融风险的分类（★★★）

1. 金融风险的分类方法

金融风险按照能否分散，分为系统性风险和非系统性风险；按会计标准，分为会计风险和经济风险；按驱动因素，分为市场风险、信用风险、操作风险和流动性风险等。

2. 系统风险与非系统风险

与证券投资相关的所有风险被称为总风险，按能否分散，可分为系统性风险和非系统性风险。

（1）系统性风险。

系统性风险是指由于全局性的共同因素引起的投资收益的可能变动，由于这种风险不能通过分散投资相互抵消或者消除，因此又称为不可分散风险。

系统性风险主要包括宏观经济风险、购买力风险、利率风险、汇率风险、市场风险五大类，其各自的概念及特点参见表11-1。

表 11-1　各类系统性风险的概念和特点

项目	概　念	特　点
宏观经济风险	宏观经济风险是由于宏观经济因素变动、经济政策变动、经济的周期性波动以及国际经济形势变化给投资者带来意外损失的可能性	宏观经济风险的特点包括：潜在性、隐藏性及累积性
购买力风险	购买力风险又称通货膨胀风险，是由于通货膨胀、货币贬值给投资者带来实际收益水平下降的风险	购买力风险与通货膨胀情况紧密联系。在通货膨胀情况下，物价普遍上涨，证券价格会上升，投资者的货币收入有所增加。但由于货币贬值，货币购买力水平下降，投资者的实际收益不仅没有增加，反而有所减少。一般可通过计算实际收益率来分析购买力风险。实际收益率=名义收益率－通货膨胀率。 【知识拓展】购买力风险对不同证券的影响是不相同的，最容易受其损害的是固定收益证券
利率风险	利率风险是指市场利率变动引起证券投资收益变动的可能性	利率与证券价格呈反方向变化，即利率提高，证券价格水平下跌；利率下降，证券价格水平上涨。 金融市场利率风险的特征表现为分类差异。利率风险一般通过金融产品重新定价风险、收益率曲线移动、基准利率变化、银行客户行为变化来传播，为此，巴塞尔银行监管委员会将利率风险分为重新定价风险、基差风险、收益率曲线风险和期权风险四类。 【知识拓展】利率风险对不同证券的影响是不相同的。 （1）利率风险是固定收益证券的主要风险，特别是债券的主要风险。 （2）利率风险是政府债券的主要风险。 （3）利率风险对长期债券的影响大于短期债券
汇率风险	汇率风险又被称为外汇风险，是指经济主体在持有或运用外汇的经济活动中，因汇率变动而蒙受损失的可能性。汇率风险主要分商业性汇率风险和金融性汇率风险两大类	外汇风险具有或然性、不确定性和相对性三大特征。 （1）外汇风险的或然性是指外汇风险可能发生也可能不发生，不具有必然性。 （2）外汇风险的不确定性是指外汇风险给持有外汇或有外汇需求的经济实体带来的可能是损失也可能是营利，它取决于在汇率变动时经济实体是债权地位还是债务地位。 （3）外汇风险的相对性是指外汇风险给一方带来的是损失，给另一方带来的必然是营利
市场风险	市场风险是指由于金融市场中股市价格、利率、汇率等的变动而导致价格未预料到的潜在损失风险。它包括：权益风险、汇率风险、利率风险及商品风险等	市场风险的特点包括：不确定性、普遍性、扩散性、突发性

【例题·选择题】宏观经济风险会随着社会经济矛盾的不断加深而日益增大，当累积到一定程度的时候就会爆发金融危机。这说明宏观经济风险的（　　）。

A．累积性
B．隐藏性
C．潜在性
D．或然性

> 【解析】本题主要考查宏观风险的特征。宏观经济风险的潜在性指的是宏观经济风险总是与宏观经济系统相伴而生的，宏观经济发展和运作本身就蕴涵着经济风险。
> 【答案】A

（2）非系统性风险。

非系统性风险又称可分散风险，是指只对某个行业或个别公司的证券产生影响的风险。它通常是由某一特殊的因素引起，与整个证券市场的价格不存在系统、全面的联系，而只对个别或少数证券的收益产生影响，是发生于个别公司的特有事件造成的风险。

非系统性风险的形式很多，但最主要有以下几类：信用风险、财务风险、经营风险、流动性风险、操作风险。各类非系统性金融风险的概念及特点见表11-2。

表11-2　各类非系统性金融风险的概念及特点

项目	概念	特点
信用风险	信用风险又称"违约风险"，指证券发行人在证券到期时无法还本付息而使投资者遭受损失的风险。信用风险实际上揭示了发行人在财务状况不佳时出现违约和破产的可能，它主要受证券发行人的经营能力、盈利水平、事业稳定程度及规模大小等因素影响	信用风险具有四大特征：可控性、客观性、传染性、周期性。信用级别高的证券信用风险小；信用级别越低，违约的可能性越大
财务风险	财务风险是指公司财务结构不合理、融资不当而导致投资者预期收益下降的风险	财务风险的特征包括：客观性、不确定性、全面性、收益与损失共存性。【提示】风险与收益成正比，风险越大，收益越高；反之，风险越低，收益也就越低
经营风险	经营风险又称商业风险，是指公司的决策人员与管理人员在经营管理过程中出现失误而导致公司盈利水平变化，从而使投资者预期收益下降的可能	经营风险的特征包括：客观性、共生性、可预测性、可选择性
流动性风险	流动性风险是指由于流动性的不确定变化而使金融机构遭受损失的可能性	流动性风险的特征可以概括为如下几点。(1) 风险本身存在显著的"聚集性"。(2) 流动性的正负扰动对流动性风险的变化存在非对称效应。(3) 流动性风险和股价运动趋势成负相关关系
操作风险	操作风险是指由于不完善或有问题的内部操作过程、人员、系统或外部事件而导致的直接或间接损失的风险	操作风险的基本特征有：内生性、人为性、可控性、不对称性、广泛性、管理责任的共担性和高频率低损失及高损失低频率

> **知识拓展**　投资债券基金主要面临三类风险：一是利率风险，即银行利率下降时，债券基金在获得利息收益之外，还能获得一定的价差收益，而银行利率上升时，债券价格必然下跌；二是信用风险，即如果企业债本身信用状况恶化，企业债、公司债等信用类债券与无信用风险类债券的利差将扩大，信用类债券的价格有可能下跌；三是流动性风险，债券基金的流动性风险主要表现为"集中赎回"，但目前出现这种情况的可能性不大。

【例题·组合型选择题】下列属于金融市场中常见的风险有（　　）。
Ⅰ. 信用风险
Ⅱ. 市场风险
Ⅲ. 操作风险
Ⅳ. 流动性风险
A. Ⅱ、Ⅲ
B. Ⅰ、Ⅱ
C. Ⅰ、Ⅲ、Ⅳ
D. Ⅰ、Ⅱ、Ⅲ、Ⅳ

【解析】本题考查的是金融风险。上述都是金融市场的常见风险，其中信用风险、流动性风险和操作风险属于非系统性风险，市场风险属于系统性风险。D选项为正确答案。

【答案】D

【例题·组合型选择题】投资债券基金主要面临的风险包括（　　）。
Ⅰ. 利率风险
Ⅱ. 操作风险
Ⅲ. 流动性风险
Ⅳ. 信用风险
A. Ⅰ、Ⅱ、Ⅲ
B. Ⅰ、Ⅱ、Ⅲ、Ⅳ
C. Ⅱ、Ⅲ、Ⅳ
D. Ⅰ、Ⅲ、Ⅳ

【解析】本题主要考查证券投资基金面临的风险。投资债券基金主要面临三类风险，分别是：利率风险、信用风险和流动性风险。第Ⅰ、Ⅲ、Ⅳ项都与题意相符，故D选项为正确答案。

【答案】D

第二节　风险管理

考情分析：本节是上一节的延续，重点考查金融风险管理方法，包括风险分散、风险对冲、风险转移、风险规避、风险补偿的概念和特点。在考试中，本节一般考1~2题，占比不大。

学习建议：考生应在学好金融风险基础知识的基础上，重点把握各种风险管理方法的内涵、特点，分析其区别。

一、风险管理的概念（★★★）

风险管理指的是社会组织或者个人用以降低风险的消极结果的决策过程。通过风险识别、风险估测、风险评价，并在些基础上选择与优化组合各种风险管理技术，对风险实施有效控制和妥善处理风险所致损失的后果，从而以最小的成本获得最大的安全保险。风险管理含义的具体内容如下。

（1）任何组织和个人都可以成为风险管理的主体。

（2）以风险为管理对象。

（3）以最小的成本获得最大的安全保障为基本管理目标。

（4）风险管理的过程包括风险识别、风险估测、风险评价、选择风险管理技术和评估风险管理效果等。

（5）风险管理是一个独立的管理系统，也是一门新兴的学科。

在风险管理演变过程中，最有影响的风险管理形式是企业向保险公司购买保险。

二、风险管理的方法（★★）

风险管理的方法即风险管理的技术，主要包括控制型和财务型两大类。

1. 控制型风险管理技术

控制型风险管理技术是指设法回避损失发生的可能性，即从根本上消除特定的风险单位和中途放弃某些既存的风险单位,采取主动放弃或改变该项活动的方式。它是一种最彻底最简单的方法,但也是一种消极的方法。

2. 财务型风险管理技术

财务型风险管理技术是以提供基金的方式,降低发生损失的成本,即通过事故发生前所作的财务安排,来解除事故发生后给人们造成的经济困难和精神忧虑,为恢复企业生产,维持正常生活等提供财务支持。财务型风险管理技术主要包括以下方法。

(1)自留风险。自留风险是指对风险的自我承担,即企业或单位自我承受风险损害后果的方法。自留风险有主动自留和被动自留之分。

(2)转移风险。转移风险是指一些单位或个人为避免承担风险损失,而有意识地将损失或与损失有关的财务后果转嫁给另一些单位或个人去承担的一种风险管理方式。转移风险又有财务型非保险转移和财务型保险转移两种方法。

三、风险管理工具(★★)

风险管理的常用工具包括:风险分散、风险对冲、风险转移、风险规避和风险补偿。详细内容参照表11-3。

表 11-3 风险管理工具

工具	概念和特点	适用	分类
风险分散	风险分散指的是通过多样化的投资来分散和降低风险的方法。根据马柯维茨的资产组合管理理论,只要两种资产收益率的相关系数不为1(即不完全正相关),分散投资于两种资产就具有降低风险的作用。而对于由相互独立的多种资产组成的资产组合,只要组成资产的个数足够多,其非系统性风险就可以通过这种分散化的投资完全消除	风险分散适用于对非系统性风险的管理,并且投资标的的收益率相关系数不为1。【提示】除风险分散适用非系统风险外,以下四种风险管理工具适用于系统风险	可分为:对象分散法、时机分散法、地域分散法和期限分散法
风险对冲	风险对冲指的是通过投资或购买与标的资产收益波动负相关的某种资产或衍生产品,来冲销标的资产潜在的风险损失的一种风险管理策略。风险对冲遵循以下原则:交易相反原则;商品种类相同或相近原则;数量相等或相近原则;月份相同或相近原则	风险对冲是管理利率风险、汇率风险、股票风险和商品风险非常有效的办法,同时也被广泛用来管理信用风险	可分为:股指期货对冲、商品期货对冲、套现保值、期权对冲
风险转移	风险转移指的是人们为减少风险暴露进行效益和成本权衡而采取的行动,从而将风险及其可能造成的损失全部或部分转移给他人	适用于不可抗力因素导致的风险	可分为:保险、风险分散化和套期保值
风险规避	风险规避是指通过计划的变更来消除风险或风险发生的条件,保护目标免受风险的影响。【名师点拨】风险规避并不意味着完全消除风险,而是规避风险可能给我们造成的损失	风险规避适用于可预测的风险及风险已发生,需要采取措施以规避更大损失的情况	可分为:完全规避、风险损失控制、转移风险和自留风险
风险补偿	风险补偿又称风险报酬或风险价值,是指投资人因承担投资风险而要求超过货币时间价值的那部分额外报酬。风险补偿主要是事前(损失发生以前)对风险承担的价格补偿	对于上述四种都无法规避的风险,可通过提高风险回报的方式,获得承担风险的价格补偿	可分为:财务补偿、人力补偿、物资补偿

【例题·组合型选择题】下列行为中，可以将风险转移到其他主体的是（　　）。

Ⅰ．投机套利　　Ⅱ．套期保值
Ⅲ．购买保险　　Ⅳ．分散投资

A．Ⅲ、Ⅳ
B．Ⅰ、Ⅱ、Ⅲ
C．Ⅱ、Ⅳ
D．Ⅱ、Ⅲ、Ⅳ

【解析】本题主要考查风险转移的分类方法。风险转移有3种基本方法：保险、风险分散化和套期保值。题干中的第Ⅱ、Ⅲ、Ⅳ项都与题意相符，故D选项为正确答案。

【答案】D

四、风险管理的过程（★★）

风险管理的基本程序分为风险识别、风险估测、风险评价、选择风险管理技术和评估风险管理效果五个环节。

（1）风险识别是风险管理的第一步，是对风险性质进行鉴定的过程。

（2）风险估测是在风险识别的基础上，通过对所有收集的大量资料进行分析，利用概率统计理论，估计和预测风险发生的概率和损失的程度。

（3）风险评价是指在风险识别和风险估测的基础上，对风险发生的概率、损失的程度，评估发生风险的程度并决定是否需要采取相应的措施。

（4）选择最佳风险管理技术是风险管理中最为重要的环节。

（5）评估风险管理效果是指对风险管理技术适用性及收益性情况的分析、检查、修正和评估。

五、风险管理的发展趋势（★）

随着世界经济的发展和金融市场的扩大，金融风险的影响日益加剧，如何加强对金融风险的管理得到越来越多人的关注。在这种形势下，金融管理理论已开始与金融工程、统计学等众多理论相结合，呈现多元化趋势。金融风险管理的发展趋势主要体现在VaR模型的应用和全面风险管理要求上。

1. VaR在风险管理中的应用

VaR方法（Valueat Risk，简称VaR），称为风险价值模型，也称受险价值方法、在险价值方法，按字面解释就是"在险价值"，其含义指：在市场正常波动下，某一金融资产或证券组合的最大可能损失。更为确切的是指，在一定概率水平（置信度）下，某一金融资产或证券组合价值在未来特定时期内的最大可能损失。

> 本节提示：VaR实质是在一定置信水平下经过某段持有期资产价值损失的单边临界值，在实际应用时它体现为作为临界点的金额数目。

鉴于传统风险管理存在的缺陷，现代风险管理强调采用以VaR为核心，辅之敏感性和压力测试等形成不同类型的风险限额组合。VaR在风险管理中主要用于风险控制、业绩评估和估算风险性资本。其主要有以下优势。

（1）VaR考虑了不同组合的风险分散效应。

（2）VaR限额结合了杠杆效应和头寸规模效应。

（3）VaR限额易于在不同的组织层级上进行交流，管理层可以很好地了解任何特定的头寸可能发生多大的潜在损失。

（4）VaR限额是动态的，其可以捕捉到市场环境和不同业务部门组合成分的变化，还可以提供当前组合和市场风险因子波动特性方面的信息。

（5）VaR限额可以在组织的不同层次上进行确定，从而可以对整个公司和不同业务部门的风险进行管理。

（6）VaR 允许人们汇总和分解不同市场和不同工具的风险，从而能够使人们深入了解到整个企业的风险状况和风险源。

2. 全面风险管理趋势

全面风险管理是现代风险管理理论的最新发展，主要始于 20 世纪 90 年代中后期的欧美国家。它是一种以先进的风险管理理念为指导，以全球的风险管理体系、全面的风险管理范围、全程的风险管理过程、全新的风险管理方法、全员的风险管理文化、全额的风险管理计量等全面的风险管理概念为核心的一种崭新的风险管理模式。目前已成为金融、电信等许多高风险行业研究的热点，它是保证竞争优势和管理活动持续发展的最重要方式，也体现了风险管理的发展趋势。在现代金融市场体系下，做到全面风险管理需要从以下 3 方面入手。

（1）加大金融风险的文化管理。

（2）不断加大金融风险管理技术的提升。

（3）金融风险管理体制的重构。

【例题·组合型选择题】现代风险管理强调采用以 VaR 为核心，其主要优势有（　　）。

Ⅰ．VaR 计算简便

Ⅱ．VaR 考虑了不同组合的风险分散效应

Ⅲ．VaR 限额是动态的

Ⅳ．VaR 限额结合了杠杆效应和头寸规模效应

A．Ⅱ、Ⅲ、Ⅳ

B．Ⅰ、Ⅱ、Ⅳ

C．Ⅱ、Ⅳ

D．Ⅰ、Ⅱ、Ⅲ、Ⅳ

【解析】本题主要考查 VaR 的优势。VaR 优势中不包括 VaR 计算简便，其他都正确。故 A 选项为正确答案。

【答案】A

过关测试题

一、选择题

1. 与证券投资相关的所有风险被称为总风险，可分为（　　）。

A. 系统性风险和非系统性风险

B. 汇率风险和利率风险

C. 自然风险和人为风险

D. 政策风险和市场风险

2. （　　）又被称为汇率风险。

A. 市场风险

B. 外汇风险

C. 不可分散风险

D. 购买力风险

3. 汇率风险具有（　　），具体表现在外汇风险可能发生也可能不发生，不具有必然性。

A. 相对性

B. 不确定性

C. 或然性

D. 隐藏性

4. 金融风险按照驱动因素划分，不包括（　　）。

A. 经济风险

B. 操作风险

C. 信用风险

D. 流动性风险

5. （　　）是金融风险传导的基础。

A. 信息技术发展

B. 金融市场的联动性

C. 资产配置活动

D. 投资者心理与预期的变化

6. （　　）又被称为非系统性风险。

A. 可分散风险

B. 不可回避风险

C. 可消灭风险

D. 宏观经济风险

7. 经济单位和个人对所面临的以及潜在的风险加以判断、归类整理并对风险的性质进行鉴定的过程是（　　）。
   A. 风险评价
   B. 风险估测
   C. 风险识别
   D. 风险管理效果评估

8. 汇率风险具有（　　），表现在外汇风险给一方带来的是损失，给另一方带来的必然是营利。
   A. 相对性　　B. 可控性
   C. 或然性　　D. 传染性

9. （　　）不属于宏观经济风险的特征。
   A. 潜在性
   B. 累积性
   C. 隐藏性
   D. 传染性

10. （　　）不是我国降低系统性风险的途径。
    A. 完善市场制度结构，降低制度性风险
    B. 改革发行和退出机制，提升上市公司整体质量
    C. 加强市场监管，提高上市公司信息披露质量
    D. 减少债券交易，降低信用风险

11. 由于流动性的不确定变化而使金融机构遭受损失的可能性指的是（　　）。
    A. 市场风险
    B. 操作风险
    C. 经营风险
    D. 流动性风险

12. 公司的决策人员与管理人员在经营管理过程中出现失误而导致公司营利水平变化，从而使投资者预期收益下降的可能是指（　　）。
    A. 财务风险
    B. 流动性风险
    C. 信用风险
    D. 商业风险

13. 一家金融机构出现危机可能导致多家金融机构接连倒闭的"多米诺骨牌"现象。这说明金融风险具有（　　）。
    A. 可扩张性
    B. 加速性
    B. 传染性
    D. 不确定性

14. （　　）是由于不完善或有问题的内部操作过程、人员、系统或外部事件而导致的直接或间接损失的风险。
    A. 汇率风险
    B. 操作风险
    C. 市场风险
    D. 信用风险

15. 通过投资或购买与标的资产收益波动负相关的某种资产或衍生产品，来冲销标的资产潜在的风险损失的一种风险管理策略是（　　）。
    A. 风险分散
    B. 风险补偿
    C. 风险对冲
    D. 风险规避

16. （　　）不属于财务风险的特点。
    A. 传染性
    B. 客观性
    C. 不确定性
    D. 全面性

17. （　　）不属于风险管理过程的内容。
    A. 风险识别
    B. 选择风险管理技术
    C. 推进管理风险的实施者
    D. 评估风险管理效果

18. 下列（　　）不属于风险对冲的种类。
    A. 衍生工具对冲
    B. 套期保值
    C. 商品期货对冲
    D. 股指期货对冲

19. 适用于不可抗力因素导致的风险管理策略是（　　）。

A. 风险补偿　　B. 风险转移
C. 风险对冲　　D. 风险规避

二、组合型选择题

1. 下列属于金融市场中常见的风险的有（　　）。
　Ⅰ. 信用风险
　Ⅱ. 市场风险
　Ⅲ. 操作风险
　Ⅳ. 流动性风险
A. Ⅱ、Ⅲ
B. Ⅰ、Ⅱ
C. Ⅰ、Ⅲ、Ⅳ
D. Ⅰ、Ⅱ、Ⅲ、Ⅳ

2. 非系统性风险包括（　　）。
　Ⅰ. 信用风险
　Ⅱ. 财务风险
　Ⅲ. 经营风险
　Ⅳ. 市场风险
A. Ⅰ、Ⅱ、Ⅲ
B. Ⅰ、Ⅱ、Ⅲ、Ⅳ
C. Ⅱ、Ⅳ
D. Ⅰ、Ⅲ、Ⅳ

3. 下列选项中，（　　）属于可以降低系统性风险的风险管理策略。
　Ⅰ. 风险规避
　Ⅱ. 风险对冲
　Ⅲ. 风险转移
　Ⅳ. 风险分散
A. Ⅰ、Ⅲ
B. Ⅲ、Ⅳ
C. Ⅰ、Ⅱ、Ⅲ、Ⅳ
D. Ⅰ、Ⅱ、Ⅲ

4. 下列做法中，符合风险分散要求的是（　　）。
　Ⅰ. 资金投向不同市场
　Ⅱ. 分散投资各类资产
　Ⅲ. 投资标的相同或相近
　Ⅳ. 对资金进行组合投资
A. Ⅰ、Ⅱ、Ⅳ
B. Ⅱ、Ⅲ
C. Ⅰ、Ⅲ、Ⅳ
D. Ⅰ、Ⅱ、Ⅲ、Ⅳ

5. 风险分散中的分散投资可以进一步划分为（　　）。
　Ⅰ. 风险分散法
　Ⅱ. 地域分散法
　Ⅲ. 时机分散法
　Ⅳ. 对象分散法
A. Ⅰ、Ⅱ、Ⅲ、Ⅳ
B. Ⅰ、Ⅱ、Ⅲ
C. Ⅰ、Ⅱ、Ⅳ
D. Ⅱ、Ⅲ、Ⅳ

6. 以下关于对市场风险的描述，正确的有（　　）。
　Ⅰ. 由于证券市场中因股市价格、利率、汇率等的变动而导致价格未预料到的潜在损失风险
　Ⅱ. 被称为外汇风险
　Ⅲ. 特点包括不确定性、普遍性、扩散性和突发性
　Ⅳ. 影响因素主要是国际汇率变化
A. Ⅰ、Ⅲ
B. Ⅰ、Ⅲ、Ⅳ
C. Ⅱ、Ⅲ
D. Ⅰ、Ⅱ、Ⅲ、Ⅳ

7. 信用风险的影响因素包括（　　）。
　Ⅰ. 通货膨胀的高低
　Ⅱ. 全球银行业面临重大危机
　Ⅲ. 金融衍生品市场的膨胀带来新挑战
　Ⅳ. 全球债务规模急剧扩张，信用暴露日益增大
A. Ⅱ、Ⅲ、Ⅳ
B. Ⅰ、Ⅱ、Ⅳ
C. Ⅱ、Ⅲ
D. Ⅰ、Ⅱ、Ⅲ、Ⅳ

8. 套期保值的原则包括（　　）。

Ⅰ．买卖方向相反
Ⅱ．商品种类相同
Ⅲ．月份相同或相近
Ⅳ．商品数量相等
A．Ⅰ、Ⅱ、Ⅲ、Ⅳ
B．Ⅱ、Ⅳ
C．Ⅰ、Ⅱ、Ⅲ
D．Ⅱ、Ⅲ、Ⅳ

9．能够影响流动性强弱的因素包括（   ）。
Ⅰ．金融机构的资产负债比例及构成
Ⅱ．客户的财务状况和信用
Ⅲ．二级市场的发育程度
Ⅳ．国家的政治因素
A．Ⅰ、Ⅱ、Ⅲ、Ⅳ
B．Ⅰ、Ⅲ、Ⅳ
C．Ⅰ、Ⅱ、Ⅲ
D．Ⅰ、Ⅲ

10．重要法律法规的变动，对金融市场的影响，属于（   ）。
Ⅰ．宏观经济风险
Ⅱ．系统性风险
Ⅲ．流动性风险
Ⅳ．信用风险
A．Ⅰ、Ⅲ
B．Ⅰ、Ⅱ、Ⅲ
C．Ⅰ、Ⅱ
D．Ⅱ、Ⅲ、Ⅳ

11．（   ）属于财务风险的特征。
Ⅰ．客观性
Ⅱ．可预测性
Ⅲ．全面性
Ⅳ．收益与损失共存性
A．Ⅰ、Ⅲ
B．Ⅰ、Ⅲ、Ⅳ
C．Ⅰ、Ⅱ、Ⅲ、Ⅳ
D．Ⅱ、Ⅲ

12．下列选项中，（   ）可能引发操作风险。

Ⅰ．员工操作失误
Ⅱ．信用暴露越来越大
Ⅲ．物价水平波动
Ⅳ．外部事件的影响
A．Ⅰ、Ⅱ
B．Ⅱ、Ⅲ
C．Ⅲ、Ⅳ
D．Ⅰ、Ⅳ

13．宏观经济风险的影响因素包括（   ）。
Ⅰ．经济运行机制
Ⅱ．国际政治环境
Ⅲ．政策因素
Ⅳ．政治因素
A．Ⅰ、Ⅱ、Ⅲ
B．Ⅲ、Ⅳ
C．Ⅰ、Ⅱ、Ⅳ
D．Ⅰ、Ⅱ、Ⅲ、Ⅳ

14．风险管理的基本流程有（   ）。
Ⅰ．风险评估
Ⅱ．风险管理信息的初步收集
Ⅲ．制定风险管理策略
Ⅳ．风险管理监督与改进
A．Ⅰ、Ⅲ
B．Ⅲ、Ⅳ
C．Ⅱ、Ⅲ、Ⅳ
D．Ⅰ、Ⅱ、Ⅲ、Ⅳ

15．（   ）属于金融风险的影响因素。
Ⅰ．投资者心理与预期的变化是金融风险传导的推力
Ⅱ．资产配置活动是造成金融风险传导的重要行为
Ⅲ．金融市场联动性是金融风险传导的基础
Ⅳ．信息技术发展为金融风险的传导提供了有利条件
A．Ⅰ、Ⅱ、Ⅲ、Ⅳ
B．Ⅰ、Ⅲ、Ⅳ
C．Ⅱ、Ⅲ、Ⅳ

D. Ⅰ、Ⅲ

16. 下列各项中，影响汇率变动的因素有（　　）。
   Ⅰ. 国际收支状况
   Ⅱ. 财政收支
   Ⅲ. 政治与突发因素
   Ⅳ. 通货膨胀率的高低
   A. Ⅰ、Ⅲ、Ⅳ
   B. Ⅰ、Ⅱ、Ⅲ、Ⅳ
   C. Ⅱ、Ⅲ、Ⅳ
   D. Ⅰ、Ⅲ

17. 购买力风险的主要影响因素可以分为（　　）。
   Ⅰ. 作为货币现象的通货膨胀
   Ⅱ. 需求拉动的通货膨胀
   Ⅲ. 结构性通货膨胀
   Ⅳ. 产出推动型的通货膨胀
   A. Ⅰ、Ⅱ、Ⅲ、Ⅳ
   B. Ⅰ、Ⅲ、Ⅳ
   C. Ⅰ、Ⅱ、Ⅲ
   D. Ⅲ、Ⅳ

下卷 过关测试题参考答案与解析

第六章 金融市场体系

一、选择题

1. B【解析】本题主要考查中国证监会的职能。中国证监会垂直领导全国证券期货监管机构,对证券期货市场实行集中统一监管。故B选项属于正确答案。

2. B【解析】本题主要考查中国证监会的相关知识。中国证券监督委员会又称中国证监会,是国务院直属机构,是全国证券期货市场的主管部门,按照国务院授权履行行政管理职能。故B选项为正确答案。

3. D【解析】本题主要考查金融市场的功能。金融市场被称作国民经济的"晴雨表"和"气象台",是国民经济信号系统,这就体现了金融市场的反映功能。故D选项为正确答案。

4. B【解析】本题主要考查中央银行的货币政策目标。稳定物价是中央银行货币政策的首要目标。故B选项为正确答案。

5. A【解析】本题主要考查货币政策工具的相关内容。"一般性货币政策工具"又称"常规性工具",是最主要的货币政策工具,指中央银行所采用的、对整个金融系统的货币信用扩张与紧缩产生全面性或一般性影响的手段,主要从总量上对货币供应量和信贷规模进行调节。故A选项为正确答案。

6. C【解析】本题主要考查金融市场的主要参与者的相关知识。金融市场的参与者是指参与金融市场的交易活动而形成证券买卖双方的单位,包括:(1)政府部门。政府部门通过发行债券筹集资金。(2)工商企业。工商企业既可能是筹资者,也可能是资金供应者。(3)金融机构。金融机构是金融市场最重要的参与者,主要有存款性金融机构、非存款性金融机构、中央银行等。(4)居民(个人)。个人是市场上的资金供应者。

7. D【解析】本题主要考查货币市场的相关知识。货币市场主要包括同业拆借市场、票据市场、回购市场和货币市场基金等。题干中的D项属于资本市场。

8. C【解析】本题主要考查再保险的相关知识。原保险是指保险人与投保人进行保险交易。再保险是指保险人之间进行保险交易的市场。故C选项为正确答案。

9. D【解析】本题主要考查"一行三会"的监管架构。"一行三会"是国内金融界对中国人民银行、中国银行业监督管理委员会、中国证券监督管理委员会和中国保险监督管理委员会,这四家中国的金融监管部门的简称,"一行三会"构成了中国金融业分业监管的格局。故D选项为正确答案。

10. C【解析】本题主要考查金融危机的特征。金融危机的特征包括:(1)人们预期经济未来将更加悲观。(2)整个区域内货币币值出现较大幅度贬值。(3)经济总量与经济规模出现较大幅度的缩减,经济增长受到打击。(4)企业大量倒闭,失业率提高,社会经济萧条。(5)严重时会伴随着社会动荡或国家政治层面的动荡,甚至导致国家破产。故 C 选项不属于金融危机的特征，为本题的正确答案。

11．B【解析】本题主要考查金融市场的发展状况。1979—1983 年 9 月是改革和突破"大一统"金融机构体系初期，1979 年 3 月，决定将中国银行从中国人民银行中分离出去，作为国家指定的外汇专业银行，统一经营和集中管理全国的外汇业务。故 B 选项为正确答案。

12．D【解析】本题主要考查上海证券交易所的相关知识。1990 年 11 月，第一家证券交易所——上海证券交易所成立，自此，中国证券市场的发展开始了一个崭新的篇章。故 D 选项为正确答案。

13．A【解析】本题主要考查中央银行参与货币市场的主要目的。实现货币政策目标是中央银行参与货币市场的主要目的。故 A 选项为正确答案。

14．A【解析】本题主要考查我国经营体制的相关知识。我国目前实行"分业经营、分业管理"的经营体制，并在此基础上不断开展业务创新。故 A 为正确答案。

【易错警示】这里需要注意的是"混业经营"可能在以后的发展中将成为新的经营体制，但目前来看实行的仍旧是"分业经营"。

15．B【解析】本题主要考查我国的银行体系。目前，我国已基本形成了以中央银行为中心，股份商业银行为主体，各类银行并存的现代资本主义国家银行体系。故 B 选项为正确答案。

16．D【解析】本题主要考查我国金融业的四大支柱。信托、银行、证券、保险并称为金融业的四大支柱。

17．C【解析】本题主要考查中国银监会的职责。对银行业金融机构的董事和高级管理人员实行任职资格管理是中国银监会的主要职责之一。

18．A【解析】本题主要考查中央银行的职能。银行的银行职能是指中央银行充当商业银行和其他金融机构的最后贷款人，它体现了中央银行是特殊金融机构的性质，是中央银行作为金融体系核心的基本条件。故 A 选项为正确答案。

19．A【解析】本题主要考查场内交易市场的定义。场内交易市场又称证券交易所市场或集中交易市场，是指由证券交易所组织的集中交易市场，有固定的交易场所和交易活动时间，在多数国家它还是全国唯一的证券交易场所，是全国最重要、最集中的证券交易市场。

20．A【解析】本题主要考查金融市场的形成。金融市场形成的确切年代，虽然在目前学术界还没有一个定论，但是一般认为有形的、有组织的金融市场大约形成于 17 世纪的欧洲大陆。故 A 选项为正确答案。

二、组合型选择题

1．C【解析】本题主要考查金融市场的分类。金融市场按交易标的物划分为：货币市场、资本市场、外汇市场、黄金市场和金融衍生品市场。故 C 选项为正确答案。

2．C【解析】本题主要考查金融市场的功能。金融市场的功能主要包括：资源配置与转化、经济调节与反映、价格发现、风险分散和风险管理、宏观调控。故 C 选项为正确答案。

3．B【解析】本题主要考查金融市场发展的趋势。金融市场的发展趋势表现为金融全球化、金融自由化、金融工程化以及资产证券化。题干Ⅰ、Ⅱ、Ⅲ、Ⅳ项都与题意相符，故 B 选项为正确答案。

4．C【解析】本题主要考查央行三大政策工具的相关知识。中央银行的三大政策工具主要包括：（1）法定存款准备金制度。（2）再贴现政策。（3）公开市场业务。故 C 选项为正确答案。

5．C【解析】本题主要考查套期保值相

关内容，套期保值指企业为规避外汇、利率、商品价格、股票价格、信用等风险，指定一项或一项以上套期工具，使套期工具的公允价值或现金流量变动，预期抵消被套期项目全部或部分公允价值或现金流量变动。因此，第Ⅰ、Ⅱ、Ⅲ、Ⅳ项都可以作为被套期保值的项目，故 C 选项为正确答案。

6. A【解析】本题主要考查国际资本流动的相关内容。国际资本流动具体包括：贷款、援助、输出、输入、投资、债务的增加、债权的取得、利息收支、买方信贷、外汇买卖、证券发行与流通等。故 A 选项为正确答案。

7. B【解析】本题中主要考查金融市场分类的相关知识。按交割方式的不同可分为现货市场、期货市场和期权市场。故 B 选项为正确答案。

8. D【解析】本题主要考查信托市场的分类。信托的分类方式较多，其中以信托目的可划分为担保信托、管理信托、处理信托、管理和处理信托。故 D 选项为正确答案。

9. D【解析】本题中主要考查资本市场的基本功能。在市场经济条件下，资本市场有筹资功能、资本定价功能和资本资源配置功能三大功能。故 D 选项为正确答案。

10. C【解析】本题中主要考查短期资本流动的特点的相关知识。短期资本流动是指期限为一年或一年以内的资本流动。短期资本流动可分为贸易性资本流动、套利性资本流动、保值性资本流动以及投机性资本流动等。题干中的Ⅰ、Ⅱ、Ⅲ、Ⅳ项都属于短期流动资本，故 C 选项为正确答案。

11. B【解析】本题主要考查资本市场的特点。资本市场的特点包括：（1）融资期限长。（2）筹资目的是满足投资性资金需要。（3）筹资和交易的规模大。（4）二级市场交易的收益具有不确定性，风险和收益都较高。（5）流动性相对较差。题干中的Ⅰ、Ⅱ、Ⅳ项都为资本市场的特点，故 B 选项为正确答案。

12. A【解析】本题主要考查中央银行的相关知识。中央银行的主要职能包括：银行的银行、发行的银行、政府的银行。题干中的Ⅰ、Ⅱ、Ⅳ项都属于央行的职能，故 A 选项为正确答案。

13. C【解析】本题主要考查场外交易市场的相关知识。场外交易市场，即业界所称的 OTC 市场，又称柜台交易市场或店头市场，主要由柜台交易市场、第三市场、第四市场组成。故 C 选项为正确答案。

14. D【解析】本题主要考查金融市场的分类。按交易性质，金融市场可以分为发行市场和流通市场。发行市场也称一级市场、初级市场，是新证券发行的市场。流通市场也称二级市场、次级市场，是已经发行、处在流通中的证券的买卖市场。故Ⅰ、Ⅱ项都与题意相符，故 D 选项为正确答案。

15. A【解析】本题主要考查衍生证券的相关内容。衍生证券即衍生金融工具，主要包括远期、期货、期权和互换等。故 A 选项为正确答案。

16. D【解析】本题主要考查国际金融市场相关内容。国际金融市场又叫外部市场，是国际贸易和金融业发展的产物，它是指所有进行国际金融业务活动的场所，允许外国投资者参与交易且不受所在国金融管理当局控制；离岸金融市场（狭义的国际金融市场）是无形市场，只存在于某一城市或地区而不在一个固定的交易场所，由所在地的金融机构和金融资产的国际性交易形成。由此可见，选项Ⅰ、Ⅱ、Ⅲ、Ⅳ项都是正确的。D 选项为正确答案。

17. D【解析】本题主要考查金融危机的相关知识。金融危机包括货币危机、次贷危机、债务危机、银行危机等类型。题干中的Ⅰ、Ⅱ、Ⅲ、Ⅳ项都属于金融危机，故 D 选项为正确答案。

18. A【解析】本题主要考查货币乘数的相关知识。货币乘数是指货币供给量对基础货币的倍数关系，Ⅳ项说法错误，排除后得正确答案 A 选项。

第七章 证券市场主体

一、选择题

1. A【解析】本题主要考查证券服务机构的法律责任。证券服务机构的法律责任包括：（1）为证券的发行、上市、交易等证券业务活动制作、出具审计报告、资产评估报告、财务顾问报告、资信评级报告或者法律意见书等文件。（2）应该做到勤勉尽责，对所依据的文件资料内容的真实性、准确性、完整性进行核查和验证。（3）其制作、出具的文件有虚假记载、误导性陈述或者重大遗漏，给他人造成损失的，应当与发行人、上市公司承担连带赔偿责任，但是，能够证明自己没有过错的除外。故 A 选项为正确答案。

2. D【解析】本题主要考查社保基金的相关内容。在大多数国家，社保基金分为国家以社会保障税等形式征收的全国性社会保障基金和由企业定期向员工支付并委托基金公司管理的企业年金两个层次。故 D 选项说法有误，为本题的正确答案。

3. B【解析】本题主要考查政府机构投资者的相关内容。政府机构进行证券投资的主要目的不是获取利息、股息等投资收益，而是为了调剂资金余缺和实施公开市场操作，进行宏观调控。故 B 选项说法有误，为本题的正确答案。

4. C【解析】本题主要考查证券中介机构的分类。证券中介机构主要包括证券公司和投资咨询机构、财务顾问机构、资信评级机构、资产评估机构、会计师事务所等证券服务机构。故选项 A、B、D 属于中介机构，本题选 C 选项。

5. B【解析】本题主要考查证券公司的相关内容。证券公司是证券市场上重要的中介机构，同时也是证券市场上重要的机构投资者。故选项 B 为正确答案。

6. D【解析】本题主要考查银行业金融机构的投资范围。根据相关规定，银行金融机构可用自有资金买卖政府债券和金融债券，除另有规定外，不得从事信托投资和证券经营业务，不得向非自用不动产投资或向非银行金融机构和企业投资。外商独资银行、中外合资银行可买卖政府债券、金融债券，买卖股票以外的其他外币有价证券。银行业金融机构因处置贷款质押资产而被动持有的股票，只能单向卖出。故只有 D 选项说法正确。

7. B【解析】本题主要考查证券经营机构的相关内容。证券经营机构是证券市场上最活跃的投资者，以其自有资本、营运资金和受托投资资金进行证券投资。故 B 选项为正确答案。

8. A【解析】本题主要考查证券、期货投资咨询机构管理的相关内容。根据相关规定，中国证监会及其授权的地方派出机构负责对证券、期货投资咨询业务的监督管理。故 A 选项为正确答案。

9. D【解析】本题主要考查证券经纪业务的概念。证券经纪业务又称"代理买卖证券业务"，是指证券公司接受客户委托代理客户买卖有价证券的业务。故 D 选项为正确答案。

10. A【解析】本题主要考查我国证券公司的监管制度。根据相关规定，证券公司应建立以净资本为核心的风险控制指标体系和风险监管制度。故 A 选项为正确答案。

11. B【解析】本题主要考查社保基金的投资范围。根据规定，社会保险基金的节余额应当全部用于购买国债和存入财政专户所在银行。故 B 选项为正确答案。

12. C【解析】本题主要考查金融机构

的相关内容。金融机构是金融市场最重要的参与者。故 C 选项为正确答案。

13. D【解析】本题主要考查证券投资基金的概念。证券投资基金是指通过公开发售基金份额筹集资金，由基金管理人管理，基金托管人托管，为基金份额持有人的利益，以资产组合方式进行证券投资活动的基金。故选项 D 符合题意。

14. A【解析】本题主要考查合格境外机构投资者的相关内容。单个境外投资者通过合格境外机构投资者持有一家上市公司股票的，持股比例不得超过该公司股份总数的 10%。

15. D【解析】本题主要考查合格境外机构投资者的相关内容。根据相关规定，所有境外投资者对单个上市公司 A 股的持股比例总和，不超过该上市公司股份总数的 30%。故 D 选项为正确答案。

16. D【解析】本题主要考查国务院证券监督管理机构。我国证券市场监管机构是国务院证券监督管理机构。选项 D 符合题意，故为正确答案。

17. A【解析】本题主要考查企业年金基金财产投资的相关内容。根据规定，单个投资组合委托投资资产，投资商业银行理财产品、信托产品、基础设施债权投资计划、特定资产管理计划的比例，合计不得高于投资组合委托投资资产净值的 30%。其中，投资信托产品的比例，不得高于投资组合委托投资资产净值的 10%。投资商业银行理财产品、信托产品、基础设施债权投资计划或者特定资产管理计划的专门投资组合，可以不受此 30% 和 10% 规定的限制。故 A 选项为正确答案。

18. B【解析】本题主要考查证券投资者保护基金设立的意义。证券投资者保护基金是证券投资者保护的最终措施之一。故 B 选项为正确答案。

19. C【解析】本题主要考查证券公司设立的条件。按照《中华人民共和国证券法》的要求，设立证券公司的条件之一是：主要股东具有持续盈利能力，信誉良好，最近 3 年无重大违法违规记录，净资产不低于人民币 2 亿元等。故 C 选项为正确答案。

20. A【解析】本题主要考查证券登记结算公司的设立条件。证券登记结算公司的设立条件包括：（1）自有资金不少于人民币 2 亿元；（2）具有证券登记、存管和结算服务所必需的场所和设施；（3）主要管理人员和从业人员必须具有证券从业资格；（4）国务院证券监督管理机构规定的其他条件。故选项 A 为正确答案。

二、组合型选择题

1. D【解析】本题主要考查参与证券投资的金融机构类型。参与证券投资的金融机构包括证券经营机构、银行业金融机构、保险经营机构以及其他金融机构等，而其他金融机构包括信托投资公司、企业集团财务公司、金融租赁公司等。题干中的 Ⅰ、Ⅱ、Ⅲ、Ⅳ 项都属于可参与证券投资的金融机构，故 D 选项为正确答案。

2. C【解析】本题主要考查证券市场监管原则。证券市场监管的公正原则主要体现在：（1）要求证券监管机构在公开、公平原则的基础上，对一切被监管对象给予公正待遇。（2）证券立法机构应当制定体现公平精神的法律、法规和政策。（3）证券监管机构应当根据法律授予的权限履行监管职责，以法律为依据，对一切证券市场参与者给予公正的待遇。（4）对证券违法行为的处罚及对证券纠纷事件和争议的处理，都应当公平进行。题干中的 Ⅰ、Ⅱ、Ⅲ 项的说法与题意相符，故 C 选项为正确答案。Ⅳ 项选项是公平原则的体现。

3. A【解析】本题主要考查证券公司资产管理业务的内容。根据相关规定，证券公司可以在客户资产管理业务范围内为单一客户办理定向资产管理业务、为多个客户办理集合资产管理业务以及为客户办理特定目的的专项资产管理业务。第Ⅰ、Ⅱ、Ⅲ项与题意相符，故A选项为正确答案。

4. B【解析】本题主要考查合格境外机构投资者可以投资的人民币金融工具。按照相关规定，合格境外机构投资者可以投资于中国证监会批准的人民币金融工具，包括在证券交易所挂牌交易的股票、在证券交易所挂牌交易的债券、证券投资基金、在证券交易所挂牌交易的权证以及中国证监会允许的其他金融工具。合格境外机构投资者可以参与新股发行、可转换债券发行、股票增发和配股的申购。故B选项为正确答案。

5. C【解析】本题主要考查基金性质的机构投资者。基金性质的机构投资者包括证券投资基金、社会保险基金、企业年金基金和社会公益基金。题干中的Ⅰ、Ⅱ、Ⅲ、Ⅳ项都与题意相符，故C选项为正确答案。

6. B【解析】本题主要考查企业年金基金财产的投资范围。企业年金基金财产限于境内投资，投资范围包括银行存款、国债、中央银行票据、债券回购、万能保险产品、投资连结保险产品、证券投资基金、投票、以及信用等级在投资级以上的金融债、企业（公司）债、可转换债（含分离交易可转换债）、短期融资和中期票据等金融产品。第Ⅱ、Ⅲ项与题意相符，故B选项为正确答案。

7. B【解析】本题主要考查社会公益基金的内容。社会公益基金是指将收益用于指定的社会公益事业的基金，如福利基金、科技发展基金、教育发展基金、文学奖励基金等。Ⅱ项属于社会保险基金，故排除后得正确答案B选项。

8. D【解析】本题主要考查投资者的分类。不同投资者对风险的态度各不相同，理论上可以将投资者区分为风险偏好型、风险中立型、风险回避型三种类型。Ⅰ、Ⅲ、Ⅳ项与题意相符，故D选项为正确答案。

9. D【解析】本题主要考查证券市场中介机构的内容。证券市场中的中介机构包括：证券登记结算机构、证券投资咨询机构、财务顾问机构、会计师事务所、资产评估机构、律师事务所和资信评级机构等。Ⅰ、Ⅱ、Ⅲ、Ⅳ项都与题意相符，故D选项为正确答案。

10. D【解析】本题主要考查我国证券公司的发展历程。我国证券公司的发展历程为：1984年，工商银行上海信托投资公司代理发行公司股票。1986年，沈阳信托投资公司和工商银行上海信托投资公司率先开始办理柜台交易业务。1987年，我国第一家专业性证券公司——深圳特区证券公司成立。1988年，国债柜台交易正式启动。1990年12月19日和1991年7月3日，上海、深圳证券交易所先后正式营业，各证券经营机构的业务开始转入集中交易市场。1991年8月，中国证券业协会成立。1998年年底，《中华人民共和国证券法》出台等。Ⅰ、Ⅱ、Ⅲ、Ⅳ项都与题意相符，故D选项为正确答案。

11. A【解析】本题主要考查我国证券市场监管的目标。我国证券市场监管的目标包括：（1）运用和发挥证券市场机制的积极作用，限制其消极作用。（2）保护投资者利益，保障合法的证券交易活动，监督证券中介机构依法经营。（3）防止人为操纵、欺诈等不法行为，维持证券市场的正常秩序。（4）根据国家宏观经济管理的需要，运用灵活多样的方式，调控证券市场与证券交易规模，引导投资方向，使之与经济发展相适应。Ⅰ、Ⅱ、Ⅲ、Ⅳ项都与题意相符，故A选项为正确答案。

12. C【解析】本题主要考查间接融资的特点。间接融资的特点包括：间接性；相对的集中性；信誉的差异性较小；全部具有可逆性；融资的主动权掌握在金融中介手中。

第Ⅱ、Ⅲ、Ⅳ项都属于间接融资的特征,故C选项为正确答案。

13. B【解析】本题主要考查证券市场监管的原则。证券市场监管的原则包括:(1)依法监管原则。(2)保护投资者利益原则。(3)"三公"原则。"三公"原则具体包括公开原则、公平原则、公正原则。(4)监督与自律相结合的原则。第Ⅰ、Ⅱ、Ⅲ、Ⅳ项都属于证券市场的原则,故B选项为正确答案。

14. A【解析】本题主要考查我国证券市场自律性组织的内容。我国证券业自律组织包括中国证券业协会、证券交易所证券登记结算公司、证券投资者保护基金等。故A选项为正确答案。

15. C【解析】本题主要考查我国证券公司的业务。我国证券公司的业务范围包括:证券经纪,证券投资咨询,与证券交易、证券投资活动有关的财务顾问,证券承销与保荐,证券自营,证券资产管理及其他证券业务。故第Ⅰ、Ⅱ、Ⅲ、Ⅳ项都属于我国证券公司的业务,答案为选项C。

16. A【解析】本题主要考查证券公司的组织形式。根据相关规定,证券公司是批准经营证券业务的有限责任公司或股份有限公司。故A选项为正确答案。

17. D【解析】本题主要考查证券发行人和投资者相关知识。股份有限公司、商业银行、保险公司、政府机构都是证券发行人,也是证券投资者。第Ⅰ、Ⅱ、Ⅲ、Ⅳ项都与题意相符,故D选项为正确答案。

18. A【解析】本题主要考查银行业金融机构的内容。银行业金融机构主要包括:(1)商业银行。(2)邮政储蓄银行。(3)城市信用合作社。(4)农村信用合作社等吸收公众存款的金融机构以及政策性银行。第Ⅳ项不属于银行金融类,故排除后得正确答案A选项。

19. C【解析】本题主要考查申请证券评级业务许可资信评级机构的条件。申请证券评级业务许可资信评级机构的条件包括以下几项。(1)资产评估机构依法设立并取得资产评估资格3年以上,发生过吸收合并的,还应当自完成工商变更登记之日起满1年。(2)质量控制制度和其他内部管理制度健全并有效执行,执业质量和职业道德良好。(3)具有不少于30名注册资产评估师,其中最近3年持有注册资产评估师证书且连续执业的不少于20人。(4)净资产不少于200万元。(5)按规定购买职业责任保险或者提取职业风险基金。(6)半数以上合伙人或者持有不少于50%股权的股东最近在本机构连续执业3年以上。(7)最近3年评估业务收入合计不少于2 000万元,且每年不少于500万元。因此Ⅳ项不正确,排除后得正确答案C选项。

20. D【解析】本题主要考查证券业从业人员诚信信息管理。证券业从业人员诚信信息管理的内容包括基本信息、奖励信息、警示信息及处罚处分信息等。第Ⅰ、Ⅱ、Ⅲ、Ⅳ项都与题意相符,故D选项为正确答案。

第八章 股票市场

一、选择题

1. D【解析】本题主要考查股票的特征。股票的特征包括:(1)收益性。(2)风险性。(3)流动性。(4)不可偿还性。(5)参与性。股票的风险性指的是股票投资收益的不确定性,或者说实际收益与预期收益之间的偏离。投资者在买入股票时,对其未来收益会有一个预期,但真正实现的收益可能会高于或低于原先的预期。故D选项与题意相符,为正确答案。

2. D【解析】本题主要考查普通股票的相关知识。普通股票是最基本、最常见的一种股票,其持有者享有股东的基本权利和义务。故 D 选项为正确答案。

3. D【解析】本题主要考查证券交易费用的内容。投资者在委托买卖证券时须支付如佣金、过户费、印花税等费用。故 D 选项为本题的正确答案。

4. D【解析】本题主要考查股票清算价值的含义。股票的清算价值是公司清算时每一股份所代表的实际价值。从理论上说,股票的清算价值应与账面价值一致,实际上并非如此。只有当清算时公司资产实际出售价款与财务报表上的账面价值一致时,每一股份的清算价值才与账面价值一致。故 D 选项为正确答案。

5. B【解析】本题主要考查优先股票的特征。优先股票的特征包括:(1)股息率固定;(2)股息分派优先;(3)剩余资产分配优先;(4)一般无表决权;(5)收益率相对较低。故 B 选项为本题的正确答案。

6. A【解析】本题主要考查做市商交易市场的定义。做市商交易市场,也称为"报价驱动交易市场",是依证券价格形成的主导力量不同而与集中竞价制度相对的一种制度。故 A 选项为正确答案。

7. B【解析】本题主要考查港股通的特别规定。港股通交易以港币报价,投资者以人民币交收。故 B 选项为正确答案。

8. A【解析】本题主要考查我国股票发行的相关内容。在我国,绝大多数股票采用网上定价发行。故 A 选项为本题的正确答案。

9. A【解析】本题主要考查发行优先股票的作用。发行优先股票的作用在于可以筹集长期稳定的公司股本,又因其股息率固定,可以减轻利润的分派负担。故 A 选项为正确答案。

10. D【解析】本题主要考查境外上市外资股的相关知识。在伦敦上市的外资股,称为"L 股"。故 D 选项为正确答案。A 股和 B 股的上市地点都是我国,S 股的上市地点是新加坡。

11. C【解析】本题主要考查委托指令的分类。根据委托价格限制划分,证券交易委托可以分为市价委托和限价委托。故 A 选项为正确答案。

12. D【解析】本题主要考查委托指令的相关知识。客户发出委托指令的形式可以分为柜台(书面)、非柜台(人工电话、传真、自助和电话自助、网上委托)。不包括 D 选项所说的口头形式,故 D 选项为正确答案。

13. B【解析】本题主要考查额度管理的相关内容。股票发行额度以股票面值计算,在溢价发行的条件下,实际筹资额大于计划额度。故 C 与题意相符,为正确答案。

14. C【解析】本题主要考查股票竞价成交原则。证券交易按"价格优先、时间优先"的原则竞价成交。价格优先原则为:较高价格买入申报优先于较低价格买入申报,较低价格卖出申报优先于较高价格卖出申报。时间优先原则为:买卖方向、价格相同的,先申报者优先于后申报者。根据上述原则可得出本题的正确排序:小王、小黄、小李、小赵。故 C 选项为正确答案。

15. D【解析】本题主要考查股权分置的相关知识。股权分置改革后公司原非流通股股份的出售应当遵循的规定之一是,自改革方案实施之日起,12 个月内不得上市交易或转让。故 D 选项为正确答案。

16. D【解析】本题主要考查证券交易竞价的相关知识。沪、深证券交易所规定,采用竞价交易方式的,每个交易日的 9:15~9:25 为开盘集合竞价时间,14:57~15:00 为收盘集合竞价时间。故每个交易日为集合竞价时间的时间段有 2 个,D 选项为正确答案。

17. B【解析】本题主要考查开立证券账户的基本原则。开立证券账户应坚持合法性和真实性的原则。故 B 选项为正确答案。

18. D【解析】本题主要考查首次公开

发行股票条件的相关内容。在主板和中小板上市的公司首次公开发行股票应该满足发行人的财务指标之一是：最近3个会计年度净利润均为正数且累计超过人民币3 000万元，净利润以扣除非经常性损益后较低者为计算依据。故选项D为正确答案。

19．C【解析】本题主要考查法人股的定义。法人股是指企业法人或具有法人资格的事业单位和社会团体以其依法可支配的资产投入公司形成的股份。故C选项为正确答案。

20．B【解析】本题主要考查优先认股权的相关内容。股份公司在提供优先认股权时会设定一个股权登记日，在此日期之前认购普通股票的，该股东享有优先认股权；在此日期之后认购普通股票的股东不再享有此权利。故B选项为正确答案。

易错警示　股利发放的四个重要日期。（1）股利宣布日是公司董事会将分红派息的消息公布于众的时间。（2）股权登记日是统计和确认参加本期股利分配的股东的日期，在此日期持有公司股票的股东方能享受股利发放。（3）除息除权日通常为股权登记日之后的1个工作日，本日之后(含本日)买入的股票不再享有本期股利。（4）派发日是股利正式发放给股东的日期。根据证券存管和资金划转的效率不同，通常会在几个工作日之内到达股东账户。

二、组合型选择题

1．C【解析】本题主要考查红筹股的相关知识。红筹股是指在中国境外注册、在香港上市，但主要业务在中国内地或大部分股东权益来自中国内地的股票。境外上市外资股是指股份有限公司向境外投资者募集并在境外上市的股份，红筹股不属于外资股。故第Ⅰ、Ⅲ、Ⅳ项说法正确，C选项为正确答案。

2．A【解析】本题主要考查优先股的分类。在一定条件下，该优先股票能否由原发行的股份公司出价赎回，优先股票可分为可赎回和不可赎回优先股票，第Ⅰ、Ⅲ项说法都正确，故A选项为正确答案。

3．D【解析】本题主要考查A股的分类。A股账户按持有人不同分为自然人证券账户、一般机构证券账户、证券公司自营证券账户和基金管理公司的证券投资基金专用证券账户等。题干中第Ⅰ、Ⅱ、Ⅲ、Ⅳ项都符合题意，故D选项为正确答案。

4．D【解析】本题主要考查股票的相关知识。根据《公司法》的规定，股票应当载明下列主要事项：公司名称、公司成立的日期、股票种类、票面金额及代表的股份数、股票的编号。股票由法定代表人签名，公司盖章。发起人的股票应当标明"发起人股票"字样。第Ⅰ、Ⅱ、Ⅲ、Ⅳ项都与题意相符，故D选项为正确答案。

5．A【解析】本题主要考查股价指数编制的步骤。股价指数的编制分为四步：（1）选择样本股。（2）选定某基期，并以一定方法计算基期平均股价或市值。（3）计算计算期平均股价或市值，并作必要的修正。（4）指数化。故A选项为正确答案。

6．D【解析】本题主要考查影响股票价格变动的其他因素。影响股票价格变动的其他因素主要包括：政治因素、心理因素、政策及制度因素以及人为操纵的因素。第Ⅰ、Ⅲ、Ⅳ项都属于影响股票价格变动的其他因素，故D选项为正确答案。第Ⅱ项属于影响股票价格变动的基本因素。

7．B【解析】本题主要考查股票价值的构成要素。股票价值是指股票能在未来给持有者带来的预期收益，股票价值的主要构成由股票的未来股息收入和未来资本利得收入组成。故B选项为正确答案。

8．C【解析】本题主要考查股票发行的定价方式。股票发行的定价方式，可以采取协商定价方式，也可以采取询价方式、上网竞价方式等。故 C 选项为正确答案。

9．B【解析】本题主要考查无记名股票的相关内容。无记名股票是指在股票票面和股份公司股东名册上均不记载股东姓名的股票。《中华人民共和国公司法》规定，发行无记名股票的公司应该记载其股票数量、编号及发行日期，且发行时一般留有存根联。存根联分为两部分，一是股票的主体，记载公司的有关事项，另一部分是股息票，用于进行股息结算和行使增资权利；故第Ⅰ、Ⅱ、Ⅲ、Ⅳ项都属于正确说法，B 选项为正确答案。

10．A【解析】本题主要考查影响股票价格的影响因素。宏观经济对股票价格影响的特点包括：波及范围广、干扰程度深、作用机制复杂和股价波动幅度较大。第Ⅰ、Ⅱ、Ⅲ、Ⅳ项都与题意相符，故 A 选项为正确答案。

11．B【解析】本题主要考查股票的性质。在二级市场交易的股票，独立于真实资本之外，在股票市场上进行着独立的价值运动，是一种虚拟资本。股票属于虚拟资本而非真是资本。故第Ⅰ项正确、第Ⅳ项错误。设权证券是指证券所代表的权利本来不存在，而是随着证券的制作而产生，即权利的发生是以证券的制作和存在为条件的。证权证券是指证券是权利的一种物化的外在形式，它是权利的载体，权利是已经存在的。股票代表的是股东权利，它的发行是以股份的存在为条件的，股票只是把已存在的股东权利表现为证券的形式，它的作用不是创造股东的权利，而是证明股东的权利，所以说，股票是证权证券。故第Ⅱ项错误、第Ⅲ项正确。本题选 B 选项。

12．D【解析】本题主要考查沪股通股票的范围。沪股通股票包括以下范围内的股票：（1）上证 180 指数成份股。（2）上证 380 指数成份股。（3）A+H 股上市公司的本所上市 A 股。第Ⅱ项属于港股通的范围。故选项 D 为正确答案。

13．C【解析】本题主要考查大宗交易的申报内容。大宗交易申报包括：（1）意向申报。（2）成交申报。（3）固定价格申报。题干中的第Ⅰ、Ⅱ、Ⅳ项都属于大宗交易申报的内容，故选项 C 为正确答案。

14．B【解析】本题主要考查行业因素的相关知识。行业与部门因素包括行业分类、行业分析因素（行业或产业竞争结构、行业的可持续性、抗外部冲击的能力、监管及税收待遇、劳资关系财务与融资问题、行业估值水平）、行业生命周期。第Ⅰ项属于宏观经济与政策因素，排除后得正确答案 B 选项。

15．D【解析】本题主要考查股票价格指数的相关知识。国际主要股票市场的价格指数包括道·琼斯工业股价平均指数、金融时报证券交易所指数（FTSE100 指数）、标准普尔 500 指数、日经 225 股价指数和恒生指数。第Ⅰ项不属于国际价格指数，故排除后得正确答案 D 选项。

16．D【解析】本题主要考查普通股的分类。根据股票的风险特征，普通股分为：（1）蓝筹股。（2）成长股。（3）收入股。（4）周期股。（5）防守股。（6）概念股。（7）投机股。故选项中的第Ⅰ、Ⅱ、Ⅲ、Ⅳ项都与题意相符，D 为正确答案。

17．B【解析】本题主要考查不得公开发行证券的情形。上市公司存在下列情形的，不得公开发行证券。（1）本次发行申请文件有虚假记载、误导性陈述或重大遗漏。（2）擅自改变前次公开发行证券募集资金的用途而未作纠正。（3）上市公司最近 12 个月内受到过证券交易所的公开谴责。（4）上市公司及其控股股东或实际控制人最近 12 个月内存在未履行向投资者作出的公开承诺的行为。（5）上市公司或其现任董事、高级管理人员因涉嫌犯罪被司法机关立案侦查或涉嫌违法违规被中国证监会立案调查。（6）严重损害投资者的合法权益和社会公共利益的其他情形。第Ⅰ、Ⅱ、Ⅳ项与题意相符，故

B选项为正确答案。

18．C【解析】本题主要考查普通股股东的权利。普通股股东享有的权利包括：资产收益、重大决策、选择公司管理者等权利。普通股股东不得对公司财产进行直接支配和处理，故排除后得正确答案C选项。

19．A【解析】本题主要考查股票的性质。股票具有以下性质：（1）股票是有价证券。（2）股票是要式证券。（3）股票是证权证券。（4）股票是资本证券。（5）股票是综合权利证券。第Ⅰ、Ⅱ、Ⅳ项属于股票的性质，故选项A为正确答案。

20．A【解析】本题主要考查有面额股票的特点。有面额股票的特点包括：（1）可以明确表示每一股所代表的股权比例。（2）为股票发行价格的确定提供依据。发行或转让价格较灵活和便于股票分割属于无面额股票的特点，故正确答案为A选项。

第九章 债券市场

一、选择题

1．A【解析】本题主要考查中集合票据的概念。中小非金融企业集合票据是指2个（含）以上、10个（含）以下具有法人资格的中小非金融企业，在银行间债券市场以统一产品设计、统一券种冠名、统一信用增进、统一发行注册方式共同发行的，约定在一定期限还本付息的债务融资工具。故A选项为正确答案。

2．B【解析】本题主要考查超短期融资券的定义。超短期融资券是指具有法人资格、信用评级较高的非金融企业在银行间债券市场发行的、期限在270天（九个月）以内的短期融资券。故选项B符合题意。

3．B【解析】本题主要考查债券的基本性质。债券的基本性质包括：（1）债券属于有价证券。（2）债券是一种虚拟资本。（3）债券是债权的表现。B选项本身说法正确，但不属于债券的基本性质。

4．A【解析】本题主要考查金融债券的发行主体。我国政策性银行作为金融证券发行的主体，由3家政策性银行组成，天然具备发行金融债券的条件，只要按年向中国人民银行报送金融债券发行申请，并经中国人民银行核准后便可发行。故A选项为正确答案。

5．A【解析】本题主要考查零息债券的定义。零息债券又称零息票债券，是指债券合约未规定利息支付的债券。故A选项为正确答案。

6．C【解析】本题主要考查股票市场和债券的相关性。如果市场是有效的，则债券的平均收益率和股票的平均收益率会大体保持相对稳定的关系，其差异反映了两者风险程度的差别。C选项为正确答案。

7．D【解析】本题主要考查登记日含义。登记日是指债券发行人确认当日登记在册的债券所有权人或权益人享有相关债券权益的日期。故D选项为正确答案。

8．B【解析】本题主要考查保险公司申请募集次级债券的相关内容。保险公司申请募集次级债的条件包括：（1）开业时间超过3年。（2）经审计的上年度末净资产不低于人民币5亿元。（3）募集后，累计未偿付的次级债本息额不超过上年度末经审计的净资产的50%。（4）具备偿债能力。（5）具有良好的公司治理结构。（6）内部控制制度健全且能得到严格遵循。（7）资产未被具有实际控制权的自然人、法人或者其他组织及其关联方占用。（8）最近两年内未受到重大行政处罚。（9）中国保监会规定的其他条件。故选项B符合题意。

9．A【解析】本题主要考查票面价值的相关知识。债券的面值和债券的实际发行价格往往是不一致的。债券的发行价格低于债券面值时，称为折价发行；当债券的发行价格等于票面价值时，称为平价发行；当债券发行的价格高于债券面值时，称为溢价发行。故选项B、C、D说法有误，A选项为正确答案。

10．A【解析】本题主要考查债券到期期限的定义。债券到期期限是指债券从发行日至偿清本息日的时间，也是债券发行人承诺履行合同义务的全部时间，过期不还即构成违约。故A选项为正确答案。

11．A【解析】本题主要考查债券托管。在我国，中央结算公司和银行间市场清算所股份有限公司（上海清算所）负责银行间债券市场托管，中国结算公司负责交易所债券市场托管。故A选项为正确答案。

12．B【解析】本题主要考查记账式国债的概念。我国的记账式国债是由财政部面向全社会各类投资者、通过无纸化方式发行的、以电子记账方式记录债权并可以上市和流通转让的债券。故B选项为正确答案。

13．D【解析】本题主要考查凭证式国债的相关知识。我国的凭证式国债是一种国家储蓄债，可以面向社会发行，可记名、可以挂失，不能上市流通。故D选项说法有误，为本题的正确答案。

14．A【解析】本题主要考查债券的分类。附息债券按照利率是否固定，可分为固定利率债券和浮动利率债券。故A选项为正确答案。

15．D【解析】本题主要考查欧洲债券的相关知识。欧洲债券是指借款人在本国境外市场发行的，不以发行市场所在货币为面值的国际债券。欧洲债券的发行人、债券发行地点和债券面值所使用的货币可以分别属于不同的国家，是一种无国籍债券，其票面一般使用的是可自由兑换的货币，如美元、欧元、英镑等，也有使用特别提款权这种复合货币为单位的。故A、B、C选项说法都是正确的，D选项为本题的正确答案。

16．B【解析】本题主要考查债券现券交易、结算方式。债券现券买卖以净价交易、全价结算。故B选项为正确答案。

17．D【解析】本题主要考查记账式国债的发行方式。记账式国债的发行采用招标的方式，可分为证券交易所市场发行、银行间债券市场发行及同时在银行间债券市场和证券市场发行（称为跨市场发行）3种情况。故D选项为正确答案。

18．D【解析】本题主要考查我国地方政府债券招标发行投标限额。我国国债招标发行中，单一标位最低投标限额为0.2亿元，最高投标限额为30亿元。投标量变动幅度为0.1亿元的整数倍。故选项D为正确答案。

19．D【解析】本题主要考查短期融资券的发行注册。根据相关规定，中国银行间市场交易商协会负责受理短期融资券的发行注册。故D选项为正确答案。

20．A【解析】本题主要考查地方政府债券的相关内容。地方政府债券简称"地方债"，也可以称为"地方公债"或"市政债券"，通常可以分为一般债券和专项债券。故A项正确，B项错误。日本地方政府债券由一般地方公共团体和特殊地方公共团体发行，故C项错误。一般债券主要是地方政府为缓解资金紧张或解决临时经费不足而发行的债券，故D项说法错误。综上所述，本题A选项为正确答案。

二、组合型选择题

1．B【解析】本题主要考查国际债券的发行主体。国际债券的发行人主要包括：各国政府、政府所属机构、银行或其他金融机构、工商企业及一些国际组织等。第Ⅰ、Ⅱ、Ⅲ、Ⅳ项都属于国际债券的主要发行主体，故B选项为正确答案。

2．B【解析】本题主要考查国际债券的特点。国际债券的特点包括：（1）资金来源广、发行规模大。（2）存在汇率风险。（3）有国家主权保障。（4）以自由兑换货币作为主要计量货币。题干中的第Ⅰ、Ⅱ、Ⅲ、

Ⅳ项都属于国际债券的特点，故B选项为正确答案。

3．C【解析】本题主要考查债券期限的相关知识。影响债券期限的因素包括：（1）资金使用方向。（2）市场利率变化。（3）债券变现能力。题干中的第Ⅱ、Ⅲ、Ⅳ项都与题意相符，故C选项为正确答案。

4．A【解析】本题主要考查混合资本债券的特征。混合资本债券的特征包括：（1）期限在15年以上，发行之日起10年内不得赎回。（2）债券到期前，如果发行人核心资本充足率低于4%，发行人可以延期支付利息。（3）当发行人清算时，混合资本债券本金和利息的清偿顺序列于一般债务和次级债务之后、先于股权资本。题干中第Ⅰ、Ⅲ项都属于混合资本债券的基本特征，故A选项为正确答案。

5．C【解析】本题主要考查买断式回购与质押式回购的区别。债券买断式回购与质押式回购的区别在于：在买断式回购的初始交易中，债券持有人是将债券"卖"给逆回购方，所有权转移至逆回购方；而在质押式回购的初始交易中，债券所有权并不转移，逆回购方只享有质权。由于所有权发生转移，因此买断式回购的逆回购方可以自由支配购入债券。故第Ⅰ、Ⅲ项说法正确，C选项为正确答案。

6．D【解析】本题主要考查债券的分类。债券按照发行主体，可分为：（1）政府债券。（2）金融债券。（3）企业债券。（4）公司债券。第Ⅰ、Ⅲ、Ⅳ项都属于按照发行主体划分的债券，故选项D为正确答案。

7．D【解析】本题主要考查公司债券的相关知识。公开发行公司债券，可以申请一次核准，分期发行。发行人应当自中国证监会核准发行之日起，在12月内完成首期发行，剩余数量应当在24个月内发行完毕。故D选项为正确答案。

8．D【解析】本题主要考查我国国债主要品种。我国主要的债券品种包括：（1）政府债券。（2）金融债券。（3）可转换公司债券。题干中的第Ⅰ、Ⅱ、Ⅲ项都属于我国国债的品种。熊猫债券是国际多边金融机构在华发行的人民币债券。故D选项为正确答案。

9．D【解析】本题主要主要考查债券与股票的区别。债券与股票的区别主要表现在：（1）权利不同。（2）目的不同。（3）期限不同。（4）收益不同。（5）风险不同。题干中的第Ⅰ、Ⅱ、Ⅲ、Ⅳ项都属于二者的区别，故D选项为正确答案。

10．C【解析】本题主要考查外国证券的内容。国外金融机构在一国发行债券时，一般以该国最具特征的吉祥物命名。据此，在美国发行的外国债券称为"扬基债券"，在日本发行的称为"武士债券"，故第Ⅰ、Ⅱ项说法正确。外国债券的面值货币与发行市场属于同一个国家，第Ⅲ项说法正确。第Ⅳ项属于干扰选项，故C选项为正确答案。

11．C【解析】本题主要考查流通国债的特点。流通国债的特点包括：（1）自由认购。（2）自由转让。（3）通常不记名。题干中的第Ⅱ、Ⅲ、Ⅳ项都属于流通国债的特点，故选项C为正确答案。

12．A【解析】本题主要考查债券公开报价的分类。公开报价指的是参与者为表明自身交易意向而面向市场作出的、不可直接确认成交的报价。公开报价还可进一步分为单边报价和双边报价两类。第Ⅰ、Ⅱ项都属于公开报价的分类，故A选项为正确答案。

13．C【解析】本题主要考查债券交易方式。债券交易方式根据交易合约的签订与实际交割之间的关系分类，主要包括：（1）现券交易。（2）回购交易。（3）远期交易。（4）期货交易。题干中的第Ⅱ、Ⅲ、Ⅳ项都属于债券交易的方式，故C选项为正确答案。

14．D【解析】本题主要考查国债的分类。按资金用途不同，国债可以分为赤字国债、建设国债、战争国债和特种国债。题干中的第Ⅱ、Ⅲ、Ⅳ项与题意相符，故D选项为正确答案。

15. C【解析】本题主要考查债券的票面要素。债券票面的基本要素包括：票面价值、到期期限、票面利率、发行者名称。故C选项为正确答案。

16. C【解析】本题主要考查不得再次公开发行公司债券的情形。有下列情形之一的，不得再次公开发行公司债券：（1）前一次公开发行的公司债券尚未募足。（2）对已公开发行的公司债券或者其他债务有违约或者延迟支付本息的事实，仍处于继续状态。（3）违规改变公开发行公司债券所募资金的用途。题干中的第Ⅱ、Ⅲ项都属于上述情形，第Ⅰ项说法错误，第Ⅳ项为不等公开发行债券的情形。故C选项为正确答案。

17. D【解析】本题主要考查政策性银行的内容。我国的政策性银行包括：（1）国家开发银行。（2）中国进出口银行。（3）中国农业发展银行。题干中的第Ⅰ、Ⅱ、Ⅳ项都与题意相符，故D选项为正确答案。

18. C【解析】本题主要考查我国地方政府债券的发行模式。2009年后，我国地方政府债券的发行模式包括：（1）代发代还。（2）自发代还。（3）自发自还。题干中的第Ⅱ、Ⅲ、Ⅳ项都属于我国地方政府债券的发行模式，故C选项为正确答案。

第十章 证券投资基金与衍生工具

一、选择题

1. D【解析】本题主要考查证券投资基金的概念。证券投资基金是指通过公开发售基金份额筹集资金，由基金管理人管理，基金托管人托管，为基金份额持有人的利益，以资产组合方式进行证券投资活动的基金。故D选项为正确答案。

2. D【解析】本题主要考查基金托管人的概念。证券投资基金通过发行基金单位集中的资金，交由基金托管人托管。故D选项为正确答案。

3. B【解析】本题主要考查封闭式基金的存续期。封闭式基金有固定的存续期，通常在5年以上，一般为10年或15年，经受益人大会通过并经监管机构同意可以适当延长期限。故B选项为正确答案。

4. D【解析】本题主要考查巨额赎回风险的相关内容。巨额赎回风险是开放式基金所特有的风险。故D选项为正确答案。

5. D【解析】本题主要考查证券投资基金的特征。证券投资基金的特征包括：（1）利益共享、风险共担。（2）组合投资、分散风险。（3）集合理财、专业管理。（4）独立托管、保障安全（5）严格监管、信息透明。故题干中只有D选项不属于证券投资基金的特征，为本题的正确答案。

6. A【解析】本题主要考查基金管理人和基金托管人的关系。根据相关规定，基金管理人和基金托管人是相互制衡的。故A选项为正确答案。

7. A【解析】本题主要考查契约型基金与公司型基金的主要区别。二者的区别包括：（1）法律主体资格不同。（2）资金的性质不同。（3）投资者的地位不同。（4）基金的营运依据不同。故A选项为正确答案。

8. A【解析】本题主要考查证券投资基金的分类。证券投资基金根据运作方式的不同，可划分为封闭式基金和开放式基金。故A选项为正确答案。

9. C【解析】本题主要考查可交换公司债券与可转换公司债券的相同点。两者除了发行要素相似外，还包括以下相同之处：（1）面值相同。（2）期限相同。（3）发行利率较低。（4）都规定了转换期和转换比例。（5）都可约定赎回和会售条款。故 C 选项为正确答案。

10. A【解析】本题主要考查金融期货的含义。金融期货是以金融期货合约为对象的期货交易品种。金融现货交易的对象通常是代表着一定所有权或债权关系的股票、债券或其他金融工具。故 A 选项为正确答案。

11. C【解析】本题主要考查基金的费用。基金费用包括申购费、赎回费和基金转换费等由基金投资者自己承担的费用和基金管理费、基金托管费、基金信息披露费等基金管理过程中产生的费用。故 C 选项为正确答案。

12. D【解析】本题主要考查美式期权的概念。美式期权可在期权到期日或到期日之前的任何一个营业日执行。故 D 选项为正确答案。

13. C【解析】本题主要考查可交换公司债券的期限。根据相关规定，可交换公司债券的期限最短为1年，最长为6年。故 C 选项为正确答案。

14. B【解析】本题主要考查金融期货交易制度的内容。金融期货的主要交易制度包括：（1）集中交易制度。（2）保证金制度。（3）无负债结算制度。（4）持仓限额制度。（5）大户报告制度。（6）每日价格波动限制及断路器规则。（7）强行平仓制度。（8）强制减仓制度。故只有 B 选项与题意不符，为本题的正确答案。

15. B【解析】本题主要考查私募基金的相关内容。根据美国的相关法规，私募基金的投资者人数不得超过100人，每个投资者的净资产必须在100万美元以上。故 B 选项为正确答案。

16. B【解析】本题主要考查交易所交易的衍生工具的内容。交易所交易的衍生工具指的是在有组织的交易所上市交易的衍生工具，例如在股票交易所交易的股票期权产品，在期货交易所和专门的期权交易所交易的各类期货合约、期权合约等。故 B 选项为正确答案。

17. D【解析】本题主要考查联动性的定义。联动性指的是金融衍生工具的价值与基础产品或基础变量紧密联系、规则变动。故 D 选项为正确答案。

18. A【解析】本题主要考查金融衍生工具的发展动因。金融衍生工具产生的最基本原因是避险。故 A 选项为正确答案。

二、组合型选择题

1. C【解析】本题主要考查基金托管费的计提方法。基金托管费通常按照基金资产净值的一定比率提取，逐日计算并累计，按月支付给托管人。故 C 选项为正确答案。

2. C【解析】本题主要考查交易型开放式指数基金（ETF）的特点。ETF 最大的特点是实物申购、赎回机制，即它的申购是用一篮子股票换取 ETF 份额，赎回时是以基金份额换回一篮子股票而不是现金，同时实行一级市场和二级市场并存的交易制度。题干中的第 Ⅱ、Ⅳ 项都与题意相符，故 C 选项为正确答案。

3. A【解析】本题主要考查货币市场基金利润分配的规定。货币市场基金每周五进行利润分配时，将同时分配周六和周日的利润；每周一至周四进行分配时，则仅对当日利润进行分配。投资者于周五申购或转换转入的基金份额不享有周五和周六、周日的利润；投资者于周五赎回或转换转出的基金份额享有周五和周六、周日的利润。题干中的第 Ⅰ、Ⅱ、Ⅳ 项说法与题意相符，故 A 选项为正确答案。

4. A【解析】本题主要考查 QDII 基金的投资风险。QDII 基金的投资风险包括：（1）国际市场投资会面临国内基金所没有的汇率风险；（2）国际市场将会面临国别风险、新兴市场风险等特别投资风险；（3）尽管进行国际市场投资有可能降低组合投资风险，但并不能排除市场风险；（4）QDII基金的流动性风险。题干中的第Ⅰ、Ⅱ、Ⅲ、Ⅳ项都属于QDII基金的投资风险，故A选项为正确答案。

5. A【解析】本题主要考查基金、股票与债券的差异。基金、股票与债券的差异主要表现在：（1）所反映的经济关系不同。（2）所筹集资金的投向不同。（3）收益与风险水平不同。题干中的第Ⅰ、Ⅱ、Ⅲ项都属于二者的区别，故A选项为正确答案。

6. A【解析】本题主要考查强行平仓的相关内容。根据规定，下列情况会出现强行平仓：（1）会员结算准备金余额小于零，并且不能在规定时间内补足的。（2）持仓超出持仓限额标准，且不能在规定时间内平仓的。（3）因违规受到中金所强行平仓处罚的。（4）根据中金所紧急措施应予强行平仓的。（5）其他应予平仓的。题干中的第Ⅱ、Ⅲ、Ⅳ项都与题意相符，故A为正确答案。

7. A【解析】本题主要考查基金托管人的相关内容。申请取得基金托管人的资格，应具备以下条件：（1）净资产和资本充足率符合有关规定。（2）设有专门的基金托管部门。（3）取得基金从业资格的专职人员达到法定人数。（4）有安全保管基金财产的条件。（5）有安全高效的清算、交割系统。（6）有符合要求的营业场所、安全防范设施和与基金托管业务有关的其他设施。（7）有完善的内部稽核监控制度和风险控制制度。（8）法律、行政法规规定的和经国务院批准的国务院证券监督管理机构、国务院银行业监督管理机构规定的其他条件。第Ⅰ、Ⅱ、Ⅳ项都与题意相符，故A选项为正确答案。交易期限设置灵活属于互换的特点。

8. A【解析】本题主要考查信用违约互换中的当事人。最基本的信用违约互换涉及信用担保出售方和信用担保购买方两个当事人。故A选项为正确答案。

9. C【解析】本题主要考查基金份额持有人享有的权利。基金份额持有人享有的权利包括：（1）分享基金财产收益。（2）参与分配清算后的剩余基金财产。（3）依法转让或者申请赎回其持有的基金份额。（4）按照规定要求召开基金份额持有人大会。（5）对基金份额持有人大会审议事项行使表决权。（6）查阅或者复制公开披露的基金信息资料。（7）对基金管理人、基金托管人、基金份额发售机构损害其合法权益的行为依法提起诉讼。（8）基金合同约定的其他权利。题干中的第Ⅰ、Ⅱ、Ⅳ项都属于基金份额持有人享有的权利，第Ⅲ项为基金管理人的职责。故C选项为正确答案。

10. C【解析】本题主要考查独立衍生工具的特征。独立衍生工具的特征包括：（1）价值随特定利率、金融工具价格、商品价格、汇率、价格指数、费率指数、信用等级、信用指数或其他类似变量的变动而变动，变量为非金融变量的，该变量与合同任一方不存在特定关系。（2）不要求初始净投资，或与对市场情况变化有类似反应的其他类型合同相比，要求很少的初始净投资。（3）在未来某一日期结算。题干中的第Ⅱ、Ⅲ、Ⅳ项说法与题意相符，故C选项为正确答案。

11. A【解析】本题主要考查金融期权的特征。金融期权的基本特征包括：（1）期权交易的对象是一种权利。（2）期权交易有一定的时间性。（3）期权投资具有杠杆效应。（4）期权的供求双方具有的权利和义务不对称。（5）期权的购买者具有选择权。题干中的第Ⅰ、Ⅱ、Ⅲ、Ⅳ项都属于金融期权的特征，故A选项为正确答案。

12. D【解析】本题主要考查金融衍生工具的分类。金融衍生工具从其自身交易的方法和特点可以分为金融远期合约、金融期货、金融期权、金融互换和结构化金融衍生工具。第Ⅰ、Ⅱ、Ⅲ、Ⅳ项都与题意相符，故 D 选项为正确答案。

13．C【解析】本题主要考查可交换公司债券的发行目的。可交换公司债券的发行目的包括：（1）投资退出。（2）市值管理。（3）资产流动性管理等。题干中的第Ⅱ、Ⅲ、Ⅳ项都属于发行可交换公司债券的目的，故 C 选项为正确答案。

14．C【解析】本题主要考查金融衍生工具的分类。金融衍生工具按基础工具不同，可划分为股权类产品的衍生工具、货币衍生工具、利率衍生工具、信用衍生工具及其他衍生工具。故 C 选项为正确答案。

15．D【解析】本题主要考查股权类期权的分类。股权类期权可分为：（1）单只股票期权。（2）股票组合期权。（3）股票指数期权。题干中的第Ⅰ、Ⅱ、Ⅳ项与题意相符，故 D 为正确答案。

16．B【解析】本题主要考查实值期权的含义。实值期权是指具有内在价值的期权。当看涨期权的敲定价格低于相关期货合约的当时市场价格时，该看涨期权具有内涵价值，该期权为实值期权；当看跌期权的敲定价格高于相关期货合约的当时市场价格时，该看跌期权具有内涵价值，该期权为实值期权。故第Ⅰ、Ⅲ项属于实值期权，B 选项为正确答案。

17．C【解析】本题主要考查的是证券投资基金的定义。证券投资基金是指通过公开发售基金份额募集资金，由基金托管人托管，由基金管理人管理和运用资金，为基金份额持有人的利益，以资产组合方式进行证券投资的一种利益共享、风险共担的集合投资方式。根题干中的第Ⅰ、Ⅳ项正确，C 选项为正确答案。

18．A【解析】本题主要考查可转换证券的相关知识。可转换公司债券是指其持有者可以在一定时期内按一定比例或价格将之转换成一定数量的另一种证券的证券。在国际市场上，按照发行时证券的性质，可分为可转换债券和可转换优先股票两种。故 A 选项为正确答案。

19．C【解析】本题主要考查开放式基金的相关内容。对于开放式基金来说，为了应对日常赎回，法规要求保持不低于基金资产净值 5% 的现金或者到期日在 1 年以内的政府债券。故第Ⅰ、Ⅲ项说法正确，C 选项为正确答案。

第十一章 金融风险管理

一、选择题

1．A【解析】本题主要考查金融风险的分类。与证券投资相关的所有风险被称为总风险，可分为系统性风险和非系统性风险。故 A 选项为正确答案。

2．B【解析】本题主要考查汇率风险的定义。汇率风险又被称为外汇风险，是指经济主体在持有或运用外汇的经济活动中，因汇率变动而蒙受损失的可能性。故 B 选项为正确答案。

3．C【解析】本题主要考查外汇风险的特征。外汇风险的特征包括：或然性、不确定性和相对性。其中，或然性指的是外汇风险可能发生也可能不发生，不具有必然性。故 C 选项为正确答案。

4．A【解析】本题主要考查金融风险的分类。金融风险按照驱动因素，可分为市场风险、信用风险、操作风险、流动性风险等类型。故 A 选项为本题的正确答案。

5．B【解析】本题主要考查金融风险的影响因素。金融市场的联动性是金融风险传导的基础。故 B 选项为正确答案。

6．A【解析】本题主要考查非系统性风险的定义。非系统性风险又称"可分散风险"，指的是对某个行业或个别证券产生影响的风险。故 A 选项为正确答案。

【易错警示】非系统性风险是可分散风险，可以通过分散投资、购买保险等方式将其分散或转移，但可分散不等于可消灭。非系统性风险是不能被消灭的。

7. C【解析】本题主要考查风险识别的含义。风险的识别指经济单位和个人对所面临的以及潜在的风险加以判断、归类整理并对风险的性质进行鉴定的过程。故 C 选项为正确答案。

8. A【解析】本题主要考查汇率风险的特征。汇率风险的特征包括：或然性、不确定性和相对性。其中，汇率风险的相对性是指外汇风险给一方带来的是损失，给另一方带来的必然是营利。故 A 选项为正确答案。

9. D【解析】本题主要考查宏观经济风险的特征。宏观经济风险的特征包括：潜在性、隐藏性及累积性。选项 D 属于信用风险的特征，故 D 选项为正确答案。

10. D【解析】本题主要考查我国降低系统性风险的途径。我国降低系统性风险的途径包括：（1）完善市场制度结构，降低制度性风险。（2）改革发行和退出机制，提升上市公司整体质量，降低系统性风险。（3）加强市场监管，提高上市公司信息披露质量，降低系统性风险。A、B、C 选项都属于降低系统性风险的途径，故 D 选项为本题的正确答案。

11. D【解析】本题主要考查流动性风险的定义。流动性风险是指由于流动性的不确定变化而使金融机构遭受损失的可能性。故 D 选项为正确答案。

12. D【解析】本题主要考查经营风险的定义。经营风险又称商业风险，是指公司的决策人员与管理人员在经营管理过程中出现失误而导致公司营利水平变化，从而使投资者预期收益下降的可能性。故 D 选项为正确答案。

13. A【解析】本题主要考查金融风险的特征。可扩张（扩散）性是指由于金融机构之间存在复杂的债权、债务关系，一家金融机构出现危机可能导致多家金融机构接连倒闭的"多米诺骨牌"现象。故 A 选项为正确答案。

14. B【解析】本题主要考查操作风险的定义。操作风险指的是由于不完善或有问题的内部操作过程、人员、系统或外部事件而导致的直接或间接损失的风险。故 B 选项为正确答案。

15. C【解析】本题主要考查风险对冲的定义。风险对冲指的是通过投资或购买与标的资产收益波动负相关的某种资产或衍生产品，来冲销标的资产潜在的风险损失的一种风险管理策略。故 C 选项为正确答案。

16. A【解析】本题主要考查财务风险的特点。财务风险的特点包括：（1）客观性。（2）全面性。（3）不确定性。（4）收益与损失共存性。故 A 选项为正确答案。

17. C【解析】本题主要考查风险管理过程。风险管理过程包括风险识别、风险估测、风险评价、选择风险管理技术和评估风险管理效果。故 C 选项为本题的正确答案。

18. A【解析】本题主要考查风险对冲的种类。风险对冲的种类主要包括：股指期货对冲、商品期货对冲、套期保值和期权对冲。题干中的 B、C、D 选项都属于风险对冲的种类，A 项说法过于宽泛。故 A 选项为正确答案。

19. B【解析】本题主要考查风险转移的定义。风险转移指的是人们为减少风险暴露进行效益和成本权衡而采取的行动，其关键在于把自己不愿意承受的风险暴露转移给其他人。风险转移适用于不可抗力因素导致的风险。故 B 选项为正确答案。

二、组合型选择题

1. D【解析】本题主要考查常见的金融风险。题干中第 Ⅰ、Ⅱ、Ⅲ、Ⅳ 项都属于常见的金融风险，故 D 选项为正确答案。

2．A【解析】本题主要考查非系统性风险的类别。非系统性风险包括：（1）信用风险。（2）财务风险。（3）经营风险。（4）流动性风险。（5）操作风险。市场风险属于系统性风险，故A选项为正确答案。

3．D【解析】本题主要考查风险管理方法。可以降低系统性风险的风险管理策略包括：（1）风险对冲。（2）风险转移。（3）风险规避。（4）风险补偿。题干中的第Ⅰ、Ⅱ、Ⅲ项属于可降低系统性风险的管理策略，故D选项为正确答案。

4．A【解析】本题主要考查风险分散的原则。题干中第Ⅲ项不符合风险分散原则，而第Ⅰ、Ⅱ、Ⅳ项都符合风险分散原则，故A选项为正确答案。

5．D【解析】本题主要考查风险分散的分类。证券市场中的分散投资包括：（1）对象分散法。（2）时机分散法。（3）地域分散法。（4）期限分散法。题干中的第Ⅱ、Ⅲ、Ⅳ项都属于风险分散中的分散投资，故D选项为正确答案。

6．B【解析】本题主要考查市场风险的相关知识。本题宜采用排除法，外汇风险是汇率风险的别称，其影响因素主要是汇率的变化，故应排除第Ⅱ、Ⅳ项。A选项为正确答案。

7．A【解析】本题主要考查信用风险的影响因素。信用风险的影响因素包括：（1）全球债务规模急剧扩张，信用暴露日益增大。（2）全球银行业面临重大危机。（3）金融衍生品市场的膨胀带来新挑战。通货膨胀是购买力风险的影响因素。题干中的第Ⅱ、Ⅲ、Ⅳ项都属于信用风险的影响因素，故A选项为正确答案。

8．A【解析】本题主要考查套期保值的基本原则。套期保值是风险对冲的方式之一，套期保值应遵循风险对冲的原则，具体包括：（1）交易相反原则。（2）商品种类相同或相近原则。（3）数量相等或相近原则。（4）月份相同或相近原则。题干中第Ⅰ、Ⅱ、Ⅲ、Ⅳ项都属于套期保值的基本原则，故A选项为正确答案。

9．C【解析】本题主要考查流动性的影响因素。流动性强弱受多种因素的影响，包括：（1）金融机构的资产负债比例及构成。（2）客户的财务状况和信用。（3）二级市场的发育程度、已建立的融资渠道等。题干中的第Ⅰ、Ⅱ、Ⅲ项都与题意相符，故C选项为正确答案。

10．C【解析】本题主要考查金融风险的分类。重要法律法规变动属于宏观经济风险。同时，宏观经济风险属于系统性风险。题干中的第Ⅰ、Ⅱ项与题意相符，故C选项为正确答案。

11．B【解析】本题主要考查财务风险的特点。财务风险的特点包括：（1）客观性。（2）全面性。（3）不确定性。（4）收益与损失共存性。题干中的第Ⅰ、Ⅲ、Ⅳ项都属于财务风险的特征，可预测性属于经营风险的特征，故B选项为正确答案。

12．D【解析】本题主要考查操作风险的概念。操作风险是指由于不完善或有问题的内部操作过程、人员、系统或外部事件而导致的直接或间接损失的风险。题干中的第Ⅰ、Ⅳ项都属于可能引发操作风险的因素，故D选项为正确答案。

13．D【解析】本题主要考查宏观经济风险的影响因素。宏观经济风险的影响因素包括：（1）体制因素。（2）经济运行机制因素。（3）经济因素。（4）政策因素。（5）政治因素。（6）对外开放程度。（7）管制情况。（8）经济接轨情况。（9）国际经济传递渠道。（10）国际经济体系。（11）国际经济环境。（12）国际经济协调状况。（13）国际政治环境等。题干中的第Ⅰ、Ⅱ、Ⅲ、Ⅳ项都属于宏观经济风险的影响因素，故D选项为正确答案。

14．D【解析】本题主要考查风险管理

过程。风险管理的基本流程包括:(1)风险管理信息的初步收集。(2)风险评估。(3)制定风险管理策略。(4)提出和实施风险管理解决方案。(5)风险管理监督与改进。题干中的第Ⅰ、Ⅱ、Ⅲ、Ⅳ项都与题意相符,故 D 选项为正确答案。

15. A【解析】本题主要考查金融风险的影响因素。金融风险的影响因素包括:(1)金融市场联动性是金融风险传导的基础。(2)资产配置活动是造成金融风险传导的重要行为。(3)投资者心理与预期的变化是金融风险传导的推力。(4)信息技术发展为金融风险的传导提供了有利条件。题干中的第Ⅰ、Ⅱ、Ⅲ、Ⅳ项都属于金融风险的影响因素,故 A 选项为正确答案。

16. B【解析】本题主要考查影响汇率变动的因素。影响汇率变动的因素包括:国际收支状况、国民收入、通货膨胀率的高低、货币供给、财政收支、利率、政治与突发因素等。题干中的第Ⅰ、Ⅱ、Ⅲ、Ⅳ项都属于影响汇率变动的因素,故 B 选项为正确答案。

17. C【解析】本题主要考查影响购买力风险的因素。购买力风险的主要影响因素包括:(1)作为货币现象的通货膨胀。(2)需求拉动的通货膨胀。(3)成本推动型的通货膨胀。(4)结构性通货膨胀。题干中的第Ⅰ、Ⅱ、Ⅲ项与题意相符,故 C 选项为正确答案。